D1618888

ESV ERICH SCHMIDT VERLAG
100 Jahre

Aktive Eigentümerschaft in Familienunternehmen

Gesellschafterkompetenz in Unternehmerfamilien entwickeln und anwenden

Herausgegeben von

Prof. Dr. Tom A. Rüsen

Prof. Dr. Anne K. Heider

Mit Beiträgen von

Maren Bendel; Prof. Dr. Thomas Clauß; Hannah Cramer; Christiane Dethleffsen; Prof. Dr. Birgit Felden; Dr. Nadine Gerhardt-Huber; Dr. Andrea Gerlitz; Prof. Dr. Anne K. Heider; Prof. Dr. Marcel Hülsbeck; Riccardo Keßler; Prof. Rainer Kirchdörfer; Prof. Dr. Heiko Kleve; Louisa Klinghardt; Prof. Dr. Rainer Kögel; Dr. Tobias Köllner; Prof. Dr. Hermut Kormann; Dr. Moritz Kübel; Dr. Bertram Layer; Katharine Michaelis; Lina Nagel; Mark Pawlytta; Prof. Dr. Tom A. Rüsen; Prof. Dr. Arist von Schlippe; Prof. Dr. Christoph Schreiber; Anja Seyfried; Achim Siller; Dr. Fabian Simons; Prof. Dr. Frank Stangenberg-Haverkamp; Johanna Stibi; Prof. Dr. Erik Strauß; Theresa Vosskötter; Dr. Ulrich Wacker; Prof. Dr. Rudolf Wimmer; Maria Wirtz; Jan Philipp Wuppermann

2., völlig neu bearbeitete und wesentlich erweiterte Auflage

ERICH SCHMIDT VERLAG

Bibliografische Information der Deutschen Nationalbibliothek
Die Deutsche Nationalbibliothek verzeichnet diese Publikation in der Deutschen Nationalbibliografie; detaillierte bibliografische Daten sind im Internet über http://dnb.dnb.de abrufbar.

Weitere Informationen zu diesem Titel finden Sie im Internet unter
https://ESV.info/978-3-503-23854-5

Zitiervorschlag:
Rüsen/Heider (Hrsg.), Aktive Eigentümerschaft in Familienunternehmen, 2. Auflage 2024

1. Auflage 2020
2. Auflage 2024

ISBN 978-3-503-23854-5 (gedrucktes Werk)
ISBN 978-3-503-23855-2 (eBook)
DOI https://doi.org/10.37307/b.978-3-503-23855-2

Alle Rechte vorbehalten
© Erich Schmidt Verlag GmbH & Co. KG, Berlin 2024
www.ESV.info

Die Nutzung für das Text und Data Mining ist ausschließlich dem Erich Schmidt Verlag GmbH & Co. KG vorbehalten. Der Verlag untersagt eine Vervielfältigung gemäß § 44b UrhG ausdrücklich.

Druck: C. H. Beck, Nördlingen

Dr. Ulrich Wacker

Geleitwort

Was bedeutet Kompetenz?

Von den vier wesentlichen Aspekten des menschlichen Wirkens
Wissen – Können – Wollen – Tun
ist die Kompetenz dem Können wohl am nächsten.

War früher eher die Qualifikation, also Fertigkeiten und Fähigkeiten aufgrund von Kenntnissen und Wissen wichtig, so achtet man heute häufig auf Kompetenz und meint damit nicht nur das angelernte Wissen, sondern auch die Problemlösungsfähigkeit in einem konkreten Segment.

Ob zur Kompetenz auch die Bereitschaft gehört, diese nicht nur zu erwerben und zu trainieren, sondern sie auch anzuwenden und einzusetzen, ist ungeklärt. Für mich zählt allerdings der Aspekt des Wollens zur Kompetenz wesentlich dazu. Denn wer kennt keine – oft sogar im Licht der Öffentlichkeit stehende – Personen, die mit bewundernswerter Wissensfülle ausgestattet sind und offensichtlich auch die nötige Fähigkeit und Fertigkeit (nachgewiesen) haben, Dinge anzupacken und zu Lösungen zu führen. Allein sie wollen dies nicht tun, zumindest nicht in diesem Bereich, nicht zu diesem Preis, nicht jetzt, nicht unter diesen Umständen oder nicht zu Lasten anderer Dinge. Diese Personen würde ich deshalb nicht unbedingt als kompetent bezeichnen.

Was bedeutet Gesellschafterkompetenz?

Die wichtigste Grundlage für Gesellschafterkompetenz ist einschlägiges **Wissen**, das eigentlich nicht breit und tief genug sein kann und dessen Vermittlung sich neben Ausbildungsstätten und Universitäten auch sonstige Einrichtungen bis hin zu gemeinnützigen Stiftungen wie die EQUA gerne und mit Erfolg widmen.

Nachdem heutzutage und gerade in Unternehmerfamilien der Wert einer guten und fundierten Ausbildung unbestritten ist und die Abiturientenquote beispielsweise in Deutschland derzeit bei über der Hälfte eines Jahrgangs liegt, dürften gerade Kinder aus Unternehmerfamilien fast ausnahmslos ein Studium oder eine fachspezifische Berufsausbildung absolviert haben.

Auch wenn dieses theoretische Wissen eine optimale Voraussetzung für Kompetenz darstellt, gehört nach meinem Dafürhalten vor allem die praktische Seite des **Könnens**, nämlich die Anwendung in der Praxis, unverzichtbar dazu, um kompetent in einem Bereich agieren zu können.

Nicht selten findet man in Unternehmerfamilien allerdings junge Mitglieder, die zwar manchmal mehrere einschlägige Diplome erarbeitet haben, deren praktische Erfahrung sich jedoch z. B. nur in der Mitarbeit im eigenen Family Office, bei einem selbstständigen Rechtsanwalt bzw. Ingenieur oder in einem kleinen

Start-up aus drei Studienkolleginnen erschöpft. Wer mit nur diesem limitierten beruflichen oder praktischen Background dann im Beirat oder Aufsichtsrat eines großen Handels- oder Industrieunternehmens sitzt, kann nicht nachvollziehen, was es bedeutet, in eine Hierarchie eingebunden zu sein, eine Chefin, Kollegen oder Untergebene zu haben. Praktisches Wissen, Berufs- und Lebenserfahrung sind deshalb für Gesellschafter wesentlich, da kompetenzerweiternd. Eine Mutter von drei Kindern, ein Vorsitzender im Elternbeirat oder Tennisclub, Meister in einem Handwerksbetrieb sind daher nicht selten in der Gesellschafterkompetenz den lediglich mit viel theoretischem Wissen ausgestatteten Absolventen einer Universität überlegen.

Zwar mag ich alles im Spiegel des eigenen Familienunternehmens sowie der Arbeit in der EQUA-Stiftung sehen, doch scheint es mir nicht ganz verzerrt, wenn ich feststelle, dass die praktische Kompetenz der Kinder aus Unternehmerfamilien manchmal unterentwickelt ist – mit der Tendenz in direkter Korrelation zur Größe des Unternehmens.

So leicht wie früher kann man heutzutage allerdings auch nicht mehr praktische Erfahrungen sammeln. Früher hieß es einfach: Nach der Lehre arbeitest du zwei Jahre bei einer ausländischen Tochtergesellschaft. Oder: Du musst halt alle Abteilungen im Hause sukzessive durchlaufen. Oder: Hier hast du einen kleinen Bereich, ein Inhouse-Start-up, indem du dich „austoben" kannst.

Die umfangreiche individuelle Lebenserfahrung reicht aber allein auch nicht immer und unbedingt aus.

Hierfür möchte ich ein kleines Beispiel aus meiner eigenen Vergangenheit anführen: Bei einer Gesellschafterversammlung in unserem Haus wurde mir von einer Mitgesellschafterin die Entlastung als Geschäftsführer versagt. Allerdings wählte sie mich beim nächsten Tagesordnungspunkt „Neuwahl der Geschäftsführung" erneut und sprach mir damit ihr Vertrauen aus. Darauf angesprochen, stellte sich heraus, dass sie nicht als „dumme Abnickerin und Hausfrau" gelten wollte und deshalb prinzipiell alle 10–15 Abstimmungspunkte einmal mit Enthaltung oder Nein stimmte.

Auch sind nicht unbedingt Erfahrungen in allen Bereichen und Branchen hilfreich, um als Gesellschafter Kompetenz zu erlangen. Wer z.B. im Family Office, in der Private-Equity-Branche oder einem Fonds nur Anteile oder Investments begutachtet oder betreut, kann nicht wissen oder ermessen und schon gar nicht fühlen, wie ein Unternehmen und alle darin agierenden Menschen denken, arbeiten, interagieren und fühlen. Reine Investorenmentalität ist die zwangsläufige Folge.

Erfahrungen in „echten" Unternehmen sind deshalb m.E. unabdingbar, um kompetente Gesellschafterin zu werden. Denn jegliche Führungskompetenz (und Gesellschafterkompetenz ist AUCH Führungskompetenz) ist nach meiner Erfahrung eine reine Handwerkskunst und deshalb auch nur wie diese praktisch erlernbar und vermittelbar durch Zuschauen, Mitmachen, unter Aufsicht testen, selbstständig probieren, korrigieren, verbessern, eigenständig machen, weiter hinzulernen, allein machen. Jede erfolgreiche Führungskraft wird auf Befragen gerne zugeben, Führungsqualifikationen und -kompetenzen von konkreten Personen gelernt oder abgeschaut zu haben. Auch abschreckende Beispiele sind dazu hilfreich.

Deshalb rege ich an, dass Familienunternehmen und Unternehmerfamilien zugewandte Institutionen – seien es der Trägerkreis des WIFU, das WIFU selbst, die Stiftung Familienunternehmen oder die EQUA-Stiftung – eine Vermittlung oder Börse für Praktika, Werksstudenten, Anfangsjobs oder temporäre Mitarbeit etablieren, um so Mitgliedern von Unternehmerfamilien Erfahrungen in (anderen) Unternehmen zu ermöglichen.

Zu jedem Wissen und Können muss aber m. E. auch noch das unbedingte **Wollen** hinzukommen, um wahrhaft kompetent agieren zu können.

In den letzten Jahren nehme ich vermehrt wahr, dass gute, ja oft hervorragende, kompetente und erfolgreiche Familienunternehmer ihr oft mehrere Generationen altes und wertvolles Familienunternehmen verkaufen, um danach zum reinen Investor und Manager ihres Family Offices zu werden, das wiederum zur Diversifikation des Vermögens anderweitige Beteiligungen erwirbt oder veräußert. Dies konsterniert und bewegt mich sehr, weil ich es kaum verstehen und nachvollziehen kann. Warum sollte ein 50-jähriger Familienunternehmer, der sein internationales, marktführendes, ertragreiches, renommiertes und globales Unternehmen 20 Jahre erfolgreich geführt hat, dieses durch einen Verkauf gegen Investments in Immobilien, Windparks, Gold, Start-ups und sonstige Beteiligungen eintauschen? Ganz zu schweigen davon, dass man oft Kompetenz im alten Bereich mit Unkenntnis und Dilettantismus im Neuen erkauft.

Dabei spreche ich nicht von den Fällen, in denen es keine Nachkommen gibt bzw. Probleme des Unternehmens oder im Gesellschafterkreis vorhanden sind oder sich abzeichnen. Ich spreche auch nicht von den seltenen Fällen des Mäzenatentums, bei dem große und größte Vermögen einer Idee mit gemeinnützigen oder religiösen Vorstellungen nutzbar gemacht werden.

Die umgekehrten Fälle, in denen ein Investor sich in eines seiner Investments so tief einarbeitet und verwurzelt, um dann praktisch zum Chef und Unternehmer dieser Firma zu mutieren, sind für mich hingegen plausibel und sehr wohl nachvollziehbar.

Dieses *Wollen* bzw. *Nicht-Wollen* oder *Nicht-mehr-Wollen* kann ich nur aus einer Perspektive verstehen und erklären, nämlich als befreiende Entlastung von der Verantwortung für ein Unternehmen und dessen Stakeholder.

Reines Wollen, ohne die nötige Kompetenz zu haben, sieht man allerdings auch allenthalben, nämlich dann, wenn z. B. mit glänzenden Augen vom eigenen, traditionsreichen Familienunternehmen geschwärmt wird: „Die Firma ist heilig bei uns in der Familie." Etwas mehr Wissen, Verstand und Erfahrung wären sicher hilfreicher als Beschwörung, Glaube und Verzückung.

Bleibt das **Tun**. Jeder kennt Persönlichkeiten, die sehr viel wissen, auch können und vielleicht sogar ihre Kompetenz nutzbringend einsetzen wollen. Nicht nur in der Politik, in Verbänden, in der Öffentlichkeit, sondern sogar im eigenen Freundeskreis gibt es solche Menschen, die am Tun scheitern bzw. es erst gar nicht so weit kommen lassen und von Anfang an konkrete Versuche und Aktivitäten ausschließen oder der restlichen Welt überlassen. Gerne werden auch Postulate, Ratschläge und Forderungen an Dritte gerichtet oder zusätzliche Voraussetzungen, Bedingungen und Umstände genannt, die das fehlende Tun erklären oder rechtfertigen sollen. Denn das wirkliche Tun und das aktive Umsetzen des Wollens ist i.d.R. anstrengend und erfordert plötzlich ganz andere Fähigkeiten und Voraussetzungen. Hier sind vor allem Durchhaltevermögen, Krisenfestigkeit und Standhaftigkeit zu nennen.

Die notwendige und wünschenswerte Kompetenz von Gesellschaftern eines Familienunternehmens muss nicht den Qualifikationen von Geschäftsführenden Gesellschafterinnen entsprechen.

Die Anforderungen an das Tätigwerden sind je nach Bereich und Aufgabenstellung natürlich verschieden. Geschäftsführende Gesellschafter sollten nicht nur andere oder mehr Kompetenzen besitzen, sondern den besonderen Schwerpunkt auf das **Können** und **Tun** legen. Demgegenüber füllen nicht-aktive Gesellschafter die eigene Rolle und Position dann nutzbringend und erfolgreich aus, wenn sie Zeit, Interesse und Engagement zu investieren bereit sind, also Kompetenz als **Wissen** und **Wollen** verstehen.

München, im Januar 2024   Dr. Ulrich Wacker

Vorwort der Herausgeber

Aktuell sind neuartige Tendenzen und Entwicklungen in der deutschsprachigen Familienunternehmenslandschaft feststellbar. Gewählte Praktiken der Übertragung von Unternehmensanteilen folgen zunehmend dem Muster einer egalitären Behandlung aller Nachkommen. Zudem ist sichtbar, dass die Nachfolge in Familienunternehmen verstärkt in der Gesellschafterrolle stattfindet und nicht wie in der Vergangenheit gleichzeitig in der operativen Führung des Unternehmens. Diese Aufgabe wird insbesondere bei mittleren bis größeren Familienunternehmen vermehrt an familienexterne Manager übertragen. Es lässt sich somit ein struktureller Wandel der Landschaft der Familienunternehmen feststellen: weg von eigentümergeführten, hin zu eigentümerkontrollierten Familienunternehmen. Beide Trends führen zu einer tendenziellen Ausweitung der Gesellschafterkreise von Familienunternehmen sowie einer Zunahme der Anzahl nicht operativ tätiger Familiengesellschafter. Die Herausforderung für Unternehmerfamilien besteht hierdurch zum einen darin, die grundlegenden Aufgaben zu meistern, die diese im Mentalen Modell der „aktiven Eigentümerfamilie" zu leisten haben, zum anderen darin, ein konstruktives Zusammenspiel operativer und nicht im Unternehmen tätiger Gesellschafter[1] herbeizuführen.

Hierzu ist neben einer inneren Haltung, die ein Engagement für das im gemeinschaftlichen Eigentum befindliche Unternehmen fördert, ein Mindestmaß an Kompetenz im Gesellschafterkreis erforderlich. Diese befähigt die Unternehmerfamilie dazu, ihre Stimme im Unternehmen durch eine aktive Beteiligung unter anderem an der Strategiediskussion und Ergebniskontrolle deutlich vernehmbar zu machen sowie den Zusammenhalt des Eigentümerkreises zu organisieren. Gleichzeitig kann eine konstruktive Zusammenarbeit zwischen operativ tätigen Familiengesellschafterinnen und den Vertretern der nicht aktiven Familienmitglieder auf Basis einer gemeinsamen Wissens- und Kompetenzbasis konstruktiv und (potenziell) konfliktfreier erfolgen. Durch Maßnahmen zur systematischen Entwicklung von Fähigkeiten und Fertigkeiten im Rahmen eines professionellen Managements der Unternehmerfamilie kann zusätzlich die Bindung der Familienmitglieder aneinander und an das Unternehmen intensiviert werden. Aktuelle Untersuchungen zur Zielsetzung von Familienstrategien und darauf aufbauenden Familienmanagement-Systemen zeigen, dass

---

[1] Nachfolgend haben wir im Interesse der Lesbarkeit auf Doppelformulierungen der Geschlechter bzw. das Setzen von „*" verzichtet. In unserem Verständnis sind die Begriffe z. B. für „Gesellschafter" oder „Familienunternehmerinnen" ebenso als männliche, weibliche und diverse Geschlechtsformen zu verstehen. Wir haben uns bemüht, beide Varianten gleichmäßig zu verwenden. Soweit in Texten personenbezogene Bezeichnungen ausschließlich in männlicher Form aufgeführt sind, beziehen sich diese auf alle Geschlechter in gleicher Weise.

dem Erhalt gerade dieser Bindewirkung innerhalb der Gemeinschaft der Unternehmerfamilie eine hohe Relevanz beigemessen wird.[2]

Das vorliegende Herausgeberwerk fasst die Erkenntnisse aus langjähriger wissenschaftlicher sowie beratender Begleitung von Unternehmerfamilien durch das Autorenteam zusammen. Diese entstanden entweder direkt im Rahmen der Tätigkeit am Wittener Institut für Familienunternehmen (WIFU) an der Universität Witten/Herdecke oder in enger Kooperation mit den hier handelnden Personen.

Ziel dieser Publikation ist die Vermittlung nutzbarer und praxisbezogener Wissensbestandteile für Mitglieder von Unternehmerfamilien.[3] Daraus mögen sich für die Leserinnen Anregungen für die praktischen Fragestellungen bei dem Aufbau der eigenen Kompetenzfelder sowie bei der Einrichtung von Programmen zur Gesellschafterkompetenzentwicklung in der jeweiligen Unternehmerfamilie ergeben.

Es ist das Kernanliegen der Herausgeber, mit diesem Werk einen Beitrag zur Entwicklung von Zukunftsfähigkeit in Unternehmerfamilien und darüber hinaus von Familienunternehmen zu leisten. Wir halten diese Unternehmensform und das Grundmodell des Familienkapitalismus für eine erhaltenswerte Form des Wirtschaftens und einen bewährten Gegenentwurf zur reinen Kapitalmarktorientierung von erwerbswirtschaftlich ausgerichteten Organisationen. Gelingt es uns, bei den Lesern zu einem Kompetenzaufbau beizutragen und dadurch Familienunternehmertum zu stärken, hat sich unsere Motivation zur Erstellung dieses Werkes erfüllt.

Wir freuen uns auf kritische Anmerkungen und Anregungen der Leserschaft!

Witten, im Januar 2024
Tom A. Rüsen
Anne K. Heider

---

2 Vgl. Rüsen, Löhde (2019), vgl. Rüsen et al. (2022).
3 Die Finalisierung der ersten Auflage dieses Werkes fiel mit dem Ausbruch der Corona-Krise zusammen. Die hieraus folgenden Dynamiken in Unternehmerfamilien haben uns gezeigt, dass gut ausgebildete und informierte Gesellschafter einen anderen Umgang mit den zum Teil enormen wirtschaftlichen und sozialen Verwerfungen finden konnten. Seit dem Ende der Pandemie haben wir beobachtet, dass die kurzzeitig entstandenen Online-Formate zur Wissensgewinnung und -weiterentwicklung im Rahmen von Gesellschafterkompetenz-Programmen weiterhin genutzt werden. Unternehmerfamilien haben die Erfahrungen der Corona-Krise somit als Chance genutzt, sich bei der innerfamiliären Kommunikation und Wissensgewinnung zu digitalisieren.

Inhaltsverzeichnis

Geleitwort *(Ulrich Wacker)* 5
Vorwort der Herausgeber *(Tom A. Rüsen, Anne K. Heider)* 9
Einleitung und Überblick *(Tom A. Rüsen, Anne K. Heider)* 19
Teil A: Einführung und Grundlagen 25
1. Gesellschafterkompetenz in Unternehmerfamilien – Alles, was ein Familiengesellschafter und dessen Angehörige wissen und können sollten *(Tom A. Rüsen)* 27
   1.1 Warum Gesellschafterinnenkompetenz? 27
   1.2 Zum Verständnis von Familienunternehmen, Unternehmerfamilie und Gesellschafterkompetenz 29
   1.3 Über den „Nutzen" von Gesellschafterkompetenz: Eine strategische Perspektive 33
   1.4 Status quo der Gesellschafterkompetenzentwicklung in deutschen Familienunternehmen 36
   1.5 Dimensionen und idealtypische Inhalte eines GKE-Programms 40
   1.6 Funktionenbasierte Anforderungen an die Gesellschafterkompetenz 51
   1.7 Schluss 54
2. Übergreifende Sichtweisen auf Familienunternehmen und Unternehmerfamilien *(Tom A. Rüsen, Anne K. Heider)* 55
   2.1 Wechselseitige Prägung und Koevolution von Familie und Unternehmen 56
   2.2 Zentrale Sphären für die handelnden Personen: Das 3-Kreis-Modell 58
   2.3 Die Gleichzeitigkeit unterschiedlicher Logiken oder: Das Anerkennen von Paradoxien 61
   2.4 Wie denken wir über uns selbst: Mentale Modelle in Unternehmerfamilien 63
   2.5 Das Phasenmodell der Nachfolge 68
   2.6 Zusammenfassung 73
3. „Wollen, sollen, dürfen oder müssen" – Über die Motivation der NextGen, „auf Vorrat" zu lernen *(Johanna Stibi, Tom A. Rüsen, Heiko Kleve)* 75
   3.1 Einleitung 75
   3.2 Motivationspsychologische Grundlagen 76
   3.3 Das GKE-Motivationsmodell für Mitglieder der NextGen 79
   3.4 Praktische Handlungsempfehlungen 85
   3.5 Schluss 88
Reflexion und Handlungsempfehlungen – Teil A 91

Teil B: Das Familienunternehmen verstehen 93
4. Geschäftsberichte lesen – Informationsgrundlage für aktive Gesellschafter in Familienunternehmen *(Erik Strauß, Nadine Gerhardt-Huber)* 95
    4.1 Einleitung – Warum sollten aktive Gesellschafter Geschäftsberichte lesen? 95
    4.2 Bestandteile des Geschäftsberichtes und deren Bedeutung für den Familienunternehmens-Gesellschafter 97
    4.3 Geschäftsberichtsanalyse 112
    4.4 Berichterstattung zum Thema Nachhaltigkeit – Die Corporate Sustainability Directive der EU 121
    4.5 Fazit 123
5. Corporate Governance von Familienunternehmen *(Marcel Hülsbeck)* 125
    5.1 Konzeptionelle Basis der Corporate Governance: Interessenkonflikte 125
    5.2 Corporate Governance als Trennung von Eigentum und Kontrolle 130
    5.3 Verankerung der Kontrollrechte in der Unternehmensorganisation 136
6. Strategieentwicklung in Familienunternehmen – Die spezifische Verantwortung von Gesellschaftern für die Zukunft ihres Unternehmens *(Rudolf Wimmer)* 139
    6.1 Was leistet Strategieentwicklung? 139
    6.2 Wie sehen die traditionellen Antworten auf diese schwierige Führungsherausforderung in familiengeführten Unternehmen aus? 141
    6.3 Worin bestehen alternative Bewältigungsformen von Zukunft? 143
    6.4 Strategieentwicklung als eine gemeinschaftliche Führungsleistung 149
    6.5 Strategieentwicklung eingebettet in die Corporate Governance von Familienunternehmen 153
7. Digitalisierungsdynamiken und -strategien in Familienunternehmen *(Anne K. Heider, Tom A. Rüsen, Marcel Hülsbeck)* 157
    7.1 Digitalisierung und digitale Transformation in Familienunternehmen 157
    7.2 Die digitale Bereitschaft und Offenheit der Unternehmerfamilie gegenüber digitalem Wandel 158
    7.3 Lösungsansätze zur Bewältigung digitalen Wandels in Familienunternehmen 164
    7.4 Empirischer Ausblick und Fazit 168

8. Cybersicherheit in Familienunternehmen *(Thomas Clauß, Maren Bendel, Theresa Vosskötter)* 173
    8.1   Warum ist Cybersicherheit für (Familien-)Unternehmen existenziell? 173
    8.2   Grundlagen von Cyberkriminalität und -sicherheit 174
    8.3   Cybersicherheit in Familienunternehmen 179
    8.4   Handlungsempfehlungen für die Familienunternehmen 187
9. Nachhaltigkeitsstrategie-Entwicklung im Zusammenspiel von Familie und Unternehmen *(Andrea Gerlitz, Marcel Hülsbeck)* 191
    9.1   Familienunternehmen und Nachhaltigkeit 191
    9.2   Nachhaltigkeitsstrategie leben – Insights aus der empirischen Forschung 193
    9.3   Nachhaltigkeitsstrategie entwickeln – Das Lemniskaten-Modell 197
10. Ausschüttungspolitik *(Hermut Kormann)* 205
    10.1   Begriff 205
    10.2   Ziel und Bedeutung 205
    10.3   Modell für die Relationen der Gewinnausschüttung 206
    10.4   Bemessungsgrundlage der Ausschüttung 209
    10.5   Gewinnthesaurierung für Liquiditätsstärkung oder Wachstumsinvestitionen beim Unternehmen 211
    10.6   Gewinnausschüttung für Verbrauch und Sparen der Gesellschafter 212
    10.7   Ausschüttung für den Aufbau eines Sekundärvermögens 213
    10.8   Maximen 214
Reflexion und Handlungsempfehlungen – Teil B 219

Teil C: Die Unternehmerfamilie verstehen 221
11. Die Unternehmerfamilie – Eine Spezies für sich *(Arist von Schlippe)* 223
    11.1   Einführung – Das Vertrauen in die Familie 223
    11.2   Begriffliches 225
    11.3   Verschiedene Systeme, verschiedene Kommunikationslogiken 228
    11.4   Paradoxien 230
    11.5   Postpatriarchale Systeme und inverse Machtkämpfe 235
    11.6   Schluss: Familie und Unternehmen passen eigentlich nicht zusammen! 237
12. Entwicklungsstufen und Systemlogiken in Unternehmerfamilien *(Heiko Kleve)* 239
    12.1   Zusammenfassung 239
    12.2   Ausgangspunkte 239
    12.3   Entwicklungsstufen der Unternehmerfamilie 241
    12.4   Systemlogiken der Unternehmerfamilie 246
    12.5   Resümee 255

13. Doing Business Family – Die aktive Herstellung der Unternehmerfamilie durch Gesellschafter *(Heiko Kleve, Tobias Köllner)* 257
   13.1 Zusammenfassung 257
   13.2 Transgenerationalität als Kern des Familienunternehmertums 257
   13.3 Gesellschaftlicher Wandel in Unternehmerfamilien als Ausgangspunkt 260
   13.4 Doing Business Family: Die Herstellung von Identität, Zusammenhalt und Transgenerationalität 262
   13.5 Doing Business Family in Unternehmerfamilien 1.0 266
   13.6 Doing Business Family in Unternehmerfamilien 2.0 267
   13.7 Doing Business Family in Unternehmerfamilien 3.0 268
   13.8 Resümee: Doing Business Family als permanenter Prozess 269
14. Dynamiken und Lösungsansätze für Konflikte in Unternehmerfamilien *(Arist von Schlippe)* 271
   14.1 Die Unternehmerfamilie als fruchtbare Umgebungsbedingung für Konflikte 271
   14.2 Emotionale Arenen und „emotional messiness" 273
   14.3 Die Psychologie des Konflikts: Eintrittskarten nach Dämonistan 278
   14.4 Was tun? 284
   14.5 Schluss 288
15. 2 x 3 persönliche Kommunikations- und Konfliktkompetenzen für Gesellschafterinnen anhand der Methode Faires Streiten *(Lina Nagel, Hannah Cramer)* 289
   15.1 Einleitung 289
   15.2 Grundlagen eines konstruktiven Miteinanders 291
   15.3 Das Miteinander gestalten 297
   15.4 Konfliktlösungsgespräche anhand des Fairen Streitens 304
   15.5 Fazit 306
16. Familienstrategien in Unternehmerfamilien *(Tom A. Rüsen)* 307
   16.1 Einleitung 307
   16.2 Strategieentwicklung und „Organisation" einer Familie 308
   16.3 Von der Strategie der Unternehmerfamilie zum Familienmanagement 309
   16.4 Das Wittener Modell zur Familienstrategieentwicklung 312
   16.5 Vom Papier zur Praxis: Umsetzung der Familienstrategie in den Lebensalltag der Unternehmerfamilie 319
   16.6 Unternehmerfamilien in familienstrategischen „Entwicklungsstadien" 320
   16.7 Schluss 324
17. Assessments für Unternehmerfamilien – Vom Sinn oder Unsinn, das eigene Kind zu prüfen *(Birgit Felden, Maria Wirtz, Tom A. Rüsen)* 325
   17.1 Einführung 325
   17.2 Unternehmerfamilien und Eignungsdiagnostik 326
   17.3 Persönlichkeitstests und Assessments 329

17.4	Kompetenzen und Potenziale	333
17.5	Konsequenzen und Handlungsempfehlungen	339
17.6	Fazit	344

18. Sozialisation, Erziehung und Lernen in Unternehmerfamilien – Das KEA-Modell für „Kopf", „Herz" und „Hand" *(Heiko Kleve)* ... 347

18.1	Einleitung	347
18.2	Ausgangspunkte	347
18.3	Sozialisation, Erziehung und Lernen als nichttriviale Prozesse	349
18.4	Das KEA-Modell	351
18.5	Die lernende Unternehmerfamilie	353
18.6	Resümee und „Checkliste" für die Unternehmerfamilie	358

Reflexion und Handlungsempfehlungen – Teil C ... 361

Teil D: Das Eigentum und rechtliche Grundlagen verstehen ... 363

19. Das Rechtskleid des Familienunternehmens – Grundlagen des Gesellschaftsrechts *(Christoph Schreiber)* ... 365

19.1	Einleitung – Die Studie des WIFU: „Was bewegt Familienunternehmer wirklich?"	365
19.2	Juristische Person versus rechtsfähige Personengesellschaft	366
19.3	Gesellschaftsrechtliches Trennungsprinzip versus persönliche Haftung des Gesellschafters	368
19.4	Kapitalerhaltung versus Entnahmerecht	369
19.5	Ergebnisverwendung versus Entnahmerecht	371
19.6	Kapitalbeteiligung versus Stimmrecht nach Köpfen	371
19.7	Möglichkeit der Fremdorganschaft versus Gebot der Selbstorganschaft	372
19.8	Übertragbarkeit der Anteile versus Gesellschafterwechsel in der Personengesellschaft	373
19.9	Exkurs: GmbH & Co. KG als Rechtsformverbindung	374
19.10	Ausblick	375

20. Besteuerung von Familienunternehmen und ihrer Gesellschafter im Überblick *(Rainer Kirchdörfer, Bertram Layer)* ... 377

20.1	Einführung	377
20.2	Die Bedeutung der Steuern bei der Rechtsformwahl im Familienunternehmen	377
20.3	Steuern in der Unternehmensnachfolge	390
20.4	Wegzug der Gesellschafterin ins Ausland	393
20.5	Ausblick	394

21. Der private Regelungsbedarf der Unternehmerfamilie – Grundlagen des Erb- und Familienrechts *(Rainer Kögel)* ... 397

21.1	Einleitung	397
21.2	Testamentarische Absicherung für den Todesfall	398
21.3	Die Absicherung gegen Handlungs- und Geschäftsunfähigkeit	406

21.4 Der Regelungsbedarf für verheiratete Gesellschafter 409
21.5 Fazit 412
22. Notfallvorsorge für Unternehmerfamilien *(Louisa Klinghardt, Mark Pawlytta)* 413
    22.1 Einleitung 413
    22.2 Überblick Notfallvorsorge 413
    22.3 Sicherstellung der Handlungsfähigkeit für Unternehmen und Privatvermögen 414
    22.4 Testament und Pflichtteilsverzichte 416
    22.5 Der richtige Ehevertrag 417
    22.6 Wann ist der richtige Zeitpunkt? 418
    22.7 Auslandssachverhalte 419
    22.8 Notfallkoffer und Informationsmanagement 420
    22.9 Zusammenfassung 420
23. Vermögensstrategie der Unternehmerfamilie *(Hermut Kormann, Tom A. Rüsen)* 423
    23.1 Das Thema 423
    23.2 Vorteile und Randbedingungen der Beteiligung am Familienunternehmen 429
    23.3 Strukturierung der Unternehmensfinanzierung 433
    23.4 Strukturierung der Beteiligung am Unternehmen 435
    23.5 Strukturierung des Gesellschaftervermögens in der Gründergeneration 437
    23.6 Zunehmender Spielraum für die Vermögensstrukturierung in der Mehrgenerationen-Gesellschaft und damit Bedarf für eine Strategie zur Vermögensentwicklung 439
    23.7 Vermögensstrategie in der Mehrgenerationen-Gesellschaft 441
    23.8 Zusammenfassung: Bilanzierung, Zielformulierung, Kompetenzentwicklung 446
24. Unternehmerfamilie und Familienvermögen *(Moritz Kübel)* 449
    24.1 Mein Vermögen – Dein Vermögen – Unser Vermögen: Vermögen mögen 449
    24.2 Die Spielregeln innerhalb der Familie 450
    24.3 Was die Familie beitragen muss 453
    24.4 Was die Familie lieber bleiben lassen sollte 456
    24.5 Die Wahl einer erfolgreichen Mannschaft 458
    24.6 Von der Strategie zum Investment 460
    24.7 Nach dem Spiel ist vor dem Spiel 463
    24.8 Zusammenfassung 464
25. Grundlagen des Vermögensmanagements vor dem Hintergrund der Besonderheiten von Familienunternehmen *(Anja Seyfried, Achim Siller)* 467
    25.1 Gründe für eine Vermögensanlage außerhalb des Unternehmens 467
    25.2 Die Definition von Anlagezielen 469
    25.3 Chancen und Risiken verschiedener Anlageklassen 471

25.4 Asset Allokation und Selektion – Wie vermeide ich unwiederbringliche Risiken? ... 481
25.5 Die Umsetzung ... 487
25.6 Risikomanagement und Kontrolle ... 490
25.7 Fazit ... 492
Reflexion und Handlungsempfehlungen – Teil D ... 495

Teil E: Beispiele von Gesellschafterkompetenzentwicklung aus der Praxis ... 497

26. Familie Dethleffsen – Fallbeispiel HGDF Unternehmerfamilie *(Christiane Dethleffsen, Katharine Michaelis)* ... 499
    26.1 Kompetenzentwicklung – Warum eigentlich!? – Eine Einleitung ... 499
    26.2 HGDF – Unternehmen und Unternehmerfamilie ... 499
    26.3 HGDF Kompetenzentwicklung ... 503
    26.4 Schlussbetrachtung ... 508
27. Familienmanagement im Hause Merck: Ansätze und Maßnahmen zur Entwicklung von Gesellschafterkompetenz *(Tom A. Rüsen, Frank Stangenberg-Haverkamp)* ... 509
    27.1 Allgemeine Informationen zu Unternehmen, Gesellschafterfamilie und Governance-Struktur ... 509
    27.2 Fokus der Aktivitäten zur Gesellschafterkompetenzentwicklung ... 510
    27.3 Einzelne Bausteine der Gesellschafterkompetenzentwicklung ... 511
    27.4 Zusammenfassung ... 514
28. Entwicklung von Gesellschafterkompetenz am Fallbeispiel der Unternehmerfamilie Freudenberg *(Fabian Simons)* ... 515
    28.1 Daten zum Unternehmen ... 515
    28.2 Entwicklung von Unternehmen, Familie und Gesellschaftern ... 515
    28.3 Die Gesellschafterrolle und erste Maßnahmen zum Kompetenzaufbau ... 516
    28.4 Derzeitige Maßnahmen und Inhalte zum Aufbau von Gesellschafterkompetenz ... 517
    28.5 Bedeutung der Maßnahmen auf Gesellschafterebene und in der Zukunft ... 519
    28.6 Zusammenfassung ... 520
29. Familie Wuppermann-Kolwey – Das Familienunternehmen BÜFA *(Jan Philipp Wuppermann, Riccardo Keßler)* ... 521
    29.1 Unternehmen ... 521
    29.2 Historie des Familienunternehmens ... 522
    29.3 Gesellschafterkreis und Beiratsstruktur ... 522
    29.4 Gesellschafterkompetenz ... 524
    29.5 Gesellschafterkompetenzentwicklung (GKE) ... 525
Reflexion und Handlungsempfehlungen – Teil E ... 529

Inhaltsverzeichnis

Abbildungsverzeichnis 531

Tabellenverzeichnis 535

Abkürzungsverzeichnis 537

Literaturverzeichnis 541

Autorenverzeichnis 573

Tom A. Rüsen, Anne K. Heider

Einleitung und Überblick

Dieses Herausgeberwerk zum Thema *Gesellschafterkompetenz in Unternehmerfamilien* versteht sich als ein Kompendium des Wissens für angehende oder bestehende Mitglieder des Gesellschafterkreises von Familienunternehmen sowie deren Familienangehörige. Es verschafft dem Leser einen Überblick über zentrale Wissensbestandteile, die für die Ausübung der Gesellschafterrolle sowie für die Mitgliedschaft in einer Unternehmerfamilie wesentlich sind. Die zweite, völlig überarbeitete Auflage nimmt auf aktuelle Themen (u. a. Nachhaltigkeit, Digitalisierung, Motivation und Dynamik in Unternehmerfamilien, Notfallprävention etc.) Bezug und integriert sechs zusätzliche Kapitel in das bestehende Grundlagenwerk von 2020.

Es versteht sich als ein Sammelwerk aktueller Konzepte, Modelle und Ansätze, die die Mitglieder der Unternehmerfamilie zu einer optimalen Ausübung ihrer Eigentümerrolle befähigen sollen. Gleichzeitig liefert es einen Überblick typischer Fragestellungen, Herausforderungen und Lösungsansätze für die hier handelnden Personen. Durch die hier dargelegten Inhalte erhält der Leser die Möglichkeit, in der Praxis etablierte Konzepte kennenzulernen und mögliche Ideen für eigene Kompetenzentwicklungsprogramme zu gewinnen. Mit Hilfe der hier eingenommenen Perspektiven auf das Themenfeld „Gesellschafterkompetenz" soll der o. a. Adressatenkreis dazu befähigt werden, Diskussionen innerhalb der Familie des Familienunternehmens zum systematischen Aufbau von Kompetenzprogrammen zu entfachen und diese zu fruchtbaren Konzepten in der Praxis zu etablieren. Das Buch hat also eine doppelte Funktion: Es kann als wissensvermittelndes Nachschlagewerk zu zentralen Konzepten der Familienunternehmensforschung und gleichzeitig als Bauplan zur Einrichtung von Kompetenzentwicklungskonzepten in Unternehmerfamilien herangezogen werden. Es handelt sich also um ein für die Praxis konzipiertes Werk, das einem „Lehrbuch für die Unternehmerfamilie" nahekommt.

Aufbau und Struktur

Das Buch orientiert sich konzeptionell an der Logik des in der Familienunternehmensforschung elementaren „3-Kreis-Modells"[4] (siehe Abbildung 1). Dieses unterteilt drei zentrale Sphären: die des Unternehmens, die der Familie und die des Eigentums. Diese Dreiteilung bietet sich als hilfreiches thematisches Raster der zu vermittelnden relevanten Wissensgrundlagen an. Einleitend (Teil A) werden übergreifende Perspektiven auf Familienunternehmen und Unternehmerfamilien sowie das Konzept der Gesellschafterkompetenz erläutert. Daran

---

4 Vgl. Tagiuri & Davis (1982). Eine ausführliche Erläuterung des Modells findet in Kapitel 2 statt.

Einleitung und Überblick

anschließend (Teil B) werden betriebswirtschaftliche Basiskonzepte vermittelt, die helfen sollen, das Unternehmen zu verstehen. Es folgen psychologisch-soziologische Perspektiven und Konzepte auf die Familie(n) des Familienunternehmens und das Zusammenspiel von Familie und Unternehmen (Teil C), die darauf abzielen, die Unternehmerfamilie zu verstehen. Schließlich werden rechtliche und Grundlagen des Vermögensmanagements dargelegt (Teil D), die dazu dienen, die Perspektive des Eigentums zu verstehen.

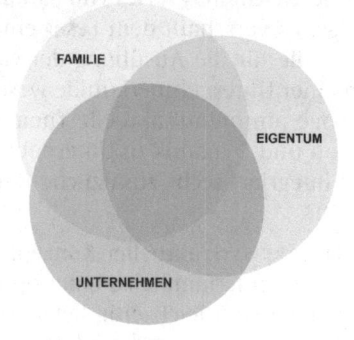

Abbildung 1: Das 3-Kreis-Modell in Anlehnung an Tagiuri & Davis (1982)

Die abschließend gelieferten Fallbeispiele (Teil E) geben Einblicke in gelebte Formen und Formate von Gesellschafterkompetenzentwicklungen aus der Praxis. Hierdurch erhält die Leserin konkrete Anregungen, wie Gesellschafterinnenkompetenz aufgebaut, erhalten und in regelmäßigen Abständen im Eigentümerkreis weiterentwickelt werden kann.

Jeder Teil endet mit Reflexionsfragen zu den vorher dargelegten zentralen thematischen Aspekten. Diese beziehen sich auf Kernfragestellungen der einzelnen Kapitel. Die Beantwortung der Fragestellungen ermöglicht, neben der individuellen Erstellung einer Checkliste zur Erfassung des Status quo, eine kritische Reflexion des eigenen sowie des allgemeinen Kompetenzniveaus in der Unternehmerfamilie. Daraus lassen sich dann Anforderungen zur Besetzung von Gremien durch familienexterne Kompetenzträgerinnen bzw. zur Anpassung und Weiterentwicklung der gelebten Praktiken innerhalb der Unternehmerfamilie ableiten.

Durch den Aufbau und die übergreifenden Inhalte des Werkes erhält der Leser die Chance, eine Art Systemblick zu entwickeln. Die am Ende eines jeden Teils aufgeworfenen Reflexionsfragen ermöglichen aus Sicht der Herausgeber eine Selbstreflexion der zentralen Wissensinhalte. Hierdurch können die dargestellten Konzepte auf die persönliche Situation als Gesellschafterin in Bezug auf Familie, Unternehmen und Eigentum angewendet, mögliche Unklarheiten festgestellt oder Handlungsnotwendigkeiten identifiziert werden. Somit bietet die Lektüre des Buches neben der reinen Wissensvermittlung gleichzeitig die Chance, eine Art „Bestandsaufnahme" im eigenen Familienunternehmen bzw. der eigenen Unternehmerfamilie vorzunehmen.

An wen richtet sich das Buch?

Bei dem vorliegenden Werk handelt es sich um einen Beitrag zum Praxistransfer wissenschaftlich fundierter Konzepte und Theoriemodelle. Diese wurden im Kern in den letzten beiden Dekaden im Umfeld des Wittener Instituts für Familienunternehmen (WIFU) an der Universität Witten/Herdecke bzw. durch befreundete Wissenschaftskollegen aus dem Bereich der deutschsprachigen Familienunternehmensforschung sowie befreundete Praxispartnerinnen entwickelt. Das Buch richtet sich daher in erster Linie an die Praxis und hier insbesondere an die Mitglieder der Gesellschafter- und Unternehmerfamilien von Familienunternehmen sowie das hier tätige familienexterne Top-Management, die familienexternen Mitglieder von Aufsichts- und Kontrollgremien sowie an die Beraterinnen von Unternehmerfamilien und Familienunternehmen.

Detaillierter Blick auf die Inhalte

In **Teil A** geben wir einen Überblick über das Grundverständnis von Gesellschafterinnenkompetenz sowie von übergreifenden Kernkonzepten aus der Familienunternehmensforschung zum besseren Verständnis der Eigenheiten von Familienunternehmen und Unternehmerfamilien. Zunächst wird in Kapitel 1 der Begriff Gesellschafterkompetenz als zentrale Aufgabe eines jeden Familiengesellschafters definiert. In diesem Rahmen wird geklärt, warum die systematische Entwicklung von Gesellschafterinnenkompetenz für die Überlebensfähigkeit von Familienunternehmen zentral ist. Des Weiteren werden unterschiedliche Bestandteile und Inhalte einer Gesellschafterkompetenz beschrieben. In Kapitel 2 werden vier Kernkonzepte übergreifender Perspektiven auf Familienunternehmen und die Unternehmerfamilie dargestellt. Hier werden, sozusagen als Einstieg, das Konzept der Koevolution der Systeme Unternehmen und Familie skizziert, das grundlegende „3-Kreis-Modell" dargelegt, die Herausforderungen im Umgang mit pragmatischen Paradoxien als Mitglied einer Unternehmerfamilie beschrieben sowie das Theoriekonzept der Mentalen Modelle erläutert. Auch geht es darum, wie sich der Begriff der Nachfolge definiert und wie diese als ein fortwährender Prozess zu verstehen ist. In diesem Zusammenhang wird das Wittener Phasenmodell der Nachfolge beschrieben. Daran schließt Kapitel 3 an, das unter Einbezug von motivationspsychologischen Grundlagen erläutert, wie es der nachfolgenden Generation (NextGen) im Rahmen der Gesellschafterkompetenzentwicklung gelingt, auf Vorrat zu lernen.

Teil B beschäftigt sich mit dem Familienunternehmen als erwerbswirtschaftliche Organisation. Dabei geht es im Kern um klassische betriebswirtschaftliche Konzepte zur Steuerung und Führung eines Unternehmens, angewendet auf die spezifische Situation von Familienunternehmen. Der Leserin soll dabei eine Hilfestellung gegeben werden, das Familienunternehmen in seiner betriebswirtschaftlichen Perspektive zu verstehen.

Dabei liefert Kapitel 4 eine Einführung in die „Zahlenkunde" des Familienunternehmens. Hier werden die grundlegenden Bestandteile und Zusammenhänge von Bilanz, Gewinn- und Verlustrechnung sowie der Analyse des Geschäftsberichtes dargelegt. In Kapitel 5 werden Grundkonzepte zur Steuerung und Führung eines Unternehmens geliefert. Dabei werden die besonderen Konstellationen zwischen Eigentümern und dem Top-Management (Prinzipal-Agenten-Beziehung) in Familienunternehmen behandelt. Kapitel 6 nimmt die Strategieentwicklung des Familienunternehmens in den Blick. Hier werden zentrale Fragestellungen, Konzepte und Formen der Strategieentwicklung beschrieben. In Kapitel 7 werden Digitalisierungsdynamiken und -strategien in Familienunternehmen skizziert und die Grundlagen der Digitalisierung und die damit verbundenen Herausforderungen in Familienunternehmen behandelt. In diesem Zusammenhang wird der digitalen Offenheit und der digitalen Bereitschaft einer Unternehmerfamilie ein besonderes Augenmerk gewidmet. Kapitel 8 beschreibt die Grundlagen und Risiken in Bezug auf das Thema Cybersicherheit in Familienunternehmen. Im anschließenden Kapitel 9 werden Nachhaltigkeitsstrategien in Familienunternehmen und ihre Verankerung in der Familienstrategie der Unternehmerfamilie betrachtet. Kapitel 10 liefert abschließend eine Analyse der Ausschüttungsfähigkeit des Unternehmens in Abhängigkeit von der Finanzierungsstruktur. Die hier dargelegten Ausführungen thematisieren zusätzlich die Grundlagen der „Finanzmechanik" eines Familienunternehmens.

Teil C beschäftigt sich mit der Familie des Familienunternehmens. Er liefert im Kern die Wittener Theorie der Unternehmerfamilie, Formen der Erziehung, der Sozialisation und des Lernens in einer Unternehmerfamilie. Zudem werden Ansätze im Umgang mit Konflikten skizziert, Vorgehen im Rahmen von Kompetenz-Assessments für Familienmitglieder beschrieben und Grundlagenmodelle zum Management der Unternehmerfamilie bzw. der Entwicklung einer Familienstrategie erläutert. Dem Leser erschließt sich durch die Lektüre die Möglichkeit, die Familie des Familienunternehmens in ihrer Besonderheit und den von ihr zu leistenden Aufgaben einordnen zu können. Dabei beinhaltet Kapitel 11 die Spezifika und Herausforderungen von Unternehmerfamilien als eigener Typus Familie. Hier werden insbesondere die unterschiedlichen Logiken beschrieben, denen ein Familienmitglied gleichzeitig versucht gerecht zu werden. In Kapitel 12 werden typische Entwicklungsstufen von Unternehmerfamilien dargelegt und Typisierungen vorgenommen. In diesem Zusammenhang werden inhärente Systemregeln zur Entwicklung von Familien im Allgemeinen und in Unternehmerfamilien im Speziellen skizziert. Kapitel 13 befasst sich mit dem Konzept des „Doing Business Family", einem Ansatz, der sich mit dem Erhalt der Familiengemeinschaft als professionelle strategie- und entscheidungsfähige Organisation widmet. Kapitel 14 beschreibt zu erwartende Konfliktdynamiken in Unternehmerfamilien und mögliche Lösungsansätze zum Umgang mit diesen. Darauf aufbauend liefert Kapitel 15 einen Ansatz, wie vorhandene Konflikte durch den Prozess des „fairen Streitens" bearbeitet werden können. In Kapitel 16 werden familienstrategische Perspektiven aufgezeigt, die sich Unternehmerfamilien idealerweise im Rahmen entsprechender Prozesse erarbeiten und dadurch die Grundlagen für ein Familienmanagement schaffen. Kapitel 17 liefert Ansätze für eine innerfamiliäre Kompetenzbeurteilung mittels spezifischer Assessment-Center-Ansätze für operative Tätigkeiten sowie die Übernahme von

Positionen in Gremien der Corporate und/oder der Family Governance. Im abschließenden Kapitel 18 werden Ansätze zur Erziehung, Sozialisation und einem systematisierten Lernen in Unternehmerfamilien beschrieben.

Teil D beschäftigt sich mit der Eigentümerfunktion des Familienunternehmens bzw. der Unternehmerfamilie. Der Leserin wird durch die Lektüre die Möglichkeit geboten, die Eigentümerrolle und vor allem die hier maßgeblichen rechtlichen Grundlagen dieser zu verstehen. Neben der Erläuterung der unterschiedlichen gesellschafts-, steuer-, erb- und familienrechtlichen Rahmenbedingungen werden Ansätze zum Management des Eigentums bzw. des hierin gebundenen Vermögens eines Gesellschafters geliefert.

In Kapitel 19 werden die Grundlagen des Gesellschaftsrechts und unterschiedliche „Rechtskleider" eines Familienunternehmens aus juristischer Perspektive beschrieben. In diesem Rahmen werden die typischen Personen- und Kapitalgesellschaften und die sich aus der Rechtsform ergebenden Einwirkungsmöglichkeiten einer Gesellschafterin dargelegt. Kapitel 20 liefert einen Überblick der Besteuerung des Familienunternehmens sowie der Gesellschafter. Dabei werden unterschiedliche Steuerarten skizziert. Diese umfassen zum einen rechtsformspezifische Steuerarten, zum anderen typische steuerauslösende Anlässe (z. B. Unternehmensgewinne, Verkaufserlöse, Erbschaften und Schenkungen sowie Wohnsitzverlagerungen ins Ausland). Daran anschließend werden in Kapitel 21 die Grundlagen des Erb- und Familienrechts erläutert. Hier findet eine Auseinandersetzung mit den Regelungsnotwendigkeiten in Bezug auf den Ausfall bzw. Erbfall von Familiengesellschafterinnen sowie bei einer Eheschließung statt. In Kapitel 22 geht es im Rahmen der Krisenprävention, bei Eintreten eines Todesfalls oder sonstigen Ausfalls der Mitglieder der Unternehmerfamilie insbesondere in Gremien- und Führungsrollen, um Regelungen und Vorsorgen, sodass die Entscheidungs- und Handlungsmacht des Unternehmens erhalten bleibt (Vorsorgevollmachten etc.).

Im 23. Kapitel wird die Vermögensstrategie der Unternehmerfamilie behandelt. Dabei wird auf die unterschiedlichen Vermögensbestandteile eines Gesellschafters Bezug genommen und in Abhängigkeit vom Entwicklungszyklus des Unternehmens bzw. der Unternehmerfamilie betrachtet. In Kapitel 24 wird das Verhältnis von Vermögen und Bindung innerhalb der Unternehmerfamilie beleuchtet. Im abschließenden Kapitel 25 werden Grundlagen des Vermögensmanagements und zur Allokation des Familienvermögens außerhalb des Familienunternehmens dargelegt.

Mit **Teil E** und den hier aufgeführten vier Fallbeispielen schließt das Buch. In den Beispielen werden etablierte Programme und Konzepte zur Gesellschafterkompetenz dargestellt. Es verdeutlicht, dass die gelebten Prozesse und Aktivitäten in Unternehmerfamilien sehr stark voneinander abweichen. Hierfür ursächlich sind die spezifischen Konstellationen der Familien Merck, Freudenberg, Dethleffsen und Wuppermann-Kolwey. Die dabei skizzierten jeweiligen Haltungen und familienstrategischen Perspektiven führen zu sehr unterschiedlichen Ansätzen und Vorgehensweisen. Es wird deutlich, dass Familiengesellschafterinnen, sofern sie der Managementfunktion selbst nicht mehr nachkommen, umso stärker ihre Eigentümerverantwortung ausüben und den daraus resultierenden Anforderungen gerecht werden müssen. Die interessierte Leserin erhält somit zum Abschluss des Buches eine übergreifende Perspektive unterschiedlicher Entwicklungserfahrungen anderer Unternehmerfamilien. Auf dieser Basis können der Status quo innerhalb des eigenen Gesellschafterkreises reflektiert und daraus gewonnene Erkenntnisse aufgegriffen werden.

Danksagung

An dieser Stelle möchten wir uns bei den projektbeteiligten Freunden, Kolleginnen und geschätzten Inputgebern bedanken. Unser größter Dank richtet sich dabei an unsere Projektassistenz Frau Daniela Wallerand. Ihr unermüdlicher Einsatz, ihre konstruktiv-kritischen Anmerkungen und ihre Genauigkeit haben erheblich zur Qualität dieses Buches beigetragen. Zudem möchten wir uns sehr herzlich bei Ulrike Weiss und Franziska von Seldeneck vom Erich Schmidt Verlag sowie bei dem Lektor Christoph Landgraf bedanken. Ohne ihre Ideen, Impulse und fortwährende Unterstützung wäre dieses Buchprojekt sicherlich nicht in dieser Form entstanden. Darüber hinaus gilt unser besonderer Dank unseren geschätzten Ko-Autoren. Es ist nicht selbstverständlich, dass sich über 25 Expertinnen aus Wissenschaft und Praxis auf ein solches unkonventionelles und neuartiges Buchprojekt einlassen und sich in ein „rigides" Zeit- und Projektmanagement einfügen. Uns ist sehr bewusst, dass die von uns im Sommer 2019 sowie für die zweite Auflage im Sommer 2023 angesprochenen Personen ihre Beiträge parallel zu anderen zeitintensiven Projekten „eingeschoben" und uns hierdurch auch ihre persönliche Wertschätzung zum Ausdruck gebracht haben. Aufgrund der transdisziplinären Perspektive dieses Buches bereichert jedes einzelne Kapitel dieses Werk in einem übergeordneten Maß. In unserer Perspektive als Herausgeber lässt sich dies mit den Worten von Aristoteles beschreiben:

„Das Ganze ist mehr als die Summe seiner Teile."[5]

---

5   Entnommen aus Aristoteles Metaphysik VII 17, 1041b (S. 177). Hier heißt es im Original-Wortlaut: *„Dasjenige, was so zusammengesetzt ist, dass das Ganze eins ist, nicht wie ein Haufen, sondern wie die Silbe, ist noch etwas anderes außer den Elementen. Die Silbe nämlich ist nicht einerlei mit ihren Elementen, das ba nicht einerlei mit b und a, ebenso wenig Fleisch mit Feuer und Erde; denn nach der Auflösung ist das eine nicht mehr, z. B. das Fleisch und die Silbe, die Sprachelemente aber sind noch, und ebenso das Feuer und die Erde. Also ist die Silbe etwas außer diesen, nicht bloß nämlich die Sprachelemente, Vokale und Konsonanten, sondern auch noch etwas anderes, und das Fleisch ist nicht nur Feuer und Erde oder Warmes und Kaltes, sondern auch etwas anderes."*

Teil A: Einführung und Grundlagen

Tom A. Rüsen

1. Gesellschafterkompetenz in Unternehmerfamilien – Alles, was ein Familiengesellschafter und dessen Angehörige wissen und können sollten

1.1 Warum Gesellschafterinnenkompetenz?

Bereits in Vorwort und Einleitung dieses Werkes wurde auf allgemeine Entwicklungen in mittelgroßen bis großen Familienunternehmen und die dadurch zunehmende Bedeutung von Gesellschafterinnenkompetenz in Unternehmerfamilien hingewiesen. Dieser Beitrag zielt darauf ab, Inhalt und Bedeutung dieses Themenkomplexes zu beschreiben, mögliche Inhalte und Abstufungen von Kompetenzentwicklungsprogrammen vorzunehmen sowie aktuelle Einblicke in gelebte Formen der Gesellschafterkompetenz zu liefern.[6]

Unsere Beobachtungen in der Praxis lassen den Schluss zu, für die weiteren Ausführungen anzunehmen, dass die Gesellschafterinnen eines Familienunternehmens mit ihrer Anteilseignerschaft mehr als nur eine Kapitalbeteiligung verbinden. Es wird ferner davon ausgegangen, dass die Familiengesellschafterinnen den Werterhalt und die Weitergabe der Unternehmensanteile an die Nachkommen des Firmengründers als ihre zentrale und generationenübergreifende Familienaufgabe ansehen. Folglich kommt ihrer Firmenbeteiligung am Familienunternehmen oder aber dem hierdurch repräsentierten gemeinsamen Familienvermögen die Bedeutung eines „geliehenen Erbes" zu.

Wenn, diesem Verständnis folgend, das Halten und Erhalten des gemeinsamen Eigentums (sei es das Unternehmen der Vorfahren oder gemeinsame Unternehmensbeteiligungen) der Unternehmerfamilie die oberste Zielsetzung ihrer Mitglieder darstellt, wird leicht ersichtlich, welche potenziell komplexen Fragestellungen und Erwartungen sich hieraus ergeben können. Denn aus der Perspektive des Eigentümers sind selbstverständlich Logiken einer Investorin (z. B. nach einer angemessenen Verzinsung des eingesetzten Kapitals) zu beachten, gleichermaßen können hiermit aber eben auch generationenübergreifende Erwartungen und Vorstellungen (z. B. Reinvestition der erwirtschafteten Gewinne zur zukunftsfähigen Aufstellung des Unternehmens) verbunden sein. Diese unterschiedlichen Erwartungen können, sofern es keine Klarheit und Einigkeit in Bezug auf die Gesellschafterrolle innerhalb der Unternehmerfamilie gibt, leicht zu Uneinigkeit, Konflikten und im schlimmsten Fall zu Entscheidungsunfähigkeit im Gesellschafterinnenkreis führen.

---

6 Die Ausführungen basieren auf Rüsen (2019) sowie Rüsen & Löhde (2019) sowie auf Rüsen et al. (2022) und stellen eine Weiterentwicklung des hier bereits ausgeführten Gedankenguts dar.

Gleichzeitig der Logik der Familie, der Logik des Unternehmens und der Logik des Eigentums folgen zu müssen, ist, wie einleitend beschrieben, die zentrale Herausforderung einer Unternehmerfamilie. Familienmitglieder können durchaus unterschiedlicher Meinung darüber sein, wie das Unternehmen richtig zu steuern und zu führen ist, was den Zielen und Werten des Gesellschafterinnenkreises angemessen ist und was nicht. Welche Umgangsweise die Familie des Familienunternehmens für Dissens, Differenzen in der Haltung gegenüber dem Unternehmen und der Ausrichtung dieses jedoch letztendlich findet, ist ganz entscheidend dafür, ob sie als Chance oder aber als größtes Risiko auf das Unternehmen einwirkt.

Und hier kommt die Bedeutung der Gesellschafterkompetenz ins Spiel: Die einzelne Gesellschafterin eines Familienunternehmens steht – im Gegensatz zur Anteilseignerschaft an einer Publikumsgesellschaft – vor der Herausforderung, die Zukunft des Unternehmens aus ihrer unternehmerischen Verantwortung heraus aktiv mitzugestalten. Darüber hinaus sind Entscheidungen in Bezug auf das Unternehmen derart zu treffen, dass diese die Existenz und auch den Zusammenhalt der Unternehmerfamilie nicht nachhaltig stören.[7]

In Bezug auf das Unternehmen ergibt sich für die Eigentümerinnen und Eigentümer insgesamt die Aufgabe, der Geschäftsführung langfristige Ziele vorzugeben, sie auf Augenhöhe strategisch zu beraten, sie in angemessener Weise zu kontrollieren und im Notfall auszutauschen. Um dies erfüllen zu können, benötigen die Mitglieder einer Unternehmerfamilie nicht nur fachliche Qualifikationen wie Wissen zu Führung, Organisation, Bilanzierung, Finanzierung, Gesellschaftsrecht, Vermögensmanagement, Kenntnis der Historie des Unternehmens, der aktuellen und technologischen Herausforderungen des Marktumfelds, Dynamiken der digitalen Transformation und der künftigen Unternehmensstrategie. Sie müssen darüber hinaus mit den Funktionslogiken und Systemdynamiken von Unternehmerfamilien und Familienunternehmen vertraut sein. Gerade die (potenziellen) Wechselwirkungen zwischen den Entscheidungen als Gesellschafterkreis und den sich daraus sowohl für einzelne Familienmitglieder als auch das gemeinsame Familienunternehmen ergebenden Folgen müssen mit größter Sensibilität betrachtet werden. Sie können zu nachhaltig destruktiven Störungen des Systemverbundes aus Familie, Unternehmen und Eigentum führen.

Die Überlegungen zusammenfassend, ergibt sich für die Mitglieder einer Unternehmerfamilie, wollen sie ihrer Rolle als Mitglieder der Verantwortungsgemeinschaft für das gemeinsam gehaltene unternehmerische Vermögen gerecht werden, die Anforderung, nicht bloß über rudimentäre betriebswirtschaftliche Kenntnisse, sondern über ein sehr spezielles Wissen, eine „Gesellschafterkompetenz" zu verfügen.[8] Allerdings, und dies sollte aus den einleitenden Ausfüh-

---

7 Siehe hierzu auch Kormann (2010) sowie Kormann (2011).
8 In der wissenschaftlichen Debatte wird vor allem international auch der Begriff „Professional Ownership" verwendet. Siehe hierzu auch Astrachan & Pieper (2011).

rungen deutlich geworden sein, ist eine wesentliche Grundlage für das Entstehen von Gesellschafterinnenkompetenz, eine Grundhaltung bei den handelnden Personen, die den Aufbau von Fähigkeiten und Fertigkeiten zu Gunsten der Übernahme von Verantwortung als Eigentümerinnen eines Familienunternehmens fördert und hierzu motiviert.[9] Ohne eine entsprechende Haltung kann keine Gesellschafterkompetenz nachhaltig entstehen.

1.2 Zum Verständnis von Familienunternehmen, Unternehmerfamilie und Gesellschafterkompetenz

Als Grundgerüst des Wissens einer Gesellschafterin im Zusammenhang mit den hier angestellten Überlegungen ist das Verständnis der Begriffe Familienunternehmen, Unternehmerfamilie sowie Gesellschafterkompetenz und -entwicklung wesentlich. Daher werden diese in diesem Unterkapitel definiert.

Definition Familienunternehmen

Von einem *Familienunternehmen* wird der Definition des WIFU folgend in Abgrenzung zu anderen Unternehmensformen immer dann gesprochen, wenn:[10]

- *sich ein Unternehmen ganz oder teilweise im Eigentum einer Familie oder mehrerer Familien bzw. Familienverbänden befindet,*
- *die Eigentümerfamilien aus einer unternehmerischen Verantwortung heraus die Entwicklung des Unternehmens maßgeblich bestimmen,*
- *diese Verantwortung entweder aus einer Führungs- oder Aufsichtsfunktion bzw. aus beiden Funktionen heraus wahrgenommen wird,*
- *in der Familie geplant wird, das Unternehmen in die nächste Familiengeneration weiterzugeben.*

Das „transgenerationale Moment" ist für Familienunternehmen somit essenziell. Rechtsform und Größe des Unternehmens spielen keine Rolle. Start-ups oder eigentümergeführte Unternehmen sind in diesem Sinn allein (noch) keine Familienunternehmen.

Es erscheint für jedes Mitglied einer Unternehmerfamilie ratsam, sich die zentralen Bestandteile dieser Definition einmal anhand der eigenen Situation vor Augen zu führen und sich beispielsweise zu fragen, an welcher Stelle in der Governance und in welcher konkreten Form die Familie ihre unternehmerische Verantwortung bei der Steuerung der Geschicke des Unternehmens ausübt und wer hier die „maßgeblichen" Impulse setzt. Sind diese wirklich noch durch die Familie bestimmt? Oder folgt die Familie „willenlos" den Vorschlägen familienexterner Top-Managerinnen, Beiratsmitglieder bzw. Berater? Auch ist es lohnenswert, sich einmal über den Status quo des „transgenerationalen Moments" Gedanken zu machen. Wie ist es konkret um den Fortführungswillen in der

---

9 Zu den Besonderheiten der Motivation zur GKE bei Vertretern aus der NextGen siehe die Ausführungen in Kapitel 3 dieses Buches.
10 Entnommen aus: *https://www.wifu.de/best-of-fu-wissen/familienunternehmen* [Zugriff am 19.12.2023].

nächsten Generation bestellt? Gibt es diese bei den wesentlichen Anteilseignerinnen überhaupt oder hofft man darauf, dass kinderlose Gesellschafter mit großen Anteilspaketen schon an ihre Neffen und Nichten vererben werden? Das transgenerationale Moment gerät unserer Erfahrung nach immer dann in Bedrängnis, wenn es für die Einzelperson keine Nachkommen gibt und die Gemeinschaft keine „Auffanglösung" geschaffen hat. Eine solche könnte entweder in der Schaffung eines „kollektiven unsterblichen Familienmitgliedes" in Form einer Familienstiftung, die dann die Anteile übertragen bekommt, oder eines starken und regelmäßig gepflegten Narratives, welches es der Einzelperson ermöglicht, die Anteile guten Gewissens an die Kinder von Geschwistern, Cousinen oder Cousins bzw. der Gemeinschaft als solcher zu übertragen, bestehen.

Definition Unternehmerfamilie

Analog dazu wird im Folgenden von einer *Unternehmerfamilie* gesprochen, wenn:[11]

- *eine Gruppe von Menschen in einem verwandtschaftlichen Verhältnis zueinander steht und in ihrer Entwicklung durch ein im Eigentum einzelner oder mehrerer Familienmitglieder befindliches Unternehmen bzw. einen Unternehmensverband geprägt wird*
- *und wenn diese Gruppe oder Teile davon sich mit der Frage beschäftigt, wie dieses Eigentum innerhalb des Familienverbandes weitergegeben wird.*

Dabei ist die Form der ggf. jeweils gefundenen Lösung (Stammesverband, sog. Kronprinzenregelung, Großfamilienorganisation) nicht bedeutsam.

Diesem Verständnis entsprechend ist ebenfalls eine Selbstreflexion der Definition und ihrer Bestandteile durch den geneigten Familiengesellschafter empfehlenswert. Insbesondere die Fragestellung, inwieweit das verwandtschaftliche Verhältnis zueinander geklärt und aktiv gepflegt wird, kann entscheidende Bedeutung über die Form des Miteinanders im Gesellschafterinnenkreis erlangen. Auch hier wäre die Frage angebracht, sich als Familie einmal gemeinschaftlich zu vergewissern, ob und wenn ja in welcher Form die einzelnen Familienteile sich die Weitergabe des Eigentums vorstellen.

Definition Gesellschafterkompetenz

Das oben beschriebene Erfordernis eines speziellen Wissens kann als „Gesellschafterkompetenz als Mitglied einer Unternehmerfamilie" bezeichnet werden.[12] Für die weiteren Ausführungen ist sie wie folgt definiert:[13]

Gesellschafter- bzw. Gesellschafterinnenkompetenz (GK) umfasst sämtliche Fähigkeiten und Fertigkeiten von aktuellen und potenziellen Gesellschaftern eines Familienunternehmens zur erfolgreichen Ausübung ihrer Eigentümerfunktion

---

11 Entnommen aus: https://www.wifu.de/best-of-fu-wissen/unternehmerfamilien [Zugriff am 19.12.2023].
12 Vgl. Groth & von Schlippe (2011) sowie Aronoff & Ward (2011).
13 Entnommen aus: https://www.wifu.de/best-of-fu-wissen/gesellschafterkompetenz [Zugriff am 19.12.2023].

1. Gesellschafterkompetenz in Unternehmerfamilien

sowie ihrer Rechte und Pflichten innerhalb der Unternehmerfamilie. Darüber hinaus geht es um die Befähigung, mit bisher unbekannten Situationen in Firma und Unternehmerfamilie erfolgreich umgehen zu können.

Der Ausprägungsgrad der Gesellschafterkompetenz einer Unternehmerfamilie lässt sich dieser Definition folgend als die Summe der vorhandenen Kompetenzniveaus der einzelnen Familiengesellschafterinnen sowie deren Ehegatten und Lebenspartner beschreiben.[14] Er ist erheblich von dem jeweils vorhandenen familienstrategischen Reifegrad einer Unternehmerfamilie geprägt.[15] Neuere Studienergebnisse deuten darauf hin, dass Unternehmerfamilien, die über eine formelle (Familienverfassung) oder informelle Familienstrategie verfügen, deutlich umfangreicher GKE-Maßnahmen durchführen als solche, die nicht über ein entsprechendes Instrumentarium verfügen.[16] Es wird sofort ersichtlich, dass es für die Verantwortungsgemeinschaft einer Unternehmerfamilie nicht ausreichend ist, wenn ein oder zwei Familienmitglieder aus einem Gesellschafterinnenkreis von 20 und mehr Personen die oben skizzierten Fähigkeiten und Fertigkeiten alleinig besitzen. Aus einem zu großen Kompetenzgefälle innerhalb einer Familiengemeinschaft entsteht ansonsten potenziell die Gefahr, dass kompetenzorientierte, patriarchale/matriarchale Entscheidungsstrukturen entstehen und die Eigentümergemeinschaft vom Wohl und Wehe dieser Einzelpersonen abhängig wird. Auch kann die asymmetrische Verteilung grundlegender Wissens- und Fähigkeitenbündel ein Misstrauen der „Unwissenden" gegenüber den „Wissenden" entstehen lassen. Dies führt bei nicht nachvollziehbaren Entscheidungen oder in Krisensituationen dann meist dazu, dass die „Unwissenden" sich durch potenziell kompetente Externe (z.B. Anwälte) Unterstützung suchen, wenn ihr Vertrauen in das Handeln der „wissenden" Familienmitglieder erschüttert ist. Unsere Beobachtungen in der Praxis zeigen, dass immer dann, wenn über lange Zeit eine größer werdende Anzahl von Familiengesellschafterinnen „unwissend" gehalten wurde oder sich aus Bequemlichkeit nicht das notwendige Wissen zur Einschätzung der Entwicklungsnotwendigkeiten des Unternehmens angeeignet hat, dies zu Spannungen und in kritischen Zeiten des Unternehmens zum Aufflammen von Familienkonflikten führt.

Diese Ausführungen aufgreifend, lohnt es sich vielleicht einmal, die Verteilung der Wissens- und Fähigkeitenbündel innerhalb der eigenen Unternehmerfami-

---

14 Diese sind in aller Regel maßgeblich an den offiziellen oder informellen Diskussionen über zukunftsweisende Entscheidungen des Familienunternehmens beteiligt. Spätestens im Rahmen der Erziehungsaufgabe der nachfolgenden Generation kommt ihnen eine entscheidende Rolle zu.
15 Der familienstrategische Reifegrad wird von Rüsen et al. (2022) definiert als: *„Umfang und Ausmaß des Einsatzes von Selbstreflexions-, Kommunikations- und Kollaborationssystemen, die die Entscheidungsfindung und den Zusammenhalt innerhalb der Unternehmerfamilie fördern. Der Reifegrad gibt somit Aufschluss über Umfang, Inhalt und Umsetzungsgrad einer impliziten oder expliziten Familienstrategie sowie der auf ihr basierenden Family Governance bzw. des auf ihr basierenden (Selbst-)Managements einer Unternehmerfamilie."* Entnommen aus Rüsen et al. (2022), S. 56.
16 Siehe hierzu ausführlich Rüsen et al. (2022), S. 9.

lie zu untersuchen. Eine selbstkritische Evaluation des Status quo und die Diskussion innerhalb der Unternehmerfamilie könnte, wenn sie konstruktiv-kritisch vorgenommen wird, zu einer positiven Entwicklung innerhalb der Unternehmerfamilie führen.

Definition Gesellschafterkompetenzentwicklung

Die regelmäßige und systematische Ausbildung und Weiterentwicklung des etablierten Niveaus von Gesellschafterinnenkompetenz einer Unternehmerfamilie ist für die weiteren Überlegungen folgendermaßen definiert:[17]

> *Die Gesellschafter- bzw. Gesellschafterinnenkompetenzentwicklung (GKE) beinhaltet sämtliche Maßnahmen, die Mitglieder einer Unternehmerfamilie ergreifen, um die Aus- und Weiterbildung von Kompetenzen zu forcieren, sowie die Erlangung von Fähigkeiten und Erfahrungen zu unterstützen, die ihnen bei der Wahrnehmung einer Rolle als Gesellschafter des gemeinsamen Familienunternehmens dienlich sind.*

Die Auseinandersetzung mit dem „familieninternen Aus- und Weiterbildungskonzept für Familienmitglieder" stößt oftmals auf Unverständnis und Widerstände. Warum soll man sich „auf Vorrat" Kompetenzen und Fähigkeiten im Kontext der Unternehmerfamilie aneignen, von denen man nicht einmal genau weiß, ob diese überhaupt jemals und wenn ja, wann diese einmal gebraucht würden. In Bezug auf die Ausbildung und Entwicklung von jüngeren Familiengesellschafterinnen werden zudem regelmäßig Sorgen geäußert, dass entsprechende Programme in den individuellen Erziehungsansatz jeder Kernfamilie eingreifen könnten. Es wird oftmals als unpassend und unnötig empfunden, sich im Kreise der Familie kollektiv oder individuell weiterzubilden und hierfür die wertvolle individuelle Freizeit zu investieren. Die gleichen Personen sind oftmals allerdings als „Privatpersonen" gerne bereit, sich längeren und intensiven Ausbildungs- und Weiterbildungskursen zu unterziehen in der Hoffnung, ihre Karrierechancen und Einkommenssituation hierdurch zu verbessern und sich für neue Fach- und Führungsaufgaben zu qualifizieren. Die Notwendigkeit zur Absicherung zukünftiger Ausschüttungen und zum Erhalt des „transgenerationalen Erbes" durch eine kontinuierliche Weiterbildung im Kontext der Unternehmerfamilie wird oftmals übersehen. Vor diesem Hintergrund lohnt auch hier die konstruktiv-kritische Selbstevaluation und -reflexion der bisherigen Aktivitäten einer Unternehmerfamilie als Gemeinschaft sowie der einzelnen Gesellschafter. In diesem Zusammenhang wäre ebenfalls zu prüfen, in welcher Form auch Mitglieder der Unternehmerfamilie in GKE-Maßnahmen bisher einbezogen worden sind, die (noch) keine Anteile am Familienunternehmen halten, bzw. solche, die zentrale Erziehungsaufgaben übernehmen.

---

17 Entnommen aus: *https://www.wifu.de/best-of-fu-wissen/gesellschafterkompetenz* [Zugriff am 19.12.2023].

1. Gesellschafterkompetenz in Unternehmerfamilien

Abbildung 2: Gesellschafterkompetenzentwicklung in Unternehmerfamilien.
Quelle: Eigene Darstellung; Illustration B. v. Schlippe

1.3 Über den „Nutzen" von Gesellschafterkompetenz: Eine strategische Perspektive

Nicht jeder Familiengesellschafterin mag sich aus den bisherigen Ausführungen die Notwendigkeit zur systematischen Entwicklung von Gesellschafterkompetenz erschließen. In der Praxis lässt sich nach wie vor immer wieder feststellen, dass insbesondere operativ tätige oder ehemals operativ tätige Familiengesellschafterinnen vor einem umfänglichen Kompetenzaufbau im Gesellschafterkreis zurückschrecken. Hier herrscht beispielsweise die Sorge vor, dass zu viele kritische Diskussionen mit „halbgebildeten" Gesellschafterinnen entstehen, die die eigene Gestaltungskraft und -freiheit einengen. Folgende Aussage eines ehemaligen Geschäftsführenden Gesellschafters kann als beispielhaft für diese Befürchtung gelten:

> „Ich halte es für unzumutbar, wenn Nachwuchsgesellschafter, nachdem sie ein fünftägiges Strategieseminar an einer vermeintlichen Top-Business-School absolviert haben, mir und meinen Geschäftsführer-Kollegen erklären wollen, wie wir die Strategie des Unternehmens und die Digitalisierung gestalten sollen. Hier führt angeeignetes Halbwissen zu einer Gefährdung des Betriebsablaufes."

Offenbar wurde es in dieser Unternehmerfamilie versäumt, eine konstruktivkritische Kommunikationskultur zu etablieren, die es Nachwuchsgesellschafterinnen ermöglicht, sich mit Strategiefragen des Unternehmens mit den hierfür verantwortlichen Geschäftsführern auseinanderzusetzen. Gleichzeitig gab es hier vermutlich seitens der Unternehmensleitung bzw. der Familienführung keinen organisierten Rahmen, um Ideen, Ansätze und Überlegungen als positive Impulse aus dem Eigentümerinnenkreis aufzugreifen und zu diskutieren.

Problematisch sind solche „Ergebnisse" von Gesellschafterkompetenzmaßnahmen, wenn sich einerseits die operativ verantwortlichen familieninternen und externen Führungskräfte durch die Gesellschafterinnen vorgeführt fühlen. Gleichzeitig kann das „Unterdrücken" von interessierten Gesellschaftern zu einer Frustration, dem Rückgang des Bindungsgefühls bis hin zum Verkaufswunsch führen.

Die Schaffung einer systematischen Möglichkeit, Fähigkeiten und Kompetenzen in die Unternehmens- und Familienentwicklung einzubringen (z. B. durch informelle Hintergrundgespräche, Diskussionsrunden etc.), könnte dem Familienunternehmen mitunter sogar Vorteile bringen, sofern innerhalb der Unternehmerfamilie von wertvollen Wissens- und Fähigkeitsbündeln ausgegangen werden kann. Folgende Erzählung des Familienoberhauptes einer dynastischen Großfamilie zeigt, dass die Auseinandersetzung mit interessierten Nachwuchsgesellschafterinnen auch für das Unternehmen Vorteile generieren kann:

> *„Ursprünglich hatten wir geplant, dass wir für interessierte Gesellschafter im Alter von 25–40 Workshops zur Wissensvermittlung über unsere Digitalstrategie abhalten. Unsere Führungskräfte kamen von diesen Wochenenden mit folgender Botschaft zurück: ‚Die Vertreter der NextGen wissen zum Teil mehr als wir im Unternehmen über digitale Trends und Technologien, die arbeiten bei Spezialfonds und Start-ups und haben einen ganz anderen Blick auf Fragen der Nachhaltigkeit. Wir sollten viel öfters mit denen diskutieren und hier einen Arbeits- und Austauschkreis etablieren.' Für unsere Nachwuchsgesellschafter war dies eine gute Möglichkeit, sich in das Unternehmen einzudenken und Anregungen und Impulse zu setzen. Beide Seiten haben in hohem Maße voneinander profitiert. Mittlerweile haben wir hier regelmäßige Treffen, bei denen auf Augenhöhe diskutiert wird. Dies ist ein unerwartetes, aber sehr erfreuliches Ergebnis der ursprünglich als Schulungsmaßnahme gedachten Aktivität für unsere NextGen."*

Aus der Strategieforschung ist es bekannt, dass Unternehmen unter anderem dann einen Wettbewerbsvorteil erringen, wenn es ihnen gelingt, Ressourcen zu entwickeln, die wertvoll, selten bzw. nicht imitierbar sind und für die es keinen vergleichbaren Ersatz gibt.[18] Betrachtet man die spezifischen Wettbewerbsvorteile von Familienunternehmen, wird deutlich, dass und wie sich diese erheblich von Nicht-Familienunternehmen unterscheiden. Dies liegt in erster Linie an der sog. „Familiness", dem Familien-Faktor von Familienunternehmen. Dieser bezeichnet das spezifische Bündel von Ressourcen, das sich aus der Interaktion zwischen der Familie, ihren individuellen Mitgliedern und dem Unternehmen selbst ergibt.[19] Der spezifische Familien-Faktor ist nicht nur das zentrale Unterscheidungsmerkmal eines jeden einzelnen Familienunternehmens, sondern gleichzeitig auch ein essenzieller Einflussfaktor für die Performance und

---

18   Vgl. Barney (1991).
19   Vgl. Habbershon & Williams (1999).

1. Gesellschafterkompetenz in Unternehmerfamilien

die Wettbewerbsvorteile desselben. Die Gesellschafterinnenkompetenz der Unternehmerfamilie stellt somit einen ganz wesentlichen Bestandteil dieses Familien-Faktors und somit des spezifischen Ressourcenbündels dar. Im einen Fall ist es die persönliche Beziehung, das Netzwerk oder der gelebte Umgang mit Mitarbeitern, Kundinnen und Lieferanten. Im anderen Fall mag es die Präferenz zur Reinvestition der erwirtschafteten Gewinne sein, die zu überdurchschnittlichen Investitionen in Forschung, Entwicklung oder Digitalisierungsinitiativen führt.

Es sind in der Praxis sehr unterschiedliche Impulse, die z. B. aus einer Gesellschafterinnenversammlung bzw. den Überwachungsgremien eines Familienunternehmens heraus auf dessen Geschäftsleitung einwirken können. Je nach gewählter Governance-Struktur und den in diese Struktur eingebundenen Mitgliedern der Unternehmerfamilie (dies kann beispielsweise auch eingeheiratete Personen umfassen) ist die Familie des Familienunternehmens an allen zentralen Entscheidungen des Unternehmens beteiligt. Für jede der hier tätigen Einzelpersonen sind somit die jeweils vorhandenen Kompetenzen entscheidend. Neben den auf die Entwicklung des Unternehmens gerichteten Aktivitäten ist es aber auch Kernaufgabe der involvierten Personen, Missverständnisse und Konflikte innerhalb der Unternehmerfamilie möglichst zu vermeiden. Gelingt es einer Unternehmerfamilie, das strukturelle Risiko durch destruktive Einflüsse aus der Familie zu verringern, führt dies zu einer Aufrechterhaltung der typischen Stärken und damit der Wettbewerbsvorteile des Familienunternehmens.[20]

Aus den bisherigen Ausführungen ist deutlich geworden, wie brisant dieser Themenkomplex ist. Die Entwicklung von Gesellschafterkompetenz kann als die zentrale Erfolgsvariable von Mehrgenerationen-Familienunternehmen bezeichnet werden. Es ist geradezu unabdingbar, über eine (abhängig von Größe und Komplexität des Unternehmens wie auch der Familie) kritische Anzahl von kompetenten Mitgliedern der Unternehmerfamilie zu verfügen. Die Aus- und Weiterbildung auf der einen Seite und gleichzeitige Nutzung vorhandener Gesellschafterinnenkompetenz kann zu einem entscheidenden Wettbewerbsvorteil des Familienunternehmens führen.

Hier ist es wichtig zu erkennen, in welcher Form die Unternehmerfamilie die Geschicke des Unternehmens maßgeblich prägt. In einem Familienunternehmen, in dem die Geschäftsführung aus mehreren aktiven Gesellschafterinnen unterschiedlicher Generationen besteht, ergeben sich andere Fragestellungen als in Familienunternehmen, in denen z. B. die Geschäftsführung ausschließlich von familienexternen Managern übernommen wird. Während im ersten Fall ein zu hohes Kompetenzdefizit zwischen aktiven und nicht-aktiven Gesellschaftern möglicherweise zu Problemen führt, ist im zweiten Fall eine Übernahme

---

20 Zur besonderen Verantwortung von Familiengesellschaftern vgl. Wimmer (2011). Zum Konzept des strukturellen Risikos von Familienunternehmen in Abhängigkeit vom Mentalen Modell einer Unternehmerfamilie siehe ausführlich Rüsen et al. (2012) sowie Rüsen et al. (2019).

von Verantwortung seitens der Familiengesellschafterinnen vermutlich nicht dauerhaft aufrechtzuerhalten, wenn die Kompetenz auf der Gesellschafterseite unzureichend ist. Sofern die Familie hier nicht in der Lage ist, für die Aufsichts- und Kontrollgremien geeignete Vertreterinnen hervorzubringen, steht sie vor dem hohen Risiko, entweder vollständig fremdbestimmt zu werden oder aber ihrer Rolle als verantwortungsvoller Eigentümer nicht (mehr) entsprechen zu können.

Vor dem Hintergrund dieser Überlegungen ist die gezielte Entwicklung von Gesellschafterinnenkompetenz in den nachfolgenden Generationen eine systematische, immer wieder aufs Neue vorzunehmende Kernaufgabe der Unternehmerfamilie. Damit eng verbunden sind unter anderem Aspekte von Einsatzbereitschaft, Leistung, Erziehung und Ausbildung der potenziellen Nachfolger. Dies macht die Entwicklung von Gesellschafterinnenkompetenz zu einem ganz wesentlichen Bestandteil der Erziehungsaufgabe und der Sozialisation innerhalb einer jeden Kernfamilie.[21] Dass es sich hierbei um äußerst sensible Themen handelt, die innerhalb der Unternehmerfamilie als Ganzes in Bezug auf die jeweilige Kernfamilie auszuhandeln sind, ist leicht nachvollzuziehen.

Vor dem Hintergrund der strategischen Relevanz ist die kritische Reflexion und Thematisierung der bestehenden Haltung zum Thema „Lernen" bzw. „Kompetenzaufbau" innerhalb der Unternehmerfamilie als eine erste zentrale Aufgabe für den familienstrategischen Auseinandersetzungsprozess ihrer Mitglieder anzusehen.

1.4 Status quo der Gesellschafterkompetenzentwicklung in deutschen Familienunternehmen

In diesem Unterkapitel erfolgt eine kurze Betrachtung aktueller Trends und etablierter Kompetenzentwicklungsmaßnahmen in Familienunternehmen und Unternehmerfamilien im deutschsprachigen Raum. Sie basieren auf zwei quantitativen Befragungen des Wittener Instituts für Familienunternehmen (WIFU) in den Jahren 2019[22] sowie 2021.[23]

---

[21] Siehe hierzu ausführlich den Beitrag zur Sozialisierung, Erziehung und Lernen innerhalb der Unternehmerfamilie in Kapitel 18 sowie zur Motivation der Vertreter der NextGen zum „Lernen auf Vorrat" in Kapitel 3 dieses Buches.

[22] Hier gaben 214 Teilnehmer Einblicke zu familienstrategischen Entwicklungen, der Family Governance sowie der gelebten Praxis des Familienmanagements. Siehe hierzu ausführlich Rüsen & Löhde (2019).

[23] In diesem Rahmen wurden 218 Mitglieder aus Familienunternehmen und Unternehmerfamilien explizit zu durchgeführten Maßnahmen, Schwerpunkten und Inhalten im Rahmen von gesellschafterkompetenzfördernden Aktivitäten der Unternehmerfamilie befragt. Die folgenden Inhalte basieren auf den hier dargelegten Ergebnissen. Siehe ausführlich hierzu: Rüsen et al. (2022).

1. Gesellschafterkompetenz in Unternehmerfamilien

Welche Aktivitäten werden typischerweise durchgeführt?

Grundsätzlich betreiben 69 % der Studienteilnehmerinnen von 2021 eine systematische GKE. Sie messen ihr insgesamt sogar eine hohe Bedeutung bei. So sehen 86 % eine Unterstützung der Bindung der Unternehmerfamilie an das Familienunternehmen durch GKE-Maßnahmen. Für 85 % unterstützen entsprechende Aktivitäten ihren Zusammenhalt und 83 % der Studienteilnehmer geben an, hierin einen zentralen Erfolgsfaktor zur Absicherung des langfristigen Überlebens des Familienunternehmens zu sehen. 81 % sind davon überzeugt, dass entsprechende Maßnahmen und Aktivitäten die gemeinsame Willensbildung der Familiengesellschafterinnen fördern. Zudem sehen über 68 % einen positiven Nebeneffekt der Minderung von Konflikten in der Unternehmerfamilie durch die systematische Aus- und Weiterbildung.

Gegenüber älteren Untersuchungen[24] scheinen sich entsprechende Programme seit längerem etabliert zu haben, denn lediglich 13 % der Studienteilnehmerinnen beschäftigen sich erst seit drei oder weniger Jahren mit Maßnahmen der GKE. Immerhin 34 % befassen sich damit schon seit mehr als zehn Jahren.

Die 31 % der Befragten, die zu diesem Zeitpunkt keine GKE-Maßnahme betrieben, gaben hierfür folgende Gründe an: Sie erachten dies als nicht nötig (17 %), der Gesellschafterinnenkreis sei zu klein (22 %), das Fehlen einer Verantwortlichen (20 %), die fehlende Einigkeit im Gesellschafterkreis zu diesem Thema (16 %), Ressourcenknappheit (2 %). Diese Angaben lassen vielfältige Vermutungen über die zugrunde liegenden Bedenken zu. Erfahrungsgemäß korrelieren entsprechende Aussagen sehr stark mit dem jeweiligen Mentalen Modell einer Unternehmerfamilie bzw. mit ihrem Grad der (Selbst-)Organisation als Unternehmerfamilie.

Bezogen auf die konkret durchgeführten Maßnahmen lässt sich beobachten, dass eine durch die Familie organisierte interne Weiterbildung (69 %), Learning by Doing im Rahmen von Praktika und (Semester-)Ferienjobs (68 %) sowie durch die Familie finanzierte Teilnahmen an offenen Weiterbildungsprogrammen, Seminare und Workshops (67 %) im Vordergrund stehen. Die vermittelten Inhalte zielen auf betriebswirtschaftliche Themen ab. So sind vor allem Management und Strategie (78 %), Führung und Organisation (56 %) sowie Bilanzanalyse (55 %) Kernbestandteile der gelebten GKE. Inhalte mit Bezug zur Kommunikation und Konfliktmanagement (51 % bzw. 49 %) rangieren noch vor Wirtschaftsthemen wie Nachhaltigkeit (46 %), Markt- und Branchenkenntnisse (45 %) sowie „Firmenkunde" (44 %). Rechtliche Fragestellungen sind von eher geringerer Bedeutung (38 %). Offensichtlich wurde zum Zeitpunkt der Befragung Gesellschafterkompetenz also in erster Linie auf der Ebene der zentralen Themen von Unternehmensführung verortet.

Im Hinblick auf die Einbeziehung von Mitgliedern aus der Unternehmerfamilie zeigt sich eine interessante Diskrepanz zwischen Anspruch und Wirklichkeit: So

---

24 Siehe Vöpel et al. (2013).

sieht die überwältigende Mehrheit (>90 %) der befragten Personen, die aktuell oder künftig eine Aufsichtsfunktion im Unternehmen, eine Gremienfunktion für die Familie oder aber eine operative Rolle im Unternehmen wahrnehmen, als „Wunschkandidaten" für GKE-Programme an. Tatsächlich werden diese Personengruppen durch entsprechende Programme jedoch deutlich seltener adressiert (57 %–63 %). Etwas geringer ist die Abweichung bei der Betrachtung des Gesellschafterstatus: Hier werden in 70 % der Fälle GKE-Maßnahmen ausschließlich Familienmitgliedern angeboten, die bereits Anteile am Unternehmen halten – unabhängig von formellen Rollen in Unternehmen oder Familie. Dies entspricht dem Wunschzustand der Befragten (73 %). Lediglich ein gutes Drittel (33 %) findet, dass sämtliche Familienmitglieder, also auch solche ohne Anteile am Unternehmen, Adressaten kompetenzbildender Maßnahmen sein sollten. Dies entspricht auch der gelebten Praxis: 31 % der Teilnehmenden bieten auch für diesen Personenkreis Qualifizierungsprogramme an.

Diese Ergebnisse sind erstaunlich, weisen sie doch darauf hin, dass nach wie vor eine klare Grenzziehung innerhalb der (Groß-)Familie vorgenommen zu werden scheint. Dass Unternehmerfamilien gut beraten sind, wenn sie Ehepartner, die auch als wesentliche Ratgeberinnen und Rollenmodelle für die Nachwuchsgeneration (die „NextGen") fungieren, aus entsprechenden Programmen der Familie heraushalten, kann durchaus bezweifelt werden. Wie oben bereits angedeutet, ist es oft beobachtbar, dass Ehe- und Lebenspartnerinnen, sofern sie gut in die Kultur- und Wertegemeinschaft der Unternehmerfamilie aufgenommen und integriert worden sind, zentrale Stützen des Systems Unternehmerfamilie sein können. Eine systematische Ausgrenzung hingegen führt oft zu Konflikten unter den Ehepartnern oder zu Loyalitätskonflikten der Kinder. Beides ist schnell hervorgerufen, wenn ein Elternteil sich mit dem Kontext des Familienunternehmens nicht anfreunden und die notwendigen persönlichen Opfer nicht erbringen will.

Die Verantwortung für die Planung und Durchführung entsprechender GKE-Aktivitäten liegt bei mehr als jeder vierten Unternehmerfamilie in den Händen eines Gremiums oder des operativ tätigen Familienmitgliedes (jeweils 27 %). 23 % der Befragten überlassen die Kompetenzentwicklung derzeit jedem einzelnen Mitglied des Gesellschafterkreises selbst. Unternehmensexterne Dritte (4 %) sowie Organisationseinheiten des Unternehmens (3 %) spielen derzeit offenbar nur eine untergeordnete Rolle bei der systematischen Kompetenzentwicklung. Auch hier gibt es deutliche Diskrepanzen zur Idealvorstellung der Studienteilnehmenden: Es besteht in 61 % der Fälle der explizite Wunsch nach einer Verantwortlichkeit für die GKE-Maßnahmen bei einem Gremium der Family Governance. Offenbar gibt es in diesem Punkt für Familiengremien noch einen erheblichen Aufholbedarf. Dies verdeutlicht die Notwendigkeit, dass ein eine entsprechende Organisationseinheit der Familie nicht nur die hierfür benötigten Kompetenzen im didaktischen Aufbau und Design entsprechender Schulungskonzepte benötig, sondern auch mit entsprechenden finanziellen Mitteln durch die Unternehmerfamilie ausgestattet werden muss.

1. Gesellschafterkompetenz in Unternehmerfamilien

Die Ergebnisse der 2019 veröffentlichten Untersuchung des WIFU zu familienstrategischen Entwicklungen und Herausforderungen von Unternehmerfamilien lieferten ebenfalls interessante Erkenntnisse zum Thema Gesellschafterinnenkompetenz.[25] So gaben 22 % der Befragten an, bereits über ein dezidiertes Weiterbildungsprogramm für Gesellschafterinnen und Unternehmerfamilie als Bestandteil ihres Familienmanagementsystems zu verfügen. 72 % bezeichneten ein entsprechendes Programm als wichtig und hilfreich. 75 % der Befragten gaben an, dass die Entwicklung von Gesellschafterinnenkompetenz ein wichtiges und relevantes Element der Familienstrategie ist. Nach den größten Herausforderungen bei der Umsetzung einer Familienstrategie befragt, nannten 32 % der Teilnehmer den strukturierten Aufbau von Gesellschafterkompetenz. Gleichzeitig wurde der Aufbau von Gesellschafterinnenkompetenz von 63 % der Befragten als ein positives Ergebnis der Entwicklung einer Familienstrategie bezeichnet.

Mechanismus	Anteil
Familientage	59 %
Gesellschaftsvertrag (Wohlverhalten)	57 %
Familiengremium/„Kümmerer"	52 %
Explizite Familienstrategie	45 %
Familienverfassung/-kodex	45 %
Familienintranet/Kommunikationskanäle	45 %
NextGen-Formate	34 %
Family Office	23 %
GKE/Familienakademie	22 %
Konfliktmanagementsystem	21 %

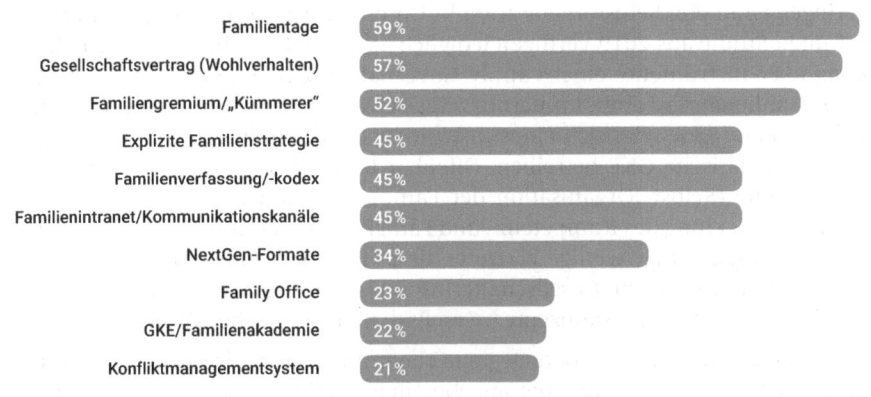

Abbildung 3: Verbreitung von Family-Governance-Mechanismen.
Quelle: Entnommen aus Rüsen & Löhde (2019) S. 9

Was hindert Unternehmerfamilien daran, GKE-Programme aufzusetzen?

Die Bedeutung und Wichtigkeit eines zielgerichteten Aufbaus an Gesellschafterkompetenz sollten aus den vorherigen Ausführungen deutlich geworden sein. Doch die Praxis zeigt erstaunlich oft ein völliges Fehlen oder einen unsystematischen Umgang mit dieser Thematik. Zwei zentrale Aspekte stehen hier wohl einer „Professionalisierung" der Unternehmerfamilie entgegen, und beide basieren auf der gleichen Grundlogik: Unternehmerfamilien handeln in Bezug auf ihre (Selbst-)Organisation bzw. den gezielten Aufbau der eigenen Kompetenz typischerweise in der Logik der Familie. In dieser ist es nicht vorgesehen, ein Aus- und Weiterbildungsprogramm als Familie durchzuführen. Man lernt, was

---

25 Die folgenden Aussagen basieren auf den hier dargelegten Ergebnissen. Siehe hierzu ausführlich Rüsen & Löhde (2019).

man braucht, durch Abschauen, durch Anleiten der Kinder, über Geschichten und einfach durch „Mitmachen".

Dieses familiale (Lern-)Muster wird meist unreflektiert auf die Gesellschafterinnenrolle übertragen. Der Vorschlag, sich als (Gesellschafter-)Familie zu organisieren oder gemeinsam für die Rolle als kompetenter Gesellschafter fit zu machen, fühlt sich fremd an. Dementsprechend werden kompetenzfördernde Maßnahmen eher sporadisch durchgeführt und folgen keinem Plan bzw. Ausbildungskonzept. Wie oben bereits dargelegt, bleibt es kurios zu beobachten, dass beispielsweise nicht im Unternehmen aktive Familiengesellschafterinnen es als völlig normal betrachten, wenn sie für ihre eigene berufliche Karriere Aus- und Weiterbildungsmaßnahmen absolvieren; der vergleichbare Vorschlag jedoch, sich als Gesellschafter(familie) weiterzubilden, als befremdlich und unpassend wahrgenommen wird.

Diesen Sachverhalt kann man als zentral ansehen, betrachtet man einmal den geringen Grad von Selbstorganisation in Unternehmerfamilien. Gemäß der erwähnten Studie aus 2019 verfügen lediglich 45 % der Teilnehmer an der Befragung über Instrumente einer Family Governance (z.B. eine Familienstrategie oder Familienverfassung). Immerhin zeigt sich, dass ein Großteil der Unternehmerfamilien (83 %), die sich eines Instruments der Family Governance bedienen, systematische GKE betreiben. Offenbar begünstigt die einmal in Angriff genommene (Selbst-)Organisation der Familie dann auch eine zielgerichtete Weiterentwicklung des Kompetenz- und Fähigkeitenpools innerhalb der Unternehmerfamilie. Einige wenige Vertreter dieses Familientyps (meist solche mit einer großen Anzahl von Gesellschafterinnen) haben sogar familieneigene Akademien und Ausbildungskonzepte („Gesellschafterführerschein") entwickelt.

Die in diesem Unterkapitel dargelegten Erkenntnisse laden dazu ein, als Leserin einmal selbst den Status quo der angebotenen Inhalte zur Aus- und Weiterbildung innerhalb der Unternehmerfamilie zu analysieren. Vielleicht wird deutlich, dass hier bestimmte Themenfelder kaum oder überhaupt nicht adressiert oder Personengruppen insgesamt ausgeschlossen werden. Welche Gründe für ein Unterbleiben entsprechender Aktivitäten werden in der familieninternen Diskussion angegeben, wenn die Frage nach einer Familienakademie gestellt wird? In der Beantwortung der hier aufgeworfenen Fragestellungen kann durch eine kritische Selbstreflexion die derzeit praktizierte Vorstellung und Haltung gegenüber dem Thema Gesellschafterkompetenz ermittelt werden.

1.5 Dimensionen und idealtypische Inhalte eines GKE-Programms

Wie soll nun ein idealtypisches „Ausbildungsprogramm" für die Mitglieder einer Unternehmerfamilie aussehen? Die folgende Aussage mag als Antwort hierauf eine erste allgemeine Antwort liefern: *„Es geht nicht darum, Künstler zu werden,* *sondern darum, Kunst von Kitsch unterscheiden zu können".*[26] Es wird deutlich, dass es nicht darum gehen kann, jede Gesellschafterin auf dasselbe Kompetenz- und Wissensniveau wie die für die Führungsaufgabe verantwortlichen Geschäftsführungsmitglieder zu bringen. Es geht vielmehr darum, eine allgemeine „Strategiefähigkeit" im Gesellschafterkreis zu etablieren. Hierunter ist zu verstehen, dass ein Gesellschafter die Grundannahmen der Entscheidungen, die er trifft, nachvollziehen kann und in der Lage ist, die Konsequenzen dieser im Allgemeinen zu überblicken. Folgende Aussage eines Geschäftsführenden Gesellschafters eines Traditionsunternehmens bringt den Zusammenhang auf den Punkt: *„Nicht jeder Gesellschafter muss in der Lage sein, mit dem CEO die Strategie bis ins kleinste Detail zu diskutieren, er muss aber in der Lage sein zu verstehen, über was er in der Gesellschafterversammlung abstimmt."*[27]

1.5.1 Dimensionenmodell der Gesellschafterkompetenz

Vor diesem Hintergrund scheint die Betrachtung eines Konzeptes der Dimensionen von Gesellschafterkompetenz sinnvoll.[28] Grundsätzlich lassen sich diese unterscheiden in: unternehmerische Kompetenz, Eigentümerkompetenz, Familienkompetenz und Individualkompetenz.[29]

Die unternehmerische Kompetenz umfasst dabei allgemeine betriebswirtschaftliche Kenntnisse, wie zum Beispiel das Verständnis der Grundlagen des Rechnungswesens und der Finanzierung. Hier liegt der Fokus auf dem Verstehen von Bilanzen, Kapitalflussrechnungen, Finanzierungsformen, Gewinn- und-Verlust-Rechnungen sowie dem Wissen um ihr Zusammenspiel. Im Hinblick auf das eigene Unternehmen kennen kompetente Gesellschafterinnen die Geschäftsstrategie und die übergreifenden Zielsetzungen ebenso gut wie die spezifischen Markt- und Wettbewerbsdynamiken, die aktuellen Entwicklungen bezüglich der digitalen Transformation und der Nachhaltigkeitsorientierung.

Die Arbeit an der unternehmerischen Kompetenz ermöglicht einem Familienmitglied, mit dem Management auf Augenhöhe zu diskutieren, es zu führen oder zu überwachen – mit anderen Worten: eine gute Verwalterin, ein guter Verwalter des Unternehmens zu sein. Unternehmerische Kompetenzen sind elementar, denn sie erlauben es auch einem nicht-operativ tätigen Familienmitglied, in derselben Sprache wie die operative Führung zu sprechen.

---

26 Dieses Zitat stammt von meinem Freund und Kollegen Hermut Kormann als Antwort auf die Frage, was den Kern von Maßnahmen zur Gesellschafterkompetenzentwicklung auszeichnet.
27 Aussage eines Familienunternehmers im Rahmen der Vorstellung eines familieninternen Entwicklungskonzepts für die Unternehmerfamilie.
28 Die folgenden Ausführungen fassen das Konzept von Rüsen et al. (2022) zu den Dimensionen der Gesellschafterkompetenz zusammen. Sie hierzu ausführlich Rüsen et al. (2022), S. 12 ff.
29 Ein Großteil der im Folgenden aufgeführten Inhalte der Kompetenz-Dimensionen (mit Ausnahme der Individualkompetenz) werden in den nachfolgenden Kapiteln dieses Buches in den Teilen B und C behandelt.

Neben den skizzierten unternehmerischen Kompetenzen ist eine weitere Dimension zentral, die auf das Verständnis der juristischen Sphäre in Bezug auf das Unternehmen und die Familie abzielt, aber auch das Management des außerbetrieblichen privaten oder gemeinsamen Vermögens der Unternehmerfamilie umfasst. In diesem Kontext sind nicht nur Kenntnisse der jeweiligen Rechtskonstruktionen des Unternehmens und der sich daraus z. B. ergebenden haftungs- und steuerrechtlichen Möglichkeiten, Einschränkungen sowie Herausforderungen zentral. Die Fähigkeit, diese einordnen zu können, setzt darüber hinaus grundlegende gesellschafts- und steuerrechtliche Kenntnisse voraus. Zudem sind die privat- und familienrechtlichen Herausforderungen, u. a. bei der Wohnortwahl, der Eheschließung, dem Abfassen von Vorsorgevollmachten und Testamenten, in ihrer Wirkungsweise auf die Eigentümergemeinschaft bzw. das Familienunternehmen zu kennen und ggf. entsprechende Konsequenzen für den eigenen Lebenswandel zu ziehen.

Diese Dimension umfasst zudem die Grundkenntnisse eines professionellen Managements des „Sekundärvermögens" der Unternehmerfamilie. Dieser Aspekt erhält in letzter Zeit eine immer größere Bedeutung, da es unzureichend erscheint, freie Vermögen ohne strategische Zielvorgaben und die Fähigkeit, eine angemessene Kontrolle auszuüben, durch externe Dienstleister verwalten zu lassen. Grundlegende Kenntnisse über die Theorie der Kapitalmärkte und der sogenannten „Asset Allokation" bzw. einer Vermögens-Governance sind zwingend erforderlich. Auch nimmt die Fähigkeit, eine gezielte Einschätzung gewählter Anlagestrategien (z. B. den Nachhaltigkeitsaspekt fördernde Anlageformen, Direktbeteiligungen bei Start-ups im digitalen Bereich u. v. m.) vornehmen zu können, einen wichtigen Bestandteil des übergreifenden „Skill-Sets" des Gesellschafterkreises ein. Nicht zuletzt gilt es, die unterschiedlichen Organisationsformen (z. B. Fondsgesellschaften, Single- oder Multi-Family-Office-Strukturen u. a.) in Ansatz und Vorgehensweise voneinander differenzieren und einschätzen zu können.

Die Dimension der Familienkompetenz fokussiert die Fähigkeit, einen positiven Beitrag zur Funktionsfähigkeit der Familie des Familienunternehmens zu leisten. Sie umfasst im Kern die Fähigkeiten, effektiv zu kommunizieren, das Familiensystem in seiner Dynamik kritisch zu reflektieren und konstruktiv mit Konflikten umzugehen. Personen, die sich hier Kompetenz aufbauen, verfügen über fundierte Kenntnisse über die typischen Handlungs- und Verhaltensmuster innerhalb der Familie und sind imstande, diese zu antizipieren und konfliktvermeidend mit ihnen umzugehen. Entscheidungsträgerinnen und -träger auf der Familienseite, insbesondere Mitglieder entsprechender Familiengremien, sind dazu angehalten, die Familiendynamik der Unternehmerfamilie insoweit reflektieren und auf sie Einfluss nehmen zu können, dass sie Familienbeziehungen formt und weiterentwickelt. Mittlerweile gibt es eine Vielzahl von praxistauglichen theoretischen Ansätzen, die dabei helfen, klassische Missverständnisse und daraus resultierende Konfliktdynamiken zu überwinden. Hierfür ist ein Grundverständnis der Rollenvielfalt als Mitglied einer Unternehmerfamilie sowie der Kenntnis des eigenen *„Mentalen Modells"* zentral. Zudem ist Vertrautheit und Umgangsmöglichkeiten mit den spezifischen Kommunikations- und Konfliktdynamiken in Unternehmernehmerfamilien in Theorie und Praxis Kernbestandteil dieser Kompetenzdimension. Bei Unkenntnis besteht die Gefahr des Entstehens von Vertrauensproblemen, die, wenn nicht systematisch bearbeitet, eine funktionsfähige und nachhaltige Kooperationsform im Eigentümerkreis verhindern. Gerade dann, wenn eine Scheu besteht, Konflikte proaktiv anzugehen und zu behandeln, entsteht oftmals ein Klima der Unsicherheit. Treten dann Entscheidungssituationen auf, die per se konfliktträchtig sind (z. B. die Auswahl von Gremienmitgliedern aus dem Familienkreis), werden notwendige Handlungen oft aufgeschoben, wenn nicht gar vermieden, oder es kommt im schlimmsten Fall zu einer Konflikteskalation. Hier sind jene Unternehmerfamilien im Vorteil, die sich selbst reflektieren können und über eine kommunikative und konfliktlösende Kompetenz verfügen.

Die letzte Dimension, die der Individualkompetenz, ist eng verknüpft mit der Familienkompetenz. Theoretisch lässt diese sich zwar getrennt darstellen, allerdings ist es schwierig, wenn nicht gar unmöglich, Familienkompetenz zu entwickeln, ohne gleichzeitig in den Aufbau individueller Kompetenz zu investieren. Sie umfasst die Fähigkeit des einzelnen Familienmitglieds, sich in der eigenen Reflexions- und Kommunikationskompetenz weiterzuentwickeln. Dabei steht die Schulung im Fokus, eigene Rollen- und Verhaltensmuster zu erkennen, eine eigene konstruktive Kommunikationsfähigkeit herauszubilden, eine Feedbackfähigkeit auszuprägen und erhaltene Rückmeldungen reflektieren zu lernen. Dies setzt einerseits die Arbeit an einer grundsätzliche Lern- und Wachstumsmentalität voraus. Andererseits umfasst diese Dimension auch, gesunde Grenzen zu setzen und die eigenen Reaktionen auf Emotionen zu kontrollieren, also angemessen zu reagieren und das eigene Verhalten situationsadäquat anzupassen. Hierzu gehört auch die Selbstfürsorge – sich von Erwartungsstrukturen Dritter aus der Unternehmerfamilie in angemessener Form abgrenzen zu können. Ein wichtiger Bestandteil ist in diesem Zusammenhang die Durchführung von Assessment-Centern, die die individuellen Stärken und Schwächen, Fähigkeiten- und Kenntnisdefizite sowie Entwicklungs- und persönliche Wachstumspotenziale herausarbeiten. Ein entsprechendes Entwicklungsprogramm in dieser Dimension fungiert somit als Leitplanke, das kommunikative, moderative und soziale „Skill-Set" auszubilden.

Nachfolgende Abbildung fasst die Überlegungen zu den einzelnen Kompetenzschwerpunkten zusammen.

Teil A: Einführung und Grundlagen

Unternehmerkompetenz beschreibt die Fähigkeit, einen positiven Beitrag zum langfristigen Erfolg des Unternehmens leisten zu können. Dies beinhaltet im Kern die Fähigkeit, das Management zu führen oder zu überwachen, mit anderen Worten: das Unternehmen kompetent zu verwalten. Unternehmerische Kompetenzen erlauben es einem nicht-operativ tätigen Familienmitglied in derselben Sprache wie und auf Augenhöhe mit der operativen Führung zu sprechen.

Individualkompetenz beschreibt die Fähigkeit und Bereitschaft, sich auf persönlicher Ebene weiterzuentwickeln, Rollenmuster zu erkennen, eine eigene abwertungsfreie Kommunikationsfähigkeit herauszubilden, Feedback anzunehmen, konstruktiv darauf zu reagieren und eine grundsätzliche Lern- und Wachstumsmentalität herauszubilden. Es bedeutet auch, gesunde Grenzen zu setzen, die eigenen Reaktionen auf Emotionen zu regulieren.

Eigentümerkompetenz beschreibt die Fähigkeit, die mit dem Eigentum verbundenen Pflichten und Rechte erfolgreich wahrnehmen zu können (z. B. steuer- und erbrechtliche Fragestellungen, Entscheidungen rund um das Familienvermögen).

Familienkompetenz beschreibt die Fähigkeit, einen positiven Beitrag zur Funktionsfähigkeit der Familie leisten zu können. Dies beinhaltet einerseits die Fähigkeit, effektiv zu kommunizieren und konstruktiv mit Konflikten umzugehen. Andererseits haben Personen mit Familienkompetenz fundierte Kenntnisse über die typischen Handlungs- und Verhaltensmuster innerhalb der Familie und sind in der Lage, diese zu antizipieren und konfliktvermeidend mit diesen umzugehen.

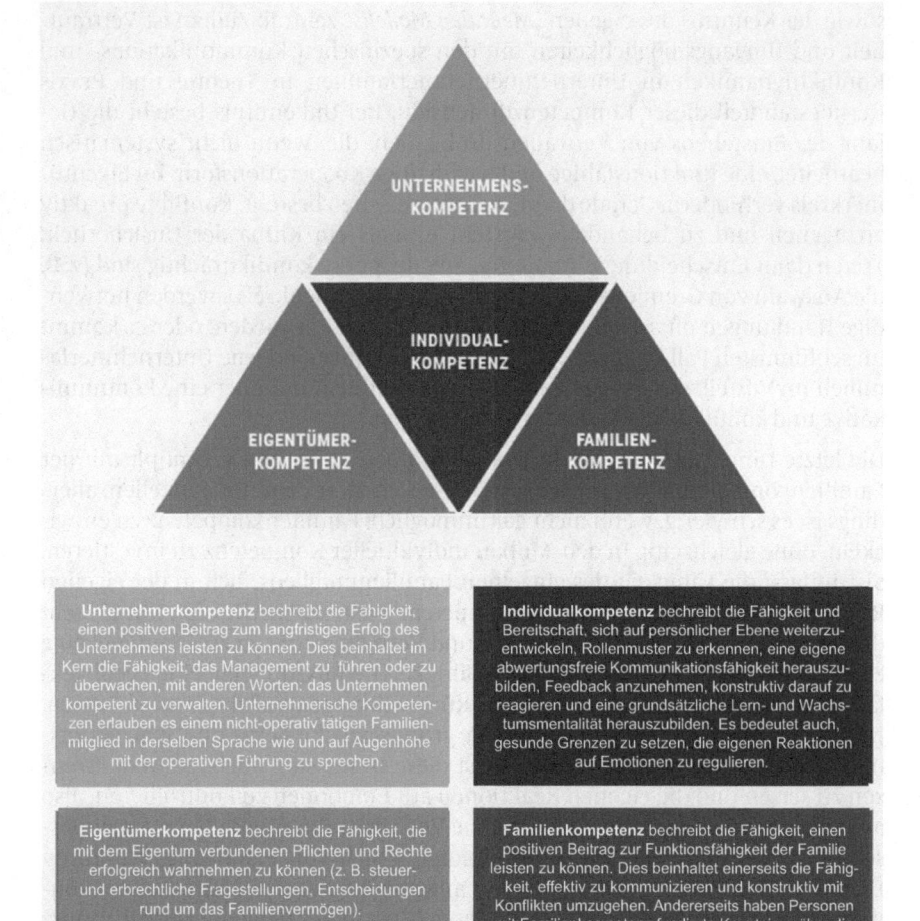

Abbildung 4: Dimensionen der Gesellschafterkompetenz.
Quelle: Entnommen aus Rüsen et al. (2022) S. 15

1.5.2 Idealtypische Inhalte eines GKE-Programms

Die folgenden Ausführungen fassen verschiedene, in der Praxis anzutreffende Aktivitäten und Konzepte zusammen und versuchen, diese in einen konzeptionellen Rahmen einzufügen. Die aufgeführten fünf Bestandteile eines GKE-Programms können als eine Art „Anforderungskatalog" an eine Gesellschafterin aufgefasst werden. Diese variieren jedoch von Umfang und Inhalt in Abhängigkeit von der eingenommenen Rolle. Im letzten Unterkapitel werden daher die jeweiligen Anforderungen an die Kompetenz in ein Verhältnis zur Rolle und Funktion eines Gesellschafters gestellt und in eine Analogie zu Führerscheinklassen skizziert. Wichtig ist es hierbei jedoch, Gesellschafterinnenkompetenz nicht nur auf der Ebene der Kognition, also des Denkens zu verstehen. Gleichzeitig sind entsprechende Programme so zu gestalten, dass sowohl die emotionale Seite wie auch die aktionale Kompetenzentwicklung einbezogen wird.[30]

Kennenlernen des Unternehmens von innen

Das Kennenlernen des Familienunternehmens erfolgt vielfach schon in frühester Kindheit, das belegen viele Erzählungen: „Vater hat uns mit dem Gokart auf dem Firmenhof fahren lassen", „Wir wurden regelmäßig mit auf Geschäftsreisen genommen und haben so die Tochtergesellschaften kennengelernt". In Unternehmerfamilien, in denen es aktive Familienmitglieder gibt, sind solche Situationen und Erfahrungen naturgemäß eher die Normalität als in solchen, deren Lebensmittelpunkt weit weg vom Stammhaus des Unternehmens liegt.

Gerade in frühester Jugend und Kindheit entstehen starke emotionale Beziehungen zu vertrauten Personen, aber auch zu Orten oder auch Arbeitsumfeldern. Regelmäßige Besuche des Unternehmens, von Fertigungsstandorten und einzelnen Abteilungen etc. führen zum Aufbau einer emotionalen Nähe zum Unternehmen, den hier tätigen Mitarbeitern, und können durch Ferienjobs in der Schulzeit und Praktika in der Studienzeit ergänzt werden. Ein derartiges Engagement zeichnet sich auch dadurch aus, dass die heranwachsenden Gesellschafterinnen die innerbetrieblichen Prozesse, Produkte, Dienstleistungen und zentrale Mitarbeiter Zug um Zug kennenlernen und somit später als Gesellschafter ein gutes Gespür für das Unternehmen bzw. innerbetriebliche Strukturen mitbringen. Die teilweise einfachen Arbeiten, z.B. in der Montage oder Versandabteilung, bezeichnen viele Gesellschafterinnen im Rückblick als sehr wichtig, um sich in die Arbeitsbedingungen bzw. Lebenswelt der Mitarbeiter auch auf den unteren Hierarchieebenen einfühlen und -denken zu können. Darüber hinaus ist es wichtig, die nachfolgenden Gesellschafterinnen frühzeitig in die strategischen Überlegungen des Unternehmens z.B. in Bezug auf die Bewältigung der Digitalisierungsdynamik oder der Nachhaltigkeitsaktivitäten einzubeziehen. Regelmäßige Teilnahmen von Mitgliedern an Veranstaltungen zur digitalen oder nachhaltigen Transformation des Unternehmens oder Gastrollen in vorhandenen „Digital Boards" bzw. „Sustainability Boards" bzw. Fachgremien für beide Themen stellen einen systematischen Bestandteil zeitgemäßer Konzepte dar.[31] Hierdurch können Offenheit und Bereitschaft für den digitalen bzw. den nachhaltigen Wandel („Digital Readiness" bzw. „Sustainability Readiness") innerhalb des Gesellschafterkreises erzeugt und erhöht werden.[32]

---

30 Im Beitrag von Heiko Kleve in Kapitel 18 wird ein eigenes KEA-Konzept (Kopf, Emotion, Aktion) zur Kompetenzentwicklung in Unternehmerfamilien vorgeschlagen.
31 Vgl. Bretschneider et al. (2019) sowie Gerlitz & Hülsbeck (2021).
32 Vgl. hierzu Rüsen et al. (2019). Für die Digitalisierungsdynamik (aber auch der nachhaltigen Transformation) eines Familienunternehmens kommt dem Ausprägungsgrad dieser beiden Faktoren eine zentrale Bedeutung zu.

In Unternehmerfamilien, deren Gesellschafterinnen keinen einzigen emotionalen Bezugspunkt mehr zum Unternehmen haben, stellen sich oftmals reine Investorenerwartungen ein. Dann entwickeln sich Vorstellungen zur Rolle als Gesellschafter, die vielfach mit den Vorstellungen der Vorgängergeneration nicht kompatibel sind. Zudem ist es für Mitarbeiterinnen und Geschäftsführung eines Familienunternehmens oft schwer verständlich und der Unternehmenskultur durchaus abträglich, wenn eine Gesellschaftergeneration heranwächst, die kaum über Kenntnisse vom Unternehmen bzw. vom unternehmerischen Umfeld verfügt. Hier kommt es mitunter auch zu Brüchen in den Vertrauensverhältnissen von Mitarbeiterinnen und Unternehmerfamilie, die über lange Zeiträume gewachsen waren. Gerade in Familienunternehmen, in denen kein Familienmitglied mehr operativ tätig ist und sich die unternehmerische Aufgabe der Gesellschafter ausschließlich auf die Kontroll- und Überwachungsfunktion fokussiert, sind entsprechende Dynamiken nahezu vorprogrammiert.

Viele Unternehmerfamilien sind sich dieser Gefahr jedoch bewusst. Um dem etwas entgegenzusetzen und frühzeitig ein Interesse für das eigene Unternehmen zu wecken, ermuntern viele Familien ihren Nachwuchs, Schülerjobs oder Studentenpraktika im eigenen Unternehmen zu absolvieren. Manchmal wird eine insgesamt mindestens sechs Monate umfassende Betätigung als Praktikantin von den Vertretern der nächsten Generation sogar gefordert. Für ältere Mitglieder des Gesellschafterinnenkreises werden mitunter sog. „Gaststühle" in Beiratsgremien, „Digital/Sustainabilty Boards" etc. geschaffen. Hierdurch sollen auf Seiten der Familie systematisch Kenntnisse über Diskussionsinhalte des Unternehmens entstehen oder ein vorhandenes Interesse daran erhalten werden. Wichtig sind in diesem Zusammenhang allerdings eine gute Planung und Abstimmung dieser Maßnahmen mit der Personalabteilung bzw. den Führungskräften aus den entsprechenden Unternehmensbereichen. Diese müssen im Vorfeld über Hintergrund und Inhalt der Maßnahme informiert werden. Auch sind die entsprechenden Familienmitglieder vor Aufnahme der Tätigkeit auf typische Beobachtungs- und Erwartungsmuster der Mitarbeiter in Bezug auf ein Mitglied der Gesellschafterfamilie hinzuweisen und in ihrem kommunikativen Verhalten entsprechend zu schulen.

Fähigkeiten zur Beurteilung und Führung von Führungskräften erlangen

Die passenden Maßnahmen, damit Mitglieder der Unternehmerfamilie den Mitgliedern der Führungsmannschaft auch außerhalb des betrieblichen Alltags begegnen können, ergänzen das Kennenlernen des Innenlebens des Unternehmens. Ob beim privat veranstalteten Prokuristen-Weihnachtsessen, bei der jährlichen Führungskräftetagung oder beim allsommerlich auf dem Familiensitz abgehaltenen Grillfest für Top- und Nachwuchsführungskräfte – es werden Gelegenheiten geschaffen, die Führungsmannschaft, meist auch deren Ehepartnerinnen, persönlich kennenzulernen. Auf diesen Veranstaltungen wird manchmal gezielt darauf Wert gelegt, dass die Familienmitglieder den Führungskräften für Gespräche zur Verfügung stehen oder diese sogar „bedienen". Hierdurch soll zum einem den Leistungsträgerinnen und Leistungsträgern eine besondere Wertschätzung für ihren Einsatz im Unternehmen gezeigt werden, zum anderen sollen die neuen Vertreter der Unternehmerfamilie einen ersten, eher informellen Kontakt zu dieser zentralen Personengruppe bekommen.

Damit Führungskraft und Gesellschafter fruchtbar zusammenarbeiten können, ist es ratsam, wenn Letztere über eigene aktive wie passive Führungserfahrungen außerhalb des Familienunternehmens verfügen. Diese können in jeder Berufsform oder jedem gemeinnützigen Engagement erworben werden. Die folgende Aussage einer Familiengesellschafterin bringt diesen Zusammenhang auf den Punkt:

> *„Nur wer einmal richtig geführt worden ist, weiß, wie es sich auf der anderen Seite anfühlt. Unsere familienexterne Geschäftsführung, die über mehrere hundert Millionen Euro Umsatz und das Schicksal Tausender von Mitarbeiter entscheidet, nimmt zu Recht niemanden aus der Familie ernst, wenn dieser Gesellschafter zu erkennen gibt, dass er oder sie es nie geschafft hat, in einer Organisation, sei es Unternehmen oder NGO, mitzuarbeiten."*

In der Unternehmerfamilie dieses Zitatgebers wird sehr viel Wert darauf gelegt, dass jede Gesellschafterin sowohl auf unterer Ebene („Erfahrung, geführt zu werden") als auch auf oberer Ebene („Erfahrung, zu führen") tätig gewesen ist, bevor sie in ein Aufsichts- oder Kontrollgremium einziehen darf.

Die Fähigkeit, andere Menschen beurteilen zu können, setzt ein gutes Maß an persönlicher Urteilskraft voraus. Hierfür kann es sich zudem als hilfreich erweisen, einmal selbst eine „Beurteilung durch Dritte" zu erhalten. Mittels Assessment-Center besteht die Möglichkeit, eine strukturierte Form des Abgleichs von Selbst- und Fremdbild zu erhalten. Klassische Verfahren liefern Einblicke und Aussagen z. B. zu dem Arbeitsstil, dem intellektuellen Vermögen, der Problemlösungsfähigkeit, dem Kommunikationsverhalten, dem Management von Beziehungen sowie dem Selbstmanagement.[33]

Darüber hinaus hilft die Auseinandersetzung gerade jüngeren Familienmitgliedern, ihre eigenen Stärken, aber auch Entwicklungslücken zu erkennen und diese systematisch auszubauen bzw. zu schließen. Sinnvollerweise werden entsprechende Erhebungen zum Zeitpunkt der Ausbildung und/oder bei einem anstehenden Berufswechsel nach ein paar Jahren Berufserfahrung vorgenommen. Sofern mit den Ergebnissen entsprechender Analysen diskret und sinnvoll innerhalb der Unternehmerfamilie umgegangen wird, können hierauf aufbauende individuelle Weiterbildungs- und Coachingmaßnahmen definiert werden.

Verständnis für die Unternehmensstrategie und das Zusammenwirken einzelner Elemente des Unternehmens

Unabhängig von dem eigenen beruflichen Betätigungsfeld sollte jede Gesellschafterin durch entsprechende Schulungen und intensive Auseinandersetzung mit dem eigenen Unternehmen in die Lage kommen, die zentralen Entscheidungen oder Entscheidungsvorschläge der Geschäftsführung einordnen, beur-

---

33 Siehe hierzu die Ausführungen in Teil C, Kapitel 17 dieses Buches.

teilen und bewerten zu können. Aus der Perspektive eines Familienvertreters heißt das:

> *„Wir als Familie stehen auf dem Standpunkt, dass unsere familienexternen Top-Manager ein Recht darauf haben, mit kompetenten Familiengesellschaftern zu sprechen. Wir achten bei deren Auswahl immer darauf, dass sie ‚schlauer' sind als wir. Wir erwarten von unseren Mitarbeitern Höchstleistungen auf allen Ebenen. Dies können wir aber nur glaubhaft einfordern, wenn wir uns ebenso positionieren. Sonst laufen die uns davon."*

Die spezielle Strategiefähigkeit der Gesellschafter in dieser, aber auch in anderen Unternehmerfamilien besteht darin, auf Augenhöhe die Strategien der Unternehmensleitung zu hinterfragen und mit der Familienstrategie in Einklang zu bringen. Eine solche komplementäre strategische Kompetenz wird in dem beispielhaft erwähnten Unternehmen durch eine Vielzahl von speziellen Schulungen, die vornehmlich durch Top-Führungskräfte des Unternehmens selbst vorgenommen werden, in Kombination mit Einzelcoaching durch erfahrene Unternehmerpersönlichkeiten erarbeitet. Die Inhalte entsprechender Schulungsprogramme lesen sich dann wie eine Art familieninternes MBA-Programm. Hier handelt es sich dann oftmals um eine Mischung aus „Firmenkunde" (Vermittlung firmenspezifischer Inhalte) und allgemeiner betriebswirtschaftlicher und technologischer Themenkomplexe.

Ein sinnvoller Ansatz zur Festlegung der Inhalte einer Kompetenzentwicklung ist die Orientierung an den übergreifenden Unternehmenszielen sowie den klassischen Kernfragen einer Unternehmensstrategie. Diese umfassen beispielsweise folgende Fragestellungen: Was sind die spezifischen Markt- und Wettbewerbsdynamiken des Unternehmens? Wer sind die A-Kunden und A-Lieferantinnen? Wer sind die Schlüsselmitarbeiter? Wo und gegebenenfalls bei wem sind die Kernkompetenzen des Unternehmens gebündelt? Wo genau ist das Unternehmen dem Wettbewerb überlegen und wo nicht? Was ist für den Erfolg des Unternehmens überlebenswichtig? Wo gibt es technologische Entwicklungen, die das Unternehmen bedrohen könnten? Wie genau ist die Digitalisierungs- und Nachhaltigkeitsstrategie und wie sind die darauf basierenden Maßnahmen des Unternehmens definiert?

Diese speziellen Inhalte sind den Gesellschafterinnen primär zu vermitteln und nicht (wie leider häufig in der Praxis anzutreffen) nur das Grundlagenwissen der Betriebswirtschaftslehre. Häufig beginnen erste Schulungen mit dem Punkt „Wie lese ich eine Bilanz bzw. den Gesellschaftervertrag?". Solche (zunächst!) am wenigsten spannenden und vor allem für fachfremde Familienmitglieder eher trockenen Themen wecken nicht unbedingt Interesse und Verständnis für das Unternehmen. Erwartungsgemäß werden Familienmitglieder, die keine kaufmännische Ausbildung oder ein rechtswissenschaftliches bzw. betriebswirtschaftliches Studium absolviert haben, durch solche Inhalte eingeschüchtert und schlimmstenfalls abgeschreckt. Es ist daher ratsam, erst dann, wenn die grundlegenden strategischen Rahmenbedingungen des Unternehmens erfasst worden sind, gezielt und anhand des eigenen Unternehmens mit der Vermittlung der betriebswirtschaftlichen, steuerlichen und rechtlichen Grundlagen zu beginnen. In diesem Rahmen sind dann bestimmte Grundkenntnisse wie etwa Unternehmensführung und Aufbau der Unternehmensstruktur, Aufbau und Ablauforganisation des Unternehmens, Gesellschafts-, Familien-, Erb- und Steuerrecht, Grundlagen von Finanzierung und Bilanzierung, Finanzierung, der Aufbau und Lesarten des Geschäftsberichtes sowie das Management von Vermögen zu vermitteln.

Verständnis für die Rolle einer Familiengesellschafterin (Systemkompetenz) entwickeln

Eigentümerschaft an einem Familienunternehmen, dies wurde aus den bisherigen Ausführungen deutlich, ist im Selbstverständnis vieler Unternehmerfamilien mehr als nur eine Beteiligung an einem Wirtschaftsunternehmen. In welcher Form hier ein Unterschied zu einer reinen Kapitalbeteiligung besteht, welches Selbstverständnis und vor allem welche impliziten Erwartungen in der Unternehmerfamilie diesbezüglich aneinander vorhanden sind, müssen die Mitglieder der Unternehmerfamilie zunächst herausarbeiten und dann regelmäßig innerhalb der familieninternen Kommunikation thematisieren. Die auf diesem Selbstverständnis basierenden Wechseldynamiken zwischen den Erwartungen der Familienmitglieder an ihre Gemeinschaft, an das Unternehmen und umgekehrt werden dadurch als solche klarer erkennbar. Folgender Satz, der als zentraler Leitsatz in der Präambel einer Familienverfassung steht, fasst den Hauptfokus aller Maßnahmen in diesem Bereich der Gesellschafterkompetenzentwicklung kurz und prägnant zusammen:

> *„Wir verstehen uns als Eigentümer an unserem Unternehmen, nicht als Investoren. Uns ist bewusst, dass wir als Mitglieder einer aktiven Eigentümerfamilie eine besondere Verantwortung gegenüber unseren Mitarbeitern, der Region und unseren Vorfahren tragen."*

Zur Schaffung eines Verständnisses der eigenen Perspektive, Rolle und Haltung gegenüber dem Familienunternehmen hat sich die Klärung des jeweiligen Mentalen Modells der Unternehmerfamilie[34] als hilfreich erwiesen. Dies kann beispielsweise bei der Entwicklung einer Familienstrategie erfolgen und/oder in regelmäßigen Abständen in Reflexionsrunden, z. B. im Rahmen von gemeinsam abgehaltenen Familientagen der Unternehmerfamilie, stattfinden. Darüber hinaus sind in diesem Zusammenhang die Werthaltungen der Unternehmerfamilie und auf diesen fußenden Handlungen und Maßnahmen regelmäßig in Erinnerung zu rufen. Die Konsequenzen aus dieser Beschäftigung mit dem Selbstverständnis der Familie sollten dann systematisch überprüft werden. Hierzu bieten sich Zusammenkünfte wie etwa ein Unternehmerfamilientag an, in denen u. a. folgende Fragen strukturiert diskutiert werden: „Wo sind die Wurzeln unserer Familie?", „Welche historischen Kenntnisse gibt es über die Vorfah-

---

[34] Siehe hierzu die Ausführungen im folgenden Kapitel 2. Eine ausführliche Darstellung der vier Mentalen Modelle findet sich in Rüsen et al. (2019b) sowie Rüsen et al. (2012).

ren?", "Welche Geschichten über das Verhältnis von Familie, Unternehmen, lokale Gemeinschaft aus der Zeit der Vorgängergenerationen kennen wir?". Neben diesen, auf die Binnenperspektive der Familie bezogenen Wissensbestandteilen gehören zu diesem Kompetenzbaustein grundlegende Kenntnisse und Kernergebnisse der Familienunternehmensforschung. Hierzu zählen u. a. Theoriemodelle zur Beschreibung der besonderen Wechseldynamiken von Familie und Unternehmen[35], Ergebnisse der Untersuchungen zu den klassischen und typischen Konfliktdynamiken in Unternehmerfamilien und die damit verbundenen typischen paradoxen Entscheidungslogiken, mit denen jedes einzelne Familienmitglied und die Unternehmerfamilie insgesamt umgehen lernen muss, klassische Fragestellungen zur Bewältigung der Gleichheits- bzw. Ungleichheitsproblematik in der Nachfolgegestaltung u. v. m.

Aufbau individueller Unternehmerfamilienkompetenz

Eine besonders herausfordernde und zentrale Entwicklungsaufgabe für Mitglieder von Unternehmerfamilien besteht in der Professionalisierung des eigenen Verhaltens gegenüber nahen oder entfernteren Verwandten. Denn oftmals hält die „enthemmte" familiale Kommunikation Einzug in Besprechungen eines Familiengremiums oder z. B. in die Gesellschafterversammlung. Dies wird dann kritisch, wenn unterschiedliche Vorstellungen oder Erwartungen der Gesprächsteilnehmerinnen aufeinandertreffen. Hier geht es also ganz wesentlich darum, dass die Familienmitglieder eine entsprechende Abstraktions- bzw. Reflexionsfähigkeit entwickeln. Ziel ist die Ausbildung einer Kompetenz, sich im Kontext von Entscheidungen, die als Gesellschafter getroffen werden, sich nicht in den typischen familialen Kommunikationsmustern zu verheddern, was gerade bei einem nahen Verwandtschaftsgrad immer wieder passiert. Hierdurch erhöht sich die Chance, sich trotz verwandtschaftlicher Bindung bei unterschiedlichen Erwartungen möglichst konfliktfrei austauschen zu können. Die oftmals implizite Konsensfiktion und -erwartung, die beispielsweise kontroverse Diskussionen oder uneinheitliche Abstimmungen problematisiert, ist kritisch zu hinterfragen. Bindungs- respektive Entscheidungskommunikation ist als solche zu identifizieren und durch moderatorisches Geschick zu handhaben.

Eine individuelle systematische Schulung in Grundlagen der Kommunikation wie auch die Schaffung von kommunikativen Räumen, in deren Rahmen die Familienmitglieder offen über ihre Situation und ihre Gefühle sprechen können, kann überaus hilfreich sein. Beispielsweise führen Mitglieder des Familiengremiums einer Unternehmerfamilie strukturierte Interviews mit den einzelnen Familienmitgliedern, sodass deren Fragen, Hoffnungen, Ängste und Motivationen, die mit der Mitgliedschaft in der Unternehmerfamilie verbunden sind, diskutiert und behandelt werden können. Hier sind allerdings Fingerspitzengefühl und kommunikative Fertigkeiten gefordert. In anderen Fällen, etwa bei großzahligen Gesellschafterinnenkreisen, werden regelmäßig Familienbefra-

---

35 Dies umfasst u. a. die diesem Kapitel folgenden Konzepte und Ansätze der Wittener Perspektive auf Familienunternehmen und Unternehmerfamilien.

gungen – ähnlich wie Mitarbeiterbefragungen – durchgeführt, um die aktuellen Fragestellungen, Wünsche und Bedürfnisse transparent zu machen.[36] Auf diese Weise wird ein Verständnis für die individuellen Sichtweisen einzelner Familienmitglieder geschaffen, welches dann in die Arbeit der Unternehmerfamilie integriert wird.

Es wird schnell deutlich, dass im Rahmen dieses Kompetenzbausteins nicht nur kommunikative Fähigkeiten innerhalb der Unternehmerfamilie auszubilden sind, sondern die Perspektive des Kompetenzgefüges auf die vorhandenen sog. „Soft Skills" einer Unternehmerfamilie zu richten ist. Beispielsweise ist zu klären, inwieweit die systematische Ausbildung einzelner Familienmitglieder zu Konfliktmoderatorinnen vorgesehen ist. Oftmals werden diese wichtigen Fähigkeiten und Fertigkeiten im Management einer Unternehmerfamilie als solche nicht erkannt bzw. als „automatisch" vorhandene Kompetenzen von Funktionsträgern in der Unternehmens-Governance oder bei lebenserfahrenen Familienmitgliedern entsprechend vorausgesetzt. Hier gilt es, gezielte Anforderungs- bzw. Kompetenzprofile zu definieren und entsprechende Schulungen für Funktionsträger zu organisieren.

Der geneigte Leser mag die bereits innerhalb der eigenen Unternehmerfamilie praktizierten Formate und Inhalte zum Aufbau von Gesellschafterinnenkompetenz anhand der hier vorgeschlagenen vier Dimensionen bzw. fünf inhaltlichen Kategorien einmal kritisch überprüfen. In welcher Form werden hier neben den betriebswirtschaftlichen auch die systemdynamische und die Sozialkompetenz gezielt gefördert und im Ausbildungsprogramm in den Blick genommen? Welche Vorstellungen über das Gelingen einer Zusammenarbeit als Gesellschafter dominieren den aktuellen Diskurs innerhalb der Familie? Spielen insbesondere die zuletzt aufgeführten Bestandteile der Individualkompetenz, die eher die sog. „Soft Skills" in den Vordergrund rücken, überhaupt eine Rolle in der Diskussion? Welche Möglichkeiten, das vorhandene Programm zu definieren, mitzugestalten oder aber auch konstruktiv-kritisch zu hinterfragen, existieren im Rahmen der etablierten Familienstrategiediskussion? Eine systematische Bearbeitung dieser Fragen z. B. im Rahmen einer familieninternen Reflexionsrunde auf einem Unternehmerfamilientag könnte eine produktive Auseinandersetzung mit den eigenen Vorstellungen über Schwerpunkte und mögliche weitere relevante Bestandteile des eigenen Ausbildungsprogramms hervorbringen.

1.6 Funktionenbasierte Anforderungen an die Gesellschafterkompetenz

Nicht von allen Gesellschaftern kann der gleiche Ausbildungs- und Kompetenzgrad erwartet werden. Hier sind Abstufungen und Unterscheidungen anhand der übernommenen Aufgaben und Funktion des einzelnen Familienmitgliedes vorzunehmen. Die zu vermittelnden Inhalte der Gesellschafterinnenkompetenz

---

36   Siehe hierzu ausführliche Rüsen et al. (2021).

sollten daher je nach Alter, Vorbildung und übernommener Funktion in einem Unternehmens- oder Familiengremium variieren. Sie sind idealerweise als einzelne und aufeinander aufbauende Kompetenzbausteine zu definieren und voneinander abzugrenzen. Am einfachsten lässt sich der Ansatz verstehen, wenn man ihn mit dem geläufigen Führerscheinsystem vergleicht:[37]

- Um als Gesellschafter einer Gesellschafterversammlung folgen und abstimmen zu können bzw. um als Mitglied in einer Familienversammlung seine Stimme abgeben zu können, ist das Absolvieren von Kompetenzbausteinen zur Vermittlung von Grundlagen erforderlich. Die hier vermittelten Fähigkeiten und Fertigkeiten sind mit einem Führerschein für Leichtkrafträder vergleichbar („Moped-Führerschein"). Die hier erworbenen Basiskompetenzen sollten die Mitglieder der Unternehmerfamilie also dazu befähigen, auf einer fundamentalen Ebene Entscheidungen des Gesellschafterkreises verstehen, einordnen und reflektieren zu können. Dies setzt das Verstehen grundlegender betriebswirtschaftlicher und juristischer Zusammenhänge sowie des Geschäftszwecks und der etablierten Strategie des Unternehmens voraus. Darüber hinaus sollte die Gesellschafterin in die Lage versetzt werden, die spezifischen Zusammenhänge in Familienunternehmen und Unternehmerfamilien, also die Logik der Drei Kreise, von Mentalen Modellen, Paradoxien und darauf basierenden typischen Kommunikations- und Konfliktmustern sowie die klassischen Herausforderungen in der Nachfolgegestaltung, zu verinnerlichen und als systemimmanent zu erkennen. Regelmäßige Schulungen über aktuelle Entwicklungen in Markt, Wettbewerb und Gesellschaft sowie deren Implikationen für das Unternehmen und die Familienstrategie runden die systematische Vermittlung von Basiskompetenz ab.
- Um sich in ein Familiengremium oder ein Kontrollgremium des Unternehmens bzw. einen Ausschuss des Gesellschafterkreises wählen lassen zu können, ist es notwendig, sich für die hier relevanten und spezifischen Fragestellungen und Aufgaben eine auf der Basiskompetenz aufbauende vertiefende Expertinnenkompetenz anzueignen. Dies wäre vergleichbar mit dem Führerschein für Pkw und Motorräder bis 35 kW. Diese erweiternden kompetenzbildenden Maßnahmen können dabei themenspezifische Schulungen (z.B. im Bereich Strategieentwicklung, Digitalisierung, Gesellschaftsrecht, internationales Familienrecht) umfassen, die Teilnahme an Schulungen für Führungskräfte des Unternehmens beinhalten, in spezifischen Einzel- oder Gruppencoachings bestehen, sowie eine gezielte Ausbildung moderativer Kompetenzen bzw. solcher zur Steuerung und Führung von gruppendynamischen Prozessen unterstützen.
- Für den Vorsitz eines entsprechenden Gremiums, um also in die Rolle des strategischen Vorbereiters von Gremienentscheidungen bzw. zur Führung entsprechender Diskussionen zu kommen, ist eine kontinuierliche Weiter-

---

37 An dieser Stelle möchte ich mich herzlich bei Thomas Wrede bedanken, der mir die entscheidenden Anregungen für diese Analogie gab.

1. Gesellschafterkompetenz in Unternehmerfamilien

entwicklung des Kompetenzniveaus erforderlich. Die hier notwendige Kompetenzentwicklung wäre vergleichbar mit dem Führerschein, der zum Führen eines schweren Lkw oder eines Motorrads mit mehr als 35 kW berechtigt. Denkbar sind hier sowohl weitere Vertiefungen über spezielle Coachings und Top-Executive-Programme als auch der gezielte Aufbau von Erfahrungswissen. Dieser kann sowohl durch Tätigkeiten und Einsätze in anderen Unternehmen bzw. vergleichbaren Gremien gewonnen werden, als auch über einen systematisch und gezielt organisierten Austausch mit anderen Gremienvertreterinnen erfolgen.

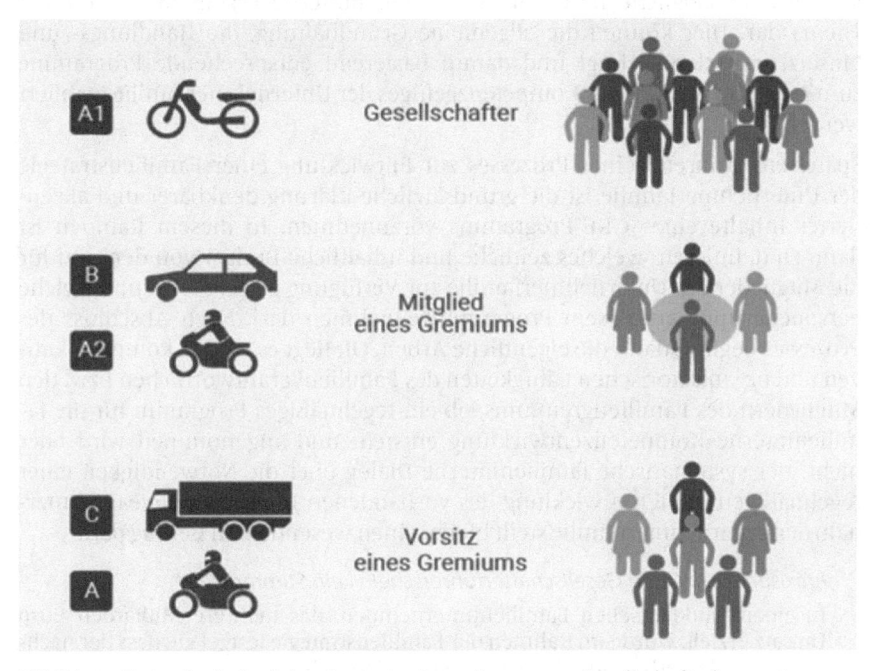

Abbildung 5: Analogie funktionsbasierter Ausprägung von Gesellschafterkompetenz.
Quelle: Entnommen aus Rüsen (2019), S. 15

Vielleicht regt die Logik der Führerscheinanalogie den geneigten Leser dazu an, einmal über das aktuell in der Unternehmerfamilie praktizierte Gesamtkonzept zum Aufbau und Erhalt von Gesellschafterinnenkompetenz zu reflektieren. In welcher Form werden hier Abstufungen in den Schulungs- und Bildungsmaßnahmen gemacht? Gibt es konkrete Vorstellungen darüber, über welche spezifischen Kompetenzen Gremienvertreter bzw. die Vorsitzenden dieser verfügen sollten? Falls dies nicht der Fall ist, welche Risiken stehen einer Diskussion über Kompetenzbausteine gemäß der Rolle und Funktion eines Familienmitgliedes im Wege?

1.7 Schluss

Die Ausführungen dieses einleitenden Kapitels zu diesem Buch haben die hohe Relevanz des Themas Gesellschafterkompetenz in Unternehmerfamilien deutlich gemacht. Aktuell zu beobachtende Veränderungen in Familienunternehmen im deutschsprachigen Raum deuten darauf hin, dass zukünftig eine immer größer werdende Anzahl von nicht-aktiven Gesellschafterinnen über die Geschicke dieses Unternehmenstypus entscheiden wird.

Vor diesem Hintergrund stellen die aufgeworfenen Reflexionsfragen in diesem Kapitel eine mögliche Basis für eine familieninterne Diskussion zu diesem Thema dar. Hier können die allgemeine Grundhaltung, die Handlungs- und Einsatzbereitschaft erfragt und darauf basierend entsprechende Programme zum Auf- und Ausbau des Kompetenzgefüges der Unternehmerfamilie etabliert werden.

Spätestens während eines Prozesses zur Entwicklung einer Familienstrategie der Unternehmerfamilie ist die grundsätzliche Klärung denkbarer und akzeptierter Inhalte eines GKE-Programms vorzunehmen. In diesem Rahmen ist dann zu definieren, welches zeitliche und inhaltliche Budget von den und für die Mitglieder der Unternehmerfamilie zur Verfügung gestellt wird und welche Personengruppe an diesem Programm teilnehmen darf. Nach Abschluss des Prozesses beginnt dann die eigentliche Arbeit. Oft liegt es an den kommunikativen und organisatorischen Fähigkeiten des Familienverantwortlichen bzw. den Mitgliedern des Familiengremiums, ob ein regelmäßiges Programm für die familieninterne Kompetenzentwicklung entsteht und angenommen wird oder nicht. Der systematische familieninterne Dialog über die Notwendigkeit einer regelmäßigen Weiterentwicklung des vorhandenen Kompetenzniveaus innerhalb der Unternehmerfamilie stellt hierzu einen wesentlichen Beitrag dar.

> *Praxisbeispiel: Ohne Gesellschafterführerschein kein Stimmrecht*
> In einem süddeutschen Familienunternehmen, das mehrere Milliarden Euro Umsatz erzielt, wurde im Rahmen der Familienstrategie festgelegt, dass der nachweisliche Erwerb von Kompetenzen als Gesellschafterin eine notwendige Voraussetzung für die Anerkennung als vollwertiger Gesellschafter auf der Gesellschafterversammlung darstellt. Dieser Regelung der Familienverfassung (die auch in den Gesellschaftervertrag überführt wurde) entsprechend wurden Lerninhalte und die Teilnahme an diese vermittelnde Pflichtveranstaltungen definiert. Bei erfolgreichem Absolvieren der entsprechenden Bausteine wurde ein sog. „Gesellschafterführerschein" an die Nachwuchsgesellschafterinnen vergeben. Dieser Führerschein berechtigt den Gesellschafter auf einer Gesellschafterversammlung, von seinem Stimmrecht Gebrauch zu machen. Bis zur Vorlage des Führerscheins besteht für Nachwuchsgesellschafter zwar das Recht der Teilnahme an der Gesellschafterinnenversammlung, nicht jedoch die Möglichkeit an der Stimmabgabe teilzunehmen.
>
> Der Gesellschafterkreis begründet diese Notwendigkeit damit, dass es erste Pflicht einer jeden Gesellschafterin sei, sich über die Hintergründe und Konsequenzen getroffener Entscheidungen bewusst zu sein.

Tom A. Rüsen, Anne K. Heider
2. Übergreifende Sichtweisen auf Familienunternehmen und Unternehmerfamilien

Die Frage nach der begrifflichen Abgrenzung des Typs Familienunternehmen von anderen Unternehmensformen hat Wissenschaft und Praxis in den letzten Jahrzehnten zunehmend beschäftigt. Es existieren zahlreiche definitorische Ansätze und Skalen zur Messung des Familieneinflusses sowie Beteiligungsstruktur-Modelle, um eigentümergeführte, mittelständische, börsennotierte oder eben Familienunternehmen voneinander zu unterscheiden.[38] Die Unterscheidungen können hinsichtlich der Größenklassen (Umsatz, Mitarbeiterinnen, Bilanzsumme etc.) oder in Bezug auf die Höhe der Anteile von verwandtschaftlich verbundenen Gesellschaftern bzw. Aktionärinnen vorgenommen werden. In den letzten Dekaden wurden in der Familienunternehmensforschung erste Versuche zur Unterscheidung durch Zeitphasen-Modelle[39] vorgenommen, die verschiedene Stadien der Gesellschafter- und Familienstruktur sowie des Reifegrades eines Familienunternehmens beschreiben. Dabei stand zunehmend die Familien- und Governancestruktur im Mittelpunkt der Betrachtung.[40] Die Analyse der zugehörigen Unternehmerfamilie als eigenständiger Typus erfolgte erst in den letzten Jahren.[41] Hier geht es darum, das Verständnis von Unternehmerfamilie zu definieren, diesen Familientypus als abgrenzbare Familienform zu erfassen und Merkmale langlebiger Unternehmerfamilien zu identifizieren. Welche Rolle spielt dabei das Individuum im Kontext und im Wechselspiel mit der Familie (Kognitionen, Emotionen, Motivationen)? Neben den Interaktionen von und zwischen Individuen, Familie und Unternehmen geht es auch um Technologien und organisationale Strukturen. Darüber hinaus werden aufgrund immer komplexer werdender Umweltanforderungen die zugrunde liegenden Entscheidungsprozesse und Stakeholder-Beziehungen (Kundinnen, Mitarbeiter, Kapitalgeberinnen, Zulieferer etc.) in Familienunternehmen untersucht.[42] Die Entwicklung und Etablierung des Forschungsfeldes „Familienunternehmertum" macht die Veränderung der untersuchten Teilaspekte in diesem Unternehmenstypus deutlich.

Bestimmte Phänomene lassen sich in der Praxis nicht hinreichend beschreiben. So ist zu erklären, warum zwei von den Grundparametern (Alter, Größe, Anzahl der Gesellschafterinnen und Familienmitglieder etc.) her identische Familienunternehmen völlig unterschiedliche Steuerungs-, Führungs- und Kontroll-

---

38 Vgl. Haunschild & Wolter (2010); Wolter & Sauer (2017); Pahnke & Welter (2019); Stiftung Familienunternehmen (2019).
39 Vgl. Gersick et al. (1997).
40 Vgl. May (2012); v. Schlippe et al. (2017); Rüsen & Löhde (2019).
41 Vgl. u. a. v. Schlippe et al. (2017); Kleve et al. (2018).
42 Kellermanns & Stanley (2013); Bertschi-Michel et al. (2020); Fletcher et al. (2016); Neubaum (2018).

strukturen auf der Unternehmensseite und nicht vergleichbare Family-Governance- und Familienmanagement-Systeme auf der Eigentümer-/Familienseite herausgebildet haben. Auch haben sich beispielsweise die Rollen und Anforderungen in einem Familienunternehmen verändert. Zunehmend stehen die Familienzusammensetzung, die Erwartungen an das Familienunternehmen durch Stakeholder sowie die Stakeholder-Beziehungen im Mittelpunkt der wissenschaftlichen Diskussion. Gleichzeitig haben sich die Rolle und die Perspektive der Familienmitglieder auf das gemeinsame Eigentum verändert. Da auch die Familienstrukturen in der Unternehmerfamilie einer gesellschaftlichen Veränderung ausgesetzt sind und sich der Einfluss des Unternehmens auf den individuellen Lebensstil verändert hat, spielen die Berücksichtigung der Bedürfnisse und der Einbezug der Nachfolgegeneration (NextGen) eine immer stärkere Rolle. Auch zeigt die Entwicklung des Forschungsfeldes eine Veränderung in der Performance. So spricht man heute auch von der „Soft Performance", der Messung von emotionaler Profitabilität und nicht finanzieller Ziele.[43]

An dieser Stelle kann festgehalten werden, dass die Perspektive auf die Familie des Familienunternehmens, die Qualität ihres Selbstbilds und der von ihr auf das Unternehmen ausgehende prägende Einfluss maßgeblich sind. Dieser Zusammenhang wird selten systematisch und theoretisch fundiert beschrieben. Daher sollen einleitend einige zentrale Theoriemodelle als Grundlage zur Entwicklung einer Perspektive auf das Phänomen Familienunternehmen und Unternehmerfamilie skizziert werden.

2.1 Wechselseitige Prägung und Koevolution von Familie und Unternehmen

Die systemtheoretisch orientierten Ansätze von Wimmer et al., Simon und Simon et al.[44] gehen insbesondere auf die Verknüpfung von Familie und Unternehmen und die daraus resultierenden wechselseitigen Einflüsse ein.

Familienunternehmen werden erheblich durch die Ausgestaltung von Steuerungs- und Führungsstrukturen, die Perspektive auf Personalführung, den Umgang mit Gewinnen, der Finanzierungsstruktur etc. durch die Werthaltungen der maßgeblichen Mitglieder aus der Unternehmerfamilie, vor allem des Unternehmensgründers, geprägt. Dies gilt auch für die Entwicklung der Individuen einer Unternehmerfamilie, da sich diese oftmals um die Bedürfnisse des Unternehmens organisieren und entwickeln. Es findet eine systematische Koevolution der Systeme Familie und Unternehmen statt. Der hierbei zentrale Begriff der strukturellen Kopplung beider Systeme bedeutet: *„[...], dass die beteiligten Systeme sich wechselseitig für ihren eigenen Strukturaufbau nutzen, ohne dabei in ihrer Eigenentwicklung durch die jeweils anderen determiniert zu sein."*[45]

---

43 Vgl. Berrone et al. (2012); Yu et al. (2012).
44 Vgl. Wimmer et al. (2004); Wimmer et al. (2005); Simon (2002a); Simon et al. (2005).
45 Wimmer et al. (2004).

2. Übergreifende Sichtweisen auf Familienunternehmen

Die in Familienunternehmen und Unternehmerfamilien vorherrschende Koexistenz und strukturelle Kopplung beider Systeme, die sehr unterschiedlichen Spielregeln und Logiken folgen, führt im Zeitverlauf zu einer starken, nachhaltigen und gegenseitigen Prägung. Demnach stehen Besitz und Führung, Unternehmen und Familie in einem besonderen Verhältnis zueinander, das wechselseitig die Entwicklungen und Handlungen beeinflusst.

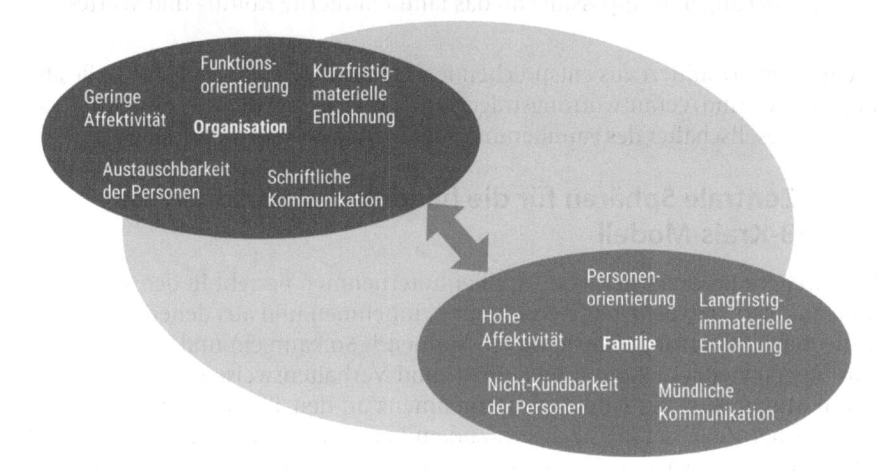

Abbildung 6: Modifiziertes 2-Kreis-Modell von Familienunternehmen.
Quelle: In Anlehnung an Groth (2006)

In der Praxis lassen sich als Konsequenzen dieser strukturellen Konstitution von Familienunternehmen einige Besonderheiten beobachten, die in Nicht-Familienunternehmen weniger von Bedeutung sind, wie beispielsweise die Frage der Nachfolge in der Geschäftsführung oder ausgeprägte persönliche Beziehungen zu Kundinnen und Lieferanten. So lässt sich beobachten, dass Familienunternehmen häufig mit anderen Familienunternehmen (zum Teil seit mehreren Generationen) kooperieren.

Auch unterscheidet sich die Unternehmerfamilie durch bestimmte Eigentümlichkeiten von Familien, die keinen Unternehmensbezug aufweisen.[46] Die Kommunikations- und Verhaltensweisen unterscheiden sich durch eine andersartige Bindung weiter entfernter Verwandter aufgrund gemeinsamen Eigentums. Dies äußert sich beispielsweise durch:
- die Unterordnung individueller Bedürfnisse unter die Anforderungen des Unternehmens (z. B. bei der steuerlich bedingten Wohnortwahl, der Notwendigkeit, Eheverträge und frühzeitig Testamente abzuschließen);
- eine Funktionalisierung der Familienmitglieder auf das Unternehmen;

---

46 Siehe hierzu ausführlich Kapitel 11 und 12 in Teil C dieses Buches.

- die Ausrichtung der familieninternen Kommunikation auf unternehmensrelevante Faktoren und weniger auf individuelle Aspekte einzelner Familienmitglieder;
- Erwartungshaltungen hinsichtlich Ausbildung und Berufswahl gegenüber der Folgegeneration;
- Erwartungshaltungen gegenüber eingeheirateten Ehepartnern im Blick auf Eingliederung und Anpassung an das familieninterne Kultur- und Wertesystem.

Nicht zuletzt resultiert aus entsprechenden Erwartungen an die eigene Rolle als Eigentümer und Verantwortungsträgerinnen die Notwendigkeit, eine Kompetenz als Gesellschafter des Familienunternehmens aus- und fortzubilden.

2.2 Zentrale Sphären für die handelnden Personen: Das 3-Kreis-Modell

Eine weitere Besonderheit von Familienunternehmen besteht in den verschiedenen Rollen, die die beteiligten Akteure einnehmen und aus denen sie unterschiedliche Erwartungen formulieren können.[47] So kann ein und dieselbe Person unterschiedliche Kommunikations- und Verhaltensweisen gegenüber anderen Mitgliedern des Familienunternehmens an den Tag legen, je nachdem, aus welcher Rolle heraus sie agiert. Zudem kann sie sich den, teilweise widersprüchlichen Erwartungen anderer Familienmitglieder ausgesetzt sehen, abhängig von der jeweils eingenommenen Rolle (z. B. als Sohn und gleichzeitig als untergebener Mitarbeiter, als Schwester und gleichzeitig als gleichberechtigte geschäftsführende Gesellschafterin).[48]

In den 80er-Jahren des letzten Jahrhunderts wurde ein sog. 3-Kreis-Modell von Familienunternehmen entwickelt.[49] Dieses stellt die Rollen der einzelnen Akteure in den Vordergrund und ist ein hilfreiches Analyseraster zur Erfassung und Verdeutlichung der generellen Komplexität und Konflikte stiftenden Eigenarten von Familienunternehmen. Ergänzend zu den vorher beschriebenen Dimensionen „Familie" und „Unternehmen" kommt bei der folgenden Betrachtung die Dimension „Eigentum", also die Perspektive des Gesellschafters eines Familienunternehmens, hinzu. Die Einführung dieser zusätzlichen Perspektive wurde für die Untersuchung und Erforschung von Familienunternehmen als bedeutsam erachtet, da sich Probleme von Familienunternehmen nicht ausschließlich durch die Anbindung einer Unternehmerfamilie erklären lassen. Das zusätzliche Element der Eigentümerschaft einzelner Akteure am Unternehmen kann als Ausgangspunkt für spezifische Konstellationen und Probleme in Familienunternehmen angesehen werden.[50] Hier sind vor allem juristisch geprägte und in der Rechtssystematik verhaftete Systemlogiken sowie Fragen des Um-

---

47 Vgl. Tagiuri & Davis (1982); für Beispiele hierzu siehe auch v. Schlippe (2007a).
48 Siehe hierzu insbesondere Simon (2002b); Simon (2002c); Simon et al. (2005).
49 Vgl. Tagiuri & Davis (1982).
50 Gersick et al. (1997).

2. Übergreifende Sichtweisen auf Familienunternehmen

gangs mit Vermögen maßgeblich, die zusätzliche Komplexität und Konfliktpotenziale in Familienunternehmen erzeugen.[51]

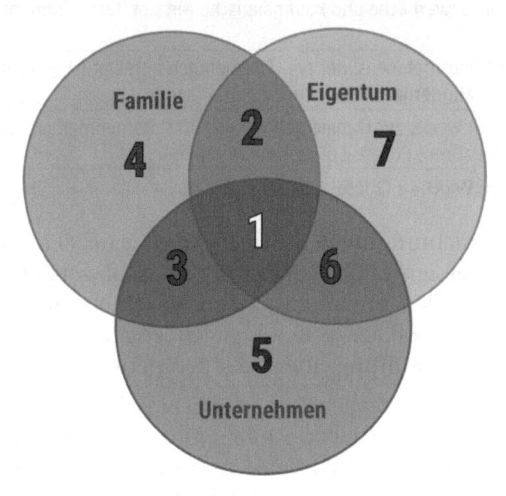

Abbildung 7: 3-Kreis-Modell nach Tagiuri & Davis.
Quelle: In Anlehnung an Gersick et al. (1997), S. 6

Mit Hilfe des 3-Kreis-Modells lassen sich neben einer systematischen Integration der Fragestellungen und Problematiken, die auf dem Faktor Eigentum beruhen, zudem sieben verschiedene Rollenprofile für die Akteure eines Familienunternehmens ausmachen:

Tabelle 1: Rollenprofile der Akteure in Familienunternehmen nach Tagiuri & Davis.

Nr.	Rollenprofil
1	Familienmitglied, das sowohl Anteile am Unternehmen hält als auch darin arbeitet. Beispiel: Klassische Figur des Familienunternehmers als Familienoberhaupt und geschäftsführender Gesellschafter; aktiv tätige Geschwister; Nachfolgerin, die bereits im Unternehmen tätig ist etc.
2	Familienmitglied, das am Unternehmen beteiligt ist, jedoch nicht in diesem arbeitet. Beispiel: Ehegatten; Seniorinnen, die sich aus der aktiven Tätigkeit im Unternehmen zurückgezogen haben; nicht berufstätige Erben; Nachfolgerin, die außerhalb des Unternehmens eine Berufskarriere macht etc.
3	Familienmitglied, das im Unternehmen arbeitet, jedoch nicht über Anteile verfügt. Beispiel: Mitarbeitende(r) Schwiegersohn/-tochter; im Unternehmen beschäftigte Nachkommen der Gesellschafter (potenzielle Nachfolger) vor Anteilsübergang
4	Familienmitglied, das weder Anteile am Unternehmen besitzt noch im Unternehmen mitarbeitet. Beispiel: Ehepartner; Nachkommen vor Anteilsübertragung (z. B. im Kindesalter); ausbezahlte/herausgekaufte Familienmitglieder; Seniorinnen nach Anteilsübergabe

---

51 Vgl. Simon (2002a).

Teil A: Einführung und Grundlagen

Nr.	Rollenprofil
5	Mitarbeiter im Unternehmen, der weder Teil der Familie ist noch Anteile am Unternehmen besitzt. Beispiel: Gewerbliche und kaufmännische Mitarbeiterin; Fremdmanager; Interim-Managerin
6	Mitarbeiter des Unternehmens, der am Unternehmen beteiligt ist, jedoch nicht zur Familie gehört. Beispiel: Minderheitsbeteiligte Fremdmanagerin
7	Anteilseigner, der weder zur Familie gehört noch im Unternehmen arbeitet. Beispiel: Stille Teilhaberin; Investoren; Private-Equity-Unternehmen

Quelle: In Anlehnung an Wiechers (2006), S. 19 f.

Mit Hilfe dieses Betrachtungsmodells lassen sich die aus der Sicht eines Außenstehenden auf den ersten Blick als schwer einzuschätzenden und oftmals als „irrational" zu wertenden Verhaltensweisen einzelner Familienmitglieder im Kontext ihrer anderen Rollen, z. B. als gleichberechtigte Gesellschafterin vs. Mitglieder der Geschäftsführung eines Unternehmens vs. Geschwister, erklären.

Zur Schaffung einer notwendigen Differenzierung der jeweiligen Rollen sowie der kommunikativen Kontexte von Familie, Unternehmen und Eigentum, bietet dieses Modell einen hilfreichen Denk- und Strukturierungsrahmen. Hiermit können bestimmte Zusammenhänge innerhalb des Familienunternehmens sowie bei den Mitgliedern der Unternehmerfamilie auf ihren Ursprung hin analysiert und identifiziert werden.

Eine Weiterentwicklung des Modells im Rahmen unterschiedlicher Forschungsprojekte des WIFU[52] in den letzten beiden Dekaden hat den rollentheoretischen Ansatz des 3-Kreis-Modells auf eine Systemebene erweitert.[53] In der systemtheoretischen Lesart wird das Konstrukt Familienunternehmen bzw. Unternehmerfamilie als die Verknüpfung von jeweils drei eigenständigen sozialen Systemen betrachtet. Diese drei Systeme funktionieren nach unterschiedlichen Logiken und operieren über eigenständige Parameter wie etwa Erwartungen, Prämissen, Regeln, Kontextmarkierungen etc. In jedem System herrscht folglich eine eigenständige Kommunikationslogik vor: im Familiensystem etwa die Logik der Bindung, im Unternehmenssystem die Logik der Entscheidung, im Gesellschafter- bzw. Eigentumssystem die Logik der rechtlichen Verbindlichkeit bzw. der Vermögensmehrung.

Zum Aufbau einer spezifischen Reflexionskompetenz stellt dieses Modell eine wichtige gedankliche Grundlage zur adäquaten Interaktion mit den verschiedenen beteiligten Akteuren dar. So könnte es z. B. sinnvoll sein, das Modell im Rahmen einer Familienzusammenkunft einzusetzen, um die Zugehörigkeit der einzelnen Familienmitglieder transparent zu machen, Doppel- oder Dreifach-

---

52 Das WIFU = Wittener Institut für Familienunternehmen (WIFU) an der Universität Witten/Herdecke ist im deutschsprachigen Raum der Pionier in Forschung und Lehre zu Familienunternehmen und Unternehmerfamilien und beschäftigt sich seit 1998 mit zentralen Fragestellungen zu dieser Unternehmens- und Familienform.
53 Vgl. v. Schlippe (2013); v. Schlippe et al. (2017), S. 46 f.; v. Schlippe & Frank (2013); Simon et al. (2005); Wimmer et al. (2005), S. 46.

rollen darzustellen und die durch diese Randbedingungen und Einflussgrößen geprägten Verhaltensweisen einzelner Akteure in den jeweiligen Kontexten zu identifizieren und zu diskutieren. Hierdurch können die komplexen Rollen- und Beziehungsstrukturen im Familienkreis aufgedeckt, potenzielle inter- und intrapersonelle Konflikte ermittelt, Rollengegensätze und -verwechslungen identifiziert und Dilemmata und Zielinkongruenzen analysiert werden.

2.3 Die Gleichzeitigkeit unterschiedlicher Logiken oder: Das Anerkennen von Paradoxien

Die bisher beschriebenen Grundkonstellationen in Familienunternehmen und Unternehmerfamilien können zu systemimmanenten Entscheidungsparadoxien führen.[54] Durch die Verknüpfung der verschiedenen sozialen Spielfelder entstehen für die Beteiligten in einem Familienunternehmen regelmäßig pragmatische Paradoxien, die Familienmitglieder in Entscheidungskonflikte zwischen einer sachlich-ökonomischen und einer emotional-persönlichen Handlungsorientierung bringen. Das Opfer einer solchen pragmatischen Paradoxie sieht sich dabei verschiedenen und gleichzeitigen Verhaltenserwartungen bzw. Handlungsanweisungen ausgesetzt, deren Erfüllung sich jedoch gegenseitig ausschließt. Derartige paradoxe Entscheidungssituationen zwischen Familie und Unternehmen zeichnen sich durch eine Art „Nullsummenspiel" aus: In dem Moment, in dem der Teilnehmer durch seine Entscheidung in einem Kontext einen „Sieg" erringt, muss er gleichzeitig im anderen Kontext eine „Niederlage" hinnehmen. Für Mitglieder aus Unternehmerfamilie bedeutet dies: *„Was nach familiären Kriterien als ‚richtig' erscheint, wird unter unternehmerischen Maßstäben als ‚falsch' beurteilt und umgekehrt."*[55]

Abbildung 8 verdeutlicht diesen Zusammenhang:

---

54 Zu dem Phänomen der Paradoxien in Familienunternehmen vgl. Wimmer et al. (2004), S. 17 ff.; Simon et al. (2005), S. 27 ff.; v. Schlippe & Groth (2006), S. 117 ff.; v. Schlippe (2007a), S. 112 ff. sowie Hilse & Simon (2000). Eine erste Übersicht typischer Grundparadoxien in Familienunternehmen liefern Wimmer et al. (2004), S. 18 ff.; Simon et al. (2005), S. 150 ff. Zu dem Begriff der pragmatischen Paradoxie und für die folgenden Ausführungen vgl. v. Schlippe (2007a), S. 115 ff. sowie v. Schlippe (2007b). Eine Beschreibung des Managements von Paradoxien in Familienunternehmen wird u. a. von v. Schlippe (2007a), S. 124 ff. sowie Simon et al. (2005), S. 150 ff. geliefert.
55 Simon et al. (2005), S. 29.

Teil A: Einführung und Grundlagen

Dimension Familie

A („richtig" in der Familie)
= nicht-B („falsch" im Unternehmen)

Dimension Unternehmen

B („richtig" im Unternehmen)
= nicht-A („falsch" in der Familie)

nicht-A und nicht-B
(„falsch" in der Familie und im Unternehmen)

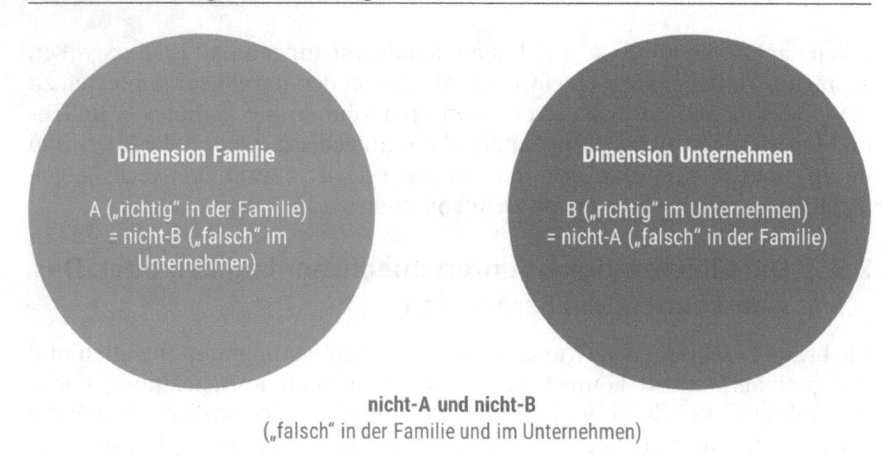

Abbildung 8: Entscheidungsoptionen und -paradoxien in Familienunternehmen.
Quelle: Entnommen aus Simon et al. (2005), S. 29

Folgende Beispiele sollen die Problematik der Paradoxien in Familienunternehmen und Unternehmerfamilien verdeutlichen:

Nachfolgeentscheidungen wie etwa die Übertragung von Gesellschaftsanteilen oder die Vergabe von Führungspositionen sind nach der Logik des Unternehmens rein kompetenzorientiert zu fällen. Dementsprechend würde eine Unternehmerin, der beispielsweise zwei Kinder hat, dem fähigsten Nachkommen das Angebot unterbreiten, in die Geschäftsführung einzutreten und ihm mindestens die Mehrheit der Stimmrechte, ggf. sogar die Anteilsmehrheit insgesamt zur Durchsetzung seiner Unternehmensstrategie in Zukunft übertragen. Wie würde dieses Verhalten aber auf der Familienseite gewertet? Vermutlich würde der Nachkomme, der keine Führungsposition angeboten bekommt bzw. geringere Anteils- bzw. Stimmrechte erhält, sich durch den Übergeber als weniger geliebt, abgelehnt und als „Kind zweiter Klasse" fühlen. Dieses Gefühl möchten Eltern ihren Kindern ersparen und vererben in der Regel paritätisch bzw. sorgen dafür, dass beide Kinder im Falle von Interesse annehmbare Positionen im Unternehmen erhalten. Der hierdurch erkaufte Seelenfrieden in der Familie kann jedoch zu massiven Problemen im Unternehmen führen. Welche Logik sich am Ende durchsetzt, ist bei Übergabeprozessen oftmals ungewiss.

Bei einer Krise im Familienunternehmen steht beispielsweise die Gesellschafterfamilie vor einer paradoxen Entscheidungsproblematik, wenn sie erkennt, dass ein im Unternehmen als Geschäftsführerin tätiges Familienmitglied ihrer Aufgabe nicht gewachsen ist.[56] Die typische Reaktion im Kontext des Unternehmens wäre die Entlassung der Geschäftsführerin. Im Kontext der Familie ist diese Handlungsoption, die in der Regel als Verstoß gegen den Moralkodex der Familie gewertet wird, jedoch kaum denkbar und noch schwerer umzusetzen.

---

56 Siehe hierzu ausführlich Rüsen (2017a) sowie Rüsen (2011).

Das Festhalten am Familienmitglied (z. B. von Vater und Mutter an ihrem Sohn, Nachkommen an ihren Eltern etc.) stellt im Kontext „Familie" eine natürliche und als richtig empfundene Verhaltensweise dar. Die gleiche Verhaltensweise bedeutet im Kontext des Unternehmens ein unverantwortliches Verhalten der Gesellschafterin dem Unternehmen gegenüber.

Ein zentraler Erfolgsfaktor im Umgang mit Paradoxien in Familienunternehmen besteht darin, sie als solche zu erkennen und sichtbar zu machen. Auf diese Weise sind Verhaltens- und Entscheidungsstrukturen zu entwickeln, die es ermöglichen, entsprechende Entscheidungskonflikte zu bearbeiten, ohne sofort abschließend zu Gunsten der einen oder anderen Seite zu entscheiden.

Dieser Aspekt der Entscheidungsfindung zwischen Familienunternehmen und Unternehmerfamilie weist bereits auf eine der zentralsten Herausforderungen und Erfolgsfaktoren für das Selbstmanagement einer Unternehmerfamilie bzw. in Familienunternehmen hin. Ist diese systemimmanente Grundproblematik von Paradoxien bekannt, lassen sich eine Vielzahl potenziell entstehender Konflikte im Eigentümerkreis entschärfen und frühzeitig Gegenmaßnahmen entwickeln. Die Kenntnis von Paradoxien in Familienunternehmen und Unternehmerfamilien stellt somit eine weitere wesentliche Grundkenntnis für Familiengesellschafterinnen dar.

2.4 Wie denken wir über uns selbst: Mentale Modelle in Unternehmerfamilien

Woran liegt es nun, dass sich im Hinblick auf den Komplexitätsgrad von Familie und Unternehmen zwei nahezu identische Familienunternehmen im Hinblick auf die entwickelte Governance-Struktur fundamental unterscheiden? Wie lässt es sich erklären, dass z. B. in einem Fall Beirats- und Kontrollgremien etabliert sind, die Führung des Unternehmens komplett in fremden Händen liegt, im anderen Fall beinahe zwanghaft versucht wird, die Führung mit Mitgliedern aus der Gesellschafterfamilie zu „bestücken"? Die Antwort liegt hier in dem jeweiligen „Mentalen Modell", auf das sich die Familie unausgesprochen „geeinigt" hat und das die Organisationsform genauso bestimmt, wie die Frage danach, wie diese verändert werden kann.[57]

Unter einem Mentalen Modell lässt sich ein grundlegendes Bild, das eine Person von der Wirklichkeit hat, verstehen.[58] Sie hat dieses Bild normalerweise nicht allein, vielmehr lässt sich ein soziales System dadurch charakterisieren, dass eine Personengruppe ein (natürlich mehr oder weniger konsistentes und vielfältig differenziertes) gemeinsames Mentales Modell entwickelt, ein „shared mental model".[59] Im Kontext, der uns hier interessiert, geht es dabei um das kommunizierte, erlebte und vorgelebte Selbstverständnis als Unternehmerfa-

---

57 Die folgenden Ausführungen basieren auf Rüsen et al. (2012) sowie Rüsen et al. (2019). Hier werden die Ansätze von Gimeno et al. (2010) weiterentwickelt.
58 Vgl. Seel (1991).
59 Denzau & North (1994).

milie (wir sprechen auch vom dominanten Sinnattraktor bzw. der zentralen Denklogik). Konkret handelt es sich hierbei um unhinterfragte, wertgeladene Bewertungs- und Entscheidungsprämissen der Unternehmerfamilie, z. B. in Bezug auf:

- eine gute Unternehmensführung,
- die Rolle der Familie und ihrer Mitglieder im Unternehmen,
- einen „sinnvollen" Umgang mit dem Familienvermögen,
- das Verhalten gegenüber ihren Mitgliedern und
- den erwarteten Erziehungsansatz.

Oftmals werden die in diesem Zusammenhang determinierten Werte der Unternehmerfamilie als eine Art Glaubenssystem kommuniziert. Eine Infragestellung des Mentalen Modells erfolgt häufig im Rahmen des Generationenübergangs. Das mag erklären, warum ein Familienunternehmen gerade in einer solchen Situation so verwundbar ist: Es geht nicht einfach um den Übergang in die nächste Generation, sondern oft auch um mehr, nämlich die Prämissen darüber, wie sich das Verhältnis von Familie und Unternehmen und die Beziehungen der Familienmitglieder untereinander gestalten sollten.

Das Familienunternehmen wird sozusagen entsprechend „um" das jeweilige Mentale Modell herum „gebaut": Wenn die Idee dominiert, dass gute Unternehmensführung nur dann gegeben ist, wenn einer „das Sagen" hat, wird eine ganz andere Organisation aufgebaut, als wenn sich die Vorstellung durchgesetzt hat, dass die besten Leistungen von einer Gemeinschaft, einem Team erbracht werden. Wie beschrieben, werden Mentale Modelle insbesondere im Rahmen der Generationen-Nachfolge auf die Probe gestellt, wenn eine neue Generation mit einem anderen Mentalen Modell antritt als die Vorgänger. Insbesondere gilt dies für den ersten (manchmal auch den zweiten) Generationswechsel, wenn das Mentale Modell des Gründers in Frage steht: Selbst wenn die Familie dieses Modell noch teilen sollte, steht vielleicht niemand zur Verfügung, der die Gründerlogik fortführen könnte, und die Familie ist gezwungen, in einem schmerzlichen Auseinandersetzungsprozess ein neues Bild zu finden. Im Laufe der Zeit kommt es in aller Regel zu typischen Veränderungen der Mentalen Modelle, doch sind diese nicht zwangsläufig. Es gibt auch kein „besseres" oder „schlechteres" Modell, es gibt nur spezifische Verwundbarkeiten, die mit dem jeweiligen Modell einhergehen und die man kennen sollte.

Welches Mentale Modell sich in einer Unternehmerfamilie durchsetzt, ist davon abhängig, in welcher Form die handelnden Akteure ihre Vorstellungen gleichartig gestalten. Oftmals sind unterschiedliche Mentale Modelle in einer Familie anzutreffen, die Denk- und Handlungsweisen werden hier jedoch meist von einem Mentalen Modell dominiert (was sehr oft auf dem Einfluss der dieses Modell vertretenden Person beruht). So beobachten wir z. B., dass bei Unternehmerfamilien, in denen die Gründerpersönlichkeit in der Familie noch präsent ist (unabhängig von Alter, Gesellschafteranteil und Funktion im Unternehmen), diese allein durch ihre physische Existenz noch einen starken Einfluss hat.

Selbst wenn die nachfolgende Generation bereits in der Führungsverantwortung steht und ein eher gemeinschaftliches Mentales Modell pflegt, findet eine tiefgreifende Neu-Orientierung der Gesellschafterfamilie oft erst nach einer Veränderung der Einflussstrukturen einzelner Personen innerhalb der Unternehmerfamilie statt.[60]

Folgende vier Grundmodelle lassen sich bei Familienunternehmen ab einer mittleren Unternehmensgröße unterscheiden:

Mentales Modell I: Die patriarchale Logik

Dieses Denkmodell ist typisch für die Gründersituation. Unabhängig von der Größe des Unternehmens ist die gesamte Organisationsstruktur auf die Person des Patriarchen[61] ausgerichtet. Dieser verfügt über ein nicht nachahmbares, übergreifendes und detailliertes Know-how über den Markt, über die firmeninternen Strukturen und über die oft komplizierten finanziellen Verflechtungen, die er aufgebaut hat. Das Mentale Modell, das meist auch die ganze Familie teilt, lässt sich am besten wie folgt beschreiben: „Einer muss es machen, der Patriarch ist der Anführer von Firma und Familie, die Firma und Familie bestehen aus einem Kopf mit vielen helfenden Armen." Viele der bekannten deutschen Weltmarktführer wurden von Unternehmerpersönlichkeiten erschaffen, die von diesem Mentalen Modell ausgingen. Meist sind Organisationsstrukturen entstanden, die durch eine starke Zentrierung auf diese eine Figur hin geprägt sind. Die größte Herausforderung für dieses Modell besteht daher in der Bewältigung der Nachfolgefrage. Ein Patriarch ist nicht ersetzbar – zumindest er ist davon fest überzeugt. Doch oft trifft dies auch auf sein Umfeld, seine Familie, seine Mitarbeiter zu. So kann ein Nachkomme von Ausnahmen abgesehen nur selten reibungslos auf dessen Position folgen. Falls mehrere Kinder vorhanden sind, stehen sie oft in heftigem Wettbewerb. Gibt es nur einen potenziellen Nachfolger, fällt der Vergleich mit dem Patriarchen regelmäßig zu dessen Ungunsten aus. Manchmal gelingt es der Nachfolgerin selbst, etwas außerhalb des direkten Bereiches des Seniors zu erschaffen (z.B. Aufbau einer Auslandsgesellschaft). Wenn der Nachfolger sich über Jahre hinweg bewährt hat und von den relevanten Familienmitgliedern als neues Familienoberhaupt akzeptiert wird, ist eine Wiederholung dieses Mentalen Modells denkbar.

Mentales Modell II: Die Logik der operativ-tätigen Unternehmerfamilie

Die hier gelebte Grundlogik der Familie lässt sich wie folgt beschreiben: „Wir, die Familie, führen das Unternehmen gemeinsam. Als professionelles Team sind wir unschlagbar. Wir stellen an uns, an jedes Familienmitglied, das im Unternehmen arbeitet, die höchsten Ansprüche. Die Firma hat Vorrang vor privaten Interessen und mindestens ein Mitglied muss in der Geschäftsführung vertreten

---

60 Vgl. Schlippe et al. (2017), S. 131 ff.
61 In der Praxis existiert durchaus auch die weibliche Version dieses Modells und lässt sich als Matriarchin bezeichnen. Sämtliche hier für die maskuline Version beschriebenen Zusammenhänge lassen sich hier in selbiger Form beobachten.

sein. Ohne Vertreter der Familie an der Spitze wäre es kein Familienunternehmen mehr!" Bei Unternehmen, die sich in der Hand der zweiten oder weiteren Generationen befinden, gibt es viele höchst erfolgreiche Beispiele, z. B. in Geschwister- oder Cousin-Konsortien, die das Unternehmen in höchster Eintracht und zum Wohle von Firma und Familie führen. Man fühlt sich dem „größeren Ganzen" der Familie verpflichtet und stellt seine privaten Bedürfnisse zurück. Zentraler Erfolgsfaktor ist hier der starke Zusammenhalt der Familie, dem jedes Hindernis, jeder denkbare Konfliktanlass untergeordnet wird. Die in diesem Modell erfolgreichen Familien schaffen es durch ein geschicktes Management von Paradoxien, sichtbare Ungleichheiten auszubalancieren. Zum Beispiel kann die erkennbar höhere Position des mit großem Renommee ausgestatteten Vertreters der Familie in der Position des CEO im Vergleich zu den anderen aktiven Familienmitgliedern sinnvoll und für alle akzeptabel angenommen werden. Der Kompetenteste erfährt seine Legitimation als der Primus inter Pares durch die anderen Familienmitglieder, mit deren Zustimmung er seine Vormachtposition ausfüllen „darf". Gerade das Management von Gleichheit und Ungleichheit, die Schaffung von Zusammenhalt und Bereitschaft, sich dem Familienziel als Individuum unterzuordnen, beschreibt die zentralen Herausforderungen von Gesellschafterfamilien dieses „Archetyps". Hier zeigt sich ihre spezifische Verwundbarkeit, denn der Generationenübergang ist sehr komplex und die Gefahr von Machtkämpfen um die Vormachtstellung und die Einflussmöglichkeiten von Teil-Familien und ihren Mitgliedern im Unternehmen ist groß.

Mentales Modell III: Die Logik der aktiven Eigentümerfamilie

Die Logik der aktiven Eigentümerfamilie lässt sich am besten wie folgt skizzieren: „Wir als Familie holen uns die professionellste Führung ins Unternehmen, die es auf dem Markt gibt. Wir verstehen uns als Verantwortliche für die Steuerung, aber nicht, bzw. nicht notwendigerweise, für die Führung des Unternehmens." Bei Gesellschafterfamilien, die diesem Denkmodell folgen, wird dafür Sorge getragen, dass die Familie ihre Gesellschafterrechte optimal durchsetzt. Daher ist i. d. R. die Familie aktiv in Aufsichtsgremien vertreten. Die Führung des Unternehmens kann zwar potenziell durch Familienmitglieder erfolgen, wird in der Regel aber angestellten familienexternen Managern überlassen. Das Unternehmen bekommt aus der Perspektive der Familiengesellschafter die beste am Markt verfügbare Geschäftsführung. Die Familienidentität ist in Abgrenzung zu den vorher skizzierten Modellen nicht an operative Aufgaben im Unternehmen gekoppelt. Gerade bei großen, ggf. auch börsennotierten Familienunternehmen lässt sich dieses Mentale Modell sehr häufig beobachten. Das strukturelle Risiko besteht hier in der Organisation der Gesellschafterfamilie, die sich in ihrem Selbstverständnis als solche von einer reinen Aktionärs- bzw. Investorenversammlung zu unterscheiden hat. So besteht für die Mitglieder dieser Gesellschafterfamilien kontinuierlich die Herausforderung, das Unternehmen als zentralen Sinn- und Identitätslieferanten und nicht als reines Investment wahrzunehmen. Wird dabei der Zusammenhalt der Großfamilie nicht systematisch organisiert, besteht die Gefahr, dass das Unternehmen Zug um Zug über Anteilsverkäufe seine Gesellschafterfamilie „verliert". Eine weitere Aufgabe des Familienmanagements besteht auch darin, die Präsenz des Familienwillens in der Führungsmannschaft des Unternehmens zu organisieren: Es ist also sicherzustellen, dass die Prinzipien und Werte der Familiengesellschafterinnen nach wie vor in der Strategie des Unternehmens verankert sind und in der Organisation gelebt werden, auch wenn diese nicht selbst in der operativen Führung durch eine Person vertreten sind. Hierzu bedarf es kompetenter und erfahrener Familienmitglieder in den Aufsichts- und Kontrollgremien. Diese müssen in der Lage sein, dem familienexternen Top-Management angemessen begegnen und die strategische Ausrichtung des Unternehmens mitgestalten zu können. In der Regel stellt sich bei der Auswahl geeigneter Familienmitglieder die Frage, wie diese ihre hauptberufliche Tätigkeit mit der Beratungs- und Kontrollfunktion im Familienunternehmen in Einklang bringen können.

Mentales Modell IV: Die Logik der Investorenfamilie

Die in diesem Mentalen Modell vorherrschende Grundlogik wird am besten wie folgt skizziert: „Wir als Familie managen und maximieren unser Vermögen gemeinsam, unabhängig davon, in welcher Anlageform. Wir streben nach der höchsten denkbaren Rendite." Dieses Modell, welches insbesondere bei asiatischen und arabischen Unternehmerfamilien, zunehmend allerdings auch in Mitteleuropa beobachtbar ist, stellt die Maximierung des gemeinsamen Familienvermögens in den Vordergrund. Es gibt hier keine traditionelle Verbindung zu einem (Herkunfts-)Unternehmen. Bringt das ursprüngliche Kerngeschäft nicht die größtmögliche Rendite, wird es verkauft. Auch ist die Besetzung von öffentlich sichtbaren Positionen unwichtig. Lediglich das Zusammenhalten der individuellen Vermögensteile und deren gemeinsame Anlage sind von Bedeutung. Die zentrale Herausforderung besteht hier in der Schaffung eines „Nutzens" für den Zusammenhalt in der Familie. Dieser muss ab einer bestimmten Vermögenssumme über das reine Argument von Skalenerträgen bei der Vermögensverwaltung hinausgehen. Es geht um Wahrung oder Erzeugung gemeinsamen Sinns (z. B. Gründung einer Familienstiftung). Man könnte sagen, es geht bei diesem Mentalen Modell immer wieder um die Suche nach Herausforderungen und Zielen zu Investition und Vermögensmehrung und auch um die Abwehr von Depression und Geldentwertung. Der Gesichtspunkt der Ablösung und der Nachfolge spielt in dieser Konstellation kaum eine Rolle. Die Attraktivität der Zugehörigkeit ist hier weniger an einzelne Personen gebunden als vielmehr an die Vorteile, die aus einem Pooling des Vermögens resultieren.

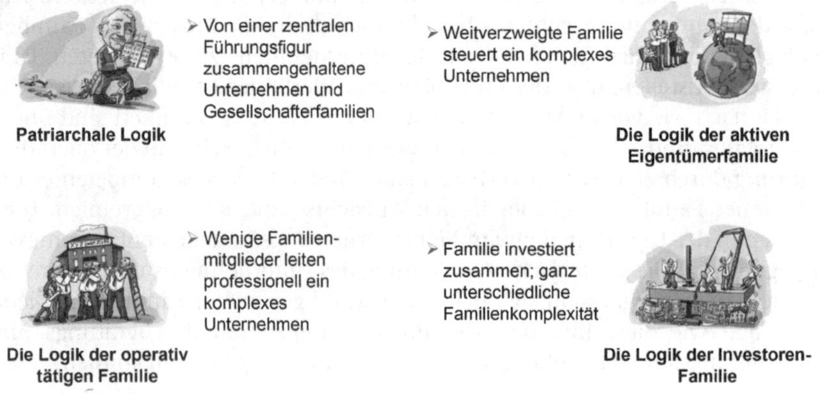

Teil A: Einführung und Grundlagen

Patriarchale Logik
➢ Von einer zentralen Führungsfigur zusammengehaltene Unternehmen und Gesellschafterfamilien

Die Logik der aktiven Eigentümerfamilie
➢ Weitverzweigte Familie steuert ein komplexes Unternehmen

Die Logik der operativ tätigen Familie
➢ Wenige Familienmitglieder leiten professionell ein komplexes Unternehmen

Die Logik der Investoren-Familie
➢ Familie investiert zusammen; ganz unterschiedliche Familienkomplexität

Abbildung 9: Die Archetypen Mentaler Modelle von Unternehmerfamilien im Überblick.
Quelle: Entnommen aus Rüsen et al. (2012)

Die vier skizzierten Mentalen Modelle von Unternehmerfamilien geben einen ersten Überblick über typische Denk- und Handlungsmuster. Hierauf basieren bestimmte Strukturentwicklungen, aber auch spezifische Konfliktlogiken, die sich meist im Kontext der Ablösung eines Mentalen Modells durch ein anderes im Zuge der Nachfolge entzünden. Mitglieder von Unternehmerfamilien sind gut beraten, sich das strukturelle Risiko ihres Familienunternehmens sowie das dominante Mentale Modell in der Unternehmerfamilie zu vergegenwärtigen. Dieses Wissen über sich selbst und die eigene Denkstruktur kann einen Großteil der immer wieder zu beobachtenden Konflikt- und Krisendynamiken verhindern und risikoabsorbierende Strukturen eines Familienmanagement-Systems aufbauen.

2.5 Das Phasenmodell der Nachfolge

Das Wittener Phasenmodell[62] der Nachfolge unterscheidet zehn relevante Phasen, die jeweils nachfolgend erläutert werden. Die Übergabe eines Unternehmens gestaltet sich in der Regel über diese Phasen über einen längeren Zeitraum hinweg. Häufig zeigt die Praxis, dass sich die Phasen teils überschneiden oder auch ein Umweg über eine frühere Phase erforderlich ist. Die Nachfolge als einen permanenten Prozess zu betrachten, sehen wir als einen wichtigen Beitrag, der innerhalb der Unternehmerfamilie zu leisten ist. Die Herstellung von Bewusstheit und ihren spezifischen Herausforderungen kann man als einen der bedeutendsten Erfolgsfaktoren der Nachfolge bezeichnen. Hierdurch werden für die Prozessbeteiligten die Erwartungen je Phase beschreib- und artikulierbar gemacht, was die Wahrscheinlichkeit des Gelingens erhöht. Aus unseren Be-

---

62 Vgl. Groth, Rüsen & v. Schlippe (2020). Das folgende Kapitel basiert auf diesen Ausführungen.

obachtungen der typischen Sozialdynamiken in Unternehmerfamilien ist ableitbar, dass die beteiligten Personen und Generationen in allen Lebens- und Berufsphasen im Vorteil sind, wenn sie miteinander im Dialog über ihre Wünsche, Erwartungen und Interessen bleiben und zugleich das Wohl des Unternehmens beim Verantwortungsübergang nicht aus den Augen verlieren.

1. Phase: Erwartungen zur Nachfolge

Familien im Allgemeinen wie auch Unternehmerfamilien im Speziellen sind auf Dauerhaftigkeit und Transgenerationalität angelegte Systeme. Häufig stehen schon recht früh Erwartungen im Raum, man verknüpft mit dem Nachwuchs die Weitergabe einer bereits angelegten Tradition. Es kommt vor, dass sich diese Erwartungen bereits in der Namenswahl bei Neugeborenen niederschlagen. Nicht selten wurden in der Vergangenheit beispielsweise die Erstgeborenen über Generationen jeweils mit dem Vornamen des Gründers benannt oder es wurde sich besonders über einen männlichen Nachfahren gefreut. Damit einher gingen jedoch nicht selten implizite Erwartungen an eben diese Familienmitglieder hinsichtlich der Nachfolge im Unternehmen. In Unternehmerfamilien ist daher zu reflektieren, ob und wenn ja, von wem solche Erwartungen an eine nächste Generation gehegt werden, sodass diese nicht unausgesprochen „im Raum" stehen und Vorstellungen, Wünsche und Hoffnungen auf bereits junge Nachkommen projiziert werden.

2. Phase: Erziehung zur Nachfolge

Diese Phase betrifft das 4. bis 16. Lebensjahr der Nachfolgegeneration. Die ersten Nachfolgevorbereitungen können schon im jüngeren Kindesalter beginnen. Der Zeitpunkt wird vor allem durch das soziale Umfeld geprägt. Hierbei ist es wichtig, Gelegenheiten zu schaffen, die dem Nachwuchs den Aufbau einer ersten emotionalen Beziehung zum Unternehmen und den hier arbeitenden Menschen ermöglichen. Keineswegs sollten Kinder zu früh daraufhin beobachtet werden, ob sie in der Schule oder im Spielverhalten Fertigkeiten zeigen, die später einmal für eine Karriere im Unternehmen nützlich sein können. Eine Erziehung zur Nachfolge entsteht in dieser Phase vorwiegend über das von den Eltern vermittelte Bild vom Unternehmen. Die unternehmensbezogenen Szenen, die das Kind in sich aufnimmt, prägen dessen Bild davon, was es heißt, Mitglied einer Unternehmerfamilie zu sein. Es sollte nicht übersehen oder unterschätzt werden, dass die hier stattfindende frühkindliche Prägung die spätere innere Haltung des Kindes zum Unternehmen und damit die Nachfolgebereitschaft bestimmt.

3. Phase: Unsicherheiten bei den Nachfolgern

Zeitlich überlappend mit der vorherigen Phase, in der die Eltern das Unternehmertum in seinen Vorzügen und Anforderungen vorleben und vorgeben, findet die dritte Phase (12. bis 20. Lebensjahr) statt, in der die Nachkommen eine eigene Einstellung zum Unternehmen und zur Nachfolge ausbilden. Die für die Pubertät typischen Suchprozesse zwischen Autonomiebestrebungen und Bindungserhalt werden in dieser Phase auch anhand der Nachfolgefrage durchgespielt. In dieser emotional aufwühlenden Entwicklungsphase der Kinder bzw. Jugendlichen – die keineswegs nur Unternehmerfamilien durchrüttelt – ist es wichtig, dass beide Generationen den Kontakt zueinander nicht verlieren. Typische Eltern-Konflikte der Pubertät und Ablöse sind in Bezug auf die Nachfolge nicht überzubewerten bzw. von der Seniorgeneration zu dramatisieren. Im Gegenteil, der nachkommenden Generation sind die Wahlfreiheit ihres Lebenswandels einerseits und gleichzeitig die möglichen Auswirkungen dieser auf die Chance, in die Verantwortung für das Unternehmen und die Familientradition einzutreten, offen und klar zu kommunizieren.

4. Phase: Ausbildung zur (möglichen) Nachfolge

Die vierte Phase findet ungefähr zwischen dem 16. und 30. Lebensjahr statt. Das Gefühl der Ambivalenz setzt sich unter vielen Nachfolgern und Nachfolgerinnen auch in den Zeiten der Ausbildung fort. Die Frage, ob eine Ausbildung oder auch ein Studium direkt auf die Zukunft im elterlichen Unternehmen ausgerichtet werden soll, oder ob man eine den eigenen Neigungen entsprechende Studien- und Berufswahl vornehmen kann, prägt diese Phase. Die Ausbildung kann sich dabei von der angestrebten Rolle in Bezug auf das Unternehmen auch durchaus unterscheiden. So kann jede Nachfolgerin und jeder Nachfolger, sofern die Übernahme von Gesellschafteranteilen vorgesehen ist, unabhängig von dem eigenen Berufswunsch frühzeitig bereits mit dem Aufbau von Gesellschafterkompetenz beginnen. Wenn eine operative Tätigkeit angestrebt wird, geht es vor allem darum, die Ausbildungsinhalte auf die Anforderungen des Unternehmens zuzuschneiden. Für diese Phase ist es essenziell, wenn die Anforderungen und dadurch die notwendigen Ausbildungskriterien zur Erlangung einer Gesellschafterkompetenz, sowie ihre Entsprechungen bei einer Nachfolge in Führungsfunktionen oder Aufsichtsgremien, und die hier denkbaren Einstiegsszenarien ins Unternehmen allen Beteiligten schon frühzeitig klar kommuniziert werden. So können diese mit der Ausbildungswahl abgestimmt, bzw. spätere Enttäuschungen bei eingeschlagenen Ausbildungskarrieren vermieden werden.

5. Phase: Vorbereitung des Unternehmens

Nachfolgevorbereitung ist nicht nur eine Frage, die die Erziehung und die nächste Generation betrifft, auch das Unternehmen ist einzubeziehen. Spätestens Mitte des fünften Lebensjahrzehnts der aktuell tätigen Unternehmergeneration ist es an der Zeit, das Unternehmen „übergabefähig" zu machen. Daher empfiehlt es sich, Führungsstrukturen zu entwickeln, die das Unternehmen unabhängiger von der aktuellen Familienführung machen. Je stärker die Selbstführung des Unternehmens ausgeprägt ist, umso leichter wird es einem hinzukommenden Familienmitglied fallen, in die Führungsverantwortung hineinzuwachsen oder sich bewusst dagegen zu entscheiden. Falls keine innerfamiliäre Nachfolge zustande kommt, ist das Unternehmen trotzdem führungsseitig abgesichert und es sind keine oder weniger schwerwiegende Konsequenzen zu befürchten. Parallel zu der Anpassung der Führungsorganisation ist das Unternehmen auf die Herausforderungen der Zukunft (u. a. Digitalisierung, Nachhaltigkeitsorientierung, geänderte geopolitische Lage etc.) hin anzupassen. Es empfiehlt sich, eine Art „Nachfolge-Due-Diligence" zu erstellen, also eine schonungslose Analyse über den Status quo der Aufstellung und Zukunftsfähigkeit des Unternehmens.

6. Phase: Auswahl des Nachfolgers

Die Auswahl des Nachfolgers bzw. der Nachfolger sollte zwischen dem 20. und 35. Lebensjahr der Nachfolgegeneration stattfinden. Bevor der Einstieg der nächsten Generation in das Unternehmen erfolgt, ist es notwendig, dass sich die Gesellschafterfamilie über verschiedene Aspekte und Bedingungen des Eintritts und ggf. des Austritts aus dem Unternehmen einig wird. In der Regel werden entsprechende Kriterien im Rahmen familienstrategischer Überlegungen in einer Familienverfassung oder im Gesellschaftervertrag fixiert, die vorhandenen Kompetenzen werden mittels objektiver Analysen überprüft und Gremien übertragen, die im Wesentlichen aus familienexternen Mitgliedern bestehen. So sind zu erwartende Fähigkeiten und ebenso klare Anforderungsprofile für einzelne Rollen festzulegen. Dieses klare Anforderungsprofil hilft nicht nur den Familiengesellschaftern, die Auswahlentscheidung nach Kriterien der Kompetenz statt der Herkunft zu treffen. Auch die Generation der Nachfolgerinnen und Nachfolger kann dadurch einschätzen, welche Leistungen und Erfahrungen sie zu erbringen hat und welche Konsequenzen ein Nicht-Erfüllen dieser haben kann. In diesem Rahmen können spezielle Assessments unterstützen. Insgesamt ist es Aufgabe der Unternehmerfamilie, Strukturen zu schaffen, in der die Familie nicht allein über die Fähigkeit und Eignung von Mitgliedern der Familie entscheiden muss.

7. Phase: Einstieg in das Unternehmen

Der Einstieg in das Unternehmen findet zwischen dem 20. und 35. Lebensjahr der Nachfolgegeneration statt. Wenn alle Beteiligten der Meinung sind, dass eine familieninterne Nachfolge angestrebt werden soll, dann sind im Falle einer operativen Nachfolge der Einstieg des Nachfolgers/der Nachfolgerin in das Unternehmen und hier der Weg bis an die Spitze zu planen. Eine ganzheitliche Einstiegsplanung umfasst dementsprechend bereits vor dem tatsächlichen Eintritt der Vertreterinnen und Vertreter der Nachfolgegeneration auch eine gesichtswahrende Austrittsplanung der Nachfolgerin/des Nachfolgers für den Fall, dass diese oder dieser nicht reüssiert oder sich die Bedingungen der Zusammenarbeit als nicht zielführend erweisen. Zu vermeiden sind in jedem Fall lang andauernde, wenig oder gar nicht definierte vermeintliche Lernphasen, die aufgrund fehlender Aufstiegsperspektive die Rollenzuschreibung als „ewiger Junior" oder „ewige Juniorin" nahelegen.

8. Phase: Verantwortungsübergang

Im Laufe des Nachfolgeprozesses gibt es häufig längere Phasen, in denen beide Generationen an Bord sind. Dies stellt alle Beteiligten vor große Herausforderungen. Hier ist es insbesondere wichtig, untereinander und gegenüber der Belegschaft die jeweiligen Rollen zu klären und für Erwartungssicherheit zu sorgen. Wenn beide Generationen im Unternehmen oder in einer Gremiensitzung auftreten, repräsentieren sie immer auch eine Eltern-Kind-Konstellation. Insbesondere die Seniorgeneration steht hier in der Verantwortung, in der Außenwirkung deutlich zu machen, dass Entscheidungen künftig gemeinsam abgestimmt sind und mitgetragen werden, selbst wenn sie nicht mehr der alten Praxis entsprechen.

9. Phase: Ausstieg der Seniorgeneration

Etwa ab dem 60. Lebensjahr des Übergebers bzw. ab dem 35. Lebensjahr des Übernehmers beginnt die vorletzte Phase des Nachfolgeprozesses. Der Fokus in dieser Phase ist auf die Seniorgeneration verschoben. Da diese das Unternehmen über viele Jahrzehnte geprägt hat und auch viele Mitarbeiterinnen und Mitarbeiter im Unternehmen keine anderen Chefs erlebt haben, ist der definitive Wechsel in der Führungsverantwortung klar zu kommunizieren und zu markieren. Die Kommunikation sollte sowohl nach außen als auch nach innen abgestimmt sein und sichtbar werden. Für die abgebende Generation besteht die Aufgabe darin, dass sie an einer Neudefinition ihres privaten Lebens arbeitet, das ihr aufgrund ihres unternehmerischen Engagements oftmals versagt blieb. Oftmals hilfreich ist es, wenn bereits lange vor dem 60. Lebensjahr alternative Hobbys, Aufgaben und Betätigungsfelder entwickelt werden, die das Loslassen-Lernen vereinfachen.

10. Phase: Neuorientierung in der post-aktiven Phase

Mit dem Ausstieg der Seniorgeneration und nach der Übergabe der Verantwortung an die Juniorgeneration beginnt für Übergeber eine völlig neue Lebensphase. Einerseits sind die Arbeitsbelastung und der Verantwortungsdruck weitgehend von ihnen genommen, gleichzeitig gilt es, die neu hinzugewonnene Zeit sinnvoll einzusetzen. Eine alternative Beschäftigung für die frei werdende Zeit ist frühzeitig und konsequent vorzubereiten. Ist diese nicht vorhanden, „droht" die Suche nach Aufgaben im gewohnten Umfeld des Familienunternehmens. An dieser Stelle ist die Familie gefordert, etwaige „Rückfälle" systematisch zu beobachten und mit der Seniorgeneration im kritischen Dialog hierüber zu bleiben. Alternative unternehmerische oder am Gemeinwohl orientierte Aktivitäten haben demgegenüber den Vorteil, dass die oftmals noch im Übermaß vorhandene unternehmerische Energie der Seniorgeneration erhalten und Nutzen stiftend eingesetzt werden kann.

2. Übergreifende Sichtweisen auf Familienunternehmen

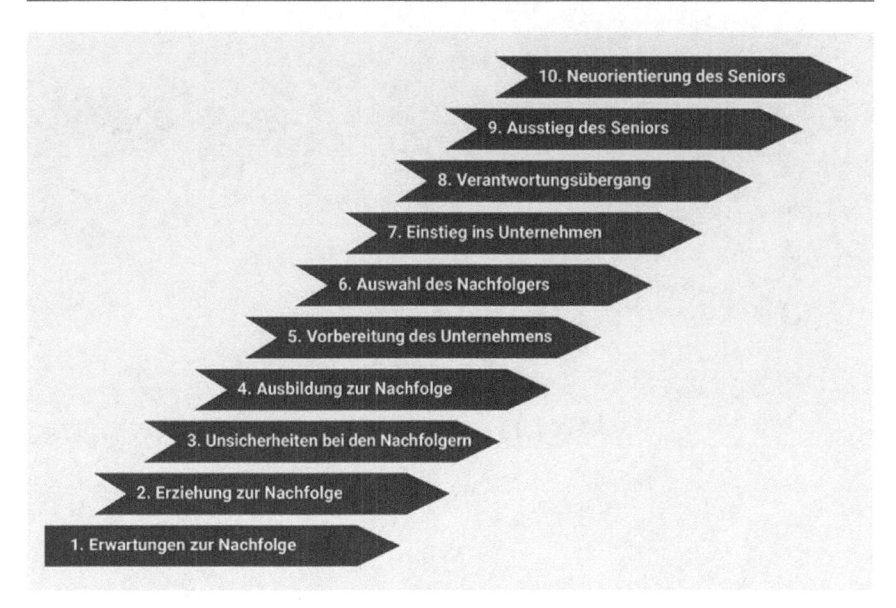

```
10. Neuorientierung des Seniors
 9. Ausstieg des Seniors
 8. Verantwortungsübergang
 7. Einstieg ins Unternehmen
 6. Auswahl des Nachfolgers
 5. Vorbereitung des Unternehmens
 4. Ausbildung zur Nachfolge
 3. Unsicherheiten bei den Nachfolgern
 2. Erziehung zur Nachfolge
 1. Erwartungen zur Nachfolge
```

Abbildung 10: Das Wittener Phasenmodell der Nachfolge.
Quelle: Entnommen aus Groth, Rüsen & von Schlippe (2020)

2.6 Zusammenfassung

Die dargelegten Theoriemodelle lassen sich als übergreifende Sichtweisen und Theoriekonzepte auf Familienunternehmen und Unternehmerfamilien verstehen. Mit diesen können wesentliche Unterschiede, Herausforderungen und Besonderheiten dieses Familien- und Unternehmenstypus beschrieben werden. Gelingt es einer Unternehmerfamilie, diese Kernkonzepte im Rahmen eines gezielten Aufbaus von Gesellschafterkompetenz zu verinnerlichen, lassen sich eine Vielzahl von potenziellen Herausforderungen oder Konfliktanlässen im Kern erkennen, systematisch und unabhängig von den handelnden Personen thematisieren und mögliche Lösungsalternativen etablieren.

Die Reflexion der eigenen Situation mittels der hier dargelegten Konzepte kann als Grundlagenwissen der Systemkompetenz als Mitglied einer Unternehmerfamilie angesehen werden.

Johanna Stibi, Tom A. Rüsen, Heiko Kleve

3. „Wollen, sollen, dürfen oder müssen" – Über die Motivation der NextGen, „auf Vorrat" zu lernen

3.1 Einleitung

Wie einleitend beschrieben, ergeben sich für aktive Gesellschafterinnen und Gesellschafter eines Familienunternehmens spezielle Kompetenzanforderungen, die über unternehmerische und Managementkompetenzen hinausgehen. Zwischen der beigemessenen Relevanz dieser Gesellschafterkompetenz und der tatsächlichen Umsetzung spezieller Maßnahmen der Gesellschafterkompetenzentwicklung (im Folgenden GKE) zeigt sich in der Praxis jedoch eine große Diskrepanz.[63] Bei der aktuellen egalitären Vererbungspraxis in Unternehmerfamilien wird eine Mitarbeit im Familienunternehmen kaum noch als Kriterium für die Anteilsübertragung herangezogen. Dementsprechend fällt der Weiterbildung der Mitglieder der nachfolgenden Generation (im Folgenden NextGen) zu kompetenten Gesellschafterinnen eine immer bedeutsamere Aufgabe zu. Im Sinne der Sicherung der Zukunftsfähigkeit des Familienunternehmens kann sie als Hauptzielgruppe für Maßnahmen der GKE angesehen werden. Bisher wird dieser Aspekt in Forschung und Praxis jedoch (noch) nicht hinreichend berücksichtigt.[64]

Um Gesellschafterkompetenz nachhaltig in dieser Zielgruppe aufzubauen und angemessen weiterzuentwickeln, scheint das „Wollen", also die Motivation der Nachkommen, eine notwendige Voraussetzung zu sein. Wesentlich ist demnach, die Faktoren zu identifizieren, die zu der Entwicklung dieser motivierten Grundhaltung beitragen.[65]

Das folgende Kapitel geht nunmehr der Frage nach, welche Faktoren die NextGen motivieren, „auf Vorrat" zu lernen, also GKE zu einem Zeitpunkt zu betreiben, bei dem diese sich in keiner verantwortlichen Position in der Governance des Familienunternehmens befindet bzw. noch keine Anteile an diesem besitzt. Hierbei werden Aspekte der Motivationspsychologie betrachtet sowie Ergebnisse einer durchgeführten Studie zur Motivation von Mitgliedern der NextGen, sich Gesellschafterkompetenz anzueignen, präsentiert.[66] Zur besseren Einordnung werden zunächst zentrale Erkenntnisse der Theorie zur (Lern-)Motivation vorgestellt. Anschließend wird ein eigens entwickeltes Motivationsmodell der GKE vorgestellt. Dabei wird erläutert, welche Faktoren die NextGen in Bezug auf

---

63 Siehe hierzu ausführlich Rüsen et al. (2022).
64 Eine erste dezidierte Auseinandersetzung mit den hier spezifischen Fragestellungen nimmt Stibi (2023) vor. Die folgenden Ausführungen basieren auf den hier dargelegten Erkenntnissen und stellen eine Weiterentwicklung dieser Gedanken dar.
65 Die folgenden Einordnungen basieren auf zehn Fallinterviews mit NextGens. Siehe hierzu ausführlich Stibi (2023).
66 Vgl. dazu nochmals Stibi (2023).

die GKE nach eigenen Angaben motivieren. Abschließend werden praktischen Handlungsempfehlungen zur Motivationsförderung in Unternehmerfamilien aufgezeigt.

3.2 Motivationspsychologische Grundlagen

Der Begriff „Motivation" geht zurück auf das lateinische Verb „movere", also bewegen, und fokussiert damit so etwas wie eine Hin-Bewegung auf ein Ziel. Bezüglich der Forschung können wir sagen, dass Motivation als Zusammenhang von persönlichen Merkmalen von Menschen, etwa Bedürfnissen und Interessen, sowie Merkmalen von Situationen verstanden wird, die als Anreize oder Einflüsse auf die Motive einwirken und diese aktivieren.[67] Die Motivation gilt als wesentliche Determinante bzw. als Faktor sowohl für das Lernen an sich als auch für den Lernerfolg. Menschen, die motiviert sind zu lernen, sind darin beständiger, leisten dafür einen größeren Einsatz, lernen gründlicher und erzielen bessere Leistungen.[68] Für die Tätigkeit und den Erfolg des Lernens spielt die Motivation eine entscheidende Rolle. Für den Aufbau und die Entwicklung von Gesellschafterkompetenz ist sie demnach zentral.

Die Motivation einer Person, ein bestimmtes Ziel zu verfolgen, ist von persönlichen Dispositionen und Präferenzen, situativen Anreizen sowie deren Interaktion abhängig.[69] Personenbezogene Motivationsquellen umfassen universelle physiologische Bedürfnisse, wie etwa Hunger oder Durst, sowie das Streben nach Wirksamkeit. Wir können drei soziale Basismotive unterscheiden:[70] (1.) das Leistungsmotiv, (2.) das Anschlussmotiv und das (3.) Machtmotiv. Das *Leistungsmotiv* beinhaltet das Streben nach Erfolg und das Überwinden von Herausforderungen. Das *Anschlussmotiv* bezieht sich auf das Knüpfen und Aufrechterhalten von sozialen Beziehungen. Das *Machtmotiv* umfasst den Wunsch, die Umwelt zu kontrollieren und das Verhalten anderer zu beeinflussen. Diese Motive können unterschiedlich stark ausgeprägt sein und bilden eine individuelle Motivkonstellation, die situationsabhängig betrachtet werden muss.

Motive müssen durch passende Anreize aktiviert werden, um das menschliche Verhalten zu beeinflussen. Diese Anreize werden als Merkmale einer Situation definiert, die mit der Erwartung verbunden sind, ein Bedürfnis oder Motiv zu befriedigen, und zeigen sich intrinsisch (durch die Tätigkeit selbst) oder extrinsisch (durch Konsequenzen oder Belohnungen).[71] Intrinsische Anreize führen zu spontanem und freudvollem Handeln, während extrinsische Anreize von den Konsequenzen oder Belohnungen separiert sind und nicht spontan auftre-

---

[67] Vgl. Nerdinger, Blicke & Schaper (2014), S. 421. Zur Definition des Motivationsphänomens s. auch Heckhausen & Heckhausen (2011); DeCharms (1979); Schunk, Pintrich & Meece (2008); Deci & Ryan (2017) sowie Atkinson (1964).
[68] Vgl. Robbins et al. (2004).
[69] Vgl. Heckhausen & Heckhausen (2011) sowie Rheinberg (1986) zu den Determinanten und dem Verlauf motivierten Verhaltens.
[70] Vgl. McClelland (1980) und Murray (1938).
[71] Vgl. Heckhausen & Heckhausen (2011) und Deci & Ryan (1993).

3. Motivation der NextGen, „auf Vorrat" zu lernen

ten. Dementsprechend werden verschiedene Motive (Leistungs-, Anschluss- oder Machtmotiv) auch von unterschiedlichen Anreizen (extrinsische und intrinsische) aktiviert.

Bisher wurden die Einflussfaktoren von Motivation vorgestellt. Dementsprechend lässt sich die Motivation ihrer *Art* nach in intrinsische und extrinsische Motivation unterscheiden:

- *Intrinsische Motivation* bezieht sich auf das Gefallen an einer Aktivität an sich, unabhängig von den separierbaren Konsequenzen (z.B. wenn ein Mitglied einer Unternehmerfamilie für sich selbst beschließt, dass ihm die Anwesenheit und Teilnahme an Aktivitäten der Unternehmerfamilie wichtig sind und ihm auch Freude bereiten, ihm einen Sinn stiften bzw. dass es sich für sein inneres Wohlbefinden „lohnt", an diesen teilzunehmen). Sie ist durch Neugier, Spontaneität und Interesse gekennzeichnet und basiert auf angeborenen Bedürfnissen nach Selbstbestimmung und Kompetenz. Die Freude liegt dabei im Tun selbst.

- *Extrinsische Motivation* hingegen bezieht sich auf eine Mittel/Zweck-Beziehung, bei der eine Tätigkeit ausgeführt wird, um etwas zu erhalten oder zu vermeiden (z.B. wenn ein Familienmitglied an den Familienaktivitäten lediglich teilnimmt, um eine soziale Ächtung in der Familiengemeinschaft, etwa als „Spielverderber", oder den Verlust möglicher Karriereoptionen zu vermeiden etc.). Dabei handelt es sich um ein instrumentelles Handeln, das von äußeren Faktoren wie Geld, Sicherheit, Lob oder dem Bedürfnis nach Anerkennung angetrieben wird. Ein Verhalten gilt also als extrinsisch motiviert, wenn es nicht wegen der Tätigkeit selbst, sondern wegen des Ergebnisses oder der von der Handlung separierbaren Folgen erfolgt.

Motivation gibt Aufschluss über das „Warum" und „Wozu" menschlichen Handelns. Insbesondere für Lernen und die Leistung ist die Motivation entscheidend. So zeigen Studien, dass Schüler, die motiviert sind zu lernen, dies gründlicher tun, darin beständiger sind und schließlich auch bessere Leistungen erzielen.[72] Die Bereitschaft und Motivation zu lernen wird durch ein komplexes Wirkungsgefüge an individuellen Faktoren sowie motivatorischen Strukturen der Umwelt gekennzeichnet.[73] In diesem Zusammenhang eignen sich fünf moderne Theorien besonders, um die Lernmotivation zu erklären und zu untersuchen.[74]

Erstens, die *Expectancy-Value Theory* geht davon aus, dass zwei zentrale Faktoren das Verhalten einer Person beeinflussen, zum einen der Wert des angestrebten Ergebnisses und zum anderen die Erwartung, diesen Wert zu erreichen. Insofern wird der Zustand angestrebt, der unter Berücksichtigung seiner Eintrittswahrscheinlichkeit den höchsten Wert bzw. Anreiz hat. Die Erfolgserwartung

---

72 Vgl. Robbins (2004).
73 Vgl. Covington (2000).
74 Vgl. Cook & Artino (2016); Schunk, Pintrich & Meece (2008); Graham & Weiner (2012).

wird durch Faktoren wie die Selbstwahrnehmung der eigenen Fähigkeiten und Kompetenzen, vergangene Erfahrungen sowie Aufgabenschwierigkeit beeinflusst. Demgegenüber wird der individuelle Wert einer Tätigkeit vom Interesse, dem Nutzen, der Wichtigkeit und den Opportunitätskosten geprägt. Diese Bewertungen sind subjektiv, tätigkeitsspezifisch und können sich im Laufe der Zeit verändern.

Zweitens, die *Attribution Theory* besagt, dass Menschen Ursache-Wirkungs-Beziehungen herstellen, um die Gründe für ihr Handeln zu verstehen und zukünftiges Verhalten vorherzusagen. Ebenso wie bei der Expectancy-Value Theory handelt es sich um subjektive, interpretative Prozesse. Persönliche Einflüsse, vergangene Erfahrungen oder vorheriges Wissen formen dementsprechend die Zuschreibung. Darüber hinaus unterliegt die Bewertung umweltbedingten Einflüssen, wie sozialen Normen oder dem Erfolg bzw. Misserfolg anderer. Diese Attributionen haben Auswirkungen auf das Selbstwertgefühl und die emotionalen Reaktionen einer Person.

Drittens, die *Social-Cognitive Theory* geht davon aus, dass Menschen ihre Umwelt bewusst wahrnehmen und interpretieren sowie Gedanken, Gefühle und Handlungen steuern. Um bestimmte Lernziele zu erreichen, ist die Handlungs- und Selbstregulierung also wesentlich. Zum einen wird die Motivation zu lernen durch die Interaktion mit der Umwelt geformt, z. B. durch das Beobachten anderer Menschen. Zum anderen ist die Überzeugung, selbstwirksam zu sein, ein wesentlicher Faktor. Selbstwirksamkeit spricht also den Glauben und die Erfahrung an, sein Ziel mit den eigenen Fähigkeiten und Kompetenzen erreichen zu können.

Viertens, die *Goal-Orientation Theory* besagt, dass Menschen bestimmte Ziele durch ihre Lernaktivitäten verfolgen. Dabei gibt es zwei sogenannte Lernorientierungen: Zum einen die Performanzziele, bei denen das Hauptanliegen darin besteht, besser als andere zu sein, und zum anderen die Beherrschungsziele, bei denen der Fokus auf dem intrinsischen Wert des Lernens liegt. Menschen mit Performanzzielen wählen in der Regel leichtere Aufgaben und streben nach messbar guten Noten, um ihr Selbstwertgefühl und ihre Motivation zu steigern. Menschen mit Beherrschungszielen suchen hingegen Herausforderungen und konzentrieren sich darauf, neues Wissen zu erlangen und ein Thema zu verstehen. Während die Beherrschungsziele eher der intrinsischen Motivation gleichen, können die Performanzziele mit der extrinsischen Motivation verglichen werden. Mit Blick auf die tatsächliche Lernleistung zeigen Studien,[75] dass Performanzziele oft zu besseren Noten führen, während Beherrschungsziele mit tieferem Lernen und einem höheren Transfereffekt verbunden sind.

Fünftens, die *Self-Determination Theory* beschäftigt sich mit den motivationalen Bedingungen und sozialen Faktoren, die kontrolliertes oder autonomes Handeln beeinflussen. Dabei spielen das Erleben von Autonomie und der Grad der

---

75 Vgl. Senko, Durik & Harackiewicz (2008); Elliott & McGregor (2001); Nolen (1988); Lepper (1988).

Fremdsteuerung eine entscheidende Rolle. Es werden drei Regulationen unterschieden: (1.) intrinsische Motivation, (2.) extrinsische Motivation und (3.) Amotivation. Insbesondere hebt diese Theorie hervor, inwiefern äußere Zwänge und Regulationen internalisiert und in die eigenen Überzeugungen integriert werden. Vor dem Hintergrund, dass intrinsisch motiviertes Verhalten zu kreativen und hohen Leistungen führt, zielt diese Theorie darauf ab, intrinsische Motivation trotz gesellschaftlicher Normen, Fristen oder Belohnungen durch eben jene Internalisierung zu fördern.

Die dargelegten Motivationstheorien stellen nach Einschätzung der Autoren einen hilfreichen Rahmen dar, praktizierte oder zukünftig geplante Maßnahmen zur Entwicklung einer Gesellschafterkompetenz zu evaluieren. Insbesondere dann, wenn eine rein extrinsisch motivierte Teilnahme vermieden werden soll, könnte eine innerfamiliäre Diskussion über individuelle Wünsche, Zielsetzungen und vorhandene Vorstellungen über Sinn und Zweck des innerfamiliären Lernens mit Bezug auf das Familienunternehmen und die hier anstehende Gesellschafterinnenrolle wesentlich sein. Darüber könnte zudem eine generationenspezifische Lernmotivation herausgearbeitet werden, auf deren Grundlage dann spezifische Formen des Kompetenzerwerbs entwickelt werden. Kern ist die Klärung der jeweilig vorhandenen Haltung in Bezug auf das „Wollen". Andernfalls sind ein nachhaltig wirksamer Wissenserwerb sowie ein spezifischer Kompetenzaufbau kaum sinnvoll möglich.

3.3 Das GKE-Motivationsmodell für Mitglieder der NextGen

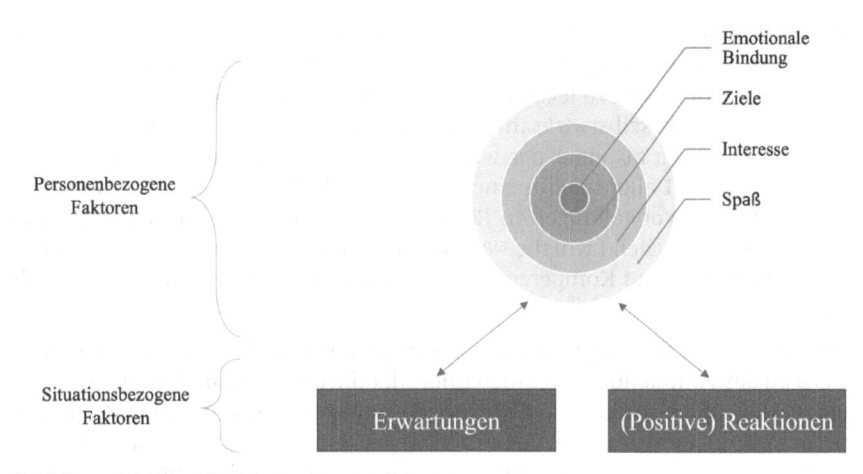

Abbildung 11: Das GKE-Motivationsmodell.
Quelle: Stibi (2023), eigene Darstellung

Anhand von Aussagen von zehn befragten NextGens zu ihrer Motivation, Maßnahmen der GKE umzusetzen oder sogar eigenständig (weiter-)zu entwickeln, ließen sich zentrale Faktoren der Motivation dieser Gruppe identifizieren, die im Folgenden ausführlich vorgestellt werden. Diese können sehr gut mit dem Motivationsmodell nach Heckhausen (1977) & Rheinberg (1986) reflektiert und auf die personen- und situationsbezogenen Faktoren bezogen werden (siehe Abbildung 11). Dementsprechend umfassen die personenbezogenen Faktoren vier Aspekte: (1.) die emotionale Bindung, (2.) Ziele, (3.) Interesse und (4.) Spaß. Die beiden situationsbezogenen Faktoren können unterschieden werden in (1.) Erwartungen und (2.) (positive) Reaktionen. Alle Faktoren stehen in starker wechselseitiger Abhängigkeit zueinander.

Die vier personenbezogenen Faktoren sollen nun detaillierter erläutert werden:

1. Emotionale Bindung

Die emotionale Bindung der NextGen an das Familienunternehmen stellt den Kern ihrer Motivation dar, GKE zu betreiben. Durch das Gefühl, emotional an das Familienunternehmen gebunden zu sein, entwickelt sich ein erhebliches Pflicht- und Verantwortungsbewusstsein. Damit sind insbesondere das Bewusstsein sowie Dankbarkeit, Demut und Stolz gegenüber dem verbunden, was vorherige Generationen aufgebaut haben. Die Maßnahmen, die es braucht, um das Familienunternehmen ebenfalls erfolgreich an die nächste Generation weiterzugeben, werden nicht nur als ihre Pflicht, sondern willentlich und gerne als übernommene Verantwortung angesehen. Die NextGen möchte also ebenfalls ihren Beitrag, pointiert formuliert: „Blut, Schweiß und Tränen" leisten. Darunter kann z.B. der potenzielle Eintritt in die operative Geschäftsführung verstanden werden oder auch die Bereitschaft, sich als aktiver Gesellschafter einzubringen.

Diese Empfindungen werden verstärkt, wenn die NextGen ihre Verantwortung und ihren Einfluss konkret spürt und das Gefühl hat, mit ihrem Einsatz schon heute einen Mehrwert zu leisten. Insofern zeugt die NextGen von einem großen Bedürfnis danach, selbstwirksam zu sein. In der Motivationsforschung wird die Selbstwirksamkeit als einer der wichtigsten Treiber von intrinsischer Motivation angesehen. Daher scheint eine Förderung für die NextGen und ihrer eigenen Ideen und Vorstellungen in Bezug auf ein GKE-Programm wesentlich zu sein. Dementsprechend will die NextGen nicht nur „auf Vorrat" lernen, sondern ihre Fähigkeiten und Kompetenzen schon jetzt unter Beweis stellen und aktiv mitgestalten.

Zusammenfassend gesagt, aus einer starken emotionalen Bindung der NextGens an das Familienunternehmen und/oder die Unternehmerfamilie resultiert ein starkes Pflicht- und Verantwortungsbewusstsein, sich im Sinne des Unternehmens und der Familie weiterzubilden. Dieses ist mit einem Gewissens- und Erwartungsdruck verbunden, einen Beitrag zum Erfolg des Unternehmens zu leisten. Ein nahes oder entferntes Aufwachsen am Alltag des Familienunternehmens gibt zwar Aufschluss über die emotionale Bindung und Identifikation mit diesem, scheint aber nicht alleinig ausschlaggebend für die Motivation zum Betreiben von GKE zu sein. Insbesondere das Empfinden von Selbstwirksamkeit ist in diesem Zusammenhang ein entscheidender Motivationsfaktor.

2. Ziele

Eine weitere zentrale Rolle in der Motivation der NextGen nehmen ihre eigenen Zielsetzungen ein. Werden Zeit und Aufwand von der NextGen in das Umsetzen von Maßnahmen der GKE investiert, geschieht dies nicht unabsichtlich oder ziellos. Die NextGen hat sowohl auf das Familienunternehmen bzw. die Unternehmerfamilie bezogene als auch persönliche Ziele, denen sie durch die Maßnahmen näherkommen bzw. mit diesen erreichen will. Demnach konkretisiert sich der aufgeführte Wunsch, einen Beitrag im Sinne des generationenübergreifenden Gelingens zu leisten, z. B. einmal Teil der Geschäftsführung oder des Aufsichts- bzw. Familiengremiums zu werden.

Jegliche Verantwortungsübernahme bedarf laut der befragten NextGens einer genauen Vorbereitung, sowohl hinsichtlich der aufzubauenden Kompetenzen als auch der strategischen Positionierung innerhalb der Unternehmerfamilie. Hier frühzeitig Engagement im Sinne der GKE zu signalisieren, beeinflusst aus Sicht der NextGens, zukünftig für eine bestimmte Rolle (z. B. als Teil der Geschäftsführung oder in einem Aufsichts- oder Familiengremium) als geeignet in Betracht gezogen zu werden. Dabei zeigt sich, dass unterschiedliche Zielrollen, bspw. die Geschäftsführungsfunktion zu übernehmen, Mitglied in einem Aufsichts- oder Beiratsgremium zu werden etc., auch zu unterschiedlichem Verhalten hinsichtlich der Umsetzung der Weiterbildungsmaßnahmen führen. Diese Erkenntnis hebt hervor, dass die Mitglieder der NextGen wissen, welche Vorbereitungen auf Ausbildungsseite, aber auch mit Blick auf die Zusammenarbeit zwischen Familie und Unternehmen, notwendig sind. Ebenfalls wird deutlich, dass bestimmte Zielrollen für die NextGen wichtig sind, um nicht das Gefühl zu haben, nur „auf Vorrat" zu lernen. Die Aufgabe, ihre Gesellschafterkompetenz aufzubauen und zu entwickeln, erfüllt die NextGen aber nicht nur rein in Bezug auf fachliche Anforderungen. Sondern sie verbindet dieses Engagement mit dem Wunsch nach Anerkennung. So wollen die Nachfolgerinnen und Nachfolger mit der Kompetenzentwicklung einer fälschlichen Wahrnehmung (auch bei Dritten) entgegentreten, dass sie eine Rolle nicht aufgrund ihrer Fähigkeiten und Fertigkeiten, sondern qua Geburtsrecht bzw. Herkunft antreten dürfen.

Auf persönlicher Ebene äußern die befragten Vertreterinnen und Vertreter der NextGen den Wunsch, Neues zu lernen, Kontakte zu knüpfen oder sich weiterzubilden. Auch mit Blick auf die individuelle Karriere möchten die NextGens persönlich von der Weiterbildung profitieren. Dabei zeigt sich, dass sie ihren eigenen Wissensstand mit dem ihrer Peer Group abgleichen. Wird diesbezüglich ein Defizit während der Austauschformate sichtbar, bei dem sie bspw. etwas nicht wissen, was sie hätten wissen können, kann dies der Auslöser sein, Wissenslücken zu schließen und eine entsprechende Lerntätigkeit aufzunehmen.

Abschließend lässt sich festhalten, dass sowohl familienunternehmensbezogene als auch persönliche Ziele die Motivation der NextGen beeinflussen, ihre Kompetenzen als Gesellschafter/innen aus- und weiterzubilden. Dabei haben die NextGens zum einen das Ziel, sich auf eine bestimmte Rolle vorzubereiten und zum anderen einen persönlichen Mehrwert (z. B. für die eigene Karriere) zu erhalten. Das Definieren konkreter Ziele mit Blick auf ihre zukünftige Rolle im Familienunternehmen sowie die persönlichen Vorteile einer Weiterbildung können demnach mögliche Hebel sein, ihre Motivation zu fördern.

3. Interesse

Grundsätzliches Interesse an den Inhalten der GKE stellt einen weiteren Motivationsfaktor dar. Dieses ist inhaltsbezogen, umfasst insbesondere die Verknüpfung mit der jeweiligen Realität des Familienunternehmens. Das Interesse wird vor allem in interaktiven Formaten mit Austauschmöglichkeiten angeregt. Negativ wirken sich demgegenüber Lernformate mit eher „frontal" vermittelten Inhalten aus, bei dem die NextGen sich in einer „Schüler-Rolle" gegenüber den Dozierenden fühlen.

Die Neugier der NextGen wird meist durch den Impuls eines Familienmitglieds geweckt, z. B. an einer Veranstaltung teilzunehmen, die Inhalte der GKE behandelt. Die dort gemachten Erfahrungen führen in der Konsequenz zu einer allgemein interessierten Haltung, die schlussendlich zu dem Verlangen führt, das eigene Wissen und Verständnis zu erweitern. Um es in den Worten eines Nachfolgers auszudrücken: „Springt der Funke einmal über, wird ein Feuer von ganz allein entfacht." Dabei scheint nicht entscheidend zu sein, ob der initiale Impuls zur Umsetzung von Maßnahmen der GKE von der NextGen selbst oder dem Umfeld kommt. Hauptsache ist, dass ihr Interesse geweckt wird, um eine motivierte Grundhaltung entstehen zu lassen.

Das Interesse nimmt im Motivationsmodell eine zentrale Rolle ein, denn es zeigt sich, dass die Berührung mit als interessant empfundenen Inhalten wiederum ein gesteigertes Interesse auslöst, noch mehr erfahren und machen zu wollen. Wird also einmal Interesse entfacht, scheint die Motivation, die jeweilige Thematik weiterhin zu bearbeiten und sich zu erschließen, quasi „von allein" zu kommen. Die Metapher des „süßen ersten Schlucks", der einen „Wissensdurst" entfacht, veranschaulicht diesen Mechanismus. In diesem Zusammenhang ist es offenbar unerheblich, ob die Anregung aus dem Kreis der Unternehmerfamilie oder der NextGen selbst kommt.

In der Untersuchung wird ein allgemein großes Interesse der NextGen an den theoretischen sowie praktischen Inhalten der GKE deutlich. Es herrscht zunächst eine neugierige Haltung und damit ein allgemeines Grundinteresse, das es zu nähren und zu entfachen gilt. Werden die Möglichkeiten gegeben, das gewonnene Wissen auf das Familienunternehmen und damit auf die eigene Zukunft zu beziehen, ergibt sich für die NextGen ein großer Mehrwert, auch weiterhin in Maßnahmen der GKE zu investieren. Ein initialer Impuls kann dazu führen, dass grundlegendes Interesse sich weiter verstärkt und die vorhandene Motivation wächst.

4. Spaß

Der „Spaß" ist ein weiterer Faktor, der gegeben sein muss, damit GKE auch tatsächlich von der NextGen betrieben wird. Wie auch hinsichtlich des Interesses gesagt werden kann, verlieren Zeit und Aufwand an Bedeutung, wenn die NextGen Spaß und Freude an der Kompetenzentwicklung empfindet. Empfundener Spaß an den jeweiligen Formaten und Inhalten motiviert sogar einen über das Mindestmaß hinausreichenden Einsatz.

Konkret führt der Spaß am Austausch mit Gleichgesinnten dazu, auch Probleme und Herausforderungen in einem geschützten Rahmen ansprechen und miteinander teilen zu können. In diesem Zusammenhang ist vor allem das Lernen von und mit anderen NextGens (aus der eigenen Unternehmerfamilie oder aus anderen) aufzuführen. Hierbei ist vor allem die Art und Weise, wie die NextGen lernen will, von Bedeutung. Die NextGen setzt einen Lernkontext voraus, der sie zum Austausch und zur Selbstreflexion anregt. In Anlehnung an den bereits aufgeführten Wunsch nach Selbstwirksamkeit empfindet die NextGen weiterhin Spaß an Tätigkeiten, die schon jetzt zum Erfolg des Familienunternehmens bzw. der Unternehmerfamilie beitragen.

Doch nicht nur auf inhaltlicher Ebene scheinen Spaß und Freude wesentlich zu sein, auch die Einbettung der Wissensvermittlung in ein attraktives Rahmenprogramm erhöht die eigene Motivation. So sind das Schaffen eines Umfelds, in dem die NextGens sich wohlfühlen, eine schöne und anregende Zeit miteinander verbringen und sich austauschen können, entscheidende Motivationsfaktoren.

Die beiden situationsbezogenen Faktoren sollen schließlich erläutert werden:

1. Erwartungen

Die Erwartungen der Unternehmerfamilien, Maßnahmen der GKE umzusetzen, stellen situative Einflüsse auf die Motivation der NextGen dar, sie wirken demnach von außen auf die personenbezogenen Faktoren ein. Gleichwohl sich die meisten Gesellschafterinnen zur Weiterbildung ihrer Gesellschafterkompetenz durch Unterschreiben der Familienverfassung „verpflichtet", gibt es kaum konkrete Vorschriften bzw. Konsequenzen bei Unterlassung. Dennoch existieren Erwartungen zur Teilnahme, die ein entsprechendes Verhalten der NextGen motivieren. Ihre Mitglieder nehmen dabei die implizite Erwartung wahr, dass ein entsprechendes Weiterbildungsverhalten mit der Anteilseignerschaft an einem Familienunternehmen als eine Art „moralische Verpflichtung" einhergeht. Dieses „Erwartungsgefühl" wurde auch durch das häufig beschriebene Pflicht- und Verantwortungsbewusstsein ggü. dem Familienunternehmen deutlich, da die NextGen durch die Aus- und Weiterbildung zu fähigen und kompetenten Gesellschaftern ihren „Beitrag" leisten und dem Familienunternehmen „etwas zurückgeben" kann. Den monetären, nicht-monetären und ideellen Werten, die ihnen das Familienunternehmen zuteilwerden lässt, will sie durch das Weiterbilden zu kompetenten Gesellschafterinnen gerecht werden.

Neben einer impliziten Erwartungshaltung beeinflussen die expliziten Erwartungen durch die vielen Impulse und Vorschläge, welche die NextGen aus der Unternehmerfamilie heraus wahrnimmt, ihre Motivation. Hier sind es oft die

Anreize der Familie, die das bereits angesprochene initiale Interesse ausgelöst haben. Diese Impulse und Anstöße, bspw. auf Seminare und Veranstaltungen hinzuweisen und zu empfehlen, sind wichtige Ansatzpunkte, um das Interesse nicht nur an den Inhalten der GKE entstehen zu lassen, sondern am Familienunternehmen grundsätzlich. Das Verhalten der Unternehmerfamilie ist vor diesem Hintergrund besonders wichtig, denn Ermutigung und Begeisterung aus der Familie heraus verstärken den Willen, Bestätigung und Belohnung auf der Beziehungsebene zu erfahren.

Durch das Erfüllen dieser Erwartungen und die Umsetzung von Maßnahmen der GKE kann die NextGen ihren Beitrag zum Erfolg des Familienunternehmens leisten. Hier findet eine positive Verstärkung bzw. Konditionierung des Lernverhaltens statt, wenn den Erwartungen der Unternehmerfamilie entsprochen wird. Auch wenn grundsätzlich eine Freiwilligkeit vorherrscht, sind Erwartungen wichtig, um bestimmtes Verhalten aufzufordern. Entscheidend ist dabei, dass die NextGen die Erwartungen als nachvollziehbar und sinnvoll einschätzt, um die Erfüllung der Erwartungen anzustreben. Hierbei kommt es offenbar auf gelingende Dialoge zwischen den Vertretern der Großeltern- bzw. Elterngeneration und der NextGen an.

2. (Positive) Reaktionen

Schließlich stellen (positive) Reaktionen der Unternehmerfamilie auf das Engagement der NextGen einen Motivationsfaktor dar. Wie auch schon die Wahrnehmung von Erwartungen sind es vor allem positive und ermutigende Reaktionen aus dem familiären und unternehmerischen Umfeld der NextGens, die GKE-Aktivtäten fördern und begünstigen. Dazu zählt auch das Verhalten und insbesondere ein positives Feedback der Mitarbeiter während Praktika oder Werkstudententätigkeiten im eigenen Familienunternehmen. Dieser Wirkmechanismus ist hier erneut als positive Verstärkung bzw. Konditionierung des Lernverhaltens zu verstehen.

Konkret ist bspw. die Aussprache von Dankbarkeit, Lob und Ermutigung der Elterngeneration bzw. aus dem Unternehmen durch die involvierten Mitarbeiter, eine zusätzliche Belohnung, die als positive Verstärkung wirkt. Im gleichen Zuge ist das Interesse der Unternehmerfamilie am Engagement der NextGen aufzuführen. Wird ein Raum für Reflexion und Austausch, bspw. im Anschluss an ein Seminar oder eine Veranstaltung, innerhalb der Unternehmerfamilie geöffnet, wirkt sich dies förderlich auf die Motivation der NextGen aus, da sie sich vor allem in ihrer Einsatz- und Leistungsbereitschaft wahrgenommen und wertgeschätzt fühlt. Konstruktives Feedback in Bezug auf die Kompetenzentwicklung wird von der NextGen als hilfreich und förderlich eingeschätzt. Dies betrifft bspw. die Fähigkeiten und Kompetenzen, welche bereits erlernt wurden, aber auch weitere Entwicklungsfelder. Im Vergleich mit anderen NextGens kann sehr genau eingeschätzt werden, wie sich das eigene Weiterbildungsverhalten im Verhältnis zu dem anderer NextGens darstellt. Wenn der Vergleich ein

Zurückliegen offenbart, kann diese Erkenntnis jedoch motivationsfördernd wirken.

Insgesamt sind auch die Reaktionen der Unternehmerfamilie wichtige Motivationstreiber. Insbesondere positive Reaktionen, wie Lob oder Dankbarkeit sowie offenes Feedback und Interesse fördern die Motivation der NextGen und letztlich ihren Einsatz und ihr Engagement, sich im Sinne ihrer Eigentümerrolle weiterzubilden.

Zusammenfassend betrachtet gibt das Motivationsmodell Aufschluss über die maßgeblichen Einflussfaktoren der NextGen, die positiv auf die Motivation zur Gesellschafterkompetenz wirken. Dementsprechend sollten diese Faktoren bei der Konzipierung neuer oder der Evaluierung bestehender GKE-Programme erfragt und diskutiert werden.

3.4 Praktische Handlungsempfehlungen

Die verschiedenen Motivationsfaktoren der NextGen geben Aufschluss über die Diskrepanz von beigemessener Wichtigkeit und tatsächlicher Umsetzung von GKE in der Praxis von Familienunternehmen. Auf Basis der Analyseergebnisse lassen sich praktische Handlungsempfehlungen offerieren, die dabei helfen sollen, das Gelingen von GKE-Programmen zu unterstützen. Die Empfehlungen können als mögliche Hebel herangezogen werden, um die Motivation der NextGens in der eigenen Unternehmerfamilie in ihrer Perspektive auf GKE besser zu verstehen, ihre Motivation einer Teilnahme zu erhöhen und damit das Gelingen entsprechender Programme und Maßnahmen positiv zu beeinflussen. Sie richten sich somit vornehmlich an Verantwortliche in Unternehmerfamilien, die mit der Entwicklung von Maßnahmen der GKE betraut sind und ergänzen die bereits vorgeschlagenen Handlungsempfehlungen in Kapitel 1.

Die Empfehlungen basieren auf den Möglichkeiten, die Motivation der NextGen bereits im Aufwachsen zu fördern und können drei Dimensionen zugeordnet werden, die in Abbildung 12 dargestellt sind:

(1) die emotionale Bindung an das Familienunternehmen zu stärken,

(2) die NextGen aktiv einzubinden und

(3) konkrete Aktivitäten der GKE zu unterstützen.

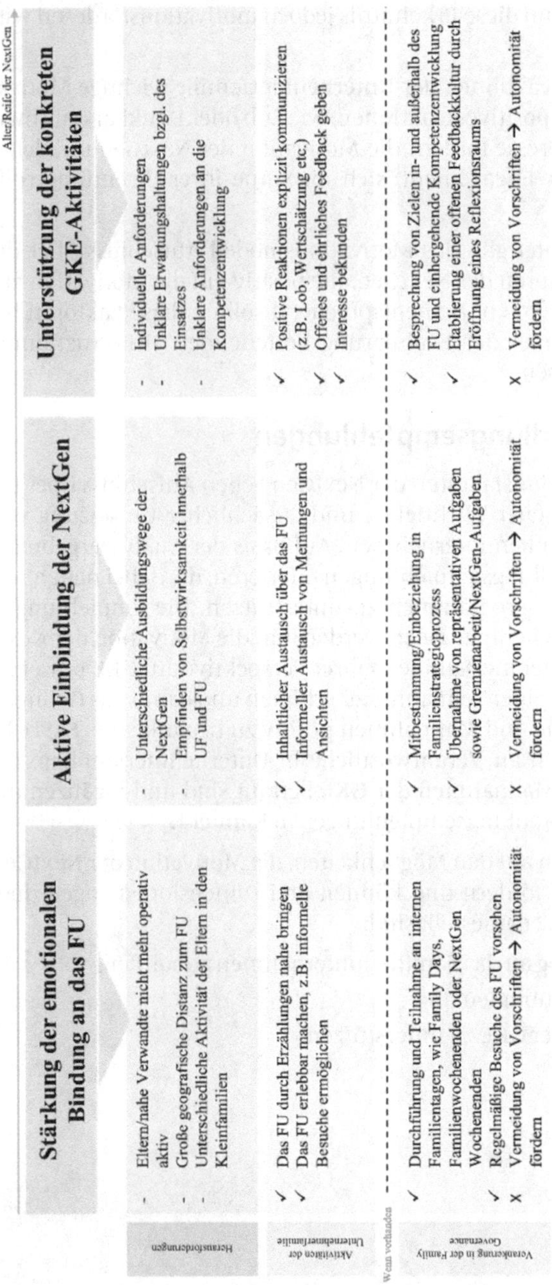

Teil A: Einführung und Grundlagen

	Stärkung der emotionalen Bindung an das FU	Aktive Einbindung der NextGen	Unterstützung der konkreten GKE-Aktivitäten
Herausforderungen	- Eltern/nahe Verwandte nicht mehr operativ aktiv - Große geografische Distanz zum FU - Unterschiedliche Aktivität der Eltern in den Kleinfamilien	- Unterschiedliche Ausbildungswege der NextGen - Empfinden von Selbstwirksamkeit innerhalb UF und FU	- Individuelle Anforderungen - Unklare Erwartungshaltungen bzgl. des Einsatzes - Unklare Anforderungen an die Kompetenzentwicklung
Aktivitäten der Unternehmerfamilie	✓ Das FU durch Erzählungen nahe bringen ✓ Das FU erlebbar machen, z.B. informelle Besuche ermöglichen	✓ Inhaltlicher Austausch über das FU ✓ Informeller Austausch von Meinungen und Ansichten	✓ Positive Reaktionen explizit kommunizieren (z.B. Lob, Wertschätzung etc.) ✓ Offenes und ehrliches Feedback geben ✓ Interesse bekunden
Verankerung in der Family Governance	✓ Durchführung und Teilnahme an internen Familientagen, wie Family Days, Familienwochenenden oder NextGen Wochenenden ✓ Regelmäßige Besuche des FU vorsehen ✗ Vermeidung von Vorschriften → Autonomität fördern	✓ Mitbestimmung/Einbeziehung in Familienstrategieprozess ✓ Übernahme von repräsentativen Aufgaben sowie Gremienarbeit/NextGen-Aufgaben ✗ Vermeidung von Vorschriften → Autonomität fördern	✓ Besprechung von Zielen in- und außerhalb des FU und einhergehende Kompetenzentwicklung ✓ Etablierung einer offenen Feedbackkultur durch Eröffnung eines Reflexionsraums ✗ Vermeidung von Vorschriften → Autonomität fördern

Alter/Reife der NextGen ↑
W caus vorhanden

Abbildung 12: Handlungsempfehlungen.
Quelle: Stibi (2023), eigene Darstellung

Einfluss kann sowohl durch die Aktivitäten innerhalb der Unternehmerfamilie als auch gezielte unterstützende Verankerung in der Family Governance genommen werden. Hier ist stets das Alter bzw. die Reife der einzelnen NextGens zu berücksichtigen, weshalb sich der Aufbau der Empfehlungen daran orientieren sollte.

Die *Stärkung der emotionalen Bindung* an das Familienunternehmen ist insbesondere für jene Familien eine Herausforderung, in denen Eltern oder nahe Verwandte nicht mehr operativ im Unternehmen tätig sind und/oder eine große geografische Distanz zum Unternehmen aufweisen. Außerdem kann die Situation aufkommen, dass das Unternehmen in manchen Familien aktiv in den Alltag einbezogen wird, während dies bei anderen Familien bspw. nur bei unternehmensbezogenen Veranstaltungen (z. B. anstehenden Gesellschafterversammlungen) geschieht. Um der NextGen den Aufbau einer emotionalen Bindung an das Unternehmen zu ermöglichen, gilt es, dies durch Erzählungen zur Sprache zu bringen und bspw. durch informelle Unternehmensbesuche erlebbar zu machen. Zusätzlich bieten Austauschformate für NextGens die Möglichkeit, den sprichwörtlichen „Funken" überspringen zu lassen und Interesse zu entfachen. Mit Blick auf die Family Governance sollten die o. g. Herausforderungen, die mit dem speziellen Mentalen Modell der Unternehmerfamilie einhergehen, reflektiert werden. In Bezug auf die GKE fördern bspw. interne Familientage oder -wochenenden die Kohäsion innerhalb der Unternehmerfamilie sowie regelmäßige institutionalisierte Besuche des Familienunternehmens die Bindung und Identifikation.[76]

Das *aktive Einbinden der NextGen* nimmt sich der Herausforderungen an, die sich aus der Wahl unterschiedlicher Ausbildungswege der NexGens ergeben. Insbesondere bei größeren Unternehmerfamilien handelt es sich meistens um eine heterogene Gruppe. Gleichzeitig greift dieser Ansatz das Fördern des Empfindens von Selbstwirksamkeit auf. Insofern ist zu empfehlen, die bereits erwähnte informelle Interaktion mit dem Familienunternehmen durch inhaltlichen Austausch zu erweitern. So bietet es sich etwa an, die NextGen zum einen aktiv in den Prozess der Familienstrategieentwicklung einzubeziehen[77] und zum anderen ihre Meinungen und Ansichten bzgl. bestimmter Themen (wie bei der Entwicklung und Verabschiedung der Digitalisierungs- oder Nachhaltigkeitsstrategie) einzuholen. Außerdem erscheint es lohnend, wenn (kleine) repräsentative Aufgaben innerhalb des Familienunternehmens oder in Familiengremien von NextGens übernommen werden und diese so zur Mitgestaltung ermutigt werden. Dadurch wird der NextGen zudem deutlich aufgezeigt, dass sie „gebraucht" wird und dass Wissen und Kompetenzen nicht nur „auf Vorrat" gelernt werden, sondern direkt zur Anwendung gebracht werden können. Schließlich kann ein unterschiedlicher Wissensstand, z. B. durch verschiedene Ausbil-

---

76 Vgl. Köllner & Kleve (2023) und siehe hierzu ausführlich Kapitel 18.
77 Siehe hierzu ausführlich Kapitel 16.

dungswege, durch ein frühes gemeinsames Einbinden der NextGen ausgeglichen werden.

Letztlich greift die *Unterstützung der konkreten Aktivitäten* rund um die verschiedenen Maßnahmen der GKE die unterschiedlichen individuellen Anforderungen an die Weiterbildung als Gesellschafter/innen auf. Positive Reaktionen, wie Lob, Dankbarkeit oder Wertschätzung, aber auch offenkundiges Interesse sowie offenes und ehrliches Feedback unterstützen erneut das Selbstwirksamkeitsempfinden der NextGen. Außerdem hilft das Konkretisieren persönlicher und familienunternehmensbezogener Ziele, Weiterbildungsaktivitäten in der Gegenwart zur Erreichung dieser Ziele als sinnvoll einzuschätzen. Die Diskussion und Bestimmung, welche Kompetenzen für welche Rolle nötig sind, kann impliziten Erwartungsdruck und Unsicherheit mindern. Weiterhin öffnet das Etablieren einer institutionalisierten Feedbackkultur den Raum für Reflexion und Austausch, den sich die NextGen wünscht. Angesichts der Wirkung, die der Austausch unter Peers hat, können dedizierte NextGen-Netzwerke innerhalb und außerhalb der Unternehmerfamilie diesen Raum zusätzlich bieten.

Überdies sollten praktische Handlungsempfehlungen mit Blick auf die konkreten Maßnahmen der GKE angesprochen werden, die Inhalt, Spaß, Austausch und Transfer betreffen. Egal ob es sich um ein Seminar oder eine Veranstaltung handelt, der Inhalt sollte stimulierend und interessant aufbereitet werden sowie auf einem angemessenen Anspruchsniveau liegen. Insbesondere der Transfer und die Bezugnahme auf das eigene Familienunternehmen ermöglichen dies. Außerdem sollte die Komponente Spaß bei jeglichen Weiterbildungsmaßnahmen berücksichtigt werden. Dies bezieht sich auf die Lernmethoden, der NextGen eben nicht nur im Frontalunterricht theoretisches Wissen zu vermitteln, sondern vor allem den Austausch zu ermöglichen. In diesem Zusammenhang ist ein attraktives Rahmenprogramm rund um die einzelnen Maßnahmen der GKE wichtig. Der informelle Austausch unter Peers sollte auf jeden Fall ermöglicht werden. Anschließend macht es Sinn, einen Erfahrungsaustausch und eine Reflexion innerhalb der Unternehmerfamilie durchzuführen.

3.5 Schluss

Die Ausführungen in diesem Kapitel verdeutlichen, dass eine motivationsbasierte Beteiligung der NextGen an GKE-Maßnahmen und -Programmen einen Schlüssel für deren Erfolg darstellt. Dementsprechend kommt der Förderung des „Wollens" bzw. der Weiterbildungswilligkeit der NextGen eine zentrale Bedeutung zu. Es gilt, dem Freiwilligkeitsparadoxon („Wolle freiwillig, was Du wollen sollst") zu begegnen und in der NextGen eine Freude und Begeisterung für GKE zu entfachen. Denn ihre dauerhafte Implementierung und Umsetzung kann nur auf Basis von Freiwilligkeit gelingen. Intrinsische Motivation kann sicherlich durch Impulse und gezielte verankerte Anforderungen unterstützt werden. Dabei ist allerdings eine kritische Balance zwischen Pflicht und Selbstbestimmung zu finden.

3. Motivation der NextGen, „auf Vorrat" zu lernen

Gelingt es der Unternehmerfamilie, den Funken des intrinsischen Interesses am Familienunternehmen zu entfachen, kann ein systematischer Aufbau von GKE und die Einsatzbereitschaft bei der NextGen etabliert werden. Die aufgeführten Motivationsfaktoren sind dabei individuell zu definieren und können gezielt entwickelt werden. Ein Familienmanagement kann hierfür zwar die zentrale Unterstützung leisten, aber nicht als maßgeblicher Hebel verstanden werden. Im Kern ist innerhalb einer jeden Kleinfamilie im Rahmen wachsender Unternehmerfamilien die NextGen individuell zu begeistern und zum „Wollen" anzuregen.

Reflexion und Handlungsempfehlungen – Teil A

Die Inhalte von Teil A liefern eine Art Grundgerüst über das allgemeine Verständnis des Spannungsfeldes von Familienunternehmen und Unternehmerfamilien. Es werden Grundlagenkonzepte dargelegt, die jedem Mitglied einer Unternehmerfamilie eine Reflexion und Standortbestimmung innerhalb des Systemverbundes (Familie, Unternehmen, Eigentum), der hier maßgeblichen Grundhaltungen und Mentalen Modelle möglich machen. Darüber hinaus ist der Status quo und der Entwicklungsgrad der GKE-Maßnahmen sowie deren Verankerung im Familienmanagementsystem einordbar. Folgende Fragen helfen, eine kritische Selbstreflexion und Standortbestimmung vorzunehmen:

1. In welcher Form liegt ein Grundverständnis von Familienunternehmen, Unternehmerfamilie, Gesellschafterkompetenz und -entwicklung innerhalb der Unternehmerfamilie vor? (Falls keines vorliegt, was hält die Mitglieder der Unternehmerfamilie davon ab, dieses zu entwickeln?)
2. Inwieweit wurde das Konzept des „3-Kreis-Modells" thematisiert und eine Rollenzuordnung der Mitglieder der Unternehmerfamilie sowie unterschiedlicher kommunikativer Kontexte vorgenommen?
3. Welche Erkenntnisse für die aktuelle Situation resultieren aus der Auseinandersetzung mit dem Theoriekonzept der Koevolution von Familien- und Unternehmenslogik sowie den pragmatischen Paradoxien innerhalb der Unternehmerfamilie?
4. Inwieweit ist das Mentale Modell in der Unternehmerfamilie bekannt? (Inwiefern wurde dieses festgelegt, gemeinsam reflektiert und diskutiert? Haben sich aus der Diskussion Konsequenzen ergeben?)
5. In welcher Form sind die unterschiedlichen Phasen einer Unternehmensnachfolge und ihre jeweiligen Herausforderungen bekannt? (Gibt es hierüber strukturierte Gespräche, eine systematische Vorbereitung und Reflexion möglicher Fragestellungen innerhalb der Unternehmerfamilie?)
6. In welcher Form wird eine GKE systematisch und strukturiert praktiziert? (Welche Inhalte werden hingegen eher opportunitätsgetrieben durchgeführt?)
7. Sofern (noch) keine GKE vorhanden ist, was hält die Unternehmerfamilie von einer Diskussion über dieses Thema ab? (Wodurch wird sichergestellt, dass alle Gesellschafter und Familienmitglieder in den Entscheidungs- und Implementierungsprozess eingebunden werden?)
8. Wird GKE bereits praktiziert: Wer profitiert von den Qualifizierungsmaßnahmen und wer wurde (bisher) nicht berücksichtigt? (Wodurch wird sichergestellt, dass das vorhandene Angebot einem größtmöglichen Teil der Unternehmerfamilie zugänglich gemacht wird? Wie wird dafür Sorge getragen, dass die nachfolgende Generation und weitere Familienmitglieder, die (noch) ohne Anteile sind, daran teilnehmen können?)

9. Wodurch wird sichergestellt, dass im Rahmen einer GKE nicht nur klassische Management- und Finanzierungsthemen vermittelt werden, sondern auch übergreifende Inhalte? (Inwiefern gehören dazu u. a. juristische und psychologische Kenntnisse, Spezifika von Familienunternehmen und Dynamiken der Unternehmerfamilie sowie Entwicklungen in Bezug auf die Digitalisierung des Unternehmens?)
10. In welcher Form werden die Programme der GKE in der Unternehmerfamilie für zukünftige Generationen im Hinblick auf die angestrebte Rolle im Gesellschafterkreis bzw. im Unternehmen differenziert? (Inwieweit wird dabei sichergestellt, dass die inhaltlichen Anforderungen an die Fähigkeiten und Fertigkeiten eines nicht-aktiven Gesellschafters und an die einer Führungskraft im Unternehmen konzeptionell unterschieden werden? In welcher Form sind die Vertreterinnen der NextGen in die Ausgestaltung und Evaluierung von GKE-Maßnahmen einbezogen?)
11. Wodurch wird sichergestellt, dass GKE ein systematischer Bestandteil des Familienmanagementsystems der Unternehmerfamilie wird und damit organisiert und strukturiert erfolgt? (Inwiefern ist GKE ein Bestandteil der familienstrategischen Überlegungen und in der Familienverfassung/-charta fest verankert?)
12. Wie wird die Motivation der Mitglieder der Unternehmerfamilie in Bezug auf die Teilhabe an einem GKE-Programm erhoben und bei der Ausgestaltung dieses berücksichtigt? (Welche besondere Perspektive auf die Motivation der NextGen wird dabei eingenommen?)

Teil B: Das Familienunternehmen verstehen

Erik Strauß, Nadine Gerhardt-Huber

4. Geschäftsberichte lesen – Informationsgrundlage für aktive Gesellschafter in Familienunternehmen

4.1 Einleitung – Warum sollten aktive Gesellschafter Geschäftsberichte lesen?

Jedes Unternehmen in Deutschland ist dazu verpflichtet, gem. § 238 Abs. 1 HGB Bücher zu führen und darin seine Handelsgeschäfte und die Lage seines Vermögens zu dokumentieren. Familienunternehmen stellen diesbezüglich keine Ausnahme dar. Diese auf den ersten Blick eher uninteressante Lektüre stellt für Gesellschafter von Familienunternehmen jedoch eine der wichtigsten Informationsgrundlagen dar. Einen kompakten Überblick über die Vermögens-, Finanz-, Ertrags- und Liquiditätslage des Familienunternehmens erhalten Gesellschafter nur durch den Geschäftsbericht[78] und die darin enthaltenen Informationen. Dementsprechend ist ein Geschäftsberichtsverständnis essenziell für die Wahrnehmung einer (aktiven) Gesellschafterrolle. Vor diesem Hintergrund ist es das Ziel des vorliegenden Buchbeitrages, die Bedeutung und den Aussagegehalt eines Geschäftsberichtes aus Sicht eines Familienunternehmens-Gesellschafters darzulegen.

Es ist in einem ersten Schritt notwendig, näher zu bestimmen, welchen Anforderungen sich ein Familienunternehmens-Gesellschafter grundsätzlich gegenübersieht. Das Anforderungsprofil an einen Familienunternehmens-Gesellschafter kann in drei Hauptaspekte gegliedert werden:

(1) familiäre Anforderungen
(2) moralische Anforderungen
(3) gesetzliche Anforderungen

Familiäre Anforderungen adressieren gerade in Zeiten der Digitalisierung v. a. die Frage, inwieweit ein Gesellschafter die Tradition des Familienunternehmens bewahren kann (und sollte) bei gleichzeitiger Förderung von Innovationen. Diese Balance zwischen einer gewissen Resilienz bei simultaner Bereitschaft, neue Wege zu beschreiten, stellt die Gesellschafterinnen vor große Herausforderungen. Keine Generation möchte die Generation sein, die das Familienunternehmen gefährdet oder gar in die Insolvenz geleitet hat. Ob dafür nun gerade die Bewahrung oder gar das Brechen von Traditionen im Vordergrund steht, ist dementsprechend eine zentrale Frage.

Obwohl Familienunternehmens-Gesellschaftern zur Beurteilung der aktuellen betriebswirtschaftlichen Lage ihres Unternehmens unterschiedliche Informationsquellen zur Verfügung stehen (wie bspw. die Kostenrechnung), konzen-

---

78 Für den vorliegenden Beitrag werden Geschäftsbericht und Jahresabschluss synonym verwendet.

triert sich die Mehrheit auf den Geschäftsbericht des Familienunternehmens, denn im Geschäftsbericht werden alle wesentlichen Informationen über das abgelaufene Geschäftsjahr des Familienunternehmens komprimiert dargestellt. Somit können Gesellschafter schnell einen Überblick gewinnen, ohne sich zu sehr mit operativen Details des Tagesgeschäftes auseinandersetzen zu müssen.

Eng mit dieser Diskussion sind auch die *moralischen Anforderungen* an Gesellschafter der Familienunternehmen verknüpft. Wesentliches und nicht selten das primäre Ziel eines Familienunternehmens ist die Erhaltung von Arbeitsplätzen. Familienunternehmens-Gesellschafterinnen fühlen sich gegenüber „ihren" Mitarbeitern verantwortlich und sind sich ihrer Bedeutung als Arbeitgeber sehr bewusst. Dadurch entsteht die moralische Anforderung an die Gesellschafterinnen, ihre Entscheidungen so zu treffen, dass sie im Sinne der Arbeitnehmer und der Gesellschaft handeln. Aus diesem Grund sehen sich Familienunternehmens-Gesellschafter damit konfrontiert, dass sie die gesellschaftliche Legitimität des Familienunternehmens regelmäßig hinterfragen müssen, um nicht die „Raison d'être" zu verlieren. Die Beurteilung der Legitimität der unternehmerischen Handlungen durch die Gesellschaft basiert dabei zu einem Großteil auf den vom Familienunternehmen publizierten Informationen über die eigenen Aktivitäten. Ein wesentliches Informationsmedium ist wiederum der Geschäftsbericht des Familienunternehmens, welcher aufgrund gesetzlicher Vorschriften öffentlich im Bundesanzeiger publiziert werden muss. Wollen Gesellschafter entsprechend „sprachfähig" in Bezug auf die Aktivitäten des Familienunternehmens sein, müssen sie verstehen, auf welchen Informationen die Gesellschaft sich ihre Meinung bildet. Insofern ist ein Verständnis des Geschäftsberichtes auch aus moralischen Gesichtspunkten äußerst relevant.

Obwohl legales Verhalten nicht immer legitim ist, spielen vor allem auch *gesetzliche Anforderungen* eine zentrale Rolle für Gesellschafter von Familienunternehmen. Ganz grundsätzlich tragen die Gesellschafter als Eigenkapitalgeber des Familienunternehmens das unternehmerische Risiko des Unternehmens. Da viele Familienunternehmens als GmbH oder GmbH & Co. KG geführt werden, ergeben sich die gesetzlichen Anforderungen an die Gesellschafter speziell aus § 46 GmbHG.[79] Dort wird dezidiert aufgeführt, dass der Bestimmung (und damit Verantwortung) der Gesellschafter folgende Punkte unterliegen:

(1) die **Feststellung** des **Jahresabschlusses** und die **Verwendung** des **Ergebnisses**

(2) die **Einforderung** der **Einlagen**

(3) die **Rückzahlung** von **Nachschüssen**

(4) die **Teilung**, die **Zusammenlegung** sowie die **Einziehung** von **Geschäftsanteilen**

---

[79] Analoge Anforderungen ergeben sich auch für andere Rechtsformen. Eine Übersicht der Rechte und Pflichten der Eigenkapitalgeber anderer Rechtsformen findet sich bei Engelhardt (2018).

(5) die **Bestellung** und die **Abberufung** von **Geschäftsführern** sowie die **Entlastung** derselben

(6) die **Maßregeln** zur **Prüfung** und **Überwachung** der **Geschäftsführung**

(7) die **Bestellung** von **Prokuristen** und von Handlungsbevollmächtigten zum gesamten Geschäftsbetrieb

(8) die **Geltendmachung** von **Ersatzansprüchen,** welche der Gesellschaft aus der Gründung oder Geschäftsführung gegen Geschäftsführer oder Gesellschafter zustehen, sowie die **Vertretung** der **Gesellschaft in Prozessen,** welche sie gegen die Geschäftsführer zu führen hat

Mit Blick auf die Aufzählung wird deutlich, wie essenziell ein solides Wissen über den Geschäftsbericht und die darin enthaltenen Informationen für Familienunternehmens-Gesellschafterinnen ist. Wenn bspw. kein Verständnis über die Ermittlung des Ergebnisses (sog. Jahresüberschuss) besteht, kann eine Entlastung des Geschäftsführers kaum sinnvoll stattfinden.

Folglich nehmen Geschäftsberichte sowohl aus einer familiären, moralischen als auch legalen Perspektive eine zentrale Rolle ein. Nur wenn Familienunternehmens-Gesellschafter in der Lage sind, Geschäftsberichte zu lesen, zu verstehen und entsprechend zu interpretieren, werden sie langfristig gute unternehmerische Entscheidungen treffen.

4.2 Bestandteile des Geschäftsberichtes und deren Bedeutung für den Familienunternehmens-Gesellschafter

Die Pflichtbestandteile eines Geschäftsberichtes nach deutschem Handelsgesetzbuch sind mindestens Bilanz, Gewinn- und Verlustrechnung, und Anhang.[80] Für Familienunternehmen, die als Rechtsform eine Kapitalgesellschaft gewählt haben, sind zusätzlich noch eine Kapitalflussrechnung und ein Lagebericht in den Geschäftsbericht mit aufzunehmen. Bevor die einzelnen Bestandteile genauer erörtert werden, erfolgt eine kurze Einführung in buchhalterische Begriffe und Methoden.

4.2.1 Finanzbuchhaltung – Die Grundlage

Die Grundlage für die Erstellung des Geschäftsberichtes stellt die Finanzbuchhaltung dar. Obwohl Gesellschafter kein fundiertes Finanzbuchhaltungswissen benötigen oder gar selbst Buchungen vornehmen müssen, ist ein rudimentäres Verständnis der Logik notwendig, um beurteilen zu können, auf welche Art und Weise reale Sachverhalte den Geschäftsbericht beeinflussen werden.

---

80 Der vorliegende Beitrag konzentriert sich auf Jahresabschlüsse nach deutschem Handelsgesetzbuch, da die Mehrheit der deutschen FU diesen gesetzlichen Anforderungen unterliegt. Für kapitalmarktorientierte FU besteht seit 2007 allerdings eine Pflicht zur Aufstellung und Publikation des Jahresabschlusses nach den sog. International Financial Reporting Standards (IFRS). Weitergehende Informationen zum Jahresabschluss nach IFRS finden Sie bei Pellens et al. (2017).

Die Finanzbuchhaltung, oder kurz „FiBu", ist ein Teilbereich des betrieblichen Rechnungswesens. Innerhalb des Rechnungswesens werden sowohl Finanz- und Leistungsströme als auch die Bestände von Wirtschaftsgütern erfasst. Die Erfassung erfolgt ausschließlich in monetären Größen und umfasst Vorgänge sowohl innerhalb des Unternehmens als auch mit Außenstehenden.

Ein wesentlicher Kernzweck der FiBu ist die Dokumentation beschaffter und abgesetzter Leistungen in Form der damit verbundenen Finanzmittelzu- und -abflüsse sowie die Aufzeichnung finanzwirtschaftlicher Zahlungsmittelbewegungen, wie bspw. die Aufnahme eines Krediten bei einer Bank. Die Finanz- und Leistungsströme werden auf sog. „Konten" verbucht, die nicht mit klassischen „Bankkonten" zu verwechseln sind. Ein Konto in der FiBu ist eine zweiseitige Rechnung zur Erfassung von Geschäftsvorfällen. Konten werden typischerweise in der sog. T-Form dargestellt (siehe Abbildung 13). Auch wenn es verschiedene Kontenarten gibt, haben sie dennoch immer folgende Merkmale:

- Die linke Spalte eines T-Kontos heißt „Soll"(-Seite).
- Die rechte Spalte eines T-Kontos heißt „Haben"(-Seite).
- Eine von beiden Spalten nimmt Zugänge, die andere Abgänge auf.
- Die Differenz aus „Anfangsbestand + Zugänge – Abgänge" heißt Saldo.

Es wird unterschieden zwischen Bestands- und Erfolgskonten. Erstere lassen sich wiederum in Aktiv- und Passivkonten unterteilen. Bei Bestandskonten steht der aus der (Vorjahres-)Bilanz zu entnehmende Anfangsbestand auf der Seite, auf der er auch in der Bilanz zu finden ist: Bei Aktivkonten (Vermögenskonten) auf der Sollseite und bei Passivkonten (Kapitalkonten) auf der Habenseite. Beispiele für Aktivkonten sind u. a. Sachanlagen (Maschinen oder Pkw) oder Forderungen (ausstehende Zahlungen der Kunden); Beispiele für Passivkonten sind u. a. Eigenkapital oder Verbindlichkeiten (bspw. Bankkredite). Auf den Aktiv- und Passivkonten werden während des laufenden Geschäftsjahres Vorfälle, die den Bestand mehren, auf der gleichen Seite erfasst (gebucht), auf der auch der Anfangsbestand zu finden ist. Die Verbuchung von Vorfällen, die den Bestand mindern, erfolgt auf der Gegenseite. Im Fall von Aktivkonten werden Zugänge auf der Sollseite gebucht (Abgänge auf der Habenseite); Zugänge auf Passivkonten werden auf der Habenseite gebucht (Abgänge auf der Sollseite). Die Salden dieser Konten finden zum Geschäftsjahresende Eingang in die Bilanz.

Erfolgskonten unterteilen sich in Aufwands- und Ertragskonten. Dabei werden Aufwendungen als periodisierte Ausgaben, d. h. als Ausgaben, die der Periode zugerechnet werden, definiert, und Erträge analog als periodisierte Einnahmen. Erfolgskonten weisen keinen Anfangsbestand auf, da der aus der Gegenüberstellung sämtlicher Aufwendungen und Erträge errechnete Gewinn oder Verlust das Resultat einer Betrachtung über einen festgelegten Zeitraum hinweg ist. Beispiele für Aufwandskonten sind u. a. Lohn- und Gehaltsaufwendungen, Materialverbräuche, Abschreibungen, Zinsaufwendungen oder Steueraufwendungen; Beispiele für Ertragskonten sind u. a. Umsatzerlöse, Zinserträge, Mieterträge oder Beteiligungserträge. Geschäftsvorfälle, die den Periodenerfolg mindern, werden auf Aufwandskonten auf der Sollseite gebucht; Geschäftsvorfälle, die den Periodenerfolg erhöhen, werden auf Ertragskonten auf der Habenseite verbucht. Die Salden dieser Konten werden innerhalb der Gewinn- und Verlustrechnung (GuV, siehe Kapitel 4.2.3) einander gegenübergestellt.

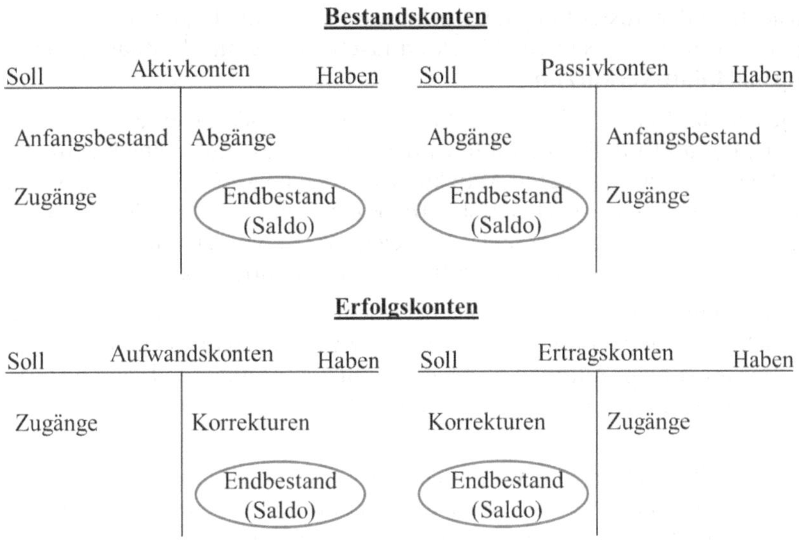

Bestandskonten

Soll	Aktivkonten	Haben	Soll	Passivkonten	Haben
Anfangsbestand	Abgänge		Abgänge	Anfangsbestand	
Zugänge	Endbestand (Saldo)		Endbestand (Saldo)	Zugänge	

Erfolgskonten

Soll	Aufwandskonten	Haben	Soll	Ertragskonten	Haben
Zugänge	Korrekturen		Korrekturen	Zugänge	
	Endbestand (Saldo)		Endbestand (Saldo)		

Abbildung 13: Bestands- und Erfolgskonten.
Quelle: Eigene Darstellung

Wertmäßige Bewegungen innerhalb der Konten werden mit Buchungen vorgenommen. Die Anweisung zur Buchung erfolgt anhand eines Buchungssatzes. Dabei wird immer zuerst das Konto genannt, bei dem im Soll gebucht wird und an zweiter Stelle das Konto, bei dem im Haben gebucht wird oder kurz: „Soll an Haben".

Das Vorgehen soll anhand eines fiktiven Geschäftsvorfalles verdeutlicht werden: Ein Unternehmen nimmt einen Kredit bei einer Bank in Höhe von 5.000 € auf, welcher in bar von der Bank ausgezahlt wird. Dementsprechend steigen sowohl die Bestände der Kasse des Unternehmens als auch die Verbindlichkeiten gegenüber Kreditinstituten (KI). Anders ausgedrückt, findet eine Mehrung auf einem Aktivkonto (Kasse) und eine Mehrung auf einem Passivkonto (Verbindlichkeiten gegenüber KI) statt. Dadurch, dass die Zugänge je nach Kontenart auf unterschiedlichen Seiten gebucht werden, kann der Geschäftsvorfall in nachfolgendem Buchungssatz dargestellt werden:

Kasse 5.000 an Verbindlichkeiten gegenüber KI 5.000

Da das Grundprinzip dieser Technik darauf basiert, dass derselbe Wertbetrag im Soll und im Haben gebucht wird, wird sie auch „doppelte Buchhaltung" genannt. Dieses Vorgehen stellt sicher, dass stets beide Seiten der Bilanz die gleiche (Bilanz-)Summe aufweisen. Vor dem Hintergrund, dass die Vermögensseite der Bilanz Auskunft über den Mitteleinsatz und die Kapitalseite Auskunft über die Mittelherkunft gibt, wird deutlich, warum sich die Summen beider Seiten entsprechen müssen. Schließlich kann nur so viel investiert werden, wie auch finanziert wurde.

Hinsichtlich der Auswirkung der Buchungssätze auf die Bilanz lassen sich vier Typen identifizieren. Namentlich **Aktivtausch**, **Passivtausch**, **Bilanzverlängerung** und **Bilanzverkürzung**.

Bei jedem *Aktivtausch* erfolgt eine Buchung auf der Sollseite eines Aktivkontos, d. h. der Bestand auf diesem Konto wird erhöht und es erfolgt eine Buchung auf der Habenseite eines anderen Aktivkontos, d. h. eine Minderung des Bestandes auf diesem Konto, in gleicher Höhe. Die Bilanzsumme ändert sich bei diesem Typ von Buchung nicht, da lediglich gleiche Werte von einem Aktivkonto zu einem anderen verlagert werden (z. B. Barkauf von Vorräten).

Analog zu einem Aktivtausch erfolgt bei jedem *Passivtausch* sowohl eine Haben- als auch eine Sollbuchung auf mindestens zwei unterschiedlichen Passivkonten. Wie auch beim Aktivtausch bleibt die Bilanzsumme durch einen solchen Buchungssatz unverändert (z. B. Umwandlung Lieferantenkredit in langfristiges Darlehen).

Bei einer *Bilanzverlängerung* wird auf mindestens einem Aktivkonto im Soll und bei mindestens einem Passiv- oder Erfolgskonto im Haben gebucht. Dementsprechend werden die Bestände auf allen drei Kontenarten gemehrt. Die Bilanzsumme steigt auf beiden Seiten in gleicher Höhe (z. B. Kauf einer Maschine mittels Bankkredit).

Bei einer *Bilanzverkürzung* wird bei mindestens einem Passiv- oder Aufwandskonto im Soll und bei mindestens einem Aktivkonto im Haben gebucht. Die Bestände auf den Bestandskonten werden somit gemindert. Sofern eine Sollbuchung auf einem Aufwandskonto erfolgt (also eine Mehrung des Aufwandes), ergibt sich eine analoge Wirkungskette, wie im Beispiel hierüber. Die Bilanzsumme wird um den entsprechenden Betrag gemindert (z. B. Überweisung vom Bankkonto zur Tilgung eines Bankkredites).

4.2.2 Die Bilanz – Übersicht über die Mittelverwendung und -herkunft

Die Bilanz ist eine Stichtagsrechnung, die die Vermögens- und Finanzlage des Unternehmens zum Bilanzstichtag, typischerweise der 31. Dezember, monetär aufzeigt und die Mittelverwendung (linke Seite) der Mittelherkunft (rechte Seite) gegenüberstellt sowie um Rechnungsabgrenzungsposten ergänzt. Auf der linken Seite der Bilanz werden alle Vermögensgegenstände (VG) des Unternehmens ihrer Fristigkeit nach aufgelistet, d. h. je langfristiger VG dem Unternehmen dienen, desto weiter oben finden sie sich in der Bilanz. Die genaue Gliederung der Aktiv- als auch Passivseite ergibt sich aus § 266 HGB und kann Tabelle 2 entnommen werden.

Tabelle 2: Bilanz gem. § 266 HGB.

Aktivseite	Passivseite
A. Anlagevermögen 　I. Immaterielle Vermögensgegenstände 　II. Sachanlagen 　III. Finanzanlagen	A. Eigenkapital 　I. Gezeichnetes Kapital 　II. Kapitalrücklage 　III. Gewinnrücklagen 　IV. Gewinnvortrag/Verlustvortrag 　V. Jahresüberschuss/-fehlbetrag
B. Umlaufvermögen 　I. Vorräte 　II. Forderungen und sonstige Vermögensgegenstände 　III. Wertpapiere 　IV. Kassenbestand, Bundesbankguthaben, Guthaben bei Kreditinstituten und Schecks	B. Rückstellungen C. Verbindlichkeiten D. Rechnungsabgrenzungsposten E. Passive latente Steuern
C. Rechnungsabgrenzungsposten D. Aktive latente Steuern E. Aktiver Unterschiedsbetrag aus der Vermögensverrechnung	

Das Anlagevermögen (AV) steht dem Unternehmen dauerhaft zur Verfügung und umfasst nur VG, die weder zur Verarbeitung noch zur Veräußerung bestimmt sind (vgl. § 247 Abs. 2 HGB). Es lässt sich weiter in Sach- und Finanzanlagen sowie immaterielle VG unterteilen. Zu den Sachanlagen zählen VG wie bspw. Gebäude, Grundstücke, Maschinen oder Pkw. Zu den Finanzanlagen zählen VG wie Anteile an verbundenen Unternehmen, Wertpapiere oder Beteiligungen. Die VG werden bei ihrer erstmaligen Aufnahme in die Bilanz mit den sog. Anschaffungs- oder Herstellungskosten bewertet.[81] In den Folgeperioden wird dieser Wert um Abschreibungen reduziert, damit sich der Werteverzehr (bspw. Verschleiß einer Maschine) durch die unternehmerische Tätigkeit auch in der Bilanz widerspiegelt. Dementsprechend reduziert sich der Wert eines VG automatisch von Berichtsperiode zu Berichtsperiode.

Beim Umlaufvermögen (UV) wird unterstellt, dass es innerhalb einer Berichtsperiode verbraucht wird. Das UV umfasst VG wie Roh-, Hilfs- und Betriebsstoffe (z.B. Schmiermittel oder Strom), fertige Erzeugnisse oder den Kassen- bzw. Barbestand, welche wie VG des AV bei der Erstbewertung mit ihren Anschaffungs- oder Herstellungskosten in die Bilanz aufgenommen werden. Neben den „klassischen" VG des UV finden sich noch sog. „Immaterielle VG" auf der Aktivseite. Bei immateriellen VG handelt es sich um nicht körperliche, d.h. nicht greifbare Anlagegegenstände. Darunter fallen neben Patenten oder Lizenzen auch die Unterschiedsbeträge zwischen Kaufpreis und Buchwerten (sog. „Goodwill") eines akquirierten Unternehmens. Immaterielle VG sind entsprechend

---

81　Für Bestandteile der Anschaffungs- und Herstellungskosten siehe § 255 Abs. 1 und 2 HGB.

nicht messbar und ihre Werthaltigkeit oft unbestimmt. Dementsprechend besitzt dieser Posten besondere Relevanz, wenn ein Familienunternehmen bspw. ein anderes Unternehmen gekauft hat.[82]

Auf der rechten Seite der Bilanz wird die Mittelherkunft durch die Aufgliederung in Eigen- und Fremdkapital abgebildet, die nach der gleichen Fristigkeitslogik gegliedert ist wie die linke Seite. Das EK als Reinvermögen des Unternehmens stellt auf der Passivseite eine Bilanzposition eigener Art dar, da es keiner eigenen Ansatz- und Bewertungsvorschriften bedarf. Es ist vielmehr eine veränderliche Saldogröße, die sich aus der folgenden Berechnung ergibt: „EK = Vermögen der Aktiva – Schulden".

EK steht dem Unternehmen unbegrenzt lange zur Verfügung und kann sowohl von außen als auch innen zugeführt werden. Unter der sog. Außenfinanzierung werden die Einlagen verstanden, die von den Gesellschaftern selbst eingebracht werden. Bei der Innenfinanzierung behält das Unternehmen Gewinne ein und schüttet diese nicht an die Gesellschafterinnen aus.

Wie feingliedrig das Eigen- und Fremdkapital in der Bilanz dargestellt werden, hängt von der jeweiligen Rechtsform ab. Für Tabelle 2 wurde eine Aktiengesellschaft gewählt, da bei dieser Rechtsform die niedrigste Gliederungstiefe gewählt werden muss, d.h. alle anderen Rechtsformen müssen weniger genau differenzieren. Das „Gezeichnete Kapital" einer AG stellt das sog. Grundkapital dar, das zur Gründung der AG eingebracht werden muss. Laut deutschem Recht muss sich das Stammkapital einer AG auf mindestens 50.000 € belaufen. Dieses Kapital muss nicht in Form einer Bareinlage oder Überweisung eingebracht werden; es kann auch durch die Übertragung von VG erfolgen. Die Kapitalrücklage weist das Kapital aus, das bei der Emission von Unternehmensanteilen (bspw. Aktien) über Nennwert ausgegeben wurde. Die Gewinnrücklage zeigt den einbehaltenen Jahresüberschuss, der nicht an die Gesellschafter des Unternehmens in Form von Dividenden ausgeschüttet wurde. Unter Gewinn- oder Verlustvortrag wird der nicht verwendete/gedeckte Rest des Bilanzgewinnes/-verlustes aus dem Vorjahr bilanziert. Der Jahresüberschuss gibt Auskunft über die Erträge, die das Unternehmen nach Abzug aller Aufwendungen erwirtschaftet hat und die zur Ausschüttung an die Eigenkapitalgeber zur Verfügung stehen. Abschließend wird im Eigenkapital noch der Bilanzgewinn/-verlust ausgewiesen. Diese buchhalterische Größe berechnet sich aus:

Jahresüberschuss/Jahresfehlbetrag

+ Gewinnvortrag aus dem Vorjahr oder

./. Verlustvortrag aus dem Vorjahr[83]

+ Entnahmen aus Kapitalrücklage

---

82 Mehr zur Thematik des sog. Goodwill findet sich hier: Coenenberg et al. (2016), S. 184 ff.
83 Da es in der Buchhaltung prinzipiell keine negativen Werte gibt, wird hier statt des Minuszeichens das Zeichen „./." verwendet.

\+ *Entnahmen aus Gewinnrücklagen*
./. *Einstellungen in Gewinnrücklagen*
= *Bilanzgewinn/Bilanzverlust*

Obwohl der Name Bilanzgewinn vermuten lässt, dass es sich um eine zentrale Größe zur Beurteilung der unternehmerischen Jahresleistung handelt, ist dem nicht so. Durch die Berücksichtigung des Gewinn- oder Verlustvortrages aus dem Vorjahr wird die Leistung des Unternehmens massiv beeinflusst. Aus diesem Grund sollte dem Bilanzgewinn nur eine äußerst untergeordnete Rolle im Rahmen der Leistungsbeurteilung zukommen. Zentraler Beurteilungsmaßstab hingegen sollte weiterhin der Jahresüberschuss sein.

Neben dem Eigenkapital finden sich auf der Passivseite der Bilanz zudem noch die Verbindlichkeiten des Unternehmens, welche auch als Fremdkapital (FK) bezeichnet werden. Diese Art des Kapitals steht dem Unternehmen zeitlich nur begrenzt zur Verfügung. Als FK zusammengefasste Verbindlichkeiten sind alle Verpflichtungen des Unternehmens, deren Existenz, Höhe und Fälligkeit eindeutig feststehen und zu deren Einhaltung das Unternehmen mit rechtlichen Mitteln gezwungen werden kann. Sie sind mit dem zukünftigen Erfüllungsbetrag in die Bilanz aufzunehmen. Gemäß § 266 (3) HGB sind die Verbindlichkeiten wie in Tabelle 2 dargestellt zu gliedern. Wesentliche Positionen aus Sicht eines Familienunternehmens-Gesellschafters sind vor allem Anleihen, Verbindlichkeiten gegenüber Kreditinstituten und Verbindlichkeiten gegenüber verbundenen Unternehmen und Unternehmen, mit denen ein Beteiligungsverhältnis besteht. Anleihen sind verzinsliche Wertpapiere, die der mittel- bis langfristigen Fremdfinanzierung des Unternehmens und oftmals große Volumina umfassen können. Anleihen verbriefen das Recht des Gläubigers auf Rückzahlung des geliehenen Betrags sowie auf Zinsen. Verbindlichkeiten gegenüber Kreditinstituten sind umgangssprachlich als Kredite bekannt und zeigen die Verbindlichkeiten des Unternehmens gegenüber Banken. Verbindlichkeiten gegenüber verbundenen Unternehmen sind sämtliche Verpflichtungen, die gegen Unternehmen bestehen, die nach § 271 Abs. 2 HGB Mutterunternehmen sind oder Tochterunternehmen, die nach § 290 HGB in den Konzernabschluss einzubeziehen sind. Verpflichtungen gegenüber Unternehmen, mit denen ein Beteiligungsverhältnis besteht, sind sämtliche Verpflichtungen, die gegen Unternehmen bestehen, bei denen nach § 271 Abs. 1 HGB eine Beteiligung anzunehmen ist.

Abgesehen von EK und FK finden sich zudem noch sog. Rückstellungen auf der Passivseite der Bilanz. Diese sind nicht mit Rücklagen zu verwechseln. Rücklagen stellen EK dar, Rückstellungen haben hingegen einen FK-Charakter, sind jedoch keine Verbindlichkeiten. Rückstellungen sind gem. § 249 HGB Verpflichtungen des Unternehmens, die in der abgelaufenen oder einer früheren Abrechnungsperiode verursacht sind, aber bezüglich ihrer Existenz („ob"), Höhe („wie viel") und/oder ihres Fälligkeitstermins („wann") ungewiss sind und erst künftig zu Auszahlungen führen. Dieser Posten erscheint auf den ersten Blick unwichtig, besitzt jedoch eine enorme Relevanz für Familienunternehmens-Gesellschafterinnen, vor allem wenn es sich dabei im Wesentlichen um Pensionsrückstellungen handelt. Pensionsrückstellungen sind Rückstellungen für ungewisse Verbindlichkeiten aus betrieblicher Altersversorgung zu Gunsten anspruchsberechtigter Arbeitnehmer. Da das Unternehmen nicht genau weiß, wann oder wie lange es eine mögliche Betriebsrente bezahlen muss, kann nicht direkt eine Verbindlichkeit gebucht werden und es entstehen Rückstellungen. Die Unternehmensleitung muss in solchen Situationen mit Hilfe mathematischer Modelle eine Schätzung der zu erwartenden Belastung vornehmen, welche maßgeblich von der Lebenserwartung der (ehemaligen) Mitarbeiter abhängt. Aus diesem Grund werden Pensionsrückstellungen auch von unternehmensexternen Faktoren wie der durchschnittlichen Lebenserwartung für Männer und Frauen, ermittelt durch das statistische Bundesamt, beeinflusst. Wenn das statistische Bundesamt wie bspw. im März 2016 die Lebenserwartung für Männer und Frauen erhöht, kann sich daraus ein direkter Effekt für die Pensionsrückstellungen der Unternehmen ergeben. Als Konsequenz müssen mehr Rückstellungen gebildet werden, was den Jahresüberschuss und folglich den Wert des Eigenkapitals – und damit den Wert des Unternehmens aus Sicht der Gesellschafter – senkt.

Als letzte Bilanzposition finden sich sowohl auf der Aktiv- als auch Passivseite noch Rechnungsabgrenzungsposten (RAP). RAP sind buchhalterische Größen, die es möglich machen, den Erfolg eines Geschäftsjahres von dem Erfolg einer späteren Periode abzugrenzen. Sie besitzen aber typischerweise für Familienunternehmens-Gesellschafterinnen eine geringe Relevanz.

> **Wichtig für Familienunternehmens-Gesellschafter**
> Die Bilanz ...
> - stellt Mittelverwendung und -herkunft gegenüber.
> - gibt Auskunft über die Veränderung des Eigenkapitals, d. h. den Wert des Familienunternehmens aus Sicht der Gesellschafter.
> - stellt die Finanzlage des Familienunternehmens dar, d. h. das Verhältnis zwischen EK und FK.
> - zeigt als Stichtagsrechnung jedoch das Unternehmen nur zu einem speziellen Tag und gibt isoliert wenig Auskunft über die aktuelle wirtschaftliche Lage des Familienunternehmens!

4.2.3 Die Gewinn- und Verlustrechnung – Erklärung der Entstehung des Jahresüberschusses

Die Gewinn- und Verlustrechnung (GuV) ist im Gegensatz zur Bilanz eine zeitraumbezogene Stromgrößenrechnung und ermittelt den Erfolg des Unternehmens in Form des Jahresüberschusses für das abgelaufene Berichtsjahr (siehe Tabelle 3). Der Erfolg eines Unternehmens in Form der Mehrung des Eigenkapitals wird nach dem Grundsatz der doppelten Buchführung an zwei unterschiedlichen Stellen im Geschäftsbericht ermittelt. Einerseits wird der Erfolg durch den Vergleich des Eigenkapitals am Anfang und Ende der Geschäftsperiode zuzüglich der Auszahlungen an und abzüglich der Einzahlungen durch die Gesellschafterinnen des Unternehmens ermittelt. Andererseits wird in der GuV der Erfolg als Saldo durch die Gegenüberstellung von Erträgen und Aufwendungen ermittelt. Entsprechend zentral sind die Konzepte Ertrag und Aufwand für die GuV. Unter Ertrag ist der monetär erfolgswirksame Wertzuwachs in einer Periode zu verstehen (bspw. Umsatzerlöse durch den Verkauf von Waren). Aufwendungen stellen hingegen den in Geldeinheiten bewerteten erfolgswirksamen Werteverzehr dar. Der Saldo aus Erträgen und Aufwendungen innerhalb einer Geschäftsperiode stellt das Jahresergebnis dar (Jahresüberschuss oder -fehlbetrag), welches auf das EK-Konto übertragen wird. Sind die Erträge größer als die Aufwendungen, liegt ein Jahresüberschuss vor, welcher das EK erhöht. Sollten hingegen die Aufwendungen größer als die Erträge sein, so liegt ein Jahresfehlbetrag vor, der das EK mindert. Den Erträgen oder Aufwendungen steht in der Bilanz immer eine entsprechende Zu- oder Abnahme entsprechender Aktiva oder Passiva gegenüber.

Tabelle 3: GuV nach dem Gesamt- und Umsatzkostenverfahren.

Nr.		Gesamtkostenverfahren (§ 275 Abs. 2 HGB)		Umsatzkostenverfahren (§ 275 Abs. 3 HGB)	Nr.
1		Umsatzerlöse		Umsatzerlöse	1
2	+/./.	Bestandsveränderungen der fertigen und unfertigen Erzeugnisse (zu HK)	./.	Herstellungskosten der zur Erzielung der Umsatzerlöse erbrachten Leistungen	2
3	+	andere aktivierte Eigenleistungen (zu HK)	=	Bruttoergebnis vom Umsatz	3
4	+	sonstige betriebliche Erträge	./.	Vertriebskosten	4
5	./.	Materialaufwand	./.	allgemeine Verwaltungskosten (nicht aktiviert)	5
6	./.	Personalaufwand	+	sonstige betriebliche Erträge	6
7	./.	Abschreibungen	./.	sonstige betriebliche Aufwendungen (nicht aktiviert)	7
8	./.	sonstige betriebliche Aufwendungen			
		=	Betriebsergebnis		
9–13		+	Finanzergebnis		8–12
		=	Unternehmensergebnis vor Steuern		
14		./.	Steuern vom Einkommen und Ertrag		13
15		=	Ergebnis nach Steuern		14
16		./.	sonstige Steuern		15
17		=	Jahresüberschuss/Jahresfehlbetrag		16

Bezüglich der Gliederung der GuV schreibt der Gesetzgeber gem. § 243 HGB vor, dass diese klar und übersichtlich sein muss. Grundsätzlich kann die GuV – ähnlich wie die Bilanz – in einer Kontoform erstellt werden. Für Kapitalgesellschaften und bestimmte Personenhandelsgesellschaften schreibt § 275 Abs. 1

HGB allerdings eine Staffelform verpflichtend vor (siehe Tabelle 3). Bei der Staffelform werden sachlich zusammenhängende Ertrags- und Aufwandspositionen zusammengefasst und Zwischensummen ausgewiesen. Durch die übersichtliche Struktur über mehrere Stufen sowie die Berechnung von Zwischensummen kann effektiv beurteilt werden, aus welchen Quellen sich der Unternehmenserfolg speist.[84] Der in der GuV ermittelte Jahresüberschuss ist einer der zentralen Maßstäbe zur Beurteilung der Unternehmensleistung und geht zusätzlich in die Berechnung vieler weiterer Kennzahlen mit ein. So bspw. auch in eine der bedeutendsten Kennzahlen für Gesellschafter von Familienunternehmen – die Eigenkapitalrendite. Die Eigenkapitalrendite ermittelt sich aus Jahresüberschuss/EK und gibt die Verzinsung des eingesetzten (Eigen-)Kapitals an.

Die Staffelform der GuV kann auf zwei unterschiedliche Arten aufgestellt werden, die jedoch stets zum gleichen Ergebnis führen, den mehrstufigen Ausweis nur anders darstellen: nach dem Gesamtkosten- oder nach dem Umsatzkostenverfahren. Das Gesamtkostenverfahren (siehe linke Seite in Tabelle 3) stellt den Erträgen alle Aufwendungen einer Periode gegenüber. Die Aufwendungen werden bei diesem Verfahren nach den sog. primären Aufwandsarten wie Material, Personal, Abschreibungen oder Steuern gegliedert. Namensgebend für dieses Verfahren ist der Umstand, dass beim Gesamtkostenverfahren die gesamte Leistung des Unternehmens innerhalb einer Berichtsperiode erfasst wird. Dementsprechend werden neben den Umsatzerlösen auch noch Bestandserhöhungen und -minderungen sowie andere aktivierte Eigenleistungen berücksichtigt. Die wesentlichen Unterschiede des Umsatzkostenverfahrens sind, dass (i) die Aufwendungen nach den sog. sekundären Aufwandsarten (Herstellung, Marketing oder Vertrieb) gegliedert werden, (ii) keine Bestandsveränderungen oder aktivierten Eigenleistungen ausgewiesen werden und (iii) als Konsequenz nur der Aufwand der verkauften Waren und Dienstleistungen ausgewiesen wird. Anders formuliert stellt das Gesamtkostenverfahren den Erträgen tatsächlich alle Aufwendungen gegenüber (auch wenn diese nur für eine „Produktion auf Lager" angefallen sind), während beim Umsatzkostenverfahren den Erträgen lediglich die Aufwendungen für die erzielten Umsatzerlöse gegenübergestellt werden. Da beide Verfahren zum gleichen Ergebnis führen, liegt die Entscheidung, welches der beiden Verfahren genutzt wird, eher im strategischen Bereich. Einige Unternehmen bevorzugen das Gesamtkostenverfahren, weil es auch vom deutschen Steuerrecht akzeptiert wird und dementsprechend keine Doppelarbeit verursacht. Andere Unternehmen hingegen optieren das Umsatzkostenverfahren, da sie sich erhoffen, durch den Ausweis der sekundären Aufwandsarten weniger Einblick in ihre Produktionsweise zu geben.

> **Wichtig für Familienunternehmens-Gesellschafter**
> Die GuV ...
> – stellt Erträge und Aufwendungen gegenüber.

---

84 Vgl. dazu auch Wöltje (2013), S. 111 ff.

- kann nach dem Gesamt- und Umsatzkostenverfahren aufgestellt werden.
- weist den Jahresüberschuss aus.
- gibt Aufschluss über die Quellen der Eigenkapitalveränderung und damit die Veränderung des Vermögens der Gesellschafter.

4.2.4 Anhang und Lagebericht

Anhang

Zusätzlich zur Bilanz und GuV müssen Kapitalgesellschaften und haftungsbeschränkte Personenhandelsgesellschaften verpflichtend einen Anhang gem. § 264 Abs. 1 HGB aufstellen. Der dritte Pflichtbestandteil des Geschäftsberichtes enthält zusätzliche Informationen, die den Lesern helfen, die Sachverhalte des Geschäftsberichtes sowohl formal als auch inhaltlich besser zu verstehen. Die Aufgaben des Anhangs lassen sich in eine Erläuterungs-, Ergänzungs-, Korrektur- und Entlastungsfunktion aufteilen (vgl. auch Tabelle 4).

Tabelle 4: Funktionen des Anhangs.

Funktionen des Anhangs	
Erläuterungsfunktion	Die Posten der Bilanz und GuV werden kommentiert und interpretiert.
Ergänzungsfunktion	Weitere zusätzliche Informationen, die aus der Bilanz und GuV nicht ersichtlich sind, können dargelegt werden.
Korrekturfunktion	Ein den tatsächlichen Verhältnissen **nicht** entsprechendes Bild der Vermögens-, Finanz- und Ertragslage im Jahresabschluss ist durch zusätzliche Informationen zu korrigieren.
Entlastungsfunktion	Informationen werden anstatt in die Bilanz oder GuV in den Anhang aufgenommen, um die Bilanz bzw. GuV übersichtlicher gestalten zu können.

Quelle: Eigene Darstellung

Da im Anhang zusätzlich noch die ausgeübten Bewertungs- und Bilanzierungsmethoden erläutert werden, ist eine Lektüre nahezu zwingend erforderlich, um den Geschäftsbericht tatsächlich vollständig zu verstehen!

Die Pflichtbestandteile des Anhangs variieren je nach Größe[85] der Kapitalgesellschaft, wobei große Kapitalgesellschaften die umfangreichsten Pflichtangaben erfüllen müssen. Gem. § 284 Abs. 2 HGB[86] müssen große Kapitalgesellschaften die folgenden Pflichtangaben aufführen:

(1) Darstellung angewandter Bilanzierungs- und Bewertungsmethoden
(2) Umrechnung von Fremdwährungsbeträgen
(3) Abweichung von Bilanzierungs- und Bewertungsmethoden

---

85 Gem. § 288 HGB können kleine und mittelgroße Kapitalgesellschaften Erleichterungen in Anspruch nehmen. Die Einteilung der Größenklassen erfolgt anhand der Kriterien gem. § 267 HGB.
86 Weitere Pflichtangaben wie bspw. der Verbindlichkeitsspiegel finden sich in § 285 HGB.

(4) Angaben zu Bewertungsvereinfachungen
(5) Angabe über die Einbeziehung von Fremdkapitalzinsen in die Herstellungskosten

Lagebericht

Neben Bilanz, GuV und Anhang müssen haftungsbeschränkte Personenhandelsgesellschaften, eingetragene Genossenschaften sowie mittelgroße und große Kapitalgesellschaften zusätzlich einen Lagebericht gem. § 264 Abs. 1 Satz 1 i. v. m. Satz 4 HGB aufstellen. Obwohl der Lagebericht kein integraler Bestandteil des Geschäftsberichtes ist, kann er jedoch relevante Informationen für Familienunternehmens-Gesellschafterinnen enthalten. Beispielsweise gibt der Lagebericht Auskunft über die allgemeine Wirtschaftslage der Kapitalgesellschaft oder zu Vorgängen besonderer Bedeutung, die nach dem Bilanzstichtag erfolgten. Tabelle 5 gibt einen Überblick über die gem. §§ 289 und 289a HGB empfohlenen Bestandteile des Lageberichtes:

Tabelle 5: Elemente des Lageberichts nach §§ 289 und 289a HGB.

Elemente des Lageberichts	Erläuterung der einzelnen Berichte
Wirtschaftsbericht	Darstellung des Geschäftsverlaufs, der Geschäftsergebnisse und der Lage der Kapitalgesellschaft. Analyse des Geschäftsverlaufs und der Lage unter Berücksichtigung finanzieller (z. B. Produkte und Märkte) und nicht finanzieller (z. B. Umweltbelange und Arbeitnehmerinteressen) Leistungsindikatoren.
Prognosebericht	Beschreibung der voraussichtlichen Entwicklung mit ihren wesentlichen Chancen und Risiken.
Nachtragsbericht	Eingehen auf Vorgänge von besonderer Bedeutung nach Ende des Geschäftsjahres.
Finanzrisikobericht	Beschreibung der finanzwirtschaftlichen Risiken in Bezug auf Preisänderungs-, Ausfall- und Liquiditätsrisiken sowie Risiken aus Zahlungsstromschwankungen.
Forschungs- und Entwicklungsbericht	Darstellung bedeutsamer Forschungs- und Entwicklungsprojekte bzw. -vorhaben.
Zweigniederlassungsbericht	Informationen über die Zweigniederlassungen.
Vergütungsbericht	Darstellung des Vergütungssystems für Geschäftsführungs- und Überwachungsorgane.
Übernahmebericht	Angaben zur Aktionärsstruktur, zu den Rechten und Pflichten der Aktionäre sowie zu möglichen Übernahmehindernissen gem. § 289 Abs. 4 HGB.
Risikomanagementbericht	Angaben zu den wesentlichen Merkmalen des internen Kontroll- und Risikomanagementsystems im Hinblick auf den Rechnungslegungsprozess.
Erklärung zur Unternehmensführung (erforderlich bei kapitalmarktorientierten AG)	Entsprechenserklärung gem. § 161 AktG; Unternehmenspraktiken, die über die gesetzlichen Anforderungen hinausgehen; Arbeitsweise von Vorstand und Aufsichtsrat sowie deren Zusammensetzung und die Arbeitsweisen von deren Ausschüssen. Die Erklärung kann auch auf der Internetseite des Unternehmens dargestellt werden.

> **Wichtig für Familienunternehmens-Gesellschafter**
>
> Der Anhang ...
>
> - erläutert die Bewertungs- und Bilanzierungsmethoden, anhand derer die Bilanz und GuV erstellt wurden.
> - korrigiert ein aufgrund besonderer Umstände nicht den tatsächlichen Verhältnissen entsprechendes Bild der Vermögens-, Finanz- und Ertragslage in der Bilanz und GuV durch zusätzliche Informationen.
>
> Der Lagebericht ...
>
> - ist die „Prosa" zu den Zahlenwerken Bilanz und GuV, da er Interpretationen, Erklärungen, Branchenvergleichen und weiteren subjektiven Darstellungen Raum bietet.
> - bettet die Leistung des Unternehmens in einen größeren, wirtschaftlichen Kontext ein.

4.2.5 Kapitalflussrechnung

Obwohl die Kapitalflussrechnung kein Pflichtbestandteil für alle Geschäftsberichte gem. HGB ist, besitzt sie dennoch eine äußerst große Relevanz für die Beurteilung der wirtschaftlichen Lage des Unternehmens. Während die Bilanz die Vermögens- und Finanzlage und die GuV die Ertragslage darstellt, gibt die Kapitalflussrechnung Auskunft über die Liquiditätslage des Unternehmens. Durch die Gegenüberstellung von Ein- und Auszahlungen schafft sie Transparenz über die Herkunft und Verwendung der liquiden Mittel und, in letzter Konsequenz, über die Zahlungsmittelbestände des Unternehmens, was für die Beurteilung der (In-)Solvenz ausschlaggebend ist. Dies bedeutet, dass die Kapitalflussrechnung bspw. Erklärungen liefern kann, wenn es trotz des Ausweises eines Jahresüberschusses in der Bilanz und GuV zu Zahlungsschwierigkeiten kommt, weil die Liquidität nicht ausreicht.

Unter Einzahlung (Auszahlung) wird der Zufluss (Abfluss) an liquiden Mitteln in einer Periode verstanden. Es handelt sich um tatsächliche Geldströme und nicht wie in der Bilanz und GuV um buchhalterische Rechnungen. Die aus den Ein- und Auszahlungen resultierenden Zahlungsströme lassen sich in drei unterschiedliche sog. Cashflows aufteilen und durch eine direkte oder indirekte Methode berechnen (siehe Tabelle 6).

Tabelle 6: Direkte und indirekte Methode der Cashflow-Ermittlung.

		Indirekte Methode			Direkte Methode
1.	+	Jahresüberschuss/-fehlbetrag			
2.	+/–	Abschreibungen/Zuschreibungen auf Gegenstände des Anlagevermögens			
3.	+/–	Zunahme/Abnahme von Rückstellungen			
4.	+/–	sonstige zahlungsunwirksame Aufwendungen/Erträge	1.	+	Einzahlungen von Kunden
5.	–/+	Gewinn/Verlust aus Anlagenabgängen	2.	–	Auszahlungen an Lieferanten und Beschäftigte
6.	–/+	Zunahme/Abnahme der Vorräte, Forderungen und sonstigen Aktiva	3.	+	sonstige Einzahlungen (keine Investitions- und Finanzierungstätigkeiten)
7.	+/–	Zunahme/Abnahme der Verbindlichkeiten und sonstigen Passiva	4.	–	sonstige Auszahlungen (keine Investitions- und Finanzierungstätigkeiten)
8.	=	**CF aus laufender Geschäftstätigkeit**	5.	=	**CF aus laufender Geschäftstätigkeit**
9.	+	Einzahlungen aus Abgängen des Anlagevermögens	6.	+	Einzahlungen aus Abgängen des Anlagevermögens
10.	–	Auszahlungen für Investitionen in das Anlagevermögen	7.	–	Auszahlungen für Investitionen in das Anlagevermögen
11.	=	**CF der Investitionstätigkeit**	8.	=	**CF der Investitionstätigkeit**
12.	+	Einzahlungen aus Kapitalerhöhungen und Zuschüsse der Gesellschafter	9.	+	Einzahlungen aus Kapitalerhöhungen und Zuschüsse der Gesellschafter
13.	–	Auszahlungen an Gesellschafter z. B. Dividenden	10.	–	Auszahlungen an Gesellschafter z. B. Dividenden
14.	+	Einzahlungen aus der Aufnahme von Krediten	11.	+	Einzahlungen aus der Aufnahme von Krediten
15.	–	Auszahlungen für die Tilgung von Krediten	12.	–	Auszahlungen für die Tilgung von Krediten
16.	=	**CF aus Finanzierungstätigkeit**	13.	=	**CF aus Finanzierungstätigkeit**
17.	+	zahlungswirksame Veränderungen der Finanzmittelbestände (8+11+16)	14.	+	zahlungswirksame Veränderungen der Finanzmittelbestände (5+8+13)
18.	+/–	wechselkursbedingte und sonstige Wertänderungen des Finanzmittelbestandes	15.	+/–	wechselkursbedingte und sonstige Wertänderungen des Finanzmittelbestandes
19.	+	Finanzmittelbestand am Anfang der Periode	16.	+	Finanzmittelbestand am Anfang der Periode
20.	=	**Finanzmittelbestand am Ende der Periode**	17.	=	**Finanzmittelbestand am Ende der Periode**

Quelle: Eigene Darstellung

Kenntnis und Verständnis der Cashflows sind für die Gesamtbeurteilung der wirtschaftlichen Lage des Unternehmens essenziell, denn Cashflows sind allgemein definiert als Finanzmittelüberschuss der Periode, der dem Unternehmen für Investitionsausgaben, Tilgungszahlungen und möglichen Gewinnausschüttungen zur Verfügung steht. Die drei im Rahmen der Kapitalflussrechnung ermittelten Cashflows geben unterschiedliche, aber jeweils absolut relevante Einblicke in die Leistungsfähigkeit eines Unternehmens.

Der Cashflow aus laufender Geschäftstätigkeit zeigt die Zahlungsströme aus der normalen betrieblichen Tätigkeit. Anders formuliert gibt er an, inwieweit das Geschäftsmodell des Unternehmens in der Lage ist, Geld zu erwirtschaften.

Der Cashflow aus Investitionstätigkeit zeigt, wie sich die liquiden Mittel durch Investitionen verändert haben. Insofern zeigt er, inwieweit das Unternehmen in seine zukünftige Wettbewerbsfähigkeit investiert hat.

Der Cashflow aus Finanzierungstätigkeit gibt an, wie viel liquide Mittel das Unternehmen zur Finanzierung seiner unternehmerischen Aktivitäten aufbringen musste. Dieser Cashflow umfasst alle Auszahlungen an Gesellschafter und Kreditgeber sowie deren Einzahlungen.

Wichtig für Familienunternehmens-Gesellschafter
Die Kapitalflussrechnung ...
- gibt Auskunft über die Liquiditätslage des Unternehmens.
- schafft Transparenz über die Herkunft und Verwendung der liquiden Mittel durch die Gegenüberstellung von Ein- und Auszahlungen.
- beinhaltet den Cashflow aus laufender Geschäfts-, Investitions- und Finanzierungstätigkeit.
- ist essenziell für die Beurteilung der Solvenz und Leistung des Unternehmens.
- hilft Gesellschaftern, die Auszahlungen an sich selbst und an Kreditgeber zu prüfen.
- mit dem darin enthaltenen Cashflow aus laufender Geschäftstätigkeit ermöglicht es Gesellschaftern, kompakt einen Einblick zu erhalten in die Fähigkeit des Unternehmens, Zahlungsüberschüsse mit seinem Geschäftsmodell zu erwirtschaften.
- sollte von allen Gesellschaftern als Bestandteil des Geschäftsberichtes verlangt werden, auch wenn keine gesetzliche Pflicht zur Aufstellung besteht.

4.2.6 Zusammenspiel der Bestandteile des Jahresabschlusses

Um die wirtschaftliche Situation eines Unternehmens zu beurteilen, müssen stets die drei wesentlichen Bestandteile des Geschäftsberichtes Bilanz, GuV und Kapitalflussrechnung zusammen im Zeitablauf betrachtet werden. Nur bei einer umfassenden Analyse der Rechnungen können die Auswirkungen unternehmerischer Entscheidungen in ihrer vollen Tragweite erfasst werden (siehe Abbildung 14).

Teil B: Das Familienunternehmen verstehen

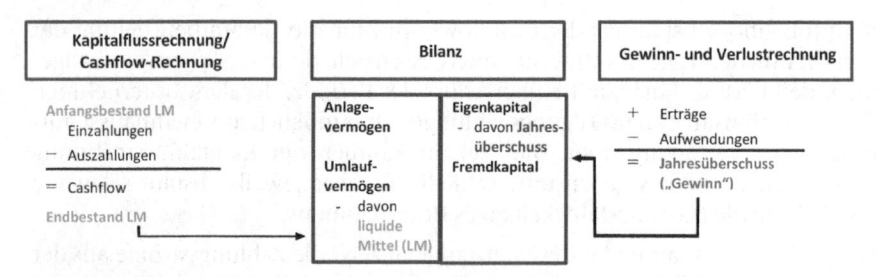

Kapitalflussrechnung/ Cashflow-Rechnung	Bilanz		Gewinn- und Verlustrechnung
Anfangsbestand LM Einzahlungen − Auszahlungen = Cashflow Endbestand LM	Anlage- vermögen Umlauf- vermögen - davon liquide Mittel (LM)	Eigenkapital - davon Jahres- überschuss Fremdkapital	+ Erträge − Aufwendungen = Jahresüberschuss („Gewinn")

Abbildung 14: Zusammenspiel der Bestandteile des JA.
Quelle: Eigene Darstellung

Wie bereits erwähnt, gibt die Bilanz Einblick in die Vermögens- und Finanzlage des Unternehmens. Die GuV zeigt die Ertragslage und die Kapitalflussrechnung die Liquiditätslage. Gilt es eine unternehmerische Entscheidung zu beurteilen, stellt sich zuerst die Frage, wie die Auswirkungen dieser Entscheidung auf die Ertrags- und Liquiditätslage des Unternehmens sind. Denn eine gute unternehmerische Entscheidung sollte zumindest langfristig immer einen positiven Einfluss auf die Ertragslage haben. Zur Beurteilung der ökonomischen Vorteilhaftigkeit wird häufig die erwartete Rendite herangezogen, d. h. mit wie viel Prozent wird das eingesetzte Kapital verzinst. Zur genauen Beurteilung der Rendite muss gleichzeitig ermittelt werden, welche Finanzierungskosten mit der möglichen Investition einhergehen. Kann das Unternehmen die Investition aus der laufenden Geschäftstätigkeit finanzieren (über einbehaltene Gewinne und damit EK) oder ist die Aufnahme von FK notwendig? Je nach Finanzierungsvariante erhöhen sich die Kosten der Investition und gleichzeitig ändert sich u. U. auch die Finanzlage des Unternehmens, denn sollte FK aufgenommen werden, erhöht sich die Verschuldungsquote des Unternehmens.

4.3 Geschäftsberichtsanalyse

Der Geschäftsbericht vermittelt umfangreiche Informationen. Diese können nicht immer vollständig verarbeitet werden, entweder weil die notwendige Zeit nicht zur Verfügung steht oder für die konkrete Fragestellung einen Fokus gesetzt werden muss. Um die Informationsmenge zu reduzieren, dabei aber weiterhin in der Lage zu bleiben, die unternehmerische Situation zu beurteilen, bietet es sich an, eine Geschäftsberichtsanalyse mit Hilfe von Kennzahlen (neudeutsch auch gerne als Key Performance Indicators, KPIs, bezeichnet) durchzuführen.

Kennzahlen ermöglich es, einzelne Informationen in Relation zueinander zu setzen, wodurch sie eine Verdichtung vornehmen, dennoch einen relevanten Aussagegehalt behalten. Je nach Fragestellung oder zu beurteilender Situation können eine Vielzahl unterschiedlicher Kennzahlen gebildet werden. Vor diesem Hintergrund konzentriert sich der vorliegende Beitrag auf für Familien-

4. Geschäftsberichte lesen

unternehmens-Gesellschafterinnen elementare Kennzahlen.[87] In Abhängigkeit des Fokus der Analyse lassen sich, wie in Abbildung 15 ersichtlich, drei Arten der Geschäftsberichtsanalyse unterscheiden:

(1) Finanzwirtschaftliche,
(2) erfolgswirtschaftliche und
(3) strategische Geschäftsberichtsanalyse.

Aufgrund des geringen Standardisierungsgrades der strategischen Geschäftsberichtsanalyse wird diese Analyseart im vorliegenden Beitrag ausgelassen.[88]

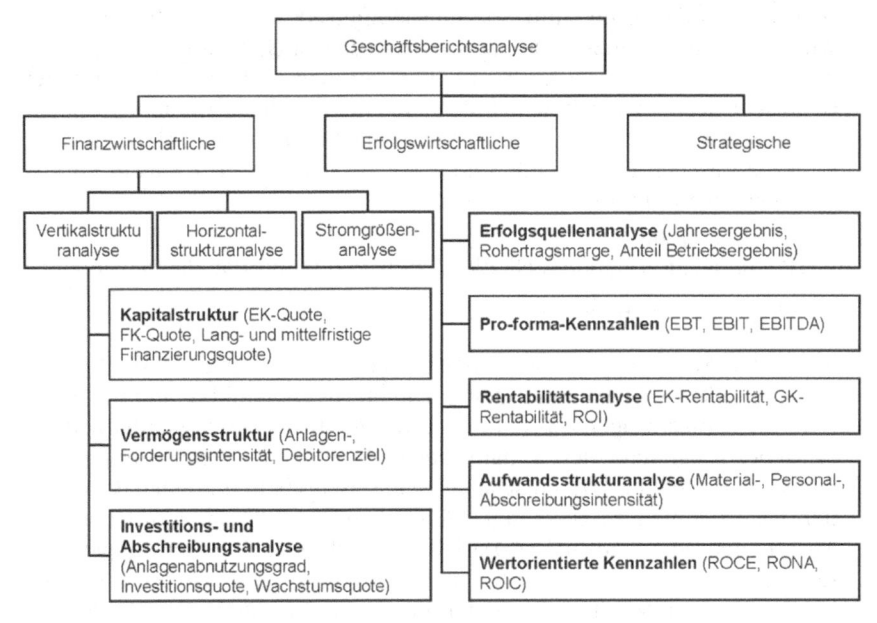

Abbildung 15: Struktur der Geschäftsberichtsanalyse.
Quelle: Eigene Darstellung

4.3.1 Die finanzwirtschaftliche Geschäftsberichtsanalyse

Die finanzwirtschaftliche Geschäftsberichtsanalyse hat zum Ziel, Einblicke in die Kapitalverwendung (Vermögens- und Investitionsanalyse) und die Kapitalaufbringung (Finanzierungs- und Liquiditätsanalyse) zu generieren.

---

[87] Für einen umfangreichen Überblick über Bilanzanalyse mit Hilfe von Kennzahlen siehe Coenenberg et al. (2016).
[88] Weiterführende Informationen zur strategischen Geschäftsberichtsanalyse finden sich bei Coenenberg et al. (2016), S. 1197 ff.

Kapitalstrukturanalyse

Bezüglich der **Kapitalstruktur** sind für Familienunternehmens-Gesellschafterinnen die folgenden drei Kennzahlen von besonderer Bedeutung:

1. Die Eigenkapitalquote
   Die Eigenkapitalquote berechnet sich aus

   $$Eigenkapitalquote = \frac{EK}{Bilanzsumme}$$

   Diese gibt das Verhältnis des EKs zum Gesamtkapital des Unternehmens an. Familienunternehmens-Gesellschafter können daran ablesen, wie viel Prozent des Vermögens des Familienunternehmens durch EK – d. h. die Gesellschafter selbst – finanziert ist. Typischerweise versuchen Familienunternehmen, die EK-Quote recht hoch zu halten, um den Einfluss nicht-familiärer Geldgeber gering zu halten. Im Vergleich zu Familienunternehmen kann konstatiert werden, dass die durchschnittliche EK-Quote über alle deutschen mittelständischen Unternehmen hinweg bei ca. 31,2 % liegt, was in Europa ein Spitzenwert ist (Statista, 2020).

2. Fremdkapitalquote
   Das Pendant zur EK-Quote stellt die Fremdkapitalquote dar, die sich durch

   $$Fremdkapitalquote = \frac{FK}{Bilanzsumme}$$

   berechnet. Analog zur EK-Quote gibt die FK-Quote an, wie viel des Vermögens des Unternehmens durch Fremdkapital (bspw. Bankkredite) finanziert ist. Diese kann anzeigen, dass Familienunternehmens-Gesellschafter u. U. als FK-Geber fungieren. Dies ist dann der Fall, wenn sich Familienunternehmens-Gesellschafter dazu entscheiden, ein Gesellschafterdarlehen dem eigenen Unternehmen zu gewähren. Wenn dieses Gesellschafterdarlehen den Ansprüchen eines „normalen" Darlehens – d. h. es beinhaltet die gleichen Konditionen, die einem unabhängigen Dritten gewährt würden – genügt, kann es als Fremdkapital behandelt und bilanziert werden. Die Vorteile sind, dass es nur auf bestimmte Zeit im Familienunternehmen verbliebe und nicht als Haftungsmasse im Insolvenzfall gelten würde. Jedoch werden Gesellschafterdarlehen oftmals nachrangig behandelt und erreichen somit nicht den gleichen Status wie Verbindlichkeiten gegenüber Dritten (wie z. B. Bankkredite).

3. Lang- und mittelfristige Finanzierungsquote
   Diese Kennzahl berechnet sich durch

   $$lang\text{-}und\ mittelfristige\ Finanzierungsquote = \frac{lang\text{-}und\ mittelfr.\ FK}{Bilanzsumme}$$

   und zeigt die Intensität des lang- und mittelfristigen Kapitals. Nur bei Kenntnis, wie lange das FK im Unternehmen verbleibt, kann die Verschuldung des Unternehmens korrekt interpretiert werden. Je höher die Quote ist, desto sicherer sind die Finanzierung und die finanzielle Stabilität des Unternehmens.

Vermögensstrukturanalyse

Bezüglich der **Vermögensintensität** spielen vor allem zwei Kennzahlen eine Rolle für Familienunternehmens-Gesellschafterinnen:[89]

1. Die Anlagenintensität
   Die Anlagenintensität errechnet sich aus

   $$Anlagenintensität = \frac{Anlagevermögen}{Bilanzsumme}$$

   und gibt an, wie viel Vermögen langfristig im Unternehmen gebunden ist. Anlagen verursachen tendenziell erhebliche Fixkosten, die unabhängig von der Beschäftigungs- und Ertragslage des Unternehmens sind. Dadurch sind Unternehmen mit einer hohen Anlagenintensität gezwungen, sich um eine hohe Auslastung der Produktionskapazitäten zu bemühen. Gleichzeitig sind sie jedoch aufgrund der langfristigen Kapitalbindung weniger gut in der Lage, sich schnell an konjunkturelle Schwankungen oder Nachfrageänderungen anzupassen. Eine hohe Anlagenintensität geht entsprechend mit einer geringeren Agilität einher.

2. Forderungsintensität
   Die Forderungsintensität wird ähnlich zur Anlagenintensität über

   $$Forderungsintensität = \frac{\emptyset\ Bestand\ an\ Forderungen}{Bilanzsumme}$$

   ermittelt. Wichtig ist zu betonen, dass Forderungen noch nicht beglichene Schulden der Kunden eines Unternehmens sind. Steigt die Forderungsintensität, zeigt dies zum einen höhere Abhängigkeit von der Zahlungsmoral der Kunden, und zum anderen geht damit typischerweise eine niedrigere Liquidität einher. Gerade für Familienunternehmen, die häufig eine verbesserungsfähige Debitorenbuchhaltung aufweisen, kann diese Kennzahl wichtige Hinweise für die zukünftige Zahlungsfähigkeit des Unternehmens liefern.

Investitions- und Abschreibungsanalyse

In Bezug auf **Investitionen** lohnt sich für Familienunternehmens-Gesellschafterinnen vor allem der Blick auf drei folgenden Kennzahlen:

1. Anlagenabnutzungsgrad (AAG)
   Der AAG berechnet sich über

   $$AAG = \frac{kumulierte\ Abschreibungen\ Sachanlagevermögen}{Sachanlagevermögen\ zu\ historischen\ AHK}$$

   und gibt die Altersstruktur des Sachanlagevermögens[90] an. Es wird ermittelt, wie hoch das durchschnittliche Alter des Sachanlagevermögens ist und welcher Reininvestitionsbedarf eventuell besteht. Je niedriger die Kennzahl aus-

---

89 Diese Aussage wurde unter der Annahme getroffen, dass ein Großteil deutscher Familienunternehmen im produzierenden Gewerbe tätig ist.
90 AHK = Anschaffungs- oder Herstellungskosten.

fällt, desto neuer sind die Sachanlagen im Durchschnitt. Je älter und abgenutzter die Anlagen sind, desto höher der (potenzielle) Investitionsbedarf. Vor diesem Hintergrund sollten Familienunternehmens-Gesellschafterinnen diese Kennzahl besonders im Auge behalten, da sie einen zukünftigen Investitionsbedarf signalisiert, der gerade bei Familienunternehmen häufig über einbehaltene Gewinne der Familienunternehmens-Gesellschafter finanziert wird.

2. Investitionsquote
Die Investitionsquote berechnet sich durch

$$Investitionsquote = \frac{Nettoinvestitionen\ in\ Sachanlagevermögen}{Sachanlagevermögen\ zu\ historischen\ AHK}$$

und gibt Auskunft über die Investitionen des Unternehmens in die Zukunft. Sie zeigt, wie viel Prozent des Sachanlagevermögens neu zum gesamten Sachanlagevermögen hinzugekommen ist. Deshalb lässt sich in einem Zeitreihenvergleich ablesen, wie sich das Investitionsverhalten des Unternehmens in die zukünftige Wettbewerbsfähigkeit des Unternehmens entwickelt hat.

3. Wachstumsquote
Die Wachstumsquote berechnet sich über

$$Wachstumsquote = \frac{Nettoinvestitionen\ in\ Sachanlagevermögen}{Abschreibungen\ des\ GJ\ auf\ Sachanlagevermögen}$$

und kann als „Vorläufer" der Investitionsquote gesehen werden. Sie misst, ob der Verschleiß der aktuellen Anlagen durch regelmäßige Neuanschaffungen ersetzt wurde, um eine Ver- oder gar Überalterung der Sachanlagen zu verhindern. Sollte die Wachstumsquote langfristig <1 sein, deutet dies auf eine sehr konservative Wachstumsplanung oder ein Zurückhalten von Investitionen hin.

4.3.2 Die erfolgswirtschaftliche Geschäftsberichtsanalyse

Die erfolgswirtschaftliche Geschäftsberichtsanalyse hat zum Ziel, einen Einblick in die Ertragskraft eines Unternehmens zu ermöglichen. Dabei ist zu beachten, dass aus einer erfolgswirtschaftlichen Sicht der Erfolg eines Unternehmens darin gesehen wird, gegenwärtig und zukünftig Gewinne zu erwirtschaften. Aus diesem Grund lässt sich die erfolgswirtschaftliche Geschäftsberichtsanalyse weiter in fünf Subanalysen unterteilen.

Erfolgsquellenanalyse

Bezüglich der **Erfolgsquellenanalyse** sind vor allem zwei Kennzahlen für Familienunternehmens-Gesellschafter von besonderer Bedeutung.

1. Jahresüberschuss
Die Berechnung des Jahresüberschusses wurde bereits im Kapitel 4.2.3 GuV erörtert. Ein positiver Jahresüberschuss kann entweder an die Gesellschafterinnen ausgeschüttet oder in die Gewinnrücklagen eingestellt werden. Wie

bereits erwähnt, stellt der Jahresüberschuss einen der zentralsten Performancemaßstäbe für Unternehmen aus betriebswirtschaftlicher Sicht dar, weil nur durch das Erwirtschaften eines Jahresüberschusses eine adäquate Verzinsung für die Gesellschafterinnen erfolgen kann.

2. Rohertragsmarge
   Die Rohertragsmarge kalkuliert sich über

   $$Rohertragsmarge = \frac{Rohertrag}{Umsatzerlöse}$$

   und gibt an, wie viel Prozent der Umsatzerlöse dem Unternehmen als Rohertrag (= Gesamtleistung abzüglich Materialaufwand) zur Verfügung stehen. Diese Kennzahl kann als Indikator dafür dienen, wie kosteneffizient ein Unternehmen produziert.

Pro-forma-Kennzahlen

Pro-forma-Kennzahlen werden prominent in der Berichterstattung und von Finanzanalysten genutzt, weil sie aufbauend auf den handelsrechtlichen Jahresüberschuss bestimmte Korrekturen vornehmen, die unterschiedliche Sachverhalte berücksichtigen können. Die drei wichtigsten Pro-forma-Kennzahlen werden im Folgenden erörtert.

1. Earnings before taxes (EBT)
   Das EBT steht für den Jahresüberschuss vor Steuern und erleichtert damit einen Vergleich der Unternehmensleistung über Landes- oder Gemeindegrenzen hinweg und korrigiert zudem mögliche Auswirkungen unterschiedlicher Kapitalstrukturen (in manchen Ländern können Zinsen für FK von der Steuerlast abgezogen werden). Das EBT berechnet sich wie folgt:

	Jahresüberschuss *(profit/income)*
±	Ertragssteuern *(income taxes)*
=	**EBT**

Das EBT neutralisiert folgende, möglichen Verzerrungen beim Unternehmensvergleich:[91]

- unterschiedliche Kapitalstrukturen
- unterschiedliche Hebesätze für die Gewerbesteuer
- Steuernachzahlungen und Steuererstattungen
- Unterschiede zwischen der Besteuerung von Personen- und Kapitalgesellschaften

2. Earnings before interest and taxes (EBIT)
   Das EBIT steht für den Jahresüberschuss vor Fremdkapitalzinsen und Steuern. Das EBIT korrigiert dementsprechend noch mehr als das EBT, weil es die FK-Kosten eliminiert. Aus diesem Grund spielt das EBIT auch gerade bei der Kreditvergabe eine wichtige Rolle, denn Banken setzen das EBIT häufig in

---

91 Vgl. Gräfer & Schneider (2010), S. 56.

Relation zu anderen Kennzahlen der Bilanz.[92] Bspw. wird das EBIT in Relation zu den Fixkosten des Unternehmens oder zur Verschuldung gesetzt. Das EBIT kalkuliert sich aus:

	EBT
+	Zinsaufwand *(interest expenses)*
–	Zinserträge *(interest earnings)*
=	**EBIT**

3. Earnings before interest, taxes, depreciation and amortization (EBITDA)
Als letzte zentrale Pro-forma-Kennzahl für Familienunternehmens-Gesellschafterinnen lässt sich das EBITDA aufführen. Zu dem eben bereits ermittelten EBIT werden zur Ermittlung des EBITDA noch die Abschreibungen auf das Sachanlagevermögen (depreciation) und das immaterielle Vermögen (amortization) hinzugerechnet. Das EBITDA zeigt die Ertragskraft eines Unternehmens unabhängig von dessen Kapitalstruktur oder Investitionsneigung in zukünftige Wettbewerbsfähigkeit. Unterschiedliche Bilanzierungsstandards oder Steuergesetze werden somit eliminiert und ermöglichen einen Vergleich auch über Landesgrenzen hinweg. Dies kann bspw. zur Beurteilung der Ertragskraft von Tochtergesellschaften, die in unterschiedlichen Ländern verortet sind, nützlich sein. Das EBITDA berechnet sich wie folgt:

	EBIT
+	Abschreibungen auf Sachanlagevermögen *(depreciation)*
+	Abschreibungen auf immaterielles Anlagevermögen einschließlich des derivaten Goodwill *(amortization)*
=	**EBITDA**

Rentabilitätsanalyse

Eine der sicherlich wichtigsten Analysearten für Familienunternehmens-Gesellschafterinnen stellt die Rentabilitätsanalyse dar. Allen im Folgenden vorgestellten Kennzahlen ist gemein, dass sie die Verzinsung auf ein zuvor eingesetztes Kapital bestimmen.

1. EK-Rentabilität
Die Eigenkapitalrentabilität wurde bereits in Kapitel 2.2 angesprochen. Sie berechnet sich aus

$$Eigenkapitalrentabilität = \frac{Jahresüberschuss/\text{-}fehlbetrag}{\varnothing\ Eigenkapital}$$

und gibt die Verzinsung des durch die Familienunternehmens-Gesellschafter eingesetzten (Eigen-)Kapitals[93] an. Die EK-Rentabilität sollte eine gewisse

---

[92] Vgl. Wöltje (2013), S. 368.
[93]
$$\varnothing\ Eigenkapital = \frac{(EK\ Jahresanfang) + (EK\ Jahresende)}{2}.$$

Mindestverzinsung erfahren, da EK im Vergleich zu FK unbefristet zur Verfügung steht und vollumfänglich haftet. Anders formuliert, trägt das EK das gesamte unternehmerische Risiko und muss deshalb eine höhere Verzinsung erhalten als das begrenzt risikobehaftete FK. Gerade für Familienunternehmens-Gesellschafter bietet es sich an, regelmäßig die EK-Rentabilität zu betrachten und ins Verhältnis mit anderen Investitionsmöglichkeiten zu setzen. Familiäre Aspekte (Aufrechterhaltung des Familienunternehmens, langfristige Sicherung von Arbeitsplätzen etc.) spielen selbstverständlich weiterhin eine Rolle, jedoch sollte auch das Risiko der eigenen Familie nicht gänzlich außer Acht gelassen werden. Dementsprechend ist eine Differenz zwischen der marktüblichen Verzinsung und der des EK eines Familienunternehmens-Gesellschafters nicht untypisch, häufig sogar gewollt, jedoch sollte die Diskrepanz nicht zu groß werden.

2. GK-Rentabilität

Die GK-Rentabilität ist neben der EK-Rentabilität eine der bedeutendsten Kennzahlen, da sie die Verzinsung des Gesamtkapitals (d.h. EK und FK) darstellt. Insofern wird die GK-Rentabilität (auch als Return on Assets bezeichnet) gerne als Indikator dafür genommen, wie effizient und gut ein Unternehmen wirtschaftet. Die GK-Rentabilität berechnet sich wie folgt:[94]

$$Gesamtkaptialrentabilität = \frac{EBIT}{\varnothing\ Gesamtkapital}$$

3. Return on Investment (ROI)

Der ROI misst das Verhältnis zwischen Gewinn und dem eingesetzten Kapital, d.h. er gibt die Verzinsung der Investition an. Er kann sowohl für das gesamte Unternehmen kalkuliert werden als auch für einzelne Investitionen wie ein einzelner Auftrag oder die Anschaffung einer Maschine.

Auf Gesamtunternehmensebene ist der ROI definiert als:

$$ROI_{Gesamtunternehmen} = \frac{Jahresüberschuss + Fremdkapialzinsen}{\varnothing\ Gesamtkapital}$$

Für eine Einzelinvestition hingegen bestimmt sich der ROI über

$$ROI_{Einzelinvestition} = \frac{Gewinnanteil}{Kapitaleinsatz}$$

Aufwandsstrukturanalyse

Die Aufwandsstrukturanalyse setzt verschiedene Aufwandsarten entweder in Relation zum Umsatz (beim Umsatzkostenverfahren) oder zur Gesamtleistung (beim Gesamtkostenverfahren). Die unter dieser Analyseart zusammengefassten Kennzahlen geben einen Einblick in die Produktionsverhältnisse des Unternehmens.

---

[94] $\varnothing\ Gesamtkapital = \frac{(GK\ Jahresanfang) + (GK\ Jahresende)}{2}$.

1. Materialintensität
Die Materialintensität drückt aus, inwiefern ein Unternehmen material- oder lohnintensiv arbeitet, da zwischen Material- und Personalaufwand häufig entsprechende Wechselwirkungen bestehen. Beispielsweise nimmt die Lieferantenabhängigkeit bei einem steigenden Materialaufwand zu, wohingegen die Beschäftigungsabhängigkeit sinkt.[95] Im umgekehrten Fall, wenn ein hoher Materialaufwand besteht, geht damit tendenziell ein niedriger Personalaufwand einher, weil das Unternehmen bspw. größere Mengen an bereits vorgefertigten Bauteilen bezieht. Die Materialintensität berechnet sich wie folgt:

$$Materialintensität = \frac{Materialaufwand}{Umsatz}$$

2. Personalintensität
Die Personalintensität setzt den Personalaufwand ins Verhältnis zur Leistung des Unternehmens. Sollte die GuV nach dem Gesamtkostenverfahren erstellt worden sein, wird der Personalaufwand ins Verhältnis zur Gesamtleistung, beim Umsatzkostenverfahren zum Umsatz, ins Verhältnis gesetzt. So berechnet zeigt die Personalintensität, in welchem Umfang die betriebliche Leistung auf den Produktionsfaktor Arbeit zurückzuführen ist. Gleichzeitig kann die Personalintensität auch ein Indikator dafür sein, wie sensibel ein Unternehmen vermutlich auf Lohn- oder Gehaltssteigerungen reagieren wird. Eine Steigerung dieser Kennzahl im Zeitablauf deutet auf Effizienzsteigerungen in der Leistungserbringung des Unternehmens hin, da entweder mehr Umsatz (Gesamtleistung) bei gleichem Personalaufwand oder der gleiche Umsatz (die gleiche Gesamtleistung) bei niedrigerem Personalaufwand erreicht wurde. In Abhängigkeit vom gewählten Verfahren berechnet sich die Personalintensität wie folgt:

$$Personalintensität = \frac{Personalaufwand}{Gesamtleistung}$$

Wertorientierte Kennzahlen

Wertorientierte Kennzahlen stellen gerade für Familienunternehmens-Gesellschafterinnen eine äußerst relevante Gruppe der Kennzahlen dar. Sie versuchen den tatsächlichen Unternehmenswert bzw. dessen Steigerung aus Sicht der EK-Geber abzubilden.

1. Return on capital employed (ROCE)
Der ROCE entwickelt die Gesamtkapitalrentabilität weiter und zeigt die operative Leistungsfähigkeit und Rentabilität des tatsächlich arbeitenden Kapitals („capital employed"). Der ROCE korrigiert den Gewinn um die Fremdkapitalzinsen und Steuern, weshalb diese Kennzahl finanzierungs- und steuer-

---

95 Vgl. auch Wöltje (2013), S. 383.

systemunabhängig ist und Vergleiche zwischen Unternehmen aus verschiedenen Branchen zulässt.[96] Der ROCE berechnet sich wie folgt:

$$ROCE = \frac{EBIT}{\varnothing\ Capital\ Employed}$$

2. Return on invested capital (ROIC)
Der ROIC gibt Auskunft über die operative Rentabilität einer unternehmerischen Aktivität und kann sowohl auf Gesamtunternehmensebene als auch auf Ebene einer einzelnen Investition ermittelt werden. Der ROIC berücksichtigt unterschiedliche Finanzierungsformen (d.h. FK oder EK). Er wird wie folgt ermittelt:

$$ROIC = \frac{(EBIT\text{-}Ertragssteuern)}{investiertes\ Kapital}$$

4.4 Berichterstattung zum Thema Nachhaltigkeit – Die Corporate Sustainability Directive der EU

In den vergangenen Jahren hat sowohl die grundsätzliche die Bedeutung nichtfinanzieller Kennzahlen immens zugenommen als auch die rechtliche Verpflichtung zu ihrer Aufstellung. Seit 2017 ist die EU-Richtlinie „Non-Financial Reporting Directive" (NFRD) in Deutschland in Kraft. Sie verpflichtet bestimmte Kapitalgesellschaften gem. § 289b HGB zum Ausweis eines Corporate Sustainability Berichtes, dessen Inhalt sich nach den §§ 289c–e HGB richtet und im wesentlichen Aussagen über Umwelt-, Sozial- und Arbeitnehmerbelange, der Korruptionsbekämpfung sowie Maßnahmen zur Achtung der Menschenrechte enthält.

Während die NFRD weitestgehend noch als reine „Berichtspflicht" zu interpretieren war, verlangen zwei, vor kurzem neu beschlossene und teilweise bereits eingeführte, Vorgaben der EU eine deutlich intensivere Auseinandersetzung und Integration in die Unternehmenssteuerung. Gemeint sind die EU-Taxonomie von 2020 und die Corporate Sustainability Reporting Directive (CSRD) von 2021.

Die EU-Taxonomie ist von allen Unternehmen, die bereits der NFRD unterliegen, zu beachten. Sie gilt ab dem Geschäftsjahr 2021 und hat zum Ziel, die Erreichung einer Klimaneutralität bis 2050 zu unterstützen. Dafür sollte Unternehmen ein Handlungsrahmen vorgegeben werden, der ihnen Klarheit über „nachhaltige Aktivitäten" gibt, um Wettbewerbsgleichheit und Rechtssicherheit innerhalb der EU zu garantieren. Dementsprechend beschreibt die EU-Taxonomie einen Rahmen, um „nachhaltige" Wirtschaftstätigkeiten innerhalb der EU zu klassifizieren, denn zuvor existierte keine eindeutige und allgemeingültige Definition von nachhaltiger Tätigkeit. Die EU-Taxonomie schafft für den Begriff der Nachhaltigkeit klare Regeln und Rahmenbedingungen, d.h. wann ein Unternehmen nachhaltig wirtschaftet. Dabei fokussiert sich die EU-Taxonomie auf

---

96 Vgl. Wöltje (2013), S. 389.

sechs konkrete Umweltziele: 1. Klimaschutz, 2. Anpassung an den Klimawandel, 3. nachhaltiger Einsatz und Gebrauch von Wasser oder Meeresressourcen, 4. Übergang zu einer Kreislaufwirtschaft, 5. Vorbeugung oder Kontrolle von Umweltverschmutzung und 6. Schutz und Wiederherstellung von Biodiversität und Ökosystemen.

Die EU-Taxonomie verlangt von unternehmerischen Aktivitäten, damit diese als nachhaltig klassifiziert werden, dass sie nicht nur einen Beitrag zu mindestens einem Umweltziel leisten, sondern auch nicht gegen die anderen verstoßen. Wie aus den Ausführungen deutlich wird, stellt die EU-Taxonomie nicht mehr nur eine reine Berichtspflicht dar, sondern übt auch einen Einfluss auf die Steuerung des Unternehmens aus. Bspw. müssen sich Unternehmen nun sehr genau Gedanken machen, inwieweit ihre Aktivitäten Einfluss auf die Biodiversität haben, wenn sie sich um staatliche Aufträge bewerben.

Der Trend zur Einflussnahme durch die EU auf unternehmerische Aktivitäten wird sich in Zukunft noch deutlich verstärken, da das EU-Parlament am 10.11.2022 die CSRD für große Kapitalmarktgesellschaften und denen über § 264a HGB gleichgestellten Personenhandelsgesellschaften verabschiedet hat. Mit dieser Richtlinie geht eine deutliche Ausweitung des verpflichteten Anwenderkreises und der Berichtspflichten einher. Ab dem Jahr 2024 sind alle Unternehmen, welche der NFRD unterliegen, und ab 2025 alle kapitalmarktorientierten kleinen und mittelgroßen Unternehmen zur Umsetzung verpflichtet. Die CSRD verlangt in Zukunft eine Erklärung der Unternehmen, die alle Angaben enthält, die für das Verständnis des Geschäftsverlaufs, des Geschäftsergebnisses, der Lage des Unternehmens sowie der Auswirkungen seiner Tätigkeit erforderlich sind. Darunter sind vor allem folgende Punkte zu verstehen: Eine Beschreibung ...

(1) des Geschäftsmodells und der Strategie, inklusive

   a) der Resilienz des Geschäftsmodells und der Strategie des Unternehmens gegenüber Risiken im Zusammenhang mit Nachhaltigkeitsbelangen;

   b) der Chancen für das Unternehmen im Zusammenhang mit Nachhaltigkeitsbelangen;

   c) der Pläne des Unternehmens, um sicherzustellen, dass sein Geschäftsmodell und seine Strategie mit dem Übergang zu einer nachhaltigen Wirtschaft und mit der Begrenzung der globalen Erwärmung auf 1,5 °C im Einklang mit dem Paris-Abkommen vereinbar sind;

   d) wie das Geschäftsmodell und die Strategie des Unternehmens den Interessen der Stakeholder des Unternehmens und den Auswirkungen des Unternehmens auf Nachhaltigkeitsbelange Rechnung tragen;

   e) wie die Strategie des Unternehmens in Bezug auf Nachhaltigkeitsbelange umgesetzt wurde.

(2) der Ziele, die sich das Unternehmen in Bezug auf Nachhaltigkeitsbelange gesetzt hat, und der Fortschritte, die das Unternehmen bei der Erreichung dieser Ziele gemacht hat.

(3) der Rolle der Verwaltungs-, Geschäftsführungs- und Aufsichtsorgane in Bezug auf Nachhaltigkeitsbelange.
(4) der Unternehmensrichtlinien in Bezug auf Nachhaltigkeitsbelange.
(5) im Detail
   a) des Due-Diligence-Verfahrens, das in Bezug auf Nachhaltigkeitsbelange durchgeführt wurde;
   b) der wichtigsten tatsächlichen oder potenziellen nachteiligen Auswirkungen (Principal Adverse Impacts) im Zusammenhang mit der Wertschöpfungskette des Unternehmens, einschließlich seiner eigenen Geschäftstätigkeit, Produkte und Dienstleistungen, Geschäftsbeziehungen und Lieferkette;
   c) aller ergriffenen Maßnahmen und das Ergebnis dieser Maßnahmen, um tatsächliche oder potenzielle nachteilige Auswirkungen zu verhindern, zu mindern oder zu beheben.
(6) der wichtigsten Risiken für das Unternehmen im Zusammenhang mit Nachhaltigkeitsbelangen, einschließlich der wichtigsten Abhängigkeiten des Unternehmens davon, und wie das Unternehmen mit diesen Risiken umgeht.
(7) der Indikatoren, die für die oben genannten Offenlegungen relevant sind.

Zudem sollen Unternehmen auch über das Verfahren zur Ermittlung der Informationen berichten und dabei kurz-, mittel- und langfristige Zeithorizonte berücksichtigen. Gegebenenfalls sind auch Informationen über die Wertschöpfungskette des Unternehmens, einschließlich der eigenen Geschäftstätigkeit, Produkte und Dienstleistungen, seiner Geschäftsbeziehungen und seiner Lieferkette offenzulegen. Lediglich Details, die ein Unternehmen aus Gründen des Wettbewerbs nicht nennen will, müssen nicht veröffentlicht werden – allerdings nur, wenn das zuständige Mitgliedsland dies erlaubt.

4.5 Fazit

Ziel des vorliegenden Beitrages war es, Gesellschafter von Familienunternehmen in die Lage zu versetzen, zentrale Informationen aus Geschäftsberichten herauslesen und verstehen zu können. Dazu wurden die Bausteine des Geschäftsberichtes im Einzelnen kurz vorgestellt und anschließend die wichtigsten Elemente der Geschäftsberichtanalyse erklärt. Obwohl die vorliegenden Ausführungen aufgrund der Länge des Beitrags notwendigerweise rudimentär bleiben, erlauben sie Gesellschaftern ein grundlegendes Verständnis von Geschäftsberichten. Dies gibt ihnen die Möglichkeit, ihre Rolle auch in Bezug auf den Geschäftsbericht auszufüllen und langfristig gute unternehmerische Entscheidungen zu treffen.

Marcel Hülsbeck

5. Corporate Governance von Familienunternehmen

Dieses Kapitel befasst sich mit den prinzipiellen Fragen der Corporate Governance von Familienunternehmen, jenseits gesetzlicher Bestimmungen für spezifische Unternehmensformen (z. B. Aktiengesellschaften) und dazu parallel und begleitend entwickelter Kodizes, wie dem deutschen Corporate Governance Kodex,[97] oder dem deutschen Corporate Governance Kodex für Familienunternehmen.[98] Ziel ist es vielmehr, ein grundsätzliches Verständnis der zu Grunde liegenden Prinzipien vor dem Hintergrund des deutschen Corporate Governance Kontext zu entwickeln. Aufgrund der Vielfalt und Heterogenität deutscher Familienunternehmen erscheint es wenig zielführend, konkrete, normative Gestaltungsempfehlungen für ein bestimmtes oder idealtypisches Unternehmen zu entwickeln, welche die Individualität der jeweiligen betroffenen Unternehmen zwangsweise vernachlässigen müssten. Ausgehend von der grundsätzlichen – theoretisch und empirisch verbrieften – Annahme, dass Corporate Governance zum Ausgleich vielfältiger Interessenkonflikte unterschiedlichster Anspruchsgruppen dient, erfolgt zunächst eine grundsätzliche Darlegung der grundlegenden theoretischen Konzepte. Im Folgenden konzentriert sich das Kapitel auf den primär für Familienunternehmerinnen relevanten Interessenkonflikt zwischen Eigentümern und familieninternen und externen Managern, der sich aus der Trennung von Eigentum und Kontrolle ergibt. Auf dieser Grundlage werden die Verteilung von Kontrollrechten in Familienunternehmen, die sich daraus ergebenden möglichen Konfigurationen und Konstellationen der Corporate Governance in Familienunternehmen, sowie daraus typischerweise resultierende Problembereiche und Konflikte thematisiert. Das Kapitel schließt mit einer Reihe von Fragen, die geklärt werden müssen, um eine effiziente und effektive Verankerung der Corporate Governance in Familienunternehmen gewährleisten zu können.

5.1 Konzeptionelle Basis der Corporate Governance: Interessenkonflikte

„Von den Direktoren einer Gesellschaft, welche eher das Geld anderer Leute als ihr eigenes verwalten, kann man nicht erwarten, dass sie es mit der gleichen Sorgfalt einsetzen und überwachen [...]. Daher müssen Nachlässigkeit und Verschwendung in der Geschäftsführung einer solchen Gesellschaft mehr oder weniger vorherrschen."[99]

---

97 Vgl. Kodex (2006).
98 Vgl. z. B. Grottel et al. (2012).
99 Adam Smith (1776 [2010]): The Wealth of Nations.

5.1.1 Was versteht man unter Corporate Governance?

Corporate Governance[100] bezeichnet und umfasst alle Prozesse, Strukturen und Rollen in einem Unternehmen, welche der Steuerung des Unternehmens, sowie der Aufsicht über diese Steuerung dienen. Sie beinhaltet sowohl die Führung des Unternehmens als auch die Kontrolle dieser Führung. Corporate Governance regelt die Verteilung von Rechten und Verantwortlichkeiten verschiedener Anspruchsgruppen eines Unternehmens im Rahmen der Unternehmensführung sowie das Treffen von strategischen Entscheidungen, welche für Erfolg und Fortbestand des Unternehmens entscheidend sind.[101] Relevante Anspruchsgruppen sind hier nicht nur die Eigentümerinnen, sondern auch Management und Mitarbeiter des Unternehmens, aber auch erweiterte Kreise direkter (Kunden, Kreditgeber etc.) und indirekter Anspruchsgruppen (z.B. der Staat und seine Bürger).[102]

Corporate Governance dient dazu, mögliche Interessenkonflikte zwischen diesen verschiedenen Anspruchsgruppen bereits vor ihrer Entstehung auszuschließen, entstandene Konflikte zu regeln und die Haftung für negative Folgen solcher Konflikte zu lösen. Beispiele für solche Interessenkonflikte zwischen verschiedenen Anspruchsgruppen können sein:

- unterschiedliche Vorstellung über die Gewinnverwendung zwischen verschiedenen Eigentümern und/oder zwischen Eigentümern und Management
- Notwendigkeit und Durchsetzbarkeit eines Stellenabbaus als Konflikt zwischen Management und Mitarbeiterinnen
- Erwartung von Gläubigern und Investoren an Transparenz und Offenlegung von Bilanz und Gewinn- und Verlustrechnung
- die gesetzliche Festlegung (z.B. § 76 (4) AktG) einer Frauenquote in Managementpositionen

Es geht also nicht um die Durchsetzung und Wahrung der Interessen der Eigentümerinnen auf Kosten anderer Anspruchsgruppen, sondern um den berechtigten Ausgleich dieser Interessen. Diese Erkenntnis ist insbesondere für Familienunternehmerinnen relevant, da diese oftmals durch enge historische Bindung an das Familienunternehmen, das Bedürfnis, die langfristige Existenz der Familie zu sichern, und ihre eigene Abhängigkeit und Identifikation mit dem Unternehmen geradezu allergisch auf solche vermeintlich ungerechtfertigten Eingriffe reagieren. Prominente Beispiele sind hier etwa die ablehnende Haltung zur Mitarbeitermitbestimmung in Aufsichtsgremien oder zu Publizitätspflichten von Jahresabschlüssen.[103] Obwohl von Familienunternehmern diese Ableh-

---

100 Die übliche sinngemäße deutsche Übersetzung von Corporate Governance als „Grundsätze ordnungsmäßiger Unternehmensführung" spiegelt den zusätzlichen Aspekt der Kontrolle nur implizit wider, daher hat sich im unternehmerischen Kontext der englischsprachige Begriff eingebürgert.
101 Vgl. La Porta et al. (2000).
102 Vgl. Lenssen et al. (2010).
103 Vgl. Ulrich (2011).

nung auf den Schutz der eigenen Wettbewerbsfähigkeit zurückgeführt wird, lässt die Forschungslage diese Begründung nicht zu. Es konnte sowohl gezeigt werden, dass eine Mitbestimmung durch externe Anspruchsgruppen[104] und freiwillige Übererfüllung von Publizitäts- und Transparenzpflichten[105] sowohl zu einer höheren Rendite als auch Überlebensfähigkeit von Familienunternehmen führen. Es erscheint für die Governance von Familienunternehmen also als besonders relevant, die spezifische Motivlage der Unternehmer aufzudecken und zu reflektieren, um daraus Implikationen für die Unternehmenssteuerung aufzudecken.

5.1.2 Eigentümer und andere Anspruchsgruppen: Prinzipale und Agenten

Die grundlegende ökonomische Theorie, welche die o.g. möglichen Interessenkonflikte zwischen verschiedenen Anspruchsgruppen beschreibt, analysiert und zu lösen versucht, ist die sog. Prinzipal-Agenten-Theorie (engl. Principal Agent Theory, PAT) oder kurz Agenturtheorie. In ihrer einfachsten Form geht diese Theorie von Interessenkonflikten zwischen zwei Parteien (Prinzipal und Agent) aus und betrachtet diese beiden Parteien isoliert. Der Prinzipal kann in dieser Beziehung als Auftraggeber gesehen werden, der Agent ist Auftragnehmer. Der Prinzipal hat die Verfügungsgewalt über eine spezifische Ressource (z.B. als Eigentümer) und verfolgt ein bestimmtes Ziel damit, welches er selbst nicht ohne Hilfe erreichen kann. Er beauftragt daher einen Agenten, der besser geeignet ist als er selbst, dieses Ziel zu erreichen.[106] Um unsere Beispiele aus dem vorherigen Kapitel 5.1.1 noch einmal analog zu bemühen:

- Der Eigentümer eines Unternehmens (Prinzipal mit dem Ziel Rendite) stellt ein Management (Agent) ein, welches z.B. aufgrund von Ausbildung und Erfahrung besser zur Unternehmensführung geeignet ist als der Eigentümer.
- Betriebsrats- und Gewerkschaftsvertreter in einem mitbestimmten Aufsichtsrat (Prinzipal mit dem Ziel Arbeitsplatzsicherheit) verhindern Stellenabbau durch das Management (Agent).
- Die Hausbank (Prinzipal mit dem Ziel Kapitalverzinsung) macht Kreditvergabe von existierender Nachfolgeplanung eines Familienunternehmers (Agent) abhängig.
- Der Gesetzgeber (Prinzipal mit dem Ziel Gleichberechtigung) zwingt Unternehmen (Agent) zur Einführung einer Frauenquote.

Die Beispiele verdeutlichen, dass es vielfältige Prinzipal-Agenten-Beziehungen gibt, dass jeder Prinzipal auch Agent sein kann, und dass jeder Agent mehrere Prinzipale und jeder Prinzipal mehrere Agenten haben kann. Es ist also grundsätzlich möglich, beliebig komplexe Beziehungen abzubilden, so lange man in der Lage ist, in der jeweiligen Beziehung den Auftraggeber vom Auftragnehmer

---

104 Vgl. Audretsch et al. (2013).
105 Vgl. Cascino et al. (2010).
106 Vgl. Jensen & Meckling (1976).

zu unterscheiden. Dies gelingt in der Regel, indem man sich fragt, welcher der Beteiligten über Verfügungsrechte über eine spezifische Ressource verfügt, an der er den anderen teilhaben lässt.[107] So lässt die Eigentümerin eines Unternehmens ihre Mitarbeiter u. a. über die Entlohnung und Verantwortungsübernahme an der Ressource Unternehmen partizipieren. Wir wollen uns aber hier und im Folgenden auf die zentrale Beziehung für Familienunternehmer konzentrieren, die in der Rolle des Familienunternehmers als Eigentümer (Prinzipal) begründet liegt.

Wenn ein Eigentümer (Prinzipal) nun einen möglichen Manager (Agenten) mit der Erreichung eines bestimmten Ziels (z. B. „führe mein Unternehmen gewinnorientiert und nachhaltig") beauftragt, so muss er bei der Auswahl, Überwachung und langfristigen Beschäftigung des Agenten drei Probleme überwinden:[108]

(1) Der Agent besitzt verborgene Eigenschaften: Da der Agent dem Prinzipal vor Beauftragung (z. B. Neueinstellung eines neuen Geschäftsführers) in der Regel relativ unbekannt ist, könnte dieser Eigenschaften (z. B. inkompetent, unehrlich, faul) besitzen, die der Zielerreichung abträglich sind. Da sich der Prinzipal dessen bewusst ist, wird er keinen Agenten einstellen, der ihm nicht glaubwürdig signalisieren kann, dass er über keine dieser abträglichen Eigenschaften verfügt. Im Falle eines neuen Geschäftsführers können diese Signale z. B. über bisherige Ausbildungs- und Arbeitszeugnisse, Referenzen oder Assessment-Center erbracht werden. Je schwierigere Signale der Prinzipal vom Agenten verlangt, desto geringer die Chance, dass man „an den Falschen gerät" (sog. adverse Selektion).

(2) Nach Vertragsschluss mit dem Agenten (d. h. die Geschäftsführerin ist eingestellt) kann es dann zu verborgenen Handlungen des Agenten kommen. Da der Prinzipal die Handlungen des Agenten nicht lückenlos überwachen und durchschauen kann – er hat den Agenten schließlich eingestellt, um etwas zu tun, was er selbst nicht kann –, kann dieser unbeobachtet gegen die Interessen des Prinzipals handeln. So könnte der neue Geschäftsführer weniger als den versprochenen Einsatz zeigen, oder Firmengelder unterschlagen.

(3) Das dritte und letzte Problem tritt erst auf, wenn Prinzipal und Agent bereits so lange miteinander gearbeitet haben, dass der Agent für den Prinzipal unverzichtbar geworden ist. Der Agent könnte verborgene Absichten hegen, die den Prinzipal erpressbar machen. So könnte der langjährige Vertriebschef damit drohen, zur Konkurrenz zu wechseln und die wichtigsten Kunden mitzunehmen, falls man sein Gehalt nicht verdoppelt.

Allen drei geschilderten Problemen liegen Interessenkonflikte als gemeinsame Ursache zu Grunde. Agenten priorisieren die Erreichung ihrer eigenen Ziele zunächst einmal höher als die Ziele des Prinzipals und werden sich bei konflik-

---

107 Vgl. Waterman & Meier (1998).
108 Vgl. Jensen & Meckling (1976).

tären Zielen eher für das eigene Ziel entscheiden (Opportunismus). Es stellt sich für den Prinzipal die Frage, wie es ihm gelingen kann, die Interessen des Agenten so an seine anzugleichen, dass mögliche Konflikte reduziert bzw. aufgedeckt werden.[109] Hier bieten sich drei spezifische Lösungsansätze an, die direkt mit den o. g. Problemen korrespondieren:

(1) Um verborgene unerwünschte Eigenschaften bei einem Agenten zu vermeiden, könnte der mögliche Vertrag (sog. selbstselektierende Verträge) so gestaltet sein, dass nur fähige und passende Agenten den Vertrag annehmen. Man könnte der neuen Geschäftsführerin in unserem Beispiel eine Position als persönlich haftende Gesellschafterin anbieten: So ein Angebot nehmen in der Regel nur Agenten an, die von ihrer eigenen Kompetenz und Einsatzbereitschaft auch überzeugt sind.

(2) Um verborgene Handlungen zu reduzieren, bietet sich eine systematische Kontrolle der Ergebnisse der Handlungen durch Planungs- und Berichtssysteme an. Eine weitere Möglichkeit ist die Beteiligung des neuen Geschäftsführers am Unternehmensergebnis, beide Elemente sorgen für die nötige Interessenangleichung.

(3) Um das Problem der verborgenen Absichten zu lösen, bietet sich an, den Agenten am Unternehmen zu beteiligen. Der o. g. Vertriebschef wird wahrscheinlich nicht zur Konkurrenz wechseln, wenn er dafür sein eigenes Unternehmen verlassen muss.

Diese bewusst sehr basal gehaltene Einführung in die zu Grunde liegende Theorie ist notwendig zum Verständnis der Corporate Governance im Allgemeinen. Wie wir im Folgenden sehen werden, sind die gängigen Mechanismen der Corporate Governance nichts anderes, als Strukturen zu schaffen, welche die o. g. Interessenkonflikte minimieren. Die Fragen nach einer gelungenen Corporate Governance stellen sich Familienunternehmern ebenso wie allen anderen Unternehmern, auch wenn sie aus Sicht des Familienunternehmers in einigen Situationen besondere Brisanz mitbringen. Für Familienunternehmerinnen, welche selbst operativ im Management ihres Unternehmens tätig sind, stellt sich die Frage nach Prinzipal und Agent zunächst nicht in dieser Form, da sie als geschäftsführende Gesellschafter beide Rollen der Kontrolle über das Eigentum und des operativen Einsatzes dieses Eigentums selbst in sich vereinen.[110] Es stellt sich aber sehr wohl die Frage, ob und wann eine Trennung der beiden Rollen nicht sinnvoll sein könnte.

---

109 Vgl. Tosi et al. (1997).
110 Vgl. Fama & Jensen (1983).

5.2 Corporate Governance als Trennung von Eigentum und Kontrolle

Die Beschränkung auf Eigentümer im Management führt zu Entscheidungen, welche die Organisation in ihrem Überlebenskampf benachteiligen.[111]

5.2.1 Unternehmenskontrolle als vierstufiger Prozess

Das zentrale Problem solcher Prinzipal-Agent-Beziehungen ergibt sich aus der Trennung vom Eigentum des Prinzipals und ausgeübter Kontrolle durch den Agenten. Wenn also z. B. eine Familieneigentümerin einen externen Geschäftsführer einstellt, dann überträgt sie diesem die Kontrolle über zentrale Entscheidungen über das Unternehmen, trägt aber weiterhin das Risiko, das aus diesen Entscheidungen für das Familienunternehmen und -vermögen erwächst. Gleichzeitig bleibt das Risiko für den externen Manager gering, er kann sich gegen mögliche Haftungsrisiken absichern und riskiert höchstens, seinen Job zu verlieren. Andererseits kommen aber Familienunternehmer nicht umhin, sich Agenten zu bedienen, da sie eben in einem wachsenden Unternehmen ab einem gewissen Punkt

a) aus reiner Arbeitsbelastung nicht alles selbst entscheiden können,

b) selbst nicht über das nötige Expertenwissen verfügen, oder aber

c) sich keine geeigneten oder motivierten Nachfolger für die operative Nachfolge im Unternehmen finden lassen.[112]

Wenn Eigentümerinnen dementsprechend zu wenig Kontrolle an Agenten delegieren, sinkt die Entscheidungsfähigkeit und Qualität der getroffenen Entscheidungen und gefährdet das Überleben des Unternehmens. Gelingt es den Eigentümern andererseits nicht, die so abgegebene Kontrolle über das Unternehmen zu überwachen, steigt das Risiko, dass das externe Management risikoreiche oder eigennützige Entscheidungen trifft, welche ihrerseits die Überlebensfähigkeit des Unternehmens gefährden. Die Kunst guter Corporate Governance besteht also darin, die Kontrolle über ein Unternehmen derart zu verteilen, dass eine optimale Entscheidungsfähigkeit so mit einem optimalen Risikoprofil der Entscheidungen kombiniert wird, dass die Überlebenswahrscheinlichkeit des Unternehmens maximiert wird.[113]

Die Rolle des Eigentümers ist recht einfach definiert: Er trägt alle Risiken des Unternehmens, welche sich nicht vertraglich auf andere Anspruchsgruppen (z. B. Managerhaftung, Versicherungen) abwälzen lassen. Dafür erhält er das Recht an allen entstehenden Gewinnen des Unternehmens. Die Ausübung von Kontrolle in einem Unternehmen ist hingegen komplexer und erfolgt in vier verschiedenen Schritten der Entscheidung:[114]

---

111 Vgl. Fama & Jensen (1983).
112 Vgl. Aguilera & Crespi-Cladera (2012).
113 Vgl. Chua et al. (2009).
114 Vgl. Fama & Jensen (1983).

5. Corporate Governance von Familienunternehmen

(1) *Initiierung:* Zunächst müssen alternative Ideen entwickelt werden, wie die zur Verfügung stehenden Ressourcen (Kapital, Technologien, Mitarbeiter, Marktzugänge etc.) genutzt werden sollen. Zum Beispiel ob sich das Unternehmen in Zukunft stärker auf Digitalisierung oder Internationalisierung konzentrieren soll.

(2) *Ratifizierung:* Es muss entschieden werden, welche der unter 1. entwickelten Alternativen verfolgt werden sollen. Zum Beispiel entscheidet man sich, dass verstärkt in Digitalisierung investiert wird, während im Bereich Internationalisierung nur das absolut notwendige Minimum in Kernmärkten verfolgt wird.

(3) *Implementierung:* Die ausgewählte Alternative muss umgesetzt werden. Zum Beispiel muss eine Digitalisierungsstrategie entwickelt werden, geeignetes Personal gefunden und eingearbeitet werden, bestehende Mitarbeiter geschult werden, und ggf. Auslandsniederlassungen in Nicht-Kernmärkten abgebaut werden.

(4) *Überwachung:* Die Umsetzung der gewählten Entscheidung muss hinsichtlich ihrer Effizienz, Zielerreichung und ihres Beitrags zur Überlebensfähigkeit überwacht, und zuvor getroffene Entscheidungen ggf. korrigiert werden.

Die Schritte 1 und 3 dieses Modells kann man als *Management* (Vorschlag und Durchführung von Entscheidungen), die Schritte 2 und 4 als *Kontrolle* (Genehmigung und Überwachung von Entscheidungen) bezeichnen.

5.2.2 Die Verteilung von Kontrollrechten

Eine optimale Verteilung der Kontrollrechte soll die Überlebensfähigkeit des Unternehmens maximieren. Der Rückzug auf die reine Eigentümerrolle, d. h. Delegation aller Kontrollrechte an Agenten, erscheint hier nur unter besonderen Voraussetzungen sinnvoll. Bedenkt man, dass Eigentümerinnen schlussendlich das gesamte unternehmerische Risiko tragen, dann müsste in so einer Konstellation gewährleistet sein, dass das unternehmerische Risiko so minimal wie möglich ist. Dies gelingt in der Regel nur durch eine starke Diversifikation des investierten Vermögens in eine Vielzahl von Branchen und Anlageklassen, sodass sich die Risiken in den verschiedenen Anlageobjekten im Durchschnitt wieder aufheben. Dies ist allerdings nur bei Family Offices zu erwarten, die für eine vermögende Familie in unterschiedlichste Dinge wie Immobilien, Aktien etc. investieren, oder aber in stark diversifizierten Finanzbeteiligungsgesellschaften. Das hiermit einhergehende minimale unternehmerische Risiko geht allerdings auch auf Kosten der Rendite. Anstatt also ein Maximum der Kontrollrechte an Agenten abzugeben, könnte man die gegenteilige Strategie wählen, und alle Kontrollrechte bei den Eigentümern belassen. Dies minimiert die Probleme der Trennung von Eigentums- und Kontrollrechten.[115] Sinnvoll erscheint dies nur, solange die Eigentümerinnen über das komplette notwendige Fach-

---

115 Vgl. Fama & Jensen (1983).

und Expertenwissen zur Führung des Unternehmens verfügen und die gesamte Arbeitsbelastung der Unternehmensführung sinnvoll auf den Eigentümerkreis verteilt werden kann. Dies impliziert, dass diese Form der Governance nur für relativ kleine und nicht-komplexe Unternehmen sinnvoll sein kann. Dies trifft vor allem auf gut eingeführte und hoch-spezialisierte Anbieter in Nischenmärkten zu, wie sie insbesondere im deutschen Mittelstand häufig zu finden sind. Eigentümer-Manager tragen ein hohes unternehmerisches Risiko, da ihr Vermögen meist in einem undiversifizierten Unternehmen gebunden ist; um dieses Risiko überschaubar zu halten, ist es also sinnvoll, ein nicht-komplexes Unternehmen auch selbst zu managen. Die beiden Extreme der kompletten Abgabe oder Retention der Kontrollrechte dürften aber die Ausnahme darstellen. Erfolgreiche Unternehmen wachsen in der Regel über die Zeit, entwickeln eine breitere Produktpalette, treten in neue, internationale Märkte ein und sehen sich teilweise radikalen Umweltänderungen (z. B. Digitalisierung, Klimawandel, Finanzmarktregulierung) gegenüber, welche Komplexität und Arbeitsaufwand so stark ansteigen lassen, dass die Hilfe von familienfremden Agenten, im Sinne der oben diskutierten Überlebensfähigkeit, unabdingbar wird. Es stellt sich also für die Mehrzahl der Unternehmen nicht die Frage ob, sondern nur wie Kontrollrechte abgegeben werden.[116]

5.2.3 Motive von Eigentümerinnen und Managerinnen

Um mögliche Konstellationen der Verteilung von Kontrollrechten in komplexen, aber operativ tätigen Eigentümerfamilien (d. h. keine Family Offices oder Beteiligungsgesellschaften) zu beleuchten, müssen wir uns noch einmal die Motive von Familieneigentümern als Prinzipale sowie von angestellten Managern als Agenten vor Augen führen. Eigentümerinnen von Familienunternehmen binden ihr Vermögen in der Regel in einem oder wenigen Unternehmen, sie sind undiversifiziert. Durch ihre Abhängigkeit von einem oder wenigen Märkten tragen sie ein hohes Risiko. Gleichzeitig verfolgen Familienunternehmerinnen – im Gegensatz zu Gründern – das Ziel, ihr Familienvermögen zu mehren und zu wahren und in die nächste Generation zu übergeben. Beide Eigenschaften in Kombination führen dazu, dass Familienunternehmer in der Regel konservative Entscheidungen mit geringerem Risiko bevorzugen, sie sind risikoavers. Andererseits führt ihre langfristige Orientierung, ihr über Generationen erworbenes implizites Wissen über das Unternehmen und ihre besonderen Ressourcen zu einer besonderen unternehmerischen Haltung. Externe Manager sind hingegen deutlich kurzfristiger orientiert, da ihr Erfolg im Allgemeinen nicht am transgenerationalen Überleben des Unternehmens, sondern an dessen aktueller und kurzfristig zu erwartender wirtschaftlichen Leistungsfähigkeit gemessen wird, und sie eher in kurzfristig sichtbaren Erfolgen denken (müssen), um ihre Karriereziele zu verwirklichen. Sie haben natürlicherweise eine geringere Expertise bzgl. des Unternehmens als die langfristigen Eigentümer, dafür besitzen sie – falls sie richtig ausgewählt wurden – aber eine hohe

---

116 Vgl. Fama & Jensen (1983).

Fach- und Führungsexpertise, sie sind durch Ausbildung und Berufserfahrung z. B. Experten für bestimmte Märkte, Technologien oder besondere Unternehmenssituationen (z.B. China, Digitalisierung, Restrukturierung). Zwar sind diese Agenten zunächst auch einmal risikoavers – sie scheuen sich, das unternehmerische Risiko zu tragen, ohne vom unternehmerischen Gewinn zu profitieren –, können aber durch entsprechende Vertragsgestaltung (z. B. Gewinnbeteiligung, persönliche Haftung) motiviert werden, angemessenes Risiko zu tragen und risikoaffiner zu werden.

Wenn wir nun unsere – stilisierte – risikoaverse Eigentümerin und risikoaffinen externen Manager mit den oben entwickelten Ideen des *Managements* und der *Kontrolle* kombinieren, stellt sich die Frage, ob beide Typen für beide Aspekte der Verteilung von Kontrollrechten gleichermaßen geeignet sind. Beim Management geht es darum, neue Ideen zu entwickeln und im Unternehmen umzusetzen. Wird dies einzig den Eigentümern überlassen, besteht die Gefahr, dass nicht genügend neue Ideen entwickelt werden, da die Eigentümer aufgrund ihrer Risikoaversion und ihrer – im Vergleich zu speziell dafür eingestellten Experten – geringeren fachlichen Expertise bestimmte Ideen gar nicht entwickeln, bei einigen Ideen deren Risiko- und Marktpotenzial nicht gegeneinander abwägen können, sowie weitere Ideen von vorneherein als zu risikoreich nicht in Betracht ziehen.[117] Externe Agenten hingegen unterliegen diesen Limitationen nicht. Sie bringen entsprechende Markt- und Fachexpertise mit ins Unternehmen und sind aufgrund der zugrundeliegenden Anreizstruktur bereit, auch risikoreichere Projekte vorzuschlagen und zu implementieren. Diese externen Manager sind allerdings wenig geeignet, eine optimale Kontrolle im Unternehmen zu gewährleisten. Nachdem sie Alternativen, Projekte und Ideen zur optimalen Nutzung der Ressourcen des Unternehmens entwickelt haben, können Eigentümerinnen aufgrund ihres tiefen impliziten Verständnisses des Familienunternehmens passende Projekte auswählen, welche das langfristige Überleben des Unternehmens fördern und zum Risikoprofil der Familie passen. Natürlich können extrem risikoaverse Eigentümer hier immer noch Projekte mit sinnvollem Risikoprofil abschmettern, der Unterschied zur umgekehrten Rollenverteilung ist, dass in dieser Konfiguration risikoreiche Projekte gar nicht erst entwickelt und besprechbar gemacht würden. Eigentümerinnen sind also ein Risikofilter für das Unternehmen. Wird dieser Filter zu früh angesetzt (Management), vermindert er die Entscheidungsqualität im Unternehmen, wird er in späteren Phasen (Kontrolle) nicht ausreichend genutzt, sinkt die Überlebensfähigkeit des Unternehmens.[118]

5.2.4 Konfigurationen von Kontrollrechten

Es ergeben sich insgesamt vier mögliche Konfigurationen der Verteilung von Kontrollrechten:[119]

---

117 Vgl. Hülsbeck et al. (2012).
118 Vgl. Audretsch et al. (2013).
119 Vgl. Audretsch et al. (2013).

(1) *Management durch Familieneigentümer und Kontrolle durch familienexternen Agenten (z. B. im Beirat):* Ein risikoaverser und ggf. mit geringerer fachlicher Expertise ausgestatteter Familien-Manager wird weniger risikobehaftete und innovative Projektideen generieren bzw. zur Sprache bringen. Der externe Kontrolleur erfährt also (unabhängig von der eigenen Expertise) ggf. nichts von möglichen Projekten und kann diese nicht bewerten und ggf. ratifizieren. Trotz dieser möglichen Defizite ist dies eine Konfiguration, welche in der Praxis relativ häufig anzutreffen ist. So ist es nicht unüblich, operative Nachfolger durch einen beratenden Beirat aus familienexternen Agenten (z. B. befreundete Unternehmer, Familienanwalt, Steuerberater) begleiten zu lassen. In so einer Konfiguration muss nur allen klar sein, dass ein solcher Beirat als Berater des Managements nicht gleichzeitig Kontrolleur des Managements sein kann, da er die von ihm selbst mit-initiierten Projekte ratifizieren müsste. Es ist zwar richtig, dass alle Formen von Aufsichtsgremien auch andere Funktionen wahrnehmen – Beratung, Netzwerke, Reputation –, aber ein stark oder hauptsächlich beratendes Gremium kann eben nicht gleichzeitig Kontrolle ausüben. Dies hat zweierlei Konsequenzen. Zum einen muss Kontrolle durch ein anderes Gremium, wie der Gesellschafterversammlung, erfolgen. Zum anderen muss ein beratender Beirat grundsätzlich mit anderen Personen und Kompetenzen besetzt sein als ein klassisches Kontrollgremium. Steuerberater und Anwalt werden hier im Vergleich zu Branchen- oder Innovationsexperten weniger wichtig.

(2) *Management durch familienexternen Agenten und Kontrolle durch familienexternen Agenten:* Da keiner der beiden Agenten vererbbares, relevantes Eigentum am Unternehmen besitzt, ist eine Berücksichtigung der Langzeitwirkung (Stichwort: „Enkelfähigkeit") der getroffenen Entscheidungen unwahrscheinlicher und es besteht die Gefahr, dass die resultierende Risikoaffinität zu Entscheidungen führt, welche den Bestand des Unternehmens gefährden können. Auch diese Konstellation ist in der Praxis ansatzweise beobachtbar. Es existieren durchaus Unternehmen, in denen sich die Familie (fast) komplett auf die Gesellschafterfunktion zurückgezogen hat, aber trotzdem am undiversifizierten Unternehmenskern festhält. Hier wird oft versucht, die notwendige Bindung durch temporäre Übertragung von Eigentum zu erzielen, z. B. als persönlich haftender Gesellschafter, durch Phantomanteile oder nicht vererbbare Beteiligungen. In großen, börsennotierten und -gehandelten Aktiengesellschaften sind auch klassische Entlohnungselemente wie langfristige Aktienoptionen etc. denkbar. Bei aller Sympathie für die Gestaltung solcher „selbstselektierender Verträge" muss hier sehr genau darauf geachtet werden, was genau erreicht werden soll. Wie oben argumentiert, soll ein externer Agent im *Management* sich eben nicht so verhalten, „als ob" er ein Familienmitglied wäre, da ihm mit der Eigentümereigenschaft und -haftung eben auch die entsprechende Risikoaversion mit übertragen wird. Da ein angestellter Manager in der Regel kein signifikantes zusätzliches und abgesichertes Privatvermögen besitzt, wäre ein Haftungsfall für diesen existenzbedrohend. Ein Familieneigentümer besitzt

eher die Möglichkeit, bestehendes Portfolio-Vermögen für den Notfall abzusichern. Die Übertragung der Unternehmereigenschaft auf externe Agenten erscheint also nur sinnvoll, wenn diese – stellvertretend für die Familieneigentümer – eine Kontrollfunktion ausüben.

(3) *Management durch Familieneigentümer und Kontrolle durch Familieneigentümer:* Grundsätzlich ist anzunehmen, dass Familienmitglieder durch den langen Austausch, in dem sie stehen, und durch ihre besonderen Möglichkeiten, ihre Verwandten zu disziplinieren (z. B. durch familiäre Ausgrenzung) besonders geeignet sein könnten, andere Familienmitglieder zu kontrollieren. Allerdings ist hier zu beachten, dass die Kombination eines risikoaversen Managements mit einer risikoaversen Kontrolle zu suboptimalen unternehmerischen Entscheidungen führen dürfte. Eine oft gewählte Konstellation ist hier, dass die Seniorgeneration sich in den Beirat zurückzieht und offiziell nur kontrollierend mitwirkt, während die Nachfolgegeneration das Management übernimmt. Dies kann als Ende eines gut geplanten und durchgeführten Nachfolgeprozesses durchaus ein Erfolgsmodell sein, kann aber auch dazu führen, dass der Senior der Juniorin über die Beiratsrolle in das Geschäft hineinregiert und inoffiziell das Unternehmen weiterführt. Je nach familiärer Konstellation besteht für den kontrollierenden Part entweder ein nur sehr geringer Anreiz zur Kontrolle des Managements (z. B. Vetternwirtschaft), oder aber er hat Grund, das Management besonders kritisch zu beäugen (z. B. Geschwisterrivalität). Eine große Gefahr hier ist, dass familiäre Konflikte nicht in der Familie ausgetragen werden, sondern über die verschiedenen Management- und Kontrollfunktionen, welche Familienmitglieder innehaben. Während in der Familie ausgetragene Konflikte in der Regel auf verbale und emotionale Verletzungen (abgesehen von kriminellen Anschlägen auf Leib und Leben) beschränkt bleiben müssen, können durch eine Verlagerung dieser Konflikte in die Management- und Kontrollfunktion auch harte ökonomische Schläge sowie öffentliche Angriffe auf die Reputation (z. B. „X ist eine unfähige Geschäftsführerin") geführt werden. Solche familieninternen Konstellationen aus Management und Kontrolle ermöglichen also eine Form der Konflikteskalation (einseitige oder gegenseitige ökonomische Vernichtung, gemeinsamer Untergang), welche nur auf familiärer Ebene unmöglich wäre. Andererseits zeigt die Forschung, dass selbst in konfliktfreien Familien solche Konstellationen zu suboptimalen Ergebnissen führen. Der Ausschluss familienexterner Agenten aus der Corporate Governance führt dazu, dass Familien „im eigenen Saft kochen" und wichtige Wissenszuflüsse, Expertise oder Kritik vermissen.

(4) *Management durch familienexternen Agenten und Kontrolle durch Familieneigentümer:* Wie im vorhergehenden Kapitel 5.2.3 bereits beschrieben, stellt dies aus Corporate-Governance-Gesichtspunkten die ideale Konstellation dar. Beide Parteien werden entsprechend ihrer natürlichen Eigenschaften – risikoaffine Experten treffen auf risikoaverse Eigentümerinnen – eingesetzt und steigern so gemeinsam die Überlebensfähigkeit des Unternehmens. Dies verlangt allerdings von den Eigentümern, insbesondere wenn sie bis-

her (d.h. in früheren Generationen) in der Managementrolle waren und nun in die Funktion des kontrollierenden Eigentümers wechseln, besondere Kompetenzen. Die größte Umstellung dürfte hier sein, dass die kontrollierenden Eigentümer eben nicht mehr für das Management (Initiierung und Durchführung von Projekten), sondern für die Kontrolle derer zuständig sind, welche die Managementfunktion erfüllen. Das heißt operativ-fachliche Fähigkeiten und technologische Expertise treten zugunsten einer expliziten Strategieentwicklung, einer Verankerung unternehmerischer Zielsetzungen (Corporate Entrepreneurship), Auswahl und Führung des externen Managements, sowie einer Finanz- und Risikosteuerung in den Hintergrund. Dies hat Auswirkung auf die Auswahl der Familieneigentümer, welche eine solche Kontrollfunktion ausüben sollen, aber auch auf die Auswahl geeigneter Nachfolger und deren Ausbildung. So muss ein Ingenieur, der als operativer Manager bisher ein Maschinenbauunternehmen patriarchalisch geführt hat, nicht zwingend der beste alleinige Kandidat zur Installation eines kompetenten Fremdmanagements und der Führung dieses Fremdmanagements sein. In analoger Weise kann es sein, dass sich Nachfolger für eine Nachfolge in eine Kontrollfunktion nicht durch ein branchen- oder fachspezifisches Fachstudium für eine solche Funktion qualifizieren, sondern z.B. durch ein Studium der Unternehmensführung oder des Finanzmanagements.

5.3 Verankerung der Kontrollrechte in der Unternehmensorganisation

Unabhängig von der gewählten Konstellation der Trennung von Eigentum, Management und Kontrolle kann eines festgehalten werden: Der Verzicht auf entsprechende explizite Regelungen zur Verteilung der Eigentums- und Kontrollrechte ist die denkbar schlechteste Lösung.[120] Die Relevanz solcher Corporate-Governance-Mechanismen zeigt sich z.B. in den gesetzlichen Regelungen zu Aktiengesellschaften und (großen) GmbHs. Hier wird explizit die Trennung von Eigentum (Gesellschafterversammlung), Ausübung von Kontrolle (Aufsichtsrat) und Management (Vorstand) vorgesehen.[121] Darüber hinaus können weitere Kapital- und Personengesellschaften freiwillige Aufsichts- und Beiräte einrichten und gesellschaftsvertraglich regeln. Ohne auf die detaillierten juristischen Regelungen hierzu einzugehen, deuten diese Regularien auf die Wichtigkeit einer expliziten Regelung hin. Obwohl auch die freiwillige Einrichtung solcher Gremien aufgrund ihrer positiven Auswirkungen auf die Überlebensfähigkeit des Unternehmens ausdrücklich zu empfehlen ist, kommt es eher auf die Existenz und Klarheit solcher Regelungen an als auf eine rituelle Einrichtung solcher Gremien als „zahnlose Tiger". Soweit es also – neben verpflichtenden gesetzlichen Regelungen – eine Gestaltungsfreiheit bei der Ausübung der

---

120 Vgl. Audretsch et al. (2013).
121 Vgl. Hülsbeck et al. (2019).

5. Corporate Governance von Familienunternehmen

Verteilung von Eigentum, Kontrolle und Management gibt, sind folgende Fragen zu beantworten:

(1) Existiert unter den Eigentümerinnen ein Einverständnis darüber, wie die Kontrollrechte auszugestalten sind? Übernehmen dies alle Gesellschafter gemeinsam durch die Gesellschafterinnenversammlung? Sind in diesem Fall alle Gesellschafter qualifiziert, solche Entscheidungen, jenseits persönlicher Präferenzen, mitzutreffen? Kann es sinnvoll sein, diese Entscheidungen – in Abhängigkeit von Größe und Verfasstheit des Gesellschafterinnenkreises – an eine qualifizierte Subgruppe von Gesellschaftern zu delegieren? Wie kann dies – abgesehen von der Schaffung eines Aufsichts- oder Beirats – gelingen? Wie werden an Eigentumsanteile gekoppelte Stimmrechte in welchem Umfang und für welche mehr oder weniger gravierenden Entscheidungen ggf. auf einen solchen inneren Kreis delegiert?

(2) Treten Gesellschafter (top-down) und Management (bottom-up) Kontrollrechte an einen Aufsichts- oder Beirat ab, wie soll dieses Gremium besetzt werden? Um welche Rechte und um welchen Umfang handelt es sich? Soll das Gremium primär kontrollierenden oder beratenden Charakter haben? Wie soll das Verhältnis von Gesellschaftern und familienexternen Mitgliedern in so einem Gremium sein? Wie kann eine gesunde Mischung aus familiärer Kompetenz und externer Expertise gewährleistet werden? Welche fachlichen, beruflichen und sozialen Kompetenzen müssen Mitglieder eines solchen Gremiums für sich selbst und als Ganzes garantieren, um effiziente Kontrolle ausüben zu können?

(3) Sollten Eigentümerinnen grundsätzlich nur Kontrollrechte ausüben, oder sollen/können andere Eigentümer parallel im Management vertreten sein? Ist es in diesem Fall sinnvoll, Ober- und Untergrenzen für familieninterne und -externe Mitglieder in Kontrollgremium und Management festzulegen? Wie werden in so einem Fall fachliche Kompetenzen und Qualifikationen geregelt? Wie ist es möglich, bei einer solchen Durchmischung von Kontrolle und Management trotzdem eine klare Trennung von Management und Kontrolle zu gewährleisten? Wie kann garantiert werden, dass Konflikte auf Familien- und Gesellschafterebene nicht in diese unternehmensseitigen Gremien überschwappen und dort stellvertretend für die Familie, und auf Kosten der Überlebensfähigkeit des Unternehmens verhandelt werden?

(4) Soweit aufgrund familiärer und strategischer Überlegungen auf eine explizite Einrichtung getrennter Eigentümer-, Kontroll- und Managementgremien verzichtet wird, wie kann im Rahmen der Geschäftsführung eine Trennung von Management und Kontrolle gewährleistet werden? Was bedeutet dies für eine rein familieninterne Geschäftsführung, was bedeutet dies für eine gemischte Geschäftsführung aus familieninternen und -externen Mitgliedern?

Abschließend lässt sich festhalten, dass die aktuelle und sichtbare Ausgestaltung der Corporate Governance eines Familienunternehmens nur die Spitze des

Eisbergs darstellt. Ihr müssen eine ganze Reihe von Vorüberlegungen vorausgehen, welche tatsächliche und potenzielle Konflikte zwischen den Eigentümern selbst sowie zwischen den Eigentümern und anderen Anspruchsgruppen in ihr Kalkül mit einbeziehen. In der Praxis kommt ein Totalumbau der Corporate Governance eher selten vor, z. B. bei der Umstellung auf komplettes familienexternes Management, da sich in der nächsten Generation keine operative Nachfolge findet. Viel öfter kommt es zu einem schleichenden Wandel der Corporate Governance, so wird z. B. für das Thema „Digitalisierung" ein neuer externer Geschäftsführer eingestellt, ohne zu bedenken, welche Auswirkungen dies in etwa auf das Kräfteverhältnis zwischen internen und externen Geschäftsführern bedeutet. Gerade eine Reihe von kleineren Änderungen in der Governance-Struktur über mehrere Jahre bzw. Jahrzehnte hinweg führt dann zu einer organisch gewachsenen und historisch begründeten Governance, welche ggf. nicht mehr zu den aktuellen Anforderungen an das Unternehmen passt. Es ist daher dringend ratsam, die eigene Corporate Governance in regelmäßigen Abständen auf den Prüfstand zu stellen und Änderungen an ihrer Konfiguration immer hinsichtlich ihres möglichen Konfliktpotenzials zu überprüfen.

Rudolf Wimmer

6. Strategieentwicklung in Familienunternehmen – Die spezifische Verantwortung von Gesellschaftern für die Zukunft ihres Unternehmens

6.1 Was leistet Strategieentwicklung?

Familienunternehmen sind anders. Die einschlägige Forschung ist sich in diesem Punkt einig. Unterschiede gibt es allenfalls in der Frage, was nun genau die spezifischen Charakteristika dieses Unternehmenstyps im Vergleich zu Nicht-Familienunternehmen sind. Die Koevolution von Unternehmen und Unternehmerfamilie, die qua Eigentum einen bestimmenden Einfluss auf die Entwicklung ihres unternehmerischen Engagements nehmen kann, lässt im Zeitverlauf auf der Seite des Unternehmens ein Bündel von Merkmalen entstehen, die eine unverwechselbare, d.h. einzigartige Identität desselben ausprägen. Dazu zählt eine gewisse Familienhaftigkeit des unternehmensinternen Geschehens, gemeint ist damit vor allem die Art und Weise, wie die wesentlichen Leistungsprozesse strukturiert sind, wie geführt wird, wie Entscheidungen herbeigeführt werden, welche Kultur und welche Werte das Verhalten im Unternehmen anleiten, ganz allgemein gesprochen, in welchen Mustern Kommunikation und Koordination erfolgen, um am Markt erfolgreich bestehen zu können. Dazu zählt aber auch die charakteristische Sinnstiftung unternehmerischen Handelns, die speziell in familiengeführten Unternehmen beobachtbar ist. Hier zielt das unternehmerische Tätigsein in der Regel darauf ab, ein dauerhaft wertschöpfendes wirtschaftliches „Vermögen" entstehen zu lassen, das bei den Kunden, den übrigen Stakeholdern und schließlich in der Gesellschaft insgesamt einen nachhaltig spürbaren Nutzen stiftet (d.h. „creating shared value" im Sinne von Michael Porter[122]).

Mit dieser permanenten Erneuerung einer nutzenstiftenden wirtschaftlichen Gestaltungskraft ist ganz selbstverständlich und unverzichtbar eine unternehmerische Langzeitperspektive verbunden. Der erwirtschaftete Erfolg wird überwiegend ins eigene Unternehmen mit dem Ziel reinvestiert, um von Generation zu Generation dem Unternehmen wie der Unternehmerfamilie eine gute Zukunft zu ermöglichen. In der konsequenten Fokussierung des eigenen Daseinszwecks auf diese durchgängige Nutzenorientierung in Verbindung mit einer generationsübergreifenden Langzeitperspektive liegt die besondere Bedeutung dieses Unternehmenstyps für die gesamte Wohlstandsentwicklung in Wirtschaft und Gesellschaft.[123]

---

[122] Vgl. Porter (2012) sowie zu den Wesensmerkmalen von Familienunternehmen Wimmer (2021).
[123] Vgl. Wimmer & Kormann (2018 und 2019).

Die Auflistung der Spezifika von Familienunternehmen ließe sich problemlos weiter fortsetzen. Für unseren Zweck genügen diese Andeutungen, um zu verdeutlichen, dass die üblichen Formen von Strategieentwicklung nicht eins zu eins auf diesen Unternehmenstyp übertragen werden können. Die Art und Weise, wie familiengeführte Unternehmen für ihre eigene Zukunftsfähigkeit Sorge tragen, ist eingebettet in jene typischen Führungspraktiken, die diese Unternehmen zumindest in den frühen Phasen ihres Lebenszyklus kennzeichnen. Bevor wir auf diese spezifischen Muster der Bewältigung von Zukunftsherausforderungen näher eingehen, gilt es vorweg noch präziser zu beschreiben, welches unternehmerische Problem letztlich mit jenen Aktivitäten bearbeitet wird, die üblicherweise unter dem Begriff der Strategieentwicklung zusammengefasst werden.[124]

Unternehmen leben davon, dass es ihnen gelingt, für ganz spezifische Bedarfe ihrer Kunden Produkte und Dienstleistungen anzubieten, mit deren Hilfe die eigene Ertragskraft immer wieder aufs Neue erhalten und wenn möglich verbessert werden kann, um für die Bewältigung künftiger Investitionserfordernisse einen ausreichenden wirtschaftlichen Spielraum zu besitzen.

Mit dieser zentralen Überlebensbedingung ist für die Führung des Unternehmens eine doppelte Anforderung verbunden. Einerseits gilt es, im operativen Alltag alle wertschöpfenden Prozesse immer wieder aufs Neue konsequent am Kundennutzen auszurichten und die dabei auftauchenden Problemstellungen zeitnah möglichst effizient zu lösen. Tag für Tag wird mit der Mobilisierung der Zahlungsbereitschaft der Kunden die wirtschaftliche Grundlage des Unternehmens verdient. Diese wirtschaftliche Grundlage lässt sich allerdings nur dann dauerhaft sichern, wenn die eigenen Ressourcen kostengerecht zum Einsatz kommen und laufend den sich ändernden Verhältnissen im Unternehmensumfeld angepasst werden.

Zum anderen braucht es aber neben der Bewältigung dieser aktuellen Anforderungen im Tagesgeschäft, die normalerweise ohnehin alle Aufmerksamkeit im Unternehmen binden, auch ein Gespür dafür, was sich in den kommenden Jahren in den für das eigene Unternehmen relevanten Feldern ändern wird. Je turbulenter und ungewisser sich die Welt um einen herum entwickelt, umso weniger kann man davon ausgehen, dass die bisherigen Erfolgsmuster auch künftig das eigene Überleben noch sichern werden. Nur wenn für diese nicht wirklich exakt vorhersehbaren künftigen Entwicklungen im Unternehmen geeignete Bilder erzeugt werden und eine eigene Vision und strategische Positionierung erarbeitet wird, können rechtzeitig die erforderlichen strategischen Weichenstellungen in Gang gesetzt und ein Prozess der vorausschauenden Selbsterneuerung am Leben erhalten werden.

Diese heikle Synchronisation unterschiedlicher Zeithorizonte (Gegenwart und Zukunft) in der Steuerung der Unternehmensentwicklung ist keineswegs einfach zu bewerkstelligen. Denn die Kapazitäten des Unternehmens sind norma-

---

124 Ausführlicher zu dieser Führungsdimension vgl. Nagel & Wimmer (2014).

lerweise zur Gänze auf die Bewältigung des operativen Geschäfts im Hier und Jetzt konzentriert. Dieser Sogwirkung all jener Problemstellungen, die gerade aktuell (oft unter hohem Zeitdruck) zu stemmen sind, kann sich in der Regel auch das Top-Management nicht entziehen. Für eine gezielte Beschäftigung mit Zukunftsfragen fehlt auch dort zumeist die erforderliche Zeit und Energie. Dieses Dilemma spitzt sich in familiengeführten Unternehmen vielfach noch zu, weil sie in ihrer Ressourcenausstattung immer sehr eng aufgestellt sind, deshalb auch die Unternehmensspitze stark ins operative Geschäft involviert ist und damit ihre Aufmerksamkeit in diesen Themen gebunden ist.

Ein Unternehmen konsequent von seiner wünschenswerten Zukunft und von den damit verbundenen unternehmerischen Herausforderungen her führbar zu machen, das ist letztlich der Kern dessen, was Strategieentwicklung zu leisten hat. Allerdings ist diese Führungsleistung heute genau wegen der angesprochenen Sogwirkung des operativen Geschäfts bei den allermeisten Unternehmen noch deutlich unterversorgt. Je unkalkulierbarer bzw. je disruptiver sich die relevanten Umwelten für Unternehmen verändern, umso gefährlicher wird dieses Führungsdefizit. Die aktuellen krisenhaften Entwicklungen (Corona-Pandemie, Ukrainekrieg, Energiekrise, die geopolitischen Verschiebungen der Einflussgewichte, die spürbaren Folgen des Klimawandels) haben diese Defizite in der Unternehmenssteuerung enorm verschärft.

6.2 Wie sehen die traditionellen Antworten auf diese schwierige Führungsherausforderung in familiengeführten Unternehmen aus?

Üblicherweise liegt die Verantwortung für eine gelingende Zukunftsausrichtung in solchen Unternehmen ausschließlich bei der Unternehmensspitze, d. h. beim Inhaber, beim Unternehmer. Diese Verantwortungskonzentration in Strategiefragen an der Unternehmensspitze bleibt in der Regel aufrecht, solange die Funktionen der Unternehmensführung und der des Eigentums in einer Hand sind. Erfolgreiche Unternehmerinnen sind Persönlichkeiten, die über die Jahre ein untrügerisches Gespür für das Geschehen am Markt, für die Belange und Anliegen ihrer Kunden, für mögliche Neuerungen und das kluge Erfüllen der zugrundeliegenden Erwartungen entwickelt haben. Getragen von diesem intuitiven Wissen (ihrem unternehmerischen „Bauchgefühl") können sie in ihren Unternehmen Impulse setzen, die mit den vorhandenen Bordmitteln zeitnah aufgegriffen werden und letztlich zu kundenadäquaten und gleichzeitig wirtschaftlich tragfähigen Lösungen führen.[125] Solche pionierhaften Grundmuster der Zukunftsbewältigung gehen vielfach mit Geschäftsmodellen einher, die auf eine relativ eng definierte Marktnische fokussiert sind, wie wir sie bei vielen durchaus global operierenden „Hidden Champions" beobachten können. In einem subtilen Wechselspiel zwischen der unternehmerischen Kraft der Spitze und dem kompetenten Umsetzen der von dort gesetzten Impulse im Rest des

---

125 Zu diesem Verständnis von Intuition vgl. insbesondere Gigerenzer (2008 und 2013).

Unternehmens entwickeln sich solche Firmen oft in bewundernswerter Anpassungsfähigkeit an die sich ändernden Markt- und Kundenanforderungen. In der unternehmerischen Intuition erfolgt die Verbindung zwischen der Sicherstellung der Qualität des Tagesgeschäfts und den für die Zukunft wichtigen Innovationen, die durch das enge Zusammenwirken mit Kunden, Lieferanten und anderen wichtigen Stakeholdern angestoßen werden. Dies ist eine Strategieentwicklungsform, die Mintzberg „crafting strategy" nennt.[126] Solange diese Treffsicherheit und spezifische Führungsqualität der Spitze erfolgreich in Wirksamkeit ist, braucht es in solchen Unternehmen keine expliziten Strategieanstrengungen.

Dieses Grundmuster unternehmerischer Zukunftsbewältigung besitzt allerdings seine Grenzen. Seine Funktionstüchtigkeit steht und fällt mit der unternehmerischen Power der Spitze. Diese ist jedoch keineswegs dauerhaft sichergestellt, auch wenn die wesentlichen Akteure gerne davon ausgehen. Die Erfahrungen der Praxis lehren uns, dass diese Power häufig genau jene durch ein schnelles Wachstum des Unternehmens entstandene Komplexität im Inneren wie auch in den deutlich vielfältiger gewordenen Umwelten nicht mehr zu erfassen vermag oder dass diese besondere Kraft in der Schlussphase der Unternehmerlaufbahn oftmals zu schwinden beginnt. Die Treffsicherheit erfolgsverwöhnter Senioren geht dann tendenziell verloren. Sie hängen zu sehr am Bestehenden und verlieren ihre Sensibilität für den vom Markt kommenden Erneuerungsbedarf, und niemand in der Firma oder auch in der Familie ist in der Lage, korrigierend einzugreifen. Diese Tendenz an der Spitze führt Unternehmen nicht selten in eine strategische Krise, die ihre Ertragskraft schrittweise erodieren lässt.

Außerdem ist das angesprochene intuitive unternehmerbezogene Bewältigungsmuster von Zukunftsherausforderungen im Generationswechsel nicht ungebrochen auf die Nachfolger zu übertragen. Das implizite unternehmerische Wissen, der große Erfahrungsschatz der älteren Generation, ihre ungeheure Autorität inner- und außerhalb des Unternehmens ist letztlich nicht übertragbar. Deshalb eröffnet der Generationswechsel immer ein Zeitfenster, in dem für den Umgang mit dem Spannungsfeld zwischen dem Druck des operativen Geschäfts und der Bewältigung von strategischen Herausforderungen andere Lösungen gefunden werden müssen, als die in der Vergangenheit praktizierten. Dieser Veränderungsbedarf im Umgang mit Strategiefragen erhöht sich immer dann noch ganz erheblich, wenn im Generationswechsel die ursprüngliche Einheit von Führung und Eigentum verloren geht und neben den im Unternehmen tätigen Gesellschaftern auch Nichttätige unternehmerisch Einfluss nehmen können. Spätestens an dieser Stelle im Lebenszyklus von Familienunternehmen braucht es einen tiefgreifenden Musterwechsel in der Strategieentwicklung, nicht zuletzt auch deshalb, weil der Erklärungsbedarf für die in diesem Feld getroffenen Entscheidungen enorm steigt.

---

126 Vgl. Mintzberg (1987).

6. Strategieentwicklung in Familienunternehmen

Eine letztlich sehr ungewohnte Infragestellung des intuitiven Grundmusters kommt aktuell aus jener Veränderungsdynamik, die mit den verschiedenen Facetten der digitalen Transformation einhergeht. Mit der Digitalisierung ändern sich (in den einzelnen Branchen freilich unterschiedlich) die bestimmenden Erfolgsfaktoren unternehmerischen Handelns. Unternehmensintern können wesentliche Prozesse auf eine ganz neue, deutlich produktivere Grundlage gestellt werden. Der Austausch mit den Kunden und anderen Partnern in der Wertschöpfungskette erfährt erstaunliche Erweiterungsmöglichkeiten, bewährte Geschäftsmodelle brechen weg, bislang ungeahnte Chancenpotenziale tun sich demgegenüber auf (so hat sich etwa die Lebensdauer von Geschäftsmodellen in jüngster Zeit mehr als halbiert[127]).

Für diese Veränderungsdynamik hält der aus der Vergangenheit gewonnene Erfahrungsschatz von im angestammten Geschäft groß gewordenen Unternehmern keine Antworten parat. Das Maß an Ungewissheit und Zukunftsunsicherheit, das mit den Begleiterscheinungen der Digitalisierung in die Unternehmen Einzug gehalten hat, benötigt deutlich andere Bewältigungspraktiken, als wir sie in den tradierten inhabergeführten Unternehmen beobachten können.[128]

6.3 Worin bestehen alternative Bewältigungsformen von Zukunft?

Wie gesagt, es gibt heute eine Reihe von guten Gründen, das klassische Erfolgsmuster inhabergeführter Unternehmen, das auf das außergewöhnliche unternehmerische Gespür der Spitze setzt, zu verlassen. Dieser Musterwechsel konfrontiert die Strategieverantwortlichen gleichsam „ungeschützt" mit dem ganzen Ausmaß an Ungewissheit, das ein bewusster Blick in die Zukunft wie auch in die unkalkulierbare Dynamik der Märkte und sonstiger Rahmenbedingungen des Wirtschaftens zugänglich macht. Wie lässt sich dieser enorme Orientierungsbedarf, der oft über lange Zeiträume implizit durch die unternehmerische Intuition der Spitze erfolgreich gedeckt worden ist, auf eine ganz andere Weise angemessen bearbeiten?

Eine häufig praktizierte Lösung besteht darin, sich externe Experten ins Haus zu holen, die einem sagen, worin der geeignetste Weg in eine erfolgreiche Zukunft zu sehen ist. Diese beliebte Form der Unsicherheitsverarbeitung in Strategiefragen geht davon aus, dass man letztlich wissen kann, was die richtige Festlegung für eine ungewisse Zukunft zu sein hat. Man muss nur mit dem entsprechenden Know-how und mit den richtigen „Tools" an diese Fragen herangehen. Genau dafür benötigt man externes Fachwissen. Dieses Wegdelegieren der strategischen Verantwortung an externe Spezialisten ist für familiengeführte Unternehmen abgesehen von seiner geringen Wirksamkeit auch von ihrer Wesensart her nicht anschlussfähig und praktikabel. Für solche Unternehmen zählt es zur

---
127 Vgl. dazu Lanteri (2019) sowie die Ausführungen in Kapitel 7.
128 Zu diesen weitreichenden Transformationsherausforderungen traditionell geführter Familienunternehmen vgl. Wimmer (2022).

DNA, sich die Souveränität für alle wesentlichen geschäftspolitischen Entscheidungen nicht aus der Hand nehmen zu lassen. Deshalb braucht es Vorgehenskonzepte, die die Bearbeitung von Strategiefragen ganz explizit und bewusst in das Spektrum der ständig zu bearbeitenden Führungsaufgaben der Verantwortungsträger im Unternehmen integrieren.

Was sich vor diesem Hintergrund anbietet, ist die Hereinnahme der strategischen Verantwortung in einen etwas größeren Kreis von Führungskräften und die explizite Implementierung eines regelmäßigen Strategieentwicklungsprozesses in diesem Kreis. Damit verlagert sich die Verantwortung auf mehrere Schultern, die in dafür geeigneten Kommunikationsformaten miteinander die jeweils anstehenden strategischen Weichenstellungen erarbeiten.[129] Dieser Prozess ist allerdings hoch anspruchsvoll, weil er für sein Gelingen zur Voraussetzung hat, dass es dieses Strategieteam miteinander schafft, ausreichend Distanz zum Tagesgeschäft zu gewinnen und die für das gemeinsame Durcharbeiten der relevanten Strategiethemen erforderliche „Flughöhe" im Diskussionsprozess zu halten. Mit Flughöhe ist gemeint, dass man sich genau mit jenen existenziellen Fragen betreffend die Zukunft des Unternehmens befasst, für die im Tagesgeschäft kein Platz ist. Welche Trends beobachten wir in den für uns relevanten Umwelten? Welche Spielregeln beherrschen die spezifische Wettbewerbsdynamik unserer Branche und der angrenzenden Wirtschaftsbereiche? Zeichnen sich hier möglicherweise disruptive Veränderungen ab? Haben unsere angestammten Geschäftsmodelle noch eine Zukunft oder werden sie durch innovative digitale Lösungen obsolet? Wie wollen wir uns selbst als Unternehmen angesichts der vermuteten Chancen und Risiken künftig hin positionieren? Welche Konsequenzen ergeben sich daraus für unser Leistungsangebot, für unsere Investitionspolitik, für unsere Innovationsanstrengungen, für die Abgrenzung, Segmentierung und größenmäßige Dimensionierung unserer marktbezogenen Einheiten etc.?

Strategische Unternehmensführung ist jene Führungsleitung, die immer wieder von neuem ein Unternehmen mit Antworten auf diese Fragen versorgt und dabei alte Selbstfestlegungen überprüft und – wenn notwendig – korrigiert.[130]

Für solche Strategiefindungsprozesse kann man auf bewährte Analyseinstrumente und Entscheidungshilfen aus dem Repertoire des strategischen Managements zurückgreifen. Sie gilt es als „Sehwerkzeuge" zu nutzen, mit deren Hilfe der Blick auf ganz bestimmte strategische Zusammenhänge geschärft werden kann. Einige beispielhaft ausgewählte Tools seien hier kurz geschildert, um einen Eindruck zu gewinnen, was sie leisten und was nicht.

---

129 Zu den einzelnen Schritten eines solchen Prozesses vgl. Wimmer & Nagel (2000).
130 Näheres zu diesem Ansatz von Strategieentwicklung in Nagel & Wimmer (2014).

6.3.1 Wie gewinne ich ein Verständnis für die erfolgskritischen strategischen Herausforderungen in der eigenen Branche?

Michael Porter (1986) hat für diese zentrale Fragestellung ein vielgenutztes Analyseinstrument entwickelt, die sog. „Five Forces".

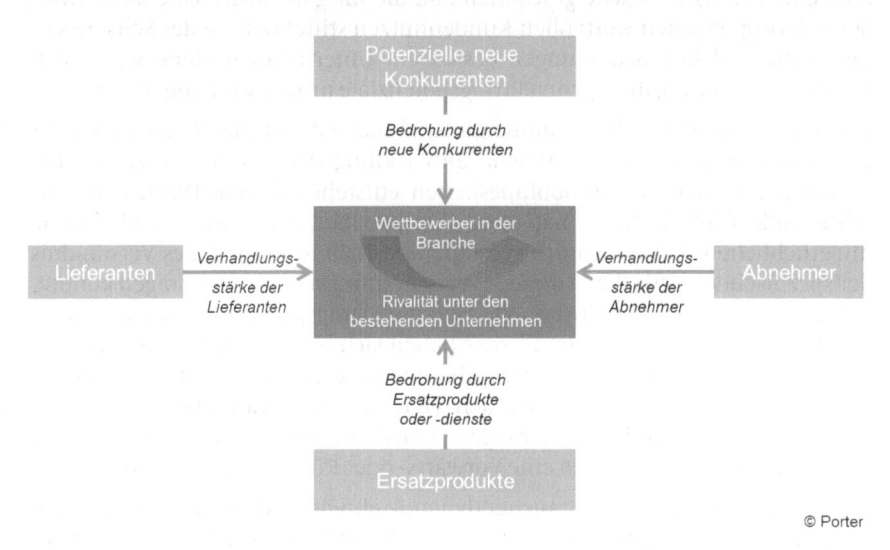

Abbildung 16: Die fünf die Rentabilität einer Branche bestimmenden Wettbewerbskräfte.
Quelle: Entnommen aus Porter (1986), S. 29

In einem ersten Schritt steht bei der Anwendung dieses Analysetools die Frage im Vordergrund, wie die eigene Branche von der Anbieterseite her strukturiert ist? Handelt es sich um einen sehr fragmentierten Markt, d. h. gibt es viele ähnlich aufgestellte Unternehmen, die um einen kaum wachsenden Markt kämpfen, dann kann man von einer hohen Wettbewerbsintensität ausgehen, die letztlich zu dauerhaft geringen Margen führt. Noch zusätzlich verschärft wird eine solche Dynamik immer dann, wenn es sich bei den angebotenen Leistungen um „Commodities" handelt, also um Leistungen, die in ihren Merkmalen kaum Unterschiede aufweisen. Hier überleben auf längere Sicht nur Unternehmen, die klare Kostenvorteile generieren können. In solchen Märkten lässt sich üblicherweise eine intensive Konsolidierungsdynamik beobachten, in der schwächelnde Unternehmen von anderen übernommen werden. Ganz anders gestaltet sich die Branche bei einem gerade neu entstehenden Markt mit einem hohen Wachstumspotenzial. Hier entsteht eine Dynamik, wie sie etwa nach Apples Markteintritt mit dem Smartphone eindrucksvoll zu beobachten war.

Eine andere Kraft, die es sorgfältig zu analysieren gilt, ist die Position und Verhandlungsmacht der Kunden. Gibt es nur mehr sehr wenige große Kunden, wie z. B. in der Automobilbranche oder im Handel, dann besitzen diese, wenn es darauf ankommt, ein erhebliches Erpressungspotenzial. Die Automobilzulieferindustrie kann davon schon seit Jahren ein Lied singen. Hier geht es darum, sich eine Know-how-basierte Position zu verschaffen, die die eigene Austauschbarkeit reduziert. Ganz anders sieht es natürlich aus, wenn man sich als Unternehmen eine exklusive Nische geschaffen hat, die für ganz unterschiedliche Kundenzielgruppen einen wertvollen Kundennutzen stiftet (z. B. in der Sensortechnik). Unter solchen Bedingungen besitzt ein Unternehmen einen wesentlich größeren Spielraum, die eigenen Ertragspotenziale proaktiv mitzugestalten.

Eine weitere wettbewerbsbestimmende Kraft bildet das eigene Netzwerk auf der Lieferantenseite. Die wirtschaftliche Entwicklung der letzten Jahrzehnte hat immer komplexere Wertschöpfungsketten entstehen lassen. Die rasant fortschreitende Globalisierung hat diese Komplexitätsentwicklung zweifelsohne mit erheblichem Rückenwind ausgestattet. Deshalb ist ein genaues Verständnis der spezifischen Logik, die in diesen Wertschöpfungsketten zum Tragen kommt, heute besonders erfolgskritisch. Wie sind die Ertragspotenziale über die ganze Kette hinweg verteilt? Welche Glieder haben sich eine besondere Marktmacht erobert und wodurch? Gibt es erwartbare Entwicklungen, die die bestehende Logik radikal transformieren werden (z. B. durch erwartbare Rohstoffengpässe)? Ist eine Veränderung der eigenen Position in der Wertschöpfungskette strategisch ratsam (z. B. durch eine Vorwärts- oder Rückwärtsintegration)?

Eine weitere auf die eigene Branchendynamik einwirkende Kraft erschließt sich durch die Frage, wie groß die Wahrscheinlichkeit ist, dass neue Wettbewerber auf den Plan treten. Diese Wahrscheinlichkeit lässt sich anhand einer Reihe von Kriterien abschätzen. Ist z. B. der Kapitalbedarf für einen Markteintritt sehr hoch (wie z. B. in der Papierindustrie), dann sind neue Mitbewerber eher kalkulierbar. Sind die Umstellungskosten bei den eigenen Kunden sehr hoch oder ist es gelungen, eine hohe Kundenbindung zu erzeugen, dann senkt das das Bedrohungspotenzial gegenüber neuen Marktteilnehmern. Die Analyse dieser Dimension ist im Moment noch um vieles wichtiger geworden, weil durch den Technologiewandel bei entsprechend niedrigen Eintrittsbarrieren neue Mitbewerber ganz unvermutet aus bislang gar nicht beobachteten Bereichen auftauchen können.

Letztlich verweist Porter noch auf eine fünfte Kraft, die man in der Frage nach den Substitutionswahrscheinlichkeiten des eigenen Geschäfts zu Gesicht bekommt. Nahezu jedes Produkt bzw. jede Dienstleistung ist durch eine andere Lösung, die den zugrundeliegenden Kundenbedarf vielleicht besser deckt, zu ersetzen. Diesen Umstand machen sich gerade viele Unternehmen der Digitalwirtschaft zunutze, um Problemstellungen beim Kunden durch überraschend innovative Lösungen zufriedenzustellen, die dann ganz neuen Geschäftsmodellen zum Durchbruch verhelfen. So sehen sich etablierte Unternehmen im Medienbereich, im Handel, in der Touristik, in der Zwischenzeit auch bei den Finanzdienstleistern und vergleichbaren Branchen absolut disruptiven Veränderungen gegenüber, die ihre bisherige Geschäftsgrundlage gefährden. Aus diesem Grunde hat die Frage „Kann unser bisheriges Geschäftsmodell durch Neuentwicklungen, die unser traditionelles Leistungsangebot beim Kunden obsolet werden lassen, grundlegend angegriffen werden?" so an strategischer Bedeutung gewonnen. Viele Marktteilnehmer blicken nach wie vor aus der Perspektive ihres in der Vergangenheit bewährten Leistungsportfolios auf das Marktgeschehen und übersehen dabei, dass sich die Kunden längst alternativen Lösungen zuwenden.

Die sorgfältige Analyse dieser fünf Kräfte, die in ihrem Zusammenwirken die Entwicklungsdynamik und damit die erfolgskritischen Spielregeln einer Branche definieren, schafft jene Szenarien, mit deren Hilfe sich die wichtigsten strategischen Herausforderungen für ein Unternehmen aus der Sicht seiner relevanten Umwelten bestimmen lassen. Mit diesem Einschätzungsvermögen wird klar, auf welche zentralen Fragen eine künftige strategische Ausrichtung konkrete Antworten wird finden müssen. Die Antworten selbst werden damit noch nicht generiert. Dafür braucht es weitere Überlegungen.

6.3.2 Wie lassen sich tragfähige strategische Optionen entwickeln?

Auch für diesen entscheidenden Schritt im Prozess der Strategieentwicklung gibt es inzwischen eine Fülle von Entscheidungshilfen. Dieser Schritt ist deshalb so wichtig, weil es an dieser Stelle des Prozesses darum geht, einen denkbaren Möglichkeitsraum aufzumachen, um Bilder zu bekommen, welche Richtung in Zukunft überhaupt eingeschlagen werden kann. Gelingt dieser Schritt, dann wird deutlich, dass die Fortsetzung des Bisherigen nur eine der Optionen ist, dass aber angesichts begrenzter Ressourcen auch vieles, was vielleicht sonst noch wünschenswert erscheint, einfach nicht umsetzbar ist.

Für solche Selektionsprozesse des unternehmerisch Erstrebenswerten und gleichzeitig strategisch Machbaren ist die sog. „Ansoff-Matrix" ein vielfach bewährtes Denkwerkzeug. Harry Igor Ansoff ist einer der frühen Pioniere und Wegbereiter des strategischen Managements, der diese Spezialdisziplin der Managementwissenschaften entscheidend mitgeprägt hat.[131] Er hat bei seinen Überlegungen die für jedes Unternehmen charakteristische und existenzbegründende Produkt-/Marktkombinationen vor Augen. Variiert man diese Kombination, dann ergeben sich vier grundsätzliche Richtungen für die künftige geschäftspolitische Weiterentwicklung eines Unternehmens: Marktdurchdringung, Produktentwicklung, Marktentwicklung und Diversifikation.

---

131 Vgl. Ansoff (1965).

Teil B: Das Familienunternehmen verstehen

	Bearbeitete Märkte	Nichtbearbeitete Märkte
Bearbeitete Produkte	**Marktdurchdringung** • Intensivierung der Marktbearbeitung • Neukundengewinnung im Kernmarkt • Relaunch bestehender Produkte/Leistungen • Imitation („easy follower") • Kosten- und Preissenkungen	**Marktentwicklung** • Erschließung zusätzlicher geographischer Märkte (Marktarealstrategie) • Erschließung neuer Teilmärkte, bzw. Abnehmerschichten • Neue Kundengruppen
Neue Produkte	**Produktentwicklung** • Neuprodukte (echte Innovationen) • Ergänzung des bisherigen Sortiments mit neuen Produktlinien • Problem- und Systemlösungen: Gesamtpakete von Produkten und/oder Services	**Diversifikation** • **Horizontale Diversifikation** Erweiterung des bestehenden Produktprogramms um Erzeugnisse, die mit den „alten" Produkten in Zusammenhang stehen • **Vertikale Diversifikation** Größere Produkttiefe (z.B. nicht nur Vertrieb sondern auch Produktion, nicht nur Automontage sondern auch Einzelteilfertigung) • **Laterale Diversifikation** Völlig neue Produkte, die mit dem bisherigen Geschäft nicht in Zusammenhang stehen

Abbildung 17: Mögliche Produkt-/Marktkombinationen (Ansoff-Matrix).
Quelle: Eigene Darstellung in Anlehnung an Ansoff (1965)

Wählt man die Option Marktdurchdringung, dann bedeutet das, alle Anstrengungen zu unternehmen, um im bestehenden Markt mit dem bereits vorhandenen Produktspektrum weitere Marktanteile zu gewinnen. Diese Option ist immer dann sinnvoll, wenn in den vertrauten Kernmärkten noch erhebliche Wachstumspotenziale gesehen werden. Dann gilt es sorgfältig darüber nachzudenken, mit welchen Aktivitäten die erkannten Potenziale noch besser ausgeschöpft werden können.

Die Option Marktentwicklung lenkt die Aufmerksamkeit auf die Frage, auf welchen ganz neuen Märkten das eigene Leistungsportfolio erfolgreich platziert werden kann. Das können Kundenzielgruppen sein, die man bisher noch gar nicht auf dem Schirm hatte, das können aber auch neue Länder und Regionen sein, in denen man für das eigene Geschäft große Chancen sieht. Denkt man an eine solche Expansionsstrategie, dann gilt es sorgsam abzuwägen, was es alles braucht, um die intendierten Wachstumsschritte erfolgversprechend anzugehen (z.B. eine Erweiterung der Vertriebskapazitäten, strategische Allianzen, Übernahmen).

Die Option Produktentwicklung setzt auf gezielte Innovationen im Sinne einer Erweiterung des eigenen Leistungsangebots, mit deren Hilfe man in den vertrauten Heimmärkten glaubt, sich nachhaltig neue Geschäftsmöglichkeiten erschließen zu können. Das setzt in der Regel voraus, dass es im Unternehmen valide Einschätzungen gibt, welche Nutzeninnovationen bei welchen Kundengruppen künftig Chancenpotenziale in sich bergen und was es braucht, unternehmensintern solche Innovationsprozesse mit einer realistischen Erfolgsaussicht anzustoßen. Die gerade sich voll entfaltende digitale Transformation stellt die hier gemeinte Innovationsfähigkeit von Unternehmen, die über die übliche inkrementelle Verbesserung deutlich hinausgeht, im Moment ganz besonders auf den Prüfstand. Vor diesem Hintergrund sind gezielte Investitionen in die eigene Innovationskraft für die Aufrechterhaltung der künftigen Wettbewerbsfähigkeit von existenzieller Bedeutung.

Die vierte Option zielt auf die Platzierung von ganz neuen Produkt- und Dienstleistungsangeboten in bislang unbekannten Märkten. Diese Strategie ist in der Regel mit Neugründungen bzw. Unternehmensübernahmen oder strategischen Kooperationen mit den ins Auge gefassten Märkten verbunden. Die Risiken, die damit eingegangen werden, sind in der Regel sehr hoch, weil sich ein Unternehmen mit solchen Schritten in jeder Hinsicht in unbekanntes Terrain begibt. Insofern lassen sich den vier Wachstumsoptionen der Ansoff-Matrix ganz unterschiedliche Risikowahrscheinlichkeiten zuordnen, die Hinterhuber (1992) in seinen Untersuchungen eindrucksvoll quantifiziert hat.

Ein anderes Denkkonzept zur Unterstützung der Optionsentwicklung geht auf die beiden INSEAD-Professoren Chan Kim und Renée Mauborgne[132] zurück, das unter dem Schlagwort der „Blue-Ocean-Strategy" bekannt geworden ist. Die beiden Autoren gehen von der Beobachtung aus, dass sich die allermeisten Unternehmen unter Wettbewerbsbedingungen bewegen, die den Marktteilnehmern unterm Strich immer weniger Ertrag ermöglichen. Sie kämpfen in einem „Red-Ocean". Strategisch kommt es also darauf an, sich am Markt so zu differenzieren, sich also eine Nische zu erobern, in der man sich erhebliche Alleinstellungsmerkmale immer wieder von Neuem absichern kann. Die Autoren zitieren den bekannten Cirque du Soleil als ein Beispiel für die Entdeckung eines „Blue-Oceans". Viele der sog. „Hidden Champions", fast alles familiengeführte Unternehmen, haben es geschafft, sich weltweit eine klar definierte Nische zu erarbeiten und diese durch den Ausbau von Alleinstellungsmerkmalen ständig zu erweitern.[133] Das sind alles eindrucksvolle Beispiele dafür, dass es gelingen kann, sich den eigenen Markt gleichsam selbst zu schaffen, sich selbst Schritt für Schritt den eigenen „Blue-Ocean" entstehen zu lassen.

6.4 Strategieentwicklung als eine gemeinschaftliche Führungsleistung

Der Einsatz solcher hier nur ganz beispielhaft expliziter Denkwerkzeuge soll es dem Strategieteam an der Spitze des Unternehmens ermöglichen, herausgelöst aus dem Tagesgeschäft den Blick wirklich frei zu bekommen, um sich gezielt und mit ausreichend Zeit den brennenden Zukunftsfragen widmen zu können. Damit ein solcher Schritt echt wirksam werden kann, braucht es unabdingbar ein sehr voraussetzungsvolles, vertrauensbasiertes Zusammenspiel all jener Funktionsträger, die in das Strategieteam eingebunden werden. Diese wünschenswerte Art von Produktivität des gemeinsamen Nachdenkens und der

---
132 Vgl. Kim & Mauborgne (2005).
133 Vgl. dazu Simon (2007).

daraus erwachsenden strategischen Kreativität ist in der Praxis keineswegs als selbstverständlich erwartbar. In diese Qualität des Miteinanders gilt es mit Bedacht zu investieren.

Schafft man diese unverzichtbare Arbeitsfähigkeit im Team, dann entstehen gemeinsame Bilder, was in der für das Unternehmen relevanten Welt los ist und mit welchem geschäftspolitischen Daseinszweck, mit welchem Leistungsangebot, mit welchem Geschäftsmodell sich das Unternehmen künftig positionieren will. Aus solchen Festlegungen entstehen dann in periodischen Abständen strategische Weichenstellungen, die das Unternehmen neben der Leistungsfähigkeit im Tagesgeschäft auch für künftige Chancen und Bedrohungen antwortfähig machen. Gelingt es, diese Art von Strategiefähigkeit in einem größeren Kreis von Verantwortungsträgern an der Spitze erfolgreich zu verankern, dann kann mit so einem expliziten, sich regelmäßig wiederholenden und sich dadurch immer wieder auf den neuesten Stand bringenden Prozess der Strategieentwicklung jene unternehmerische Erneuerungsfunktion erfüllt werden, die in der bisherigen Welt der klassische Unternehmer mit seiner Intuition, seinem „Bauchgefühl" wahrgenommen hat.

Sieht man Strategieentwicklung als eine gemeinschaftlich zu erbringende Führungsleistung an, dann wird die Sensibilität für strategische Herausforderungen verteilt im Unternehmen an mehreren Stellen in die Herzen und Köpfe der Verantwortungsträger gepflanzt. Das Unternehmen selbst wird gleichsam „strategiefähiger".

Jeder gelungene Strategieentwicklungsprozess schärft sozusagen die Sensoren eines Unternehmens, indem er Suchfelder definiert, in denen man aus strategischen Gründen eine besondere Wachsamkeit mobilisieren möchte, um gezielt Möglichkeiten für einen laufenden Prozess der Fein- und Nachsteuerung zu erhalten. Gelingende Prozesse dieser Art schaffen Sehwerkzeuge für die Wahrnehmung des Ungewöhnlichen, für überraschende Entwicklungen. Sie sorgen damit an vielen Stellen für eine spezifische Art von Achtsamkeit,[134] die angesichts der enormen Volatilität unserer Umwelten heute besonders von Nöten ist. Die herkömmlichen Techniken der strategischen Planung kennen eine Reihe von Verfahren zur Einengung dieses Suchraums (man denke etwa an die bewährte und weit verbreitete Portfoliotechnik). Hierbei ist es wichtig, die technisch-rechnerische Seite des Strategieentwicklungsprozesses nicht überzubewerten. Diese Seite ist vielfach zu einseitig vergangenheitsbasiert. Mit Blick auf die Zukunft ist es wichtig, offen zu bleiben, auch für Erweiterungen des Suchraums. Denn wenn man diesen zu hurtig einengt, dann sucht man zwar in einem überschaubaren Feld, aber möglicherweise im falschen!

Strategische Unternehmensführung in diesem Verständnis ist nicht darauf ausgerichtet, dafür zu sorgen, dass sich sowohl die eigene Organisation wie auch ihre Umwelt plankonform entwickeln. Solche Aktivitäten, wie mathematisch genau sie auch immer angelegt sein mögen, können die künftigen Zustände

---

134 Mindfulness, wie Weick und Sutcliff (2003) diese nennen.

einer Organisation nicht im Voraus bestimmen, schon gar nicht die künftigen Beziehungen zwischen dem Unternehmen und seinem unkalkulierbaren Umfeld. Hier wollte man durch die klassischen Formen der strategischen Planung jene Form von Sicherheit wiedergewinnen, die durch die Komplexität heutiger Wirtschaftsverhältnisse endgültig verloren gegangen ist. Die traditionellen Denkinstrumente der strategischen Planung und die in vielen Großunternehmen übliche Praxis, dass Strategieexperten in den Stabsbereichen bzw. externe Strategieberater dem Top-Management das Problem der strategischen Unternehmensführung abnehmen, werden heute zu Recht heftig kritisiert.[135] Strategische Unternehmensführung stellt die alte Planungssicherheit nicht wieder her. Sie versorgt die Organisation lediglich mit einem Bündel an Hypothesen, mit deren Hilfe sie sich selbst im künftigen Alltagsgeschehen beobachten kann. Das reale Leben ist dann sozusagen das diese Hypothesen überprüfende Experiment. Der Verlauf dieses „Experiments" und seine laufende Auswertung werden zeigen, welche der strategischen Annahmen beibehalten werden können und welche einer Revision bedürfen.

Dieser stärker experimentelle, auf ein gemeinsames Lernen ausgerichtete Zugang zu strategischen Problemstellungen fußt auf der Einsicht, dass heute der Bereich des Nichtwissens bei vielen wichtigen Managemententscheidungen enorm zunimmt. Das aktuelle Bemühen vieler etablierter Unternehmen, start-up-förmige, agile Arbeitsformen in großem Stil für sich selbst nutzbar zu machen, folgt dieser Einsicht. Der Versuch, Entscheidungen möglichst auf Wissen abzustützen, führt dazu, all das nicht zu sehen, was man nicht weiß, und verhindert deshalb geeignete Innovationen und ein gezieltes Risikomanagement. Periodische Anlässe zur strategischen Neuorientierung sorgen für eine gezielte Beschäftigung mit ganz bestimmten Rückkoppelungen aus den als wichtig erachteten Umwelten (Kunden, Mitbewerber etc.). So stärkt man unternehmensintern das Gespür für die vielfältigen Wirkungen und Resonanzen, die das Unternehmen extern erzeugt. In diesem Sinne schaffen solche Anlässe auch immer wieder Gelegenheit, gemeinsam zu lernen, mit Ungewissheit und Unsicherheit umzugehen und dabei zu vermeiden, selbstillusionäre Wissens- und Könnensvorstellungen zu entwickeln, die lediglich ungeprüften Annahmen und vordergründigen Sicherheiten entspringen. Diese Art von Sensibilität für das Ungewöhnliche und Überraschende und die damit verbundene Lernfähigkeit sind zentrale Elemente jener organisationalen Resilienz, die angesichts der multiplen Krisendynamik unserer Zeit zum entscheidenden Erfolgsfaktor familiengeführter Unternehmen geworden ist.[136]

So etwas kann jedoch nur in einer Kultur gut gelingen, in der „Nichtwissen" nicht von vornherein als ein Fehler gilt, als persönliches Versagen. Es braucht ein Klima, in dem jeder sein Unwissen kommunizieren kann und scheinbare Sicherheiten anderer verdeutlicht werden können. Dieses spezifische Klima

---

135 Vgl. Mintzberg (1994).
136 Zu diesem Resilienzgedanken vgl. Wimmer (2023).

wird in Familienunternehmen besonders von der Familie und ihren Repräsentanten im Unternehmen geprägt. Je höher der Anspruch, alles wissen zu müssen und im Griff zu haben, umso schwieriger wird ein konstruktiver Umgang mit dem wachsenden Bereich des Nichtwissens im ganzen Unternehmen.

Angesichts der geringen Steuerungswirkung und der vielen kontraintuitiven Effekte einer möglichst exakten Planung[137] ist es vernünftiger, durch die Strategieentwicklung dem Zufall gezielt eine Chance zu geben und den einzelnen marktnahen Einheiten Spielräume zu eröffnen, innerhalb derer sich die Menschen selbst motivieren und durch ihren Erfolg anspornen können. Das amerikanische Familienunternehmen Gore hat diese Innovationskultur zu seinem Prinzip erklärt. Zweifelsohne verdankt es dieser Kultur seine außergewöhnliche Wachstumsgeschichte in den zurückliegenden sechs Jahrzehnten.

Aus unserer Sicht zählt das gekonnte Steuern von Strategieentwicklungsprozessen zum Kerngeschäft der Unternehmensspitze. Diese Aufgabe ist in ihrer Substanz nicht delegierbar. Diesen Satz würden viele Vorstände und Geschäftsführerinnen zweifelsohne unterschreiben. Ein Blick in die Praxis zeigt aber, dass hier die Uhren vielfach noch anders gehen. Im Alltag dominiert das Tagesgeschäft. Dieses lässt entgegen allen Beteuerungen gerade auch dem stressgeplagten Top-Management wenig Raum für ein gezieltes Nachdenken über die eigene Zukunft. Das ursprüngliche Ziel, die „Zukunft des Unternehmens gemeinsam zu erschaffen", verlangt einen erheblichen Zeitaufwand, um immer wieder von Neuem die eigene strategische Ausgangslage umfassend zu diagnostizieren und um mögliche geschäftspolitische Kurskorrekturen zeitnah herauszufinden. Dies ist ein Aufwand, der bewusst zu investieren ist, will man die angesprochenen Steuerungseffekte tatsächlich erzielen. Dieser zusätzliche Zeitaufwand, der einen Teil der gesamten Führungsmannschaft unmittelbar trifft, wenn Strategieentwicklung nicht nur im Kopf des Eigentümers bzw. der Eigentümerinnen passiert, steht deutlich im Gegensatz zur Tendenz einer immer größeren Verknappung von Zeit im Unternehmen. Wer diese Reserven allerdings wegrationalisiert, wer diese Investitionen zu vermeiden versucht, tötet einen wesentlichen Lebensnerv des Unternehmens. Es sind vielmehr die operativen Leistungsprozesse zu beschleunigen, aber gleichzeitig periodische Reflexionsräume, die den Charakter der Entschleunigung haben, bereitzustellen. Die vorausschauende Vergemeinschaftung darüber, wie man als Unternehmen die Zukunft bewältigen will, schafft die wichtigste Voraussetzung für eine erfolgreiche Steuerbarkeit desselben und macht das Hineinschlittern in überraschende Krisen unwahrscheinlicher.

---

137 Vgl. auch Schreyögg (1999).

6.5 Strategieentwicklung eingebettet in die Corporate Governance von Familienunternehmen

Die Sorge um die Zukunftsfähigkeit eines Unternehmens ist wie gesagt ein nicht delegierbarer Teilaspekt der Unternehmensführung. Bei ihr liegt die Verantwortung dafür, dass regelmäßig eine umfassende Auseinandersetzung mit den erwartbaren strategischen Herausforderungen stattfindet und dass zeitgerecht die erforderlichen Weichenstellungen in die Wege geleitet und im Unternehmen umgesetzt werden.

In immer mehr familiengeführten Unternehmen wird zur begleitenden Kontrolle der Führungsverantwortlichen, aber auch zur Mitwirkung in wesentlichen Entscheidungsmaterien der Geschäftsführung, heute gerne ein Beirat eingerichtet.[138] In der Regel zählt zu diesen Materien auch die regelmäßige Involvierung des Beirates in die strategischen Überlegungen der Unternehmensführung. Diese ist gut beraten, in all diesen Fragen den Beirat als Sparringspartnerin zu nutzen, um die eigenen Annahmen und die daraus abgeleiteten Weichenstellungen einer sorgfältigen Plausibilitätsprüfung zu unterziehen. Die intensive Befassung des Beirates mit den drängenden strategischen Fragestellungen des Unternehmens kann den diesbezüglichen Denkraum der Führung gezielt anreichern und den Blick für übersehene Risikopotenziale schärfen. Diese wünschenswerte Produktivität in der Zusammenarbeit von Unternehmensführung und Beirat ist allerdings nur erwartbar, wenn der Beirat entsprechend kompetent zusammengesetzt ist, sowohl betreffend die familienexternen Mitglieder als auch betreffend jene, die aus dem Kreis der Gesellschafterinnen entsandt sind. Außerdem lebt eine funktionstüchtige Corporate Governance in Familienunternehmen ganz entscheidend davon, dass die Geschäftsführung wie auch der Beirat jeweils als Team echt arbeitsfähig sind und dass sich diese Gremien in ihrer Bedeutung und unternehmerischen Kompetenz wechselseitig uneingeschränkt respektieren. Dieses konstruktive Zusammenspiel in der Corporate Governance ist letztlich die zentrale Voraussetzung dafür, dass die Führbarkeit des Unternehmens nachhaltig gewährleistet werden kann. Speziell auf diesen Punkt sollten die Gesellschafterinnen ein besonders wachsames Auge haben.[139]

Ein eigenes Thema betrifft in diesem Zusammenhang deshalb die Frage, welche Kompetenzen die nicht im Unternehmen tätigen Gesellschafter benötigen, um in Strategiefragen angemessen urteilsfähig zu sein. In der Regel sind das Mitglieder der Unternehmensfamilie, die (wenn sie nicht im Beirat mitwirken) vom Unternehmensgeschehen sehr weit weg sind. Da gibt es einmal im Jahr eine Gesellschafterversammlung, die zumeist einen sehr formalen Charakter besitzt und wenig inhaltliche Diskussion ermöglicht. Solche Anlässe schaffen kaum ausreichend Gelegenheit zu einer fundierten Meinungsbildung im Gesellschaf-

---

138 Zur Funktion desselben vgl. insbesondere Kormann (2008 und 2017) sowie die Ausführungen im vorherigen Kapitel 5.
139 Vgl. dazu Wimmer (2011).

terkreis. Wenn man der Prämisse anhängt, dass ein Unternehmen seine Vitalität als Familienunternehmen über den Zeitverlauf nur dann erhalten kann, wenn die Gesellschafter ihr unternehmerisches Gestaltungsinteresse nicht verlieren, dann gilt es mit großer Achtsamkeit dafür Sorge zu tragen, dass auch die nicht im Unternehmen tätigen Gesellschafter eine tragfähige innere Beziehung zum Unternehmen und seinen spezifischen strategischen Herausforderungen entwickeln und aufrechterhalten können. Gesellschafter sollten in der Lage sein, die Grundannahmen der strategischen Ausrichtung ihres Unternehmens nachvollziehen zu können. Warum hat sich die Geschäftsführung in Abstimmung mit dem Beirat für diesen Weg entschieden und andere Optionen ausgeschlossen? Welche Risiken sind mit diesem Weg verbunden und warum hat man sich durchgerungen, diese unternehmerischen Risiken einzugehen? Sind mit der gewählten Strategie Implikationen verbunden, die die wirtschaftliche Substanz des Unternehmens im Kern berühren (ein bestimmter Internationalisierungsschritt, eine Unternehmensübernahme, der Verkauf eines Geschäftsfeldes, erhebliche Wachstumsinvestitionen, die eine Überschuldung nach sich ziehen können etc.)? Stehen strategische Vorhaben in Aussicht, die den tradierten Identitätskern des Unternehmens transformieren, seine Kultur, sein bestehendes Wertegerüst nennenswert tangieren und Ähnliches? Üblicherweise sehen Gesellschaftsverträge vor, dass die Gesellschafterinnen in so weitreichenden strategischen Entscheidungen ein Mitwirkungsrecht besitzen. Deshalb ist es für Familienunternehmen mit einem größer gewordenen Gesellschafterkreis eine absolut überlebenskritische Frage, wie sie ihre Gesellschafterinnen mit einer angemessenen strategischen Urteilskraft ausstatten können, damit sie ihrer unternehmerischen Verantwortung in der Praxis auch gerecht werden können.

Eine wesentliche Voraussetzung für diesen Kompetenzaufbau ist die emotionale Nähe der Gesellschafter zu ihrem Unternehmen und seinem geschäftspolitischen Wesenskern. Diese innere Beziehung und Bindung entstehen vielfach schon im Prozess des Heranwachsens, wo sich die erlebte Identifikation der Älteren mit dem Unternehmen in den jeweiligen Kleinfamilien auf die Kinder und Jugendlichen überträgt. Dort, wo so eine positiv besetzte Zugehörigkeit zur Unternehmerfamilie gewachsen ist, ist es nicht allzu schwer, die „werdenden" Gesellschafter an die geschäftlichen Besonderheiten des Unternehmens Schritt für Schritt heranzuführen (durch gemeinsame Firmenbesuche, Exkursionen in ausländische Standorte, durch intensive Gespräche mit Entscheidungsträgerinnen etc.). Solche gezielten Heranführungsaktivitäten, an denen die Unternehmensführung ein vitales Interesse haben sollte, stoßen bei den jüngeren (bzw. potenziellen) Gesellschaftern in der Regel auf eine bereits grundgelegte Neugierde, wenn deren Basis schon im Familienleben gelegt worden ist.

Natürlich ist es sinnvoll, diese gezielt organisierten Berührungspunkte mit dem eigenen Unternehmen durch einschlägige Qualifizierungsmaßnahmen zur Gesellschafterinnenkompetenz zu unterstützen. Ein wichtiger Teil solcher Lernsettings kann es beispielsweise sein, in der Gruppe an konkreten Fallbeispielen einen Prozess der Strategieentwicklung zu üben, um auf diese praktisch-an-

6. Strategieentwicklung in Familienunternehmen

schauliche Weise etwas Sicherheit im Umgang mit strategischen Fragestellungen zu gewinnen. Zweifelsohne ist es wichtig, dieses strategische Urteilsvermögen in allgemeine betriebswirtschaftliche Zusammenhänge, in ein Verständnis der Bilanz, der Gewinn- und Verlustrechnung, der Cashflow-Entwicklung, der Finanzierungsstruktur etc. einzubetten.

Solche Maßnahmen sind jedoch nicht in der Lage, die fehlende innere Bindung und das nicht entwickelte unternehmerische Engagement zu kompensieren. Wenn Gesellschafter eine tiefsitzende Ambivalenz (aus welchen Gründen auch immer) gegenüber ihrem Unternehmen innerlich chronisch verfestigt haben, dann ist es nicht wahrscheinlich, dass Maßnahmen zur Stärkung der Gesellschafterkompetenz die erhoffte Wirkung entfalten können.

Zusammenfassend gilt es festzuhalten, dass in dem Ausmaß, in dem sich die Unternehmerfamilie mehr und mehr aus der operativen Führung des Unternehmens zurückzieht und ihren Einfluss primär über Aufsichtsgremien wahrnimmt, bei solchen Entwicklungen die strategische Kompetenz auf der Seite der Gesellschafterinnen immer wichtiger wird. Wird dieses spezifische Urteilsvermögen im Gesellschafterkreis nicht adäquat vorgehalten, dann verliert die Unternehmerfamilie ihre identitätsstiftende Funktion, als unternehmerisches Vis-à-vis zur Geschäftsführung den Charakter als Familienunternehmen auf lange Sicht aufrechtzuerhalten.

Anne K. Heider, Tom A. Rüsen, Marcel Hülsbeck

7. Digitalisierungsdynamiken und -strategien in Familienunternehmen

7.1 Digitalisierung und digitale Transformation in Familienunternehmen

Das Thema Digitalisierung steht bei der Mehrheit der deutschen Familienunternehmen ganz oben auf der Agenda. Insgesamt ist zu beobachten, dass diese sich vorwiegend auf Digitalisierung in der Produktentwicklung oder in der Prozessoptimierung konzentrieren, während notwendige Änderungen des Geschäftsmodells eher vernachlässigt werden. Unter *Digitalisierung* wird hier die Nutzung digitaler Technologien verstanden, die Unternehmen dabei unterstützen, Prozesse effizienter sowie Produkte und Dienstleistungen kundenfreundlicher zu gestalten. Durch deren Einsatz können bisherige Arbeitsweisen und Prozessabläufe innerhalb einer Organisation wesentlich verändert und effizienter gestaltet werden. Die daraus resultierende Änderung oder gar Innovation des Geschäftsmodells wird als *digitale Transformation* bezeichnet. Digitalisierte Produkte oder Prozesse stellen den Ausgangspunkt in der digitalen Transformation eines Unternehmens dar. Viele Familienunternehmen sind sich der Bedeutung der Chancen von Digitalisierung zwar bewusst, erkennen aber oftmals nicht die Tragweite im Rahmen der Transformation von Geschäftsmodellen.[140]

Das Hauptaugenmerk bei Digitalisierungsbemühungen von Familienunternehmen liegt auf der Digitalisierung von Prozessen oder Produkten (vgl. Abbildung 18).[141] Bei über der Hälfte der Befragten (53 %) im Rahmen einer aktuellen Untersuchung hat die Digitalisierung von Prozessen die höchste Priorität (dargestellt als Rang 1). Nur jeder vierte Teilnehmer weist der digitalen Transformation und damit der Geschäftsmodelländerung diese hohe Bedeutung zu.

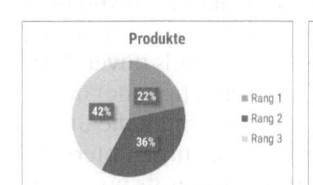

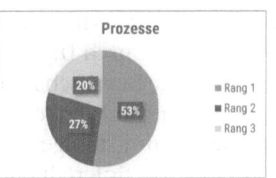

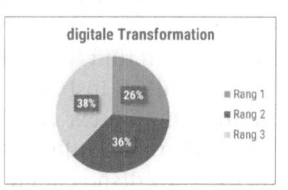

Produkte	Prozesse	digitale Transformation
22 % Rang 1 36 % Rang 2 42 % Rang 3	53 % Rang 1 27 % Rang 2 20 % Rang 3	26 % Rang 1 36 % Rang 2 38 % Rang 3

Abbildung 18: Prioritäten in der Digitalisierung.
Quelle: In Anlehnung an Heider et al. (2021)

---

140 Heider et al. (2020); Rüsen & Heider (2020).
141 Vgl. Heider et al. (2021). Die einzelnen Ränge stellen die individuell zugemessene Bedeutung von Aktivitäten im Rahmen der digitalen Transformation des eigenen Unternehmens dar.

Im Kern der Digitalisierung und einer daraus resultierenden, notwendigen digitalen Transformation, geht es hier um die Fragen, ob bestehende Geschäftsmodelle noch Bestand haben und mit welchen Strategien und Maßnahmen Unternehmerfamilien ihre Ressourcen und Kompetenzen aktivieren und einsetzen können, um die gelungene Digitalisierung in ihren Familienunternehmen zu unterstützen und voranzutreiben.

Der folgende Beitrag beschäftigt sich mit dem Einfluss der Unternehmerfamilie auf die Digitalisierungsdynamiken des Familienunternehmens. In diesem Kontext werden typische Rollenkonstellationen in Bezug auf Nachfolge, Eigentum, Führung sowie weitere familiäre Einflussfaktoren mit dem Grad der digitalen Offenheit und der digitalen Bereitschaft in Bezug auf das Thema Digitalisierung innerhalb der Unternehmerfamilie dargestellt. Darauf aufbauend werden Lösungsstrategien für Familienunternehmen vorgeschlagen, die zu einer Steigerung des konstruktiven Umgangs mit den Chancen der Digitalisierung in Familienunternehmen führen. Zudem werden erste empirische Ergebnisse von Studien des WIFU zum Einfluss der Unternehmerfamilie auf die Digitalisierung von Familienunternehmen mit einbezogen.[142]

7.2 Die digitale Bereitschaft und Offenheit der Unternehmerfamilie gegenüber digitalem Wandel

Der digitale Wandel (d. h. Digitalisierung *und* digitale Transformation) in Familienunternehmen ist nicht ausschließlich durch die Einwirkung von digitalen Trends und Technologien von der Unternehmensumwelt geprägt. Bei diesem Unternehmenstypus ist der Einfluss aus dem Kreis der verwandtschaftlich verbundenen Eigentümer maßgeblich.[143] Der jeweils vorhandene Familien-Faktor[144] des Familienunternehmens stellt eine wesentliche Einflussgröße für die Digitalisierungsdynamik dar. Unsere Beobachtungen zeigen, dass bezüglich des Umgangs mit Digitalisierungsdynamiken innerhalb der Unternehmerfamilie sehr unterschiedliche Meinungen und Haltungen existieren. Oftmals stehen sich Vertreterinnen der Senior- und der Junior-Generation oder auch von operativen und nicht-operativen Gesellschaftern in ihren Perspektiven im Umgang mit Chancen und Herausforderungen durch Digitalisierungstrends unversöhnlich gegenüber. Insbesondere über die Bereitschaft, (zum Teil sehr hohe) Investitionen im Kontext von Digitalisierungsstrategien zu tätigen, nimmt die Unternehmerfamilie Einfluss auf die zukunftsfähige Ausrichtung ihres Unternehmens. Sind entsprechende Strategien definiert, hängt vieles davon ab, inwieweit organisatorische, strukturelle und personelle Veränderungen umgesetzt werden können und ob damit gegebenenfalls notwendige fundamentale Veränderungen akzeptiert und nachhaltig unterstützt werden. Dabei zeigt sich, dass der

---

142 Vgl. Rüsen et al. (2019); Rüsen & Heider (2018); Bretschneider et al. (2019); Rüsen & Heider (2020); Heider et al. (2021).
143 Vgl. v. Schlippe et al. (2017); Wimmer et. al (2011).
144 Vgl. Habbershon & Williams (1999).

7. Digitalisierungsdynamiken und -strategien in Familienunternehmen

Einfluss der Unternehmerfamilie von zwei Faktoren abhängt: von der digitalen Offenheit sowie Bereitschaft der Unternehmerfamilie. Unter digitaler Offenheit (Digital Openness[145]) wird im Folgenden *der Grad des Verständnisses und der Überzeugung sowie der Offenheit für die bzw. gegenüber der Digitalisierung, den die Unternehmerfamilie als Ganzes aufbringt,* verstanden.[146] Die digitale Bereitschaft (Digital Readiness[147]) bezieht sich auf die in der Unternehmerfamilie vorhandenen Qualifikationen und Kompetenzen und beschreibt *den Grad des Digitalisierungs-Know-hows und der unternehmerischen Anwendungskompetenz, welcher bei den Mitgliedern der Unternehmerfamilie in Summe vorhanden und aktivierbar ist.*[148]

Die bisherigen Ausführungen verdeutlichen, dass der jeweilige Umgang einer Unternehmerfamilie mit dem Digitalisierungsprozess des Familienunternehmens erheblich von der vorhandenen digitalen Offenheit und digitalen Bereitschaft abhängig ist. Dieser Zusammenhang lässt sich auch als der „digitale Reifegrad" der Unternehmerfamilie bezeichnen. Dieser lässt sich in Anlehnung an die Definition des „digitalen Reifegrades" einer Organisation[149] wie folgt definieren:

> *„Der digitale Reifegrad einer Unternehmerfamilie drückt sich aus durch den Umfang und das Ausmaß von digitaler Offenheit und digitaler Bereitschaft innerhalb einer Unternehmerfamilie. Beide Faktoren sind maßgeblich für die Digitalisierungsaktivitäten und -dynamiken eines Familienunternehmens ursächlich."*[150]

---

145 Das Konzept von „Open Innovation" wird hier aus dem Innovationsmanagement in den Kontext der Digitalisierungsdynamik von Familienunternehmen adaptiert. Der Begriff Open Innnovation wurde im Wesentlichen durch Chesbrough (2003) geprägt.
146 Vgl. Rüsen et al. (2019); Bretschneider et al. (2019).
147 Der Begriff Readiness wird hier aus dem Bereich des Technologiemanagements in den Kontext der Digitalisierungsdynamik von Familienunternehmen übertragen. Tsou & Hsu (2015) definieren den Begriff der Digital Readiness als die Einsatzbereitschaft eines Unternehmens für digitale Ressourcen durch die Reichweite und den Umfang des Wissens und der Prozesse eines Unternehmens.
148 Vgl. Rüsen et al. (2019); Rüsen & Heider (2018); Bretschneider et al. (2019); Rüsen & Heider (2020); Heider et al. (2021).
149 Siehe hierzu Kane et al. (2018). Diese definieren den „digitalen Reifegrad" einer Organisation als „[...] the degree to which organizations have adapted themselves to a digital business environment", Kane et al. (2018), S. 6.
150 Vgl. Rüsen (2021).

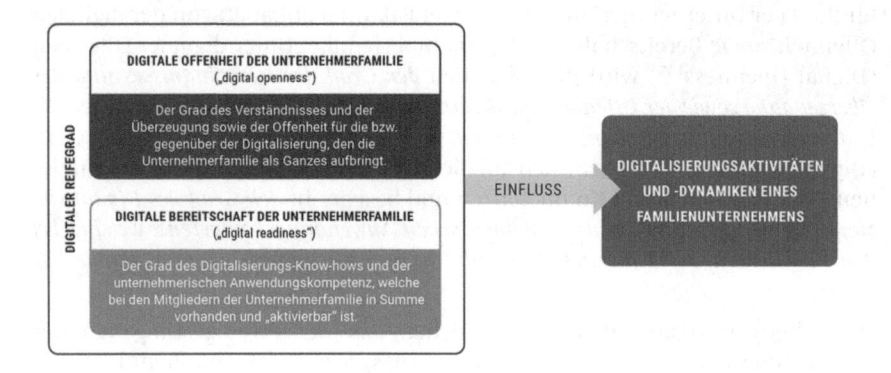

Abbildung 19: Determinanten und Wirkung des „digitalen Reifegrades" einer Unternehmerfamilie.
Quelle: Rüsen, T.; Heider, A.; Hülsbeck, M. & Orenstrat, R. (2021)

In der Praxis lassen sich unterschiedlich ausgeprägte Mind- und Skill-Sets innerhalb der Unternehmerfamilie feststellen. Daraus ergeben sich verschiedene Lösungsansätze zur Bewältigung der digitalen Transformation eines Familienunternehmens. Der Familien-Faktor kann zur Entfaltung starker Digitalisierungsaktivitäten im Familienunternehmen führen oder ursächlich für erhebliche Digitalisierungshemmnisse beziehungsweise das Versäumen notwendiger strategischer und struktureller Anpassung sein. Digitalisierungsprozesse schreiten im Unternehmen wesentlich schneller voran, wenn die Eigentümerseite die Digitalisierung vehement einfordert, sie aktiv fördert und sich deutlich sichtbar für diese engagiert. Unternehmerische Risikobereitschaft und hohe persönliche Identifikation der Eigentümervertreter mit dem Veränderungsprozess in Kombination mit schnellen Entscheidungswegen führen zu enormen Anpassungen an die sich verändernden Markt- und Wettbewerbsbedingungen.[151] Ist die Auseinandersetzung in der Unternehmerfamilie mit diesem Thema allerdings eher durch Bedrohungsgefühle und Verlustängste bestimmt und wird grundsätzlich skeptisch und aus einer risikoaversen Perspektive gewertet, lassen sich in den meisten Fällen gute Konzepte einer Digitalisierung im Familienunternehmen nicht oder nur unzureichend umsetzen.[152]

7.2.1 Generationale Einflussfaktoren auf die digitale Transformation

Die Digitalisierungsdynamik des Familienunternehmens hängt somit von der digitalen Offenheit der Meinungsführer in der Unternehmerfamilie ab. Handelt es sich bei diesen z. B. um Vertreter der die Aufsichtsgremien dominierenden Senior-Generation, die der Digitalisierungsdynamik eher kritisch gegenüberste-

---

151 Vgl. Heider (2017).
152 Vgl. Heider et al. (2022).

7. Digitalisierungsdynamiken und -strategien in Familienunternehmen

hen und Digitalisierung als eine vorübergehende Modeerscheinung qualifizieren, sind strukturelle Probleme vorprogrammiert. Auch wenn vereinzelt Ausnahmen beobachtbar sind, ist der Grad der digitalen Offenheit gerade bei Mitgliedern dieser Generation meist geringer ausgeprägt als bei den Vertretern der Nachfolgegeneration. Letztere steht in diesem Zusammenhang vor folgendem Dilemma: Einerseits kann die Digitalisierung und damit die zukunftsweisende Neuausrichtung des Unternehmens wesentlich durch die Entwicklung neuer digitaler Geschäftsmodelle durch sie (mit) vorangetrieben werden, andererseits ist sie in ihrem Einfluss beschränkt, wenn es um die hierzu erforderlichen Entscheidungen und Investitionen geht. Diese Grundkonstellation kann zu fundamentalen Meinungsverschiedenheiten in Bezug auf die zukunftsfähige Ausrichtung des Familienunternehmens führen.

Mitglieder der Unternehmerfamilie, die trotz eines verhältnismäßig hohen Alters noch wesentliche Entscheidungen prägen, sind in ihren Perspektiven auf Markt- und Wettbewerbsdynamiken sowie adäquaten Organisationskonzepten und Geschäftsmodelldesigns erheblich durch Zusammenhänge geprägt worden, in denen die Chancen und Risiken der Digitalisierung nicht existent waren. Demgegenüber steht die Generation der sog. *Digital Natives*,[153] die unter völlig anderen Kommunikations- und Netzwerkbedingungen aufgewachsen sind. Aktuelle Studien zu diesem Thema[154] belegen hier oftmals die fehlende Fähigkeit, die sich potenzierenden Dynamisierungsgrade und das hierdurch entstehende mittelbare Risikopotenzial zu erfassen sowie entsprechende Maßnahmen zur Chancenverwertung beziehungsweise Risikoabwendung zu ergreifen. Der eigentliche Erfahrungsvorsprung der Seniorinnengeneration gegenüber der nachwachsenden Generation erweist sich hier mitunter als Nachteil, und vorhandene Erfahrungswerte zu Markt- und Geschäftsmodellen können als entscheidendes Veränderungshemmnis wirken. Erfahrungen und Perspektiven aus der nachfolgenden Generation könnten demgegenüber zu einer zentralen zukunftsgestaltenden Ressource werden, sofern diese sinnvoll in entsprechende digitale Transformationsprozesse des Unternehmens integriert werden. Positive Beispiele zeigen eine sinnvolle Kombination von neuartigen Geschäfts- und Prozessideen auf der einen und Kapitalkontrolle und Netzwerkkontakten auf der anderen Seite statt dem Eskalieren von Generationenkonflikten zwischen familienexternen Digitalisierungsspezialisten beziehungsweise der Junior-Generation und den etablierten Vertretern der Senior-Generation im Top-Management-Team beziehungsweise den Aufsichtsgremien.

---

153 Hierunter wird gemeinhin die Alterskohorte der Generation Y verstanden, die nach 1980 geboren wurde und von Kindesbeinen an mit anderen Möglichkeiten hinsichtlich Kommunikation und Vernetzung über das Internet aufgewachsen ist. Vgl. Palfrey & Gasser (2008).
154 Vgl. Schlaadt (2017); Spitzley & Prügl (2017); Wills (2017).

7.2.2 Mentale Modelle der Unternehmerfamilie als Einflussgröße

Familienunternehmen lassen sich über vorherrschende Denklogiken innerhalb der Unternehmerfamilie bezüglich des eigenen Rollenverständnisses, der Form der Unternehmensführung sowie der darauf basierenden etablierten Governance-Strukturen voneinander unterscheiden. Das jeweils vorherrschende Mentale Modell hängt dabei sowohl von der Größe als auch der Komplexität der jeweiligen Unternehmerfamilie ab.[155] Aus Vereinfachungsgründen sollen im Folgenden die beiden am häufigsten zu beobachtenden Modelle (die Logik der operativ tätigen Familie sowie die Logik der aktiven Eigentümerfamilie) in ihrem direkten Bezug zur Digitalisierung des jeweiligen Familienunternehmens betrachtet werden.

Im Mentalen Modell[156] der operativ tätigen Familie führen Vertreter der Unternehmerfamilie das operative Geschäft als Top-Management-Team, während die Nachfolgegeneration und nahe Verwandte weitere Positionen im Unternehmen innehaben können. Der starke Zusammenhalt und die kurzen Entscheidungswege im Führungs- und Eigentümerkreis der Familie sind die maßgebenden Erfolgsfaktoren.

Das Mentale Modell der aktiven Eigentümerfamilie unterscheidet sich hiervon fundamental. Hier überlässt die Unternehmerfamilie die Führung des Unternehmens den entsprechend qualifizierten Personen (diese müssen nicht notwendigerweise aus der Unternehmerfamilie stammen) und konzentriert sich auf ihre Rolle als Eigentümer.[157] Die Vertreter der Familie üben ihre Unternehmerrolle hier über Positionen in Kontrollgremien aus. Das Mentale Modell der aktiven Eigentümerfamilie bedeutet nicht zwangsläufig, dass die Beratungs- und Überwachungsfunktion ausschließlich von Mitgliedern der Unternehmerfamilie ausgeübt wird. Häufig sind auch familienexterne Mitglieder in diesen Gremien vertreten. Charakteristisch für das Mentale Modell der aktiven Eigentümerfamilie ist jedoch, dass die in diesen Gremien vertretenen Mitglieder der Unternehmerfamilie die Familienwerte und -ansichten in Bezug auf das eigene Familienunternehmen nachhaltig gegenüber den familienexternen Gremienmitgliedern und vor allem gegenüber dem extern besetzten Top-Management-Team durchsetzen und hierüber die aktive Einflussnahme der Unternehmerfamilie auf die Entwicklung des Familienunternehmens gewahrt bleibt.

---

155 Zu den Mentalen Modellen einer Unternehmerfamilie siehe ausführlich Kapitel 2 sowie Rüsen et al. (2019), sowie Rüsen et al. (2012).
156 Vgl. Kapitel 2.4.
157 Unsere Beobachtungen der letzten Jahre legen nahe, dass sich dieses Mentale Modell im deutschsprachigen Raum auf dem Vormarsch befindet und zukünftig für Familienunternehmen ab einer mittleren Größe vermutlich das dominante Modell darstellen wird.

7.2.3 Weitere familiäre Einflussfaktoren auf den digitalen Wandel in Familienunternehmen

Über generationale (Junior vs. Senior) und strukturelle Faktoren (Mentale Modelle) hinaus sind Unternehmerfamilien von ihren individuellen und kollektiven Einstellungen zum Familienunternehmen geprägt, welche die Fähigkeit zum digitalen Wandel des Familienunternehmens nachhaltig beeinflussen.[158] Diese Faktoren ergeben in ihren Ausprägungen ein Profil, welches die einzigartige Beziehung der Unternehmerfamilie zum Familienunternehmen beschreibt.[159] Hier ist zunächst die *Identifikation* der Familie mit dem Unternehmen zu nennen. Eine hohe Identifikation kann sich dabei unterschiedlich auf die Digitalisierung und digitale Transformation des Unternehmens auswirken. Eine hohe Identifikation der Familie fördert aller Voraussicht nach die Digitalisierung von Prozessen und Produkten, da die Familie ein großes Interesse daran hat, dass Unternehmen in seinem Kerngeschäft – welches i. d. R. stark zur Identität beiträgt – nach vorne zu bringen und durch vor allem inkrementelle Innovationen qualitativ zu verbessern. Im Gegenzug kann eine hohe Identifikation mit dem traditionellen Geschäftskern eine grundlegende und notwendige digitale Transformation des Geschäftsmodells erschweren. Jede tiefgreifende Veränderung des Geschäftsmodells ändert aller Voraussicht nach auch den Identitätskern des Unternehmens. Es kann also sein, dass die Unternehmerfamilie aus Angst vor dem Verlust der Identität notwendige digitale Transformation be- oder gar verhindert.

Ein zweiter familiärer Faktor ist die Stärke der *emotionalen Bindung* der Familienmitglieder an das Unternehmen. In Abgrenzung zur oben beschriebenen Identifikation befasst sich dieser Aspekt mit den emotionalen Einstellungen der Familie, welche unternehmerische Entscheidungen beeinflussen. Es geht hier um die Frage, ob Entscheidungsprozesse der Familie eher emotional-familiär (Family-First-Logik) oder rational-unternehmerisch (Business-First-Logik) eingefärbt sind. Eine geringe emotionale Bindung, d.h. stark rationale Entscheidungsfindung sollte zu stärkerem digitalen Wandel beitragen, da die Familie die aktuelle Überlebensfähigkeit des Unternehmens, auch auf Kosten der Familie, in den Vordergrund stellt. Umgekehrt verhindert oder verlangsamt eine starke affektive Bindung der Familie womöglich notwendige radikale Schritte im Rahmen des digitalen Wandels, welche die Familie mit einer neuen Rationalität auf Kosten ihrer Emotionalität konfrontieren würde.

Ein dritter Aspekt liegt in der Tatsache begründet, dass Familienunternehmen aufgrund ihrer langen Tradition und Werteorientierung viel stärker in *soziale Netzwerke* mit ihren Stakeholdern eingebettet sind als andere Unternehmen. Sie zeichnen sich in der Regel durch langfristige und vertrauensvolle Beziehungen zu ihren Kunden und Lieferanten in ihrer traditionellen Wertschöpfungskette, aber auch durch ebensolche langfristigen Bindungen zu ihren Mitarbeitern aus.

---

158 Vgl. Weimann et al. (2019).
159 Vgl. Berrone et al. (2012).

Darüber hinaus sind Familienunternehmen in der Regel in ihrer Region stark sozial und unternehmerisch vernetzt und aktiv. Diese engen sozialen Bindungen können sich im digitalen Wandel positiv oder negativ auswirken. Zum einen sind lange und vertrauensvolle Beziehungen wichtige Ressourcen, wenn es z. B. um gemeinsame, „offene" Innovationsprojekte mit Kunden und Lieferanten geht. Ein solcher Vertrauensvorschuss kann den digitalen Wandel entlang ganzer Wertschöpfungsketten vorantreiben. Andererseits halten enge soziale Beziehungen Familienunternehmen davon ab, notwendige Änderungen ihres Geschäftsmodells umzusetzen, da sie sich für ihre Stakeholder verantwortlich fühlen. Wenn eine mögliche digitale Innovation z. B. zum Abbau von Arbeitsplätzen, zum Ausschalten wichtiger Handelspartner, oder gar zum Verlassen der traditionell gewachsenen Netzwerke führen würde, schrecken Familienunternehmen oft davor zurück, da sie ihr soziales Kapital nicht vernichten wollen.

Der letzte familienspezifische Faktor ist die *Langfristorientierung* bzw. die oft zitierte *Enkelfähigkeit* des Familienunternehmens. Je größer der Wille der Unternehmerfamilie ist, das Familienunternehmen nicht für die nächste, sondern auch für die darauffolgenden Generationen fit zu machen, desto mehr verschiebt sich das Handeln der Familie auf die langfristige Überlebensfähigkeit, allerdings auf Kosten kurzfristiger Gewinne. Dieser „lange Atem" der Familienunternehmen kann im unsicheren digitalen Wandel ein großer Vorteil sein, da Familienunternehmen Innovationsprojekte langfristiger planen und länger durchhalten können. Ebenso können Familienunternehmen kurzfristige Unsicherheiten besser tolerieren, da es ihnen um die langfristige Wirkung ihrer Entscheidungen geht. Die Kehrseite ist hier, dass eine solche, sehr langfristige Orientierung die Familienunternehmen träge machen kann, wenn es um schnelle und kurzfristige Umsetzung digitaler Trends geht.

7.3 Lösungsansätze zur Bewältigung digitalen Wandels in Familienunternehmen

In Abhängigkeit vom jeweils gelebten Mentalen Modell und dem Grad der digitalen Bereitschaft lassen sich unterschiedliche Lösungsstrategien zur Bewältigung des digitalen Wandels in Familienunternehmen ableiten. Diese beinhalten bereits die oben diskutierten transgenerationalen Fragen, ebenso wie das spezifische Profil weiterer familiärer Einflussfaktoren auf den digitalen Wandel. Kombiniert man die digitale Bereitschaft mit den Mentalen Modellen in einer Vier-Felder-Matrix, so lassen sich bezüglich des digitalen Wandels im Familienunternehmen typische und in der Praxis beobachtbare Strategien beschreiben.

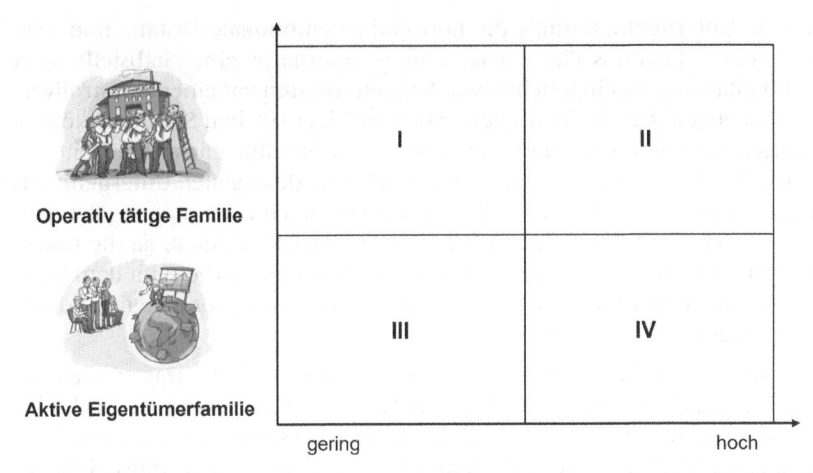

7. Digitalisierungsdynamiken und -strategien in Familienunternehmen

Abbildung 20: Szenarien für exemplarische Situationen in Unternehmerfamilien.
Quelle: Eigene Darstellung in Anlehnung an Bretschneider et al. (2019). Die folgenden Ausführungen basieren auf den hier dargelegten Ideen des Autorenteams

7.3.1 Szenario I: Operative Familie als digitaler Novize

Die Situation in Unternehmen und Familie lässt sich dadurch beschreiben, dass sie das Geschäft operativ als Top-Management-Team zwar führt, familienintern aber (noch) einen geringen Grad an Anwendungskompetenzen und Know-how zum Thema Digitalisierung aufweist. Die hier vorhandene *„Digital Unreadiness"* ist kritisch für die strategische Zukunftsfähigkeit des Unternehmens. Hinzu kommt, dass die geringe vorhandene digitale Bereitschaft die Familie dazu verführt, unternehmerische Entscheidungen eher durch eine emotionale Brille zu treffen und gleichzeitig auf den Erhalt einer bestehenden hohen Identifikation zu setzen, anstatt die langfristige Überlebensfähigkeit in den Mittelpunkt ihrer Überlegungen zu stellen. Unternehmerfamilien in dieser Situation ist anzuraten, familienexterne Kompetenzträger z. B. in Form eines Chief Digital Officers (CDO) in das bestehende Top-Management-Team zu integrieren, um die vorhandene Kompetenzlücke zu schließen und einen Sparringspartner mit der notwendigen emotionalen Distanz zu etablieren. Vorher sollte die Unternehmerfamilie jedoch abwägen, ob der Druck oder Wunsch nach einer stärkeren Digitalisierung im eigenen Unternehmen höher ist als die Angst vor einer Kompetenzübertragung in Bezug auf wesentliche strategische Entwicklungen des Unternehmens auf familienexterne Personen. Die aktiv tätigen Familienmitglieder müssen sich also darüber verständigen, in welcher Form sie tatsächlich bereit sind, ein familienexternes Mitglied in den Kreis des Top-Management-Teams aufzunehmen und mit weitreichenden Befugnissen auszustatten.[160]

---

160 Vgl. hierzu die Ausführungen zur Corporate Governance in Kapitel 5.

Besitzt die Unternehmerfamilie die notwendige emotionale Distanz und folgt generell einer Business-First-Logik, könnte alternativ eine Stabstelle zum Thema Digitalisierung eingerichtet werden, um Ängsten vor einem Kontrollverlust vorzubeugen. Durch die Implementierung einer solchen Stabstelle könnte den tätigen Familienmitgliedern eine externe Fachkompetenz an die Seite gestellt werden, ohne Kontrollverluste in der Führung des eigenen Unternehmens befürchten zu müssen. Zugleich würde sich hierdurch die Ausprägung der digitalen Bereitschaft der handelnden Personen potenziell erhöhen, da die Unternehmerfamilie mittel- bis langfristig durch die Zusammenarbeit mit dem Stabstelleninhaber lernt und somit ihre eigene Digitalisierungskompetenz und -erfahrung steigert.

Um genau diese in die operativ tätige Unternehmerfamilie zu tragen, bietet es sich zudem an, die Vorbereitung der Juniorinnen auf eine operative Nachfolge zukünftig grundsätzlich anders und „digitalisierungsaffin" zu gestalten. Statt den klassischen Weg zu gehen, jahrelang in den Aufbau von Führungserfahrungen in Fremdorganisationen zu investieren, kann die Gründung oder Mitarbeit in einem Start-up im Digitalisierungskontext eine gute Vorbereitung für die Führungsaufgabe der Zukunft sein. Die Zugehörigkeit zur und der Netzwerkaufbau in der Digital Community stellen einen wesentlichen Erfolgsfaktor zur Sammlung von praktischen Digitalisierungserfahrungen innerhalb der Nachfolgergeneration dar. Durch dieses Vorgehen würde das agile Denken von Start-ups in der nächsten Generation erlernt und zu einer familieninternen Disruptionskompetenz führen.[161]

7.3.2 Szenario II: Operative Familie als digitaler Champion

Im Kreis der operativ tätigen Familie gibt es zumindest ein Familienmitglied, welches eine hohe Digitalisierungskompetenz oder Erfahrungen in diesem Zusammenhang aufweist. Gibt es in der Familie nur ein Mitglied oder wenige Mitglieder mit einer ausgeprägten digitalen Bereitschaft, so stehen die bei diesen Personen vorhandenen Fähigkeiten und Fertigkeiten in Bezug auf die Digitalisierungsdynamik stellvertretend für die gesamte Unternehmerfamilie. In dieser für die Unternehmerfamilie komfortablen Situation empfiehlt es sich, dieses Familienmitglied zum Digital Champion und somit zum Hauptverantwortlichen für das Thema Digitalisierung im Unternehmen zu benennen. Ihm sollte aufgrund der fachlichen Expertise auf höchster Managementebene die Gesamtverantwortung für alle Digitalisierungsbemühungen im Familienunternehmen übertragen werden, um so von zentraler Stelle, mit der Entscheidungsmacht der Eigentümerinnen ausgestattet, strategisch planen und notwendige operative Veränderungen und den hierbei existenziell wichtigen kulturellen Wandel der Organisation umsetzen zu können. Aufgrund der unvermeidlichen

---

161 In Anlehnung an die in manchen Handwerksberufen seit dem Mittelalter praktizierten Wanderjahre von Gesellen zum Erlernen neuer Arbeitspraktiken und einer spezifischen Lebenserfahrung, bezeichnen wir diese Form der Ausbildung als „digitale Walz" von Nachfolgern in einer Unternehmerfamilie.

Nähe einer operativ tätigen Familie zum Unternehmen muss allerdings auch hier gefragt werden, wie die Familie mögliche Hindernisse und Stolpersteine, welche sich aufgrund ihrer hohen Identifikation, engen emotionalen Bindung oder Einbettung in soziale Kontexte ergeben, überwindet. Auch in diesem Szenario sind Sparringspartner sinnvoll, die der Familie helfen, ihren Standpunkt zur Digitalisierung zu reflektieren. Dies können zum einen familienexterne Verantwortungsträger im Unternehmen sein, oder aber auch Personen aus dem Aufsichts- oder Beirat, welche neben Digitalisierungskompetenzen ein gutes Verständnis für die betroffene Unternehmerfamilie mitbringen.

7.3.3 Szenario III: Aktive Eigentümerfamilie als digitaler Novize

Die Unternehmerfamilie konzentriert sich auf die Beratung und Kontrolle der operativen Führung des Unternehmens durch ein (meist) familienexternes Top-Management-Team und weist als Eigentümergemeinschaft insgesamt einen geringen Grad an Verständnis und Anwendungskompetenz in Bezug auf die Digitalisierung auf. Die Unternehmerfamilie ist hier dazu angehalten, sich schnellstmöglich und gezielt Digitalisierungskompetenzen anzueignen, will sie ihre unternehmerische Rolle langfristig behalten. Dabei ist es notwendig, dass einzelne ihrer Vertreter zur digitalen Ausrichtung des Unternehmens beitragen. Von ihrer Seite hat sie, will sie ihrem Selbstverständnis als *aktive Eigentümerfamilie* gerecht werden, eine Funktion als Impulsgeber für die Digitalisierungsbemühungen im Familienunternehmen. Gleichzeitig müssen ihre Vertreter als oberste Kontrollinstanz in der Lage sein, die Digitalisierungsstrategie des Top-Management-Teams und sämtliche digitalisierungsrelevanten Maßnahmen kritisch zu hinterfragen und zu validieren.

Solange die Unternehmerfamilie hier über einen geringen Grad an digitaler Bereitschaft verfügt, ist sie dazu angehalten, sich externen Sachverstand zu organisieren. Hierzu bietet sich beispielsweise die Einrichtung eines Digitalisierungsbeirats (Digital Advisory Board) an. Dieses Spezialgremium ist genauso wie der Aufsichts- oder Beirat als kontrollierende und beratende Instanz im Unternehmen tätig, fokussiert seine Tätigkeiten allerdings ausschließlich auf die Digitalisierungsstrategie und die von dieser abgeleiteten Maßnahmen im Unternehmen. Idealerweise besteht es aus familienexternen Vertretern aus der Digitalwirtschaft sowie aus digitalisierungskompetenten Nachwuchskräften und Entscheidern aus dem eigenen Unternehmen. Darüber hinaus sollten die Mitglieder der Unternehmerfamilie mit der höchsten Digitalisierungsaffinität als ständige Gäste oder ordentliche Mitglieder des Gremiums fungieren. Der Digitalisierungsbeirat hat die Aufgabe, kontrollierend und beratend digitale Trends zu antizipieren und zu reflektieren, digitale Chancen und Gefahren zu erkennen und somit gleichzeitig für das Top-Management-Team eine externe Perspektive beizusteuern und interne Tätigkeiten zu überwachen. Über die Mitgliedschaft einzelner Familienmitglieder in diesem Gremium erhöht sich deren Kompetenzgrad in Bezug auf die Digitalisierung des Familienunternehmens.

In dieser Situation ist es von elementarer Wichtigkeit, dass sich die Unternehmerfamilie in einem absehbaren Zeitraum über entsprechende Programme zur Gesellschafterkompetenzentwicklung gezielt ein tiefgreifendes Verständnis zur Digitalisierungsdynamik aneignet.[162] Verfügt die Unternehmerfamilie über entsprechendes Wissen bezüglich digitaler Technologien und Trends sowie über deren Potenziale, so ist sie in der Lage, die bisherigen Aktivitäten des Managements einzuordnen. Gleichzeitig kann sie Entscheidungen und Tätigkeiten, die das familienexterne Top-Management-Team oder familienexterne Mitglieder in den Kontrollgremien in Bezug auf die Digitalisierung im Unternehmen treffen, auf sachlogischer Ebene einschätzen. Dementsprechend sind innerfamiliäre Programme zur Entwicklung von Gesellschafterkompetenz von Gremienmitgliedern wichtig, um entsprechende Bausteine zum Aufbau von Digitalisierungskompetenz zu ergänzen.

7.3.4 Szenario IV: Aktive Eigentümerfamilie als digitaler Champion

Die Unternehmerfamilie verfügt über einen hohen Erfahrungs- und Kompetenzgrad in Bezug auf die Digitalisierungsdynamiken. Die kompetentesten Vertreter übernehmen im Unternehmen die Rolle der beratenden und kontrollierenden Instanz. Hierdurch kann die Familie im Rahmen ihrer beratenden und kontrollierenden Rolle ihren Einfluss auf das externe Top-Management-Team (TMT) in Bezug auf sämtliche Digitalisierungsaktivitäten und bei Ausgestaltung entsprechender strategischer Konzepte geltend machen.[163] Es gilt, mit dem TMT immer wieder proaktiv in die strukturierte Diskussion zur Digitalisierungsstrategie einzusteigen und gefundene Lösungsansätze kritisch zu reflektieren. Hierdurch kann sie ihrem eigenen Anspruch/Selbstbild als aktiver Eigentümer in Bezug auf Konzeption und Umsetzung von Digitalisierungsmaßnahmen im Unternehmen gerecht werden. Gleichzeitig kommt den Familienvertreterinnen in diesen Gremien die elementare Rolle zu, mögliche Vorteile des Familien-Faktors des Familienunternehmens vor dem operativen, externen TMT zu vertreten. So kann eine Betonung des langfristigen Horizonts (Enkelfähigkeit) der Familie, oder auch die Einbettung in mögliche Innovationsnetzwerke, deutlich zu einem nachhaltigeren und zukunftsfähigeren digitalen Wandel beitragen.

7.4 Empirischer Ausblick und Fazit

Erste Studienergebnisse des WIFU zum Einfluss der Unternehmerfamilie auf die Digitalisierung von Familienunternehmen bestätigen den differenzierten Einfluss der Unternehmerfamilie auf den digitalen Wandel im Familienunternehmen. Je nach Ausprägungsform der digitalen Offenheit und digitalen Bereitschaft, des Mentalen Modells, sowie weiterer Aspekte des Familien-Faktors zei-

---

162 Zum Thema des gezielten Aufbaus von Gesellschafterkompetenz in Unternehmerfamilien siehe ausführlich Kapitel 1 sowie Rüsen (2019) und Rüsen (2018).
163 Vgl. Hülsbeck et al. (2012).

gen sich die erwarteten positiven und negativen Einflüsse auf Digitalisierung und digitale Transformation.[164]

Die Digitalisierung von Prozessen und Produkten sowie die digitale Transformation des Geschäftsmodells erscheinen als deutlich unterschiedliche und voneinander unabhängige Phänomene. Die digitale Bereitschaft der Unternehmerfamilie übt einen positiven Einfluss auf die Digitalisierung von Produkten und Prozessen aus, wohingegen ihre digitale Offenheit einen positiven Einfluss auf die digitale Transformation des Geschäftsmodells hat. Hinsichtlich der Mentalen Modelle zeigt sich, dass bei der aktiven Eigentümerfamilie die Digitalisierung von Produkten im Vordergrund steht. Die Langfristorientierung der Unternehmerfamilie wirkt sich insgesamt positiv auf die Digitalisierung von Prozessen und die digitale Transformation des Geschäftsmodells aus. Die emotionale Bindung von Familienmitgliedern an das Unternehmen sowie die Bindung an Stakeholder (Kunden, Lieferanten) stehen der digitalen Transformation im Wege, führen also zu einer Verlangsamung bzw. Vermeidung radikaler (und oftmals notwendiger) Entscheidungen zur strategischen Neuausrichtung des Unternehmens.[165]

---

[164] Vgl. Heider et al. (2021). Ausgangspunkt der Untersuchung war die Forschungsfrage, inwiefern familienspezifische Einflüsse auf die einzelnen Dimensionen von Digitalisierung wirken. Die quantitative Erhebung repräsentiert aufgrund des hohen Rücklaufs von 175 Fragebögen eine hohe praktische Relevanz und Originalität. Hinsichtlich der einzelnen Dimensionen von Digitalisierung unterscheiden wir nach dem Komplexitätsgrad in Anlehnung an Soluk (2018) nach der Digitalisierung von Prozessen, Produkten sowie der digitalen Transformation (z.B. Geschäftsmodellinnovation). Neben der Openness und Readiness der Unternehmerfamilie werden die Mentalen Modelle und die Dimensionen des Familienfaktors abgefragt. Der Familienfaktor wird durch nicht-finanzielle Ziele wie der Identifikation der Familienmitglieder mit dem Familienunternehmen, den sozialen Beziehungen des Familienunternehmens, den emotionalen Bindungen der Familienmitglieder an das Familienunternehmen sowie den transgenerationalen Bestrebungen (Transgenerationalität) gemessen. Daneben wird die Harmonie und Rollenambiguität innerhalb der Unternehmerfamilie abgefragt. Um Verzerrungen zu vermeiden, wurden Kontrollvariablen (z.B. Alter, Anzahl der Mitarbeiter, Jahr der Unternehmensgründung) verwendet.

[165] Vgl. Heider et al. (2021).

Tabelle 7: Einflussfaktoren aus der Unternehmerfamilie auf die Digitalisierung im Familienunternehmen.

	Digitalisierung von Prozessen	Digitalisierung von Produkten	Digitale Transformation
Mentales Modell: Aktive Eigentümerfamilie		positiv	
Die emotionalen Bindungen der Familienmitglieder an das FU			negativ
Die sozialen Beziehungen des FU			negativ
Langfristorientierung der Unternehmerfamilie	positiv		positiv
„Digital Readiness" der Unternehmerfamilie	positiv	positiv	
„Digital Openness" der Unternehmerfamilie			positiv

Quelle: Entnommen aus Heider et al. (2021)

Die Studienergebnisse sowie auch unsere konzeptionellen Überlegungen und Beobachtungen in der Praxis verdeutlichen typische Szenarien deutscher Familienunternehmen hinsichtlich gelebter Praktiken im Umgang mit Digitalisierungsdynamiken. Für die zukunftsfähige Aufstellung des Familienunternehmens ist der Familien-Faktor in Bezug auf die Digitalisierungsdynamik entscheidend. Die hier ursächlichen Einflussgrößen der digitalen Offenheit und Bereitschaft wirken je nach Mentalem Modell der Unternehmerfamilie auf unterschiedlichen Kontroll- und Führungsebenen. Unternehmerfamilien haben unterschiedliche Ansatzpunkte, ihre Unternehmerrolle im Hinblick auf die Digitalisierungsdynamik des Unternehmens auszuüben. Maßgeblich hierfür ist die Grundhaltung der Unternehmerfamilie zu diesem Themenkomplex, die in jeder Familienstrategie eine Verankerung finden sollte.[166] Es wird deutlich, dass Digitalisierung und damit die Einstellung und Haltung zu diesem Thema ein fester Bestandteil der Unternehmensstrategie des Familienunternehmens sein muss.

Weiterhin zeigen die in der Praxis zu beobachtenden und auftretenden Digitalisierungsdynamiken, dass diese gleichzeitig der Nachfolgegeneration eine Möglichkeit bieten, sich einzubringen und zu positionieren. Insbesondere im Mentalen Modell der operativ tätigen Unternehmerfamilie bietet es sich an, die Vorbereitung der Nachfolgegeneration auf eine operative Nachfolge zukünftig anders zu gestalten. Neben der gezielten Organisation einer „digitalen Walz" für die Mitglieder aus der Nachfolgegeneration sind spezifische Kompetenzentwicklungsprogramme zum Aufbau der digitalen Bereitschaft innerhalb der Familie aufzusetzen.[167]

---

166 Siehe hierzu auch Rüsen & Löhde (2019).
167 Vgl. Rüsen & Heider (2020).

7. Digitalisierungsdynamiken und -strategien in Familienunternehmen

Die in diesem Beitrag aufgeführten Situationen und die dargelegten möglichen Handlungsoptionen mögen den Leserinnen hierfür erste Anregungen geben.

Thomas Clauß, Maren Bendel, Theresa Vosskötter

8. Cybersicherheit in Familienunternehmen

8.1 Warum ist Cybersicherheit für (Familien-)Unternehmen existenziell?

Die Digitalisierung des Mittelstands ist in den letzten Jahren von höchster Wichtigkeit für Familienunternehmer nahezu jeder Generation und Branche geworden. Auch die Wissenschaft hat in den letzten Jahren intensiv an Erfolgsfaktoren, Prozessen und Strategien der digitalen Transformation geforscht. Doch während die Digitalisierung mit ihren vielen Versprechungen zur Optimierung lockt, hat sie neben den Investitionskosten auch ein Preisschild, das zu selten bei Entscheidungen herangezogen wird. Je mehr Digitalisierung, desto größer werden die Gefahren durch Cyberattacken.

Um sich der konkreten Bezifferung des Preisschildes „Cybersicherheit" anzunähern, lassen sich Statistiken rund um Cyberkriminalität heranziehen. Europaweit hat die COVID-19-Pandemie dazu beigetragen, dass sich der Mittelstand und damit viele Familienunternehmen weiter digitalisiert und zahlreiche Mitarbeiter aus ihren Homeoffices nur noch virtuell auf das Unternehmen und dessen Daten zugreifen. Gleichzeitig gingen auch die cyberkriminellen Aktivitäten in die Höhe.[168] Mit dem Fokus auf den deutschen Raum lässt sich diese Entwicklung besonders gut aufzeigen: Die Anzahl der Straftaten im Bereich Cyberkriminalität ist in Deutschland von 108.474 erfassten Fällen in 2021 auf 124.137 um 14,4 % im vergangenen Jahr angestiegen. Im industriestarken Bundesland NRW lag diese Zunahme im selben Zeitraum sogar bei 23,96 %.[169] Der Schaden durch Cyberkriminalität ist schwieriger zu beziffern. Als häufiger Indikator wird die Höhe der Forderungen bei sogenannten Ransomware-Attacken genannt, bei denen Hacker Unternehmensdaten verschlüsseln und gegen ein Lösegeld wieder freigeben. Folgt man globalen Schätzungen, entstand bereits 2021 allein dadurch ein Schaden in Höhe von 18 Milliarden Euro. In der EU haben sich die Ransomware-Forderungen von 13 Millionen Euro im Jahr 2019 auf 62 Millionen Euro im Jahr 2021 erhöht, Tendenz steigend. Die durchschnittlich gezahlten Lösegelder pro Angriff sind von 71.000 Euro im Jahr 2019 auf 150.000 Euro im Jahr 2020 angestiegen.[170] Im Zuge der letzten Jahre ist eine hohe Professionalisierung der Täter festzustellen, welche sich u. a. durch Arbeitsteilung verschiedener krimineller Akteure auszeichnet. Demzufolge erscheint mitunter jedes Unternehmen, unabhängig von der Anzahl der Mitarbeitenden und Umsatzgröße, als lohnenswertes Ziel – so auch der Mittelstand und Familienunternehmen. Dabei hat es mittlerweile die großen Namen, aber auch

---

168 Vgl. European Commission (2022).
169 Vgl. LKA NRW (2021).
170 Vgl. Europäisches Parlament (2023); Bundesamt für Sicherheit in der IT (2022).

andere, kleinere Hidden Champions „erwischt". So wurde z. B. im Juni 2022 der Essensgroßlieferanten Apetito mit Sitz im westfälischen Rheine angegriffen, Server und Back-up-Server wurden mittels einer Schadsoftware blockiert und ein hohes Lösegeld gefordert. Der Vorfall ist aufgrund dessen, dass Essenslieferanten als Teil der kritischen Infrastruktur zählen und damit die Lieferketten zu 100 Kliniken und 1.000 Kitas zusammenbrachen, sehr schwerwiegend.[171] Besonders verheerende Konsequenzen trafen Ende des Jahres 2022 den Fahrradhersteller Prophete in Rheda-Wiedenbrück, NRW. Das mittelständische Familienunternehmen musste mitunter aufgrund eines dreiwöchigen Betriebsstopps nach einem Cyberangriff kurz vor Weihnachten Insolvenz anmelden. Der Ransomware-Vorfall unterbrach das operative Geschäft, sodass die Produktionsprozesse zum Erliegen kamen und auch keine produzierten Räder mehr ausgeliefert werden konnten.[172]

Diese Beispiele verdeutlichen, dass Cybersicherheitsvorfälle in einer zunehmend digitalen Welt immer unabhängiger von Unternehmensgröße, der Branche, dem Standort usw. auftreten. Daher ist es also ein nahezu unvermeidliches Zukunftsszenario für jedes Unternehmen und folglich ein höchst relevantes Thema für Familienunternehmen, ihre operative Geschäftsführung und Gesellschafter. Wie Forschungserkenntnisse zeigen, können digitale Initiativen nur dann ihre volle Wirkung entfalten, wenn aus der Eigentümerfamilie mindestens eine Person diese Themen (persönlich) vorantreibt.[173] Dieser sogenannte „family disruptor" ist eine Rolle, die im Management oder Gesellschafterkreis besetzt sein muss, um Bemühungen zur Absicherung im Cyberraum zum Erfolg zu führen. In ihr vereinigen sich die familiäre Identität und Entscheidungsgewalt, um digitalen Innovationen die notwendige Triebkraft zu verleihen. Ist dieser Posten bekleidet, erhalten Digitalisierung und damit auch Cybersicherheit das angemessene Maß an Aufmerksamkeit auf der unternehmerischen Agenda und die notwendigen Mittel.

8.2 Grundlagen von Cyberkriminalität und -sicherheit

8.2.1 Formen von Cyberrisiken

Die angeführten Ransomware-Angriffe stellen nur eine Form von Cyberrisiken dar. Cyberrisiken können als „operationelle Risiken für Informations- und Technologiebestände, die Auswirkungen auf die Vertraulichkeit, Verfügbarkeit und/oder Integrität von Informationen oder Informationssystemen haben", definiert werden.[174] Ihre Vielfalt ist fast grenzenlos, nicht zuletzt, weil stetig neue Schadprogramme entstehen. Familienunternehmen sollten sich nicht mehr nur auf ein Angriffsszenario, wie etwa die Verschlüsselung von Daten, einstellen,

---

171 Vgl. Spilcker (2022).
172 Vgl. Knop (2023).
173 Vgl. De Groote et al. (2021).
174 Vgl. Cebula et al. (2014).

sondern viel eher die Bandbreite an Risiken kennen und sich entsprechend vorbereiten.[175]

Bei Angriffen versuchen Cyberkriminelle, IT-Systeme mit Schadsoftware zu infiltrieren oder End-User so zu täuschen, dass sie die Täter freiwillig „hineinlassen". Ziel ist es, Daten auszuspionieren, sie zu verschlüsseln oder die datenbasierten Systeme kontrollieren. Dies kann, wie Tabelle 8 zeigt, mittels verschiedener Formen erfolgen:

Tabelle 8: Übersicht ausgewählter Cyberrisiken.

Angriffsform	Beschreibung
Social Engineering	Im Kontext der Cybersicherheit ist „Social Engineering" (Soziale Technik) eine Angriffsart, bei der menschliche Schwächen durch soziale Interaktion ausgenutzt werden. Dies kann mit oder ohne Einsatz technischer Mittel und Schwachstellen erfolgen.[176] Kriminelle verleiten ihre Opfer dazu, eigenständig Daten preiszugeben, Schutzmaßnahmen zu missachten oder Schadprogramme zu installieren. **Beispiele:** *Phishing, Password-Spraying, CEO-Fraud, Eavesdropping, Spoofing*
Malware	„Malware" ist ein Kunstwort, abgeleitet aus „Malicious Software" (bösartige Software). Damit ist jeder Code gemeint, der einer Software hinzugefügt, dort verändert oder entfernt wird, die beabsichtigte Funktion des Systems zu untergraben. Malware zeichnet sich durch die Fähigkeit zur Replikation, Ausbreitung, Selbstausführung und Beschädigung von Computersystemen aus. Die Replikation ist das wichtigste Merkmal der meisten Malware, da sie ihre Existenz sichert. **Beispiele:** *Ransomware, Trojanisches Pferd, Virus*
Denial-of-Service-Angriffe (DoS-Angriff)	„Denial-of-Service-Angriffe" (Verweigerung-der-Leistung-Angriffe) richten sich gegen die Verfügbarkeit von Diensten, einzelner Systeme oder ganzer Netze. Bei diesen Attacken wird ein Server gezielt mit so vielen Anfragen bombardiert, dass er funktionsuntüchtig wird und ggf. zusammenbricht. Wird ein solcher Angriff mittels mehrerer Systeme parallel ausgeführt, spricht man von einem „Distributed Denial of Service-Angriff" (DDoS) (verteilten DoS-Angriff). DDoS-Angriffe erfolgen häufig durch eine sehr große Anzahl von Computern oder Servern. **Beispiele:** *Mailbombing, Ping Flooding*
Advanced Persistent Threats (APT)	Bei „Advanced Persistent Threats" (fortgeschrittene persistente Bedrohungen) handelt es sich um zielgerichtete Cyberangriffe auf ausgewählte Institutionen und Einrichtungen, bei denen sich Angreifer dauerhaften Zugriff zu einem Netzwerk verschaffen und diesen auf weitere Systeme ausweiten. **Beispiele:** *Angriffe auf Perimeter-Systeme*

Quelle: Eigene Darstellung; vgl. BSI (2023); McGraw & Morrisett (2000); BSI (2022)

Im Fall eines Cyberangriffs entstehen dem Unternehmen eine Vielzahl an Schäden, abseits der offenkundigen Summe des Lösegelds. Die Schäden lassen sich in

---

175 Vgl. Cremer et al. (2022).
176 Vgl. Wang et al. (2020).

Eigenschäden des betroffenen Unternehmens und in Fremdschäden differenzieren, wenn etwa Verpflichtungen gegenüber anderen Unternehmen durch den Angriff gebrochen werden. Die eng abgestimmten Geschäftsprozesse zwischen dem Unternehmen und seinen Zulieferern impliziert, dass eine strikte Trennung der Fremd- und Eigenschäden nicht immer möglich ist. Tabelle 9 zeigt Beispiele an Kosten, die durch einen Cyberangriff entstehen können.

Tabelle 9: Beispiele von Kostenarten im Falle eines Cyberschadens.

Kostenfaktor	Beispiele von Kostenarten
Betriebsbeeinträchtigung/Betriebsunterbrechung	– Kosten für Produktivitätsausfall oder Qualitätsbeeinträchtigungen – Kosten für Umsatzeinbußen, Kundenabwanderung sowie Beeinträchtigung des laufenden Betriebsmittelflusses
Schadensermittlung & IT-Forensik	– Kosten für forensische Untersuchungen in Abhängigkeit der Zielsetzung und Komplexität des Vorfalls – Ausfall- und ggf. Erneuerungskosten im Zuge der Aufarbeitung des Angriffs
Management der Schadensbewältigung	– Kosten für die Etablierung eines Krisenstabes (interne und externe Fachkräfte) – Kosten des Überstundenausgleichs und Krisenbewältigungsprämien – Kosten externer IT-Dienstleister sowie Rechtsberatung
Wiederherstellung	– Personalkosten im Wiederherstellungsprozess – Kosten für Anpassungen der Betriebsstrukturen sowie für die Wiederherstellung des operativen Geschäfts – Interne Ermittlungskosten sowie Ressourcen zur Veränderung von Prozessen im Falle einer Beteiligung von Mitarbeitenden
Krisenmanagement	– Beratungskosten für spezialisierte IT-Dienstleister – Personalkosten für Krisenteams und ggf. Behörden
Verbesserung der Strukturen	– Kosten für Schwachstellenanalyse und -behebung – Kosten für Umsetzung der neuen Lösung und ihrer Wirksamkeit
Rechtsberatungskosten	– Kosten für Anwälte zur juristischen Bewertung der Situation, sowie arbeitsrechtliche Beratung bei internen Ermittlungen – Kosten für resultierende Verfahren (Straf- und Zivilverfahren)
Informationskosten	– Kosten für Informationspflichtenbruch von gesetzlichen, branchenspezifischen oder vertraglichen Vorgaben – Kosten für Krisenkommunikation sowie generelle Kommunikationsmaßnahmen
Erpressungsgelder	– (ggf.) Lösegeldforderung der Angreifer
Vertragsstrafen und Bußgelder	– Strafen im Fall von Vertragsbrüchen – Bußgelder aufgrund gesetzlicher Auflagen

Kostenfaktor	Beispiele von Kostenarten
Reputationskosten	– Erhöhte Kosten für Marketing (z. B. Kundenrückgewinnung) – Mehraufwendungen für Versicherungen – Mehraufwendungen aufgrund eines Bonitätsverlustes
Fremdschäden	– Ausgleichszahlungen durch z. B. Qualitätsschäden – Vertragliche Schadensersatzansprüche von Dritten (z. B. von Vertraulichkeitsvereinbarungen, Haftungskosten, Nicht-Einhalten von Lieferterminen)

Quelle: Eigene Darstellung

8.2.2 Cybersicherheit als Lösung

Cybersicherheit soll nun vor vielen dieser Risiken und den mit ihnen verbundenen Kostenquellen schützen. Doch was genau meint der Begriff „Cybersicherheit"? Eine allgemeingültige, zeitlose Definition von Cybersicherheit wird dadurch erschwert, dass ihr wesentlicher Inhalt, die Sicherheitsstandards digitaler Informationen und Technologien, sich stetig weiterentwickelt.[177] Dieser dynamische Charakter macht einen iterativen Prozess notwendig, die eigene cybersichere Reife zu bewerten, zu erhöhen und zu halten. In der Forschung beschreibt der Begriff alle Maßnahmen im Sicherheitsrisikomanagement eines Unternehmens, die zum Schutz der „Confidentiality" (Vertraulichkeit), „Integrity" (Integrität) und „Availability" (Verfügbarkeit) von Daten und Vermögenswerten im Cyberspace umgesetzt werden.[178] Das erste Schutzziel, die „Confidentiality", umfasst die Begrenzung des Zugriffs von Personen auf gewisse Daten. Ausschließlich Befugte dürfen in cybersicheren Systemen Daten einsehen, bearbeiten und verwalten. Die zweite Handlungsmaxime, „Integrity", beschreibt den Zustand einer transparenten, nachvollziehbaren Veränderungshistorie von Vermögenswerten. Sie thematisiert somit die Korrektheit der Daten bzw. die korrekte Funktionsweise des IT-Systems. Drittens ist die „Availability" von Daten anzuführen: Kann das System sicherstellen, dass Daten von allen autorisierten Parteien zu einem gewünschten Zeitpunkt genutzt werden können, ist das Kriterium der Verfügbarkeit erfüllt.

Cybersicherheit ist folglich ein vielschichtiges Phänomen, das alle digitalen und physischen Schutzmechanismen umfasst und eine gewisse Komplexität aufgrund der Technologie der betroffenen Systeme, z. B. Hardware, Software, Cloud-Ressourcen sowie der Nahtstelle zum Internet beinhaltet. Wissenschaftlich fundierte Standards unterstützen Familienunternehmen bei der Umsetzung geeigneter Maßnahmen. So lässt sich beispielsweise das Rahmenwerk des National Institute of Standards and Technology (NIST) heranziehen, welches dem Cybersicherheitsprogramm eines Unternehmens Struktur geben soll und als Anhaltspunkt zur Ergänzung weiterer relevanter Risikomanagementpro-

---

[177] Vgl. von Solms & Niekerk (2013).
[178] Vgl. Schatz et al. (2017).

zesse dienen kann.[179] Um den Zugang zu Cybersicherheit und ihre Verwaltung zu vereinfachen, wurden Maßnahmen der Cybersicherheit in fünf Bereiche unterteilt: „Identify" (Identifizieren), „Protect" (Schützen), „Detect" (Erkennen), „React" (Reagieren) und „Recover" (Wiederherstellen). Diese Darstellung in Phasen kann bei der Bewältigung eines Cybervorfalls das strukturierte Krisenmanagement unterstützen.

(1) Die Maßnahmen des ersten Schritts „Identify" zielen auf die Schaffung eines organisationalen Bewusstseins für Cybersicherheit in Bezug auf Systeme, Daten und Kompetenzen ab. Dabei ist der erste Schritt die Identifizierung der eigenen digitalen „Kronjuwelen", z. B. wertvolle Informationen und Software-Assets. Auch müssen einheitliche Cybersicherheitsrichtlinien festgelegt werden, damit ein entsprechendes Governance-Programm entwickelt und Cybersicherheit in die Risikomanagementstrategie des Unternehmens integriert wird. Hier kann etwa eine regelmäßige Business-Impact-Analyse zur Bewertung der kritischen Anwendungen und IT-Systeme unterstützen, um systemseitige Abhängigkeiten und maximal tolerierbare Ausfallzeiten zu ermitteln und darauf aufbauend Leistungsindikatoren zu definieren. Da es sich hierbei um ein Anliegen des strategischen Managements handelt, liegt die Verantwortung für dessen stetige Ausführung bei der Geschäftsleitung.

(2) In der „Protect"-Phase werden Schritte in die Wege geleitet, um frühzeitig die Auswirkungen potenzieller Cybervorfälle eingrenzen und die Bereitstellung kritischer Dienste gewährleisten zu können. Hier muss die Organisation konkrete Methoden zur Sicherung der Systeme festlegen. Als Beispiele können die Einführung von Softwareprodukten zur Verwaltung von Benutzeridentität sowie Zugriffsrechten, die Implementierung von strengen Passwortrichtlinien und einer Zwei-Faktor-Authentifizierung, das regelmäßige Erstellen von Backups und ein einheitliches Patchmanagement angeführt werden.

(3) Im Anschluss folgt die Phase „Detect", wo Strukturen zur Erkennung von Cybersicherheitsvorfällen etabliert werden. So schaffen Unternehmen eine Grundlage, um frühzeitig reaktionsfähig zu sein. Maßnahmen dieser Phase sind z. B. die Einrichtung von Systemen zur Sicherheitsüberwachung des Netzwerkverkehrs und der Datenprotokolle, die Anzeichen für ungewöhnliche oder nicht autorisierte Aktivitäten analysieren und Warnungen auslösen, wenn potenzielle Verstöße entdeckt werden. Auch die regelmäßige Überprüfung der Wirksamkeit von Schutzmaßnahmen durch z. B. Penetrationstests zählen hierzu.

(4) Wird das Unternehmen angegriffen, müssen Unternehmen Maßnahmen besitzen, um auf die Bedrohungen zu reagieren („React"). Dieser Notfallplan sollte im besten Fall bereits konzipiert und geübt worden sein. Sobald eine Infiltration entdeckt wird, müssen die betroffenen Systeme oder Geräte

---

179 Vgl. Framework for Improving Critical Infrastructure Cybersecurity (2014).

vom Netzwerk isoliert werden, um eine weitere Ausbreitung des Schadprogramms zu verhindern. Eine zentrale Schlüsselrolle nimmt die Kommunikation mit den relevanten Stakeholdern ein. Innerhalb des Unternehmens muss die Information schnell an entsprechende Akteure wie etwa die IT- oder Kommunikationsabteilung und an die Führungsebene weitergeleitet werden. Falls bereits vorhanden, müssen der Krisenstab und ggf. auch externe Cybersicherheitsexperten schnellstmöglich informiert bzw. beauftragt werden. Vorgefertigte Protokolle vereinfachen die Benachrichtigung aller relevanten Parteien, wie der Zulieferer, der Kunden und der zuständigen Behörden, z. B. des LKA. Sind sensible Informationen, wie etwa Kundendaten, gefährdet, muss eventuell auch anderen gesetzlichen Meldepflichten nachgekommen werden. Um im Nachgang die IT-Forensik zu erleichtern, ist eine Dokumentation während des Angriffs höchst relevant. Alle Beweise, wie z. B. Protokolle, Screenshots oder Systemschnappschüsse, müssen aufbewahrt werden. Diese Informationen bilden die Grundlage, den Angriff zu rekonstruieren und die Ermittlungen der Behörden zu unterstützen.

(5) Schließlich muss sich das Unternehmen von dem Ereignis erholen. Der letzte Abschnitt „Recover" umfasst die Aktivitäten der Wiederherstellung von Diensten, die während des Vorfalls beeinträchtigt wurden. Diese Tätigkeiten tragen dazu bei, die Widerstandsfähigkeit durch die gewonnenen Erfahrungswerte auszubauen. Die Entwicklung eines Wiederherstellungsplans durch die Führungsriege, das IT-Team und/oder Cybersicherheitsexperten ist der Auftakt, um Systeme, Anwendungen und Dienste zu aktualisieren. Hierbei müssen systematisch Daten aus Sicherungskopien wiederhergestellt, infizierte Systeme bereinigt sowie alle vom Angreifer ausgenutzten Schwachstellen gesichert werden. Auch eine abschließende Validierung der wiederhergestellten Daten und die Prüfung der Systemfunktionalität durch interne Experten fällt in dieses Tätigkeitsfeld.

Alle fünf Bereiche sind wesentlich, um Cybersicherheit zu konstituieren. Ganzheitliche Cybersicherheitskonzepte findet man in Familienunternehmen bisher eher selten und das Top-Management handelt eher reaktiv und ereignisorientiert, was grob fahrlässig sein kann.[180]

8.3 Cybersicherheit in Familienunternehmen

8.3.1 Bisheriger Forschungsstand

Familienunternehmen zeichnen sich durch besondere Merkmale aus, die sie nachweislich von Nicht-Familienunternehmen unterscheiden.[181] Daher hat die Fachliteratur viele Merkmale von Familienunternehmen bei der Erforschung z. B. von Digitalisierung, Krisenmanagement, Innovations- und Kooperationsverhalten, Internationalisierung und vielen weiteren Themenfeldern ableiten

---

180 Vgl. Ulrich et al. (2022); Repenning & Sterman (2001).
181 Vgl. z. B. Berrone et al. (2012); Gomez-Mejia (2001).

können.[182] Organisationale Kriterien, die oftmals herangeführt werden, sind bspw. die hohen Ressourceneinschränkungen und die damit einhergehende umfassende Effizienz in Prozessen, der Fokus auf eine konkrete Nische und eine starke Einbindung in (lokale) Wertschöpfungsnetzwerke. Der strategische Fokus liegt dabei auf einer langfristigen Orientierung bei Entscheidungen, der Erschließung von ausländischen Märkten durch schnelle, aber unregelmäßige Maßnahmen mit zugespitztem Portfolio, einer Präferenz zur Selbstfinanzierung und einem engen Verbund mit dem Produktionsstandort.[183] Aufgrund des besonderen Einflusses der Unternehmerfamilie stellt zudem der Erhalt von sozioemotionalen Werten wie Enkelfähigkeit, soziale Verantwortung und Unabhängigkeit eine Besonderheit von Familienunternehmen dar.

Den ersten Vorstoß in dieses nahezu unberührte Forschungsfeld bilden zwei quantitative Studien.[184] Sie zeigen, dass Geschäftsführer um die Notwendigkeit von Cybersicherheit wissen, aber zu wenige Maßnahmen ergreifen. In der Studie konnten drei Hypothesen über Cybersicherheit in Familienunternehmen bestätigt werden: Erstens haben Familienunternehmen im Vergleich zu anderen Unternehmen weniger Reaktionspläne für Cybervorfälle etabliert und bewerten zweitens das Cyberrisiko mit weniger formellen Strukturen. Zuletzt werden in Familienunternehmen die Mitarbeitenden als ein höheres Risiko eingeschätzt als in nicht-familiengeführten Unternehmen.

Unbeantwortet bleibt in den quantitativen Studien jedoch die Frage, warum Familienunternehmen, die sich doch durch den transgenerationalen Fortbestand auszeichnen, so wenig für Cybersicherheit tun. Um zu ermitteln, warum es zu dieser Lücke zwischen Wissen und Handeln kommt, wurde in der hier zugrunde liegenden Studie ein qualitativer Forschungsansatz gewählt. Dazu wurden in mehreren familiengeführten, mittelständischen Unternehmen im Schnitt jeweils drei unterschiedliche Zielpersonen, u.a. die Geschäftsführung und eine leitende Position der IT, zu Cybersicherheit befragt. Durch diesen Case-Study-Ansatz konnte das Phänomen mehrdimensional beleuchtet und verschiedene Perspektiven auf die Thematik berücksichtigt werden. Unsere Leitfrage lautete: Welche Faktoren beeinflussen die Wahrnehmung von Cybersicherheit in Familienunternehmen und wie wirken sich diese auf die Haltung zu Cybersicherheit aus?

---

182 Vgl. Heider et al. (2022); Rüsen et al. (2020); Heider (2021).
183 Vgl. De Massis et al. (2018).
184 Vgl. Ulrich et al. (2022); Ulrich & Timmermann (2021).

8. Cybersicherheit in Familienunternehmen

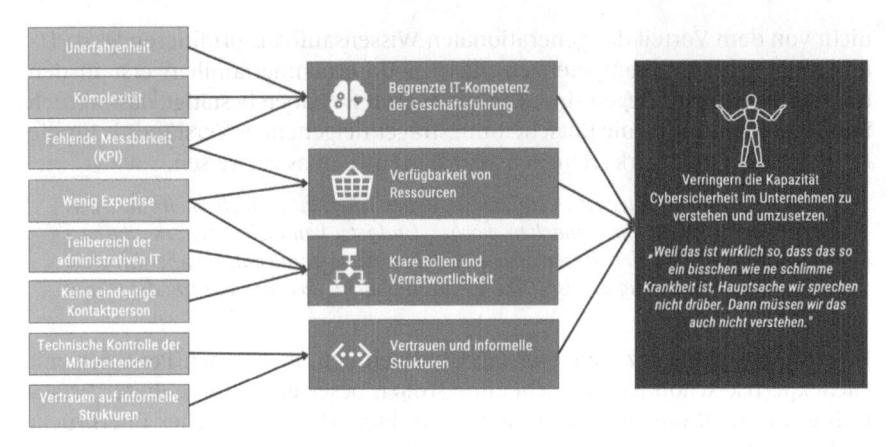

Abbildung 21: Einflussfaktoren und deren Beziehung zur Wahrnehmung von Cybersicherheit in Familienunternehmen.
Quelle: Eigene Darstellung

Dabei konnten wir vier wesentliche Faktoren ermitteln, die die Wahrnehmung von Cybersicherheit in Familienunternehmen beeinflussen (vgl. Abbildung 21). Zunächst wurde die IT-Kompetenz der Geschäftsführung als ein Einflussfaktor identifiziert: Zeichnen sich Entscheidungsträger in Familienunternehmen durch IT-Wissen aus, hat das Unternehmen wesentlich höhere Sicherheitsstandards. Als Zweites konnte festgestellt werden, dass die Ressourcen für den Einsatz von Cybersicherheit knapp sind und nur sparsam eingesetzt werden. Cybersicherheit ist zudem nur eines von vielen Themen der zuständigen Verantwortlichen und erhält daher nur einen geringen Stellenwert. Schließlich verlassen sich Familienunternehmen auf ihre informellen Strukturen und fühlen sich durch Erfahrungswerte aus anderen Krisen sicher. Infolgedessen wird Cybersicherheit eher stiefmütterlich gehandhabt.

8.3.2 Erkenntnisse unserer Studie

Der Einfluss der IT-Kompetenz der Geschäftsführung

Der Einfluss der Geschäftsführung oder der Gesellschafter ist bereits als entscheidend für die Strategie des Unternehmens hervorgehoben worden.[185] Bei Cybersicherheit treten jedoch Besonderheiten auf, die für das Management als Herausforderung definiert werden können: Die Interviews zeigen, dass Kompetenzen teilweise über Generationen aufgebaut und weitergegeben werden. So profitieren produzierende Familienunternehmen oftmals von generationsübergreifender Expertise in Bezug auf die Herstellungsprozesse. Diese sind häufig einzigartig konzipiert, um eine effiziente und passgenaue Lösung auf komplexe Probleme zu bieten. Bei Cybersicherheit können Familienunternehmen (noch)

---

185 Vgl. König et al. (2013).

nicht von dem Vorteil des generationalen Wissensaufbaus profitieren,[186] da IT- und Digitalisierungskompetenzen auch in Unternehmerfamilien erst in den letzten Jahren angestiegen sind. Unsere Interviews haben bestätigt, dass aktuell in nur wenigen Fällen die Entscheidungsträger tiefgehendes Verständnis für die Komplexität dieses stark technisch assoziierten Themas vorweisen.

> „Aber bei meinem Vater ist es einfach so, Cybersicherheit ist nicht mehr das, was er zu seinem Steckenpferd machen möchte. Und jetzt kann ich sagen, es gibt jetzt Dinge, die mir besonders liegen oder die ich besonders gerne mache. Aber ich weiß einfach, wie notwendig das ist. Und ich möchte nicht, dass uns das um die Ohren fliegt."

Den größten Effekt erzielen aber die Unternehmen, in welchen Personen mit Fachexpertise schon jetzt Entscheidungsrollen besetzen. Mithilfe dieser Personifizierung wird die Distanz zu dem abstrakten Thema einfacher überbrückt und es kommt zu einer schnelleren Umsetzung von Maßnahmen. Unternehmen, deren Geschäftsführung oder Gesellschafter IT-Kompetenzen besitzen, zeigen wesentlich proaktivere Entwicklungen im Ausbau der Cybersicherheit. Im Vergleich zu anderen Unternehmen haben sie ein stärkeres Verständnis für die Bedeutung von Sicherheitsvorkehrungen im digitalen Raum. Laut der hier gewonnenen Ergebnisse kann ebenso bestätigt werden, dass auch in Bezug auf Cybersicherheit Entscheidungen insbesondere dann proaktiv getroffen werden, wenn der Gegenstand der Entscheidung ein Kompetenzthema der Unternehmerfamilie ist.[187] Um Cybersicherheit also vorantreiben zu können, sollten sich Familienunternehmer ein grundsätzliches Verständnis von den relevanten Themenfeldern der Cybersicherheit aneignen. Außerdem erfordert die Neuheit und Schnelligkeit des Themas, dass die Organisation andere Personen mit der entsprechenden IT-Kompetenz aktiv in strategische Entscheidungen miteinbezieht.[188]

> „Es gab keinen Auslöser oder negativen Auslöser, der [Cybersicherheit] irgendwie vorangetrieben hat. Das gibt es immer noch nicht. Aber wie gesagt, unser IT-Sicherheitsbeauftragter, [...], hat sehr, sehr, sehr, sehr viel Know-how in diesem Bereich entwickelt und weiß, was passieren kann."

Die Relevanz von definierten Verantwortlichkeiten

Die von uns befragten Familienunternehmen haben noch keine Position etabliert, welche ausschließlich die Entwicklung von Cybersicherheit im Unternehmen verantwortet. In vielen Betrieben liegt dieses Thema als Teilbereich bei der IT. Hier wird es zwar als höchst relevant eingestuft, aber den Mitarbeitenden fehlt es oft an Kapazität, um proaktiv die Sicherheitsmechanismen der Systeme zu überprüfen und weiterzuentwickeln. Sie sind häufig mit anderen primär hardware- oder softwarebezogenen Aufgaben überlastet und müssen daher der Lösung akuter Probleme Vorrang geben.

---

186 Vgl. Danes et al. (2009).
187 Siehe z. B. Ceipek et al. (2021); Mohd Salleh et al. (2017).
188 Vgl. Calabrò et al. (2021); Heider et al. (2022).

> *„Momentan habe ich nur ab 15:00 Uhr Zeit, mich um derartige [Cybersicherheits-]Sachen zu kümmern. Bis 15:00 Uhr sind wir nur am Helfen, weil ein Drucker oder ein PC nicht läuft."*

Ein Cybersicherheitsbeauftragter wird zum einen die generelle Wahrnehmung des Themas auf mindestens zwei Arten positiv beeinflussen. Zunächst kann über das Besetzen der Position die Signalwirkung erzeugt werden, dass das Unternehmen auch dem digitalen Sicherheitsaspekt wesentliche Bedeutung beimisst. Außerdem erhalten die Mitarbeitenden einen Ansprechpartner, der sich auffälliger Aktivitäten direkt annehmen kann. Zum anderen können Sicherheitsthemen gezielter vorangebracht und in der Unternehmensstrategie verankert werden. Infolgedessen entsteht durch die Kooperation zwischen IT und Geschäftsführung die Möglichkeit, Cybersicherheitsthemen direkt bei der Prozessplanung und -umsetzung anzubringen und somit früh aktiv voranzutreiben. Bisher ist es jedoch so, dass Cybersicherheit nicht als Faktor bei Entscheidungen im Kontext der Digitalisierung herangezogen wird. Erst im Nachhinein haben die Unternehmen Schritte eingeleitet, um neue digitale Technologien und Prozesse abzusichern. Im besten Fall sollte sie jedoch schon früh als Entscheidungskriterium im Managementprozess verankert sein.[189] Um eine derartige Veränderung in der Organisation anzustoßen, ist ausgereiftes Fachwissen notwendig,[190] sodass die untersuchten Unternehmen die fehlende Expertise als eine zentrale Herausforderung definieren. Familienunternehmer, die sich bereits durch einen Experten, der kein Mitglied der Unternehmerfamilie ist, in Entscheidungsprozessen beraten lassen, konnten leichter ein erwünschtes Sicherheitsniveau erreichen und halten.

Insgesamt deuten unsere Erkenntnisse darauf hin, dass die Kooperation von Entscheidungsträgern und dem Fachpersonal eine realistische und effiziente Grundlage für die Erhöhung der ganzheitlichen Wahrnehmung von Cybersicherheit und ihrer tatsächlichen Umsetzung im Familienbetrieb darstellt. Aus diesem Grund kommt der Geschäftsführung und den Gesellschaftern eine wesentliche Vorbildfunktion zu, sich der Cybersicherheit zuzuwenden und Fachexperten in ihren Rollen zu unterstützen.[191] Es liegt in ihrer Verantwortung, durch richtlinienkonformes Verhalten und das Vorantreiben von relevantem Wissen die unternehmensinterne Öffentlichkeit für das Anliegen aktiv zu stimulieren.

Die negativen Auswirkungen von informellen Strukturen

In den befragten Unternehmen herrscht generell ein starkes Vertrauensverhältnis zwischen der Führungsebene und den Mitarbeitenden. Dieser Umgang hat viele informelle Organisationsstrukturen entstehen lassen, wie etwa offene Kommunikationskanäle. Dieser Vertrauensvorschuss gilt jedoch nicht für die Resilienz der Mitarbeitenden gegenüber Cyberangriffen. Unsere Studie hat erge-

---

189 Vgl. Heidt et al. (2019).
190 Vgl. Yeow et al. (2018).
191 Vgl. De Groote et al. (2021).

ben, dass der „menschliche Faktor" in den befragten Familienunternehmen als die Hauptquelle für Gefahren angesehen wird.

„Weil der Mensch die größte Schwachstelle ist. [...]. Ja, es gibt programmatische Lücken etc., [...], aber die sind eigentlich so gut kontrolliert und überwacht. Nur der Mensch ist quasi die größte Gefahr, dass schadhafte Daten ins System reinkommen [...]."

Dies bekräftigt den Eindruck anderer Forschungsansätze, die Familienunternehmer als sogar noch misstrauischer als Nicht-Familienunternehmen darstellen.[192] Obwohl Mitarbeitende und ihre Loyalität oftmals als wertvolle Ressource in Familienunternehmen angesehen werden,[193] wandelt sich dieser Eindruck in sein Gegenteil, wenn es ihre Verantwortung im Cyberraum betrifft. Das Misstrauen geht sogar so weit, dass technische Lösungen (z. B. die Erkennung von Unregelmäßigkeiten über eine künstliche Intelligenz) darin unterstützen, die Mitarbeitenden zu überwachen und ihren Wirkungskreis zu reduzieren, um damit potenzielle Schäden eingrenzen zu können.

„[Wegen des menschlichen Risikofaktors] haben wir gesagt, wir müssen und wir wollen so stark limitieren, wenn wir nicht sicherstellen können, dass die Person oder alle [...] sensibel diesem Thema gegenüber sind."

Infolgedessen sind Aufklärungen mittels Schulungen und Workshops essenziell für eine Sensibilisierung für Sicherheitsanliegen im Cyberraum. Wie bereits erwähnt wurde, ist das Abstraktionsniveau der Bedrohung hoch. Gleichzeitig ist jedoch die Chance sehr gering, eine Gefahr auszulösen, da schon die Unwissenheit einer einzelnen Person ausreicht, um ein erhebliches Risiko für das Unternehmen darzustellen. Aus diesem Grund sind regelmäßige Schulungsinitiativen ein empfohlenes Instrument, um langfristig Verständnis und Bewusstsein in den Familienbetrieben zu verbreiten. Außerdem kann durch die Transparenz rund um Cybersicherheit und die etablierten Maßnahmen der Skepsis und dem Widerstand der Belegschaft vorgebeugt werden. Schlussendlich beschreiben die untersuchten Unternehmen eine erhöhte Bereitschaft der Mitarbeitenden, wenn die teilweise einschränkenden Maßnahmen erklärt werden.

Es finden sich auch noch andere Formen von gewachsenen Strukturen. In den Interviews wurden ad hoc konzipierte Managementrunden erwähnt, die sich während der COVID-19-Pandemie oder der Energiekrise als erfolgreich bewährt haben. Die unternehmerischen Kernkompetenzen waren bspw. ein wesentlicher Faktor bei der Etablierung einer Geschäftsmodellinnovation als Antwort auf die COVID-19-Pandemie.[194] Die Geschäftsführung war etwa in der Krise durch diese Runden in der Lage, den operativen Alltag zu erhalten.

„Vielleicht kann man das mit dem Corona-Ausbruch vergleichen. [...]. Da gab es eine große Entscheidungsrunde, wo die Geschäftsführung mit bei saß. Aber relevant waren die Entscheidungen dann für die IT, da diese die Homeoffice-Thematik

---

192 Vgl. Ulrich et al. (2022).
193 Vgl. Berrone et al. (2012); Gomez-Mejia (2001).
194 Vgl. Clauß et al. (2022).

> *umsetzen mussten, die Abteilungsleiter, die die Leute benachrichtigen und schulen mussten. Von der groben Struktur würde das ähnlich laufen. […] Alle gehen raus und es wird dann gearbeitet."*

Zudem führen die Befragten an, dass aufgrund der wenigen Hierarchieebenen Entscheidungen schnell getroffen werden können und die Unternehmen grundsätzlich Agilität aufweisen. Laut der Unternehmen würde es diese Flexibilität ermöglichen, schnell zu reagieren und das Ausmaß einer Attacke einzudämmen. Unternehmer sollten jedoch kritisch reflektieren, ob Erfahrungen aus vergangenen Krisen wirklich als ein Referenzwert für einen gezielten Angriff aus dem Cyberraum heraus dienen können. Unseren Ergebnissen nach verlassen sich Geschäftsführer auf das etablierte Maß an Anpassungsfähigkeit und bauen keine formellen Strukturen, um Cybergefahren im Vorhinein abzufangen. Eine solche Vorgehensweise birgt ein enorm hohes Risiko und ist nicht unbedingt vergleichbar mit den Beispielen, die die Familienunternehmer zum Vergleich herangezogen haben. Vor diesem Hintergrund scheint es grob fahrlässig, dass die befragten Unternehmen keine geübten Notfallabläufe vorweisen, die im Krisenfall den entscheidenden Vorteil geben können (vgl. NIST-Standard „React"). Bei der Erarbeitung eines ganzheitlichen Cybersicherheitsprogramms würde dementsprechend die Erstellung eines Notfallplans dazugehören, um bei einer Attacke die wichtigsten Abläufe im Vorhinein schon geklärt zu haben.

> *„Da hat sich dann aber auch gezeigt, was ich nicht gedacht hätte, wie schnell so ein Unternehmen auf einmal agieren kann. Wie proaktiv, wie unkompliziert, wie unbürokratisch. Ich hätte damals nicht gedacht, dass man innerhalb von zwei Wochen so eine ganze Struktur [wie beispielsweise Homeoffice] wirklich von null aus dem Boden stampft."*

Außerdem wird die Vorbereitung „Protect" und „Detect" als ein essenzieller Schritt der Cybersicherheitsstrategie eingeordnet, daher empfiehlt sich ein bewussterer Umgang mit dem Thema im Unternehmen.[195] Nachdem Hacker einen Zugang zum firmeneigenen IT-System gefunden haben, ist es für das Unternehmen nur begrenzt möglich, die Zugriffsrechte einzuschränken. Dementsprechend ist die problem-orientierte Herangehensweise, die Familienunternehmen insbesondere bei Digitalisierungsmaßnahmen auszeichnet,[196] bei diesem besonderen Phänomen grob fahrlässig.

Verfügbarkeit von Ressourcen als Herausforderung für Familienunternehmen

Unseren Erkenntnissen nach stehen Familienunternehmen zudem vor der Herausforderung, entsprechende Wissensträger für den Fachbereich zu finden. Der hart umkämpfte Markt um IT-Experten erschwert das Besetzen, Aufstocken und Weiterbilden des Fachexperten.

---

195 Vgl. Alahmari & Duncan (2020).
196 Vgl. Soluk & Kammerlander (2021).

> *„Wenn nun irgendein Unternehmer oder irgendein Mensch, der sich nicht IT-spezifisch auskennt, unterwegs ist, versucht sich dort schlauzumachen. Keine Chance. Entweder man bringt das Know-how ins Haus. [...] Oder Sie arbeiten mit externen Unternehmen zusammen, die genau darauf ausgerichtet sind, eine gute Lösung für Sie zu entwickeln. Aber sie beraten Sie nicht nur einmal, denn das Thema Cybersicherheit ist immer präsent und entwickelt sich ständig weiter."*

Als Best-Practice können wir aus den Erfahrungen der Interviewpartner ableiten, dass die Zusammenarbeit mit Externen den Grundstein in Form einer fachlichen Bewertung der Sicherheitssituation gelegt hat. Auf Basis dessen kann in einem zweiten Schritt gemeinsam ein Handlungskatalog entwickelt werden. Das Einstellen von mehr Fachpersonal und dessen Bindung an das Unternehmen ermöglicht es dem Unternehmen zudem, mit dem hohen Tempo an neuem IT-Wissen Schritt zu halten und auch Transparenz und Erfahrungswissen für die eigene Systemlandschaft zugänglich zu halten.

> *„Im Moment suchen wir auch noch neue Mitarbeiter und das ist zur Zeit das Schwierigste. Zeit zu finden, um alles richtig einzustellen und anzupassen. Geld ist das. Bestellt sind die Sachen. Jetzt muss das nur noch umgesetzt werden. Und das gestaltet sich als das Schwierigste."*

Typischerweise haben Familienunternehmen als mittelständische Unternehmen nur Zugang zu begrenzten Ressourcen. Als Vorreiter für Produkt- und Prozessinnovationen sind Familienunternehmer sehr erfolgreich darin, ihr Nischenwissen auf Basis von Erfahrungen und Expertise erfolgreich einzusetzen.[197] Da im Bereich der Cybersicherheit diese beiden Aspekte, wie unsere Analyse zeigt, nur in einem geringen Ausmaß vorliegen, wird eine effiziente Allokation von Ressourcen erschwert: Prinzipiell sind finanzielle Mittel verfügbar, doch es fehlt Familienunternehmen an Erfahrungswissen, wie die Mittel am besten eingesetzt werden können.[198] Generell empfiehlt die knappe Verfügbarkeit von Ressourcen, dass interne IT-Positionen ausgebaut werden sollten, um eine langfristige Umsetzung und Überwachung der etablierten Instrumente und Maßnahmen zu gewährleisten.

Die Konsequenzen einer eingeschränkten Bewertungsmöglichkeit

Die Unternehmensvertreter weisen außerdem die Schwierigkeit auf, effektive Maßnahmen zu bestimmen. Statt finanzieller Ressourcen wird als Ressourcenengpass das Fachwissen zur Bewertung und Umsetzung von Maßnahmen benannt. Besonders die fehlende Messbarkeit der Maßnahmen sowie ihrer Effekte würden die Entscheidungsfindung erschweren. Konkrete Messgrößen, wie etwa eine in Zahlen formulierbare Rendite der Investition, fehlen in den hier studierten Familienunternehmen. Die finanziellen und systemseitigen Schäden eines Cyberangriffs können jedoch laut Expertenmeinungen stark variieren, sodass die Konsequenzen für ein Unternehmen nicht immer eindeutig in Zahlen abzubilden sind. Vor diesem Hintergrund und in Anbetracht der fehlenden

---

197 Vgl. Feninger et al. (2019); Heider et al. (2021).
198 Vgl. Nazareth & Choi (2015).

Fachkenntnisse der entscheidenden Positionen besteht eine erhöhte Gefahr der Fehleinschätzung in Risikosituationen. Die unerfahrenen und oft fachfremden Familienunternehmen können diese Lücke nicht alleine schließen, nicht zuletzt, weil unternehmerische Intuition und Erfahrungswissen rund um Cybersicherheit selten Entscheidungshilfen sein können. Folglich bleibt das zugrunde liegende Risiko unbekannt und abstrakt, sodass die Resilienzfähigkeit des Unternehmens erst im Fall eines tatsächlichen oder konstruierten Angriffs erfahrbar wird.

> „Wie gesagt, jeder muss sein Risiko greifen können. Wenn ich mein Risiko nicht greifen kann, dann bewegt es mich auch nicht. Also wenn ich mir nicht bewusst bin, welchem Risiko mein Unternehmen ausgesetzt ist. Dann werde ich auch nicht aktiv. Und wenn man dann dieses Bewusstsein hat, dann denke ich, wird jeder gute Unternehmer auch aktiv werden."

In diesem Zusammenhang wird schlussendlich wieder der Einfluss der Geschäftsführung deutlich, da individuelle Präferenzen die Entwicklung des Unternehmens nachhaltig steuern können. Diese richten sich an ökonomischen, messbaren und nicht-ökonomischen Zielen aus. Bei Letzteren spiegelt sich häufig die langfristige Orientierung der Unternehmer wider, sodass individuelle Präferenzen bei den Entscheidungen auch eine tragende Rolle spielen. Aufgrund des fehlenden Verständnisses der einzelnen Familienmitglieder fällt eine Priorisierung von Cybersicherheitsthemen jedoch schwer. Umso relevanter ist es, dass sich die Führungsebene ein grundsätzliches Verständnis über die Schutzmechanismen im digitalen Raum aneignet, um entscheidungsfähig zu sein.

> „Das ist einfach, ich würde sagen, ein notwendiges Übel. Es ist aber wichtig, dass man das nicht außen vor lässt, […]. Ein Hygiene-Faktor für das Unternehmen."

8.4 Handlungsempfehlungen für die Familienunternehmen

8.4.1 Handlungsempfehlungen für die Familie

Cybersicherheit ist und bleibt ein unternehmerisches Anliegen von hohem Abstraktionslevel, mehr noch als die Digitalisierung. Die Geschäftsführung und der Gesellschafterkreis müssen sich jedoch darum bemühen, durch Grundlagenarbeit die Distanz zu der Thematik zu durchbrechen, denn ihre Rolle ist von zentraler Wichtigkeit, um Veränderungen anzustoßen.

Unternehmerfamilien sollten sich ein grundsätzliches Verständnis für relevante Cybersicherheitsthemen aneignen, auch wenn sie nicht unmittelbar im IT-Bereich tätig sind. Durch Schulungen und Workshops kann dieses gewonnen werden und zudem die Sensibilisierung der Familienmitglieder für Sicherheitsanliegen im Cyberraum erfolgen. Grundsätzlich erleichtern die so aufgebauten Kompetenzen die Allokation der Ressourcen, doch zeigen unsere Forschungsergebnisse auch, dass (externe) Fachexperten in Entscheidungsprozesse einbezogen werden sollten. Die offenkundige, interne Zusammenarbeit von Entscheidungsträgern und Fachpersonal, kommuniziert z. B. in gemeinsamen Auftritten in der Unternehmensöffentlichkeit, hat sich als effiziente Grundlage erwiesen, damit Cybersicherheit verstärkt und ganzheitlich wahrgenommen wird. Auf diesem Weg sind die operativ tätigen Mitglieder der Familie in die Formulierung der IT-Sicherheitsstrategie eingebunden, was ihren Umsetzungserfolg stark erhöht, und gleichzeitig wird eine hohe Qualität bei fachlichen Entscheidungen rund um Cybersicherheitsanliegen ermöglicht.[199] Diese Kombination hat sich als effizient erwiesen, um die tatsächliche Umsetzung von Cybersicherheit im Familienbetrieb voranzutreiben. Entlang dieses Veränderungsprozesses kommt der Unternehmerfamilie, z. B. repräsentiert in der Geschäftsführung, stets eine Vorbildfunktion zu. Sie prägt maßgeblich und nachhaltig die Entstehung einer Unternehmenskultur, die Cybersicherheit als Fundament hat.

In Einklang mit bisherigen Forschungsergebnissen schätzen auch Unternehmerfamilien den „menschlichen Faktor" als die größte Schwachstelle ein, wobei der Blick hier oftmals auf die Mitarbeiterschaft beschränkt wird. Die Gefahr ausgehend von jeder einzelnen Person muss jedoch auch auf die Unternehmerfamilie ausgedehnt werden: Sie vereint oftmals Familienmitglieder von unterschiedlichem Level an digitaler Affinität und damit auch Bewusstsein und Kompetenzen im Bereich Cybersicherheit, unterliegt jedoch nicht den klassischen Spielregeln des Familienunternehmens. Sanktionen bei (un)absichtlichem Verstoß gegen die genannten Schutzziele von Cybersicherheit könnten weniger streng ausfallen. Umso wichtiger sind gegenseitige Aufklärung und Sensibilisierung zwischen den verschiedenen Familiengenerationen, wenn z. B. nachlässig mit sensiblen Daten, wie firmeninternen Dokumenten, umgegangen wird, indem der eigene E-Mail-Verkehr keine entsprechenden Schutzvorkehrungen aufweist oder Inhalte über Nachrichtendienste, z. B. WhatsApp, geteilt werden. Folglich hinterlassen die Mitglieder der Unternehmerfamilie, unabhängig von ihrer Position (Geschäftsführung, Beirat etc.), teilweise einen verhältnismäßig großen „cyber footprint", da die Eigentümer nachweislich eine signifikante Menge an persönlichen Informationen veröffentlichen.[200] Auf persönlicher Ebene Sicherheitsvorkehrungen im Cyberraum zu konstituieren, ist jedoch nicht gleichbedeutend mit dem Rückzug in analoge Praktiken ohne jedwede mediale Präsenz. Es gilt viel eher, die „digitale Spielwiese" für Anliegen der Family Governance bedacht auszuwählen und im digitalen Miteinander gemeinsam aufmerksam zu sein.[201]

8.4.2 Handlungsempfehlungen für das Unternehmen

In der strategischen Ausrichtung von Familienunternehmen sollte Cybersicherheit einen prominenten Platz einnehmen, denn historisch betrachtet wurde sie in Familienunternehmen oft stiefmütterlich behandelt. Um etwaige Rückstände aufzuholen und gleichzeitig gut zu haushalten, müssen Ressourcen effizient verteilt werden. Dazu ist die Expertise sowie Erfahrung von internen oder exter-

---

199 Vgl. Baillette & Barlette (2018); Kabanda et al. (2018); Osborn & Simpson (2018).
200 Vgl. Osborn (2015).
201 Siehe hierzu Rüsen (2021); Rüsen et al. (2019).

nen Wissensträgern wesentlich. Die Schnelllebigkeit digitaler Standards und die häufig nur begrenzte Bewertungsmöglichkeit von effektiven Vorkehrungen im Management unterstreicht die (Weiter-)Entwicklung von Fachwissen zur Bewertung und Umsetzung von Sicherheitsmaßnahmen. Familienunternehmen stellen hier nicht immer einen attraktiven Arbeitgeber dar, sodass frühzeitig der Auf-/Ausbau der internen Wissensträger berücksichtigt und die entsprechenden Fachkräfte, die „Tekkies", aktiv angeworben werden sollten. Die Zusammenarbeit mit externen Partnern kann, so etwa in situativen Krisenfällen, auch eine attraktive Möglichkeit sein, informationstechnische Wissenslücken zu schließen. Insbesondere bei Cybersicherheitsvorfällen, die sich in ihrem Wesen und den potenziellen Konsequenzen wesentlich von anderen Krisen unterscheiden, sollten Gesellschafter auf eine aktive Entwicklung von maßgeschneiderten Cybersicherheitsmaßnahmen setzen. Hierbei ist es ratsam, sich nicht ausschließlich auf vermeintlich bewährte Formate und die eigenen, agilen Unternehmensstrukturen zu verlassen. Viel eher dürfen informelle Strukturen und das starke Vertrauen innerhalb des Unternehmens nicht dazu führen, dass Cybersicherheit im Hintergrund verschwindet und sich ein trügerisches Sicherheitsgefühl etabliert. Organisationale Richtlinien, wie z. B. Notfallpläne für den Angriffsfall, sollten erarbeitet, regelmäßig aktualisiert und im letzteren Fall auch unternehmensöffentlich verprobt werden, um etwa im Falle eines Cyberangriffs schnell und effektiv reagieren zu können. Formelle Strukturen sind hier entscheidend: Die Etablierung einer Position, die die Entwicklung von Cybersicherheit im Unternehmen verantwortet (z. B. ein Cybersicherheitsbeauftragter), wird empfohlen, um eine klare Verantwortlichkeit und einen Ansprechpartner für Sicherheitsfragen zu schaffen. Demnach sollte Cybersicherheit in Familienunternehmen stets „ein Gesicht haben" und auch fernab eines Vorfalls durch die unternehmenswirksame Zusammenarbeit zwischen der Führungsriege und Fachexperten ein präsentes Thema auf der unternehmerischen Agenda sein. Dabei sollte den explizit ernannten Cybersicherheitsbeauftragten in ihrem Fachbereich der notwendige Handlungsspielraum gewährt werden. Die Sicherstellung der Verfügbarkeit von Ressourcen ist jedoch Aufgabe der höheren Managementebenen. Die Kooperation zwischen diesen beiden Parteien ermöglicht es, digitale Sicherheitsvorkehrungen frühzeitig bei Investitionsentscheidungen in digitale Produkte und Prozesse zu treffen und damit die innovativen Schritte der digitalen Transformation cybersicherheitskonform in Wirkung zu bringen.

Der allgegenwärtige Einsatz digitaler Technologien hat Unternehmen zahlreiche Vorteile gebracht, aber die Effizienz der heutigen digitalen und vernetzten Wirtschaft hat einen klaren Preis: Cybersicherheit. Insbesondere Familienunternehmen, die das Rückgrat der deutschen Unternehmenslandschaft bilden, müssen sich stärker mit den Risiken der vernetzten Welt auseinandersetzen. Mit den hier gewonnenen Erkenntnissen haben wir einen ersten Vorstoß in ein noch fast unberührtes Forschungsgebiet unternommen. Daher ist die fortlaufende Erschließung des Forschungsfeldes „Cybersicherheit in Familienunternehmen" entscheidend, um maßgeschneiderte Lösungsansätze, in Form von z. B. Sicherheitsstrategien und Best Practices, zu entwickeln, die den spezifischen Anforderungen und Potenzialen von Familienunternehmen gerecht werden und diese für die digitalisierte Zukunft resilient machen.

Andrea Gerlitz, Marcel Hülsbeck

9. Nachhaltigkeitsstrategie-Entwicklung im Zusammenspiel von Familie und Unternehmen

9.1 Familienunternehmen und Nachhaltigkeit

9.1.1 Bedeutung von Familienunternehmen für Nachhaltigkeit

Familienunternehmen machen einen Großteil aller Organisationsformen weltweit aus. Somit haben sie einen erheblichen Einfluss auf den Klimawandel.[202] Zusätzlich sind Familienunternehmen dadurch gekennzeichnet, agil und schnell Entscheidungen zu treffen und diese umzusetzen. Dies bringt einen enormen Vorteil mit sich, der sowohl für den eigenen Wettbewerbsvorteil als auch für eine Beantwortung der Klimakrise genutzt werden kann. Einige Familienunternehmen nehmen bereits eine Vorreiterrolle ein. Weitere Familienunternehmen sollten die Chance ergreifen und die Rolle als Nachhaltigkeitstreiber bewusst wahrnehmen.

Nachhaltigkeit gab es immer schon. Doch erfährt das Thema Nachhaltigkeit zunehmend an Präsenz, Stringenz und Professionalisierung. Nachhaltigkeit bedeutet, die Bedürfnisse der Gegenwart so zu befriedigen, dass die Möglichkeiten zukünftiger Generationen nicht eingeschränkt werden.[203] In letzter Zeit hat der Begriff Enkelfähigkeit in Kreisen von Familienunternehmen Anklang gefunden. Gleichzeitig hat sich eine Vielzahl an Konzepten und Begriffen aus verschiedenen Strömungen um das Thema Nachhaltigkeit gerankt. Der Triple-Bottom-Line-Ansatz kann als das zentrale Management- und Denkmodell gesehen werden, welches ökonomische, ökologische und soziale Aspekte umfasst.[204] Alle Unternehmensentscheidungen können so durch die Triple-Bottom-Line betrachtet, bewertet, saldiert werden. Die 17 Nachhaltigkeitsziele (Sustainable Development Goals, kurz SDG) der Vereinten Nationen greifen die drei Aspekte der Triple-Bottom-Line auf und leiten konkrete Ziele ab.

9.1.2 Bedeutung von Nachhaltigkeit für Familienunternehmen

Die Dokumentation von Nachhaltigkeitszielen ist in den letzten Jahren enorm in den Fokus gerückt.[205] Auf allen Ebenen wird Nachhaltigkeit gefordert, in Politik, Gesellschaft und Wirtschaft. In Deutschland ist das Lieferkettensorgfaltspflichtengesetz Anfang 2023 in Kraft getreten. Auch im Bereich Nachhaltigkeitsberichterstattung wurden Richtlinien weiterentwickelt, siehe CSRD auf europäischer und GRI auf globaler Ebene. Um Kredite bei Banken zu bekommen, müssen gewisse Nachhaltigkeitsstandards vorgelegt werden können. Zusätzlich

---

202 Calabrese et al. (2021).
203 Brundtland (1987).
204 Elkington (1997).
205 Gerlitz & Hülsbeck (2023); Verbeeten et al. (2016).

spielt Nachhaltigkeit eine entscheidende Rolle, um im „War of talents" Bewerberinnen und Bewerber zu gewinnen und die Reputation des Familienunternehmens in der Gesellschaft zu wahren und zu stärken. Der Druck, sich umfassend mit Nachhaltigkeit zu beschäftigen, wird von sämtlichen Stakeholdergruppen an das eigene Unternehmen herangetragen. Es stellt sich somit nicht mehr die Frage, ob, sondern wie konkret Nachhaltigkeit im Unternehmen umgesetzt werden kann.

Nachhaltigkeit kann als elementarer Bestandteil der DNA von Familienunternehmen betrachtet werden. Die inhärente Langfristorientierung, die aus der transgenerationalen Intention hervorgeht, beeinflusst die Art und Weise, wie Geschäfte geführt, Investitionen getätigt und Strategien entwickelt werden.[206] Familienunternehmen vereinen in ihrem Nachhaltigkeitsanspruch Altes mit Neuem. Unternehmerische Verantwortung (Stichwort: ehrbarer Kaufmann), die häufig seit Gründung essenzieller Teil des Wertefundaments ist, erhält durch die aktuelle gesellschaftliche Diskussion einen weiteren Stellenwert. Zudem stellt die Nachfolgegeneration vermehrt die Sinnfrage und trägt damit den Purpose-Gedanken ins Unternehmen. Eine professionell strukturierte, ehrliche Auseinandersetzung mit dem Thema Nachhaltigkeit bietet die Möglichkeit, die Sinnfrage für Eigentümer, Mitarbeitende, Zulieferer, Kunden und die allgemeine Öffentlichkeit zufriedenstellend zu beantworten. Entgegen dem häufig vorgebrachten Vorurteil, Nachhaltigkeit zwinge Unternehmer in erster Linie dazu, sich politischen Regulierungsmaßnahmen und damit erheblichen Mehrkosten zu unterwerfen, eröffnet die Beschäftigung mit Nachhaltigkeit einen unternehmerischen Spielraum, gezielte Nachhaltigkeitsschwerpunkte zu setzen, die der Unternehmerfamilie am Herzen liegen, und damit den einzigartigen Charakter des eigenen Familienunternehmens zu stärken und Wettbewerbsvorteile zu realisieren.[207]

9.1.3 Warum Nachhaltigkeitsstrategie?

Vielfach berufen sich Familienunternehmen auf ihre lange Historie und ihr soziales Engagement und ziehen daraus den trügerischen Schluss, ‚immer schon nachhaltig' gewesen zu sein. Einige Familienunternehmen trösten sich damit, bereits viele einzelne Nachhaltigkeitsmaßnahmen implementiert zu haben und verpassen so ihren Anschluss an Wettbewerber. Nachhaltigkeit bleibt bloß ein Buzzword, wenn Unternehmen sich zu wahllosen und zufälligen Maßnahmen verleiten lassen.

Eine dezidierte Nachhaltigkeitsstrategie ist unabdingbar für jede Firma, ohne diese werden Unternehmen ihre Daseinsberechtigung verlieren.[208] Mit einer professionellen Nachhaltigkeitsstrategie wird sichergestellt, dass Nachhaltigkeit fokussiert und strukturiert angegangen wird und konkrete Ziele verfolgt wer-

---

206 Bammens et al. (2022).
207 Gerlitz et al. (2023).
208 Clarke (2019).

den. Diese kann auch genutzt werden, um Nachhaltigkeitsaspekte in die generelle (Wettbewerbs-)Positionierung des Unternehmens zu integrieren.

Die Anforderungen externer Stakeholder können Unternehmen dazu verleiten, diese reaktiv zu beantworten. Es öffnet aber auch den unternehmerischen Spielraum, selbst die Belange in die Hand zu nehmen und proaktiv die Nachhaltigkeitstransformation zu gestalten. Familienunternehmen stehen vor einer weiteren Komplexität, da sie nicht nur der Unternehmenslogik, sondern auch der Familienlogik folgen. Gerade aber der Einfluss der Unternehmerfamilie bietet einen interessanten Vorteil: Langfristigkeit und Nachhaltigkeit können auf natürliche Weise miteinander verbunden werden.

9.2 Nachhaltigkeitsstrategie leben – Insights aus der empirischen Forschung

Wenn wir uns den Austausch genauer anschauen, drängt sich die Frage auf, ob die Familien- oder die Unternehmenslogik den Nachhaltigkeitsstrategie-Prozess dominiert. In der Family-Business-Forschung wurden in den letzten Jahren besonders die nicht-finanziellen Ziele, Werte und Tugenden betont – die Familienlogik.[209] Zusammen mit der transgenerationalen Intention könnten also Familienunternehmen besonders altruistisch an das Thema Nachhaltigkeit herangehen. Darüber hinaus sind Familienunternehmen auch von der Unternehmenslogik (allen wirtschaftlichen und finanziellen Zielen) geprägt. Welche Logik dominiert und welche Aufgaben kommen Familie und Unternehmen bei der Nachhaltigkeitsstrategie-Entwicklung zu? Hierzu haben wir eine empirische Studie durchgeführt. Unsere Stichprobe umfasst acht große deutsche Familienunternehmen. In diesem Rahmen haben wir insgesamt 29 Tiefeninterviews mit Unternehmerfamilien, deren Geschäftsführern und Beirätinnen geführt.[210] Unsere Ergebnisse zeigen, dass Familienunternehmen bei der Nachhaltigkeitsstrategieentwicklung einer dominanten Unternehmenslogik mit wirtschaftlichen und finanziellen Zielen folgen. Die Familienlogik mit ihren nicht-finanziellen Zielen und Werten (SEW) agiert in einer separaten Sphäre, die auf verschiedenen Ebenen des Nachhaltigkeitsstrategieprozesses Einfluss nimmt. Wenn wir uns diesen Strategieprozess genauer anschauen, dann stellen wir fest, dass es immer wieder Berührungspunkte von Familien- und Unternehmenssphäre gibt. Diese Berührungspunkte haben eine Ventilfunktion, die dem Druckausgleich zwischen Familien- und Unternehmenslogik dient. Zunächst ist festzustellen, dass die Unternehmenslogik den Nachhaltigkeitsstrategieprozess dominiert.

Beispiel 1. Stufe: Eine Unternehmerfamilie, deren Mitglieder stark idealistisch geprägt sind, stellt das Geschäftsmodell des über Generationen existierenden Unternehmens in Frage, tatsächlich erwägt sie, sich vom Unternehmen zu trennen und stattdessen etwas ganz Idealistisches zu tun. Hätte hier die Unterneh-

---
209 Vgl. Patuelli et al. (2022) u. v. m.
210 Gerlitz et al. (2023).

menslogik nicht eingegriffen und den „idealistischen Druck" reduziert, gäbe es das Unternehmen nicht mehr. Nur durch diesen Druckaustausch konnte es gelingen, den Fortbestand des Unternehmens zu sichern. Gleichzeitig konnte das idealistische Engagement der Familie genutzt werden, um eine Nachhaltigkeitstransformation mit einer dezidierten Nachhaltigkeitsstrategie in Gang zu bringen, entsprechende Produkte wurden lanciert, um so dem Unternehmen einen nachhaltigen Wettbewerbsvorteil zu sichern. Wir sprechen von einer dominanten Unternehmenslogik.

Stufe 2: Von intern oder extern können Nachhaltigkeitsimpulse an das Unternehmen herangetragen werden. So kann z. B. ein Großkunde spezifische Nachhaltigkeitsforderungen stellen oder eine Mitarbeiterin hat eine Idee, wie Produktionsprozesse nachhaltiger gestaltet werden können.

Auf der einen Seite kann die Unternehmerfamilie beeinflussen, welche Nachhaltigkeitsimpulse betont werden sollen, auf der anderen Seite kann aber auch die Geschäftsführung einen Fokus legen. Hier ist es also von zentraler Bedeutung, jeweils möglichen blinden Flecken gegenzusteuern.

Beispiel: Eine Unternehmerfamilie setzt den Schwerpunkt auf soziale Nachhaltigkeit und nimmt mögliche Nachhaltigkeitspotenziale in der Produktion nicht wahr. Andererseits kann die Unternehmensführung die bereits gelebte soziale Nachhaltigkeit gar nicht unter diesem Aspekt wahrnehmen und entsprechend nicht kommunizieren. Auch kann innerhalb der Unternehmerfamilie relevante Expertise vorhanden sein, die für das Unternehmen und seine Nachhaltigkeitsstrategie genutzt werden kann (so betreibt beispielsweise in einer Unternehmerfamilie ein Familienmitglied ein Unternehmen, das regenerative Energie erzeugt).

Stufe 3: Sobald Nachhaltigkeits-Auslöser identifiziert worden sind, stellt sich durch die „Dominant Business Logic" die Frage, wie diese in einen Business Case übersetzt werden können. Hier haben wir folgende drei strategische Faktoren identifizieren können: Nachhaltigkeit als Wettbewerbsvorteil, Nachhaltigkeit als technologischer Fortschritt und Nachhaltigkeit als Human-Ressource-Aufgabe.

Während des Implementationsprozesses kann von Seiten der Familie mentale und finanzielle Unterstützung gegeben werden, z. B. durch geduldiges Kapital bei Nachhaltigkeitsinvestments, die dem Familienunternehmen einen entscheidenden Vorsprung zu Nicht-Familienunternehmen geben können. Im Unternehmen kann durch die intensive Beschäftigung mit dem Thema Nachhaltigkeit ein Narrativ entstehen, welches in der Familie Resonanz findet. Beispielsweise verkörpert eine nicht-familien-CEO so überzeugend die Nachhaltigkeitstransformation: Sie verzichtet auf geschäftliche Flugreisen und nutzt darüber hinaus jede Gelegenheit, um über Nachhaltigkeitsthemen ins Gespräch zu kommen. Daraus entstand ein Narrativ im Unternehmen, auch auf höchster Ebene wird Nachhaltigkeit (vor-)gelebt. Die CEO gilt als Vorbild, die Unternehmerfamilie ist begeistert und so erfährt die Nachhaltigkeit des Unternehmens eine große Strahlkraft über die Unternehmensgrenzen hinaus.

Stufe 4: Abgeschlossen wird der Prozess durch die ausformulierte, verschriftliche Nachhaltigkeitsstrategie. Selbst auf dieser höchsten Ebene haben Familie und Unternehmenssphäre die Möglichkeit, Einfluss auf die Strategie zu nehmen. Zum Beispiel hat eine sehr religiös geprägte Unternehmerfamilie ihre religiösen Werte in die verschriftlichte Nachhaltigkeitsstrategie einfließen lassen, während eine nicht-operative Familie Teile der von Fremdgeschäftsführern entwickelten Nachhaltigkeitsstrategie in die Familienverfassung übernommen hat.

Wir sehen also, dass es immer einen Austausch zwischen Familie und Unternehmen bei der Nachhaltigkeitsstrategie-Entwicklung gibt, wobei die Unternehmenslogik den Prozess dominiert.

Teil B: Das Familienunternehmen verstehen

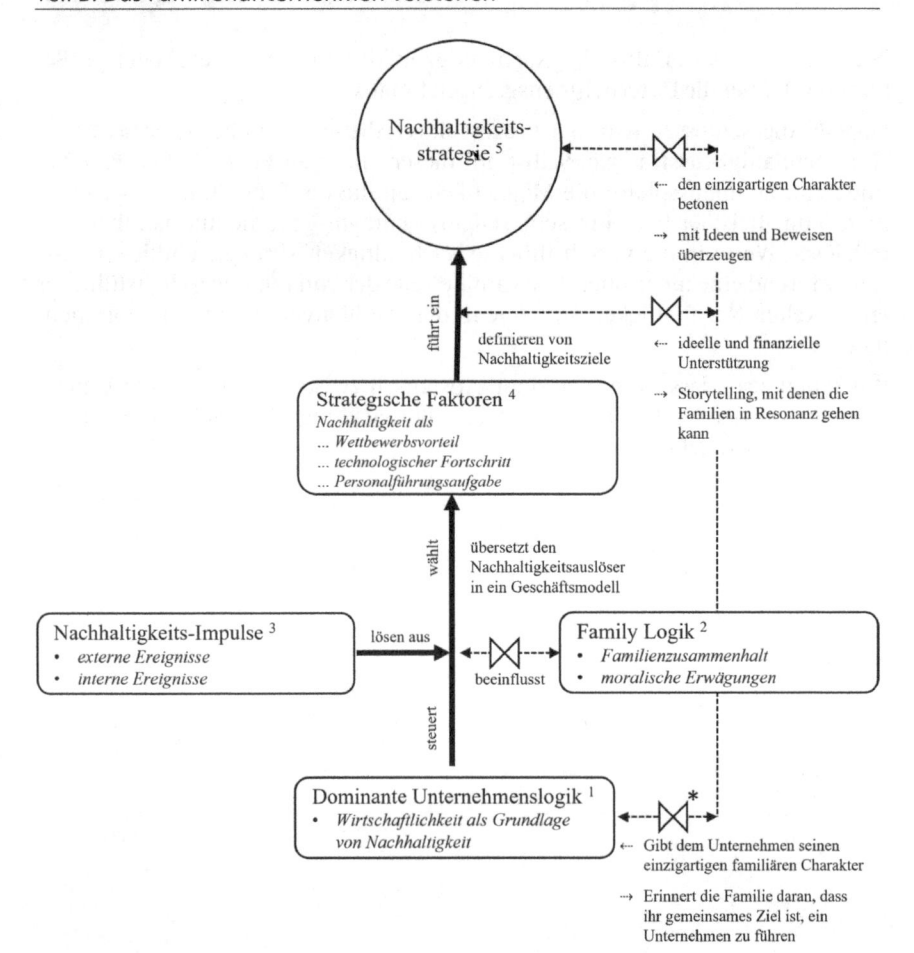

Abbildung 22: Ventilmodell.

Quelle: Gerlitz, Gerken & Hülsbeck (2023)

* Ventilsymbol
1 Dominante Unternehmenslogik. Familienunternehmen sind vor allem Unternehmen, die Gewinne erwirtschaften müssen, um ihren Fortbestand zu sichern.
2 Familienlogik. Die einzelnen Familienmitglieder können sehr unterschiedliche Lebensstile und Werte haben. Diese bilden den Familienzusammenhalt.
3 Nachhaltigkeits-Impulse. Interne oder externe Ereignisse stellen Fakten dar, aufgrund derer die dominante Unternehmenslogik agiert. Dabei betrachtet sie die Nachhaltigkeitsimpulse aus einer Wirtschaftlichkeitsperspektive und sucht nach Möglichkeiten, die Nachhaltigkeitsimpulse in ein Geschäftsmodell zu übertragen.
4 Strategische Faktoren. Die dominante Unternehmenslogik entscheidet, wie Nachhaltigkeits-Impulse in Geschäftsmodelle übertragen werden können, indem sie den geeigneten strategischen Faktor auswählt.

Wenn wir uns anschauen, was diese Forschung zu dem aktuellen theoretischen Diskurs innerhalb der Family-Business-Forschung beitragen kann, dann stellen wir fest, dass bisherige Annahmen infrage gestellt wurden: Familien- und

Unternehmenslogik widersprechen sich nicht und stehen nicht in einem Konflikt zueinander, sondern ergänzen sich. Familie und Manager können eine dritte, emergente Logik entstehen lassen, welche die Spannungen zwischen Familien- und Unternehmenslogik aufhebt. Der Austausch zwischen Familie und Unternehmen, symbolisiert durch das Ventilsymbol, ist Ausdruck dieser dritten, emergenten Logik: der Family-Business-Logik.

Familie und Manager sind sich bewusst, dass sie Vertreter einer einzigartigen Institution sind, die weder nur ein Unternehmen noch nur eine Familie ist. Es ist ein Unternehmen mit einem einzigartigen Familiencharakter. Ein Familienunternehmen wird nach einer zusätzlichen, einzigartigen Logik geführt, die gekennzeichnet ist durch:

(1) einen vorherrschenden Sinn für das Geschäft (DBL),
(2) eine Art und Weise, Geschäfte zu führen, die von den einzigartigen Eigenschaften der Unternehmerfamilie bestimmt wird und
(3) ein Bewusstsein für diese Verflechtung sowohl bei den Familienmitgliedern als auch beim Top-Management-Team.

Wir stellen diese Family-Business-Logik als die 3. Logik des Familienunternehmens vor und leisten einen wichtigen Beitrag zur Theoriebildung in diesem Bereich.

Vor diesem Hintergrund lassen sich konkrete praktische Implikationen ableiten. Es ist zwingend erforderlich, dass sich sowohl die Unternehmerfamilie als auch das Management aktiv an der Entwicklung von Nachhaltigkeitsstrategien beteiligen. Die Ergebnisse unserer Forschung zeigen, dass der Austausch in den verschiedenen Phasen des Strategiebildungsprozesses für das Unternehmen und die Familie und ihre Konstitutionen fruchtbar ist. Eine weitere Implikation bezieht sich auf die Idee der Rentabilität von Nachhaltigkeitsinitiativen. Während die Unternehmenslogik alle Nachhaltigkeitsstrategien auf der Grundlage ihrer kurz- und langfristigen Auswirkungen auf die Rentabilität prüft, kann die Familienlogik das Management dazu anleiten, innovative und darüber hinausweisende Wege zur Einführung von Nachhaltigkeitsinitiativen zu erkunden. Wenn dieses Ineinandergreifen gelingt, lebt im Unternehmen die Family-Business-Logik.

9.3 Nachhaltigkeitsstrategie entwickeln – Das Lemniskaten-Modell

Der Strategieprozess der Nachhaltigkeit in Familienunternehmen findet nicht nur im Unternehmen, auf Managementebene statt. Die Unternehmerfamilie hat einen erheblichen Einfluss auf die Gestaltung und konkrete Auslegung der Nachhaltigkeitsstrategie. Basierend auf den Erkenntnissen eigener Forschung im Bereich Nachhaltigkeit als auch auf weiteren Erkenntnissen der Nachhaltigkeits- und Strategieforschung in Familienunternehmen haben wir das nachfolgende Modell entwickelt.[211]

Um dem dynamischen Charakter der Strategieentwicklung gerecht werden zu können, stellen wir ein dynamisches Modell in Form einer Lemniskate (einer liegenden Acht) vor. Die Lemniskate symbolisiert den fortwährenden Prozess und verdeutlicht, dass sich alles immer im Fluss befindet. Die Lemniskate drückt auch die Polarität aus, die in einem Familienunternehmen besteht: Familiensphäre und Unternehmenssphäre, grafisch durch die linke und rechte Hälfte der liegenden Acht verdeutlicht. Der Kreuzungspunkt der Lemniskate hat eine zentrale Bedeutung, da sich hier die beiden Sphären begegnen. Wichtige Entscheidungsträger werden die Personengruppen aus dem Top-Management sowie die aus Aufsichtsrat und Beirat sein. Diese werden (sehr wahrscheinlich, je nach Governance) sowohl aus Familienmitgliedern als auch Externen zusammengesetzt sein. Dieses Zusammenwirken von einerseits der Familiensphäre und andererseits der Unternehmenssphäre wird im Schnittpunkt des Modells verdeutlicht. Dieser Kreuzungspunkt markiert auch den Zeitpunkt, ab dem aus strategischen Überlegungen konkrete Entscheidungen mit Handlungskonsequenzen werden.

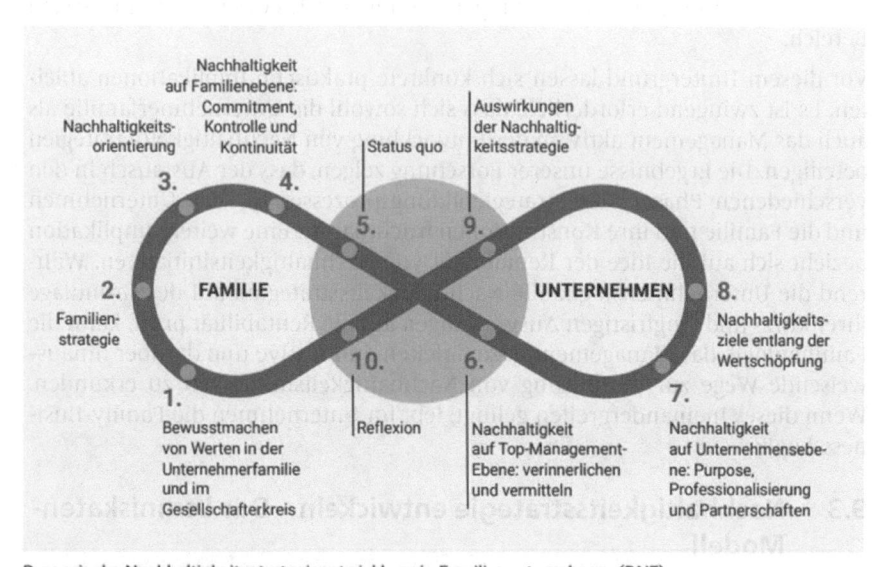

Dynamische Nachhaltigkeitsstrategieentwicklung in Familienunternehmen (DNF) – das Lemniskaten-Modell (eigene Darstellung)

Abbildung 23: Das Lemniskaten-Modell.
Quelle: Entnommen aus Gerlitz & Hülsbeck (2021)

---

211 Gerlitz & Hülsbeck (2021).

9.3.1 Bewusstmachen von Werten

Das generationsübergreifende Denken und Planen ist typisch für Unternehmerfamilien. Hierin ist der Grundstein für die individuelle Nachhaltigkeitsstrategie zu suchen, und in den gelebten Wertevorstellungen und der Geisteshaltung der Familie (Familienlogik) lassen sich konkrete Anknüpfungspunkte für die Umsetzung der Nachhaltigkeitsstrategie finden. Zu Beginn steht daher die Auseinandersetzung mit der Geisteshaltung der Familie. Diese wird sich nicht in der Reflexion über die schriftlich fixierten Statuten, wie beispielsweise eine Familienverfassung erschöpfen. Gerade das Unausgesprochene und die mündlich überlieferten Erzählungen der Familie geben wertvolle Hinweise über die Wertvorstellungen. Diese sollten kritisch hinterfragt werden. Bewusstmachen und Reflektieren von Idealen und „ehernen" Gesetzen der Familie, ist also der erste Schritt und dabei stellt sich schon die Aufgabe, hier im Bedarfsfall analysierend und modulierend einzuwirken. Etablierte Wertemodelle (bspw. das Modell universaler menschlicher Werte nach Shalom H. Schwartz) bieten sich hier als eine Möglichkeit an, diese Auseinandersetzung strukturiert vorzunehmen. Auf dieser Basis lassen sich die Grundelemente der Nachhaltigkeitsstrategie definieren. Diese gilt es dann so zu konkretisieren, dass sie zu konkreten Handlungen führt und definierte Resultate als Ziele vorgibt. Familie und Unternehmen können dieses Wertefundament als Wegweiser für ihre nachhaltige Zukunft annehmen und die weiteren Schritte folgen lassen.

- Welche Werte sind in der Familie lebendig?
- Welche Prioritäten setzt die Familie? Was hält die Familie zusammen?
- Welche Ziele und Richtlinien will sich die Familie selbst geben?
- Welche Vorgaben soll das Unternehmen seitens der Familie erhalten?
- Wie soll das werte-konforme Verhalten gemessen werden?

9.3.2 Familienstrategie

Die Entwicklung der Nachhaltigkeitsstrategie ist als integraler Bestandteil eines Familienstrategieprozesses zu sehen. Dabei gilt es, die gesamte Governance der Familie mitzuberücksichtigen. Das in Kapitel 16 skizzierte WIFU-Modell zur „Familienstrategieentwicklung in Unternehmerfamilien" beschreibt diesen Prozess in zwölf Schritten. Im dort behandelten Themenfeld 3 „Werte und Ziele für Unternehmen und Familie" finden sich die entsprechenden Anknüpfungspunkte.

9.3.3 Nachhaltigkeitsorientierung

Wertefundament und Familienstrategie bilden also die Basis für die Nachhaltigkeitsorientierung. In diesem Schritt geht es darum, der Frage nachzugehen, welche Nachhaltigkeitsthemen sich auf natürliche Weise aus dem Unternehmen und seinem Umfeld ergeben. Mit anderen Worten: Was ist die organische Nachhaltigkeitsorientierung dieses Familienunternehmens? Neben dem unternehmerischen Willen wirken auch Umfeld, Regulierungspolitik, Branche, Wettbewerb und Stakeholder darauf ein. Zwei Möglichkeiten seien hier zur Verdeutlichung skizziert: (1.) Das Unternehmen kann die eigenen Wertschöpfungspartner gewinnen, gemeinsam im Sinne einer Kreislaufwirtschaft (Insetting) zu optimieren. Mit diesem holistisch-integrativen Ansatz verbindet sich das Unternehmen mit seinem Umfeld. Durch das Verringern und Schließen von Material- und Energiekreisläufen werden Ressourcen eingespart und die gesamte Effizienz der Wertschöpfung erhöht. (2.) Das Unternehmen geht den Weg zur Nachhaltigkeit über Ausgleichleistungen (Offsetting). Dieser Weg birgt die Gefahr, dass entsprechende Ausgleichszahlungen (z. B. Emissionshandel) in Zukunft immer unwirtschaftlicher werden. Zudem kann der gesellschaftliche Wertwandel dazu führen, dass solches Offsetting als „Ablasshandel" und „Greenwashing" gebrandmarkt wird, mit entsprechenden Einbußen bei Image und Absatz.

9.3.4 Nachhaltigkeit auf Familienebene

Es geht in diesem Schritt darum, aufbauend auf den Wertevorstellungen und der Geisteshaltung der Eigentümerfamilie die Nachhaltigkeitsstrategie des Unternehmens zu entwickeln. Dieses Vorgehen verspricht, die begrenzten Ressourcen des Familienunternehmens bestmöglich zu nutzen. Was bisher auf „Familienseite" erarbeitet worden ist, wird nun als kommunizierbares Extrakt zusammengefasst.

Familienunternehmen, die durch externen Druck (Regulatoren, Lieferanten, Kunden etc.) sich mehr oder weniger gezwungen sehen, Nachhaltigkeitskriterien zu erfüllen, werden dauerhaft den stets steigenden Nachhaltigkeitsanforderungen ihrer einflussmächtigen Wertschöpfungspartner hinterherlaufen. Diese Familienunternehmen werden bezogen auf ihre Nachhaltigkeit weniger leisten und dafür mehr Ressourcen aufwenden müssen als ihre proaktiven Wettbewerber. Familienunternehmen, die nachhaltige Prozesse, Produkte, Geschäftsmodelle und Lösungen aus einem inneren Anliegen entwickeln, können als Taktgeber ihrer Wertschöpfungskette Vorbild für ihre Partner werden und mit Produktivitäts- und Margenvorsprung punkten. Kurzfristige Gewinnziele und langfristige Nachhaltigkeitsinvestitionen gehen für diese Unternehmen Hand in Hand. Aktuelle Forschungsergebnisse zeigen, dass es auf die Trias Commitment, Kontrolle und Kontinuität ankommt.[212] Mit anderen Worten, es geht um die gelebte Nachhaltigkeitskultur im Unternehmen, klare, messbare Ziele, und langfristige, irreversible Investitionen.

- Commitment: Wozu verpflichten wir uns als Familie bezüglich der Nachhaltigkeit?
- Kontrolle: Wie stellen wir sicher, dass Nachhaltigkeitsprojekte realisiert werden und wie messen wir deren Ergebnisse?
- Kontinuität: Mit welchen Maßnahmen tragen wir die Nachhaltigkeitsthemen in die nachfolgenden Generationen? Welche Verankerung erfahren diese Nachhaltigkeitswerte und -themen (z. B. Familienverfassung)?

---

212 Sharma & Sharma (2021).

9.3.5 Status-quo-Analyse mit dem Top-Management

Es gilt, die Vorstellungen der familiären Strategie mit der aktuellen unternehmerischen Realität abzugleichen. Um die Ist-Situation im Unternehmen zu erfassen, arbeiten Vertreter der Unternehmerfamilie mit dem Top-Management-Team zusammen. Auch wenn es im Fall von operativ tätigen Eigentümerfamilien akademisch erscheint, die ersten vier Punkte von diesem fünften Prozessschritt klar abzugrenzen, erweist es sich in der Praxis doch als hilfreich, die Realität des Unternehmens erst jetzt in den Prozess einfließen zu lassen. Schließlich handelt es sich bei der Entwicklung einer Nachhaltigkeitsstrategie auch um einen Prozess, der an Familienwerte anknüpft und geeignet ist, die Geisteshaltung der Familie zu formen und in der Tatsache, dass die Familie auch eine Unternehmerfamilie ist, einen Sinn zu sehen. Eine zu frühe Einbeziehung der unternehmerischen Realität („das ist viel zu teuer", „unsere Kunden wollen das nicht", „wir sind doch keine Hippies!" etc.), blockiert die Sinnstiftung in der Familie und verhindert den nachhaltigen Veränderungsimpuls im Unternehmen. Nach der Status-quo-Analyse mit dem Top-Management kann das Familienunternehmen bezüglich Nachhaltigkeitsmotivation und -engagement bewertet werden.

9.3.6 Nachhaltigkeit auf der Top-Management-Ebene

Jetzt ist der Gesellschafterkreis besonders gefragt: Die zuvor im Kreis der Unternehmerfamilie geklärten Wertvorstellungen und Nachhaltigkeitsorientierung müssen nun vom Top-Management vollkommen übernommen und verinnerlicht werden. Schließlich obliegt es der Geschäftsführung, diese Werte in alle Bereiche des Unternehmens zu tragen, auf dass sie von allen Mitarbeitenden im unternehmerischen Alltag gelebt werden. Daher ist darauf zu achten, dass das Top-Management-Team die Wertvorstellungen und Nachhaltigkeitsorientierung als strategische Vorgabe ernst nimmt, zutiefst rational und emotional versteht und annimmt. Um dies zu gewährleisten, sollten Familie und Geschäftsführung gemeinsam Nachhaltigkeitsthemen, welche für das Unternehmen relevant sind, aus verschiedenen Perspektiven beleuchten. Hierfür ist ein Format zu wählen, das der Familien- und Unternehmenskultur entspricht. So könnte dies ein Live-Event sein, ergänzt durch mediale Berichterstattung. Es könnten Wissenschaftlerinnen, Künstler und Aktivistinnen zu Wort kommen. Es könnte ein Austausch mit Nachhaltigkeitsvorreitern aus der eigenen Branche und anderen Branchen organisiert werden. Egal welches Format gewählt wird, Ziel muss sein, vom Abstrakten ins Konkrete zu kommen. Erst dann ist die Zeit dafür, die neue Nachhaltigkeitsstrategie in alle Unternehmensbereiche zu tragen, und für die einzelnen Arbeitssituationen zu konkretisieren. Schließlich soll am Ende dieses Prozesses jeder Mitarbeitende im Unternehmen befähigt werden, eigenverantwortlich im Sinne der Nachhaltigkeitsstrategie zu handeln, und zwar jeden Tag.

9.3.7 Nachhaltigkeit auf Unternehmensebene

Was bis hierhin ein Impuls war, muss nun gelebter Alltag im Unternehmen werden. Auch wenn Nachhaltigkeit auf allgemeinen gesellschaftlichen Zuspruch trifft, werden verschiedene Stakeholder Gegenargumente anbringen und alles in ihrer Macht stehende unternehmen, um einzelne Projekte zu verhindern. Zudem ist die Entwicklung einer Nachhaltigkeitsstrategie mit tiefgreifenden Veränderungen verbunden und verlangt Innovationen. Es braucht Zeit und Ressourcen und „geduldiges Kapital", um die reiche Ernte von Nachhaltigkeitsinitiativen einzufahren. Aktuelle Studien weisen auf drei Erfolgsfaktoren hin. Grundlage ist ein gemeinsames sinnstiftendes Unternehmensziel, der Purpose. Diesen gilt es in praktische Lösungen zu übertragen, dazu braucht es Professionalisierung. Schließlich sind Nachhaltigkeitsstrategien immer dann besonders erfolgreich, wenn sie nicht am Werkstor enden, sondern durch externe Partner weitergetragen werden. Dies können Wertschöpfungspartner sein, befreundete Unternehmerfamilien und andere Unternehmen oder Hochschulen. Ziel ist es, nachhaltige Schicksalsgemeinschaften zu bilden.

Eine erfolgreiche Nachhaltigkeitsstrategie beantwortet folgende Fragen:

- Welches sinnstiftende Ziel (Purpose) verfolgt unser Familienunternehmen? Welchen Nutzen bieten wir allen unseren Stakeholdern? Wie übertragen sich diese Nutzenaspekte auf gesellschaftlicher Ebene zu einer allgemeinen Sinnstiftung?
- Womit gelingt es uns, alle Stakeholder für die Reise zur Nachhaltigkeit zu begeistern? Wie kann der Funke unseres Purpose auf unsere Stakeholder überspringen, sodass diese ebenfalls nachhaltiger agieren?
- Wodurch lässt sich die Professionalisierung im Bereich Nachhaltigkeit in unserem Unternehmen fördern? Wie verankern wir Nachhaltigkeit in allen Aspekten unseres Human-Ressource-Prozesses: von der Rekrutierung über Zielvereinbarungen bis hin zur Personal- und Karriereentwicklung? Welche Möglichkeiten der Einbindung von externen Experten können wir schaffen (gemeinsame Projekte mit Stakeholdern, Kooperation mit Hochschulen, externe Beratung usw.)?

9.3.8 Nachhaltigkeitsziele entlang der Wertschöpfung

Aufbauend auf der Nachhaltigkeitsorientierung, welche die Unternehmerfamilie in Schritt drei vorgenommen hat, werden nun Nachhaltigkeitsziele entlang der Wertschöpfungskette definiert. Die Kreislaufwirtschaft („circular economy") ist eine mögliche Nachhaltigkeitsorientierung und soll an dieser Stelle als beispielgebend skizziert werden. Wertschöpfungsketten können sehr komplex sein. Daher ist es zunächst notwendig, die Prozesse zu verstehen. Dies kann nur mit einem multiperspektivischen Ansatz gelingen. Es geht um die Verknüpfung von technologischer, ethischer, wirtschaftlicher, sozialer und juristischer Perspektive. So ist es wünschenswert, ein möglichst breit aufgestelltes interdisziplinäres Team als Steuerungs- und Lenkungsverantwortliche zu benennen, die für die Umsetzung der Nachhaltigkeitsaktivitäten Sorge tragen. Die Ressourcen sollten mit Blick auf größtmöglichen Wirkungsgrad eingesetzt werden und es gilt ‚weniger ist mehr'. Die Nachhaltigkeitsorientierung wird in konkrete Maßnahmen übersetzt, die in konkrete Vereinbarungen, messbare Zielen, klare Bewertungen mündet und so nach innen und außen vermittelt werden kann.

- Notwendigkeit: Was macht diese Aktivität/Maßnahme notwendig? Warum ist diese Maßnahme und keine andere genau jetzt notwendig? Welche anderen Maßnahmen hängen direkt von dieser Maßnahme ab?
- Aufwand: Wie hoch ist der erwartete Aufwand (finanziell, organisatorisch, technisch, kommunikativ, zeitlich etc.)? Worauf basieren diese Aufwandsschätzungen? Welche anderen Szenarien sind möglich?
- Direkter Effekt: Mit welcher „Triple-Bottom-Line" ist zu rechnen? Wer ist betroffen? Inwiefern? Wie ist dies zu bewerten?

9.3.9 Auswirkungen der Nachhaltigkeitsstrategie

Die gewollten und ungewollten Ergebnisse der Nachhaltigkeitsstrategie sind nun festzuhalten, systematisch zu dokumentieren und zu visualisieren. Die Ergebnisse sind auf drei Ebenen „Triple-Bottom-Line" (Ökologie, Soziales und Ökonomie) und für alle als relevant eingestuften Stakeholdergruppen festzuhalten. Mit Hilfe einer Matrix können die Ergebnisse der einzelnen Maßnahmen verknüpft werden und somit wird deutlich, welchen Ebenen und welchen Elementen in Zukunft mehr Aufmerksamkeit geschenkt werden muss. Die so entstehende „heat map" wird helfen können, Prioritäten in strategischer Ausrichtung und operativer Steuerung zu setzen.

9.3.10 Reflexion

Abschließend gilt es zu prüfen, wie die realisierten Ergebnisse mit den zu Beginn des Prozesses entwickelten familiären Werten korrespondieren. Es ist weiter zu prüfen, ob im Laufe des Prozesses weitere Erkenntnisse gewonnen werden konnten, die wiederum in die grundlegende Werteorientierung rückkoppelnd einfließen müssen. Zu fragen ist, ob sich emergente Strategien entwickelt haben und wie sich diese zu den Zielen der Familie und des Unternehmens verhalten. Entsprechend ist zu prüfen, ob eine Justierung indiziert ist, denn in den derzeitigen unsicheren Markt- und Weltzusammenhängen (Stichwort VUCA) können sich neue Einflussfaktoren ergeben haben, die eine zeitgemäße Nachhaltigkeitsstrategie berücksichtigen sollte.

Mit dem Ventilmodell bieten wir Ihnen ein Werkzeug an, mit dem das konkrete Zusammenspiel von Geschäftsführung und Familie auf dem Weg zu einer Nachhaltigkeitsstrategie im Sinne der Family-Business-Logik bearbeitet werden kann. Dieses Werkzeug basiert auf unseren aktuellen empirischen Forschungsergebnissen und hilft, ein strategisches Bewusstsein für die Family-Business-Logik zu entwickeln. Dieses Bewusstsein erleichtert letztlich, den Wettbewerbsvorteil des eigenen Familienunternehmens auszubauen.

Teil B: Das Familienunternehmen verstehen

Des Weiteren möchten wir Ihnen mit dem Lemniskaten-Modell ein Werkzeug an die Hand geben, mit dem Sie in Familie und Unternehmen in 10 Schritten eine ganzheitliche und langfristige Nachhaltigkeitsstrategie für Ihr Familienunternehmen entwickeln und aktiv unternehmerisch gestaltend einwirken können.

Hermut Kormann
10. Ausschüttungspolitik
10.1 Begriff

Unter Ausschüttungspolitik verstehen wir die interne Politik des Familienunternehmens, welche finanziellen Vorteile das Unternehmen an seine Gesellschafter vorzugsweise aus dem Gewinn der Periode zuleitet – oder eben ausschüttet. Nicht eingeschlossen sind:
- Entgelt für Arbeitsleistung z. B. als Geschäftsführer oder Tarifangestellter,
- Ertrag aus dem Verkauf der Unternehmensanteile.[213]

Sehr wohl sollen in dieser Begriffsbildung unter Ausschüttung auch solche Vorteile mit eingeschlossen sein, die nur auf Grundlage der Gesellschafterposition aus dem Unternehmen gezogen werden, z. B.:
- Zinsen auf Gesellschafterdarlehen,
- Zinsen oder Pachtzahlungen für Betriebsvermögen.

Zusätzlich zu der regelmäßigen, jährlichen Ausschüttung gibt es bei fast allen reiferen Unternehmen in größeren Abständen – etwa ein bis zwei Mal pro Generation – eine substanzielle Sonderausschüttung. Die Quellen für solche „Liquidity Events" können kaum generell systematisiert werden: der Verkauf nicht mehr benötigten Betriebsvermögens; der Verkauf einer Sparte oder einer Tochtergesellschaft oder eines Aktienpaketes; eine Steuererstattung (auch das soll vorkommen); ein gewonnener Prozess. Außergewöhnliche Erträge oder Erlöse aus Vermögensumschichtungen sollten auch für außerordentliche Verwendungen genutzt werden. Der Aufbau eines Sekundärvermögens, von dem unten gesprochen wird, wäre eine gute, außerordentliche Verwendung.

10.2 Ziel und Bedeutung

Als *Ziel* für die Ausschüttungspolitik nehmen wir als „gesetzt" die Annahme, dass die Langlebigkeit des Familienunternehmens gesichert sein solle: ein unabhängiges, strategiefähiges Unternehmen im Eigentum der Gründerfamilie(n). Dies verlangt, das Unternehmen selbst nachhaltig zu entwickeln und hierfür durch Gewinnthesaurierung die Finanzmittel bereitzustellen.

In gleicher Weise muss aber auch die finanzielle Unabhängigkeit der Gesellschafter sichergestellt werden. Nur finanziell unabhängige Gesellschafter werden auf Dauer eine loyal zum Unternehmen stehende Trägergruppe sein. Daher steht die in dem Beitrag zur Vermögensstrukturierung und hier in dem Beitrag zur Ausschüttung vertretene finanzielle Versorgung der Gesellschafter nicht neben oder gar im Gegensatz zur Förderung des Unternehmens. Vielmehr ist die

---
213 Siehe hierzu die Ausführungen des Autors in Teil D, Kapitel 23.

finanzielle Unabhängigkeit der Gesellschafter ebenso auf dessen Nachhaltigkeit als Familienunternehmen ausgerichtet. Man muss sich nur vorstellen, dass ein Gesellschafter mit 25 % Anteil kündigt, weil die Ausschüttung zu gering ist. Der dann das Unternehmen belastende Liquiditätsabfluss ist dann sicher höher, als wenn man zur Lebzeit dieses Gesellschafters die Ausschüttung verdoppelt hätte.

Die *Bedeutung* der Ausschüttung ist schwer abzuschätzen. Aus der Sicht des überwiegenden Teils der Familiengesellschafter ist es ein Geschenk, über dessen Höhe oder Rechtfertigung nicht weiter nachgedacht wird. Es gibt eine Tradition, damit ist man bisher als Unternehmen „gut gefahren" und ist als Gesellschafter zufrieden. Aus der Perspektive eines Wissenschaftlers oder eines Beraters von Familiengesellschaftern hat sie jedoch immer eine große latente Bedeutung:

- Es ist die entscheidende Nutzen-Komponente für Gesellschafter, die nicht nur ein emotionales, erhöhtes Selbstwertgefühl aus ihrer Beteiligung ziehen wollen, sondern auch auf eine Erhöhung ihres materiellen Lebensstandards hoffen.
- Von den Gesellschaftern wird die Entwicklung der Ausschüttungen als Indikator für die Entwicklung des Unternehmens gewertet.
- Eine Diskussion über die richtige Ausschüttungspolitik kann – meist unverhofft – zu den Grundfragen der langfristigen Unternehmens- und Familienstrategie führen.
- Schließlich sind die Ausschüttungen der Transfer der Finanzmittel vom Unternehmen an die Gesellschafter, mit denen sie ein unternehmensexternes Vermögen aufbauen können (siehe Kapitel 23).

Die hohe Bedeutung wird greifbar, wenn es zwischen den Gesellschaftern Auseinandersetzungen darüber gibt, welche Dividende bezahlt werden soll oder gar eine Gewinnausschüttung generell verweigert wird. Dann zeigt sich die hohe Brisanz des Themas. Dies wird nicht zuletzt dadurch belegt, dass es eine Reihe von Urteilen oberer Gerichtsinstanzen dazu gibt, welchen Anspruch Gesellschafter auf Ausschüttungen haben – die ihnen von den Mehrheitsgesellschaftern verweigert wurden. Hier wollen wir uns bemühen, eine Logik zu entwickeln, wie eine bestimmte Ausschüttungspolitik argumentativ entwickelt und begründet werden kann. Diese Logik kann helfen, wenn Gesellschafter konstruktiv danach suchen, was richtig ist. Diese Überlegungen helfen nicht, wenn Mehrheitsgesellschafter angemessene Ausschüttung verweigern, um mit diesem Machtinstrument die Minderheitsgesellschafter zu disziplinieren oder gar aus dem Unternehmen zu drängen.

10.3 Modell für die Relationen der Gewinnausschüttung

Wenn es um betriebswirtschaftliche Sachverhalte geht, sollte man sich immer die plausiblen Größenordnungen der untersuchten Phänomene vergegenwärtigen. Diese wirtschaftliche Bedeutung ist nur in Relationen zu erfassen und zudem muss die Ausprägung dieser Relationen innerhalb eines bestimmten

Relevanzbereiches liegen. Wir wollen den Blick vor allem auf folgende Relationen richten:

- Ausschüttung als Prozentsatz des Jahresüberschusses,
- Ausschüttung als Prozentsatz des Umsatzes,
- Ausschüttung als Prozentsatz des Unternehmenswertes.

Die Ausschüttung als Prozentsatz des gesamten Jahresüberschusses liegt bei Familienunternehmen (Basis Kapitalgesellschaft) zwischen 15 % und 35 %; bei Personengesellschaften wegen der anders gelagerten Steuerpflicht (siehe Beitrag zur Besteuerung in Kapitel 20) etwa 10 Punkte höher. Dies ist eine weite Spannbreite von plus/minus 40 % Varianz um den angenommenen Mittelwert von 25 %. Die genauere Bestimmung einer anzustrebenden Quote ist eben die Kernfrage einer Politikformulierung für die Ausschüttung.

Für die Ausschüttung als Relation zum Umsatz sei folgende Modellrechnung als typisches Muster geboten.

Tabelle 10: Schematische Ergebnisrechnung.

Umsatz	**95,0**
Bestandsveränderung	+ 5,0
Gesamtleistung	100,0
Materialaufwand	45,0
Personalaufwand	30,0
Abschreibungen	5,0
Saldo sonstiger Aufwand minus sonstige Erträge	14,0
Ergebnis vor Zinsen und Steuern	6,0
Zinsaufwand - netto	0,5
Ergebnis vor Steuern	5,5
Steuern	2,5
Ergebnis nach Steuern	3,0
Davon Ausschüttung 25%	0,7

Quelle: Entnommen aus Kormann, H. (2013)

Nehmen wir eine Spannbreite der Ausschüttung/Umsatz von 0,5 % bis 1 %, dann muss man das einmal in Relation zu anderen Aufwandsarten setzen. Die ist:

Teil B: Das Familienunternehmen verstehen

- Weniger als ein Drittel der Ertragsteuern, die der Fiskus abzieht!
- 2 % bis 3 % des Personalaufwands.
- 10 % bis 20 % des Investitionsbudgets, wenn dieses – zumindest – auf der Höhe der Abschreibungen liegt.

Für die Ausschüttung als Relation des Unternehmenswertes ist es zuerst zweckmäßig, sich die typischen Umsatz- und Bilanzrelationen zu vergegenwärtigen:

Tabelle 11: Typische Umsatz- und Bilanzrelation.

Umsatz	100
Bilanzsumme/Umsatz	60%
Eigenkapital/Bilanzsumme	33%
Eigenkapital/Umsatz	20%
Netto- Finanzverbindlichkeiten (ohne Pensionsrückstellung)/Umsatz	10%
Buchwert Anlagevermögen/Umsatz	20%
Buchwert Anlagevermögen/ Anschaffungskosten Anlagevermögen	50%
Netto-Umlaufvermögen/Umsatz	20%

Quelle: Entnommen aus Kormann, H. (2013)

Der Unternehmenswert dieses „Modell-Unternehmens" sollte mindestens 50 % vom Umsatz betragen, wenn die Wachstumsrate attraktiv ist, vielleicht sogar 70 % bis 80 % vom Umsatz. Das entspricht dem 3- bis 4-fachen vom Buchwert des Eigenkapitals, was schon sehr hoch wäre. Die Relation für die Ausschüttung zum Unternehmenswert liegt dann bei 1 % bis 1,5 %. Diese Relation liegt deutlich unter der Dividendenrendite (Dividende/Börsenkurs) von DAX-Gesellschaften, die zwischen 2 % und 3 % liegt. Der Grund liegt in der höheren Thesaurierungsquote der Familienunternehmen.

Die Diskussion im politischen Raum darüber, dass die Unternehmenseigner noch zur Erbschaftsteuer und zur Vermögenssteuer heranzuziehen sind, erscheint angesichts dieser Relationen als geradezu abstrus. Diese müssten die gesamte Ausschüttung dazu verwenden, um die Vermögenssteuer zu zahlen oder die Erbschaftsteuer anzusparen. Es müssten dann vermutlich die Anteilseigner größerer und vor allem wachsender Familienunternehmen überlegen, einmal den hohen Aufwand der Wegzugsbesteuerung zu tragen, ihren Wohnsitz in ein Niedrigsteuerland (ohne Vermögens- und Erbschaftsteuer und mit maßvoller Ertragssteuer) zu verlagern und sich damit dieser gravierenden Abgabe ein für alle Mal zu entziehen.

10.4 Bemessungsgrundlage der Ausschüttung

10.4.1 Was wird ausgeschüttet?

Üblicherweise spricht man von der Gewinnausschüttung. Das ist aber nicht präzise. Bei Immobiliengesellschaften, die durch Abschreibungen Verluste ausweisen, können trotzdem Ausschüttungen bzw. Entnahmen erfolgen. So gesehen wird also „Liquidität" ausgeschüttet. Aber selbst dieser Liquiditätsabfluss findet in manchen Fällen nicht statt, sondern nur eine Umbuchung vom Konto Gewinnrücklage auf das Konto Darlehen des Gesellschafters. Will man all diese Erscheinungsformen der Ausschüttung in einer Definition erfassen, dann passt wohl am besten die Charakterisierung: Überführung von Liquidität aus der Verfügung durch das Unternehmen in die Verfügungsmacht der Gesellschafter. Ungeachtet dieser Besonderheiten gehen wir im Folgenden von dem Normalfall aus: die Ausschüttung aus dem Gewinn.

10.4.2 Vorsteuer-Gewinn bei der Personengesellschaft und Nach-Steuer-Gewinn bei der Kapitalgesellschaft

Im deutschen Steuerrecht wird bei der Personengesellschaft nur der Gewinn „einheitlich und gesondert festgestellt", diese Feststellung ist dann in die Steuererklärung der jeweiligen Gesellschafter zu übernehmen. Zusätzlich zahlt aber die Personengesellschaft selbst die Gewerbesteuer.

Bei der Kapitalgesellschaft zahlt diese selbst die Ertragssteuern einschließlich der Gewerbesteuer. Der Empfänger der Ausschüttung zahlt noch einmal eine Abzugssteuer, aber eben nur auf den Betrag der Ausschüttung.

Es bedarf wenig übersichtlicher Berechnungen, um dies vergleichbar zu machen. Die beste Übersichtlichkeit ergibt sich dann, wenn bei der Personengesellschaft die Ausschüttung einen Ziel-Betrag in „Netto" sowie eine „Erstattung" der für die Gesellschafter darauf entfallenden Einkommensteuer umfasst. Für diese Erstattung wird aus Gründen der Gleichbehandlung der Gesellschafter der maximale Steuersatz gewählt. So erhalten Minderheitsgesellschafter, die qua Beteiligungsquote ohnehin einen kleineren Ausschüttungsbetrag erhalten, eine für sie überdimensionierte Steuererstattung.

10.4.3 Gewinn des Konzerns ohne Anteile Dritter, nicht der Gewinn der Obergesellschaft

Juristisch gesehen erhalten die Gesellschafter die Ausschüttung von der Gesellschaft, an der sie direkt beteiligt sind. Nun hat diese bereits bei mittelgroßen Unternehmen weitere Tochtergesellschaften im In- und Ausland. Der für die Ausschüttung relevante Indikator zum Wohlstand des Unternehmens ist dann nicht allein der bei dieser Obergesellschaft ausgewiesene Gewinn. Dieser mag aus der eigenen Geschäftstätigkeit dieser Obergesellschaft stammen sowie aus den von unten, den Tochtergesellschaften, nach oben ausgeschütteten Gewinnen. Über diese konzerninternen Gewinnausschüttungen entscheiden aber die Geschäftsführung und nicht die Gesellschafter der Obergesellschaft. Daher muss in dem Gesellschaftsvertrag bzw. der Satzung der Obergesellschaft verankert sein, dass die Gesellschafter über die Verwendung des Gewinns des Konzerns beschließen können. Es liegt dann in der Zuständigkeit der Geschäftsführung, dieses umzusetzen.

10.4.4 Nicht ausschüttungsfähige Gewinnanteile

In einem Workshop zu diesem Thema haben zwei Teilnehmer die These vertreten, es könne der gesamte Jahresüberschuss ausgeschüttet werden. Bei dieser Vorstellung muss es einem professionellen CFO (oder CEO) die Sprache verschlagen.

Als nicht an die Gesellschafter der Obergesellschaft ausschüttbaren Anteile des Konzerngewinns sind als Erstes die Gewinne zu nennen, die auf Mitgesellschafter bei den Tochterunternehmen entfallen. Da im Konzern auch solche Tochtergesellschaften konsolidiert werden, bei denen das Familienunternehmen nur eine einfache Mehrheit der Anteile (und/oder der Stimmen) hat, müssen die auf die Minderheitsgesellschafter in den Tochterunternehmen entfallenden Gewinnanteile abgezogen werden.

Es gibt weiter Gewinnanteile, die zwar den Gesellschaftern der Obergesellschaft rechtlich zustehen, an die sie aber nicht herankommen. Ein einschlägiges Beispiel ist die sogenannte „Konsolidierung at Equity". Bei der Equity-Konsolidierung wird der anteilige thesaurierte Jahresüberschuss einer nicht vollkonsolidierten Beteiligungsgesellschaft in die Gewinnrechnung des Konzerns übernommen. (Die auszuschüttende Dividende wird richtigerweise ohnehin als Ertrag verbucht.) Der Zugriff auf diese thesaurierten Erträge steht aber nicht in der Macht des Minderheitsgesellschafters. Daher können sie auch nicht in die für die Ausschüttung an die eigenen Gesellschafter zur Verfügung stehende Bemessungsgrundlage einbezogen werden. Normalerweise sind dies bei einem großen Kernunternehmen nur Nebenrechnungen. Betrachtet man aber große Beteiligungen wie etwa Haniel bei Metro, Schaeffler bei Continental, dann werden diese Relationen essenziell.

Sodann kommen die wirtschaftlich notwendigen Thesaurierungen von Gewinnen bzw. notwendige Einbehaltung von Liquidität. Selbst bei einem nur mäßig wachsenden Unternehmen liegen die Investitionen, die aus Eigenkapital (Gewinnthesaurierung) bestritten werden müssen, über dem Betrag der Abschreibungen auf den niedrigen historischen Abschreibungswert. Ein Investitionsbudget von 120 % der Abschreibungen ist durchaus „normal". Das ist aber bereits eine Mindestthesaurierung von 1 % vom Umsatz. Und nach all diesen Abzügen muss sich die Geschäftsführung der Obergesellschaft fragen, ob sie die Liquidität von den Beteiligungsgesellschaften zu der Obergesellschaft transferiert erhält. Wenn die Beteiligungsgesellschaft selbst eine Börsengesellschaft ist, thesauriert diese selbst einen großen Teil der Gewinne. Darauf hat auch ein

10. Ausschüttungspolitik

Mehrheitsgesellschafter keinen Zugriff – allenfalls kann er unter restriktiven Bedingungen Darlehen von der Beteiligungsgesellschaft erhalten. Kritisch kann der Liquiditätstransfer auch von einer Beteiligungsgesellschaft in einem Entwicklungsland mit Kapitalverkehrskontrolle sein.

Aus der Summe dieser Einflüsse kann sich ergeben, dass ein wesentlicher Teil des Konzerngewinns von vornherein und nicht gestaltbar thesauriert werden muss.

10.5 Gewinnthesaurierung für Liquiditätsstärkung oder Wachstumsinvestitionen beim Unternehmen

Da der größere Teil des Gewinns thesauriert wird, ist für das Volumen dieses größeren Teils erst einmal entscheidend, dass die Ertragskraft des Unternehmens gut ist. Oder umgekehrt: Askese der Gesellschafter bei Gewinnausschüttungen kann es nicht kompensieren, dass das Gewinnniveau insgesamt zu niedrig ist.

Sodann dient die Thesaurierung zwei möglichen Zwecken:

- Verbesserung der Finanzstruktur durch Reduzierung von Krediten oder zur Vorsorge, um etwaige künftige Verluste (Liquiditätsabflüsse) bzw. Restrukturierungsinvestitionen bestreiten zu können.
- Investitionen in Erhöhung des Vermögens, was letztlich dem Wachstum des Unternehmens dienen muss (in Umsatz und Ertragspotenzial). Auch Investitionen in Produktivitätssteigerungen führen zu Wachstum, um die produktiveren Anlagen auszulasten.

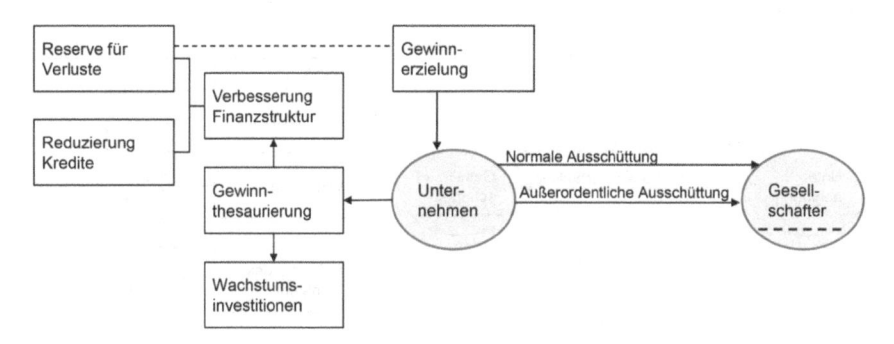

Abbildung 24: Einflüsse auf die Gewinnthesaurierung.
Quelle: Entnommen aus Kormann, H. (2013)

Tabelle 12 zeigt Zahlenbeispiele für den Relevanzbereich von Wachstumsraten des Eigenkapitals reifer Unternehmen und den hierfür erforderlichen Nettoumsatzrenditen und Thesaurierungsquoten.

Tabelle 12: Zusammenhang von Thesaurierungsquote und Wachstumsrate des Unternehmens.

Eigenkapital-rendite	Netto-Umsatz-rendite	Ausschüttungs-quote	Thesaurierungs-quote	Wachstumsrate Eigenkapital
8%	2%	15%	85%	6,8%
12%	3%	20%	80%	9,6%
16%	4%	25%	75%	12,0%
20%	5%	30%	70%	14,0%

Quelle: Entnommen aus Kormann, H. (2013)

10.6 Gewinnausschüttung für Verbrauch und Sparen der Gesellschafter

Die Gewinnausschüttung brauchen Gesellschafter für vier Zwecke:

- Bestreitung der mit dem Eigentum verbundenen Aufwendungen (Berater usw.) und Steuern.
- Aufwendungen für den Transfer dieses Eigentums an die nächste Generation. Hier steht die Erbschaftsteuer im Vordergrund, aber auch mögliche Vermächtnisse bzw. Pflichtteilszahlungen für weichende Erben.
- Zeitnaher Verbrauch (oder Tilgung der Schulden aus der Vergangenheit).
- Sparen für die Zukunft.

Abbildung 25 illustriert die Zusammenhänge.

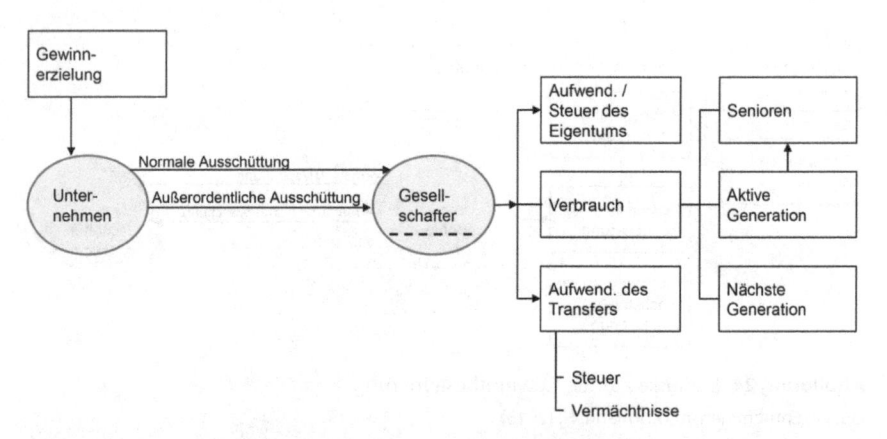

Abbildung 25: Verwendungszwecke für die Gewinnausschüttung.
Quelle: Entnommen aus Kormann, H. (2013)

Der Verbrauchsanteil dient zunächst dem aktuellen Verbrauch in der Ausschüttungsperiode. Es ist aber weiter zu bedenken, wann die Anteile wieder an die nächste Generation weitergegeben werden. Wenn diese bereits dann an die

Kinder weitergegeben werden, wenn diese erwachsen werden – und nicht erst beim Todesfall, wenn die Kinder selbst schon ein höheres Alter haben –, dann ist also noch Vorsorge für den Verbrauch der Senioren in ihrem Alter zu treffen, wenn sie die Anteile schon weitergegeben haben werden. Bei den heutigen Lebenserwartungen kann man grob ansetzen, dass in den ca. 35 Jahren als Erwachsener die Hälfte des Einkommens gespart werden muss, um in der Pensionszeit ein gleichbleibend hohes Einkommen wie zur „aktiven" Zeit zu erzielen. Diese Logik würde also auch für den Verbrauchsanteil an den Gewinnausschüttungen gelten. Dabei wird zunächst vereinfachend unterstellt, dass der Ausschüttungsbetrag gleich hoch bleibe.

Dieser Logik kann in zweifacher Weise Rechnung getragen werden.

a) Ein Weg ist, dass die Empfänger die Hälfte der Ausschüttung für die Rentenzeit zurücklegen. Dieser Weg hat den Vorteil, dass dieser Sparanteil relativ sicher angelegt werden kann – zumindest abgeschottet von dem wirtschaftlichen Schicksal des Familienunternehmens.

b) Der andere – gebräuchliche – Weg besteht darin, dass die Senioren bei der Weitergabe der Anteile an die nächste Generation sich einen Nießbrauch für die Hälfte der Gewinnausschüttung vorbehalten. Bei dieser Lösung hängt die „Rente" aber von der zukünftigen Ertragskraft des Familienunternehmens ab.

Das Ergebnis bedeutet, dass in der Mehrgenerationen-Gesellschaft der Verbrauchsanteil der Gewinnausschüttung für den Verbrauch von zwei Gesellschafterfamilien anzusetzen ist.

10.7 Ausschüttung für den Aufbau eines Sekundärvermögens

In dem Kapitel über die Strukturierung des Vermögens der Gesellschafter (siehe Kapitel 23) wird dargelegt, dass die Gesellschafter reifer Familienunternehmen ihr Vermögen diversifizieren sollten. Der normale Weg, um die für die diversifizierten Investments erforderlichen aus dem Kernunternehmen herauszuziehen, ist die Gewinnausschüttung. Gelegentlich gelingt es Familiengesellschaftern im Rahmen einer gesellschaftsrechtlichen und steuerrechtlichen Umstrukturierung, ein solches Vermögen auch abzuspalten und außerhalb der Risikosphäre des Kernunternehmens zu halten.

Zur Begründung, wann eine solche unternehmensexterne Vermögensdiversifikation anzustreben ist, ist auf das später folgende Kapitel 23 des Autors in Teil D zu verweisen. Im Rahmen der Vermögensstrukturierung ist zu entscheiden, welcher Anteil des Gesamtvermögens außerhalb des Kernunternehmens angelegt werden sollte. Im Rahmen des obigen Kapitels zur Vermögensstrukturierung wurde eine Spannbreite von 20 % bis 40 % angesprochen. Wir nehmen für die weiteren Betrachtungen einen Durchschnitt von 30 % an. Wie viele jährliche Ausschüttungen man braucht, um einen solchen Fonds aufzubauen, hängt offenbar von der verfügbaren Zeitachse ab. Wie viel Zeit verfügbar ist, ist wiederum mit den Zukunftsaussichten des Kerngeschäfts verbunden. Hat dieses ein hohes Wachstum und braucht daher eine hohe Thesaurierungsquote, dann muss man sich mit dem Aufbau des Sekundärvermögens gezwungenermaßen Zeit lassen. Wenn das Sekundärvermögen von 30 % Anteil in zwei bis drei Generationen aufzubauen wäre, dann bräuchte man eine Ausschüttung von 0,5 % des Unternehmenswertes. Hat man nur eine Generation Zeit, weil etwa das Kerngeschäft schon stagniert, dann muss man für diesen Sparvorgang pro Jahr eine Ausschüttung von 1 % des Unternehmenswertes vorsehen. Diese höhere Ausschüttung sollte auch möglich sein, weil das stagnierende Kerngeschäft als reifes Geschäft einen hohen Cashflow erzielen dürfte, der mangels Wachstums nur zum geringen Anteil für Investitionen gebraucht würde (vergleiche zur Thematik auch Kapitel 23.1.5).

10.8 Maximen

Nachdem die einzelnen Interessen für sich behandelt wurden, sollen nun zusammenfassende Maximen vorgestellt werden. Dies sind keine „Wahrheiten", aber plausible Regeln. Sie können als Startpunkt genommen werden, um spezifische Normen für eine bestimmte Generation in einem spezifischen Unternehmen zu entwickeln.

(1) Es sind sowohl die Gesellschafterinteressen wie auch die Unternehmensinteressen zu berücksichtigen.
Es geht also nicht um „entweder/oder", sondern um „sowohl als auch".

(2) Sollte der Jahresüberschuss nachhaltig nicht ausreichen, um beiden Interessen gerecht zu werden, kann dies nicht durch einen längerfristigen Verzicht auf Ausschüttungen kompensiert werden. Vielmehr müssen die zugrunde liegenden Ursachen in der Rentabilität des Geschäftes (zu niedrig?), in den Wachstumszielen und den Wachstumswegen (zu hoch und eventuell mit teuren Akquisitionen?) überprüft werden.

(3) Für ein Unternehmen in der ersten Generation ist lange eine maximale Thesaurierung bei gut dotiertem Geschäftsführungsvertrag für den Gesellschafter angezeigt.

(4) Ein reifes Unternehmen in der dritten Generation sollte auch anspruchsvolle Raten organischen Wachstums aus einer Gewinnthesaurierung von weniger als 75 % des Jahresüberschusses finanzieren können. Die nachfolgende Formel erläutert die Zusammenhänge.

10. Ausschüttungspolitik

$$\text{Notwendige Netto-Rendite auf das Eigenkapital} = \frac{\text{Ziel-Wachstumsrate}}{(1-\text{Ausschüttungsquote})} =$$

$$\frac{0{,}1}{1-0{,}25} = 0{,}27 \qquad \frac{0{,}1}{1-0{,}33} = 0{,}15$$

Abbildung 26: Eigenkapitalrendite und Wachstumsrate.
Quelle: Entnommen aus Adams & Manners (2013)

(5) Fokussiert man sich nur auf die Eigenkapitalausstattung bzw. Verschuldungsrelation, gibt es eine einfache und plausible Heuristik. Bei 0 % Eigenkapital zur Bilanzsumme kann man sich 0 % Ausschüttungsquote leisten. Bei 100 % Eigenkapital kann offensichtlich die Ausschüttungsquote 100 % betragen. Die Punkte dazwischen kann man interpolieren. Bei 30 % Eigenkapital z. B. 30 % Ausschüttungsquote.

(6) Hinsichtlich der Anpassung der Ausschüttungen an die aktuelle Ertragslage empfiehlt sich eine Politik der gesteuerten, gedämpften Anpassung. Keine Anpassung an grundsätzliche Ertragsschwankungen wäre irreführend. Eine volle Anpassung qua fester Quote vom schwankenden Jahresergebnis wäre nicht angemessen, denn das machen ja noch nicht einmal die Publikumsgesellschaften. Diese pflegen ja durchweg Kontinuität in der Ausschüttungspolitik.
Ich empfehle, die absoluten Beträge der Ausschüttung bereits bei der Verabschiedung der Mehrjahres-Planung festzulegen. Damit erhält die Planung eine gewisse Verbindlichkeit als Zusage gegenüber den Gesellschaftern.

(7) Wenn die Wachstumsfinanzierung des Kernunternehmens abgedeckt ist und die internen Finanzierungsregeln erfüllt werden, sollte das überschüssige Gewinnpotenzial für den Aufbau von Sekundärvermögen genutzt werden. Je besser die Ertragslage im Kernunternehmen ist, desto wahrscheinlicher dürfte es sein, dass diese im Laufe der Zeit zum normalen Durchschnitt abflacht. Da die Dotierung des Sekundärvermögens ohnehin lange Zeiträume erfordert, kann die hierfür markierte Ausschüttungsquote in rezessiven Zeiten ausgesetzt werden.

(8) Die Gewinnausschüttung dient im Idealfall in etwa zu je einem Drittel dem Verbrauch der Gesellschafter-Generation (einschließlich Erziehung und Ausbildung der Next Generation), der Versorgung der Senioren-Generation und dem Aufbau eines Sekundärvermögens. Dabei ist insbesondere die gleiche Dotierung des Teils für die Gesellschafter-Generation und die Senioren-Generation diskussionsbedürftig. Man kann auch für eine Relation der jüngeren Gesellschafter-Generation von größer 40 % und der älteren Senioren von kleiner 25 % plädieren.[214] Hier spielen dann auch sehr

---
214 So das Musterbeispiel bei Kormann (2013), S. 269 f.

individuelle Lebenssituationen eine Rolle (z. B. Beruf und Berufseinkommen der Gesellschafter-Generation).

(9) Bei einem reifen Unternehmen der dritten Generation können von einem Netto-Jahresüberschuss von 10 % bis 15 % auf das Eigenkapital auch anspruchsvolle Wachstumsziele von 7 % bis 10 % p.a. finanziert werden, sofern die Ausschüttungsquote unter 25 % bleibt. Die nachfolgende Darstellung von Adams & Manners (2013) illustriert die Zusammenhänge.

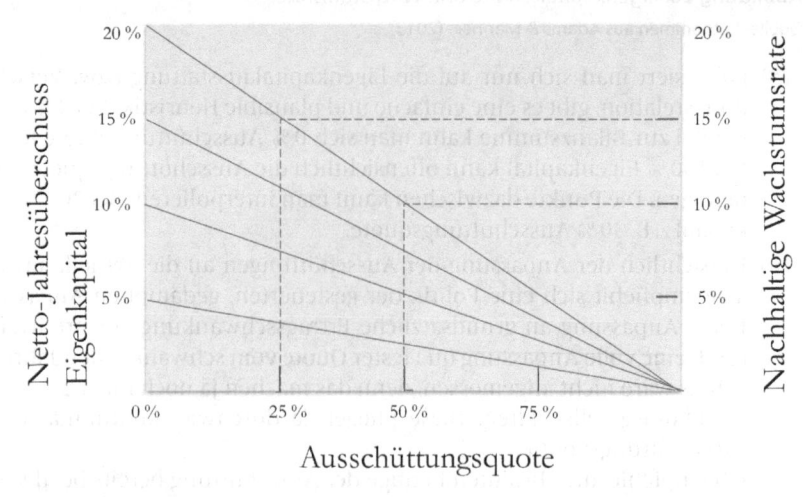

Abbildung 27: Zusammenhang zwischen Rentabilität, Wachstumsrate und Ausschüttungsquote nach Adams & Manners (2013).
Quelle: Entnommen aus Adams & Manners (2013)

Nur bei nachhaltigen Wachstumsraten über 15 % p.a., die aber nur in der ersten Generation typisch sind, muss voll thesauriert werden oder eine hohe Eigenkapitalrentabilität über 20 % erreicht werden.

(10) Als letzte Zusammenfassung mag folgende Überlegung hilfreich sein: Eltern erfüllen ihre Verpflichtung zur Fürsorge für die nächste Generation in weitestgehendem Umfang dann, wenn ihre Nachkommen so gestellt werden, wie die Eltern selbst Fürsorge erfahren haben. Wenn die Eltern von drei Kindern ein Viertel des Unternehmensgewinns selbst verbrauchen und drei Viertel für ihre Kinder im Unternehmen oder als Sekundärvermögen thesaurieren, dann werden die Kinder ebenso wohlhabend sein, wie es die Eltern waren.

Und wenn diese Maximen noch einmal auf nur zwei Orientierungen zu verdichten sind, ergeben sich folgende Tendenzen:

(1) Niedrige Ausschüttungsquote
- Eine niedrige Ausschüttung ist im Unternehmensinteresse geboten, wenn:
    - die Finanzstruktur verbessert werden muss,
    - sehr hohe Wachstumserfordernisse bestehen, die finanziert werden müssen.
- Eine niedrige Ausschüttungsquote ist im Blick auf das Gesellschafterinteresse möglich, wenn:
    - nur eine Generation ihren Lebensunterhalt von den Ausschüttungen bestreitet, z. B. weil die Altersversorgung der Senioren aus anderen Quellen abgedeckt ist,
    - die Kosten des Vermögenstransfers relativ niedrig sind, z. B. weil bei egalitärer Vererbung an alle Nachkommen keine Pflichtteilszahlungen anfallen und die Verschonungsregeln bei der Erbschaftsteuer genutzt werden können.

(2) Hohe Ausschüttungsquote
- Eine hohe Ausschüttungsquote ist aus dem Unternehmensinteresse heraus möglich, wenn:
    - keine Nettoverschuldung besteht oder gar eine Netto-Liquiditätsposition besteht,
    - nur mäßige Wachstumsraten finanziert werden müssen.
- Eine hohe Ausschüttungsquote ist im Gesellschafterinteresse erforderlich, wenn:
    - bei der Personengesellschaft die Gesellschafter die Einkommensteuer auch für die einbehaltenen Gewinne zu tragen haben,
    - mehrere Generationen ihren Lebensunterhalt aus den Ausschüttungen bestreiten,
    - eine exklusive Vererbung (an einen Erben) angestrebt wird mit der Zahlung von Erbersatzleistungen an die weichenden Erben.

Am besten ist es freilich, wenn die Gewinne so üppig sind, dass für alle Zwecke des Unternehmens und der Gesellschafter die Sättigung erreicht wird. Weil aber solche Phasen des Glücks nicht ewig währen, sollte man gerade dann ein unternehmensexternes Sekundärvermögen aufbauen.

Reflexion und Handlungsempfehlungen – Teil B

In Teil B werden die betriebswirtschaftlichen Grundlagen eines Familienunternehmens vermittelt. Für den Gesellschafter wird eine Einführung in die „Zahlenkunde" und „Finanzmechanik" des Unternehmens sowie Steuerungs- und Führungsmodelle beschrieben. Die Auseinandersetzung mit Digitalisierungsdynamiken, Cybersicherheit, der Entwicklung und Umsetzung von Nachhaltigkeitsstrategien sowie allgemeinen Strategiekonzepten in Bezug auf die besonderen Systembedingungen von Familienunternehmen gibt Einblicke in die zentralen Steuerungsmechanismen und Führungsfragestellungen. Folgende Fragestellungen helfen, eine erste Standortbestimmung vorzunehmen:

1. In welcher Form werden die zentralen Unternehmensdokumente (u. a. Geschäftsbericht, GuV, Bilanz, Kapitalflussrechnung, Erfolgskennzahlen, Lagebericht etc.) systematisch erörtert und im Gesellschafterkreis reflektiert? (Welchen Personengruppen sind diese Dokumente zugänglich?)
2. Inwieweit besteht die Möglichkeit, eine informelle „Doofe-Fragen-Runde" zu den Kennzahlen und Entwicklungen des Unternehmens etc. durchzuführen?
3. In welchem Zusammenhang wird das bestehende Führungs- und Kontrollsystem thematisiert? (Inwieweit werden dabei die systematisch vorhandenen Interessenskonflikte zwischen den nicht operativ tätigen Familiengesellschaftern und anderen Anspruchsgruppen (z. B. geschäftsführende Gesellschafter, familienexternes Top-Management, Kreditgeber, Mitarbeiter) thematisiert?)
4. Durch welche Maßnahmen werden strukturell vorhandene Informationsasymmetrien zwischen den Gesellschaftern und dem Top-Management reduziert?
5. Wodurch wird sichergestellt, dass die Gesellschafter angemessen in die Strategieentwicklung und -diskussion des Unternehmens einbezogen sind?
6. In welchen Abständen findet ein Informationsaustausch der Gesellschafter über die Entwicklungen in Markt- und Wettbewerb sowie die Dynamiken durch die digitale Transformation von Geschäftsmodellen statt?
7. Inwieweit findet eine systematische und „radikale" Infragestellung der bisherigen Erfolgsmuster des Unternehmens bzw. des etablierten Geschäftsmodells durch die Gesellschafter statt? (Wie werden in diesem Zusammenhang Bedrohungen und Chancenpotenziale durch die digitale Transformation thematisiert? In welcher Form werden hierbei Vertreter der Nachfolgergeneration systematisch miteinbezogen?)
8. Inwiefern findet eine gezielte Auseinandersetzung mit den Digitalisierungsdynamiken im Allgemeinen und Schulungsmaßnahmen zum Aufbau einer Digitalkompetenz der Unternehmerfamilie statt? (Welche Berührungs-

punkte zur Start-up-Szene bzw. der „Digital Community" gibt es seitens der Unternehmerfamilie und wie werden diese systematisch genutzt?)

9. In welcher Form setzen Sie sich als Unternehmerfamilie mit dem Thema „Cybersicherheit" in Bezug auf das Unternehmen und die Unternehmerfamilie auseinander? Inwieweit haben Sie die familieninterne Kommunikation und die Datenablage als Unternehmerfamilie durch Fachexperten prüfen lassen?

10. In welcher Form ist die Nachhaltigkeitsstrategie des Unternehmens Bestandteil der Diskussion innerhalb der Unternehmerfamilie? Ist diese jedem Gesellschafter bekannt? Findet eine Diskussion zwischen dem Top-Management und den Mitgliedern der Unternehmerfamilie über Ansatz, Zielsetzung und Weg dorthin statt?

11. Wodurch wird sichergestellt, dass die Inhalte der Nachhaltigkeitsstrategie des Unternehmens mit der Familienstrategie kompatibel sind? In welcher Form wird insbesondere die Perspektive der NextGen in diesem Zusammenhang „gehört"?

12. Inwieweit ist eine Auseinandersetzung innerhalb des Gesellschafterkreises mit den Themen Gewinngestaltung, -verwendung und -ausschüttung gelebte Praxis? (Was steht ggf. einer konstruktiv-kritischen Diskussion entsprechender Fragestellungen entgegen?)

13. In welcher Form findet eine familienstrategische Diskussion über das Verhältnis von Dividendenpolitik des Unternehmens und Vermögensbildung innerhalb der Unternehmerfamilie statt?

Teil C: Die Unternehmerfamilie verstehen

Arist von Schlippe

11. Die Unternehmerfamilie – Eine Spezies für sich

11.1 Einführung – Das Vertrauen in die Familie

Seit knapp 40 Jahren, etwa ab Beginn der 1980er-Jahre, sind Familienunternehmen vermehrt in den Blick wissenschaftlicher Überlegungen gerückt[215] – die Gründung der „Family Business Review" als erster Fachzeitschrift für dieses Feld im Jahre 1987 kann man hier als bedeutsamen Meilenstein sehen. 1998 entstand das Wittener Institut für Familienunternehmen (WIFU) an der Universität Witten/Herdecke als erstes Forschungsinstitut für diese Unternehmensform im deutschsprachigen Raum, inzwischen gibt es eine ganze Reihe vergleichbarer Einrichtungen.[216] Nachdem in der Zeit davor Familienunternehmen lange mehr oder weniger als „Auslaufmodell" wirtschaftlicher Betätigung galten, wurden etwa ab dieser Zeit die positiven Besonderheiten dieser Unternehmensform und ihre spezifische Bedeutung wieder stärker in den Blick genommen.[217] Warum gerade in dieser Umbruchzeit das Interesse an Familienunternehmen so stark angestiegen ist, ist schwer zu erklären. „Harte" Kausalbeziehungen herzustellen, dürfte unmöglich sein, doch Fakt ist, dass das wachsende Interesse an Familienunternehmen zeitgleich zusammenfällt mit dem Siegeszug finanzwirtschaftlichen Denkens in einem „Markt ohne Moral"[218] und den damit verbundenen Sorgen über die durch Spekulation vernichteten realwirtschaftlichen Werte.[219] Möglicherweise steht also das Interesse für diese besondere Form der wirtschaftlichen Aktivität mit der Verunsicherung in Verbindung, die ein sich nach dem Zerfall des Ostblocks verändernder und weltweit ausdehnender, „entfesselter" Kapitalismus mit sich brachte, durch den „die Gier nach dem großen Geld Werte und Prinzipien zerstört".[220]

Familienunternehmen werden jedenfalls als Garanten realwirtschaftlicher Aktivität gesehen. Sie sind zu einer eigenen „Marke" geworden,[221] ihre „Familiness", ihre Familienhaftigkeit[222] wird als positives Gegengewicht zu einem ungezügelten Kapitalismus erlebt.[223] Und diese Familienhaftigkeit ist natürlich direkt auf die Unternehmerfamilie zurückzuführen. Sie ist es, die dem Unternehmen das „menschliche Gesicht der Wirtschaft" gibt, wie es die ehemalige nordrhein-westfälische Wirtschaftsministerin Christa Thoben gern ausdrückte. Weil eine Familie dahintersteht, gibt es einen Vertrauensvorschuss für das Un-

---

215 Vgl. Astrachan & Pieper (2010).
216 Vgl. Kormann & Wimmer (2018).
217 Vgl. Wimmer, Domayer, Oswald & Vater (2018).
218 Vgl. Opoczynski (2005), S. 78.
219 Vgl. Balkhausen (2007).
220 Vgl. Opoczynski (2005), S. 135.
221 Vgl. Krappe, Goutas & v. Schlippe (2011).
222 Vgl. Frank, Lueger, Nosé & Suchy (2010).
223 Vgl. Elkington (2018).

ternehmen, das in den Augen der Bevölkerung als Garant der Stabilität, der Orientierung an den Belangen der Mitarbeiter und der Region wahrgenommen wird (unabhängig davon, ob dies „wirklich" so ist).

Familien sind nicht in erster Linie an wirtschaftlichen Kennzahlen interessiert, sondern daran, ihren „guten Namen" nicht zu beschädigen, es geht um eine besondere Art von „Vermögen", was mit dem Begriff des „Socio-emotional-wealth" (SEW) bezeichnet wird.[224] Schon dieser Begriff deutet zugleich auf mögliche Schwachstellen hin, denen das unternehmerische Handeln, das von der Familie ausgeht, unterliegen kann. Der SEW kann nämlich auch den Blick auf das wirtschaftlich Notwendige verstellen. Immer wieder wird die Doppelgesichtigkeit, die Janusköpfigkeit von Familienunternehmen angesprochen, dramatische Familienfehden werden in der Presse kommentiert, Vetternwirtschaft (Nepotismus) und geringere Innovationsfreude[225] als große Risiken thematisiert.

So wird also neben den Stärken immer auch die Fragilität, die mit der Verbindung von Familie und Unternehmen einhergeht, hervorgehoben. Tatsächlich ist diese gerade in den ersten Generationen alles andere als stabil. Die Generationswechsel sind dabei die kritische Bruchstelle: Ein Drittel der Unternehmen scheitert bereits beim ersten Nachfolgeprozess, zwei Drittel der übrig gebliebenen Firmen beim zweiten. „Nur eine kleine Minderheit von weniger als 10 % schafft es in die vierte Generation",[226] ähnlich sieht es John Ward, dessen Zahlen mit einer Abfolge von 30 % zu 13 % zu 3 % noch dramatischer ausfallen.[227] Allerdings sollte auch der vielfach angeführte Bezug auf das von Thomas Mann in den „Buddenbrooks" formulierte Diktum „Der Vater erstellt's, der Sohn erhält's, dem Enkel zerfällt's" nicht einfach übernommen werden, denn die Überlebensraten öffentlicher Unternehmen, die nicht in Familienhand sind, liegen im Vergleich keineswegs höher.[228] Und wenn einmal die vierte Generation erreicht wurde, ist diese Unternehmensform sogar besonders stabil.[229]

In jedem Fall bietet die Unternehmerfamilie für das Unternehmen Vorteil und Nachteil zugleich. Genau genommen ist sie auch das Sozialsystem, das durch die Verbindungen von Familie und Unternehmen besonders herausgefordert ist. So wie Familienunternehmen besondere Unternehmen sind, sind Unternehmerfamilien besondere Familien, deren Komplexität an jedes Mitglied besondere Anforderungen stellt. Eine Theorie des Familienunternehmens muss daher, so das Fazit eines größeren eigenen Projekts,[230] eigentlich eine Theorie der Unternehmerfamilie sein. Je nachdem, wie gut es gelingt, das Verhältnis von Familie

---

224 Vgl. Gómez-Mejia, Haynes, Núnez-Nickel, Jacobson & Moyano-Fuentes (2007).
225 Vgl. beispielsweise Calabrò et al. (2019); Miller, Wright, Breton-Miller & Scholes (2015).
226 Vgl. Simon (2007), S. 357.
227 Vgl. Ward (1987).
228 Vgl. Kormann (2017); Zellweger, Nason & Nordqvist (2011).
229 Vgl. Simon, Wimmer & Groth (2005).
230 Vgl. v. Schlippe, Groth & Rüsen (2017).

und Unternehmen dauerhaft zu gestalten, profitiert das Unternehmen von der Familie oder es leidet unter ihr.

Die Entwicklung von Familie und Unternehmen erfolgt in enger Verbindung, man spricht auch von „Koevolution". Dadurch kommt es zu einer „wechselseitigen Einfärbung" der Systeme.[231] Die Familie wird „unternehmensähnlicher", sie muss ein Stück weit „Organisation" werden, sich Entscheidungsregeln geben, Qualitätsanforderungen an Familienmitglieder in operativen oder beratenden Funktionen formulieren usw. Dies erfolgt meist in einem familienstrategischen Prozess, der der Familie einiges abverlangt (vgl. den Beitrag von Rüsen in Kapitel 16). Das Unternehmen dagegen wird ein wenig „familienähnlicher", die Unternehmenskultur bekommt vielfach etwas „Familienartiges". Mitarbeiter fühlen sich oft als „große Familie" (und werden auch so angesprochen), familienexterne Manager werden „adoptiert" usw.

11.2 Begriffliches

Die Frage, welche Definition Familienunternehmen am besten kennzeichnet, ist kontrovers behandelt worden. Es gibt zahlreiche mögliche Perspektiven (etwa ob man nur von einem Familienunternehmen spricht, wenn die Familie 100 % Anteile hält oder auch weniger, ob nur familiengeführte oder auch familienkontrollierte Unternehmen als solche gelten usw.). Die Debatte soll an dieser Stelle nicht erneut geführt werden,[232] es sollen nur die drei wesentlichen Aspekte hervorgehoben werden, die es in jedem Fall braucht: einen signifikanten Anteil am Eigentum, erkennbare Kontrolle über das Unternehmen (operativ oder über Gremien) und eine transgenerationale Orientierung. Die *Unternehmerfamilie* definiert sich komplementär dazu als eine Familie, die

- zu einem wesentlichen Teil über das Eigentum an einem Unternehmen als Familie generationsübergreifend zusammengehalten wird, also in ihrer Entwicklung durch ein im Eigentum einzelner oder mehrerer Familienmitglieder befindliches Unternehmen geprägt wird,
- sich mit der Frage auseinandersetzt, in welcher Weise und über welche ihrer Mitglieder sie Führungs- und Aufsichtsaufgaben übernimmt,
- kontinuierlich darüber nachdenkt und in Kommunikation über die Frage steht, wie dieses Eigentum über die Generationen hinweg weitergegeben werden kann.

Die Unternehmerfamilie kann dabei im Zeitverlauf unterschiedliche Formen annehmen:[233]

- Als *Gründerfamilie* wird eine Unternehmerfamilie bezeichnet, wenn die Start-up-Phase überwunden ist, ein stabiles Unternehmen entstanden ist und die Frage der transgenerationalen Weitergabe auftaucht, also dass und wie im

---

231 Vgl. Wimmer et al. (2018).
232 Vgl. Harms (2014); siehe auch Heider & Rüsen in Kapitel 2.
233 Vgl. Simon et al. (2005).

Erbfall das Unternehmen familienintern weitergegeben wird (sei es nur als Eigentum oder auch operativ). Hier gilt es Lösungen zu finden, die den Gerechtigkeitsansprüchen der Familie und dem Unternehmensinteresse gleichermaßen gerecht werden – ein nur schwer lösbares Dilemma, weil eine der beiden Logiken regelmäßig verletzt wird (mehr dazu in Kapitel 11.3 bzw. 11.4). Die hier getroffenen Entscheidungen (etwa: Weitergabe nur an ein Kind; gleichmäßige oder gestaffelt ungleichmäßige Vererbung an alle Kinder mit oder ohne Auflagen, wie die Anteile behandelt werden sollen; Einbezug nur der Söhne oder beider Geschlechter usw.) prägen oft generationenübergreifend die Form, wie sich die Familie als solche reproduziert. Zudem kommt es hier nicht selten zu dauerhaften Kränkungen einzelner Familienmitglieder, die manchmal Generationen später noch Konfliktdynamiken prägen.

- In der sog. *Kronprinzenregelung*, auch „Re-Inszenierung der Kleinfamilie"[234] genannt, werden die zentralen Funktionen generationsübergreifend immer wieder auf eine Person zurückgeführt. Diese bzw. dieser hat die weichenden Erben auszubezahlen, sodass sich die Unternehmerfamilie immer wieder als Kleinfamilie erneuert, der „Baum" wird sozusagen kontinuierlich „beschnitten".[235] Diese Lösung stellt die Unternehmenslogik in den Vordergrund: Die Entscheidungsfähigkeit des bzw. der jeweils Nachfolgenden, der bzw. die das Unternehmen weiterführt, soll durch die Konzentration auf eine Leitfigur gesichert werden. Diese wird jedoch teuer erkauft, denn die weichenden Erben müssen i.d.R. aus Mitteln des Unternehmens abgefunden werden, zudem zahlt die Familie nicht selten einen hohen emotionalen Preis, wenn dauerhafte Gefühle von Benachteiligung und Ungerechtigkeit die Familienatmosphäre prägen.

- Von einer *Stammesorganisation* wird gesprochen, wenn (meist) im ersten Erbgang eine besondere Festschreibung vorgenommen wird, die dem familiären Anspruch auf Gleichbehandlung der Kinder folgt: Alle sollen gerecht, und das heißt gleich behandelt werden. Danach wird die Verantwortung für das Unternehmen mit der Maßgabe auf die Kinder des Gründers übertragen, dass dieser Anteil nicht weiter aufgeteilt und/oder nur innerhalb der jeweiligen Erbenfamilie weitergegeben werden dürfe. Oft ist diese Familienform verbunden mit Regelungen, was die Vertretung in Gremien oder in der Führung anbetrifft,[236] also etwa, dass jeder Stamm ein Mitglied in den Beirat schickt o.Ä. Zunächst dürfte diese Form für Familienfrieden sorgen, denn die Familienlogik wird befriedigt. Ein spezifisches Risiko dieser Form liegt zum einen in dem Umstand, dass, falls es ein geschäftsführendes Familienmitglied gibt, dieses sich in operativen Fragen nicht gegen die Mehrheit seiner Miteigentümerinnen durchsetzen kann. Die Geschwister- bzw. Cousin-/Cousinengruppe kann wesentliche Geschäftsentscheidungen zumindest blockieren (mehr zum Thema „inverse Machtkämpfe" siehe Kapitel 11.5). Und auch,

---

234 Vgl. Simon et al. (2005), S. 48.
235 Vgl. Lambrecht & Lievens (2008).
236 Vgl. Ammer (2017); Kormann (2018), S. 215 ff.

wenn das Unternehmen extern geführt wird, muss der Geschwisterkreis sich entscheidungsfähig halten. Beide gerade skizzierten Fälle setzen voraus, dass Konfliktfähigkeit entwickelt wurde. Dies ist oft nicht der Fall. Über die Generationen hinweg wird dies auch immer schwieriger. Denn die Kinder des Gründers mögen sich vielfach noch diesem gegenüber loyal verbunden und verpflichtet fühlen, eine „vertikale Loyalität", die oft auch die Ehepartner einbezieht, die den Schwiegervater persönlich kannten und schätzten. Diese Loyalität nimmt über die Zeit ab, während zugleich die „horizontale Loyalität" zur Kleinfamilie zunimmt: Die Unterfamilien beobachten einander oft skeptisch, die Ehepartner sehen die Belastung, unter der der Gesellschafter steht und versuchen, diesen zu entlasten („Das darfst du dir nicht weiter gefallen lassen!") und Vorteile für die eigene Kleinfamilie zu erreichen.

- Von einer *Großfamilienorganisation* schließlich wird gesprochen, wenn der Gesellschafterinnenkreis so unüberschaubar geworden ist, dass ...
  - die Mitglieder einander kaum noch persönlich kennen,
  - auch eine Gesellschafterversammlung oder ein Familientag nicht mehr alle Eigentümerinnen erreicht, und
  - die Bereitstellung von Informationen, sowie Meinungsbildung und Abstimmung Gesellschafter untereinander erschwert sind.[237]

Eine genaue Grenze, ab wann von einer Großfamilie zu sprechen ist, ist nicht festgelegt, Kleve et al. (2018) sprechen von mehr als 50 Mitgliedern. Für den jeweiligen Einzelfall sind jeweils auch noch zusätzliche Qualitäten zu bedenken, etwa der Grad der Verbreitung der Familie über die Länder und Kontinente hinweg usw. Für viele der Familienunternehmen mit Hunderten von Gesellschaftern gelten die hier aufgelisteten Kriterien sicher. Vielfach werden diese Familien auch als „dynastische Familien" bezeichnet,[238] dabei steht der Gedanke der generationenübergreifenden Aufrechterhaltung der Kontrolle über das Unternehmen im Vordergrund. Meist geht dies mit einem entsprechenden Größenwachstum des Gesellschafterkreises einher.

Auch diese Variante führt ihre eigenen Risiken mit sich. Diese liegen meist ganz anders gelagert als in den vorangehenden Formen, die noch stark von Familiendynamiken geprägt sind. Kommt es dort immer wieder zu Empörung über das erwartungswidrige Verhalten eines Verwandten („Wie kannst du als mein Patenonkel in der Frage gegen mich stimmen!"), ist dies in den Großfamilien eher selten. Denn hier haben sich eher komplexe Netzwerkstrukturen ausgebildet,[239] die Entscheidungsfähigkeit ist über organisationale Strukturen gewährleistet.[240] Das große Thema hier ist die Frage, wie die Identifikation der Gesellschafterinnen mit dem Unternehmen gewahrt bleibt. Denn diese verfügen oft nur über

---

237 Vgl. Kleve, v. Schlippe & Rüsen (2018).
238 Vgl. Jaffe & Lane (2004).
239 Vgl. Kleve, v. Schlippe & Rüsen (2019).
240 Siehe hierzu das Kapitel 12 von Kleve über Entwicklungsstufen und Systemlogiken in Unternehmerfamilien sowie Kapitel 16 von Rüsen über Familienstrategie.

minimale Anteile und erleben sich, was ihren Einfluss, ihre „Stimme" im Unternehmen anbetrifft, oft stark eingeschränkt. Dies gilt insbesondere, wenn die Anteilsdifferenzen sehr hoch sind, also eine Gruppe von größeren Anteilseignerinnen die „Kleinen" problemlos dominieren kann (wenn nicht die Family Governance dem entgegensteuert – so wird es in manchen größeren Familien etwa bei Wahlen so gehalten, dass ein Kandidat sowohl nach Anteilen als auch nach Köpfen eine Mehrheit braucht, um in ein Gremium zu gelangen).

11.3 Verschiedene Systeme, verschiedene Kommunikationslogiken

Früh schon wurde davon gesprochen, dass die besondere Konstruktion „Familienunternehmen" – bereits in der Bezeichnung sind ja die beiden zentralen Systeme angesprochen – einen besonderen Blick braucht, einen „systems view",[241] mit dem die Differenz der verschiedenen betroffenen Systeme wissenschaftlich in den Blick genommen werden kann. Das klassische und viel zitierte „3-Kreis-Modell"[242] sieht dabei die Systeme „Familie", „Unternehmen" und „Gesellschafter" als einander überschneidende Systeme (als Kreise dargestellt) an, in den Schnittstellen befinden sich jeweils Familienmitglieder mit mehreren Funktionen (der Gründer, Vater und Inhaber etwa im Schnittfeld der drei Kreise, ein zwar beteiligtes, aber nicht im Unternehmen tätiges Mitglied im Schnittfeld von Familie und Gesellschafterinnenkreis usw.). Dieses Modell stellt so etwas wie den Grundkonsens der Forschenden zu Familienunternehmen dar, auch wenn es über Feinheiten durchaus unterschiedliche Meinungen gibt – so kann man fragen, wie brauchbar eine Metaphorik ist, nach der sich Systeme „überschneiden" oder „überlappen": Was „überlappt" denn da eigentlich?[243] Aber die Diskussion zum Systembegriff soll an dieser Stelle nicht ausgeführt werden.[244] Vielmehr soll ein ausführlicherer Blick darauf geworfen werden, wie die Differenz der Systeme erscheint, wenn man sie als Kommunikationssysteme anschaut, die jeweils nach einer spezifischen Logik funktionieren.

Akzentuiert wurde dabei vor allem die Unterscheidung von Familie und Unternehmen, daher soll auf diese beiden Systeme an dieser Stelle ein besonderes Gewicht gelegt werden. Beginnen wir mit der Familie: Das Bild von Familie hat sich über die Jahrhunderte deutlich gewandelt.[245] Mit dem „Auszug" der Arbeit aus der Familie im Zuge der Industrialisierung[246] ist die Familie zum zentralen Ort „erlebter Intimität" und „intergenerationeller Beziehungen" geworden;[247] und auch wenn die Familie als Lebensform bedroht ist, ist sie doch bis heute der zentrale Ort für Bindungserfahrung geblieben. Familienkommunikation lässt

---

241 Vgl. Zahra, Klein & Astrachan (2006).
242 Siehe hierzu die einleitenden Ausführungen von Rüsen & Heider in Teil A.
243 Vgl. v. Schlippe (2013a).
244 Dieser wird im Kapitel 12 von Kleve vorgenommen.
245 Vgl. Peuckert (2012).
246 Vgl. Gestrich, Krause & Mitterauer (2003).
247 Vgl. Jungbauer (2009), S. 3.

11. Die Unternehmerfamilie – Eine Spezies für sich

sich so verstehen, dass sie auf die Bezogenheit der Familienmitglieder ausgerichtet ist, also um Bindung herum gebaut.[248] Über „Bindungskommunikation" versichern Familienmitglieder einander ihre Zugehörigkeit. Ein weiterer Aspekt kommt dazu: In Familien zählt man jeweils als „ganze Person", d. h. prinzipiell ist „alles" in Familien thematisierbar, was das jeweilige Mitglied ausmacht.

Hier liegt schon einer der wesentlichen Unterschiede zum Unternehmen: Dort ist nur die „Teilperson" von Interesse, als Rollenträger muss sogar jeder prinzipiell austauschbar sein. Denn entscheidend ist, ob die vertraglich vereinbarte Leistung erbracht wird. Ob die betreffende Person dann auch noch gut Klavier spielt und Witze erzählen kann, zählt nicht fürs Unternehmen (höchstens in den vom Unternehmen eingeräumten „Reservaten für Bindungskommunikation" wie Betriebsfeiern oder Ausflügen). Daher verhält es sich auch mit der Funktion von Kommunikation im Kontext eines Unternehmens ganz anders als in der Familie. Hier geht es um das Prozessieren von „Entscheidungskommunikation", d. h. jede Kommunikation wird daraufhin beobachtet, ob sie unmittelbar oder mittelbar auf das Kerngeschäft eines Unternehmens bezogen ist: Entscheiden. Denn hier geht es in erster Linie um Entwicklung, Produktion und Vertrieb von Produkten oder Dienstleistungen, ja Organisationen „bestehen" als Kommunikationssystem sozusagen aus Entscheidungen.[249]

Der Unterschied lässt sich an einem kleinen Beispiel verdeutlichen. Die Aussage: „Ich habe Kopfschmerzen" wird in der Familie meist mit Bedauern aufgenommen werden und fürsorgliche Maßnahmen nach sich ziehen. Im Unternehmen wird man auch ein förmliches Bedauern ausdrücken, doch wird schnell die Frage gestellt werden, ob man sich arbeitsfähig fühlt oder nicht – ob also die Mitteilung den Organisationsablauf betrifft oder nicht.

Private Kommunikation und Unternehmenskommunikation werden also deutlich unterschieden (das dritte System aus dem 3-Kreis-Modell, die Gesellschafter, lässt sich am ehesten über juristisch verbindliche Kommunikation fassen, dieser Aspekt soll hier, wie gesagt, nicht weiter vertieft werden[250]). Normalerweise „beißen" sich diese Logiken auch nicht, denn im Alltag sind sie meist deutlich unterscheidbar, sie werden intuitiv oft gut auseinandergehalten. Da wird beim Frühstück in der Familie noch ein wenig Bindungskommunikation betrieben, mit dem Abschiedskuss beginnt eine andere – und meist gut unterscheidbare – Art von Kommunikation, spätestens dann, wenn man das Unternehmen betritt, weiß man, dass andere Regeln gelten, dass also „Küssen" jedenfalls nicht dazugehört (und falls es doch im Unternehmenskontext einmal dazu kommen sollte, ist den Beteiligten klar, dass man das klugerweise besser verheimlicht). Die Kontexte „Familie" und „Unternehmen" sind in der Regel gut getrennt, sog. „Kontextmarkierungen" sorgen für Ordnung.[251] Organisationen tun viel dafür, diese Unterscheidungen auch sehr deutlich zu machen:

---

248 Vgl. Groth & v. Schlippe (2012).
249 Vgl. Luhmann (2000).
250 Vgl. detailliert etwa bei Groth & v. Schlippe (2012).
251 Vgl. Bateson (1981).

"Die Tür, hinter welcher der Generaldirektor sitzt, sieht anders aus als die Tür, die in sein Privatzimmer führt. Die Wahrnehmung selbst ist schon getränkt mit Verweisungen und Ausstrahlungen, die im Sinne einer vorweggenommenen Situationsauffassung und Rollendefinition sich abzeichnen."[252]

In Familienunternehmen sind nun, wie beschrieben, immer mehrere Systeme, also mehrere Logiken, gleichzeitig „aktiv". Die Aspekte von Bindung und Entscheidung sind hier viel schwieriger auseinanderzuhalten: „In kleinen Systemen, etwa vom Eigentümer geleitete Privatunternehmen ... liegen formale und informale Verhaltensaspekte eng beieinander. Klare Situationsdefinitionen in dem einen oder anderen Sinne sind nicht üblich".[253] Das heißt man findet sich beim Sonntagsessen plötzlich in einer intensiven Debatte über strategische Fragen wieder – welcher Kontext ist dann „aktiv", welche Kommunikationslogik „sticht" die andere? So sind vielfach Situationen denkbar, in denen die Betroffenen nicht ganz sicher sein können, ob sie gerade für den anderen Vater oder Unternehmer, Sohn bzw. Tochter oder Nachfolger sind. Das kann in Unternehmensfamilien zu besonders verdrehten Formen von Kommunikation und daraus entstehenden Konflikten führen.[254]

11.4 Paradoxien

Für derartige Konstellationen, in denen sich die Kommunikation in mehreren Kontexten gleichzeitig wiederfindet, ohne sich jeweils klar orientieren zu können, wurde der Begriff „Paradoxie" geprägt.[255] Paradoxien (genauer: pragmatische Paradoxien[256]) sind durch die Gleichzeitigkeit einander widersprechender Verhaltenserwartungen gekennzeichnet. So ist etwa der wütend geäußerte Satz: „Lern' doch endlich einmal, dich gegen mich durchzusetzen!" ein Beispiel für eine solche paradoxe Handlungsaufforderung: Jeder Durchsetzungsversuch wäre ja nur wieder eine weitere „brave" Befolgung der Aufforderung. Das Paradox bringt einen in die Situation, dass, was man auch tut, auf jeden Fall irgendwie „falsch" ist.

Im vorangegangenen Kapitel 11.3 haben wir die Gleichzeitigkeit der Erwartungen der Familie und des Unternehmens als das zentrale Dilemma der Mitglieder der Unternehmerfamilie kennengelernt. Anders als in vielen Kontexten unseres Alltagslebens ist für diese Unternehmen jeweils nicht ganz klar, in welcher Logik man sich bewegt, welche Erwartungsstruktur die andere „sticht" – bzw. sind eben oft beide gleichzeitig aktiv und präsent. Paradoxe Situationen, sog. „Doppelbindungen", finden sich daher gerade in Familienunternehmen immer wieder.[257]

---

252 Luhmann (1999), S. 50.
253 Vgl. Luhmann (1999), S. 49.
254 Vgl. v. Schlippe (2014).
255 Vgl. Bateson (1981); Watzlawick, Beavin & Jackson (1969).
256 Zu Details vgl. Hagenbüchle & Geyer (2002).
257 Vgl. Litz (2012).

11. Die Unternehmerfamilie – Eine Spezies für sich

Die Form der einander widersprechenden Erwartungen zwischen Bindung und Entscheidung lässt sich hier wie folgt auf den Punkt bringen:[258]

- **Primäres Gebot im Kontext A (Bindungslogik):** „Wir sind eine Familie!" (Also: Wir sorgen dafür, dass die Bindung unter den Mitgliedern erhalten bleibt, dass keiner ausgeschlossen wird usw.).
- **Sekundäres Gebot im Kontext B (Entscheidungslogik):** „Wir sind ein Gesellschafterkreis, sprich: eine Organisation!" (Also: Wir sorgen dafür, dass dem Unternehmen ein kompetenter Eigentümerkreis zur Seite steht, Entscheidungsfähigkeit gewährleistet ist).
- Zugleich gilt als **tertiäres Gebot C:** „Verlasse nicht das Feld!"

Die Unternehmerfamilie findet sich also immer wieder in paradoxen Ausgangslagen wieder. Konflikte müssen sich daraus zwar nicht zwangsläufig ergeben, sie sind aber wohl doch in ihrer Auftretenswahrscheinlichkeit erhöht – und wenn, dann verlaufen sie auch besonders massiv.[259]

Die verschiedenen Felder, in denen sich die Unterschiede der Logiken finden können, zeigt Tabelle 13.[260]

Tabelle 13: Vergleich der Logiken von Familien-, Unternehmens-, Gesellschafter-Systemen.

	Familienlogik	Unternehmenslogik	Eigentumslogik
Mitgliedschaft	ergibt sich aus Verwandtschaft	ergibt sich aus bestimmten Anforderungsprofilen	ergibt sich aus Besitz
Zugang	Geburt, Heirat, Adoption	Einstellung, Vertrag	Vererbung, Kauf von Anteilen
Ausstieg	prinzipiell nur durch Tod; auch bei Scheidung oft nur partieller Ausstieg	Kündigung (aktiv, passiv), Berentung	Verkauf
Funktion der Kommunikation	Aufrechterhalten der Bindungsbeziehung der Mitglieder	Treffen von Entscheidungen	Treffen von Eigentümer-Entscheidungen
Kommunikationsstil	wenig formalisiert, mündlich	formalisiert, Sitzungen, Protokolle	formalisierte Kommunikation, Abstimmungen informell vorbereitet
‚Währung'	Liebe, Bindung, Anerkennung	Gehalt, Anerkennung, Karriereziele	Anteilsbesitz, Autorität qua Kompetenz, Seniorität etc.
Auswahl von Personen	Prinzip der Gleichheit, es zählt die ganze Person	Prinzip der Selektion (Einstellung und Kündigung); es zählt die Teilperson je nach Qualifikation	Selektion nach Anteilsbesitz

---

258 Vgl. Groth & v. Schlippe (2012).
259 Vgl. z.B. Gordon & Nicholson (2008); ausführlich hierzu auch das Kapitel 14 von v. Schlippe.
260 Leicht modifiziert und gekürzt aus v. Schlippe (2014), S. 32 f.

	Familienlogik	**Unternehmenslogik**	**Eigentumslogik**
Gerechtigkeit	Gleichheit und/oder Bedürftigkeit	Wer mehr leistet, hat Anrecht auf die beste Position	juristische Gleichbehandlung unterschiedlich nach Anteilshöhen
Balancierung	Ausgleichgerechtigkeit	Leistungsgerechtigkeit	Verfahrensgerechtigkeit
Wann wird Ausgleich erlebt?	Anerkennung, Wertschätzung, Zugehörigkeit, Dank	Gehalt, Karriereoptionen	Angemessene Ausschüttung
Zeitlicher Horizont des Ausgleichs	langfristig (kann über Jahre, ja sogar über Generationen gehen)	kurzfristig („zum 31."), teils mittelfristig (Aufstieg)	jährlich (Ausschüttung)

Quelle: Grundlegend überarbeitete Fassung einer Tabelle aus Schlippe, A. v., Groth, T. & Rüsen, T. (2017), S. 101f

Zwei Paradoxien lassen sich als besonders prägnant in Unternehmerfamilien erkennen. Diese sollen in den folgenden beiden Kapiteln 11.4.1 und 11.4.2 kurz abgehandelt werden.

11.4.1 Das Dilemma der verschiedenen Personen: Familienmitglied und Unternehmer zugleich

Der oben nur kurz skizzierte Systembegriff soll an dieser Stelle noch einmal aufgegriffen werden. Wenn ein soziales System als Kommunikationssystem verstanden wird, dann „besteht" es aus Kommunikationen und nicht aus Menschen. Diese etwas schwer eingängige Formulierung lässt sich leichter verstehen, wenn man den Begriff der „Person" einführt: Ein Mensch taucht in einer Kommunikation nicht abstrakt als irgendein Mensch auf, sondern als konkrete Person. Man spricht jemanden nicht allgemein als „Mutter" an, sondern genau diese und keine andere Person ist „meine Mutter". Und als „meine Mutter" besteht sie für die Kommunikation aus einem Bündel von bestimmten Erwartungen, die an sie gerichtet sind. Ähnlich ist es im Unternehmen mit dem „Chef", der eben nicht allgemein als Mensch angesprochen wird, sondern mit spezifischen Verhaltenserwartungen versehen als die konkrete Person „Herr Meier". Die Kommunikation orientiert sich also im Kontext eines sozialen Systems, indem an Personen jeweils bestimmte Verhaltenserwartungen gerichtet sind. Diese erfüllen Menschen meistens füreinander (man spricht hier auch von „Erwartungs-Erwartungen", aber genauer müssen wir hier nicht werden),[261] und wenn nicht, erlebt man erhebliche Irritation („So kenne ich dich aber gar nicht!").

Nun kann aber ein Mensch in verschiedenen Kontexten durchaus unterschiedliche Personen „sein". Ein Kellner im Restaurant kann zugleich ein Freund sein, mit dem man nach der Arbeit vielleicht noch ein Glas Wein trinkt. Wenn man ihn dann aber damit beauftragt, ein solches zu servieren, wird er antworten, dass er nicht im Dienst sei und dass man sich das Glas bitte selbst holen möge.

---

261 Im Detail nachlesbar etwa bei v. Schlippe (2014), S. 44 ff.

Dadurch werden die Kontexte differenziert: Freund und Kellner sind zwei gut auseinanderzuhaltende „Personen" (Kämpfe darum erkennt man oft an empörten Aussprüchen wie: „Was glauben Sie eigentlich, wer Sie sind!").

Und nun kommen wir zum Kern des Problems von Unternehmerfamilien: Dadurch, dass die Kontexte nicht so gut auseinanderzuhalten sind, kann es auch unklar sein, welche Person gerade angesprochen ist. Dummerweise ist dies Dilemma meist den Akteuren nicht klar: Da sitzt er doch, der Mensch, den ich gerade als „Sohn" anspreche – und das sollte doch selbstverständlich sein, dass er als Sohn reagiert. Wenn dieser sich aber als Nachfolger angesprochen fühlt und anders reagiert als erwartet, hat sich die Kommunikation „verirrt". Potenziell können in Unternehmerfamilien die Kommunikationspartner füreinander mehrere „Personen" gleichzeitig sein. Eindrücklich schildert das ein viel zitiertes Fallbeispiel: „ein Businessplan für das Juwel".[262] Ein hoch eskalierter Konflikt zwischen Vater und Sohn ließ sich am Ende darauf zurückführen, dass der Vater in der Familienlogik die „Person Sohn" angesprochen hatte, als er ihm anbot, das „Juwel", das kleine selbst geführte Hotel, zu übernehmen, während der Sohn sich in Unternehmenslogik als „Person Nachfolger" angesprochen gefühlt hatte. Wenn man sieht, dass hier zwar die gleichen Menschen, aber zwei völlig verschiedene Personen interagierten, wird das Missverstehen deutlich: Kein Wunder, dass der vom Sohn einige Zeit später vorgelegte Businessplan den Vater aufs Höchste empörte, denn ein solcher gehört nicht in den Kontext Familie. Der Sohn empörte sich wiederum über Vaters Reaktion. Beide waren (in ihrer Logik „zu Recht") aufeinander wütend, denn sie verstanden das Dilemma nicht, in dem sie selbst steckten.

Es mag daher gut zu wissen sein: Missverstehen ist in vielen zwischenmenschlichen Kontexten und mehr noch in Unternehmerfamilien der Regelfall, Verstehen der eigentlich erklärungsbedürftige Sonderfall. Denn es ist ein Unterschied, ob man aus „Familienlogik" oder aus „Unternehmenslogik" heraus spricht und angesprochen wird. Bei Missverstehen kann es sinnvoll sein, einmal zu prüfen, welchen Kontext man gerade innerlich mitführte, welche „Person" man angesprochen hat.

11.4.2 Der Erbfall und die Konsensfiktion: Gerecht in beiden Logiken

Das zweite Beispiel für Paradoxien wird in Kapitel 14 über Konflikte erneut aufgegriffen werden, es ist die Gerechtigkeitsparadoxie: „Sei gerecht in der Logik der Familie! Sei gerecht in der Logik des Unternehmens!" Was als gerecht in einer Familie gilt, ist nicht mit dem vergleichbar, was im Unternehmen als gerecht angesehen wird. Unternehmen sind aufgabenorientierte Systeme, sie stellen die Entscheidung ins Zentrum und sehen entsprechend als gerecht an, dass derjenige den meisten Einfluss und die beste Bezahlung erhält, der am höchsten qualifiziert ist, am meisten leistet und die überlebensfähigsten Entscheidungen trifft. Familien als beziehungs- und bindungsorientierte Systeme

---

262 Vgl. v. Schlippe (2018a).

orientieren sich langfristig an einem Gerechtigkeitsprinzip, das auf die Mitglieder gleichermaßen bezogen ist. Denn Familie geht von der grundsätzlichen Gleichheit und Gleichberechtigung ihrer Mitglieder aus (zumindest gilt dies für die moderne westliche Familie, früher war ein Geschlecht bereits strukturell benachteiligt: „Nur ein Mädchen!"). Wann immer man fragt, welches Kind vom Vater bzw. von der Mutter mehr geliebt wird, die Antwort wird auf Gleichheit abheben („Alle gleich!", „Jeden auf seine Weise besonders!") oder zumindest Ungleichheit als Problem benennen („Ich mag die Tochter lieber, aber ich weiß, dass das eigentlich nicht in Ordnung ist"). Und über lange Zeit leben Familien mit der Konsensfiktion der Gleichheit ihrer Mitglieder, kämpfen vor allem die Kinder darum, dass entsprechende Abweichungen zu korrigieren sind. Wie universell dies gilt, zeigt die Theorie der sozialen Vergleichsprozesse, die genau diesen Mechanismus beschreibt: Menschen beobachten einander im sozialen Nahraum sehr genau.[263]

Es gibt nun aber immer wieder Situationen, wo die beiden Logiken unausweichlich aufeinanderprallen, und wo die Idee, dass man sich doch eigentlich einig sei und die Dinge gleichsehe, die Konsensfiktion also, in Frage gestellt wird. Zentral ist hier der Erbfall. Wird hier nach Familienlogik vererbt, d. h. alle Kinder werden gleichmäßig bedacht, verletzt man die Logik des Unternehmens; vererbt man nach dessen Logik, d. h. der Nachfolgende bekommt die Unternehmensanteile ganz oder zumindest einen größeren Anteil als die Geschwister, stellt man sich in Gegensatz zur Familienlogik. Fast alle Unternehmerfamilien, vor allem in den ersten Generationen, stehen vor diesen Fragen und beantworten sie sehr unterschiedlich. Hier kann es zu Situationen kommen, in denen Einzelne sich massiv ungerecht behandelt fühlen, empört reagieren und in denen Konflikte sehr wahrscheinlich sind.

In Unternehmen geht es dabei immer auch um das Thema Nachfolge, sei es operative oder Vermögensnachfolge. Die einzige Möglichkeit, Gleichheit zu realisieren, wäre es, das Unternehmen zu verkaufen und das Geld exakt gleich zu verteilen. Doch diese Lösung wird selten gewählt, entsprechend hat man mit Turbulenzen zu tun. Die Möglichkeiten, sich hier zu „verlaufen", sind vielfältig. Manche Familien regeln gar nichts, manchmal erfährt ein Kind erst bei Testamentseröffnung, dass es enterbt ist oder dass das versprochene Erbe einem anderen zukommt,[264] manche versuchen, durch Regelungen Klarheit herzustellen – etwa durch die Unterzeichnung von Erbverzichtserklärungen, durch Überführen des Vermögens in eine Stiftung o. Ä.[265]. Nicht umsonst gilt Nachfolge als das größte zu bewältigende Problem.[266]

---

263 Vgl. Festinger, Torrey & Willermann (1954).
264 Vgl. v. Schlippe & Hülsbeck (2016); v. Schlippe (2022).
265 Vgl. Müller-Tiberini (2008).
266 Vgl. z. B. De Massis, Chua & Chrisman (2008); Pfannenschwarz (2006).

11.5 Postpatriarchale Systeme und inverse Machtkämpfe

Ein Text über Unternehmerfamilien wäre nicht vollständig, ohne einen Blick auf eine besondere Familienstruktur zu werfen, die „postpatriarchale Familie". Der Begriff ist etwas unglücklich, sind doch heutzutage mit dem Wort „Patriarch" eher negative Assoziationen verbunden. Eigentlich geht es um eine besondere Qualität des Entscheidens: Unternehmerisches Handeln findet stets im Kontext von Unsicherheit statt. Eine Entscheidung für den Schritt in die eine strategische Richtung könnte ein Fehler sein. Wenn es keinerlei Unsicherheit gäbe, wäre keine Entscheidung erforderlich. Man kann also nie sicher sein, ob nicht die „andere Seite der Entscheidung" die richtigere, bessere gewesen wäre.

Es lassen sich nun zwei Prinzipien unterscheiden, wie mit Entscheidungsunsicherheit umgegangen wird, wie sie „absorbiert" wird.[267] Das eine ist das Entscheidungsprinzip „Person", das andere „Verfahren". In dem einen Modus wird eine Entscheidung in einem inneren Prozess getroffen, im anderen kommunikativ. Immer wieder wird als besonderer Vorteil von Familienunternehmen angeführt, dass durch die Konzentration der Entscheidungsgewalt auf die eine Person an der Spitze die Entscheidungsgeschwindigkeit hoch ist. Da wird nicht noch eine Beratungsfirma beauftragt, um eine Entscheidung so weit abzusichern, dass man am Ende sagen kann: „An mir lag es nicht!" Vielmehr liegt die eine Person ein Wochenende lang wach und ringt sich zu einem Entschluss durch, der am Montag verkündet wird. Die Mitarbeiter, die Familie mögen es „Wahnsinn" finden, diesen Schritt zu gehen (das angeschlagene Unternehmen X zu kaufen, die bislang profitable Sparte Y abzustoßen usw.), aber diese Unsicherheit wird beim Patriarchen sozusagen „geparkt". Es sind oft „Bauchentscheidungen", die getroffen werden,[268] und ein erfolgreicher Gründer zeichnet sich oft durch eine hohe und oft genug präzise Intuition seiner strategischen Entscheidungen aus.[269] Die anderen sagen sich: „Ich halte es für verrückt, aber wenn er bzw. sie meint, dann machen wir es so!" Wenn es dann, wie so oft, gut geht, geschieht etwas sehr Interessantes: Familienmitglieder wie Mitarbeiterinnen lehnen sich erleichtert zurück und vertrauen auf die Fähigkeiten des „Alten", der seinerseits immer wieder die Erfahrung macht, dass er (bzw. sie) für den Weg des Unternehmens erfolgreiche Impulse setzt. So „entsteht" ein Patriarch aus der Zuschreibung von Kompetenz und der Übergabe der Entscheidungsverantwortung und von der Bereitschaft, diese Zuschreibung anzunehmen. Die Person an der Spitze ist also nicht vom ersten Lebensmoment an die besondere Persönlichkeit, als die sie oft in den Biografien dargestellt wird, vielmehr wird sie im Laufe vieler Jahre im Wechselspiel zwischen Unternehmen und Familie, Mitarbeitern und Familienmitgliedern, in einem kontinuierlichen Prozess der Zuschreibung und Annahme von Verantwortung, zu einer unersetzbaren Gestalt:

---

267 Gemeint ist, wie und wo die Unsicherheit „aufgefangen" wird; vgl. Luhmann (2000), S. 167 ff.
268 Vgl. Gigerenzer (2008).
269 Vgl. Nagel & Wimmer (2014).

- Die Person an der Spitze sorgt für geringe Reibungsverluste im Entscheidungsprozess: Sie trägt die gesamte „Unsicherheitsabsorption" und damit die Verantwortung persönlich.
- Die Entscheidung erfolgt schnell und effektiv (Wettbewerbsvorteil).
- Sie verfügt über eine langjährige, intime Kenntnis der Spielregeln des Unternehmens, der Branche und der Bedarfe des Marktes und über ein einzigartiges Netzwerk (Kunden, Zulieferer).
- Sie treibt auf Basis breiter Erfahrung die Unternehmensentwicklung voran, Strategieentwicklung wird oftmals intuitiv betrieben (mit einem effektiven „Riecher" für Marktchancen).
- Die Beziehung zwischen Führung und Mitarbeitern ist eng, oft geradezu freundschaftlich („Management by walking around" und „Management by Zuruf").[270]

Eine so agierende Führung bleibt oft über Generationen das Ideal. Für alle Beteiligten ist das oft über viele Jahre hinweg, manchmal Jahrzehnte, eine tragfähige und glückliche Verbindung. Aber wie alles im Leben hat auch diese Konstruktion ihren Preis. Denn geht die Autorität verloren oder wird sie beschädigt, gibt es wenige Alternativen. Wenn die Person plötzlich (oder auch langsam) ausfällt, entsteht eine Leerstelle, die nicht einfach zu füllen ist, denn nun wird deutlich, dass die Familie und die führenden Mitarbeiter in einer „Lernfalle" gefangen sind.[271] Es besteht die Gefahr, dass die Akteure in den nun notwendigen Veränderungsprozessen überfordert sind. Denn es wurde nicht gelernt, wie man entscheidet. So werden oft Prinzipien und Leitsätze weitergeführt, die vom Patriarchen geprägt wurden („Wie hätte er entschieden?"), und das Muster der personenorientierten Entscheidungsfindung zeigt sich in bestimmten Konstellationen, vor allem in Übergängen, als besonders vulnerabel.

Der hier erforderlich werdende Musterwechsel, also eine grundlegende Veränderung der bisher praktizierten Kultur der Entscheidungsfindung, ist für alle Beteiligten schwer. Nach dem Regiment des Patriarchen kann es sein, dass sich nur eine „schwache Demokratie" entwickelt. In Familien kann es dann zu einer Konstellation kommen, die wir als „inverse Machtkämpfe" bezeichnen: Es geht nicht darum, etwas durchzusetzen, man kämpft nicht um die Macht, es geht nur darum, etwas zu verhindern und dafür zu sorgen, dass keiner Macht bekommt. Postpatriarchale Geschwisterkreise können sich so dauerhaft lahmlegen. Wenn etwa ein Geschwister in eine operative Position aufgerückt ist, wird er oder sie von den anderen sehr genau daraufhin beobachtet, ob er sich etwa wie „der nächste Patriarch" benimmt. Das wird dann schnell unterbunden, die Grenzen werden aufgezeigt. Manchmal stecken diese Familien dann in ausweglosen

---

270 Wichtig ist es hier, die Person nicht zu idealisieren. Zur Doppelgesichtigkeit von Patriarchen (und -innen) gehören oft starke und nachhaltig wirkende Schattenseiten, die über den Prozess des Abschieds hinaus im Unternehmen erkennbar bleiben, vgl. Dinis, Neves & DeMassis (2022).
271 Vgl. Groth (2015).

Sackgassen fest, eine Situation, in der Moderatoren und Mediatoren bis hin zu Schiedsgerichten sich die Klinke in die Hand geben.[272]

11.6 Schluss: Familie und Unternehmen passen eigentlich nicht zusammen!

Die Überschrift dieses Kapitels könnte eigentlich diesen Text beschließen. Die Komplexität, mit der eine Unternehmerfamilie konfrontiert ist, kann diese an so vielen Stellen in Schwierigkeiten bringen, dass man zum Schluss kommen könnte, das Beste sei doch, aufzugeben und zu verkaufen. Und jeder weiß, dass dieser Weg auch gegangen wird. Doch gleichzeitig gibt es wieder eine andere Seite der Medaille: Es ist erstaunlich, wie viele Unternehmerfamilien diese Komplexität konstruktiv handhaben und dauerhaft ihre Familiness dem Unternehmen als Ressource zur Verfügung stellen. Es sind Familien, die im Laufe der Zeit Schritte in Richtung der Entwicklung einer ihrem Entwicklungsstand und ihrer Größenordnung[273] angemessenen Family Governance gegangen sind.[274] Dann ist die Familie in der Regel durch einen gemeinsamen Bewusstwerdungsprozess gegangen und hat gelernt, dass sie als Unternehmerfamilie nur dann dauerhaft Familie bleiben kann, wenn sie einen Teil ihrer Familienhaftigkeit aufgibt und zur Organisation wird, wenn sie also Strukturmerkmale annimmt, die eigentlich familienfremd sind. Wenn das gelingt, hat sie die paradoxe Konstellation, in die das Familienunternehmen sie hineingeführt hat, mit einer „Gegenparadoxie" beantwortet und so ihre Zukunftsfähigkeit gesichert.

---

272 Siehe ausführlich hierzu v. Schlippe (2014), S. 112 f.
273 Vgl. hierzu die Ausführungen von Kleve zur Unternehmerfamilie 1.0, 2.0 und 3.0 im anschließenden Kapitel 9.
274 Vgl. Kormann (2017); v. Schlippe et al. (2017).

Heiko Kleve

12. Entwicklungsstufen und Systemlogiken in Unternehmerfamilien

12.1 Zusammenfassung

In diesem Beitrag wird die Unternehmerfamilie als soziales System beschrieben und erklärt, dass die zeitliche Entwicklung dieser Familien anhand von drei Stufen unterschieden werden kann. Diese Stufen resultieren aus der familiären Generationsfolge und sind besonders bei Unternehmerfamilien sichtbar, die sich egalitären Erbfolgen verschrieben haben. Denn diese führen dazu, dass die Zahl der familiären Gesellschafter von Generation zu Generation stetig steigt. Des Weiteren wirken in allen Entwicklungsstufen von Unternehmerfamilien Systemlogiken bzw. elementare Sozialprozesse, die das Zusammenleben der Familienmitglieder prägen. Das Beachten dieser Logiken kann die familiären Beziehungen, das unternehmensbezogene Entscheiden und das Gestalten des innerfamiliären Netzwerks der mitunter sehr vielen Gesellschafter nachhaltig fördern. In diesem Beitrag werden sowohl die Entwicklungsstufen als auch die Systemlogiken von Unternehmerfamilien beschrieben und erklärt sowie veranschaulicht, wie diese praxiswirksam genutzt werden können.

12.2 Ausgangspunkte

Wenn wir die Unternehmerfamilie aus einer systemtheoretischen Perspektive betrachten,[275] dann achten wir insbesondere auf Unterscheidungen, die dieses soziale System prägen. Denn mit Niklas Luhmann (1984; 1997), dem Wegbereiter des systemtheoretischen Denkens im 20. Jahrhundert, ist die systemische Theorie eine Differenztheorie, also ein Ansatz, der Differenzen, mithin Unterscheidungen beschreibt und erklärt, die für die Bildung, Entwicklung und Dynamik von Systemen prägend sind.

Solche Unterscheidungen sollen hier auf die historischen Entwicklungsstufen der Unternehmerfamilie sowie auf die innerhalb der Familie wirkenden Systemlogiken bzw. Regeln des sozialen Zusammenlebens bezogen werden. Bevor wir uns diesen Unterscheidungen widmen, soll betont werden, dass die Unternehmerfamilie als soziales System im Unterschied zu nicht sozialen, insbesondere biologischen und psychischen Systemen verstanden werden kann. „Sozial" meint, dass wir ein System betrachten, das sich *zwischen* Menschen bildet, sich also abgrenzt von den menschlichen Psychen und den (biologischen) Körpern.[276]

---

[275] Vgl. grundsätzlich Simon (2012) und aktuell v. Schlippe et al. (2017); Kleve & Köllner (2019).
[276] Vgl. paradigmatisch dazu Luhmann (1984) und einführend Simon (2015; 2018).

Dies ist eine wichtige Basisunterscheidung der Systemtheorie: Demnach können wir *einerseits* biologische, psychische und soziale Systeme voneinander differenzieren und *andererseits* sehen, dass diese Systeme wechselseitig miteinander verkoppelt sind. Die Trennung der Systeme wird deutlich, wenn wir beachten, mit welchen Operationen sich diese Systeme jeweils vollziehen:

- *Biologische Systeme* operieren durch körperliche Prozesse des Stoffwechsels, der Zellbildung, also auf der Basis organischer Vorgänge.
- *Psychische Systeme* arbeiten durch Bewusstseinsprozesse, d. h. durch gedankliche Aufmerksamkeit und kognitive Wahrnehmung.
- *Soziale Systeme* strukturieren sich durch das, was beginnt, wenn mindestens zwei Menschen als Einheiten biologischer und psychischer Systeme aufeinandertreffen und beobachten, dass sie sich jeweils beobachten. Genau dann beginnt Kommunikation – ob die Beteiligten dies nun wollen oder nicht. Demnach lautet das bekannte Axiom von Paul Watzlawick et al. (1969), dass man nicht *nicht* kommunizieren kann.

Ausgehend von diesen systemtheoretischen Basisunterscheidungen definieren wir die Unternehmerfamilie als ein soziales System, das durch Kommunikation zustande kommt, sich dadurch erhält und entwickelt. Die Mitglieder von Unternehmerfamilien mit ihren Körpern und Psychen sind zwar Voraussetzung für die Bildung dieses sozialen Systems, sie sind aber nicht mit Haut und Haaren Teile des Systems. Nur die Handlungen der Mitglieder der Unternehmerfamilie, die als Kommunikationen wirken, also von anderen Mitgliedern beobachtet werden und bei diesen Reaktionen auslösen, bestimmen das Sozialsystem in seinen Prozessen und Strukturen.

Neben der Zugehörigkeit der Familienmitglieder zu diesem System sind Unternehmerfamilien insbesondere durch die rechtliche Eigentümerschaft einzelner Familienmitglieder am Unternehmen bestimmt. Wenn diese Familienmitglieder die gemeinsame Intention haben, ihr Unternehmenseigentum an die nächsten Familiengenerationen zu übertragen, dann ist das entscheidende Kriterium gegeben, das Unternehmerfamilien und Familienunternehmen kennzeichnet: *die transgenerationale Intention.* Zentral ist dabei weniger, ob Familienmitglieder selbst im Unternehmen operativ tätig sind; wichtiger ist hingegen, dass die Familie sich die Verantwortung zuschreibt, das Unternehmen als aktiver Eigentümerinnen, eben als Gesellschafterfamilie zu kontrollieren.

Um diese Verantwortung mit so wenig destruktiven Konflikten wie möglich, also nachhaltig und zukunftsorientiert zu tragen, ist es hilfreich, wenn die aktiven Mitglieder von Unternehmerfamilien über Systemkompetenzen verfügen, die es ihnen ermöglichen, die Entwicklung und Dynamik in ihren Familien zu verstehen und konstruktiv zu gestalten. Dabei hilft die Kenntnis der im Folgenden präsentierten Entwicklungsstufen und Systemlogiken. Hinsichtlich der Entwicklungsstufen werden drei idealtypische Etappen unterschieden und erläutert. Die Systemlogiken werden anhand von sechs elementaren sozialen Regeln präsentiert, die als Gegenseitigkeit von Geben und Nehmen, System-

12. Entwicklungsstufen und Systemlogiken in Unternehmerfamilien

Zugehörigkeit, System-Wachstum, System-Fortpflanzung, System-Immunkraft und System-Individuation bezeichnet werden.

12.3 Entwicklungsstufen der Unternehmerfamilie

Unternehmerfamilien folgen als soziale Systeme einer zeitlichen Entwicklung, die wir idealtypisch in drei Etappen differenzieren und als Unternehmerfamilie 1.0, 2.0 und 3.0 bezeichnen wollen.[277] In den jeweiligen Entwicklungsstufen stehen unterschiedliche Unterscheidungen im Zentrum, an denen sich die Kommunikation innerhalb der Unternehmerfamilien orientiert, und zwar

- die Unterscheidung „Familie/Unternehmerfamilie" in der Unternehmerfamilie 1.0,
- die Unterscheidung „Unternehmerfamilie/Unternehmerfamilien-Organisation" in der Unternehmerfamilie 2.0 und
- die Unterscheidung „Unternehmerfamilien-Organisation/Unternehmerfamilien-Netzwerk" in der Unternehmerfamilie 3.0.

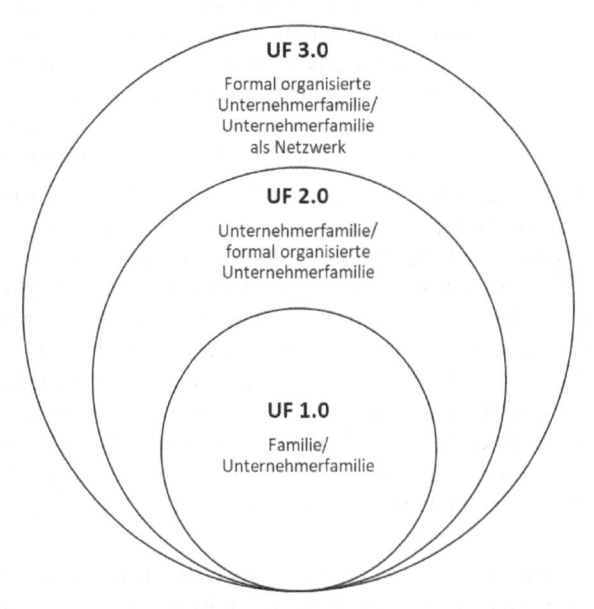

Abbildung 28: Entwicklungsstufen der wachsenden Unternehmerfamilie.
Quelle: Entnommen aus Kleve et al. (2018)

Wir kommen auf diese Unterscheidungen, wenn wir betrachten, an welchen Themen sich Unternehmerfamilien abarbeiten, was also ihre Kommunikationen bestimmt und wiederkehrend ausrichtet. Deutlich wird dabei, dass diese Themen und die Ausrichtung der Kommunikation mit dem Komplexitätsgrad

---

[277] Vgl. grundsätzlich dazu bereits Kleve et al. (2018; 2019).

der Familien zusammenhängen. Das heißt, je mehr familiäre Eigentümerinnen und Eigentümer die Unternehmerfamilie prägen und die unternehmensbezogenen Entscheidungen mitgestalten, desto höher wird die familiäre Komplexität, also die Vielschichtigkeit der sozialen Beziehungen, die Unterschiedlichkeit der Meinungen, Positionen und Interessen innerhalb der Familie. Daher ist die hier vorgestellte Systematik der Entwicklungsstufen zugleich eine Perspektive auf die Komplexität von Unternehmerfamilien, vor allem auf die Anzahl der familiären Gesellschafterinnen und Gesellschafter. Das soll detailliert auf die jeweiligen Entwicklungsstufen bezogen vorgestellt werden.

12.3.1 Unternehmerfamilie 1.0: Familie/Unternehmerfamilie

Mit der Bezeichnung Unternehmerfamilie 1.0 sind Familien gemeint, die sich in der zweiten oder dritten Generation befinden bzw. in denen eine überschaubare Anzahl von Mitgliedern einer Familie oder sehr weniger Kernfamilien das Familienunternehmen prägt. In diesen Unternehmerfamilien ist beispielsweise nur ein Familienmitglied als Alleininhaber bzw. als einziger geschäftsführender Gesellschafter tätig; oder Geschwister, vielleicht auch Cousins bzw. Cousinen stehen in der Eigentums- und Unternehmensverantwortung. Für Unternehmerfamilien 1.0 sind die Verwandtschaft sowie die emotionalen Beziehungen zueinander prägend, und zwar sowohl in positiver Hinsicht, etwa als vertrauensvolles Zusammengehörigkeitsgefühl, als auch in negativer Weise, z. B. durch die hohe Konfliktanfälligkeit emotionaler Beziehungen innerhalb von Familien.

Solche Unternehmerfamilien sind also stark von der klassischen Logik der Familie, und zwar der bindungsorientierten Kommunikation bestimmt, die im Gegensatz steht zur Logik des Unternehmens, der kompetenz- und leistungsorientierten Kommunikation. Unternehmerfamilien 1.0 stehen jedoch vor der Herausforderung, dass sie nicht nur „normale" Familien sind, sondern Unternehmensverantwortung tragen, die sie in die nächsten Generationen zu tragen versuchen. Die Herausforderung und Lernaufgabe dieser Familien bestehen darin, sich selbst als Unternehmerfamilien zu beschreiben und zu bewerten. Damit geht die Frage einher, wie diese Verantwortung, die auf dem Unternehmenseigentum gründet, an die nachfolgenden Generationen weitergegeben werden soll. Das ist die klassische Herausforderung der Nachfolge in Familienunternehmen.

Aufgrund der starken auf emotionale verwandtschaftliche Beziehungen ausgerichteten Struktur der Unternehmerfamilie 1.0 ist es für das Verständnis dieser Familien wichtig, dass wir uns die klassische Familienlogik vergegenwärtigen, also betrachten, wie Familien gemeinhin ihre Kommunikation strukturieren und was das für Unternehmerfamilien heißt. Mit der Systemtheorie können wir Familien als Sozialsysteme verstehen, die – zumindest potenziell – alle Persönlichkeitsfacetten ihrer Mitglieder in ihre Kommunikationen einbeziehen.[278] Das Medium dieser Kommunikation, also das, was die Familienkommunikation als

---

278 Vgl. Luhmann (1990); Fuchs (1999); Kleve (2004).

12. Entwicklungsstufen und Systemlogiken in Unternehmerfamilien

eine besondere Kommunikationsform auszeichnet sowie die Motivation und Annahme von familiären Kommunikationsangeboten strukturiert, ist die „Liebe". Dabei verstehen wir Liebe in der soziologischen Betrachtungsweise nicht als Gefühl, sondern als eine bestimmte Form, wie Personen sich aufeinander beziehen und ihre Interaktionen gestalten. Wir schauen also nicht auf die körperliche und psychische Innenwelt, sondern auf die sozialen Beziehungen.[279]

Liebe als Kommunikationsmedium geht damit einher, dass die Beteiligten, also die Familienmitglieder, ihre jeweiligen Weltwahrnehmungen eng aneinanderbinden, dass sie zudem ihre Lebensführung aufeinander ausrichten. Dies wird *zum einen* augenscheinlich, wenn wir den Beginn einer Familiengründung betrachten, also die emotional enge Liebesbeziehung, und *zum anderen* dadurch, dass Kinder, die gemeinhin in Familien hineingeboren werden, darauf angewiesen sind, dass die Eltern die gesamten menschlichen, genauer: körperlichen, psychischen und sozialen Bedürfnisse der Neugeborenen, Kleinkinder und Kinder sensibel wahrnehmen und befriedigen. Dieser ganzheitliche Bezug, der in Familien auf die Mitglieder gerichtet wird, führt zu sehr engen sozialen Beziehungen, stark emotionaler Kommunikation und gemeinhin lebenslanger Zugehörigkeit. In Familien verkoppeln sich sachliche Fragen und Beziehungsaspekte in der Regel so stark, dass sich nahezu alle Themen der Kommunikation emotional bzw. affektiv aufladen und aufschaukeln können. Genau das ist eine Gefahr für eskalierende Konflikte in Unternehmerfamilien 1.0: So werden beispielsweise unternehmerische Fragen, die einen rationalen und ökonomischen Sachverstand erfordern und nüchtern betrachtet werden sollten, mit emotionalen Familienthemen, etwa mit Streitigkeiten oder Verletzungen aus der Vergangenheit, verbunden. So kann es kommen, dass zwar über sachliche Fragen geredet wird, dass diese aber nicht in ihrer sachlichen Logik besprochen und entschieden werden, sondern einer emotionalen Familienlogik, etwa des Ausgleichs von erlebten Ungerechtigkeiten innerhalb der Familie folgen.

Für Unternehmerfamilien 1.0 heißt all das, dass diese mit emotionaler familiärer Kommunikation umgehen müssen bei der gleichzeitigen Notwendigkeit, unternehmensbezogene Fragen zu klären und entsprechende Entscheidungen zu treffen. Ein Thema, das familiär zu besprechen und extrem unternehmensrelevant ist, ist die Nachfolgefrage. In welcher Weise soll das Unternehmen in den nächsten Generationen weitergeführt werden? Wie wird ein Nachfolger bzw. eine Nachfolgerin gefunden und qualifiziert? Zur Beantwortung dieser Frage hat die Familie sowohl die familiäre Logik, die auf emotionalen Bindungen basiert, zu beachten, als auch die unternehmerischen Erwartungen zu berücksichtigen, nach denen es hinsichtlich der Nachfolge vor allem um Kompetenz und Leistung geht.

---

279 Vgl. Luhmann (1981).

12.3.2 Unternehmerfamilie 2.0: Unternehmerfamilie/Unternehmerfamilien-Organisation

Während Unternehmerfamilien 1.0 familien- und unternehmensbezogene Kommunikationen tendenziell eng verkoppeln, sodass diese Familien lernen müssen, Familien- und Unternehmenslogik zu unterscheiden, um eine Professionalität hinsichtlich ihres Unternehmertums auszubilden, haben Unternehmerfamilien 2.0 diese Professionalität erreicht. Professionell werden Unternehmerfamilien etwa dann, wenn ihnen deutlich wird, dass die steigende Zahl an Gesellschaftern und Familienmitgliedern und die Notwendigkeit, passende Entscheidungen für das Unternehmen zu treffen, nicht lediglich der familiären Selbstorganisation überlassen werden kann, sondern verantwortlich organisiert werden muss. Grund für diese Erkenntnis könnten z. B. eskalierende Konflikte sein oder Entscheidungsschwierigkeiten. Mit der Einführung organisatorischer Strukturen haben diese Familien etwas geschafft, das für Familien untypisch ist: Sie haben sich formal organisiert.[280] Eine solche formale Organisation, die mit der Einrichtung von Gremien, Wahlverfahren zur Besetzung der Gremien oder der Qualifizierung von Gesellschaftern einhergeht, wird vor allem dann notwendig, wenn die Gesellschafterzahl und damit die familiäre Komplexität wachsen. Dann muss mehr geredet werden, die Meinungen und Interessen differenzieren sich, Entscheidungsprozesse werden langwieriger und verlangen nicht nur nach Kompetenz, sondern demokratische Verfahren der Legitimierung.

Unternehmerfamilien 2.0 können als in dieser Weise organisierte Unternehmerfamilien betrachtet werden. Sie differenzieren ihre familieninterne Kommunikation als familien- und als unternehmensbezogen in sehr professioneller Weise. Dabei helfen diesen Familien Projekte der Familienstrategieentwicklung, die sie erfolgreich realisiert haben und die dazu führten, dass sich eine *Family Governance* herausgebildet hat, die die Unternehmerfamilie strategisch und zukunftsorientiert aufstellt. Innerhalb eines solchen Strategieprozesses hat die Familie erarbeitet, wie, unter welchen Bedingungen und in welcher Weise sie als Unternehmerfamilie das Familienunternehmen führt und an die nächsten Generationen weitergeben will. Dieser familiäre Wille ist zudem in Strukturen gegossen, die sicherstellen, dass die Familie entscheidungsfähig ist und bleibt.

Was Unternehmerfamilien 2.0 gelernt haben, ist, dass sie beides sind: private Unternehmerfamilie und formal organisierte Unternehmerfamilie. Die Gefahr besteht jedoch darin, dass sich diese Familien derart formalisieren, dass das klassische Familienleben, das eher informeller und emotionaler Natur ist, tendenziell verloren geht. Wenn alles dem Unternehmerischen und dem Geschäftlichen untergeordnet wird, kein Platz für gefühlsorientierte Familienthemen bleibt, verliert die Familie das, was sie erst zur Familie macht: emotionale Kommunikation und enge psychosoziale Bindungen. Somit sind Unternehmerfamilien 2.0 dadurch gekennzeichnet, dass sie zwischen diesen beiden Kontex-

---

280   Vgl. v. Schlippe et al. (2017).

12. Entwicklungsstufen und Systemlogiken in Unternehmerfamilien

ten hin und her pendeln: zwischen der Unternehmerfamilie als Familie und der Unternehmerfamilie als formale Organisation.

12.3.3 Unternehmerfamilie 3.0: Unternehmerfamilien-Organisation/ Unternehmerfamilien-Netzwerk

Wenn die Unternehmerfamilie 2.0 weiterwächst, die fünfte, sechste oder siebente Generation erreicht und zudem von egalitären Erbschaftsregeln gekennzeichnet ist, dann steigen die Zahl der familiären Gesellschafterinnen und die Anzahl der Kleinfamilien innerhalb der großen Unternehmerfamilie. So können fünfzig und mehr familiäre Gesellschafter die Unternehmerfamilie prägen, die in zahlreichen kleinfamiliären Gemeinschaften bzw. Kernfamilien eingebunden sind.[281] Solche Unternehmerfamilien wachsen in der Regel in Koevolution mit einem prosperierenden Unternehmen, das als Familienkonzern möglicherweise inzwischen weltweit tätig ist und dafür sorgt, dass selbst die familiären Gesellschafter mit sehr geringen Anteilshöhen beträchtliche jährliche Gewinnausschüttungen erwarten können. Diese Gewinnausschüttungen sind jedoch zumeist weitaus geringer als die Ausschüttungen an Aktionäre bei vergleichbar großen Unternehmen, deren Anteile als Publikumsgesellschaften an der Börse gehandelt werden.

Familienunternehmen erwarten von ihren Gesellschafterinnen die Akzeptanz einer bescheidenen Ausschüttungspolitik. Diese Akzeptanz geht zudem einher mit einer Haltung der familiären Gesellschafter als Treuhänder, die ihre Anteile eben nicht als individuelle Gewinnmaximierung sehen, sondern als Leihgabe früherer Generationen mit der Intention, diese an die nachfolgenden Generationen weiterzugeben.[282]

Wenn jedoch die Familiengesellschaft immer größer wird, sich mit der Generationenfolge die Verwandtschaftsverhältnisse voneinander entfernen und die formale Organisation der Familie, die Family Governance, reibungslos funktioniert, dann stellt sich ein neues Problem: Wie schafft es die große und wachsende Unternehmerfamilie, dass die vielen familiären Gesellschafter, die möglicherweise regional, national oder international sehr verstreut leben, das Interesse am Unternehmen, an dessen transgenerationaler Weitergabe und an der Aufrechterhaltung der Beziehungen untereinander aufrechtzuerhalten oder gar noch zu verstärken? Die Beantwortung dieser Frage ist nicht möglich, wenn allein auf die *Family Governance* verwiesen wird. Die formale Struktur der wachsenden Unternehmerfamilie benötigt ein Komplement: *eine von den vielen Mitgliedern gelebte Kultur der sozialen Gemeinschaftlichkeit.*

Unternehmerfamilien 3.0 haben weniger Probleme mit der formalen Strukturentwicklung, sondern mit der Etablierung einer Kultur, die dazu führt, dass die vielen Mitglieder untereinander und mit dem Unternehmen auch emotional verbunden bleiben und sich einsetzen für die transgenerationale Erhaltung und

---

281 Vgl. Rüsen et al. (2019); Kleve et al. (2019).
282 Vgl. Kleve et al. (2019).

Weitergabe des Unternehmenseigentums. Hierzu müssen neben den bestehenden Bindungen in den zahlreichen Kleinfamilien und neben der formalen *Family Governance* gemeinschaftsorientierte Netzwerkbeziehungen angeregt, geschaffen und gehalten werden.

Solche Netzwerkstrukturen leben von der wechselseitigen Reziprozität des Gebens und Nehmens.[283] Wer vom Unternehmen, von der Unternehmerfamilie oder von den Mitgliedern der Familie etwas bekommt, der gibt etwas zurück – so lautet das Gebot, das ungeschriebene Gesetz der basalen Ökonomie von sozialen Netzwerkbeziehungen. Dieses Grundprinzip sozialer Beziehungen etabliert sich eher informell, es lässt sich zwar durch formale Organisation anregen und initiieren. Es aufrechtzuerhalten, auf Dauer zu stellen und für die Zukunft zu sichern, erfordert jedoch einen Zuwachs an Informalität und Zwanglosigkeit. Viele große Unternehmerfamilien regen die Bildung solcher Netzwerke an, indem sie bereits Kinder und Jugendliche in ihre familienbezogenen Initiativen und Aktivitäten einbeziehen, regionale Treffen zwischen den möglicherweise regional weit auseinander wohnenden Gesellschaftern anbieten oder über eigene digitale Medien verfügen, um die Vernetzung innerhalb der großen und weiterhin wachsenden Unternehmerfamilie zu ermöglichen und zu pflegen.[284]

12.4 Systemlogiken der Unternehmerfamilie

Wenn wir Unternehmerfamilien als soziale Systeme verstehen, dann können wir uns fragen, nach welchen Regeln und Logiken diese Systeme ihre Kommunikationen strukturieren. Diesbezüglich sollen drei unterschiedliche Formen von Regeln unterschieden werden, die formalen, informalen und elementaren.[285] Diese Formen von Regeln können als Ebenen bzw. Schichten in sozialen Systemen verstanden werden: Die formale Ebene bildet die oberste und sichtbarste Schicht; die informale Ebene liegt schon etwas tiefer und verdeckter; und die elementare Ebene bildet die unterste und fundamentalste Schicht von Regeln in sozialen Systemen. Daher werden wir uns mit dieser Regelebene, die das Zusammenleben von Menschen, etwa in Unternehmerfamilien, grundsätzlich bestimmt, intensiver befassen.

---

283 Vgl. Kleve (2017).
284 Vgl. Kleve et al. (2018).
285 Vgl. grundsätzlich dazu bereits Kleve (2017a).

12. Entwicklungsstufen und Systemlogiken in Unternehmerfamilien

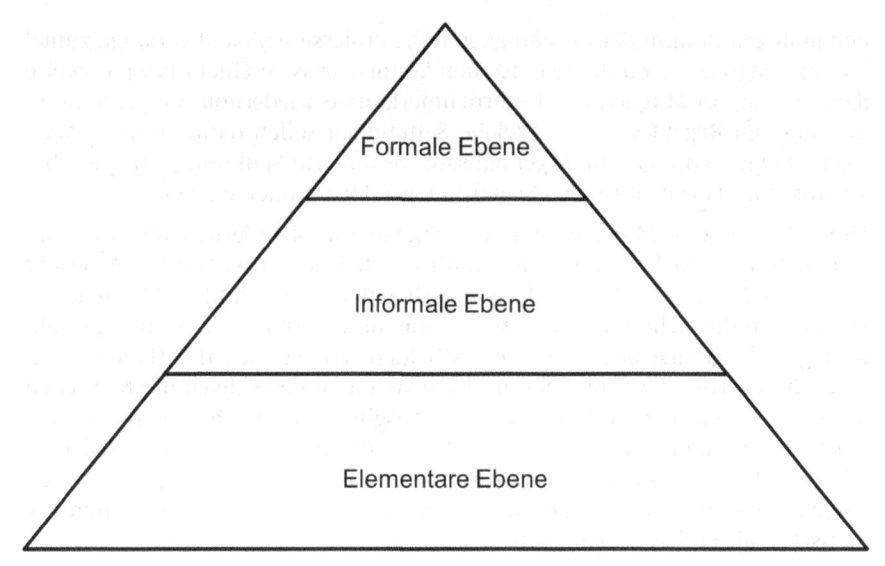

Abbildung 29: Regelebenen in sozialen Systemen.
Quelle: Eigene Darstellung

12.4.1 Formale Regeln

Wie wir bisher gesehen haben, etablieren Unternehmerfamilien, insbesondere beim Übergang von der Unternehmerfamilie 1.0 zur Unternehmerfamilie 2.0, Verfahrensweisen, die untypisch sind für „normale" Familien, jedoch typisch für Organisationen: formale Regeln des gemeinsamen unternehmens- bzw. eigentumsbezogenen Handelns. Diese Regeln werden beispielsweise in einem Familienstrategieprozess entwickelt sowie über die Erarbeitung einer Familiencharta, einer Familienverfassung oder eines Familienstatuts schriftlich fixiert und als *Family Governance* implementiert.[286] Gut organisierte Unternehmerfamilien 2.0 und 3.0 etablieren zudem etwas, das als ein System des Familienmanagements bezeichnet werden kann.

Hierin zeigt sich die *formale* Organisation der Unternehmerfamilie, die mit einem Regelsystem einhergeht, das schriftlich niedergelegt ist und allen Mitgliedern der Unternehmerfamilie bekannt ist. Das familieninterne Zusammenspiel, die Kommunikation der Unternehmerfamilie, kann so über eine Art *Family Compliance*, einer Regeltreue der Familienmitglieder, gestützt und gestärkt werden. Davon ausgehend können Regelbrüche geklärt und Verfahrensweisen formuliert werden, wie mit diesen umgegangen wird.[287]

Die Einhaltung oder Nichteinhaltung von schriftlich fixierten Regeln für die Kommunikation in Unternehmerfamilien lassen sich beobachten. Die Ahndung von Regelbrüchen allerdings ist eine Herausforderung, die Unternehmerfami-

---
286 Siehe hierzu ausführlich die Ausführungen in Kapitel 16.
287 Vgl. Rüsen (2017b).

lien in ihrer Kommunikationsfähigkeit hohe Professionalität abverlangt, zumal hieraus langwierige Konflikte entstehen können. Was geschieht beispielsweise dann, wenn ein Mitglied der Unternehmerfamilie wiederholt die gemeinsam formulierten Regeln verletzt? Welche Sanktionen sollen dann greifen? Auch solche Fragen können durch gemeinsam formulierte Sanktionsprinzipien beantwortet und in den formalen Regelkatalog aufgenommen werden.

Sinnvoll ist es, dass Mitglieder von Unternehmerfamilien lernen, dass es in der zwischenmenschlichen Kommunikation für den konstruktiven Fortgang der relevanten Beziehungen sinnvoll ist, zwischen der Verurteilung von Verhaltensweisen und der Achtung von Personen, die diese Verhaltensweisen ungewollt oder gewollt gezeigt haben, zu unterscheiden. Wir können das Handeln von Menschen verurteilen, ablehnen und kritisieren, ohne zugleich die Menschen abzuwerten, von denen dieses Handeln ausging. Oder nochmals anders, wir können Verhaltensweisen von Menschen verstehen, mithin nachvollziehen, wie es zu diesen Verhaltensweisen gekommen ist und damit Menschen in ihren subjektiv empfundenen Handlungsweisen achten, ohne dieses Verhalten der Menschen akzeptieren zu müssen.

12.4.2 Informale Regeln

Neben den schriftlich in einer Familiencharta, einer Familienverfassung oder einem Familienstatut etablierten Regeln der Kommunikation in der Unternehmerfamilie generieren sich *informale* Regeln. Damit sind Kommunikationsmuster, Strukturen von wiederkehrenden Verhaltensweisen innerhalb der Unternehmerfamilie gemeint, die spontan entstehen, die sich durch die aufeinander bezogene Kommunikation der Familienmitglieder eigendynamisch herausbilden. Wie wir aus unterschiedlichen Theorien komplexer Systeme wissen, etablieren sich zwischen Menschen spontane Ordnungsprinzipien, Strukturen und Muster allein dadurch, dass Menschen sich wechselseitig beobachten, dass zwischen ihnen Kommunikation abläuft, ob sie das wollen oder nicht.[288]

Diese Ordnungsmuster können förderlich oder hinderlich sein. Sie zeigen sich etwa in bestimmten Sitzordnungen, die sich in Versammlungsräumen, aber auch am Esstisch spontan etablieren und verfestigen, wenn sie wiederholt werden. Sie können zum Ausdruck kommen durch bestimmte Arbeitsteilungen in der Unternehmerfamilie, die nicht explizit vereinbart wurden, sondern die sich spontan einstellen und bei jedem Treffen reproduziert werden. Diese Ordnungsmuster können zu informalen Regeln werden, deren Einhaltung zwar nicht offen thematisiert, aber in der Art und Weise der gegenseitigen Kommunikation „überwacht" wird. Solange diese Regeln nicht störend, sondern gar stützend sind, müssen sie nicht eigens expliziert, nicht reflektiert werden. Hemmen diese informalen Regeln jedoch die Entwicklung und Organisation der Unternehmerfamilien, so sollte versucht werden, sie sichtbar zu machen, über sie zu verhan-

---

[288] Vgl. die Klassiker wie Hayek (1964); Watzlawick et al. (1967); Foerster (1988); Luhmann (1984).

deln und sie zu verändern. Dies kann durch die Einführung alternativer Regeln erfolgen, die dann auch in den offiziellen und fixierten Regelkatalog, z. B. der Familienverfassung, aufgenommen werden.

12.4.3 Elementare Regeln

Ein besonderes Augenmerk wollen wir auf eine dritte Ebene von Systemregeln richten, die wir mit Karl Otto Hondrich[289] als „elementare Sozialprozesse" oder als Systemlogiken bezeichnen könnten. *Elementar* sind diese Logiken, weil sie *überall*, in allen sozialen Systemen wirken; und *sozial* sind sie, weil sie sich *zwischen* Menschen etablieren, die Beziehungen der Mitglieder von sozialen Systemen einbetten. Während formale und informale Regeln in Unternehmerfamilien familienspezifisch sind, offenbaren die elementaren Regeln einen universellen Charakter, der als Basis des Zusammenhalts und der Entwicklung aller sozialen Systeme angesehen werden kann.

Wir wollen diese elementaren Systemregeln in einer Beschreibungsversion betrachten, wie sie speziell für das Verständnis von Familien und Unternehmen als soziale Systeme von Matthias Varga von Kibéd und Insa Sparrer (2009) sowie daran anschließend von Elisabeth Ferrari (2011a) formuliert wurden.[290] Das Beachten dieser Regeln könnte als *System Compliance* bezeichnet werden und als Beitrag gelten, Konflikte in Unternehmerfamilien zu vermeiden. Sollten bereits Konflikte, welcher Art auch immer, ausgebrochen sein, so lassen sich die folgenden Systemregeln als *kurative* Prinzipien verstehen,[291] die dabei helfen, die Konflikte in passender Weise zu reflektieren und bestenfalls zu lösen. Diese Lösung sollte so aussehen, dass das, was die folgenden Prinzipien als Systemregeln veranschaulichen, (wieder) zur Geltung gebracht wird.

Tabelle 14: Formale, informale, elementare Organisationsregeln.

Regelebene	Merkmale
Formal	Offiziell eingeführte Regeln, etwa Hierarchieebenen, kodifizierte Prozesse und Abläufe.
Informal	Nicht intendiert eingeführte Prozesse, Abläufe und Handlungsroutinen, die sich in Selbstorganisation etabliert haben.
Elementar	Prozesse und Abläufe, die von systemischen Regeln des Ausgleichs von Geben und Nehmen, von Zugehörigkeitsfragen, zeitlichen Reihenfolgen des personellen Familieneintritts, der Anerkennung von Leistungen und individuellen Kompetenzunterschieden geprägt werden.

Quelle: Eigene Darstellung

---

289 Vgl. Hondrich (2001), S. 11.
290 Vgl. darauf aufbauend auch Kleve (2011), S. 67 ff.
291 Vgl. Varga v. Kibéd & Sparrer (2009), S. 182 f.

System-Zugehörigkeit (Einbezug)

Systeme sichern ihre Existenz, ihre Grenzen nach außen durch die Eindeutigkeit der Mitgliedschaft ganz bestimmter Personen in Abgrenzung zu anderen Personen, die keine Mitgliedschaftsberechtigung haben.

Sollte die Systemmitgliedschaft unklar sein, innerhalb des Systems unterschiedliche Auffassungen darüber bestehen, wer Mitglied ist und wer nicht, können sich Konflikte generieren. Während die familiäre Mitgliedschaft über die verwandtschaftliche Abstammung relativ leicht und eindeutig feststellbar ist, versteht sich die Mitgliedschaft in der Unternehmerfamilie als formale Organisation nicht von selbst. Es sind Kriterien notwendig, die regeln, wer aus der Familie zudem Mitglied der formal organisierten Unternehmerfamilie ist bzw. welches die Merkmale sind (etwa ererbtes Unternehmenseigentum, also die Gesellschafterrolle oder die Partnerschaft mit einer Gesellschafterin bzw. einem Gesellschafter), die diese Mitgliedschaft ermöglichen und herstellen. Eine Unklarheit dieser Merkmale kann Probleme verursachen, Verwirrungen und Konflikte über die Mitgliedschaften erzeugen und somit wiederum den angemessenen Ausgleich von Geben und Nehmen beeinträchtigen.

Diese Regel, die die Beachtung bzw. eindeutige Bestimmung der Systemzugehörigkeit postuliert, ist so elementar, dass in formalen Prozessen der Strategieentwicklung innerhalb von Unternehmerfamilien nicht darauf verzichtet werden kann, genau zu definieren, was mit Familie und Unternehmerfamilie gemeint ist. So startet z.B. das Wittener Modell der Familienstrategieentwicklung mit Fragen, die die Unternehmerfamilie auffordern, ihre Mitgliedschaftsprinzipien explizit zu definieren.[292] So muss etwa geklärt werden, ob auch adoptierte Familienmitglieder, Ehepartner oder nicht eheliche Lebenspartner dazugehören oder nicht. In Abhängigkeit von diesen Fragen differenziert sich die Familie und die Unternehmerfamilie, gelten für Familien- und Unternehmerfamilienmitglieder unterschiedliche Erwartungen des Gebens und Nehmens, der Rechte und Pflichten. Das Nichtbeachten dieser Differenzierung könnte ein Herd von Konflikten werden.

System-Reziprozität (Ausgleichsprinzip)

Mit der Mitgliedschaft zu einem System offenbart sich die Gegenseitigkeit von Geben und Nehmen als Zusammenhang von Rechten und Pflichten der Systemmitglieder, die mit ihrer Systemzugehörigkeit einhergehen. Demnach wird den Personen durch ihre Mitgliedschaft etwas gegeben, das sie in welchen biopsycho-sozialen Hinsichten auch immer begehren, benötigen und in Anspruch nehmen wollen. Zugleich erwartet das System für dieses Nehmen, für das Bereitstellen eines sozialen Rahmens der persönlichen Bedürfnisbefriedigung Gegenleistungen, also persönliche Handlungen, die das Nehmen mit Geben beantworten.

---

[292] Vgl. v. Schlippe et al. (2017), S. 235 ff.

12. Entwicklungsstufen und Systemlogiken in Unternehmerfamilien

Innerhalb von sozialen Systemen, in klassischen Familien oder Teams genauso wie in Unternehmerfamilien und insbesondere in Unternehmerfamilien 3.0, die sich bestenfalls als große Familiennetzwerke strukturieren, vollziehen sich die Beziehungen durch einen Ausgleich von Geben und Nehmen. Denn Handeln im sozialen Sinne, also Verhalten, das zwischen Menschen ausgetauscht wird, kann zugleich als Handeln im ökonomischen Sinne verstanden werden, als ein Austausch von Leistungen und Gegenleistungen.[293]

Alle Beteiligten führen, bewusst oder nicht, ein persönliches Konto des angemessenen Ausgleichs: *Was habe ich gegeben, was bekommen?* Konflikte entstehen, wenn das Fließen von Geben und Nehmen ins Stocken gerät, wenn etwa die einen das Gefühl haben, zu wenig für das, was sie den anderen geben, zurückzubekommen. Diese elementare Ökonomie der Gegenseitigkeit zieht sich durch alle folgenden Systemregeln hindurch und sichert den Bestand sowie die Entwicklungsfähigkeit sozialer Systeme. Denn die Zugehörigkeit zu einem System geht mit der Selbsterwartung einher, etwas zu bekommen, und mit der Erwartung der anderen, dass diesen etwas gegeben wird.

In Unternehmerfamilien 1.0 ist diese Ausgleichslogik vor allem durch enge emotionale Bindungen, insbesondere durch die Liebe auf der Paarebene und der Elternliebe zu den Kindern und umgekehrt bestimmt. Unternehmerfamilien 2.0 erweitern die emotionale Gegenseitigkeit durch einen organisierten Ausgleich für Leistungen, indem z.B. Gremienmitglieder bezahlt werden. Und Unternehmerfamilien 3.0, die zwar sehr gut formal organisiert sein können, aber nur noch lose über verwandtschaftlich-emotionale Bindungen zusammengehalten werden, benötigen zwischen ihren vielen Mitgliedern regelmäßig angeregte reziproke Verbindungen von Geben und Nehmen. Denn erst solche Beziehungen schaffen Gemeinschaftlichkeit, Verbindlichkeit und Zusammenhalt bzw. – neben formalen Strukturen *(Family Governance)* – eine *informale Kultur* der Familiengemeinschaft.

System-Wachstum (Senioritätsprinzip)

Systeme wachsen durch das Hinzukommen neuer Mitglieder. In eine Familie wird ein neues Mitglied hineingeboren. Oder eine Unternehmerfamilie wächst, weil beispielsweise der Ehepartner eines familiären Eigentümers ebenfalls in die Unternehmerfamilie aufgenommen wird. Wenn Systeme in dieser Weise expandieren, differenzieren sich die elementaren Mitgliedschaftsrechte: Diejenigen mit einer längeren Mitgliedschaft erfahren in der Regel eine systemische bzw. strukturelle Präferenz vor denen, die später hinzugekommen sind. Mit anderen Worten, Systeme, in denen sich die später hinzukommenden Mitglieder (zunächst) den Mitgliedern mit einer längeren Systemmitgliedschaft unterordnen, weisen eine größere Stabilität auf. Zu Problemen und Konflikten in sozialen Systemen kann es kommen, wenn diese elementare Systemlogik nicht eingehalten wird.

---

293 Vgl. Simon et al. (1998); Kleve (2017b; 2017c).

Unternehmerfamilien werden beim Eintreten neuer Mitglieder, etwa durch das Hinzukommen von Familienmitgliedern einer nächsten Generation, größer, sie differenzieren sich sozial, gewinnen an Personenstärke, werden damit zugleich vielfältiger. Dieser Personenzuwachs erweitert die Komplexität, die Vielfalt, etwa im Denken und Handeln der Mitglieder. Die Komplexitätszunahme könnte zu einer existenziellen Krise der Unternehmerfamilie werden, wenn sie mit einer grundsätzlichen Infragestellung aller bewährten familienstrategischen Prinzipien einhergehen würde, wenn sich die Unternehmerfamilie beim Eintreten neuer Mitglieder jedes Mal neu erfinden müsste. Die Regel vom System-Wachstum (Vorrang der Früheren vor den Späteren) sichert, dass die Mitglieder, die neu hinzukommen, sich zunächst in die etablierten Strukturen einbinden und einpassen, dass sie das schätzen und achten lernen, was sich bewährt hat, bevor sie mit ihrer Innovationskraft das System transformieren.

Allerdings ist es auch denkbar, dass „Neumitglieder" von den „Altmitgliedern" explizit eingeladen werden, Innovationen anzuregen, das System in einen Transformationsprozess zu führen. Auch dann wird diese Regel beachtet, führt sie bestenfalls zur Ausweitung einer besonderen Stärke von Unternehmerfamilien und Familienunternehmen, nämlich zur ausgewogenen Balance von Tradition („das Alte achten") und Innovation („das Neue entwickeln").

System-Fortpflanzung (Zukunftsorientierung)

Diese Regel beschreibt, dass neu gebildete Systeme, die sich etablieren und stabilisieren, also in eigenständiger Weise entwickeln, von ihren Mitgliedern mit hoher persönlicher Präferenz betrachtet werden sollten. Mit anderen Worten, die Systeme, aus denen die Mitglieder kommen, rücken in die sekundäre Position, während die Mitgliedschaft im neuen System zur primären wird. In der Unternehmerfamilie 2.0 und 3.0 stellt sich diese Frage in besonderer Weise: Welches System hat den primären Rang in der persönlichen Präferenzordnung der doppelten oder dreifachen Mitgliedschaft, die private Familie, die formal organisierte Unternehmerfamilie oder das große Familiennetzwerk? Hinsichtlich von langlebigen Familienunternehmen lässt sich vermuten, dass die privaten familiären Bedürfnisse denen der geschäftlichen Erwartungen und Aufgaben der formal organisierten Unternehmerfamilie untergeordnet werden.[294]

Diese Unterordnung jedoch werden Unternehmerfamilienmitglieder langfristig wohl nur realisieren, wenn sie ihre persönlichen Verrechnungskonten hinsichtlich der elementaren Ökonomie von Geben und Nehmen positiv bilanzieren können. Eine solche positive Bilanz, die aus der primär gesetzten Loyalität zur Unternehmerfamilie gezogen wird, zahlt sich bestenfalls auch hinsichtlich der Mitgliedschaft zur (privaten) Familie aus.

Eine Unternehmerfamilie wird mit ihrer Mitgliederstruktur, die sich von der familiären Mitgliedschaft differenziert, gerade in herausfordernden Krisenzeiten nur dann eine Entscheidungsfähigkeit und Stabilität entwickeln können,

---

294 Siehe ausführlich dazu Simon et al. (2005).

wenn ihre Mitglieder die Zugehörigkeit zur Unternehmerfamilie in ihrer internen Prioritätenliste an die erste Stelle setzen. Denn häufig hängt die ökonomische Existenz der gesamten Familie von der erfolgreichen Entscheidungsfähigkeit der formal organisierten Unternehmerfamilie sowie gegebenenfalls von dem gemeinschaftlichen Leben im großen Familiennetzwerk ab, das sich letztlich auf die Entwicklung des Familienunternehmens bezüglich eines unberechenbaren Marktes bezieht.

System-Immunkraft (Leistungsvorrang)

Auch soziale Systeme entwickeln eine Immunkraft, eine besondere Stärke, mit Veränderungen in ihrer Umwelt in passender Weise umzugehen. Diese Immunkraft ist abhängig von den Leistungen und dem Einsatz der Systemmitglieder für das System. Die persönliche Leistung und der jeweilige Einsatz wiederum sind etwas, das Systemmitglieder dem System geben. Es sind Handlungsweisen, die in der elementaren Ökonomie der Gegenseitigkeit verrechnet werden. Demzufolge ist die Frage, was die Leistung und Einsatz zeigenden Systemmitglieder einer Unternehmerfamilie für ihr Handeln zurückbekommen.

Leistung und Einsatz für die Unternehmerfamilie verebben mit höherer Wahrscheinlichkeit, wenn sie nicht in angemessener Weise anerkannt, gewürdigt und durch Kommunikation wertgeschätzt werden. Sollten Unternehmerfamilien darin ein Problem sehen, dass ihre Mitglieder zu passiv erscheinen, sich für die unternehmerfamiliären Belange nicht engagieren, dann könnte dies daraus resultieren, dass Leistung und Einsatz nicht in angemessener Weise gesehen und geachtet werden.

Unternehmerfamilien entwickeln bestenfalls Strategien der Achtung und Wertschätzung von Leistung und Einsatz einzelner Mitglieder. Dies kann sich in Ritualen der Würdigung einzelner Mitglieder, die etwas Besonderes für die Unternehmerfamilie bzw. das Unternehmen geleistet haben, ausdrücken, oder aber mit der Ausschüttungspolitik bzw. der Vermögensstrategie einhergehen, etwa durch die Vergabe monetärer Sonderleistungen. Jedenfalls wird die Bereitschaft, sich für die Unternehmerfamilie nachhaltig und dauerhaft einzusetzen, gestärkt, wenn soziale oder auch monetäre Formen der Achtung von Einsatz- und Leistungsbereitschaft etabliert sind.

System-Individuation (Fähigkeitsorientierung)

Je besser sich die Mitglieder in ihren Systemen individuieren, also persönlich entwickeln können, desto stärker wird die Loyalität sein, die sie dem System und den anderen Mitgliedern gegenüber zeigen. Mit Individuation ist hier die Möglichkeit gemeint, dass die besonderen Fähigkeiten der einzelnen Systemmitglieder im System geachtet und bestenfalls in passender Weise einbezogen werden. Grundsätzlich sind für das menschliche Zusammenleben und Zusammenarbeiten, etwa für die Entwicklung und Organisation einer Unternehmerfamilie, drei Kompetenzbereiche wichtig, die von den Systemmitgliedern zu realisieren sind:[295]

- die Gestaltung der *rationalen* Dynamik, also dafür Sorge zu tragen, dass das nötige Wissen, die erforderlichen Informationen und Daten zur Organisation und Entwicklung der Unternehmerfamilie vorhanden sind;
- die Gestaltung der *emotionalen* Dynamik, also dafür Sorge zu tragen, dass es den Mitgliedern der Unternehmerfamilie miteinander sozial-emotional gut geht, dass die gegenseitigen Beziehungen von Wertschätzung und Anerkennung getragen werden und
- die Gestaltung der *strukturellen* Dynamik, also dafür Sorge zu tragen, dass die nötige Ordnung und Struktur im Zusammenleben und Zusammenarbeiten der Unternehmerfamilie realisiert und gehalten wird.

Bestenfalls gelingt es Unternehmerfamilien, dass diese drei notwendigen Gestaltungsebenen des Rationalen („Kopf"), Emotionalen („Herz") und Strukturellen („Hand") von denjenigen in der Unternehmerfamilie verantwortet werden, die jeweils die entsprechenden Fähigkeiten zur Realisierung dieser Dimensionen zeigen. Konflikte in der Unternehmerfamilie könnten damit zu tun haben, dass die angemessene Balance dieser drei Ebenen nicht gewährleistet ist, dass die persönlichen Kompetenzen der Mitglieder nicht in der Weise in das System einbezogen werden, wie das für das System und die Personen passend erscheint.

Hier geht es letztlich darum, die Diversität von unterschiedlichen Menschen anzunehmen, genauer: die Mitglieder der Unternehmerfamilie in ihren jeweiligen Eigenarten einerseits zu achten und andererseits gemeinsam daran zu arbeiten, die Ressourcen und Potenziale, die mit dieser Diversität einhergehen, stärkend in das System einzubeziehen. Nicht jedes Familienmitglied muss alles können, etwa Bilanzen lesen oder Unternehmensstrategien entwickeln. Aber diejenigen, die dies besonders gut können, sollten dies dann auch realisieren. Während andere, die etwa ausgeprägte sozial-kommunikative Fähigkeiten besitzen, beispielsweise dafür sorgen, dass die Treffen der Unternehmerfamilie nicht nur intellektuell sowie familien- oder unternehmensstrategisch anregend sind, sondern zugleich zu unvergesslichen sozialen Zusammenkünften werden, die von wechselseitiger Wertschätzung, Achtung und Konfliktfähigkeit der Mitglieder der Unternehmerfamilie getragen sind.

Tabelle 15: Elementare Systemregeln in sozialen Systemen.

1.	**System-Zugehörigkeit** (Einbezug)	Soziale Systeme differenzieren sich von ihrer Umwelt (innen/außen) über die eindeutige Zugehörigkeit ihrer Mitglieder.
2.	**System-Reziprozität** (Ausgleichsregel)	Die Mitgliedschaft in Systemen geht mit Rechten (Nehmen) und Pflichten (Geben) einher.

---

295 Vgl. etwa Ferrari (2011b).

3.	**System-Wachstum** (Seniorität)	Wenn in Systemen die Mitgliederzahl durch neue Systemmitglieder wächst, dann haben die bisherigen Mitglieder einen Einflussvorrang vor den neuen Mitgliedern („alt vor neu").
4.	**System-Fortpflanzung** (Zukunftsorientierung)	Wenn sich neue Systeme ausdifferenzieren, dann benötigen diese für ihre erfolgreiche Entwicklung die primäre Aufmerksamkeit ihrer Mitglieder („neu vor alt").
5.	**System-Immunkraft** (Leistungsorientierung)	Die Leistungen der Systemmitglieder für das System stärkt dieses hinsichtlich der Auseinandersetzung mit Umweltherausforderungen, sodass Leistung im und für das System anzuerkennen bzw. würdigen ist.
6.	**System-Individuation** (Fähigkeitsorientierung)	Je mehr unterschiedliche Fähigkeiten der individuellen Systemmitglieder ins System und für das System einbezogen werden können, desto resilienter (widerstandsfähiger) wird das System, sodass diese Unterschiedlichkeit anzuerkennen und zu würdigen ist.

Quelle: Eigene Darstellung

12.5 Resümee

Unternehmerfamilien sind komplexe soziale Systeme. Diese Komplexität korreliert mit der Anzahl der Mitglieder, die die Unternehmerfamilie prägen. Ein besseres Verständnis dieser Komplexität wird möglich, wenn wir drei idealtypische Entwicklungsetappen von Unternehmerfamilien unterscheiden. Die Unternehmerfamilien 1.0 bis 3.0 sind von verschiedenen Differenzen geprägt, die das Leben und Arbeiten in diesen Familien bestimmen. Das Verständnis für die Herausforderungen in diesen Familien lässt sich zudem vertiefen, wenn wir die Regeln, die diese Systeme prägen, auf drei Ebenen betrachten. In stark an der Betriebswirtschaft orientierten Diskussionen werden gemeinhin vor allem die formalen Regeln diskutiert und gefragt, wie diese gestaltet werden können. Mit diesem Beitrag werden zudem informale Regeln und vor allem elementare Systemregeln thematisiert.

Besonders die elementaren Systemregeln prägen die basale Struktur aller sozialen Systeme und somit auch die Systemlogiken in Unternehmerfamilien. Es handelt sich um Prinzipien, die sich immer dann einstellen, wenn Menschen miteinander leben und arbeiten. Daher macht es Sinn, diese Prinzipien detailliert zu reflektieren und sie als kurative Regeln zu verstehen, deren Beachtung dabei hilft, Konflikte zu vermeiden oder hinsichtlich von Lösungsmöglichkeiten zu reflektieren.

Zusammenfassend können wir sagen: Überall, wo Menschen miteinander leben und arbeiten, sind sie mindestens mit den folgenden elementaren Herausforderungen, also mit folgenden systemischen Logiken konfrontiert:

- mit dem angemessenen Ausgleich von Geben und Nehmen *(elementare Logik des Ausgleichs)*;
- mit der Festlegung, wer dazugehört und wer nicht *(System-Existenz)*;

- mit der passenden Berücksichtigung zeitlicher Strukturpräferenzen in Systemen (*System-Wachstum:* Vorrang der Früheren vor den Späteren) und zwischen Systemen (*System-Fortpflanzung:* Vorrang des Späteren vor dem Früheren);
- mit der Anerkennung von Leistung und Einsatz für das System *(System-Immunkraft);*
- sowie mit der Berücksichtigung und dem Einbezug individueller Fähigkeiten und Kompetenzen innerhalb des Systems *(System-Individuation).*

Die Beachtung dieser Regeln hat bestenfalls den Effekt, dass beide Orientierungen, die Unternehmerfamilien für ihre passende Entwicklung benötigen, realisiert werden können, und zwar zum einen Stabilität als Fortführung der Tradition und zum anderen Veränderung als innovative Anpassung an den sozialen Wandel. Neben den Entwicklungsstufen der Unternehmerfamilie und der Beachtung der Regelebenen ist insbesondere das Konzept „Doing Business Family" sehr hilfreich, um Unternehmerfamilien dabei zu unterstützen, die Balance aus Stabilität und Wandel erfolgreich zu praktizieren. Daher sei abschließend auch auf dieses in diesem Buch vorgestellte Konzept hingewiesen (siehe Kapitel 13).

Heiko Kleve, Tobias Köllner

13. Doing Business Family – Die aktive Herstellung der Unternehmerfamilie durch Gesellschafter[297]

13.1 Zusammenfassung

Obwohl die Grundlage von Familienbeziehungen in Unternehmerfamilien in der Regel die Verwandtschaft ist, also die biologische und/oder rechtliche Verbindung miteinander, verstehen sich qualitativ hochwertige und sinnstiftende Beziehungen nicht von selbst. Die Gesellschafterinnen und Gesellschafter von Familienunternehmen müssen aktiv etwas dafür tun, um die Familiarität, insbesondere ihre Familienidentität und ihren Familienzusammenhalt sowie die Transgenerationalität ihres Unternehmertums immer wieder erneut herzustellen. Das Konzept *Doing Business Family* setzt hier an. In einer Zeit, in denen alle Familien einen tiefgreifenden Wandel erleben, weil sich die Ansprüche an die individuelle Lebensführung sowie die Rollen- und Geschlechterverhältnisse verändern, bietet es einen neuen Blick und konstruktive Handlungsperspektiven, um die alltägliche Herstellung von Familie zu unterstützen. Dies ist gerade für die Unternehmerfamilie von großem Interesse. Denn deren transgenerationale Intention setzt voraus, dass sich auch angesichts veränderter Nachfolge- und Vererbungspraxen Stabilität gebende Familienverhältnisse entwickeln können.

13.2 Transgenerationalität als Kern des Familienunternehmertums

Familienunternehmen zeichnen sich dadurch aus, dass sie das, was Familien kennzeichnet, dass nämlich das Leben von einer an die nächste Generation weitergegeben wird, auf das Unternehmenseigentum und die Verantwortung dafür übertragen. Dieses Prinzip wird *Transgenerationalität* genannt und ist sowohl der wichtigste als auch sensibelste Bestimmungsfaktor für Familienunternehmertum. Denn ein Familienunternehmen ist auf Langfristigkeit hin angelegt, mithin darauf, dass es von Generation zu Generation übergeben wird, dass sich also Nachfolgerinnen oder Nachfolger aus der Unternehmerfamilie finden, die die Verantwortung für das Unternehmen übernehmen. Die Umsetzung der Transgenerationalität versteht sich aber keinesfalls von selbst, sie ist sowohl in theoretischer als auch praktischer Hinsicht erklärungsbedürftig geworden. Denn für viele Mitglieder aus Unternehmerfamilien bieten sich häufig attraktive Karriereoptionen und individuelle Entwicklungsmöglichkeiten außerhalb des Familienunternehmens, was eine operative Nachfolge erschwert und unwahrscheinlicher machen kann.

---

297 Dieser Beitrag basiert auf bereits publizierten Arbeiten der Autoren zum Thema, und zwar auf Köllner, Haver-Rassfeld & Kleve (2022) und Köllner & Kleve (2023).

Doch nicht nur die operative Nachfolge, auch die Nachfolge in der Eigentümerrolle kann kritisch betrachtet werden. Denn das Eigentum an Familienunternehmen kann als „geduldiges Kapital"[298] bewertet werden. Das heißt, dass die Ausschüttungen nicht in der Höhe erfolgen, wie das üblicherweise am Markt, insbesondere bei börsennotierten Unternehmen, gängig wäre, sondern merklich in geringerer Höhe. Denn von den Gesellschafterinnen und Gesellschaftern wird (vom Unternehmen sowie den Mitgesellschaftern) oft finanzielle Bescheidenheit erwartet, und zwar auf der Basis einer sozio-moralischen Identifikation mit dem Unternehmen und dem primären Interesse, den wirtschaftlichen Erfolg und das langfristige Bestehen des Unternehmens zu sichern. Am deutlichsten wird das z. B. an Narrativen, in denen die Idee einer Treuhändermentalität entwickelt wird, welche einen Prozess zur Herstellung von emotionaler Bindung, Identifikation und Zugehörigkeit beschreibt.[299] Daher könnte es aus der rein finanziellen Perspektive betrachtet lukrativer sein, dass Gesellschafterinnen und Gesellschafter ihre Anteile verkaufen, als dass sie sich langfristig an das Unternehmen und die damit verbundenen relativ bescheidenen Ausschüttungen binden. Daraus lässt sich schlussfolgern, dass die Fortführung des Unternehmens in Familienhand aus wirtschaftlicher Sicht nicht mehr fraglos akzeptiert, jedenfalls erklärungs- und begründungsbedürftig wird.

Nicht zuletzt deshalb erscheint es sinnvoll, auf die Bedeutung der Unternehmerfamilie als sozialem Ort einzugehen, in dem die Identifikation der Familienmitglieder mit dem Unternehmen und der Familie, ihr gemeinsamer Zusammenhalt sowie ihre transgenerationale Orientierung gesichert und immer wieder erneut aktiviert werden. Wie Praxis und die Forschung zeigen, ist es der Familienfaktor, der der Grund dafür ist, dass es zahlreiche ältere und sehr alte Familienunternehmen gibt, die über Generationen erfolgreich fortgeführt werden.[300] Die Unternehmerfamilie wird damit zum Ausgangspunkt der Forschung und Praxisentwicklung, da sie ein sehr passendes, schlüssiges sowie empirisch nachweisbares Verständnis der Dynamik und Erhaltung des Familienunternehmens ermöglicht.[301] Die Unternehmerfamilie ist dann deutlich mehr als nur eine Ressource des Familienunternehmens; sie ist der soziale Kontext, der dem Unternehmen seine spezifische Gestalt verleiht.[302] Insbesondere für die transgenerationale Ausrichtung ist das entscheidend, da es der Unternehmerfamilie immer wieder aufs Neue gelingt, Sinn für die beteiligten Familienangehörigen zu stiften und zu ihrer Identität beizutragen.[303] Schlussendlich führt das dazu, dass Familienunternehmen deutlich länger existieren als andere Unternehmensformen.[304]

---

298 Wimmer (2010); Wimmer et al. (2018).
299 Vgl. Simons (2023); Simons et al. (2023).
300 Vgl. Jaffe & Lane (2004); Rüsen (2019); Rüsen, Kleve & v. Schlippe (2021).
301 Vgl. v. Schlippe, Groth & Rüsen (2017); Kleve & Köllner (2019); Aldrich et al. (2021).
302 Vgl. Kleve (2020a).
303 Vgl. Stamm (2013); Lubinski (2010).
304 Vgl. Goto (2013); Olejniczak et al. (2019).

Wegweisend wurde das in den Arbeiten zu italienischen Unternehmerfamilien und den zugehörigen Familienunternehmen von der Ethnologin Sylvia Yanagisako herausgearbeitet.[305] Sie entwickelt dafür das Konzept des *Kinship Enterprise*, wobei sie die enge Verbindung zwischen Unternehmerfamilie und Familienunternehmen unterstreicht: „Projekte von Kollektiven von Menschen, die sich durch dauerhafte Familienbande verbunden fühlen und deren Ziele durch ein dichtes Geflecht von Überzeugungen, Gefühlen und Verpflichtungen geprägt sind, die mit diesen Banden verbunden sind".[306] Es sind also diese „dauerhaften Bande", „Emotionen" und „Verpflichtungsgefühle", welche immer wieder die Bindung innerhalb der Unternehmerfamilie, zwischen Unternehmerfamilie und Familienunternehmen sowie zu den Produkten des Familienunternehmens herstellen und erneuern.[307]

Davon ausgehend wollen wir im Folgenden *zum einen* Bezüge zu neueren Diskussionen in der Familiensoziologie und Verwandtschaftsethnologie herausarbeiten, mit denen diese Herstellungspraxis der Unternehmerfamilie im Kontext des Familienunternehmens beschrieben sowie theoretisch wie empirisch erklärt werden kann. *Zum anderen* bieten wir konkrete Handlungsanregungen, wie Gesellschafterinnen und Gesellschafter das *Doing* ihrer Unternehmerfamilien, also deren immer wieder erneute Herstellung als Familie, konstruktiv und für alle gewinnbringend unterstützen können. Damit wird schließlich deutlich, dass Familien soziale Konstrukte sind, deren Zusammenhalt sich nicht nur aus der biologischen Verwandtschaftlichkeit erklären lässt.[308] Vielmehr erscheint es als eine permanente Aufgabe von Familien- und Verwandtschaftsgruppen, sich immer wieder erneut herzustellen und die Bezüge zueinander deutlich zu machen sowie kollektiv fühl- und erlebbar zu inszenieren. Das wird unter dem Konzept des *Doing Family* verstanden.[309]

Diese Konzepte sowie unsere hier vorgelegte familienunternehmerische Bezugnahme haben eine hohe praktische Relevanz für Unternehmerfamilien. Denn gerade die Frage, wie sich die wachsende Familie zusammenhalten und ihre Größenzunahme gestalten kann, lässt sich mit diesen Ansätzen beantworten. Unternehmerfamilien wachsen häufig schnell und beinhalten oft mehrere, ja zahlreiche Kernfamilien. Darüber hinaus besitzen sie eine historische Tiefe, die für andere Familienformen ungewöhnlich ist. Das kann starke Bindungen zwischen den Familienmitgliedern bzw. den Gesellschafterinnen und Gesellschaftern erzeugen, wenn die gemeinsame Leistung erinnert oder Bezug auf die Gründungsgeneration genommen wird. Allerdings kann genau das auch zu Konflikten führen, da „alte Rechnungen" angeführt werden und die Familiengruppen innerhalb der Unternehmerfamilie (sogenannte Stämme) miteinander

---

305 Vgl. Yanagisako (2002).
306 Yanagisako (2018), S. 4 (Übersetzung durch die Autoren).
307 Vgl. Köllner (2023).
308 Vgl. Alber et al. (2010); Carsten (2000); Carsten (2004); Jurczyk et al. (2014); Sahlins (2013).
309 Vgl. grundsätzlich dazu Jurczyk et al. (2014).

in Konflikt geraten.[310] Gerade deshalb ist es in Unternehmerfamilien mit einer langen Tradition und einer Vielzahl von individuellen Mitgliedern, die häufig nicht mehr in einem gemeinsamen Sozialisationskontext aufwachsen, von herausragender Bedeutung, Bindung an die Unternehmerfamilie immer wieder neu herzustellen und zu aktualisieren.[311]

13.3 Gesellschaftlicher Wandel in Unternehmerfamilien als Ausgangspunkt

Wie andere Familien auch stehen Unternehmerfamilien durch den gesellschaftlichen Wandel vor großen Herausforderungen, weshalb wir davon ausgehen, dass die Herstellung von Zusammenhalt aktuell wichtiger denn je ist und in Zukunft weiter an Bedeutung gewinnen wird. Zunächst sind gesellschaftliche Prozesse dafür entscheidend, die sich mit dem Stichwort der „Individualisierung" fassen lassen. Seit mehreren Jahrzehnten ist zu beobachten, dass sich die Wahlmöglichkeiten und Chancen in den verschiedenen Lebenslagen (Arbeit, Partnerwahl, Wohnortwahl etc.) vervielfacht haben, was auch als *Pluralisierung der Lebenswelten* bezeichnet wird.[312] Die Selbstverwirklichung als Individuum gewinnt damit an Bedeutung, womit eine Unabhängigkeit von Tradition und Herkunft ins Auge fällt.[313] Zunehmende wohlfahrtsstaatliche Absicherungen ermöglichen es, neue Wege zu gehen, die vorher erhebliche Lebensrisiken beinhalteten.

Aus diesem Grund wird in Unternehmerfamilien die operative Nachfolge zunehmend schwieriger. Die Diversifizierung der Lebensstile und die Möglichkeiten des weltweiten Arbeitsmarktes ermöglichen es vielen Mitgliedern aus Unternehmerfamilien, neue Karrierewege einzuschlagen, die unabhängig vom Familienunternehmen sind. Wenn aber die Interaktion mit dem Unternehmen nachlässt und andere Bezugsgruppen und Identifikationen an Bedeutung gewinnen, lässt auch die Bindung an das Unternehmen nach. Vererbt aber die Bindung an das Unternehmen, dann verliert auch die dazugehörige Unternehmerfamilie häufig an Bedeutung, da die Interaktionen auf ein Minimum reduziert werden und die oben angesprochenen „dauerhaften Bande" nicht mehr ihre volle Wirkung entfalten können. Deshalb gewinnt die Nachfolge als Eigentümerin bzw. Eigentümer an Bedeutung, weil hierdurch neue Bindungen erzeugt werden können, was aber auch eine ständige Interaktion innerhalb der Unternehmerfamilie erfordert, da finanzielle Vorteile allein nicht ausreichen.

Parallel zu diesen Individualisierungsprozessen lassen sich veränderte Vererbungs- und Nachfolgepraxen als gesellschaftliche Tendenz wiederfinden. Klassische Modelle, wie etwa die Nachfolge des erstgeborenen Sohnes (Primogenitur) in der Geschäftsführung und bei den Gesellschafteranteilen, werden seltener.

---

310 Vgl. Ammer (2017).
311 Vgl. Köllner et al. (2023).
312 Siehe klassisch zu diesem Modernisierungsprozess Beck (1986).
313 Vgl. Bertram (2013), S. 9.

Denn heute werden die Anteile des Unternehmens stärker egalitär unter allen Erbberechtigten verteilt. Das führt zu einer wachsenden Größe der Unternehmerfamilie, sodass eine Reihe von Familienunternehmen heute mehr als 50 individuelle Anteilseignerinnen und -eigner besitzt, was als „Familiendynastie" bezeichnet werden kann.[314] Mit dieser gestiegenen Anzahl an Anteilseignerinnen bzw. -eignern geht auch eine steigende Heterogenität im Eigentümerkreis einher. *Einerseits* verteilen sich häufig die Anteile sehr unterschiedlich zwischen den Individuen, und *andererseits* sinken relativ zur Anzahl der Anteilseignerinnen und -eigner auch die Interaktionen zwischen diesen und sie erfahren keine gemeinsame Sozialisation.

Das zeigt, dass Familienunternehmen, Unternehmerfamilien und die Eigentumsstruktur in einer sich wandelnden Welt existieren. Diese Transformation der Unternehmerfamilie, des Familienunternehmens und der Eigentumsstruktur wurde klassisch von Gersick et al.[315] in den Blick genommen. Es wurde herausgestellt, dass sich verschiedene Etappen unterscheiden lassen, die signifikante Unterschiede aufweisen: Einzelpersonen, die Geschwistergesellschaft oder das Vettern-Konsortium. Diese Etappen unterscheiden sich massiv voneinander und bedingen völlig unterschiedliche Auseinandersetzungen und Muster. Mit Fokus auf die Unternehmerfamilie lässt sich in diesem Zusammenhang von einer Verdoppelung der Unternehmerfamilie sprechen, die *zum einen* Familien- und *zum anderen* Organisationscharakteristika aufweist.[316] Dafür werden Regeln aufgestellt, Sanktionen festgelegt und Zugehörigkeiten definiert, was für Familien gemeinhin ungewöhnlich ist. In organisierten Unternehmerfamilien ist das notwendig, um die Entscheidungsfähigkeit der Familie gegenüber dem Unternehmen zu sichern. Häufig geht das mit einem Familienstrategieprozess (siehe hierzu Kapitel 16) einher, der in der Erstellung einer Familienverfassung mündet, in welcher die wichtigsten Beschlüsse und geltenden Regeln der Unternehmerfamilie festgehalten werden. Diese Kodifizierung ist für „Normalfamilien" ebenfalls ungewöhnlich, wohingegen viele wachsende Unternehmerfamilien sich damit auseinandersetzen.

Zunehmend setzt sich das Wachstum der Unternehmerfamilie aufgrund der oben skizzierten gesellschaftlichen Wandlungsprozesse fort und nimmt die Züge einer Großfamilie oder einer Familiendynastie an. Daher haben wir an anderer Stelle die Unterscheidung der Unternehmerfamilie 1.0, 2.0 und 3.0 eingeführt, welche die Grundidee von Gersick et al. aufgreift und weiterentwickelt.[317] Damit weisen wir darauf hin, dass sich in Unternehmerfamilien drei Sozialsysteme unterscheiden lassen: die (Kern)Familie (Unternehmerfamilie 1.0), die formal organisierte und strukturierte Unternehmerfamilie (Unternehmerfamilie 2.0) und das großfamiliäre Netzwerk, welches die einzelnen Kernfa-

---

[314] Vgl. Rüsen et al. (2019); Jaffe & Lane (2004) S. 82; Rüsen, Kleve & v. Schlippe (2021).
[315] Vgl. Gersick et al. (1997; 1999).
[316] Vgl. v. Schlippe, Groth & Rüsen (2017).
[317] Vgl. Kleve et al. (2020); Köllner et al. (2020); Rüsen, Kleve & v. Schlippe (2021). Siehe dazu auch die Ausführungen von Kleve in Kapitel 12.

milien inkorporiert (Unternehmerfamilie 3.0). Mit diesem Wachstum geht zugleich eine zunehmende Diversität zwischen den Individuen und den einzelnen Kernfamilien einher, wie das bereits oben dargestellt wurde. Daher wächst mit der Anzahl der Mitglieder einer Unternehmerfamilie auch die Aufgabe, den Zusammenhalt und die Bindung zueinander zu erhalten oder immer wieder zu reaktualisieren bzw. permanent herzustellen.

Als erstes Fazit daraus lässt sich ableiten, dass Unternehmerfamilien besonders stark von aktuellen gesellschaftlichen Veränderungen betroffen sind. Wie andere Familienformen auch, stehen sie vor Herausforderungen, wie etwa der Individualisierung, der Diversifizierung bzw. Pluralisierung von Lebenswelten. Allerdings hat das weitreichende Konsequenzen, da die Fortführung des Familienunternehmens und der Fortbestand als Unternehmerfamilie dadurch gefährdet sind. Des Weiteren sehen sich Unternehmerfamilien mit einer veränderten Vererbungspraxis konfrontiert, die zur oben beschriebenen Aufsplitterung der Unternehmensanteile führt. Es hat aber auch positive Konsequenzen, da z. B. damit einhergeht, dass zunehmend Töchter in die Nachfolge als Geschäftsführerinnen oder Anteilseignerinnen gehen.[318] So werden neue Personen aus der Unternehmerfamilie einbezogen, die bisher eher im Hintergrund standen oder nur im Notfall aktiv wurden. Das kann nicht nur als ein Zuwachs an Geschlechtergerechtigkeit gefeiert werden, sondern stellt auch eine besondere Chance dar, weil damit für eine familieninterne Fortführung des Unternehmens mehr Personen zur Verfügung stehen und die Aufgaben auf einen größeren Personenkreis verteilt werden können.

13.4 Doing Business Family: Die Herstellung von Identität, Zusammenhalt und Transgenerationalität

Aus der bisherigen Darstellung wird deutlich, dass der Zusammenhalt in der Unternehmerfamilie aktiv hergestellt werden muss und nicht als natürlich gegeben angesehen werden kann. Daher soll im Folgenden das Konzept des *Doing Family* vorgestellt und auf die Unternehmerfamilie angewandt werden. Damit gehen wir darauf ein, wie die familiäre Herstellungspraxis erfolgt und welche Schritte dafür gegangen werden. Dabei soll die oben benannte Unterteilung von Unternehmerfamilie 1.0, 2.0 und 3.0 als Orientierung dienen (siehe Kapitel 12).

Aufbauend auf neueren familiensoziologischen und verwandtschaftsethnologischen Arbeiten begreifen Karin Jurczyk, Andreas Lange und Barbara Thiessen[319] die Familie nicht nur als biologische Einheit, sondern auch als soziales Konstrukt. Damit ist gemeint, dass die biologische Verwandtschaft eine wichtige Basis ist, die über Diskurse und soziale Praxen immer wieder neu mit Bedeutung und Sinn gefüllt werden muss. Das neue Verständnis von Familie und Verwandtschaft ist damit Teil der „konstruktivistischen Wende" in den Sozial-

---

318 Vgl. dazu etwa Jäkel-Wurzer & Ott 2014; Otten-Pappas (2013, 2015).
319 Vgl. Jurcyk et al. (2014).

13. Doing Business Family

wissenschaften.[320] In diesem Verständnis wird die Familie als „ein Lebensbereich, in welchen Menschen ihre Emotionen, ihre Kreativität und ihre Vorstellungskraft einbringen", bewertet.[321] Mit dieser Perspektive wird ein völlig neuer Blick auf Familie und Verwandtschaftssysteme möglich, welcher die Emotionen, das Handeln und den damit verbundenen Sinn der handelnden Akteure analysiert. Gerade für die Unternehmerfamilie ist das eine ganz zentrale theoretische wie praktische Perspektive, da erst bestimmt werden muss, wer dazugehört und wie Gemeinsamkeit hergestellt wird. Fragen, die an dieser Stelle geklärt werden müssen, umfassen zum Beispiel den Umgang mit Ehepartnern, unverheirateten Partnern, mit Adoptionen oder den Zeitpunkt, ab dem die nächste Generation in Entscheidungen einbezogen wird.

Ein erfolgreiches Doing Business Family kann als das Bauen eines Hauses verstanden werden, in dem auf der soliden Basis von Verwandtschaft und dem gemeinsamen Eigentum die drei Säulen (1.) der Identifikation der Familienmitglieder mit dem Unternehmen und der Unternehmerfamilie, (2.) deren emotionaler Bindung und (3.) deren sozialer Verflechtung miteinander den Zusammenhalt und die Transgenerationalität erzeugen, die zugleich das gemeinsame Dach für Familie und Unternehmen bilden.

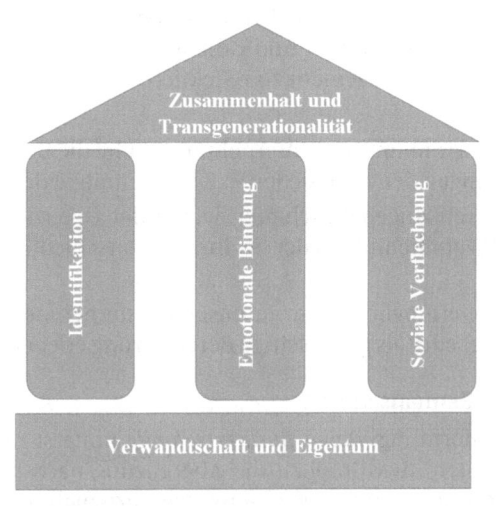

Abbildung 30: Doing Business Family und die dazugehörigen Faktoren.
Quelle: Entnommen aus Köllner & Kleve (2023), S. 6

Konkret unterscheidet Karin Jurczyk (2014: 61 ff.) bei der Herstellung von Familie zwischen drei Grundformen:

---

320 Rerrich (2014), S. 312 f.
321 Carsten (2004) S. 9.

- dem Balancemanagement,
- der Konstruktion von Gemeinsamkeit und
- dem *Displaying Family*.[322]

Balancemanagement

„Balancemanagement" meint eine permanente Aufgabe für die handelnden Personen und bedeutet, dass unterschiedliche Bedürfnisse, Interessen und Erwartungen koordiniert werden müssen. Gerade in der Unternehmerfamilie ist das von zentraler Bedeutung, da neben dem individuellen Lebensalltag mit beruflichen, schulischen oder Freizeit-Aktivitäten auch die Belange des Familienunternehmens und der Unternehmerfamilie insgesamt beachtet werden müssen. Das ist eine erhebliche zusätzliche Herausforderung, die in Betracht gezogen werden muss. Konkret ist damit gemeint, dass zeitliche und räumliche Rahmenbedingungen geschaffen werden müssen, welche Kopräsenz und regelmäßige Interaktion ermöglichen. Gerade bei großfamiliären Strukturen oder Familiendynastien stellt das eine erhebliche Herausforderung dar, da die Personen an unterschiedlichen Orten aufwachsen, eventuell unterschiedliche Sprachen sprechen und relativ wenig Zeit gemeinsam verbringen.

In diesem Zusammenhang können sich die Unternehmerfamilien bzw. die in ihnen aktiven Gesellschafterinnen und Gesellschafter folgende Fragen stellen, um ihr eigenes Balancemanagement zu reflektieren, nachhaltig zu sichern bzw. auszubauen:[323]

- Wie balancieren wir in unserer Unternehmerfamilie die Bedürfnisse, Interessen und Erwartungen der verschiedenen Familienmitglieder?
- Welche besonderen Angebote schaffen wir in der Unternehmerfamilie, mit denen sich die Familienmitglieder in ihrer Unterschiedlichkeit einbringen können?
- In welcher Weise ermöglichen wir in unserer Unternehmerfamilie, dass sich die Familienmitglieder als gegenseitige Bereicherung erleben können?

Konstruktion von Gemeinsamkeit

Eine zweite Grundform des *Doing Business Family* umfasst die „Konstruktion von Gemeinsamkeiten", was implizit die Abgrenzung nach außen beinhaltet. Gemeinsamkeiten werden durch wechselseitige Bezugnahme konstruiert, und es wird eine kollektive Identität geschaffen. In diesen Prozessen muss deutlich werden, was die Unternehmerfamilie auszeichnet und verbindet. Dafür sind Rituale, geteilte Erinnerungen oder Narrative wichtig, welche abstrakte Zugehörigkeiten anhand von Personen, Ereignissen oder Orten konkret erlebbar machen. In Unternehmerfamilien bieten sich dafür die Bezugnahme auf die Gründungszeit oder die Person des Gründers, Jubiläen oder historisch bedeutende

---

322 Jurczyk (2014), S. 61 ff.
323 Vgl. zu diesen und den weiteren Fragestellungen zu den Doing-Prozessen Köllner & Kleve (2023), S. 8.

Orte an. Bei gemeinsamen Aktivitäten kann dann eher latent ein Zusammengehörigkeitsgefühl konstruiert und in einer geschützten Atmosphäre für vertrauliche Interaktionen gesorgt werden.

Um diesen Doing-Prozess zu reflektieren und weiterzuentwickeln, können folgende Fragestellungen helfen:

- Wie schaffen wir in unserer Familie Zusammenhalt?
- In welcher Form sorgen wir in unserer Unternehmerfamilie für gemeinsame Erlebnisräume?
- Welche Möglichkeiten und Angebote gibt es in unserer Unternehmerfamilie, um sich gemeinsam mit Fragen der Vergangenheit, Gegenwart und Zukunft des Unternehmens zu befassen, z.B. Besichtigungen an Unternehmensstandorten, die Einrichtung eines Unternehmensmuseums etc. oder mehrgenerationale Veranstaltungen mit Austauschmöglichkeiten zwischen den unterschiedlichen Generationen?
- Was zeichnet uns als Unternehmerfamilie aus und macht uns einzigartig?
- Welche Rituale, wiederkehrenden Feste oder andere Familienevents haben wir etabliert, zu denen wir als Familie zusammenkommen, feiern und unseren Zusammenhalt leben und festigen?
- In welcher Weise sorgen wir dafür, dass sich die unterschiedlichen Generationen unserer Unternehmerfamilie einbezogen fühlen? Wie sprechen wir die einzelnen Kleinfamilien sowie die Kinder und Jugendlichen an?

Displaying Family

Die letzte und dritte Grundform der Herstellung von Zusammenhalt erfolgt über das *Displaying Family*. Damit wird über die bewusste Inszenierung des Zusammenlebens nach außen und innen die Zusammengehörigkeit öffentlich gemacht. Das kann etwa durch das Teilen von Familienfotos in sozialen Netzwerken geschehen, die bei gemeinsamen Familienaktivitäten entstanden sind. Dadurch wird deutlich, wer dazugehört und wer außen vor gelassen wird. Das bekräftigt die Identität und die Zusammengehörigkeit der Unternehmerfamilie nach innen und schärft die Abgrenzung nach außen. Mit dem *Displaying Family* werden die Vergemeinschaftungs- und Abgrenzungsprozesse noch deutlicher und konkreter sichtbar. Denn letztlich heißt Identifikation und Zusammengehörigkeit zum einen freilich Einschluss derjenigen, die sich verbunden fühlen, aber eben auch Ausschluss und Abgrenzung von denen, die nicht dazu gehören.

Wieder können sich die aktiven Gesellschafterinnen und Gesellschafter reflektierende und aktivierende Fragen stellen:

- Wie stellen wir uns als Unternehmerfamilie nach außen dar, in welchen Formen und Medien sowie zu welchen Anlässen und Ereignissen?
- Welche weiteren Themen, Anlässe und Personen bieten sich uns für die Zukunft an, um uns als zusammengehörige Unternehmerfamilie zu präsentieren?

- Wie stellen wir sicher, dass die Darstellung zwar positiv ein- und abgrenzend, aber nicht in negativer Form ausgrenzend wirkt?
- Welche Regeln geben wir uns, um Wichtiges zu teilen, aber trotzdem unsere Privatsphäre zu schützen?

Abbildung 31: Das Doing-Family-Konzept.
Quelle: Eigene Darstellung

13.5 Doing Business Family in Unternehmerfamilien 1.0

Die Unternehmerfamilie 1.0 weist in ihren Strukturen und bei ihren Dynamiken große Ähnlichkeiten mit der Kernfamilie auf und fokussiert auf die Paarbeziehung der Eltern, in welche die Kinder hineingeboren und großgezogen werden. Entsprechend stellt die Unternehmerfamilie 1.0 einen primären Sozialisationskontext dar und befriedigt wichtige emotionale und psychosoziale Bedürfnisse aller Beteiligten. In dieser Sozialform wird deshalb verhältnismäßig viel Zeit miteinander verbracht und die Mitglieder interagieren häufig miteinander. Dabei kann das Familienunternehmen sowohl zeitlich als auch inhaltlich einen großen Raum einnehmen, sodass unternehmensbezogene Themen allgegenwärtig sind. Daher besteht hier eine besondere Herausforderung für das *Balancemanagement*, damit familiäre Themen nicht zu kurz kommen und genügend Raum erhalten. Hier ist eine klare Trennung zwischen dem Unternehmen und der Familie notwendig, sodass beide Seiten genügend Aufmerksamkeit erhalten. So könnte die Unternehmerfamilie *Kontextdifferenzierungen* vornehmen, die eindeutig festlegen, wo, etwa in welchen Räumen, zu welchen Anlässen oder mit welchen Personen möglicherweise nur familiär gesprochen wird und unternehmensbezogene Themen außen vor bleiben.

Ähnlichkeiten zwischen der Unternehmerfamilie 1.0 und der Kernfamilie ergeben sich auch beim Thema der Gemeinsamkeiten. Zugehörig zur Familie ist, wer über Geburt, Adoption oder Eheschließung aufgenommen wurde. Das erscheint häufig selbstverständlich, ist aber in verschiedenen Kulturen durchaus unterschiedlich ausgeprägt.³²⁴ Eine zentrale Gemeinsamkeit der Familie ist meist ein gemeinsamer Haushalt (ökonomische und örtliche Vergemeinschaftung) und ein gemeinsamer Name aller Familienmitglieder. Darüber hinaus spielt das Unternehmen meist eine große Rolle für die Identität der Familie insgesamt, wobei alle Familienmitglieder daran teilhaben, da das Unternehmen alltäglicher Bestandteil der familiären Kommunikation ist.³²⁵

Diese Zugehörigkeit aller Familienmitglieder wird zugleich präsentiert und inszeniert. Daher spielt das *Displaying Family* eine große Rolle und vereint dabei die Unternehmerfamilie 1.0 mit der Kernfamilie. Beispielsweise finden sich alle Mitglieder auf gemeinsamen Fotos wieder oder nehmen an Feierlichkeiten wie Betriebsjubiläen oder Weihnachtsfesten teil. Diese Präsenz zu Anlässen im Unternehmen erfolgt meist unabhängig davon, ob eine Person operativ tätig ist oder Anteile am Unternehmen besitzt. Vielmehr geht es darum, Zusammenhalt zu vermitteln und zu zeigen, dass die Tradition auch in der nächsten Generation fortgesetzt wird.

13.6 Doing Business Family in Unternehmerfamilien 2.0

In der Unternehmerfamilie 2.0 werden Unterschiede zur Kernfamilie deutlich. Zunächst wird sichtbar, dass nicht mehr alle Familienmitglieder eng mit dem Unternehmen verwoben oder operativ in diesem tätig sind. Eine Erwerbsarbeit außerhalb des Familienunternehmens wird die Regel und führt dazu, dass das Balancemanagement noch komplexer wird: Die Unternehmerfamilie entsteht als neue Sozialform, differenziert sich von der Kernfamilie und tritt zusätzlich zur Erwerbsarbeit in Erscheinung. Das verknappt die Zeit zusätzlich, sodass nicht mehr allen Anforderungen genügt werden kann. Das führt zu erheblichen Ambivalenzen, die nicht leicht aufzulösen sind. So befasst sich jedes einzelne Familienmitglied bzw. jede Gesellschafterin und jeder Gesellschafter mit einem komplizierten Zeitmanagement, um die Aktivitäten für sich selbst, die jeweilige Kernfamilie, die eigene Berufsarbeit und die Unternehmerfamilie in eine passende Balance zu bringen.

Problematischer wird auch die Konstruktion von Gemeinsamkeiten, da die Strukturen professionalisiert werden und Mitgliedschaften (z.B. in Gremien der Unternehmerfamilie) stärker reguliert werden. Das führt dazu, dass die Zugehörigkeit nicht mehr so inklusiv gehandhabt wird und nicht mehr alle aktiv mitwirken können. Damit wird die Unterscheidung zwischen „operativ tätigen" und „nicht-operativ tätigen" Familienmitgliedern wichtiger und erzeugt eine gewisse Spannung. Daneben treten weitere Herausforderungen auf, wie etwa die unterschiedliche Verteilung der Anteile, die Zugehörigkeit zu Stämmen oder die räumliche Verteilung bzw. die unterschiedlichen Wohnorte.

---

324 Vgl. zu einer ersten Auseinandersetzung mit einer kulturvergleichenden Perspektive auf Unternehmerfamilien siehe Köllner (2023).
325 Vgl. Stamm (2019), S. 120.

Diese Herausforderungen zeigen sich dann auch beim *Displaying Family*. Allerdings ist hier anzumerken, dass häufig versucht wird, interne Differenzen nach außen zu negieren und die gemeinsame Tradition und Geschichte zu betonen.[326] Dennoch bleibt es so, dass die Unternehmerfamilie und die Kernfamilie immer stärker differenziert wahrgenommen werden. Das führt zu zentrifugalen Tendenzen, denen man möglichst frühzeitig entgegentreten sollte, da sie sich sonst verfestigen und den Zusammenhalt der Unternehmerfamilie insgesamt gefährden.

13.7 Doing Business Family in Unternehmerfamilien 3.0

In der Unternehmerfamilie 3.0, womit große und erfolgreiche Unternehmerfamilien mit mehr als 50 individuellen Mitgliedern und einem Netzwerkcharakter zwischen den entfernt verwandten Gesellschafterinnen und Gesellschaftern gemeint sind, kommt dem *Doing Business Family* eine besondere Bedeutung zu, da die klassische Bindung, wie das in der Kernfamilie der Fall ist, nicht mehr gegeben ist. Darüber hinaus reicht auch die formale Organisation der Unternehmerfamilie, wie das bezüglich der Unternehmerfamilie 2.0 beschrieben wurde, nicht aus, um Zusammenhalt zu erzeugen. Vielmehr gewinnen die zentrifugalen Tendenzen durch die immer stärker ausgeprägte räumliche und lebensweltliche Trennung weiter an Bedeutung. Es wird immer wichtiger, die Gemeinsamkeiten der Unternehmerfamilie herauszustellen und wiederholend bewusst zu machen. Das wird zu einer permanenten Aufgabe für die Unternehmerfamilie. Ansonsten geht die Bindung innerhalb der Unternehmerfamilie und zum Familienunternehmen verloren, was weitreichende Folgen für den Fortbestand beider Sozialformen haben kann sowie letztlich die Transgenerationalität und damit auch die Haltung der so genannten Treuhändermentalität[327] der Unternehmerfamilie gefährdet. Mit Treuhändermentalität ist die Haltung und das Mindset der Gesellschafterinnen und Gesellschafter gemeint, ihre Unternehmensanteile als treuhänderische Leihgaben zu verstehen, die sie von ihren Ahnen erhalten haben, um sie an ihre Nachkommen weiterzugeben.

Für das Balancemanagement bedeutet das, dass der Interaktion der Mitglieder aus der Unternehmerfamilie Raum gegeben werden muss. Es müssen also explizit und ganz bewusst Möglichkeiten geschaffen werden, die Kopräsenz ermöglichen, welche in Kernfamilien nahezu selbstverständlich ist. Gerade bei sehr großen und alten Unternehmerfamilien ist das eine veritable Herausforderung, da die Mitglieder manchmal weit verstreut leben und verschiedene Sprachen sprechen. Daher gewinnen Netzwerke an Bedeutung, wo die Mitglieder der Unternehmerfamilie gemeinsamen Interessen nachgehen können und teilweise in reziproke Austauschbeziehungen eintreten. Dafür bieten sich neue technische Möglichkeiten an, wie etwa Intranet-Plattformen oder ein Familien-

---

326 Vgl. Keßler et al. (2018).
327 Vgl. dazu ausführlich Simons (2023) sowie Simons et al. (2023).

Wiki.[328] Das ersetzt die persönliche Interaktion nicht, kann sie aber sinnvoll unterstützen.

Großer Wert wird auf die Herausstellung von Gemeinsamkeiten gelegt. Das kann zum Beispiel durch die Erstellung von Stammbäumen erfolgen, welche die Verbindung der einzelnen Mitglieder verdeutlichen. Mitunter wird das auch spielerisch inszeniert, was gerade jüngeren Personen aus der Unternehmerfamilie hilft, sich der Verbindungen zueinander bewusst zu werden. Ein weiteres Beispiel für die Konstruktion solcher Gemeinsamkeiten sind Narrative, welche spezifische Charakteristika wie den Unternehmergeist, die Innovationskraft oder die Cleverness der Unternehmerfamilie betonen.[329] Das schafft einen Gemeinsinn und kann den Zusammenhalt merklich fördern.

Schlussendlich spielt auch das *Displaying Family* eine sehr wichtige Rolle. Zunehmend wird Wert darauf gelegt, dass die Unternehmerfamilie nach außen als Einheit auftritt und sich gegenüber der Öffentlichkeit inszeniert. Dafür wird häufig die Beziehung zum Unternehmen herausgestellt, und es werden die offiziellen Termine im Familienunternehmen für die Inszenierung der Familie genutzt. In besonders alten Familienunternehmen gibt es dann mitunter eigene Historikerinnen bzw. Historiker, welche die Geschichte von Familie und Unternehmen analysieren und für die Öffentlichkeit zugänglich machen. Das verstärkt die Identifikation, die emotionale Bindung und trägt somit zur Stärkung des Zusammenhalts bei.

13.8 Resümee: Doing Business Family als permanenter Prozess

Die Ausgangsthese dieses Beitrags ist, dass die Unternehmerfamilie heute vor großen Veränderungen und Herausforderungen steht. Im Resultat dessen wird es immer notwendiger darauf zu achten, dass die Unternehmerfamilie Sinn für ihre Mitglieder stiftet und Maßnahmen zur Erhaltung sowie zur Herstellung von Zusammenhalt generiert. Um das theoretisch zu fassen, haben wir Bezug zum soziologischen Konzept des *Doing Family* genommen und dies im Sinne des *Doing Business Family* auf Unternehmerfamilien angewandt.

Konkret wurden dafür das *Balancemanagement*, die *Konstruktion von Gemeinsamkeit* und das *Displaying Family* vorgestellt. Diese drei Grundformen des *Doing Business Family* erlauben nicht nur eine Analyse dieser Phänomene, sondern ermöglichen darüber hinaus die Ableitung von Maßnahmen für die Praxis. Diese Maßnahmen stellten wir für die unterschiedlichen Ausprägungen der Unternehmerfamilie (1.0, 2.0 und 3.0) jeweils separat dar. In diesem Zusammenhang weisen wir darauf hin, dass diese Maßnahmen hinreichend konkret sein müssen. Dafür bietet sich der Anschluss an konkrete Personen, Orte oder Ereignisse an, welche die abstrakte Entität der Unternehmerfamilie für die

---

328 Vgl. ausführlich dazu Rüsen, Kleve & v. Schlippe (2021).
329 Vgl. dazu Kleve et al. (2022); Kleve et al. (2023) oder Köllner et al. (2023).

einzelnen Personen fassbar und nachvollziehbar machen. Damit wollen wir schließlich die praktische Relevanz unserer Analyse betonen und eine konkrete Unterstützung für Familienunternehmen und Unternehmerfamilien anregen.

Zentral dabei ist, dass die Herstellung der Unternehmerfamilie als eine soziale Praxis, die von den Gesellschafterinnen und Gesellschaftern verantwortet werden sollte, ein Prozess ist, der niemals endet. Denn immer wieder erneut muss sich die Unternehmerfamilie ihrer Identität, ihres emotionalen Zusammenhalts und der sozialen Verflechtung zwischen den Familienmitgliedern versichern und diese aktiv erneuern. Nur so kann anhaltend die transgenerationale Intention innerhalb der Unternehmerfamilie wachgehalten werden, um das Familienunternehmen wieder und wieder in die jeweils nächsten Generationen zu führen. Das ist eine immense Herausforderung, der aber eine große Bedeutung zukommt, da Familienunternehmen in Deutschland und vielen anderen Staaten der Welt die Basis der gesamten wirtschaftlichen Entwicklung sichern.

Arist von Schlippe

14. Dynamiken und Lösungsansätze für Konflikte in Unternehmerfamilien

14.1 Die Unternehmerfamilie als fruchtbare Umgebungsbedingung für Konflikte

Eine eingängige Formulierung aus einer frühen Arbeit über Konflikte in Familienunternehmen ist vielfach zitiert worden: „fertile fields for conflict".[330] Offenbar ist früh erkannt worden, dass diese Organisationsform besonders anfällig für Konflikte ist. Und doch wurde das Thema über lange Zeit von der Forschung nur unzureichend beachtet: „Family shareholder dynamics can dramatically influence a family business, however, this has received little attention in the family business literature."[331] Dies hat sich etwa beginnend mit der Jahrtausendwende deutlich verändert, seither ist die Zahl der Arbeiten zu Konflikten in Familienunternehmen erkennbar gestiegen. Deutlich ist: Das Thema Konflikte in Bezug auf Familienunternehmen bezieht sich immer auf Konflikte innerhalb der Unternehmerfamilie und auf die Frage, wie massiv diese sich jeweils auf das Unternehmen auswirken.[332]

Wie bereits in dem Kapitel über Unternehmerfamilien[333] deutlich gemacht, finden sich diese in einer besonderen Lage: Die Anforderungen und Erwartungen, die sich aus der Mitgliedschaft in einer Unternehmerfamilie ergeben, passen mit denen, die sich aus der Mitgliedschaft im Unternehmen ergeben, oft nur schwer oder gar nicht zusammen. Diese Ausgangslage ist potenziell voller Paradoxien. Als solche werden Konstellationen bezeichnet, in denen es keine gute Lösung gibt: Was auch immer in der Perspektive eines Systems als „richtige Entscheidung" gilt, ist in der des anderen „falsch".

Es verbinden sich im Familienunternehmen eben zwei soziale Systeme, die zumindest in unserem Kulturkreis die größte Bedeutung für die Identität eines Menschen haben: Liebe und Arbeit. Und mit dem dritten „Kreis" des 3-Kreis-Modells (das bei Rüsen und Heider in Kapitel 2 ausführlich vorgestellt wird), kommt auch noch die Dynamik des Geldes hinzu. In einer Gemeinschaft, die durch Verwandtschaft und durch den Besitz gemeinsamen Eigentums zusammengehalten wird, finden sich spezielle Dynamiken, die sich von denen der Familie und des Unternehmens unterscheiden. In jedem Fall lässt sich sagen, dass die Themen, um die es in Unternehmerfamilien geht, alles andere als trivial

---

330 Vgl. Harvey & Evans (1994).
331 Vgl. Davis & Herrera (1998).
332 Vgl. Eddleston & Kellermanns (2007); Frank, Kessler, Nosé & Suchy (2011); Grossmann & v. Schlippe (2015); McKee, Madden, Kellermanns & Eddleston (2014); v. Schlippe & Frank (2016).
333 Vgl. v. Schlippe, in diesem Band.

sind: Die Familie ist der zentrale Ort, an dem bis heute der engste gemeinschaftliche Lebensvollzug stattfindet und die wichtigsten existenziellen Erfahrungen im Lebenszyklus gemacht werden – von der Geburt über Partnerschaft und Familiengründung bis zum Tod. Man kann sich eben nicht einfach eine neue Familie suchen, wenn einem die eine nicht passt. Und wenn man im Unternehmen der eigenen Familie operativ oder in Gremien tätig ist, gibt man seine Position auch nicht so einfach auf, es ist eben nicht nur „ein Job".

In seiner Theorie der Identität spricht Petzold von den „Säulen der Identität".[334] Neben der körperlichen Unversehrtheit sind dies: nahe emotionale Beziehungen, das Thema Arbeit und Leistung, die Frage der materiellen Absicherung und schließlich die Säule der Werte, eine „Säule", die die Identität noch tragen kann, wenn alle anderen Säulen bedroht sind. Während in anderen Familien Arbeit und Leistung, sowie materielle Sicherheit meist nicht direkt mit der Ursprungsfamilie eines Menschen verbunden sind, gilt für Unternehmerfamilien, dass vier der zentralen tragenden Fundamente der Identität eines Menschen eng mit der Herkunftsfamilie und dem Unternehmen verbunden sind: Beziehungen, Leistung und materielle Lage werden stark von der Unternehmerfamilie bestimmt, und in den meisten Fällen ist auch die Werteebene unmittelbar mitbetroffen.[335]

Es geht also in einer Unternehmerfamilie nicht nur ökonomisch, sondern auch psychologisch um viel. Die angesprochenen „Säulen" der eigenen Identität sind oft eng mit dem Unternehmen verbunden. Es werden Fragen berührt nach dem eigenen Lebenswerk (meist auf Seiten des Seniors) bzw. nach eingebrachter Loyalität, Einsatzbereitschaft und Verzicht (oft auf Seiten der Ehepartner und Kinder): Werden diese Aspekte jeweils vom anderen anerkannt und wertgeschätzt oder ignoriert oder gar entwertet? Gefühle tiefer Verletztheit, die hier entstehen können, werden oft mit heftiger Empörung beantwortet. Wann immer Menschen empört reagieren, geht es um Verletzungen des Gerechtigkeitsempfindens und Gefühle, die mit der Überzeugung verbunden sind, Verrat und gebrochene Versprechen erlebt zu haben (mehr dazu im weiteren Verlauf des Kapitels). Zugleich wird durch das Unternehmen eine hohe Bindungswirkung erzeugt. Man kann das Feld nicht einfach verlassen. In anderen Familien kann beispielsweise räumliche Distanzierung ein Weg sein, um Eskalationen aus dem Weg zu gehen – oft kommt es dann später im Leben zu einer vorsichtigen Wiederannäherung. In einer Unternehmerfamilie ist dies schwierig: Da steckt dann drei Wochen, nachdem man sich zum „endgültigen Bruch" entschieden hat, die Einladung zur Gesellschaftersitzung im Briefkasten und man weiß, dass hier auch über das eigene Vermögen entschieden wird. Geld ist eben ein ganz besonderer „Klebstoff". Das bringt interessante Dynamiken mit sich. Denn über Geld und gemeinsamen Besitz greift die Ursprungsfamilie oft in einem ganz anderen Maß auf ihre erwachsenen Mitglieder zu als andere Familien. Während dort meist die neu gebildete Kernfamilie mehr Raum und Zeit

---

334 Vgl. Petzold (1993).
335 Vgl. v. Schlippe (2012b).

14. Dynamiken und Lösungsansätze für Konflikte in Unternehmerfamilien

beansprucht als das Herkunftssystem, ist dies in der Unternehmerfamilie anders, sie leitet aus der Mitgliedschaft der Gesellschafterin andere Anforderungen an Präsenz, Engagement, Loyalität usw. ab.

Ein weiterer Aspekt kommt hinzu, wir haben ihn das Prinzip der „doppelten Beobachtung" genannt:[336] Eine Unternehmerfamilie nimmt ihre Mitglieder natürlich wie jede andere Familie auch wahr, man freut oder ärgert sich über Verhaltensweisen, Aussagen usw. – und diese Freude, wie der Ärger, gilt jeweils der Person. Zugleich aber werden die Mitglieder immer wieder auch mit einem Bezug auf das Unternehmen beobachtet: Was bedeutet die Entscheidung für einen Studiengang fürs Unternehmen? Reicht die Leistungsfähigkeit für eine mögliche operative oder Gremienposition? Ist das Agieren auf Facebook evtl. schädlich für das Image des Unternehmens, etwa wenn der 16-jährige Namensträger sich dort betrunken mit Freunden ablichten lässt? Dieses Moment gilt in ähnlicher Weise auch in Bezug auf Eigentum. Die Mitglieder der Familie achten sehr genau darauf, wer dem jeweiligen Entscheidungsträger nahesteht (möglicherweise näher als man selbst?), sie wissen, welche offenen oder verdeckten Koalitionen bestehen, wer mit wem kann, wer nicht, wo die Konfliktlinien verlaufen und was das zum einen für die eigene Situation, zum anderen für die Unterfamilie bedeutet. Manchmal mündet dies in einer Art Daueranspannung, mit der die Familie umzugehen hat, in den Worten eines Interviewpartners: *„Also, es gibt eine Grundspannung, das ist 'ne sehr, also 'ne sehr alte, sehr alte, etwas totgeschwiegene, aber ziemlich blutrünstige Fehde zwischen meiner Familie und ... meinem Onkel."*

All dies führt zu einer emotionalen Gemengelage, bei der zwar Konflikte nicht automatisch eintreten müssen (und oft genug ist es erstaunlich, wie vielen Familien es gelingt, hohe Eskalationsstufen zu vermeiden). Doch sind Konflikte stärker begünstigt als in anderen Familien: Überall können „Nitroglyzerinfläschchen" herumliegen – und wer mit einer unbedachten Bemerkung „dagegen stößt", erlebt manchmal Explosionen von erstaunlicher Stärke.

14.2 Emotionale Arenen und „emotional messiness"

Es ist genau diese besondere Intensität von Konflikten in Unternehmerfamilien, die ins Auge fällt. Vielfach ist die Empörung übereinander sehr groß und das Ausmaß an Wut auf den oder die anderen ausgesprochen massiv. Diese Phänomene wurden verschiedentlich auch mit dem Begriff „emotional messiness" (emotionale Verwirrung) belegt.[337] Gemeint ist ein nicht nur vorübergehender Zustand von emotionaler Anspannung, sondern ein dauerhaftes und nur schwer festzumachendes Gemisch heftiger negativer Gefühle, die sich gegen einen oder mehrere Familienmitglieder richten. Das schmerzliche Empfinden, verraten worden zu sein, damit einhergehende Gefühle von Kränkung und Verletztheit, können sich bis zu Hassgefühlen steigern und die Kooperation der

---
336 Vgl. v. Schlippe, Groth & Rüsen (2017).
337 Vgl. Brundin & Sharma (2012).

aufeinander angewiesenen Familienmitglieder massiv beeinträchtigen. Unternehmerfamilien entwickeln sich dann zu „emotionalen Arenen",[338] in denen ein Austausch negativer Emotionalität an der Tagesordnung ist, manchmal mit zunehmender Eskalation.

Das, was in Organisationen zumindest formal keinen Platz hat, nämlich Emotionalität, ist ja in Familien alltäglich. Hier ist grundsätzlich „alles" thematisierbar, da Familie immer die ganze Person umfasst, und dazu gehört auch deren Emotionalität.[339] Ganz anders ist dies im Unternehmen, dort wird selektiv auf die Frage der Leistungsfähigkeit und der Nützlichkeit spezifischer Kompetenzen geachtet, insbesondere gehören Gefühle nicht dorthin. Die im Kapitel 14.1 kurz skizzierten Fallstricke des Familienunternehmens können sich daher in der Familie in besonderer Weise emotional niederschlagen. Verbunden mit der erwähnten Unmöglichkeit, das Feld zu verlassen, können sich hier Situationen ergeben, die einem „Popcorntopf" gleichen: Im Inneren der Familie brodelt die Energie, es knallt heftig, doch der Deckel bleibt zu.

Im Folgenden sollen in diesem Kapitel einige Facetten genauer herausgearbeitet werden, die diese „emotionalen Arenen" ausmachen.

14.2.1 Psychologische Kontrakte

Der Begriff „Psychologischer Kontrakt" war ursprünglich von Edgar Schein vorgeschlagen worden.[340] Er beschreibt eine Reihe von wechselseitigen Erwartungen, die zwischen Organisation und Individuum entstehen können. Vor allem in einer beruflichen Einstiegssituation kann es geschehen, dass die eine Partei etwas verbal oder auch nonverbal andeutet („Das kriegen wir schon hin, fangen Sie erst mal an, über das Gehalt können wir dann ja im nächsten Jahresgespräch reden"), was die andere Seite als Versprechen und wechselseitige Vereinbarung erlebt. Wenn dies dann nicht wie erwartet eingelöst wird („Nein, das habe ich so nie gesagt!", „Da haben Sie was falsch verstanden!"), wird das als schwerer Bruch empfunden, als Verrat an der eigenen Loyalität. Das Thema findet sich in vielen Organisationen, es führt zu einem Nachlassen der Identifikation mit dem Unternehmen und geht mit innerer Kündigung und dem Schwinden von Arbeitsmotivation einher.[341]

Das Konzept erweist sich auch als ausgesprochen nützlich, um Konflikte in Familienunternehmen zu verstehen.[342] Familienbeziehungen bestehen über Jahrzehnte, unklare, angedeutete Versprechungen stammen evtl. schon aus der Kindheit und dementsprechend tiefgreifend wird ihre Verletzung erlebt. Dabei wird vermutlich nur selten bewusst ein „böses Spiel" gespielt, doch „kann man sich vorstellen, dass im Kontext von Familienunternehmen eine Mischung aus

---

338 Vgl. Brundin & Härtel (2014).
339 Vgl. Luhmann (2005).
340 Vgl. Roehling (1997).
341 Vgl. Zhao, Wayne, Glibkowski et al. (2007).
342 Vgl. v. Schlippe (2014), S. 58 ff.; v. Schlippe & Hülsbeck (2016).

14. Dynamiken und Lösungsansätze für Konflikte in Unternehmerfamilien

Ambivalenz und Machtbewusstsein auf der Seite des Inhabers der Eigentumsrechte eine Rolle spielen, wenn es um psychologische Kontrakte geht".[343] Die Folgen können gleichwohl dramatisch sein, wenn etwa ein Familienmitglied die eigene Karriereplanung auf eine Tätigkeit im Unternehmen ausgerichtet hat und recht spät erlebt, dass diese Option illusorisch war („Das war nie so vereinbart, liebes Kind!"), dann kann es passieren, dass der Betreffende in einer Nachfolgefalle („successor's trap") steckt: Pläne wurden verworfen, Karriereoptionen ausgeschlagen und plötzlich geht „nichts" mehr.[344] Bei einem solchen Bruch ist das Gerechtigkeitsempfinden massiv verletzt, was für Konflikte eine erhebliche Bedeutung hat, wie das folgende Kapitel 14.2.2 zeigt.

14.2.2 Gerechtigkeitsempfinden

Gerechtigkeit gilt als ein Kernthema in Konflikten, ja vermutlich unterliegt sogar jedem Konflikt ein verletztes Gerechtigkeitsempfinden.[345] Dazu muss man sich klarmachen, dass „Gerechtigkeit" ein Abstraktum ist, das nie erreichbar ist. Es gibt sehr viele unterschiedliche Perspektiven darauf, was als „gerecht" zu bezeichnen ist. Stierlin verweist darauf, dass in Familien jedes Mitglied ein eigenes „Gerechtigkeitskonto" führt[346] und dabei eigenes und fremdes Handeln innerlich recht unterschiedlich „verrechnet" (in der Regel zu den eigenen Gunsten). In Unternehmerfamilien lässt sich verletztes Gerechtigkeitsempfinden oft auf solche Differenzen der „Verrechnungen" zurückführen. Manchmal stellt dabei das, was der eine in der Logik des Unternehmens als gerecht ansieht, für den anderen eine große Ungerechtigkeit in der Logik der Familie dar. Fast alle Unternehmerfamilien sehen sich im Erbfall genau mit diesem Dilemma konfrontiert: Wer nach Familienlogik vererbt, also alle Kinder „gleich" bedenkt, beeinträchtigt unter Umständen die Entscheidungsfähigkeit des Unternehmens; wer nach Unternehmenslogik vererbt und etwa das Kind, das im Unternehmen aktiv ist, bevorzugt, mag sich erhebliche Konflikte in der Familie einhandeln.

Wenn Menschen erleben, dass ihre Gerechtigkeitserwartungen nicht erfüllt werden, reagieren sie oft mit starker Empörung, für Montada[347] ist dies die Leitemotion in Konflikten. Empörung ist ein sehr gefährliches Gefühl, sie führt in ein vereinfachendes Schwarz-Weiß-Denken hinein,[348] verleitet zu einseitigem, „gefährlichem" Denken[349] und steigert die Eskalationsbereitschaft. Schließlich fühlt man sich absolut im Recht und sieht die andere Seite entsprechend völlig im Unrecht. So geht das Bewusstsein für Zwischentöne verloren, die Bereitschaft, sich zumindest vorzustellen, dass der andere die Dinge anders sieht, sinkt – und damit gehen Kompromissbereitschaft und -fähigkeit verloren.

---

343 Vgl. v. Schlippe & Hülsbeck (2016), S. 124.
344 Vgl. Kaye (1996).
345 Vgl. Montada (2014); siehe auch v. Schlippe (2022a).
346 Vgl. Stierlin (2005).
347 Vgl. Montada (2014).
348 Vgl. Glasl (2014).
349 Vgl. Eidelson & Eidelson (2003); Omer & v. Schlippe (2023).

Die eigene Empörung gut zu handhaben und nicht spontan aus ihr heraus zu reagieren, sind mithin erste und wesentliche Aufgaben, wenn es um Konfliktmanagement geht.

14.2.3 Geld

Zwei Aussprüche von Interviewpartnern in unseren Studien sollen verdeutlichen, worum es bei dem Thema geht: „Wenn es um Geld geht, kenne ich keine Verwandten!"[350] und: „Geld ist Gift! Wenn du deinen Kindern zu viel davon gibst, vergiftest du sie!" (unveröffentlicht). In beiden Zitaten spiegelt sich die Frage danach, was durch Geld mit der menschlichen Seele und mit den menschlichen Beziehungen geschieht, eine Frage, mit der sich der Philosoph Georg Simmel bereits Ende des 19. Jahrhunderts beschäftigte.[351] Aus psychologischer Sicht braucht es eine stabile Persönlichkeit, um damit umgehen zu können, dass man Geld, vor allem viel davon, bekommt, ohne dafür selbst gearbeitet zu haben. Ein wichtiger Aspekt von Geld geht dadurch verloren, nämlich dass der eigene Verdienst belegt, dass und wie man sich tätig mit dem „widerspenstigen Weltstoff" auseinandergesetzt hat, wie es Hartmut Rosa sagt.[352]

Ein Projekt des WIFU („Ownership, Meaning and Practice") legt einen Schluss nahe: Wenn man ohne eigene Anstrengung ein Ausmaß an Mitteln geschenkt oder vererbt bekommt, das es zumindest theoretisch ermöglicht, das ganze Leben damit gut auszukommen (vielleicht sogar noch über weitere Generationen), kann ein Mensch im psychologischen Sinn dadurch massiv geschwächt werden. Natürlich ist dies nicht immer zwangsläufig der Fall, aber es braucht schon eine gefestigte seelische „Grundausstattung", um dem Sog des Geldes standzuhalten und sich den Unbequemlichkeiten von Ausbildung und Berufstätigkeit auszusetzen. Der Blick für die eigenen Fähigkeiten wird nämlich leicht getrübt und das Selbstwertgefühl kann beeinträchtigt werden – eine große Herausforderung für die Erziehung von Nachfolgegenerationen.[353] Im Fall des zweiten erwähnten Interviewpartners („Geld ist Gift") hatte dieser übrigens entschieden, dass jedes seiner Kinder nur 500.000 € bekommen solle, angesichts seines Vermögens eine vergleichsweise kleine Summe. Seine Begründung war, dass die Kinder mit einem solchen Betrag zwar ein ausgezeichnetes Startkapital hätten, aber nicht ein ganzes Leben in Luxus finanzieren könnten, ohne selbst aktiv dazu beizutragen.

Mit dem Thema Geld und Besitz wird ein Aspekt deutlich, der in unserem gesamten gesellschaftlichen Leben eine große Rolle für Konfliktdynamiken spielt. Für Unternehmerfamilien ist er noch in einem ganz besonderen Sinn bedeutsam. Das Kommunikationssystem Familie hat hier durch das gemeinsame Eigentum ein zentrales Thema, das jederzeit Vorfahrt beansprucht. Damit können viele Aspekte des familiären Alltagslebens eine besondere Qualität be-

---

350 Vgl. v. Schlippe (2014), S. 78.
351 Vgl. Simmel (2001, im Original 1900).
352 Vgl. Rosa (2019).
353 Vgl. Erdmann (2010).

kommen, in den Worten eines anderen Interviewpartners ausgedrückt: „Es wurde nichts mehr ohne Hintergedanken geredet!"

Durch das Medium Geld wird die Knappheit der Güter und Leistungen symbolisch „durch eine zweite, künstlich hergestellte Knappheit abgebildet".[354] In der Unternehmerfamilie spielt Geld dabei in diesem Sinn oft eine besondere Rolle. Die Verknappung an Kommunikationszeit für familiäre Alltagsfragen[355] und die oft beklagte emotionale Kargheit in Unternehmerfamilien wird über Geld symbolisch mit verhandelt. So können in diesen Familien Selbstverständlichkeitserwartungen entstehen, für erlebten Mangel einen finanziellen Ausgleich zu bekommen, die zu Abhängigkeit führen. Manchmal verdichten sich diese Erwartungen zu Ansprüchen („Das steht mir schließlich zu!"), die, wenn sie in die Kommunikation gelangen, zu Konflikten einladen können. Neben Konflikten um die Höhe von Ausschüttungen finden sich besonders im Erbfall viele mögliche „Entzündungspunkte", um über Geldfragen in Streit zu geraten.[356]

Bei größeren Familien birgt noch ein weiterer Aspekt Konfliktpotenzial: Es können sich in der Kommunikation hier über die Zeit polare Positionen ausdifferenzieren, die für zwei entgegengesetzte Strömungen im Umgang mit Geld stehen. Die Scham, unverdient über so viel Geld zu verfügen, kann zu der einen Position führen, dass man eigentlich all das nicht selbst verdiente Geld spenden solle, oder zumindest einen großen Teil etwa über eine Stiftung sozialen Zwecken widmen sollte. Die andere extreme Position besteht darin, dass es doch gerade im Sinn der Vorväter und -mütter sei, das von diesen für den familiären Wohlstand bestimmte Geld für ein schönes und angenehmes Leben zu verbrauchen. Beide Seiten werfen einander dann vielleicht „maßlose Gier" vs. „engherzige Knauserigkeit" vor. Eine andere Polarisierung kann sich ergeben, wenn eine Gruppe in der Familie den Treuhandgedanken vertritt („Wir sollten unser Unternehmen möglichst stabil und besser aufgestellt an die nächste Generation übergeben!"), während eine andere mit einer Investorenlogik unterwegs ist, sich gegen den „Vermögensknast" wehrt und eine angemessene Rendite auf das eingesetzte Kapital einfordert.[357]

14.2.4 Nachfolge

Dass Nachfolge das kritischste Thema in Unternehmerfamilien ist, ist vielfach hervorgehoben worden.[358] Ähnlich wie beim erwähnten Erbfall (manchmal auch in direkter Verbindung damit) werden nun Paradoxien „scharf gestellt", brechen „Konsensfiktionen" auf. Denn nun ist nicht mehr möglich, Überlegungen, die nicht vereinbar sind, im Vagen zu lassen: Es muss entschieden werden. Kann vielleicht eines der eigenen Kinder die Geschäftsführung übernehmen

---

[354] Vgl. Hutter (1990).
[355] Vgl. Wimmer, Domayer, Oswald & Vater (2018).
[356] V. Schlippe (2022b).
[357] Vgl. Kormann (2013).
[358] Vgl. u. a. Handler (1994); Lansberg & Astrachan (1994); May & Bartels (2016); Pfannenschwarz (2006); v. Schlippe, Groth & Rüsen (2012).

und wenn ja, wer? Steht dabei dann Kompetenz an erster Stelle oder doch Herkunft?[359] Es ist erstaunlich, wie gestandene Unternehmer (meist Männer), deren Kerngeschäft im beruflichen Alltag im ständigen Entscheiden besteht, sich hilflos zeigen, sobald es um Entscheidungen im familiären Umfeld geht – offenbar wird im Sozialsystem Familie ganz anders entschieden als in einer Organisation.[360]

Inzwischen ist das Bewusstsein für die dramatischen Folgen, wenn diese Fragen nicht gut gelöst werden, in der Gesellschaft gewachsen; die Zahl der entsprechenden Ratgeber dürfte in die Hunderte gehen. Und so können wir heute eine größere Sensibilität und Bereitschaft beobachten, diese Fragen bewusst zu reflektieren und nicht in Nachfolgefallen hineinzustolpern.[361] Und doch sind immer wieder, bis in die Gegenwart hinein, verzweifelte und oft sehr unglückliche Versuche zu beobachten, die Nachfolgedilemmata unklar zu behandeln, und auch dann noch im Vagen zu halten, wenn eine Entscheidung unvermeidlich ist. Der GAU der Nachfolge etwa ist es, wenn ein Senior unentschieden ist und nicht klarmacht, wann, wie und ob er sich überhaupt aus allen operativen Tätigkeiten zurückziehen wird, und dann auch noch unsicher ist, ob er seinem Sprössling diese Aufgabe zutraut. Wenn er diesen dann doch als familiären Nachfolger in die Firma holt, aber ständig – am „besten" noch vor den Mitarbeitern – dessen Kompetenzen anzweifelt und vielleicht sogar am Ende noch seine Kündigung ausspricht, dann kommt es zu Verletzungen, die sich i.d.R. nicht mehr bereinigen lassen.[362]

14.3 Die Psychologie des Konflikts: Eintrittskarten nach Dämonistan

Die hier nur grob skizzierbare Ausgangslage, die Paradoxien und die verschiedenen „emotionalen Arenen", in denen „emotional messiness" erlebt wird, all dies bildet den Hintergrund, vor dem schwere Konflikte in Unternehmerfamilien entstehen können.[363] Einmal entstanden, läuft ihre Eskalationsdynamik nach uralten Mustern ab, die in unzähligen Studien nachweisbar sind. Wenn man sich dieser Muster nicht bewusst ist, stolpert man in sie hinein, und gerät, ohne das zu merken und in der vollsten Überzeugung, ganz rational zu handeln („dumm", „krank" oder „böse" verhalten sich ja nur die anderen), in einen eskalierenden Konfliktstrudel hinein.[364] Die Wahrnehmung und das Denken verengen sich, die Optionen der Beteiligten werden immer weiter reduziert, die Geschwindigkeit, in der reagiert wird (bzw. in der man meint, sofort reagieren

---

359 Vgl. Klett (2005).
360 Vgl. Wetzel & Dievernich (2014).
361 Eine Bestandsaufnahme findet sich z.B. bei Moog, Kay, Schlömer-Laufen & Schlepphorst (2012).
362 Vgl. v. Schlippe (2012a).
363 Vgl. Gordon & Nicholson (2008).
364 Vgl. Glasl (2014); v. Schlippe (2022a).

zu müssen!) steigt an.³⁶⁵ Und meist bleibt nur der Weg in die nächste Eskalationsstufe, alles andere würde ja der anderen Seite einen Vorteil bringen ...

In den folgenden Kapiteln 14.3.1 bis 14.3.7 werden einige dieser Mechanismen kursorisch vorgestellt.³⁶⁶

14.3.1 Kausalität, Interpunktion, personenbezogene Zurechnung und Motivunterstellungen

Wann immer man sich einem Grad an Komplexität gegenübersieht, der nicht überschaubar ist, wird Unsicherheit erlebt. Diese ist schwer auszuhalten, entsprechend sucht man danach, diese zu vermeiden oder schnellstmöglich zu reduzieren.

Einer der offenbar tief in uns angelegten Mechanismen der Komplexitätsreduktion ist **Kausalität**. Wir suchen die Umgebung nach Kausalität ab, und ohne es zu merken, ordnen wir sie damit. Dass diese Ordnung aber nur eine mögliche Ordnung in unserem Kopf ist, vergessen wir oft. Kausalität ist einer der „Lehrmeister", die uns angeboren sind, wie es der Biologe Rupert Riedl einmal sagte. Er verwies auch darauf, dass der englische Philosoph David Hume bereits in der Mitte des 18. Jahrhunderts Kausalität als „Bedürfnis der Seele" bezeichnet hatte.³⁶⁷ Denn „da draußen", außerhalb unseres Kopfs, sind die Wechselwirkungszusammenhänge komplex, vielfältig und oft zirkulär. Darauf verweist auch der Physiker Max Born mit seiner Aussage: „Wenn es prinzipiell unmöglich ist, alle Bedingungen (Ursachen) eines Vorganges zu kennen, so ist es leeres Gerede, zu sagen, jedes Ereignis habe eine Ursache."³⁶⁸ Das gilt vor allem für seelische und soziale Vorgänge. Denn menschliches Verhalten wird von den Erwartungen über die Zukunft beeinflusst, d. h. Menschen reagieren nicht kausal wie einmal angestoßene Kugeln auf einen Impuls, sie gleichen diesen mit ihren Erfahrungen ab, und sie haben Erwartungen darüber, was passieren könnte, nehmen dies vorweg und handeln entsprechend, oft auch ohne dass ein auslösendes Ereignis ihr Handeln verursacht hätte. Sicher sind diese Vorgänge komplexer als in dem berühmten Beispiel vom Mann, der in die Kneipe geht und der Frau, die meckert, und beide sehen das Verhalten des jeweils anderen („ich ja nur, weil du ...") als Grund für das eigene.³⁶⁹ Und doch lassen sich in Konflikten oft solche, „Interpunktion" genannten, Formen der Erklärung sozialer Sachverhalte finden. Dummer- bzw. verständlicherweise sind sich Konfliktparteien selten einig, nimmt jeder etwas anderes zum Ausgangspunkt des Konflikts – meist macht man das so, dass man selbst im „weißen Kleidchen", also unschuldig dasteht.

---

365 Vgl. Simon (2012), S. 91.
366 Für einen tieferen Einblick vgl. z. B. v. Schlippe (2014).
367 Vgl. Riedl (1981), S. 70.
368 Zit. nach Hildesheimer (1955), S. 607.
369 Vgl. Watzlawick, Beavin & Jackson (1969).

Dabei greifen Menschen häufig auf zwei Muster zurück. Das eine ist die „personenbezogene Zuschreibung": Es ist der andere, an dem es liegt. Wenn er (oder sie) sich nur anders verhalten würde, wäre alles einfach, aber weil er ... (und hier lassen sich verschiedene Erklärungen einsetzen), ist alles so schwierig! Die jeweils gewählten Erklärungen haben dann eine bestimmte Form: „..., weil er in der Kindheit schon ...", „..., weil es ihm ja immer nur darum geht, dass ...", „..., weil sie einfach eifersüchtig/neidisch/gierig/trotzig usw. ist."

Damit sind wir schon beim zweiten Ordnungsmuster, den **„Motivunterstellungen"**. Auch sie haben die ungewollte Eigenschaft, zu negativer Wechselseitigkeit einzuladen, denn der andere antwortet auf eine Motivunterstellung gern ebenfalls mit einer solchen („Du sagst das doch jetzt nur, weil du davon ablenken willst, dass in Wirklichkeit nämlich du ...!"). So endet der Versuch, die Komplexität zu reduzieren (man hat eine/n Schuldige(n) gefunden), in einer Steigerung der Komplexität, die Affekte heizen sich auf, man gerät in Teufelskreise von Vorwürfen und Gegenvorwürfen. Es ist zwar „alles andere als einfach, von personenbezogener Zurechnung auf das Denken in Erwartungsstrukturen und kommunikativen Mustern umzuschalten, insbesondere, wenn man selbst ein Teil dieses Musters ist",[370] doch dies dürfte unvermeidlich sein, wenn man ernsthaft an Konfliktlösungen arbeiten will.

Es ist schwer zu lernen,

- zum eigenen Beobachter zu werden,
- aus dem „Karussell der Empörung" auszusteigen,[371]
- von Aussagen („Du bist ...") zu Fragen zu kommen („Wie hast du das gemeint, ...?"),
- die Tendenz, nach Sündenböcken zu suchen, in das Bemühen zu verwandeln, die Motive des anderen zu verstehen.

14.3.2 Veränderung der Wahrnehmung

Wenn man erst einmal in konflikthaften Kreisläufen steckt, passiert etwas mit einem selbst, das man kaum bemerkt: Das Denken, das Erinnern und die eigene Wahrnehmung verändern sich, der Konflikt setzt einem unbemerkt eine „Brille" auf, durch die man die Wirklichkeit betrachtet.[372] Der sog. „fundamentale Wahrnehmungsfehler" ist dabei eine Fortsetzung der in 14.3.1 beschriebenen Mechanismen, denn bei ihm geht es um die Zuschreibung von Ursachen.[373] Im Kern sieht das so aus: Im Konfliktfall wertet man jeweils das Verhalten des anderen als Ausdruck von ihm innewohnenden Charakterzügen: „Das zeigt wieder einmal seine abgrundtiefe Bosheit!" (die sog. dispositionale Attribution), während man das eigene Verhalten als Reaktion auf die Handlungen des anderen sieht: „Ich musste mich so verhalten!" (situative Attribution). Selbst wenn man sich

---

370 Vgl. v. Schlippe (2014), S. 127.
371 V. Schlippe (2022a).
372 Vgl. Ciompi (2005).
373 Vgl. Försterling (1994).

extrem destruktiv verhält, schiebt man damit die Verantwortung auf den anderen, man selbst war ja „gezwungen", das zu tun. Der andere sieht es spiegelverkehrt, und so ist diese Form der Wahrnehmung die „Eintrittskarte" in den Konflikt, beide beginnen, sich jeweils gegen den anderen „zu wehren".

Ein möglicher Ausweg wird durch den sog. feindseligen Wahrnehmungsfehler erschwert:[374] Wenn die Beziehung erst einmal schwierig ist, gibt es fast keine Möglichkeit des Entkommens mehr. Sogar ein Versöhnungsversuch, eine positive Aktion des anderen wird als „Falle" verstanden, vielleicht sogar höhnisch zurückgewiesen („Ach, jetzt versuchst du es auf die Tour? Glaubst du, ich bin so blöd und falle darauf rein?"). Der andere wird aus der versöhnlichen Stimmung sofort wieder in den eskalativen Modus zurückgehen („Ich kann auch anders, du hast es so gewollt!").

14.3.3 Dämonisierung

Wenn dann erst einmal die Eintrittskarten gelöst sind und der Rückweg versperrt, dann beginnt der „Weg nach Dämonistan",[375] in ein „Land", das jeder irgendwie kennt; man gerät hinein, ohne es so recht zu wollen, und kommt nicht mehr heraus. Missverständnisse häufen sich, Versuche der „Richtigstellung" scheitern an Motivunterstellungen („Ja, jetzt versuchst du, dich so rauszureden!") und an dem Streit um die „korrekte Erinnerung" („Hab' ich nie so gesagt!" – „Doch, genauso hast du es gesagt, und hast du es auf jeden Fall so gemeint!"). Der andere wird zunehmend mit negativen Beschreibungen versehen, er wird zum „Feind". Es ist bedrückend zu sehen, wie bis heute, in unserer aufgeklärten Zeit, weltweit diese Formen der Vereinfachungen gewählt werden, die das Schwarz-Weiß-Denken „betonieren". Und auf tragische Weise „wird" der andere so zu dem, als den wir ihn beschreiben. Keiner hat dies so prägnant auf den Punkt gebracht wie der Schweizer Dichter Max Frisch:

> „In gewissem Grad sind wir wirklich das Wesen, das die anderen in uns hineinsehen, Freund wie Feinde. Und umgekehrt. Auch wir sind die Verfasser der anderen; wir sind auf eine heimliche und unentrinnbare Weise verantwortlich für das Gesicht, das sie uns zeigen ... Wir sind es, die dem Freunde, dessen Erstarrtsein uns bemüht, im Wege stehen ... Wir wünschen ihm so, dass er sich wandle, oh ja, wir wünschen es ganzen Völkern! Aber darum sind wir noch lange nicht bereit, unsere Vorstellung von ihnen aufzugeben. Wir selber sind die letzten, die sie verwandeln. Wir halten uns für den Spiegel und ahnen nur selten, wie sehr der andere seinerseits eben Spiegel unseres erstarrten Menschenbildes ist, unser Erzeugnis, unser Opfer."[376]

14.3.4 Geeichte Kommunikationsschleifen

In der Kommunikation tendieren nun diese einmal gefundenen Ordnungsmuster dazu, sich selbst zu bestätigen. Es entstehen sog. „geeichte" Schleifen, in

---

374 Vgl. Dodge (2006).
375 Vgl. v. Schlippe (2019).
376 Vgl. Frisch (1964), S. 33 f.

denen man nicht mehr nachfragt, sondern die eigene Wahrnehmung für die Wahrheit hält und auch noch gegen Hinterfragen abschottet. Die amerikanische Familientherapeutin Virginia Satir hat hier zusammen mit ihren Schülern eine Reihe typischer Muster identifiziert:[377]

- *Gedankenlesen:* Die Interpretationen eigener Beobachtungen werden unhinterfragt für wahr gehalten.
- *Gedankenlesen voraussetzen:* Man geht davon aus, dass der andere weiß, was in einem selbst vorgeht – und wenn er sich nicht dementsprechend verhält, zeigt das seine geringe Bereitschaft zur Lösung („Du wusstest doch ganz genau, dass ich ..., und trotzdem hast du ...!"). Eine klare Aussage fehlte, aber es wird erwartet, dass der andere sich so verhält, als sei sie ausgesprochen worden.
- *Es wird vermieden, persönlich Stellung zu beziehen:* Vage Formulierungen werden gebraucht, die verhindern, dass man festgelegt ist, z. B. Verwendung des Passivs statt des Ausdrucks von Bedürfnissen.
- *Teiläquivalenz:* Ein Teil der kommunikativen Botschaft wird für das Ganze genommen, also man reagiert etwa nur auf mimische Signale oder den Klang der Stimme, ohne den Inhalt zu beachten („Wie er mich angesehen hat, da wusste ich schon Bescheid!").
- *Übermäßige Generalisierung:* Welche Erfahrung es in einer spezifischen Situation auch ist, sie wird auf die gesamte Wirklichkeit bezogen („Sehen Sie, so ist er immer!"). Es werden „Universalien" verwendet wie: „nie", „immer", „alle".

14.3.5 „Wir" gegen „die"

Vielfach handelt es sich, vor allem in größeren Unternehmerfamilien, auch um Konflikte zwischen Gruppen, meist Unterfamilien oder Stämmen.[378] Hier muss man eine Dynamik kennen, die für Großfamilien gilt, dass sich hier nämlich die Loyalitäten langsam verschieben. In kleineren Familien gelten diese oft der vorhergehenden Generation. Manchmal kann diese „vertikale" Loyalität auch noch nach dem Tod des Gründers Konflikte begrenzen („Komm, das hätte Papa nicht gewollt!"). Wenn jedoch etwa ein Stammesunternehmen über mehrere Generationen hin besteht, verändern sich die Loyalitäten, sie werden „horizontal". Es sind oft vor allem die Ehepartner der Gesellschafter, die erleben, wie diese unter ihrer Familie (und dem „Zugriff" der Familie, der unter Punkt 1 beschrieben wurde) leiden, deren Loyalität dann ganz der kleinen Kernfamilie gilt („Lass dir das doch nicht immer gefallen!"). Es kommt zunehmend und fast unvermeidlich zu einem Denken „wir" gegen „die".[379]

Auch hier haben wir es mit uralten sozialpsychologischen Mechanismen zu tun, die dazu führen, dass sich Gruppen gegeneinander abschotten: „Das ‚Recht'

---

377 Vgl. Bandler, Grinder & Satir (1976).
378 Vgl. Ammer (2017).
379 Ammer gibt dezidierte Hinweise, worauf bei der Familienstrategieentwicklung zu achten ist, wenn Stammesorganisation beibehalten wird (2022).

steht immer auf der Seite der Gruppe, der man innerlich (!) angehört. Je stärker sich ein Angehöriger einer Gruppe mit dieser identifiziert, desto bedingungsloser pflegt er die gruppenspezifische Loyalität anderer Angehöriger dieser Gruppe zu fordern."[380] So entstehen Mechanismen von „Group think"[381] mit typischen Kennzeichen von offenbar über Jahrmillionen in der Entstehung der Menschheit angelernten Formen des Umgangs mit sozialer Wirklichkeit (Glaube an die „gerechte Sache" der eigenen Gruppe, entsprechend positive Stereotype nach innen, negative nach außen, Gruppendruck, Selbstzensur).[382]

14.3.6 Die Eigendynamik des Konfliktgeschehens und die Erosion der Beziehungen

Wenn ein Konflikt erst einmal „ausgebrochen" ist (ein interessantes Wort, offenbar war er dann wohl vorher erfolgreich „eingesperrt" bzw. „im Zaum gehalten"), dann kommt es zu einem merkwürdigen Phänomen: Die Verhaltensmöglichkeiten der Beteiligten werden immer weiter reduziert und verengt:

> *„Konflikte üben auf die meisten Menschen eine Wirkung aus wie ein Fluss im Gebirge: Wir geraten in den Strudel der Konfliktereignisse und merken plötzlich, wie uns eine Macht mitzureißen droht. Wir müssen all unsere Sinne wach halten und sehr überlegt handeln, damit wir uns nicht in eine Dynamik des Geschehens weiter verstricken, die über unsere Kräfte geht."*[383]

In der Systemtheorie wird auch davon gesprochen, dass ein Konflikt als „Parasit" dazu tendiert, sich in die Alltagskommunikation hineinzusetzen und diese zunehmend zu zerstören.[384] Ciompi ist noch drastischer, wenn er derartige Muster als „psychischen Krebs"[385] bezeichnet und sagt, dass ihre Wirkung auf psychische und soziale Zusammenhänge ähnlich zerstörerisch ist wie diese Krankheit.

All diese Mechanismen wurden wohl über viele Jahrmillionen entwickelt, in einer rauen, aber nur gering komplex ausdifferenzierten Umwelt, in der es absolut notwendig war, schnell zu wissen, wer Freund, wer Feind ist, in der man schnell seine Kräfte zum Kampf oder zur Flucht mobilisieren musste und in der das Überleben des einzelnen wenig galt, das der Sippe alles. Heute, in sozialen Strukturen, in denen man sich in der Regel nicht mehr tötet (leider gibt es nach wie vor zu viele Ausnahmen) und in denen man sich vielen sozialen Situationen nicht durch Flucht entziehen kann, sind diese Formen fatal. Sie führen zur Erosion von Beziehungen, zum Zerfall von Sozialität und steigern negative Gefühle von Wut bis zu Hass aufeinander.

---

380 Vgl. Hofstätter (1966), S. 320.
381 Vgl. Janis (1991; 2011).
382 Weitere Details vgl. Janis (1991), S. 283 ff.
383 Vgl. Glasl (2013), S. 39.
384 Vgl. Luhmann (1984), S. 533.
385 Vgl. Ciompi (2005), S. 214.

14.3.7 Generationenübergreifende Geschichten

Das „Dreigenerationenschema" der idealtypischen Kleinfamilie, nach dem i.a. Großeltern, Eltern und Kinder/Geschwister gemeinsam durch die Zeit und jeweils durch verschiedene Rollen gehen (selten weiß man mehr als bruchstückhafte Erzählungen von den Urgroßeltern), gewährleistet, dass alte Geschichten vergessen werden und alte Verletzungen ruhen dürfen.

Manchmal werden Erfahrungen über das Dreigenerationenschema hinaus weitergegeben, sodass die segensreiche Möglichkeit des Vergessens nicht besteht. Dies ist etwa bei Unternehmerfamilien der Fall, die durch das gemeinsame Eigentum über viele Generationen hinweg zusammengehalten werden. Geschichten von erlebten Ungerechtigkeiten mögen erzählt und so an Enkelin und Urenkel tradiert werden, die die Ereignisse selbst gar nicht erlebt haben, aber dennoch die Emotionalität, die damit verbunden war, weitertragen: Wurden nicht schon der Opa und seine Partnerwahl von seinen Geschwistern abgelehnt? Hatten nicht deshalb seine Kinder unter der Verwandtschaft zu leiden? Und warum soll man selbst als Gesellschafter sich „denen" gegenüber kooperativ zeigen, die doch „alles" zu verantworten haben, was in der Familie schieflief?

Solche Geschichten sind aus zwei Gründen sehr gefährlich:[386] Sie beuten zum einen die unbedingten Loyalitätsgefühle von Kindern aus, denn diese identifizieren sich immer rückhaltlos mit dem Erzähler, fantasieren sich in der Retterposition, um das erlittene Unrecht wiedergutzumachen. Zum anderen machen sie eine Lösung unmöglich: Da, wo die eigentlichen Konfliktpartner vielleicht nach jahrzehntelangem Kampf ermüdet einander im Alter die Hand reichen können („Komm, lass uns die alte Sache begraben!"), steht dies den Nachkommen nicht zur Verfügung. Im Gegenteil, Frieden zu schließen, wäre ja Verrat an der Loyalität den eigenen Eltern, der eigenen Familie gegenüber.

14.4 Was tun?

14.4.1 Bewusstheit: „Consciousness raising"

All die genannten Mechanismen wurden so ausführlich dargestellt, weil der Königsweg der Konfliktbeilegung m.E. in Bewusstheit liegt. Wer die Mechanismen kennt, denen er/sie unterworfen ist, der ist schon ein Stück weit frei. Denn er/sie kann beginnen, sich selbst zu beobachten, anstatt blind zu reagieren, wie es in einem Satz heißt, der Victor Frankl, dem Begründer der Logotherapie, zugeschrieben wird: „Zwischen Reiz und Reaktion gibt es einen Raum. In diesem Raum haben wir die Freiheit und die Macht, unsere Reaktion zu wählen. In unserer Reaktion liegen unser Wachstum und unsere Freiheit."

Diese Aufgabe ist alles andere als leicht, denn sie bedeutet, sich mit der eigenen dunklen Seite auseinanderzusetzen, die gewohnten Sicherheiten aufzugeben, wonach die Konfliktursache oder zumindest der Grund für ihre Verschärfung

---

386 Vgl. v. Schlippe (2022b).

„klar" sind. Und natürlich führt ein geändertes Konfliktverhalten nicht sofort zum Erfolg. Vielmehr muss man damit rechnen, dass „die andere Seite" versöhnliche Schritte verächtlich kommentiert (wie bereits unter 3.2 angedeutet) oder als Chance sieht, selbst einen möglichen Vorteil zu erringen. Doch es ist schon viel gewonnen, wenn man aus dem Bewusstsein der eigentlich unentrinnbaren Konfliktfalle heraus, über seinen Schatten springt und ...

- eine Eskalation nicht mit einer verschärfenden Gegeneskalation (mehr desselben) beantwortet,
- sondern manchmal den Prozess verlangsamt, statt ihn zu beschleunigen, etwa indem man einfach schweigt, statt zu antworten,
- Ironie in Betroffenheitsaussagen („Es fällt mir jetzt wirklich schwer, dir zu glauben.") verwandelt, in Fragen („Kannst du noch einmal erklären, wie du das meinst? Was ist dir dabei wichtig?") oder auf der Metaebene beantwortet, also mit Aussagen über die Aussagen („Ich habe den Eindruck, wir stecken fest. Ich merke, dass ich das, was du gesagt hast, jetzt ironisch kommentieren würde. Ich will stattdessen dir noch genauer zuhören.") o. Ä.,
- Selbstfestlegungen auf Positionen vermeidet, die, in der Hitze des Gefechts geäußert, nur schwer wieder aufzulösen sind („Ich werde ... niemals zustimmen, da könnt ihr euch auf den Kopf stellen!!!"; „Ich habe mich jetzt endgültig entschieden – gegen euch zu klagen/euch nie wieder sehen zu wollen/mich von dir zu trennen!"; „Wenn ich nicht hier mindestens mit xyz Euro herausgehe, wird es keine Lösung geben!"),
- immer wieder zu signalisieren (so schwer es fällt), dass man, auch wenn die Differenzen unüberbrückbar erscheinen, an einer möglichst störungsfreien, guten Beziehung interessiert ist – etwa indem man dem anderen ungeachtet der Differenzen kleine (das ist wichtig!) Angebote oder Gesten der Wertschätzung anbietet, kurz:
- wenn man sich etwas weniger vorhersagbar für den anderen macht und sich auf eine Weise verhält, die er/sie nicht erwartet. Das ist der Schlüssel zur Auflösung starrer Muster.[387]

14.4.2 Moderation und Mediation

Die Grenze zwischen Moderation und Mediation ist fließend. Am ehesten kann man sagen, dass man in der Konfliktmoderation unter externer Begleitung daran arbeitet, den Konflikt beizulegen, die Hintergründe besser zu verstehen und sich, soweit möglich, wieder zu „vertragen". In der Mediation geht es eher darum, zu akzeptieren, dass es eher darum geht, möglichst reibungsfrei auseinanderzukommen als um eine friedliche Konfliktbeilegung. Hier wird ebenfalls mit externer Unterstützung gearbeitet, doch wird weniger auf eine mögliche

---

[387] Ausführlich beschreibt Glasl die Möglichkeit, aus einer „Kriegslogik" in eine „Friedenslogik" überzuwechseln (2024).

Versöhnung geschaut als vielmehr darauf, wie man möglichst konstruktiv auseinandergeht.[388]

In beiden Fällen ist der Ausgangspunkt die Bereitschaft beider Seiten, sich auf einen solchen Prozess einzulassen und zumindest den Standpunkt des anderen nachzuvollziehen. Wichtig ist, dass „nachvollziehen" nicht heißt, dass man ihn gut findet: „Verständnis ist nicht Einverständnis!",[389] aber dass man akzeptiert, dass es verschiedene Perspektiven, Sichtweisen gibt. Wenn diese Gegenseitigkeit nicht gegeben ist, hat meist eine Partei die Idee, dass es ihr mehr Vorteile bringt, den Konflikt weiter eskalieren zu lassen.

In dem Fall kann eine „Single Party Mediation" ein Weg sein, bei der eine Partei einseitig daran arbeitet, die Lage zu entspannen. Hier werden die konflikthaften Situationen durchgesprochen, Möglichkeiten der Deeskalation überlegt und die Bedeutung von Wertschätzungsgesten diskutiert: Durch kleine Gesten kann der feindselige Wahrnehmungsfehler „unterlaufen" werden. Man signalisiert kontinuierlich das eigene Interesse an einer Verbesserung der Beziehung und unterstreicht dies durch kleine Angebote. Wichtig hierbei: Es geht nicht um Beschwichtigung (die würde letztlich die Konflikteskalation noch steigern), es sollten also keine großen Geschenke oder Versprechen gemacht werden. Kleine Aufmerksamkeiten, die an keinerlei Bedingungen gekoppelt werden. Im Gegenteil, ihre Zurückweisung (mindestens einmal, manchmal mehrfach) ist zu erwarten und sollte entspannt kommentiert werden, ohne dass die Geste selbst zurückgenommen wird.[390]

14.4.3 Positionen und Interessen

Berühmt geworden ist die Unterscheidung von Positionen und Interessen, wie sie im Harvard-Modell vorgenommen wird.[391] Hinter den oft sehr markant vorgetragenen Positionen („... und dahinter gehe ich nicht zurück!") stehen Interessen, nicht selten auch einfach die Angst, über den Tisch gezogen zu werden („..., weil ich glaube, mich nur dann sicher fühlen zu können!") und Bedürfnisse („... für mich ist es das Wichtigste, mich nicht bedroht zu fühlen und keine Angst haben zu müssen!"). In der Beratung wird daher danach gefragt, wie die emotionalen Interessen und Bedürfnisse *hinter* den Positionen sind.[392] Manchmal wird es, wenn man diese versteht, möglich, eine Verbesserung auf den Weg zu bringen, die die Interessen auch auf eine andere Weise sicherstellt, als über die vorher unvereinbar im Raum stehenden Positionen der Beteiligten. „Wofür ist Ihnen das wichtig?", ist hier eine der am meisten geäußerten Fragen, oder auch: „Angenommen, Sie hätten ... erreicht, was wäre dann anders?"[393] Es geht immer darum zu verstehen, was die jeweilige Person mit

---

388 Vgl. v. Hertel (2013); Lindemann, Mayer & Osterfeld (2018).
389 Glasl (2024).
390 Siehe ausführlich Omer & v. Schlippe (2023), S. 133 ff.; oder v. Schlippe (2018).
391 Vgl. Fisher, Ury & Patton (2019).
392 Siehe auch v. Hertel (2013), S. 108 f.
393 Vgl. Lindemann et al. (2018), S. 211.

14. Dynamiken und Lösungsansätze für Konflikte in Unternehmerfamilien

ihrer Forderung für sich sicherstellen möchte und es wird nach Wegen gesucht, dies anders zu erreichen als durch das pure Nachgeben gegenüber einer Position, was am Ende doch nur wieder Gewinner und Verlierer produziert.

14.4.4 Deeskalation und Bedauern

Die Bedeutung von Deeskalation wurde bereits betont. Meist mit Begleitung eines Coachs lernt man, wie man sich auf die „Knöpfe" hin beobachtet, die der andere drückt, um einen in heftigste Emotionen zu schicken – und man lernt, zum Experimentator zu werden: Was ist die zu erwartende Reaktion, wenn die Knöpfe gedrückt werden? Was passiert, wenn ich anders reagiere als erwartet? Meist wird der andere versuchen, die Knöpfe etwas fester zu drücken – wenn man das erwartet, hilft das, gelassen zu bleiben.

Der Ausdruck eigenen Bedauerns, dass es so weit gekommen ist, kann ebenfalls ein Deeskalationsschritt sein. An dieser Stelle soll ein Unterschied zwischen Verzeihen und Bedauern eingeführt werden. Verzeihen ist ein Akt, den jeder nur für sich selbst machen kann, er kann in persönlicher Erfahrung von Befreiung münden. Meist ist dabei zu empfehlen, diesen Akt gar nicht in die Kommunikation zu bringen, sondern ihn als innerlichen Prozess der Reife und Bewusstwerdung zu behandeln. Die Bitte um Verzeihung dagegen führt – vermutlich abgesehen von TV-Shows („Bitte verzeih' mir!") – in Paradoxien. Sie bringt den anderen, der möglicherweise innerlich noch nicht so weit ist, in die Schwierigkeit, entweder etwas formal zu tun, obwohl er/sie noch nicht dazu bereit ist, oder die Bitte abzuschlagen mit dem Risiko weiterer Eskalation. Ganz anders verhält es sich dagegen mit dem Ausdruck von Bedauern. Hier ist es nicht nötig, dass der andere es annimmt oder validiert. Auf eine Aussage wie: „Ich wollte dir sagen, dass ich selbst bedaure, so unbeherrscht gewesen zu sein/dich so beleidigt zu haben/das und das getan/gesagt oder nicht getan/nicht gesagt zu haben!" kommt nicht selten eine Antwort wie: „Mir egal!" oder „Jetzt brauchst du damit nicht zu kommen!" Damit signalisiert der andere, dass er noch nicht im versöhnlichen Modus ist. Das ist aber auch nicht nötig. Denn die Antwort: „Du, ich wollte es dir einfach sagen, es ist ok, wenn du es nicht annimmst, ich bleibe dabei, ich bedaure es wirklich!" nimmt vom Bedauern nichts weg und setzt den anderen nicht unter Druck.

14.4.5 Paradoxien über Stühle verdeutlichen

In Unternehmerfamilien hat sich als eine spezifische Form der Beratungsarbeit bewährt, die Paradoxie der Gleichzeitigkeit der Erwartungsstrukturen von Familie und Unternehmen durch eine recht einfache Technik zu bearbeiten: Es wird über Stühle eine sog. „Kontextmarkierung" eingeführt. Die Kontrahenten (bleiben wir im Klischee: Unternehmer-Vater und Nachfolger-Sohn) wählen für sich jeweils zwei Stühle, der eine ist der Familienstuhl, auf dem sitzen sie jeweils als Vater und Sohn, der andere der Unternehmensstuhl, da sitzen sie als Übergeber und Übernehmender.³⁹⁴ Die jeweils passenden Stühle stehen einander gegenüber. Manchmal wird schnell deutlich, dass die Kommunikation zwischen den Betroffenen sich „verirrt" hat: Der Vater sitzt auf dem „Familienstuhl" und meint, mit seinem Sohn zu sprechen, der aber fühlt sich als „Nachfolger" angeredet und reagiert entsprechend ganz anders als erwartet.³⁹⁵ Manchmal kann es auch hilfreich sein, die Erfahrung zu vermitteln, dass die Familienebene emotional stimmt und passt, und dass die Probleme eher auf der Unternehmensebene (oder eben in der „Über-Kreuz-Kommunikation") liegen.

14.5 Schluss

Natürlich können nicht alle möglichen Facetten von Konflikten in Unternehmerfamilien im Rahmen eines kurzen Fachbuchtextes abgehandelt werden. Insbesondere gilt dies für die vielleicht bedeutsamste Frage Betroffener, was sie denn nun tun können. Vor allem die spezifisch fachlichen Interventionen konnten hier nur wenig beleuchtet werden. Es gibt noch zahlreiche andere im Rahmen einer professionellen Beratung einsetzbare Methoden wie Wunderfrage, Aufstellungen, Externalisierung, Reflektierende Positionen, Schritte im Prozess einer Mediation usw.³⁹⁶ Wenn die Lage schon sehr verfahren ist, ist es empfehlenswert, Experten in Anspruch zu nehmen, die sich mit diesem Instrumentarium auskennen. In leichteren Eskalationsstufen mögen die im Abs. 10.4 angedeuteten Möglichkeiten eine Anregung geben.

In jedem Fall empfiehlt es sich, den Konflikten in Unternehmerfamilien mit der Grundhaltung zu begegnen, dass nicht der andere der „Feind" ist, sondern wenn überhaupt, dann sind es die ungelösten Paradoxien der Unternehmerfamilie und die Dynamik der Eskalation. Die Paradoxie will zum Nachdenken und zum Sprechen anregen, denn eine einfache und „richtige" Lösung gibt es nicht. Die Eskalationsdynamik dagegen ist eine Herausforderung an die eigene Diszipliniertheit und den angemessenen Umgang mit der eigenen Emotionalität, vor allem ist es wichtig, sich nicht der eigenen Empörung hinzugeben, sondern daran zu arbeiten, dass sie nicht die Kontrolle über die Situation übernimmt.

Eines sollte klar sein: In Konflikten wird es vermutlich keine Lösung geben, wenn nicht mindestens einer „über seinen Schatten" springt – und wenn man hier die Erwartung hat, dass dies gefälligst der andere sein sollte, ist man bereits aktiv dabei, das „Konfliktmonster" weiter zu füttern.

---

394 Vgl. v. Schlippe (2014), S. 177.
395 Ein prägnantes Beispiel bei v. Schlippe (2018a).
396 Vgl. u. a. Ballreich & Glasl (2011); Hertel (2013); Kleve (2011); Lindemann et al. (2018); v. Schlippe & Schweitzer (2009); v. Schlippe (2022a).

Lina Nagel, Hannah Cramer

15. 2 x 3 persönliche Kommunikations- und Konfliktkompetenzen für Gesellschafterinnen anhand der Methode Faires Streiten

15.1 Einleitung

„Hör' endlich auf, ständig hinter mir herzulaufen und verhalte dich wie ein richtiger Nachfolger!"[397]

Unternehmerfamilien zeichnen sich in Abgrenzung zu anderen Familien dadurch aus, dass in ihrem Familiensystem ein weiterer Akteur eine Rolle spielt. Dieser zieht, je nach Familie und Situation, mal mehr, mal weniger Aufmerksamkeit auf sich. Potenziell ist er jederzeit präsent und stellt, anhand einer Vielzahl möglicher Entscheidungsoptionen, diverse Aufhänger für Konflikte bereit. Die Rede ist vom Unternehmen. Dieses „Dritte" trägt einerseits dazu bei, dass die Familienmitglieder, auch über Generationen und weit entfernt verwandte Stämme hinweg, miteinander in Kontakt bleiben und andererseits neigt es dazu, den familiären Kontakt zu dominieren sowie den Raum familiärer Kommunikation enorm zu verknappen.[398] Erschwerend kommt hinzu, dass die Bereiche des Unternehmens und der Familie unterschiedlichen, sich sogar entgegenstehenden Kommunikationslogiken unterliegen. Während die familiäre Kommunikation bindungsorientiert ist und um das persönliche Wohl der Familienmitglieder kreist, unterliegt das Unternehmen einer Entscheidungslogik, bei der Funktionalität und Effizienz im Vordergrund stehen.[399] Für Gesellschafterinnen macht sich hier insbesondere das Spannungsfeld zwischen dem Fokus auf Investitionen und Ausschüttungen (Unternehmenslogik) und dem Ziel einer Weitergabe der Anteile an die nächste Generation sowie des langfristigen Erhalts des Unternehmens (Familienlogik) auf. Unterschiedliche Präferenzen, im Hinblick auf mit diesen Polaritäten einhergehende Entscheidungen, bergen bereits erste Konfliktpotenziale.

Die unterschiedlichen Logiken können darüber hinaus zu paradoxen Situationen führen und pragmatische Paradoxien mit sich bringen, also widersprüchliche Handlungsanforderungen. Ein typisches Beispiel für eine pragmatische Paradoxie in einer Nachfolgesituation liefert das einführende Zitat, bei dem sich die Seniorin an den Nachfolger richtet. Die hier sichtbar werdenden konträren Logiken sind einerseits das, was Familienunternehmen in ihrem Kern auszeichnet, erschweren andererseits gegenseitiges Verstehen und bergen ein besonderes Konfliktpotenzial. Zwar professionalisieren sich Unternehmerfamilien anhand von Familien- und Kontrollgremien, diese geraten jedoch in ihrem Ent-

---

[397] Björn von Schlippe in Groth et al. (2013), S. 7.
[398] Vgl. Wimmer et al. (1996), S. 22.
[399] Siehe hierzu auch v. Schlippe (2013a), S. 156 ff.

scheidungsfluss leicht ins Stocken oder im schlimmsten Fall zur Stagnation, wenn die Beteiligten sich in familienkommunikativen Verstrickungen verheddern. Dem entgegengewirkt werden kann anhand von Bewusstsein über typische Dynamiken, kommunikativen Fähigkeiten und dem aktiven Entgegenwirken der Verknappung familiärer Kommunikation (siehe hierzu auch Kapitel 14 „Dynamiken und Lösungsansätze für Konflikte in Unternehmerfamilien" von Arist von Schlippe). Dies mag zunächst paradox erscheinen, wurde die familiäre Kommunikation doch gerade als der Störfaktor beschrieben, der bis zur Entscheidungsunfähigkeit führen kann. Einer ungewollten Vermischung kann jedoch in erster Linie dadurch vorgebeugt werden, dass familiäre Themen anderenorts ausreichend Raum und Besprechung finden. Dazu sind Kommunikations- und Konfliktkompetenzen unabdingbar. Nicht umsonst ist der Aufbau der persönlichen Kommunikationskompetenz ein wichtiger Bestandteil beim Aufbau individueller Unternehmerfamilienkompetenz (siehe auch Kapitel 1.5). Eine umfangreiche Methode, um die Kommunikations- und Konfliktfähigkeit zu entwickeln und zu stärken und um die es in diesem Beitrag gehen wird, ist das Faire Streiten.[400] Diese Methode beinhaltet grundlegende Kompetenzen für ein konstruktives Miteinander im Alltag, die alle einzeln herangezogen werden können, um die Kommunikation innerhalb der Unternehmerfamilie zu verbessern. Um diese wird es in den Kapiteln 15.2 und 15.3 gehen. Darüber hinaus stellt sie einen Leitfaden bereit, anhand dessen konkrete Konfliktlösungsgespräche geführt werden können, der in Kapitel 15.4 vorgestellt wird. Zur Entwicklung der Kompetenzen bedarf es in erster Linie praktischer Übung. In diesem Sinne liefert der vorliegende Beitrag neben der Einführung in die theoretischen Grundlagen eine Vielzahl an Anregungen zur praktischen Umsetzung.

Exkurs: Gefahren und Potenziale von Konflikten

Ziel eines Fair-Streiten-Gesprächs ist eine konkrete Abmachung im Sinne einer Konfliktlösung. Der Fokus der Methode auf die Lösung soll jedoch nicht implizieren, dass Konflikte per se schlecht sind und gar ver- oder gemieden werden müssen. Im Gegenteil, es geht um das offene Ansprechen und eine gemeinsame Lösungsfindung. Der gemeinsame Aushandlungs- und Entwicklungsprozess steht dabei mehr im Vordergrund als das Finden der Lösung an sich. Konflikte bergen so das Potenzial, sich gemeinsam zu entwickeln, besser kennenzulernen sowie neue, für alle Beteiligten bessere Einigungen zu treffen. Konfliktlösung

---

[400] Basierend auf den ersten Ausarbeitungen von George R. Bach und Yetta Bernhard (1972) haben die Psychologen Siglind Willms und Johannes Risse das Faire Streiten über die letzten rund 40 Jahre in ihrer praktischen Arbeit zu einer soliden Methode weiterentwickelt (2014). In den letzten Jahren hat Lina Nagel begonnen, die Methode auf ihre systemischen Anteile hin zu untersuchen (2021) und ausführlicher über die damit einhergehenden Grundlagen und Kompetenzen zu publizieren. Im Praxisleitfaden „Die Kunst des Fairen Streitens" finden sich eine Vielzahl an Übungen und Reflexionsfragen, die in diesem Beitrag teilweise in abgewandelter Form aufgegriffen werden. Vgl. Nagel & Kleve (2022).

verfolgt in diesem Sinne das Ziel, eskalierende Konflikte, denen diese positiven Potenziale meist nicht mehr abzugewinnen sind, zu vermeiden.[401]

15.2 Grundlagen eines konstruktiven Miteinanders

> *„Es gibt eine positive Qualität, die mit der Wut zusammen verleugnet wird, die ich Stärke nennen möchte. Stärke meint eine gesunde Aggression, Lebendigkeit, persönliche Stärke und die Fähigkeit, sich zu behaupten. Sie umfasst die Fähigkeit, Risiken einzugehen, in der Welt eine powervolle Haltung einzunehmen und eine Leidenschaft fürs Leben zu fühlen."*[402]

Wie jedem stabilen Gebäude unterliegt auch einem konstruktiven Miteinander ein stabiles und sorgfältig geplantes Fundament, eine stabile Basis, auf der alles weitere aufgebaut werden kann. Im Hinblick auf zwischenmenschliche Beziehungen gibt es drei grundlegende Aspekte, die diese Basis ausmachen und im Folgenden ausführlicher vorgestellt werden: (1.) Die positive Aggression der Beteiligten, (2.) ihr Wissen um die Andersartigkeit untereinander und in Bezug auf sich selbst sowie (3.) eine grundlegende Wertschätzung füreinander, die in alltäglichen Situationen Ausdruck findet.

15.2.1 Positive Aggression

Der Begriff der **positiven Aggression** stößt häufig zunächst auf Irritation bis Unverständnis: Wie kann Aggression etwas Positives sein? Tatsächlich ist Aggression in der Gesellschaft sehr negativ konnotiert und wird häufig mit Gewalt, Verletzung und Zerstörung in Zusammenhang gebracht. Das dem Fairen Streiten unterliegende positive Aggressionsverständnis geht auf den lateinischen Wortursprung zurück: „Aggredi" bedeutet so viel wie „sich daran machen, etwas zu tun" und „auf die Dinge zu gehen". Es geht dabei nicht darum, die negativen Potenziale von Aggression auszublenden, sondern darum, diese um das Verständnis positiver Aggression zu erweitern. Im Sinne des Wortursprungs wird Aggression als positive und unabdingbare Lebenskraft verstanden. Es geht dabei nicht um Ellbogenmentalität, Rücksichtslosigkeit oder Zerstörung, sondern um eine gesunde Willens- und Durchsetzungskraft, so wie Jay Earley es im einführenden Zitat treffend auf den Punkt bringt.

Babys sind perfekte Vorbilder für positive Aggression. Sie scheren sich nicht um unpassende Zeitpunkte, gesellschaftliche Konventionen und individuelle Erwartungshaltungen – wenn sie ein Bedürfnis haben, dann machen sie lautstark darauf aufmerksam. Im Laufe der Sozialisation lernen sie, ihre Bedürfnisse zu kontrollieren und sich zurückzuhalten. Das ist insofern gut, als dass es das Zusammenleben erleichtert und insofern schlecht, als dass es dazu führen kann, dass die eigenen Bedürfnisse nicht mehr klar wahrgenommen und vernachlässigt werden. Genau aus diesem Grund ist positive Aggression essenziell für ein konstruktives Miteinander: Nur wer seine eigenen Bedürfnisse kennt und für sie

---
[401] Zur Vorbeugung eskalierender Konflikte siehe auch Nagel (2023).
[402] Earley (2012), S. 16.

einsteht, kann sich in der Gesellschaft behaupten, nach seinen eigenen Vorstellungen entwickeln sowie einen für sich passenden Lebensentwurf finden und realisieren. Dazu ist es nicht nur notwendig, für die eigenen Bedürfnisse einzustehen, sondern auch, sich gegenüber dem Verhalten anderer abzugrenzen, gegen Übergriffe zu wehren und „Nein" sagen zu können. Wenn sich zwei begegnen, die beide gut für ihre Bedürfnisse einstehen, ist es zudem unabdingbar, nicht zu schnell nachzugeben, sondern auch Widerständen entgegen dranzubleiben und so lange zu verhandeln, bis eine zufriedenstellende Lösung gefunden wurde.

Funktionen positiver Aggression:

Positive Aggression bezeichnet die Willensstärke, Durchsetzungs- und Lebenskraft, derer es bedarf, um

- für die eigenen Bedürfnisse und Interessen einzustehen und uns darum kümmern, diese durchzusetzen;
- sich zu wehren, in dem man sich schützt, verteidigt und abgrenzt, wenn einem jemand zu nahekommt oder einem Unrecht getan wird sowie
- dranzubleiben und zu verhandeln, wenn andere genauso stark für ihre Interessen einstehen.

Praxisbezug I: Beispiel „Wissensasymmetrien im Gesellschafterkreis"

Teil positiver Aggression ist es auch nachzufragen, wenn man etwas nicht versteht. Zwischen Gesellschaftern ist z. B. eine große Wissensasymmetrie nicht unüblich.[403] Wenn die eine auf eine mehrjährige operative Tätigkeit im Unternehmen zurückblickt, der nächste bereits Jahrzehnte im Aufsichtsgremium aktiv ist und wieder ein anderer erst vor kurzem Mitglied geworden, lassen sich diese heterogenen Wissensbestände nicht einfach überbrücken. Dies führt notwendigerweise dazu, dass das Verständnis von und der Wissensstand über die Zusammenhänge und zu berücksichtigende Einflussfaktoren bei Entscheidungen stark auseinandergehen. Positive Aggression bedeutet hier auch nachzufragen und die Informationen einzufordern, derer es bedarf, um eine fundierte Entscheidung treffen und tragen zu können.

15.2.2 Das Wissen um Andersartigkeit

Die Auseinandersetzung mit anderen Perspektiven fördert auch die zweite Grundlage für ein konstruktives Miteinander: das Wissen um **Andersartigkeit**. Damit ist die Annahme gemeint, dass jeder Mensch anders ist und wahrnimmt, frei von der Bewertung, dass das eine besser oder schlechter als das andere sei. Die Andersartigkeit besteht dabei interpersonal (zwischen Menschen untereinander) sowie auch intrapersonal (innerhalb eines Menschen). Letzteres legt der Tatsache Rechenschaft ab, dass sich Menschen mit jeder Erfahrung, jedem Ge-

---

403 Siehe hierzu auch umfangreicher das Konzept der Wissenspyramide; Korman & Börner (2013), S. 175.

danken, genau genommen in jedem Moment verändern müssen, um sie selbst zu bleiben. Oft sind diese Veränderungen so klein, dass sie uns nicht auffallen. Bei einschneidenden Lebensereignissen (wie einer Heirat, großen Reise, Trennung, Geburt eines Kindes, Tod eines nahen Angehörigen etc.) entdecken wir jedoch häufig andere Seiten von uns, die uns vielleicht selbst überraschen, und erleben dann unsere eigene Andersartigkeit.

Im Miteinander ist Andersartigkeit die Urquelle von Konflikten. Das hat damit zu tun, dass wir dazu neigen, von uns auf andere zu schließen, ohne dass uns dies bewusst ist und dann schnell davon ausgehen, dass der oder die andere „dumm, krank oder böse"[404] sein muss, um sich so zu verhalten, wie er oder sie es tut. Dabei sind Bedürfnisse aus individueller Sicht psychologisch gesehen immer erklär- und nachvollziehbar.[405] Beim Wissen um die Andersartigkeit geht es also nicht nur darum, andere zu verstehen, sondern auch zu erleben, dass das Andere mir so fremd sein kann, dass es sich meinem Verständnis von Welt vorerst entzieht. Wichtig ist es, einer verurteilenden, häufig automatischen und unreflektierten Sichtweise bewusst entgegenzuwirken. Dazu ist es wichtig, Andersartigkeit neutral zu betrachten, was bedeutet, sie in uns selbst sowie auch bei anderen Menschen nicht zu bewerten, sondern erst mal nur wahrzunehmen. Dies klingt einfacher als gesagt, denn schließlich kann die Andersartigkeit des Anderen fest in einem selbst verankerte Überzeugungen und Werte in Zweifel ziehen und führt deshalb leicht zu Empörung und Ärger. Zum Umgang mit Andersartigkeit gehört es deshalb auch, Dinge anzusprechen, die einen stören, worum es im nächsten Kapitel 15.3 noch einmal ausführlicher gehen wird.

Die neutrale Betrachtung von Andersartigkeit ebnet den Weg für eine wertneutrale Betrachtungsweise bei Differenzen und trägt dazu bei, den unterschiedlichen Eigenschaften, Einschätzungen und Handlungen anderer eher mit Neugierde anstelle von Verurteilung zu begegnen. Sie erleichtert ferner Perspektivwechsel und schärft das Gespür für Missverständnisse aufgrund unhinterfragter unterschiedlicher Vorannahmen der Beteiligten.

Schritte zum Umgang mit Andersartigkeit
- Der erste Schritt besteht darin, Andersartigkeit als solche zu erkennen, also wenn sich jemand anders verhält, als wir es gewohnt sind oder wie wir es selbst machen würden, zu verstehen, dass in dieser Hinsicht Andersartigkeit vorliegt.
- Als zweites geht es darum, diese Andersartigkeit neutral zu betrachten, d. h. sie nicht direkt mit einer Bewertung zu versehen, sondern erst mal nur festzustellen, dass das Verhalten des Gegenübers gerade anders ist, als wir es gewohnt sind.

---
404 Vgl. von Schlippe (2013b).
405 Vgl. Willms & Risse (2014), S. 164.

- Der dritte und letzte Schritt besteht darin, mit dieser Andersartigkeit einen Umgang zu finden, der für einen selbst passend ist. Dies ist insbesondere dann herausfordernd, wenn wir das Verhalten nicht gutheißen.

Für die Frage nach dem Umgang mit Andersartigkeit gibt es keine pauschalen Vorgehensweisen. Das Faire Streiten liefert jedoch eine Vielzahl an Anregungen, um Wege zu finden, die für einen selbst stimmig sind. In Kapitel 15.3 finden sich drei Kompetenzen, die genutzt werden können, wenn es um den Umgang mit Andersartigkeit geht.

Praxisbezug II: Zitat aus dem Gesellschafterkreis
Ein Unternehmer in zweiter Generation bringt die Idee der neutralen Betrachtungsweise im Hinblick auf die Nachfolge seiner Kinder passend auf den Punkt: „Die Kinder machen vieles ganz anders, als ich es machen würde. Aber ich lasse sie da, sie machen es einfach anders, aber deshalb nicht besser oder schlechter."

15.2.3 Wertschätzung und Selbstwertschätzung

Der dritte Baustein für eine Basis, auf deren Grundlage Konflikte konstruktiv ausgetragen werden können, besteht in einem wertschätzenden Miteinander und der Selbstwertschätzung sich selbst gegenüber. In der Regel sprechen wir viel häufiger Dinge an und unterhalten uns länger darüber, wenn uns etwas gestört hat oder problematisch erscheint, als wenn uns etwas gut gefallen hat. Der Paartherapeut John Gottmann geht jedoch davon aus, dass es fünf positiver Interaktionen bedarf, um eine negative auszugleichen.[406] Diese 5:1-Regel „glücklicher Paare" konnte wissenschaftlich zwar nicht belegt werden, es ist jedoch unbestritten, dass wertschätzende Interaktionen die Basis einer stabilen Beziehungsebene sind. Zum einen stärken sie das Selbstbewusstsein des Gegenübers, zum anderen stärken sie auch die Basis im Miteinander und liefern damit die Grundlage dafür, dass kritische Themen und Konflikte konstruktiv ausgetragen werden können.

Arist von Schlippe hat die Funktion von **Wertschätzung** schön auf den Punkt gebracht, als er sagte, dass Konflikte Beziehungen zerstören und kleine Gesten der Anerkennung die Beziehung wieder verbessern können (mündliches Zitat).

Wertschätzung spielt auch dann eine entscheidende Rolle, wenn man zwar „Nein" zur Sache, aber „Ja" zur Person sagen möchte. Die Frage ist dann: Wie kann ein positives Zeichen auf der Beziehungsebene gesetzt werden, obwohl die Sache abgelehnt wird? Durch das Beispiel aus dem Gesellschafterkreis (Praxisbezug III) wird nicht nur ersichtlich, dass Wertschätzung sich auch implizit, in der Art und Weise, wie aufeinander Bezug genommen wird, ausdrückt, sondern auch, dass Prozessorientierung anstelle einer zu schnellen Lösungsorientierung hilfreich sein kann. Insbesondere wenn wir es gewohnt sind, viel Verantwortung zu übernehmen, zu kontrollieren und entscheidungsfreudige Gestalter sind, haben wir schnell eine präferierte und für uns optimale Lösung im Sinn.

---

406 Vgl. Gottmann (2014a, 2014b).

15. 2 x 3 persönliche Kommunikations- und Konfliktkompetenzen

Das Beispiel zeigt eine Möglichkeit auf, die eigenen Gewohnheiten zugunsten eines gemeinsamen Prozesses im Sinne der Beziehung und des Unternehmens zurückzustellen.

Formen der Wertschätzung
- Worte: z. B. Anerkennung, Zuspruch, Komplimente
- Gesten: z. B. besondere Aufmerksamkeit, Unterstützung und Hilfe, Geschenke
- Weitere Verhaltensweisen: z. B. das Verbringen gemeinsamer Zeit, Interesse zeigen, Fragen stellen, um den anderen besser zu verstehen

Übung: Wertschätzung finden und aussprechen

Ein wertschätzendes Miteinander kann bewusst etabliert werden. Dazu ist es unabdingbar, sich bewusst zu fragen, was man an Anderen mag, welches Verhalten einem gefallen hat oder welche Fähigkeiten und Stärken man bewundert.

Überlegen Sie sich eine Person, der Sie eine Wertschätzung aussprechen möchten[407] und stellen Sie sich folgende Fragen:

- Was schätze ich an der anderen Person?
- Was finde ich gut oder bewundernswert an ihr?
- Womit hat sie mir geholfen oder eine Freude gemacht?
- Welche Fähigkeiten oder Eigenschaften dieser Person hätte ich selbst gerne?
- Was hat sie in letzter Zeit getan, das ich zu schätzen weiß?

Praxisbezug III: Ein Beispiel aus dem Gesellschafterkreis

Eine Unternehmerin weiß um den Wunsch ihrer beiden Kinder, den Beiratsvorsitz zu übernehmen. Ihrer Tochter traut sie es zu, bei ihrem Sohn hat sie ein paar Bedenken. Die Mutter möchte dem Sohn sagen, dass sie ihn sich nicht in der Rolle vorstellen kann und ist sich gleichzeitig bewusst, wie zerstörerisch diese Nachricht für ihre Beziehungsebene sein kann. Sie versucht sich deshalb in seine Lage zu versetzen und erst mal zu verstehen, warum es ihm wichtig ist und was er sich genau davon erhofft. Ihr fällt auf, dass sie es gar nicht genau weiß und nur spekulieren kann. Sie sucht daraufhin das Gespräch. Es folgen viele weitere Gespräche, immer wieder mit Zeit zum darüber nachdenken, und Stück für Stück versteht die Mutter, dass es ihm ein Anliegen ist, da er ein starkes Bedürfnis hat, etwas zum Erhalt des Unternehmens beizutragen und sich außerdem ihre Anerkennung wünscht. Auf dieser Grundlage tauschen sich die beiden darüber aus, wie sie ihm noch ihre Anerkennung zeigen kann und welche anderen Möglichkeiten es gibt, dass er sich sinnvoll für das Unternehmen einbringt, sofern er nicht Beiratsvorsitzender wird. Anhand der investierten Zeit, den Gedanken, die sie sich macht und ihrem Interesse zeigt sie ein

---

407 Alternativ können Sie sich auch eine Geste oder die Anerkennung anhand einer Verhaltensweise überlegen.

hohes Maß an Wertschätzung für ihren Sohn, das trotz seiner Enttäuschung über die finale Entscheidung, dass er nicht Beiratsvorsitzender wird, nicht dazu führte, dass die Beziehung der beiden darunter litt. Im Gegenteil hatte der gesamte Prozess die beiden näher zusammengebracht.

Um das Miteinander konstruktiv gestalten zu können, ist es nicht nur wichtig, die Beziehung zu anderen zu pflegen und Unstimmigkeiten mit ihnen zu klären, sondern auch die gleiche Aufmerksamkeit den eigenen Bedürfnissen zu widmen. **Selbstwertschätzung** bedeutet, sich selbst gegenüber eine wertschätzende Haltung einzunehmen, indem die eigenen Bedürfnisse erkannt und berücksichtigt werden. Dies fängt bereits bei grundlegenden körperlichen Bedürfnissen wie Schlaf, Ruhe und Entspannung, Essen und Trinken an. Doch auch darüber hinaus bedeutet Selbstwertschätzung, für das einzustehen, was man braucht, möchte und was einem guttut sowie sich selbst bewusst zu machen, worin man gut ist und ein positives Selbstbild zu entwickeln. Selbstwertschätzung kann wie Wertschätzung anhand von Worten, Gesten und etablierten Verhaltensweisen umgesetzt werden, ist jedoch häufig mit viel mehr Widerständen verbunden. Während es gesellschaftlich hoch anerkannt wird, andere positiv zu bestärken, heißt es „Eigenlob stinkt". Zwar können Bescheidenheit und Zurückhaltung positive Eigenschaften und im Sinne der Gesellschaft sein, jedoch auch leicht zur Vernachlässigung der eigenen Bedürfnisse führen. Um dem entgegenzuwirken, ist es sinnvoll, Selbstwertschätzung zu üben. Eine Anregung dazu bietet die „Übung: Selbstwertschätzungsexperiment" (s. u.).

Eine wertschätzende Haltung sich selbst gegenüber beinhaltet zu guter Letzt auch die Wahrung der eigenen Grenzen. Denn genauso wie es wichtig ist, dass die Grenzen des Gegenübers gewahrt werden, indem die eigenen Gefühle nicht an diesem ausgelassen werden, so ist es auch wichtig, die eigenen Grenzen zu wahren. Dies bedarf wiederum der bereits vorgestellten positiven Aggression.

Funktionen der Selbstwertschätzung
- Selbstklarheit
- Selbstbewusstsein
- Bewusstsein über die eigenen Stärken, Bedürfnisse und Anliegen

Übung: Selbstwertschätzungsexperiment
Um mehr Selbstwertschätzung im eigenen Leben zu etablieren, ist es hilfreich sich bewusst zu machen, was man an sich mag, was einem wichtig ist und guttut. Beantworten Sie dazu zunächst über folgende Fragen:
- Worin bin ich gut? Was mag ich an mir? Welche Stärken habe ich? Worauf bin ich stolz?
- Was möchte ich? Was ist mir wichtig? Was würde ich jetzt am liebsten tun?
- Was brauche ich? Was tut mir gut? Wie kann ich dafür sorgen, dass es mir gut geht?

15. 2 x 3 persönliche Kommunikations- und Konfliktkompetenzen

Nehmen Sie sich nun vor, sich eine Woche lang jeden Tag eine Selbstwertschätzung zu geben. Achten Sie dabei darauf, dass Sie dabei unterschiedliche Formen der Selbstwertschätzung ausprobieren: (I.) Sich selbst in Gedanken eine Selbstwertschätzung auszusprechen, (II.) vor anderen etwas auszusprechen, das man an sich mag oder einem gut gelungen ist und (III.) sich selbst in Form einer Geste etwas Gutes zu tun. Machen Sie sich spätestens am Abend des jeweiligen Tages ein paar Notizen dazu, wie es ihnen dabei ergangen ist, indem Sie über folgende Fragen reflektieren:

- Wie leicht oder schwer ist es mir gefallen, die Selbstwertschätzung umzusetzen?
- Wie habe ich mich dabei gefühlt?
- Was hätte ich erwartet, wie andere darauf reagieren? Wie haben sie reagiert?
- Was würde ich das nächste Mal anders machen und was würde ich wieder so machen?

Leiten Sie davon Strategien ab, was Sie wie in Zukunft weiterhin umsetzen möchten, um mehr Selbstwertschätzung in Ihren Alltag zu integrieren.

Praxisbezug IV: Beispiel „Wissensasymmetrien im Gesellschafterkreis"

Blicken wir noch einmal auf die Wissensasymmetrien zwischen Gesellschaftern, so ist es im Sinne der Selbstwertschätzung, sich dafür einzusetzen, die Informationen zu erhalten, derer es bedarf, damit man sich gut informiert fühlt, aber auch, sich nicht damit zu überfordern und zu stressen, direkt alles wissen zu müssen und sich unter Druck zu setzen, sich einen enormen Wissensfundus innerhalb kürzester Zeit aneignen zu wollen.

15.3 Das Miteinander gestalten

> *„Kommunikation ist unwahrscheinlich. Sie ist unwahrscheinlich, obwohl wir sie jeden Tag erleben, praktizieren und ohne sie nicht leben würden."*[408]

Um das Miteinander konstruktiv zu gestalten, sind drei Kompetenzen von besonderer Wichtigkeit, auf die in diesem Unterkapitel ausführlicher eingegangen wird: (1.) Die Fähigkeit, anhand von Spiegeln die gegenseitige Verstehenswahrscheinlichkeit zu erhöhen. (2.) Für das einzustehen, was einem wichtig ist und das abzulehnen, was man nicht möchte. (3.) Dinge, die einen am Verhalten anderer stören, so anzusprechen, dass möglichst keine „roten Knöpfe" gedrückt werden.

15.3.1 Spiegeln

Gegenseitiges Verständnis ist unabdingbar dafür, sich im wörtlichen Sinne gut zu verstehen. Wie das einführende Zitat zeigt, geht der Soziologie Niklas Luhmann davon aus, dass Verstehen unwahrscheinlich ist, und stellt damit nicht gerade eine optimistische Aussicht für ein harmonisches Miteinander in Sicht.

---

[408] Luhmann (2001), S. 78.

Die Kompetenz des **Spiegelns** ermöglicht es jedoch, die Verstehenswahrscheinlichkeit zu erhöhen. Es geht dabei darum, in eigenen Worten oder wörtlich zu wiederholen, was der oder die andere gesagt hat. Dies führt nicht selten zu Widerständen: „Ich bin doch kein Papagei" und „Psychologisier' mich nicht!" sind keine ungewöhnlichen Reaktionen auf die Bitte, etwas zu spiegeln oder selbst gespiegelt zu werden. Deshalb ist es umso wichtiger, Ausdrucksweisen zu finden, die sich für einen selbst stimmig anfühlen (siehe dazu „Formulierungshilfen zum Spiegeln"). Denn das Spiegeln kann dabei helfen, Missverständnissen vorzubeugen, sie aufzudecken und ganz grundsätzlich Verständnis herzustellen – ein unabdingbares Element der Lösungsfindung in Konflikten. Ferner ermöglicht Spiegeln es anzufangen, Gedankengänge nachzuvollziehen, die einem sehr fremd sind, was, wie wir gesehen haben, aufgrund der Andersartigkeit der Menschen häufig vorkommt. Oft gehen wir im Alltag jedoch darüber hinweg, fragen nicht genauer nach und verbleiben so irritiert oder mit einer falschen Vorstellung davon, was der oder die andere eigentlich wirklich gemeint hat. Oder aber wir denken verstanden zu haben, was gemeint war und verbleiben im Missverständnis. Besonders tragisch ist es, wenn es sich dabei um sogenannte Psychologische Kontrakte handelt, das heißt, dass eine Seite eine Bemerkung als Versprechen verstanden hat.[409] Wenn sich dann, z. B. bei der Weitergabe von Gesellschafteranteilen oder einer Personalentscheidung, herausstellt, dass die andere Seite es gar nicht so meinte, kann es schnell zu großer Enttäuschung und heftigen Konflikten kommen. Das Spiegeln hat in konflikthaften Situation noch eine weitere Funktion über das gegenseitige Verständnis hinaus, und zwar ermöglicht es eine Entschleunigung des Gesprächsverlaufs. Es ermöglicht in einem Schlagabtausch eine Unterbrechung, Zeit zum Nachdenken sowie nicht impulsiv zu reagieren und Dinge zu sagen, dann die man später eventuell bereut.

Funktionen des Spiegelns

Spiegeln beschreibt die Fähigkeit, das Gesagte des Gegenübers in eigenen Worten oder wörtlich wiederzugeben. Es ermöglicht

- die beidseitige Verstehenswahrscheinlichkeit zu erhöhen, Missverständnisse aufzudecken und Psychologischen Kontrakten vorbeugen,
- neue und fremde Gedankengänge nachzuvollziehen sowie
- Gespräche zu entschleunigen.

Formulierungshilfen zum Spiegeln

Wie oben ausgeführt, ist es wichtig, beim Spiegeln Formulierungen zu finden, die für einen selbst stimmig sind. Die folgenden Beispiele sind in diesem Sinne als Anregungen dazu gedacht. Schauen Sie, was Ihnen passend erscheint, was nicht und warum. Finden Sie Formulierungen, die Sie sie in Ihrem Alltag nutzen können:

---

409 Vgl. v. Schlippe & Hülsbeck (2016).

15. 2 x 3 persönliche Kommunikations- und Konfliktkompetenzen

- Habe ich es richtig verstanden, dass du ...?
- Du hast letztens gesagt, dass ... Meintest du damit auch ...?
- Ich bin mir nicht sicher, ob ich dich richtig verstanden habe. Ich würde gerne einmal sagen, was ich verstanden habe, und du sagst mir, ob das so richtig ist, in Ordnung?
- Kannst du mir bitte einmal sagen, wie du mich verstanden hast, als ich sagte, dass ...? Ich bin mir nicht sicher, ob du ganz richtig verstanden hast, wie ich es meinte.
- Wenn ich so etwas sage wie ..., wie verstehst du das genau?

Praxisbezug V: Beispiel „Wissensasymmetrien im Gesellschafterkreis"
Im Hinblick auf die Wissensasymmetrien zwischen Gesellschaftern ist es für alle Beteiligten häufig undurchsichtig, auf welchen genauen Wissensstand sich die anderen befinden sowie ob man richtig verstanden wurde oder etwas richtig verstanden hat. Das Spiegeln kann hier Klarheit ermöglichen, indem z. B. gefragt wird „Habe ich es richtig verstanden, dass ..." oder „Könntest du einmal wiederholen, wie du verstanden hast?".

15.3.2 Fordern und Verweigern

Die Gründer der Methode „Fair Fight", auf dessen Grundlage das Faire Streiten entwickelt wurde, beschreiben als weitaus üblichsten Anlass für positive Aggression Situationen, in denen wir andere fragen müssen, etwas zu tun oder selbst gefragt werden und „Nein" sagen müssen.[410] Die zweite Kompetenz, die ein konstruktives Miteinander ermöglicht, setzt genau hier an: **Fordern und Verweigern**. Beim Fordern geht es darum, nach dem zu fragen und das einzufordern, was man für sich als angemessen, wichtig oder notwendig erachtet. Verweigern bedeutet, Bitten, Wünsche und Forderungen abzulehnen und „Nein" zu sagen, wenn man diesen nicht entsprechen möchte oder kann. Wie bei allen hier vorgestellten Kompetenzen gibt es immer Menschen, die das eine oder andere bereits sehr gut können oder sogar zu gut, in dem Sinne, dass sie eher lernen müssten nachzugeben, Rücksicht zu nehmen und zurückzutreten. Andere wiederum sind es so stark gewohnt sich anzupassen und nach dem Außen zu richten, dass sie in vielen Situationen gar nicht genau wissen, was sie eigentlich möchten. Um tatkräftig für die eigenen Interessen einzutreten, ist es deshalb wichtig, sich im Fordern und Verweigern zu üben.

Selbsteinschätzung: Fordern, Verweigern und Nachgeben
Beantworten Sie zur Selbsteinschätzung der Kompetenzen folgende drei Fragen spontan, indem Sie angeben, wo Sie sich auf einer Skala von 1 (gar nicht) bis 10 (sehr stark) befinden. 1 wählen Sie also, wenn es Ihnen nie gelingt und Sie große Widerstände hätten es umzusetzen; 10, wenn es etwas ist, dass Sie nahezu immer umsetzen. Anstatt sich die Zahl nur zu überlegen, können Sie auch eine

---
410 Vgl. Bach & Bernhard (1971), S. 65.

Skala von einer Ecke im Raum, die für die 1 steht bis zur gegenüberliegenden Ecke im Raum, die für die 10 steht, visualisieren und sich an der für Sie stimmigen Stelle aufstellen.

- Wie gut gelingt es mir etwas einzufordern, was mir wichtig ist?
- Wie gut gelingt es mir etwas zu verweigern, was ich nicht möchte?
- Wie gut gelingt es mir nachzugeben und mich auf Vorschläge von anderen einzulassen?

Interessant sind hierbei nicht nur die Skalenwerte per se, sondern auch inwiefern Sie selbst mit dem angegebenen Wert zufrieden sind, sich an diesem Platz im Raum wohlfühlen, oder in welcher Hinsicht Sie sich einen anderen Skalenwert wünschen. Fragen Sie sich in einem zweiten Schritt, welche Zahl Sie gerne als Nächstes erreichen würden und überlegen Sie sich eine konkrete Möglichkeit, um diese zu erreichen.

Übung: Fordern und Verweigern im Alltag

Anhand der folgenden drei Schritte können Sie die Kompetenzen des Forderns und Verweigerns in Ihrem Alltag erproben und verbessern:

1. Strategien beobachten

Der erste Schritt besteht darin, Strategien des Forderns und Verweigerns zu beobachten und bewusst wahrzunehmen. Nehmen Sie sich vor, eine Woche lang jeden Tag mindestens eine Strategie bei sich oder anderen zu entdecken. Fragen Sie sich dazu: Wie habe ich das erhalten, was ich wollte? Wie ist es mir gelungen, ein Anliegen, einen Wunsch oder eine Bitte abzulehnen? Wie hat X ihr Anliegen umgesetzt? Was hat Y getan, um die Aufgabe nicht übernehmen zu müssen?

Strategien können vielfältiger Natur sein und beispielsweise aus Bitten, dem Äußern von Wünschen, Aufforderungen, klaren Worten oder Angeboten bestehen. Beobachten Sie auch, wie ähnliche Strategien individuell unterschiedlich umgesetzt werden.

2. (Selbst-)Beobachtung und Reflexion

Stellen Sie sich am Ende der Woche in einem zweiten Schritt folgende Fragen:

- Welche Strategien nutze ich zum Fordern und Verweigern?
- Was fällt mir dabei leicht und was schwer? Womit fühle ich mich wohl oder unwohl? Inwiefern ist dies situations- und personenabhängig?
- Was ist für mich in welchem Kontext passend oder unpassend?
- Welche Strategien nutzen andere, um etwas zu fordern oder zu verweigern?
- Welche dieser Strategien stoßen bei mir auf Widerstand und wieso?
- Welche dieser Strategien kann ich mir für mich gut vorstellen?
- Welche Strategie(n) möchte ich ausprobieren? Was erwarte ich, wie die anderen darauf reagieren werden?

3. Strategien erproben

Überlegen Sie sich im dritten und letzten Schritt, welche 2 – 3 Strategien Sie gerne einmal ausprobieren möchten und in welchen Situationen sich eine Möglichkeit dazu bieten könnte. Nutzen Sie dazu eine weitere Woche, in der Sie jeden Tag eine neue Strategie ausprobieren. Reflektieren Sie anschließend über folgende Fragen, um die Strategien ggf. immer wieder anzupassen. Wichtig ist, dass die neuen Strategien zu Ihnen passen und für Sie stimmig sind, Sie aber auch nicht zu vorschnell aufgeben, nur weil sich das neue Verhalten ungewohnt anfühlt.

- Wie habe ich mich dabei gefühlt, die neue Strategie umzusetzen? Was ist mir leichtgefallen, was schwer?
- Wie hat mein Gegenüber reagiert? Inwiefern habe ich das erwartet oder nicht erwartet?
- Was möchte ich das nächste Mal wieder so machen und was anders?

Wenn Sie sich unsicher sind, können Sie sich auch ein Gegenüber suchen, mit dem Sie die Umsetzung zunächst abgesprochen in einem geschützten Rahmen erproben. Dies ist zwar nie genau das Gleiche wie in „echten" Situationen, aber auch die hier gemachten Erfahrungen sind hilfreiche Übungen, um neue Fähigkeiten zu entwickeln und können ferner Anlass für neue Erkenntnisse und Ideen geben.

15.3.3 Störungen und Änderungsvorschläge

Es wurde bereits auf die Relevanz von Wertschätzungen als Basis für ein konstruktives Miteinander verwiesen. Genauso wichtig ist es jedoch auch, sich Dinge zu sagen, die einen aneinander stören und Unstimmigkeiten zu thematisieren. Denn nur anhand der Thematisierung von **Störungen** können diese geklärt werden und Verhaltensweisen, die einen stören, sich in Zukunft verändern. Dies ist der kritischste Punkt der Methode Faires Streiten, da man nie genau wissen kann, wie das Gegenüber reagiert und auch nie ganz ausschließen kann, dass man einen wunden Punkt trifft. Eine Teilnehmerin an einem Seminar zu konstruktiver Konfliktlösung durch Faires Streiten erzählte, dass sie einmal all ihren Mut zusammengenommen habe, um einer Freundin etwas zu sagen, was sie stört. Daraufhin habe diese ihre Koffer gepackt und war weg. Diese Erfahrung schildert eindrücklich, wie groß die Widerstände und Sensibilität mancher Menschen dabei sein kann, eine Störung gesagt zu bekommen und wie drastisch die Folgen sein können. Es gibt deshalb Regeln, die die Wahrscheinlichkeit erhöhen, dass eine Störung vom Gegenüber angenommen oder zumindest erst mal angehört werden kann (s. u.). Darüber hinaus ist es gut, mit kleinen Störungen zu beginnen, die nicht von großer Brisanz sind. Damit kann zum einen getestet werden, wie gut das Gegenüber damit umgehen kann, zum anderen schützt man sich selbst vor einem unerwünschten Ausgang in einer wichtigen Sache. An dieser Stelle sei noch erwähnt, dass Familienunternehmen aufgrund komplexer Abhängigkeitsverhältnisse zwar einerseits enormes Konfliktpotential mit sich bringen, aus dem gleichen Grund aber auch eine erhöhte

Wahrscheinlichkeit besteht, dass nicht jemand vorschnell die „Koffer packt und weg" ist. Schließlich geht es bei der Nachfolge und Teilnahme an Beiräten um Anerkennung, Identität, Familienzugehörigkeit wie auch um finanzielle Abhängigkeit. Somit bringen Unternehmerfamilien und Gesellschafterkreise nicht nur gute Voraussetzungen für Konflikte mit, sondern auch gute Voraussetzungen dafür, einen Umgang mit ihnen zu finden. Dieser Umgang kann allerdings eher im Sinne des Erhalts von Entscheidungsfähigkeit des Unternehmens bzw. jeweiliger Gremien ausfallen, als dem Interesse Einzelner dienen – die Verdrängung oder die Auflösung von Konflikten beispielsweise durch (informal) ungleiche Machtverhältnisse können zwar individuell Leiden erzeugen, bezogen auf den Erhalt von Entscheidungsfähigkeit im Beirat aber produktiv sein.

Störungen im Sinne einer einvernehmlichen Lösung zu bearbeiten setzt, wie auch eine Mediation und anders als bei juristischen Verfahren, voraus, dass beide Parteien Interesse an der Klärung der Unstimmigkeit sowie der Beziehung haben. In diesem Sinne kann ein Thematisieren von Störungen und das gemeinsame Finden von Lösungen auch offenbaren, wie es um die gegenseitige Beziehung bestellt ist. Eine Störung sollte immer mit einem konkreten Änderungsvorschlag einhergehen, um die es im folgenden Abschnitt gehen wird.

Regeln zum Ansprechen von Störungen:
- Äußerung der Störung anhand einer Ich-Botschaft
- Wertschätzende und respektvolle Formulierung
- Beschreibung eines konkreten Verhaltens

Übung: Störungen ansprechen

Klare und konkrete Störungen anzusprechen, ist leichter gesagt als getan. Wenn wir kurz in einem Satz sagen sollen, was uns stört, merken wir nicht selten, dass wir ins Stocken geraten und erst einmal überlegen müssen, was *genau* uns eigentlich stört. Gerade dann, wenn Konflikte schon länger bestehen und vielschichtig sind, ist es besonders schwierig, *einen* wichtigen Punkt herauszugreifen und klar zu formulieren. In der Praxis zeigt sich aber ebenso, dass lange und umständliche Formulierungen die Abwehr des Gegenübers eher erhöhen und Erklärungen in der Regel „konfliktträchtig"[411] sind.

Nutzen Sie deshalb die Möglichkeit, sich zunächst auf entsprechende Gesprächssituationen vorzubereiten. Suchen Sie sich dazu eine außenstehende Person (z. B. gute/r Freund/in), mit der Sie sich vorstellen können, die Thematik zu erproben, und richten Sie die Störung in einem Rollenspiel an diese Person. Diese soll die Störung lediglich spiegeln und sofern dies gelungen ist, intuitiv darauf antworten mit „Ich nehme die Störung an" oder „Ich lehne die Störung ab". So können Sie schauen, inwiefern die Formulierung der Störung für Sie passend war oder nicht. Ist Letzteres der Fall, können Sie weitere Formulierungen erproben. Dabei ist es nicht ungewöhnlich, dass sich der Schwerpunkt der

---

411 Vgl. Simon (2012), S. 35.

Störung verschiebt, und das ist in Ordnung, sogar wichtig. Es geht nicht darum, beim Thema zu bleiben, sondern eine Störung zu formulieren, um die es Ihnen geht.

Das konstruktivste Moment beim Fairen Streiten liegt darin, im Hinblick auf eine Störung auch einen konkreten **Änderungsvorschlag** zu machen. Das bedeutet, dass die Person mit einer Störung selbst sagt, was das Gegenüber anders machen könnte. Es gibt Situationen, in denen es hilfreich sein kann, nur einen Änderungsvorschlag zu machen, ohne eine Störung anzusprechen. Das dargelegte Beispiel einer Frau, die auf eine Störung hin ihre Koffer packte und weg war, hat gezeigt, wie kritisch das Aussprechen einer Störung sein kann. Wenn das Gegenüber die Methode nicht kennt und es Anlass zur Annahme gibt, dass sie eine Störung nicht gut auffassen wird, so kann ein gut durchdachter Änderungsvorschlag allein auch zur gewünschten Veränderung beitragen oder zumindest dazu, dass ein Gespräch über die Problematik zustande kommt. Je entgegenkommender der Vorschlag ist, sodass das Gegenüber sieht, dass man sich Gedanken gemacht hat und seine Bedürfnisse auch berücksichtigen möchte (ganz im Sinne der Wertschätzung), umso größer ist die Wahrscheinlichkeit, dass der Vorschlag positiv aufgegriffen wird. Änderungsvorschläge sind fester Bestandteil der Methode, können aber auch einzeln als Kompetenz sehr nützlich sein. Im Alltag, insbesondere dann, wenn man vermutet, dass das Gegenüber empfindsam auf kritisches Feedback reagieren könnte oder die Störung starke Abwehrreaktionen hervorruft, kann es hilfreich sein, unmittelbar einen Änderungsvorschlag zu machen. Ganz entscheidend, insbesondere in schwierigen Situationen sind dabei die zwei Ts (s. u.).

Kriterien guter Änderungsvorschläge

– Machbar und direkt umsetzbar
– Entgegenkommend
– Der oder die andere sieht, dass man sich Gedanken gemacht hat

Die 2 Ts „Timing & Toning" und Entlastung

Je passender die Art und Weise und der Moment, wie und wann etwas gesagt wird, ist, desto wahrscheinlicher ist es, dass es auf offene Ohren stößt, angenommen und im Idealfall umgesetzt wird – ganz im Sinne des Sprichworts „Der Ton macht die Musik". Dies gilt für Änderungsvorschläge, genauso wie für Störungen und alle anderen kritischen Anliegen, die man anderen gegenüber vorbringt. Das Wort „passend" impliziert hierbei eine Kontextabhängigkeit, die nicht pauschalisiert und anhand allgemeingültiger Regeln erreicht werden kann. Während es, z. B. um einem Vorschlag Nachdruck zu verleihen, hilfreich sein kann, vorher für eine gelungene Rahmung zu sorgen, kann es in anderen Fällen passender sein, unmittelbar in der Situation, in der die Störung auftritt, einen unvermittelten und freundlichen Vorschlag zu machen. Wichtig ist jedoch, sich vorab klarzumachen, inwiefern man wirklich etwas ausdrücken oder eigentlich seinem Ärger oder Frust Luft machen möchte. Letzteres spiegelt sich dann meist im Ton wider, egal wie gut die Formulierung vorbereitet wurde und hat dann den gegenteiligen Effekt: kein offenes Gespräch, das die Chance einer Abmachung liefert, sondern eine neue Auseinandersetzung oder neue Störung auf der anderen Seite. Wenn Sie merken, dass Sie eigentlich wütend sind, dann ist es besser, wenn Sie erst eine Möglichkeit finden, sich zu entlasten. Dafür gibt es unterschiedliche Strategien wie Bewegung, Sport, lautes Schreien in einem geschützten Raum (z. B beim Autofahren). Auch ein Gespräch mit einer vertrauten Person oder ein Coaching können Wege sein, um mit den eigenen Gefühlen einen Umgang zu finden und sie nicht am Gegenüber auszulassen.

Formulierungshilfen für Änderungsvorschläge:

Insbesondere dann, wenn Sie sich unsicher sind, wie das Gegenüber reagieren wird, aber auch so ist es ein schöner Einstieg in das Gespräch zu fragen, ob das Gegenüber den Änderungsvorschlag hören möchte, z. B. indem Sie sagen „Ich möchte dir gerne einen Vorschlag machen, für etwas, dass ich mir in Zukunft anders wünsche. Passt es, dass ich dir das sage?" oder „Ist es ok für dich, wenn ich es dir sage? Du musst auch nicht direkt antworten und kannst es dir erst mal überlegen." Wenn das Gegenüber zustimmt, können Sie den Vorschlag folgendermaßen einleiten:

- Ich möchte dir gerne vorschlagen, dass du ...
- Mein Vorschlag ist, dass ...
- Kannst du bitte in Zukunft ...?
- Wenn du das nächste Mal ..., fände ich es gut, wenn du ...

Wie bei allen Formulierungshilfen gilt auch hier, dass diese nur Vorschläge sind und Anregung dazu liefern sollen, dass Sie eine für Sie selbst passende Formulierung finden können.

15.4 Konfliktlösungsgespräche anhand des Fairen Streitens

In einem Fair-Streiten-Gespräch finden die vorgestellten Kompetenzen Anwendung. Dem Konfliktlösungsgespräch voran steht die Entlastung eigener Gefühle. Der Ablauf beginnt anschließend damit, dass eine Störung angesprochen und dann zunächst vom Gegenüber gespiegelt wird. Anhand von konkreten Änderungsvorschlägen werden daraufhin die eigenen Interessen vertreten und (im Sinne der positiven Aggression) so lange beharrlich verhandelt, bis eine zufriedenstellende Lösung gefunden wurde. Wesentlich dabei ist, dass die Person, die einen Vorschlag ablehnt, anschließend selbst einen macht. Dieser wird zunächst wieder gespiegelt usw. Abbildung 32 zeigt den idealtypischen Ablauf eines solchen Gesprächs.

Haben die Parteien sich auf einen Vorschlag geeinigt, ist die Erleichterung über eine gefundene Lösung oftmals so groß, dass sie häufig dazu neigen, das Gespräch an dieser Stelle zu beenden. Es ist jedoch wichtig, die gemeinsame Abmachung zu konkretisieren und sie schriftlich festzuhalten, da dies Missverständnissen darüber vorbeugt, worauf man sich genau geeinigt hat und somit neuen Störungen entgegenwirkt. Die Konkretisierung dient dazu, dass die Beteiligten ihre jeweiligen Vorstellungen über die Abmachung aussprechen (siehe hierzu „Konkretisierungsfragen für Abmachungen"). In manchen Fällen ist es sinnvoll, Konsequenzen festzulegen, die eintreten, wenn eine Absprache nicht eingehalten wird oder Hilfen zu vereinbaren, wie eine Erinnerung an die Abmachung. Konkrete Abmachungen dieser Art können so die Wahrscheinlichkeit für Veränderung erhöhen und neuen Konflikten vorbeugen.

Konkretisierungsfragen für Abmachungen
- Wie genau läuft die Umsetzung ab/sieht das neue Verhalten aus?
- Wann/bis wann setzen wir es um?
- Was passiert, wenn wir es nicht so machen?
- Was kann uns dabei helfen, uns daran zu erinnern?

Gründe für konkrete Abmachungen
- Die Wahrscheinlichkeit für Veränderung wird erhöht.
- Es kann neuen Störungen vorgebeugt werden.
- Erwartungen und Erwartungserwartungen werden abgeglichen und damit „psychologischen Kontrakten" vorgebeugt.

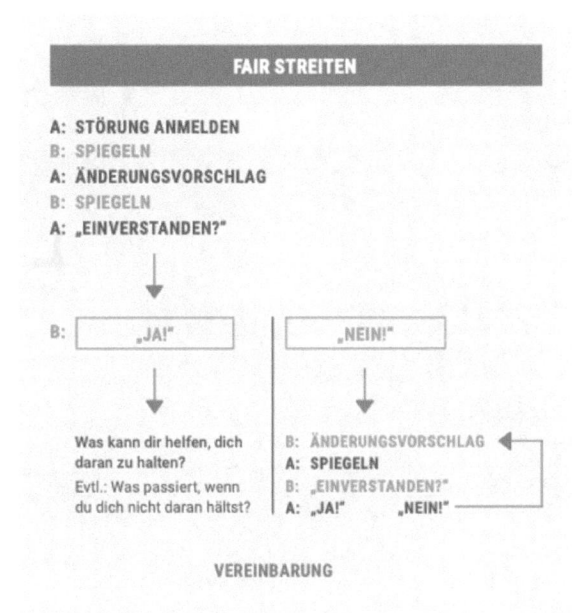

Abbildung 32: Ablauf eines Fair-Streiten-Gesprächs.
Quelle: Entnommen aus Nagel & Kleve, 2022

15.5 Fazit

Die Methodik des Fairen Streitens liefert die grundlegenden Kompetenzen, um die familiäre Kommunikation in Unternehmerfamilien zu stärken. Je weniger bisher ein konstruktives Miteinander wie auch ein konstruktiver Umgang mit Konflikten eine geteilte Praxis im Unternehmen, der Familie oder dem Beirat sind, desto größer ist dabei der Sprung ins Ungewisse. Insbesondere im Fall emotionaler Betroffenheit stellt die Umsetzung hohe Anforderungen an die individuelle Regulations-, Reflexions- und Entwicklungsfähigkeit der Beteiligten und die Wahrscheinlichkeit ist groß, dass die bisher etablierten Vorgehensweisen durch neue Verhaltensweisen irritiert oder sogar explizit in Frage gestellt werden. Diese Irritationen oder Überraschungen können sowohl zu Krisen, aber auch zu der nötigen Varianz führen, derer es bedarf, um neue Praxen etablieren zu können. Die Kompetenzen des Fairen Streitens liefern dabei die Chance, den komplexen Herausforderungen, denen Unternehmerfamilien gegenüberstehen, eigenständig und auf konstruktive Weise zu begegnen. Mit einem klaren Fokus auf effektiver Kommunikation ermöglichen sie es, Spannungen abzubauen, gegenseitiges Verständnis herzustellen, Klarheit in Beziehungen zu erlangen sowie konkrete Abmachungen zu finden und somit eskalierenden Konflikten und größeren Schäden für Familie und Unternehmen vorzubeugen.

Tom A. Rüsen

16. Familienstrategien in Unternehmerfamilien

16.1 Einleitung

Die Begriffe Familienstrategie, Family Governance, Familienverfassung und -charta erleben aktuell eine Art Hochkonjunktur. Hierunter lassen sich allgemein gesprochen die vielfältigen Bemühungen von Unternehmerfamilien zusammenfassen, ihr Unternehmen erfolgreich im Eigentum ihrer Mitglieder zu erhalten. Durch die Liberalisierung und Entkopplung klassischer Lebensentwürfe und Familienkonzepte reicht es in Unternehmerfamilien nicht mehr aus, an die bestehenden Erwartungen zur Fortsetzung der Familientradition im Sinne der Vorfahren zu erinnern bzw. als Seniorgeneration alleinig zukunftsbezogene Entscheidungen zu treffen und auf deren Akzeptanz in der Nachfolgergeneration zu hoffen.

Familien, in deren Eigentum sich ein Unternehmen befindet, sind als Verantwortungsgemeinschaft auf eine neue Art und Weise gefordert, sich über Haltungen, Werte, Entscheidungsprinzipien und -prozesse zu verständigen und sich um eine gemeinschaftliche Akzeptanz dieser zu bemühen, soll das gemeinsame Eigentum generationenübergreifend in den Händen der Familiengemeinschaft verbleiben.

Dabei geht es nicht nur darum, zu einem Konsens zu gelangen, wie das Unternehmen strategisch erfolgreich am Markt positioniert und das gemeinsame Vermögen gemehrt werden kann. Darüber hinaus ist auch dafür zu sorgen, dass die Familie harmonisch mit dem Eigentum verantwortungsvoll zusammenlebt und nicht an den Aufgaben als verantwortliche Eigentümerin oder aber an Neid, Missgunst und Streit innerhalb der Familiengemeinschaft zerbricht.

Mittlerweile setzt sich die Erkenntnis durch, dass eine Familienstrategie innerhalb der Unternehmerfamilie eine ebenso große Aufmerksamkeit und Sorgfalt braucht wie die Steuerung und Kontrolle des Familienunternehmens. Waren es vor 30 Jahren noch einige wenige Pioniere, die sich mit der Selbstorganisation und Professionalisierung der Familie des Familienunternehmens beschäftigten, wird es mittlerweile mehr und mehr zum Standard, sich mit einer systematischen Professionalisierung der Unternehmerfamilie auseinanderzusetzen. Die folgenden Ausführungen geben einen kurzen Einblick in zentrale familienstrategische Fragestellungen und in typische Herausforderungen von Unternehmerfamilien, diese zu beantworten bzw. die gefundenen Antworten in der Praxis umzusetzen.[412]

16.2 Strategieentwicklung und „Organisation" einer Familie

Die Forschung wie auch Praxis haben eine Fülle an Wissen und Empfehlungen in den letzten drei Jahrzehnten über Familienunternehmen und Unternehmerfamilien hervorgebracht. Fasst man die hier gewonnenen Erkenntnisse zusammen, wird deutlich, welche große Bedeutung der professionellen Selbstorganisation der Eigentümerfamilie durch die sog. Family-Business-Governance-Mechanismen zukommt. Diese zielen darauf ab, eine langfristig erfolgreiche Verbindung von Unternehmen und Eigentümerfamilie zu forcieren. Die Familie des Familienunternehmens hat sich zur Sicherstellung ihrer Überlebensfähigkeit einem Professionalisierungsprozess zu unterwerfen.[413] Das Ergebnis eines solchen Prozesses ist eine organisierte Form der (Selbst-)Steuerung und -Führung der Mitglieder der Unternehmerfamilie. Eine hierauf fußende Family Governance steht der Business Governance gegenüber und hat zum Ziel, das komplexe Verhältnis zwischen Familie und Unternehmen in Familienunternehmen zu steuern.[414] Die erkennbarsten und bekanntesten Formen von Family Governance sind u. a. die Einrichtung eines eigenen Gremiums der Unternehmerfamilie bzw. des Gesellschafterinnenkreises (oftmals als Familienrat und/oder als Gesellschafterausschuss bezeichnet) oder eines Gesellschafterbüros bzw. Family Offices.[415] Diese eigenen Organisationseinheiten fungieren dann als eine separate Struktur und „Organisationseinheit" der Unternehmerfamilie mit zum Teil sehr unterschiedlichen Aufgabenspektren.

In der Praxis orientieren sich die Familienvertreterinnen bei der Umsetzung der definierten Familienstrategie typischerweise an folgenden Instrumenten einer Family Business Governance:[416] an der Niederschrift der Familienstrategie in Form einer/eines Familienverfassung/-kodex/-charta bzw. eines Leitbildes oder Wertekanons der Unternehmerfamilie, an konkret definierten Vorgehenswei-

---

412 Im Kern steht hier die Skizze des „Wittener Modells der Familienstrategieentwicklung". Die im Folgenden beschriebenen Inhalte basieren auf früheren Publikationen des Autors und stellen eine Verkürzung der hier ausführlich dargelegten Konzepte und Ansätze dar. Ausführlich siehe hierzu Rüsen et al. (2019a); Rüsen & Löhde (2019); v. Schlippe et al. (2017).
413 Siehe hierzu die Ausführungen des Autors in Kapitel 1 sowie von v. Schlippe in Kapitel 11 dieses Buches.
414 Die Forderung von Carlock & Ward (2001), dass es einen „parallelen Planungsprozess" zwischen Familie und Unternehmen geben sollte, könnte man als Ausgangspunkt der Sensibilisierung für die Thematik insbesondere in Deutschland nehmen. Zu nennen sind hier etwa u. a. Baus (2000); Kirchdörfer & Lorz (2011); Kormann (2011a); Kormann (2017); Felden et al. (2019) sowie v. Schlippe et al. (2017). Zur Organisation großzahliger Gesellschafterfamilien siehe Kleve et al. (2018); Rüsen et al. (2019) und Rüsen et al. (2021).
415 Vgl. v. Schlippe et al. (2017), S. 29.
416 Eine interessante Analyse der Familienstrategie über sieben Generationen liefert Heider et al. (2019).

sen zu Lösung auftretender Konflikte, an der Durchführung regelmäßig stattfindender Familientage, an einem separat etablierten und z. T. aufwändig gepflegten Familien-Intranet oder an der systematischen Durchführung von Veranstaltungen zum Aufbau und Erhalt einer Gesellschafterinnenkompetenz. Mittlerweile hat sich ein mehr oder weniger einheitliches Verständnis für die hier zentralen Inhalte im deutschsprachigen Raum etabliert,[417] zudem wurden diese in einem eigenen Governance-Kodex für Familienunternehmen zusammengefasst.[418] Es gibt bisher allerdings keine einheitliche Definition, was sich hinter dem Begriff „Familienstrategie" genau verbirgt, da sich die Forschung zu Unternehmerfamilien noch in den Anfängen befindet.[419] Die folgenden Ausführungen konzentrieren sich daher auf die am WIFU gewonnenen ersten Forschungsergebnisse zu diesem Thema.

16.3 Von der Strategie der Unternehmerfamilie zum Familienmanagement

Der Begriff Strategie (vom altgriechischen *stratēgía* „Feldherrentum"[420]) wurde außerhalb militärischer Organisationen bisher vor allem im Unternehmenskontext verwendet. In diesem Verständnis dient eine Strategie einem Unternehmen vorrangig dazu, die Erreichung seiner Ziele langfristig durch die Festlegung gewisser Verhaltensweisen sicherzustellen.[421] Im familiären Zusammenhang ist dieser Begriff auf den ersten Blick für viele eher befremdlich und wirkt unpassend. Denn Familien streben typischerweise nicht vorrangig nach der Erreichung vordefinierter Ziele, sondern stellen gerade heutzutage „einen schützenden Rückzugsraum gegenüber den Anforderungen der Gesellschaft"[422] dar.

Im Gegensatz zu der Aufgabe einer klassischen Familie zeichnet sich die Unternehmerfamilie – wie in Kapitel 11 beschrieben – vor allem dadurch aus, dass sie sich mit der Weitergabe des Eigentums innerhalb des Familienverbandes auseinandersetzt. Hier ist nicht die Form der Lösung entscheidend, sondern der Wille, das Eigentum über Generationen in der Familie zu halten. Genau aus dieser Logik heraus ergibt sich die Notwendigkeit einer Organisation und Koordination von Entscheidungen innerhalb der Familie. Dies bedarf, sind mehrere Familienmitglieder daran beteiligt, eines Handlungs- und Denkrahmens, kurz:

---

417 Vgl. INTES Studie (2015): „Eine Untersuchung zu Einsatz und Wirkung von Family-Governance-Mechanismen in Familienunternehmen".
418 Vgl. Governance Kodex für Familienunternehmen.
419 Ein erster Ansatz, der im Rahmen des mehrjährigen Forschungsprojektes „Familienstrategien über Generationen" am WIFU etabliert wurde, findet sich in v. Schlippe et al. (2017). Für großzahlige Unternehmerfamilien mit mehr als 50 Familiengesellschaftern wurden die spezifischen Herausforderungen in Entwicklung und Umsetzung der Familienstrategie im Rahmen des WIFU-Projektes „Big Family Management" herausgearbeitet und in Rüsen et al. (2021) erörtert.
420 Vgl. v. Schlippe et al. (2017).
421 Vgl. May (2007); May (2017); Nagel & Wimmer (2014); Plate et al. (2011); Zellweger (2017).
422 Vgl. v. Schlippe et al. (2017), S. 18.

einer Familienstrategie. Schon in Zeiten vor dem modernen Unternehmertum finden sich etliche Beispiele in der Landwirtschaft oder den Adelshäusern von familienstrategischen Überlegungen, die den Erhalt von Ländereien, Häusern und Titeln bezweckten. Diese regelten das Zusammenleben, die Erbverteilung, die Rollen und Verhaltenserwartungen.

Die Lebensverhältnisse von Familien in unserer westlichen Gesellschaft sind in den letzten Jahrzehnten einem starken Wandel und neuen Möglichkeiten des Doing Family ausgesetzt gewesen.[423] So ist es heute nicht mehr selbstverständlich, dass sich Familienmitglieder über Blutsverwandtschaft oder Eheschließungen definieren, Geschlechterrollen zu einseitigen Erbentscheidungen führen etc. Moderne Lebensformen, z.B. gleichgeschlechtliche Partnerschaften, nicht eheliche Lebensgemeinschaften, Leihelternschaften etc. verkomplizieren eine einheitliche Definition von Familie – für Außenstehende sowie für die Familienmitglieder selbst. Gleiches gilt auch für die Wahl des Wohnsitzes, der für international aufgewachsene und ausgebildete Nachkommen eher eine typische Wahlentscheidung darstellen mag, im Kontext internationaler Besteuerungsabkommen aber erhebliche Nachteile für eine Gesellschaftergemeinschaft nach sich ziehen kann. Ähnliche Herausforderungen stellen öffentliche Auftritte einzelner Familienmitglieder in den sozialen Medien etc. dar. In den letzten Dekaden ist es zunehmend weniger wahrscheinlich geworden, dass Nachkommen (selbst in traditionsreichen Unternehmerfamilien) den Erwartungsmustern der Vorgängergeneration entsprechen und die mit den unternehmerischen Aufgaben verbundenen persönlichen Einschränkungen kritiklos annehmen.

Diese Umstände stellen für „normale" Familien häufig keine Herausforderung dar, da sie sich nicht mit der Notwendigkeit konfrontiert sehen, eine klare Antwort auf entsprechende Fragen zu finden bzw. eine familieninterne Koordination möglicher Antworten darauf zu organisieren bzw. gemeinschaftlich getragene Verhaltenserwartungen zu formulieren.

Hier Klarheit zu haben, möglichst wenige unreflektierte „Grauzonen" offenzulassen, an denen heftige Konflikte aufbrechen können, ist eine Grundvoraussetzung, um das Überleben des Familienunternehmens über Generationen zu sichern.[424] Die generationen- und kernfamilienübergreifende Koordination von Haltungen, Vorstellungen und Handlungserwartungen ist die Basis einer jeden Familienstrategie.

Analog zu einer Unternehmensstrategie verfolgt die Familienstrategie also das Ziel, ein langfristiges Zukunftsbild zu entwickeln und für Familienmitglieder Verhaltensweisen zu definieren, die diesem Bild entsprechen.

---

[423] Zum Konzept des Doing Family insbesondere im Kontext von Unternehmerfamilie siehe die Ausführungen von Kleve & Köllner in Kapitel 13 dieses Buches.
[424] Zu den spezifischen Dynamiken von Konflikten in Unternehmerfamilien vgl. v. Schlippe (2014) sowie Kapitel 14 und 15 dieses Buches.

16. Familienstrategien in Unternehmerfamilien

Die Unternehmerfamilie reflektiert im Rahmen einer Familienstrategie also systematisch und regelmäßig ihr Selbstverständnis als Familie und ihr Verhältnis zum Unternehmen bzw. die Frage danach, wie sie diesem auch in Zukunft als Kraftquelle erhalten bleiben kann und will. Dreh- und Angelpunkt dieses Prozesses ist es anzuerkennen, dass ein Familienunternehmen „eine komplexe Konstruktion aus drei sehr unterschiedlichen Sozialsystemen ist"[425]. Zahlreiche Fragestellungen sehen aus der unternehmerischen, der Eigentümer- und der familiären Perspektive jeweils anders aus und verlangen nach anderen Antworten bzw. einheitlichen Regelungen. Genau diese Paradoxien gilt es durch eine Familienstrategie auszubalancieren, einerseits aus der Perspektive der Gesamtfamilie, andererseits aus der Sicht des Einzelnen. Um dies sicherzustellen, gehören zu einer erfolgreichen Familienstrategie also vor allem Möglichkeiten der regelmäßigen Kommunikation über ihre Inhalte. Diese Ausführungen zusammenfassend soll der Begriff „Familienstrategie" in Anlehnung an frühere Definitionen des WIFU folgendermaßen definiert werden:

> *„Bei einer Familienstrategie geht es darum, ein mittel- und langfristiges Zukunftsbild des Zusammenspiels von Familienunternehmen und Unternehmerfamilie zu entwickeln. Eine ausformulierte Familienstrategie umfasst also das Ergebnis eines Reflexionsprozesses einer Unternehmerfamilie zu ihrem Selbstverständnis als Familie und zu der Frage, wie sie langfristig dem Unternehmen als Ressource erhalten bleiben kann und will. Dabei ist die Positionierung der Unternehmerfamilie sowohl aus familiärer, aus unternehmerischer und aus eigentumsrechtlicher Sicht vorzunehmen."*[426]

Diesem Verständnis entsprechend handelt es sich bei einer Familienstrategie sowohl um einen Prozess als auch um eine fixierte gemeinsame Haltung der jeweiligen Unternehmerfamilie. Oft wird das Fixieren der Inhalte der Familienstrategie in schriftlicher bzw. Papierform vorgenommen. Hierdurch entstehen dann sog. Familienverfassungen, -chartas, -kodices, Leitbilder der Unternehmerfamilie etc.

Im Allgemeinen lässt sich hierunter ein juristisch nicht bindendes Schriftstück einer Unternehmerfamilie verstehen, in dem diese ihre zentralen Leitlinien des familialen und unternehmerischen Denkens zusammengefasst hat. Die Leitlinien können dabei neben Wertehaltungen auch konkrete Definitionen, Anforderungen, Erwartungshaltungen, Vorgehensweisen und Prozessbeschreibungen einer Unternehmerfamilie umfassen. Um ihre Bereitschaft zu dokumentieren, die in dem Schriftstück niedergelegten Inhalte zu akzeptieren und sich an die Inhalte gebunden zu fühlen, wird dieses meistens von den Mitgliedern einer Unternehmerfamilie gemeinsam unterzeichnet.[427]

Die konkrete Umsetzung der Familienstrategie in den Lebensalltag der Unternehmerfamilie lässt sich als „Familienmanagement" bezeichnen. Es umfasst

---

[425] Siehe hierzu die Ausführungen in der Einleitung dieses Buches.
[426] Entnommen und leicht modifiziert aus v. Schlippe et al. (2017), S. 30.
[427] Vgl. v. Schlippe (2017), S. 32. Zur rechtlichen Bindewirkung von Familienverfassungen siehe auch Hueck (2017); Richter et al. (2019).

zwei sich ergänzende Aufgaben der Selbstführung einer Unternehmerfamilie: Neben der Umsetzung der Inhalte der Familienstrategie geht es darum, Fähigkeiten zu entwickeln, sich selbst in den notwendigen Veränderungsbedarfen und -schritten zu managen. Ein wichtiger Aspekt des Familienmanagements lässt sich zudem mit dem Begriff „Family Compliance" beschreiben.[428] Hierunter wird, in Anlehnung an das betriebswirtschaftliche Begriffsverständnis, die familienweite Einhaltung der Inhalte der Familienstrategie verstanden. Dies stellt mitunter eine zentrale Herausforderung für die mit dem Familienmanagement betrauten Personen dar, müssen diese ggf. andere Familienmitglieder auf Regelverstöße bzw. ein Einhalten der selbstgewählten Statuten hinweisen.

Doch wie kommt eine Unternehmerfamilie überhaupt zu einer Familienstrategie und welche Themenfelder sollten trotz der Individualität jeder einzelnen Familie immer bedacht und geklärt werden? Generell, so kann man sagen, hat jede Unternehmerfamilie bereits eine Familienstrategie, zumindest eine implizite. Sie beginnt, sobald sich die Gründerperson damit auseinandersetzt, wie es mit der Familie und dem Unternehmen weitergehen soll und wie mit dem Erbe umzugehen ist. Viele, auch größere, Unternehmerfamilien verfügen über solche emergenten Strategien, die sich über die Jahrzehnte entwickelt haben, ohne dass ihnen ein angeleiteter Prozess vorangegangen ist. Sie sind vielfach durchaus erfolgreich, mindestens genauso oft jedoch zeigen sich „Lösungen von gestern als Probleme von heute oder morgen", denn die mittel- und langfristigen Folgen mancher Entscheidungen zeigen sich möglicherweise erst eine oder zwei Generationen später.[429] Das folgende Kapitel 16.4 liefert ein Modell, welches gelebte Inhalte von Familienstrategie überblicksartig zusammenfasst.[430]

16.4 Das Wittener Modell zur Familienstrategieentwicklung

Das *Wittener Modell zur Familienstrategieentwicklung* ist in zwölf Themenfelder unterteilt (Abbildung 33). Die einzelnen Bestandteile bauen dabei inhaltlich aufeinander auf. Beim Prozess der Erstellung oder Überarbeitung hat es sich in der Praxis bewährt, dass die Fragestellungen in der numerischen Reihenfolge bearbeitet werden. Am Ende eines Bearbeitungsprozesses entsteht im Idealfall durch die gefundenen Antworten auf die Themenfelder eine explizite Familienstrategie.

---

428 Vgl. hierzu auch Rüsen (2017b).
429 Simon et al. (2005).
430 Siehe hierzu ausführlich Rüsen et al. (2019a); Rüsen et al. (2019d) sowie v. Schlippe et al. (2017).

16. Familienstrategien in Unternehmerfamilien

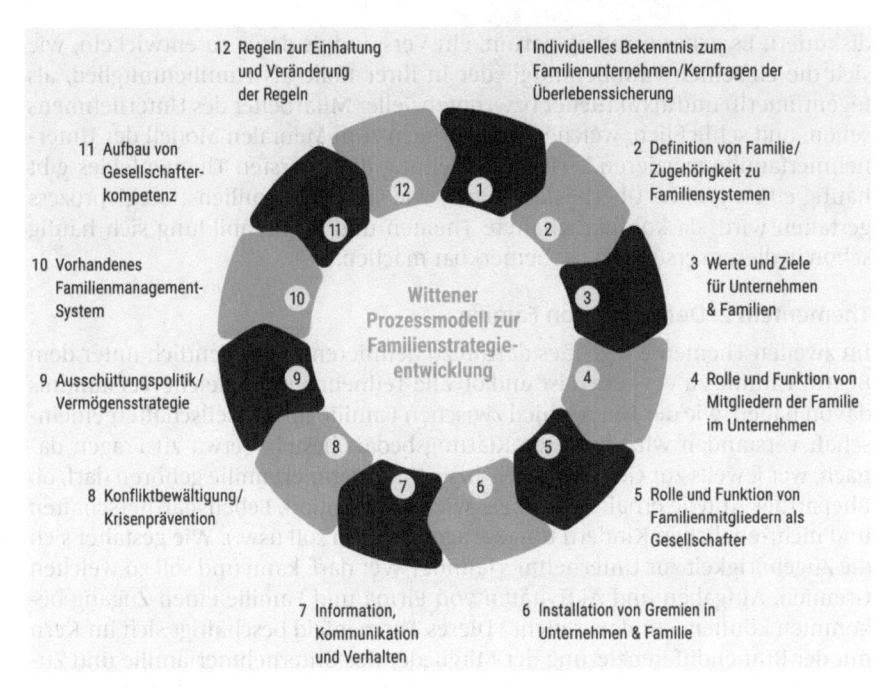

Abbildung 33: Das Wittener Modell zur Familienstrategieentwicklung.
Quelle: Entnommen aus Rüsen & Großmann (2014), S. 334

Da eine ausführliche Darlegung der einzelnen Inhalte und der zentralen Fragestellungen je Themenfeld im Rahmen dieser Ausführungen aus Platzgründen nicht erfolgen kann, wird im Folgenden ein kurzer Überblick über die einzelnen Inhalte gegeben.[431] Dieser soll dabei helfen, ein allgemeines Verständnis für die zentralen Bestandteile einer Familienstrategie zu entwickeln. Die Themenfelder 1 bis 3 beschäftigen sich mit den allgemeinen Grundfragen des Selbstverständnisses der Familie als Unternehmerfamilie sowie mit dem gelebten Werteverständnis. Die darauffolgenden Themenfelder 4 bis 6 sowie später 9 klären die zentralen Aspekte des Verhältnisses zwischen Unternehmen und Familie. Der Umgang innerhalb der Unternehmerfamilie, also das Verhalten der Familienmitglieder zueinander, wird in den Themenfeldern 7 und 8 sowie 11 und 12 behandelt. Das Themenfeld 10 beschreibt das von der Unternehmerfamilie im Zielstand etablierte Familienmanagementsystem.

Themenfeld 1: Bekenntnis zum Familienunternehmen

Im ersten Themenfeld wird die grundsätzliche Haltung der Familie zum Unternehmen und dem generationenübergreifenden Unternehmertum insgesamt

---

431 Für eine ausführliche Darlegung der Inhalte, zentraler Fragestellungen sowie beispielhafter Antworten aus Familiendokumenten vgl. Rüsen et al. (2019a) sowie v. Schlippe et al. (2017).

diskutiert. Es geht vorrangig darum, ein Verständnis dafür zu entwickeln, wie sich die einzelnen Familienmitglieder in ihrer Rolle als Familienmitglied, als Eigentümerin und als aktueller bzw. potenzieller Mitarbeiter des Unternehmens sehen, und schließlich, welche Vorstellungen zum Mentalen Modell der Unternehmerfamilie existieren.[432] Die Bearbeitung dieses ersten Themenfeldes gibt häufig einen groben Überblick darüber, wie sich der Familienstrategieprozess gestalten wird, da konfliktbehaftete Themen und Frontenbildung sich häufig schon in diesem ersten Schritt bemerkbar machen.

Themenfeld 2: Definition von Familie

Im zweiten Themenfeld geht es darum zu definieren, was eigentlich unter dem Begriff Familie zu verstehen ist und ob alle Teilnehmer das gleiche Verständnis davon haben, wie der Unterschied zwischen Familie und Gesellschaftergemeinschaft verstanden wird bzw. wo Klärungsbedarf besteht (etwa zu Fragen danach, wer jeweils zur Gesellschafter- bzw. Unternehmerfamilie gehören darf, ob Ehepartner Anteile erhalten können, wie mit Adoption, Lebenspartnerschaften und nicht-ehelichen Kindern umgegangen werden soll usw.). Wie gestaltet sich die Zugehörigkeit zur Unternehmerfamilie? Wer darf, kann und soll zu welchen Gremien, Aufgaben und Aktivitäten von Firma und Familie einen Zugang bekommen können – und wer nicht? Dieses Themenfeld beschäftigt sich im Kern mit der Binnendifferenzierung der Mitglieder der Unternehmerfamilie und Zugangs- bzw. Ausschlusskriterien. Zudem werden konkrete Praktiken des gelebten Doing-Business-Family-Ansatzes skizziert. Entsprechende Diskussionen sind potenziell konfliktträchtig.

Themenfeld 3: Werte und Ziele für Unternehmen und Familie

Welche Wertevorstellungen und Zielsetzungen herrschen innerhalb der Unternehmerfamilie vor, was genau ist der „Family Purpose", wie lassen sich diese Vorstellungen auf das Unternehmen übertragen und welcher Verhaltenskodex ergibt sich daraus für die Mitglieder der Unternehmerfamilie bzw. des Top-Managements? Themenfeld 3 versucht diese Fragen zu beantworten. Zuerst werden hier die zentralen Wertevorstellungen und Zielsetzungen für die Familie definiert und im zweiten Schritt festgelegt, welche dieser Werte auf welche Art und Weise auch für das Unternehmen Gültigkeit haben sollen. In einem dritten Schritt werden die Werte mit konkreten Verhaltenserwartungen für die Mitglieder der Unternehmerfamilie sowie für das Top-Management-Team verknüpft. In Bezug auf das Nichteinhalten der Werte werden meist Indikatoren beschrieben, wie Nichteinhaltung zu erkennen und zu behandeln ist.

Themenfeld 4: Rolle und Funktion der Mitglieder der Familie im Unternehmen

In diesem – oft konfliktreichsten – Themenfeld geht es um die Frage, ob und in welcher Form Familienmitglieder eine operative Funktion im Familienunter-

---

432 Vgl. hierzu Rüsen (2019); Rüsen et al. (2012) sowie Gimeno et al. (2010).

nehmen einnehmen dürfen bzw. sollen. Es gilt zuallererst festzulegen, unter welchen Bedingungen eine operative Mitarbeit für Familienmitglieder überhaupt möglich sein soll. Wird dies generell bejaht, müssen die Rahmenbedingungen dieser operativen Tätigkeiten sowie die Eintrittsbarrieren definiert werden – also wer unter Erfüllung welcher (nachvollziehbarer) Kriterien die Möglichkeit haben soll und *wie* und vor allem *von wem* über deren Erfüllung entschieden wird. Soll dabei ein spezifisches Assessment der Kandidaten aus der Familie hinsichtlich Fähigkeiten und Fertigkeiten erfolgen? In diesem Zusammenhang ist ebenfalls festzulegen, wie mit Minderleistung von mitarbeitenden Familienmitgliedern umgegangen werden soll. Im Falle eines Ausschlusses der Mitarbeit von Familienmitgliedern bzw. bei Nichterreichen der Eintrittsvoraussetzungen ist festzulegen, in welcher Form die Unternehmerfamilie ihre Eigentümerrolle ausüben und wie sie sich gegenüber einem familienexternen Management positionieren wird.

Themenfeld 5: Rolle und Funktion der Mitglieder der Familie als Gesellschafter

Nachdem potenzielle Rollen für Familienmitglieder im Unternehmen definiert wurden, geht es nun darum, die Funktion der Familie als Gesellschafter zu diskutieren. Vorrangig gilt es, die bisherige Eigentümerführung zu beleuchten – um sich juristischer Konsequenzen, die sich aus dem Gesellschaftervertrag ergeben, bewusst zu sein und formelle wie informelle Entscheidungsfindungsprozesse entsprechend anzupassen oder aufzusetzen. Kernaspekte dieses Themenfeldes sind neben der Organisation der Entscheidungsfindung die Festlegung der Haltung zur Veräußerung und Fungibilität von Gesellschaftsanteilen, der Integration neuer Gesellschafter (insbesondere in Bezug auf das Alter von Nachkommen, Möglichkeiten für Ehegatten, Lebenspartner und Adoptivkinder), der Umgang mit Austritten aus dem Gesellschafterkreis bzw. Scheidungen, Haltungen zum Lebensmittelpunkt bzw. vertraglichen „Pflichtwerken" (z. B. Ehevertrag, Testament) einer Gesellschafterin sowie generelle Perspektiven in Bezug auf familienexterne Gesellschafter (familienexternes Top-Management, Investoren etc.).

Themenfeld 6: Installation von Gremien

Die Installation von Aufsichtsgremien für das Top-Management einerseits sowie von Delegiertengremien bei einer großzahligen Gesellschaftergemeinschaft andererseits kann mittlerweile als Standard in der strukturellen Organisation des Verhältnisses von Unternehmerfamilie und Unternehmen angesehen werden. Seit ein paar Jahren ist darüber hinaus die Einrichtung reiner Familiengremien zu beobachten.

Im ersten Fall geht es mit Blick auf das Unternehmen um Beratung und Kontrolle, durch die die Unternehmerfamilie auf die Geschicke des Familienunternehmens als dessen Eigentümerin einwirkt, ohne jedoch selbst operativ tätig zu sein. Gesellschafterausschüsse dienen in aller Regel dazu, die Stimmen von vielen Gesellschaftern zu bündeln und eine Koordination der Interessen im

Gesellschafterkreis zu gewährleisten. Es muss klar definiert werden, wo die Rechte und Pflichten dieser Gremien liegen und wie diese zu besetzen sind. Ein besonderes Augenmerk ist hier auf die Wahlverfahren zu legen. Sind diese nicht transparent und nachvollziehbar, können heftige Konflikte bzw. massive Interessensverluste im Gesellschafterkreis entstehen.

Bei den Familiengremien geht es um den Blick auf die Familie selbst: Reicht bei kleinzahligen Unternehmerfamilien die Installation einer „Kümmerer-Rolle" aus, empfiehlt es sich für größere Unternehmerfamilien (>15 Personen), Familiengremien einzurichten, um die Organisation des Zusammenhalts bzw. der Entwicklung von Gesellschafterkompetenz der Familie zu gewährleisten. Familienevents oder die Organisation der GKE der Familie, die z. B. im Aufgabenbereich dieses Gremiums liegen, können die Integration der heranwachsenden Generation und neuer Mitglieder der Unternehmerfamilie aktiv fördern. Die Familie schafft sich mit einem solchen Gremium selbst eine Art Anlaufstelle für das Familienmanagement. An diese können allgemeine Fragestellungen oder Konflikte herangetragen sowie geordnet und gelöst werden.

Themenfeld 7: Information, Kommunikation und Verhalten

Welche Informationen in welchem Format über das Unternehmen sowie die Familie an deren Mitglieder verteilt werden sollen, wird in Themenfeld 7 definiert. Hier geht es um weit mehr als die im Gesellschaftervertrag vorgeschriebenen Informationspflichten, denn ein sorgfältiger Umgang mit Information sichert eine der zentralen Ressourcen, die aus der Familie heraus entsteht, nämlich Vertrauen. Dabei wird festgelegt, wann welche Informationen in welcher Form und von wem aufgearbeitet und verteilt werden, welche Möglichkeiten es gibt, sich darüber hinaus zu informieren, Nachfragen zu stellen oder Kommunikationsbedarf anzumelden. Dies gilt sowohl für die Belange des Unternehmens als auch für die der Familie. Um die Informationsdistribution sowie eventuell anschließende Diskussionen adäquat gewährleisten und moderieren zu können, sind Regeln der Kommunikation zu definieren. Dabei sind dann die praktischen Mittel der Kommunikation (z. B. persönliche Treffen, Familienchats, Familien-Intranet) festzulegen, aber auch die Rechte und Pflichten aller Familienmitglieder in Bezug auf Inhalt und Form der Meinungsäußerungen. Ein weiterer wichtiger Bestandteil in diesem Themenfeld ist das erwünschte Verhalten aller Familienmitglieder in der Öffentlichkeit (insbesondere in den sozialen Medien!).

Themenfeld 8: Krisenprävention und Konfliktmanagement

Aufarbeitung existierender Konflikte und Regelung des Umgangs mit möglichen Konflikten in der Zukunft sind die Kernelemente dieses Themenfeldes. Ziel ist es, Kommunikationswege und -prozesse zu definieren, die dabei helfen, das Eskalieren konfliktbehafteter Situationen zu verhindern bzw. eine konstruktive Bearbeitung dieser zu ermöglichen, ohne dass das Unternehmen und die Familie langfristig Schaden davontragen. In diesem Zusammenhang sind Bewältigungsmechanismen zu definieren, wie mit entsprechenden Situationen umzugehen ist. Zudem sollten auch präventive Vorkehrungen getroffen werden, wie absehbare Konflikte angesprochen und familienintern (z. B. mit Unterstützung hierzu ausgebildeter Moderatoren) bearbeitet werden können. Darüber hinaus sollen ausfallbedingte Krisen wie unerwartete Todesfälle/Komasituationen „durchdekliniert" und dabei sichtbar werdende Regelungslücken geschlossen werden. Gelingt es der Familie im Rahmen eines Familienstrategieprozesses, einmal „Probe zu sterben", ist diese besser auf den Ernstfall vorbereitet. Notfallkoffer mit entsprechenden Regelungen, Vollmachten und Vermögensaufstellungen sind oftmals das Ergebnis dieses Teils familienstrategischer Überlegungen.[433]

Themenfeld 9: Ausschüttungspolitik und Vermögensstrategie

Bei diesem – sehr konfliktanfälligen – Themenkomplex wird zuallererst eine Grundhaltung definiert, wie die Unternehmerfamilie zu ihrem Gesamtvermögen steht. Drei Vermögenssäulen der Unternehmerfamilie werde daher in diesem Themenfeld besprochen: das im Unternehmen gebundene Vermögen (Gewinne sowie Unternehmenswert), Umfang von und Umgang mit Ausschüttungen und das Management des nicht im Unternehmen gebundenen Vermögens. Es geht um detaillierte Regelungen, wie diese drei Säulen zu behandeln sind,[434] welche Grundhaltung zum Vermögen innerhalb der Unternehmerfamilie insgesamt existiert, wer über diese Fragen (vor allem Ausschüttungspolitik) entscheidet, ob und in welchem Turnus eine Diskussion der Änderungen festgelegter Regeln möglich ist, und wie Sonderregelungen für Ausnahmesituationen aussehen sollen. An diesem Punkt ist es notwendig, die Ergebnisse der bisherigen familienstrategischen Diskussion als Leitfaden zu nutzen bzw. auf deren Praktikabilität hin zu überprüfen. Denn manches Mal ist feststellbar, dass es beim Thema Geld plötzlich weniger um gemeinschaftliche und vielmehr um individuelle Interessen geht. Hierdurch avanciert das Themenfeld 9 zu einer Art „Bruchtest" des vorher erarbeiteten familienstrategischen Konstruktes.

Themenfeld 10: Vorhandenes Familienmanagementsystem

Der Zeitpunkt, zu dem eine Familienstrategie entwickelt wird, liegt natürlich immer in einer Phase, in der die Unternehmerfamilie als solche schon lange existiert. Dementsprechend gibt es bereits explizite und implizite Formen der Selbstorganisation einer Unternehmerfamilie. Themenfeld 10 zielt darauf ab, ein eigenes Managementsystem der Familie zu konzipieren. Dies umfasst die Integration konkreter Veranstaltungen und Institutionen der Familie in einen gemeinsamen Terminkalender, die Planung konkreter Inhalte und Abläufe für Familientreffen und nicht zuletzt die Zuweisung von Aufgaben und Verantwortlichkeiten an die „Familienmanager". Oftmals sind diese Inhalte auf dem Papier leicht formuliert, bei der späteren Realisierung dieser zeigen sich dann zeitversetzt erst die Herausforderungen.

---

433 Zu den Inhalten eines Notfallkoffers siehe ausführlich Kapitel 22.
434 Siehe hierzu die Ausführungen in Kapitel 23.

Themenfeld 11: Aufbau von Gesellschafterkompetenz

Wie einleitend ausführlich beschrieben, bedarf es für den Erhalt eines Familienunternehmens im Eigentum der Unternehmerfamilie kompetenter Gesellschafter. Ohne einen familienstrategischen Rahmen wird es den einzelnen Kernfamilien bzw. jeder Gesellschafterin selbst überlassen, sich weiterzubilden bzw. in die Lage zu versetzen, seinen Rechten und Pflichten als Mitglied der Unternehmerfamilie gerecht zu werden. Das führt jedoch oftmals dazu, dass Familienmitglieder, deren Interessen vor allem in nicht-unternehmerischen Bereichen liegen oder die aus Familienzweigen kommen, die keinen Kontakt zum operativen Geschäft haben, über kurz oder lang den Anschluss daran verlieren. Um dies zu verhindern, werden innerhalb des familienstrategischen Entwicklungsprozesses Inhalte und Formate zum Auf- und Ausbau von Gesellschafterkompetenz definiert. In diesem Zusammenhang wird meist auch geklärt, ob die hierfür anfallenden Kosten durch jedes Familienmitglied einzeln oder von der Gemeinschaft insgesamt getragen werden.

Themenfeld 12: Regeln zur Einhaltung und Veränderung von Regeln

Die nun entwickelte Familienstrategie ist eine Momentaufnahme der Haltungen und Erwartungen der am Erstellungsprozess beteiligten Mitglieder der Unternehmerfamilie. Auch wenn die in einer Familienverfassung oder -charta niedergeschriebene aktuelle Version von dieser in vielen Bereichen zwar einen gewissen Spielraum für Auslegungen und Anpassungen zulässt, wäre es jedoch fatal zu glauben, dass sie eine dauerhafte Allgemeingültigkeit für zukünftige Generationen beanspruchen könnte. Vor diesem Hintergrund geht es in Themenfeld 12 um die Definition eines kontinuierlichen Prozesses der Reflexion ihrer Inhalte. Das heißt, die Unternehmerfamilie legt fest, in welcher Form und in welchem Turnus die „festgeschriebenen" Inhalte einer kritischen Betrachtung unterzogen werden. Hier ist zu klären, durch wen ein Überarbeitungsprozess koordiniert werden soll und unter welchen Umständen Änderungen zulässig sind. Des Weiteren müssen Mechanismen entwickelt werden, wie mit Verstößen einzelner Familienmitglieder gegen die Verfassung – trotz Unterzeichnung dieser – umzugehen ist.

16. Familienstrategien in Unternehmerfamilien

Abbildung 34: Familienverfassung als „Bauplan" der Unternehmerfamilie.
Quelle: Eigene Darstellung; Illustration: Björn v. Schlippe

16.5 Vom Papier zur Praxis: Umsetzung der Familienstrategie in den Lebensalltag der Unternehmerfamilie

Nach erfolgreichem Abschluss des beschriebenen Prozesses steht im Idealfall ein umfangreiches Familiendokument, in dem die Aspekte als „Wille der Familie" ausformuliert sind. Nun geht es darum, die Inhalte des Dokumentes umzusetzen und in den Lebensalltag zu integrieren. Hierzu müssen in einem ersten Schritt die bestehenden Vertragswerke (Gesellschaftervertrag, Eheverträge, Testamente, Vollmachten usw.) sowie andere Mechanismen und Institutionen den neu definierten Regelungen und Prozessen angepasst werden. Nach Abschluss all dieser Papierarbeiten beginnt der schwierigste Teil: das geschriebene Wort in die Praxis umzusetzen und die Familienstrategie aktiv zu „leben".[435] Die Umsetzung der Strategie ist daher als ein Prozess, eine Daueraufgabe zu betrachten, die sich weder extern auslagern lässt (vorgefertigte Dokumente, familienexterne Beraterinnen als „Kümmerer" etc.), noch als einmaliger Akt verstanden werden darf. Es gilt, die beschlossenen Regelungen und Prozesse täglich umzusetzen und immer wieder kritisch zu hinterfragen – nur so kann auf Dauer das Überleben der Unternehmerfamilie innerhalb ihres eigenen Wertekanons sichergestellt werden.

Das Ergebnis eines solchen – mitunter durchaus langwierigen – Prozesses ist nicht immer das erhoffte. Nicht selten gibt es Fälle, in denen genau ein solcher Prozess die Familie das erste Mal aktiv damit konfrontiert, sich zu gemeinsamen

---
[435] Zu den unterschiedlichen Herausforderungen beim „Leben" einer Familienstrategie siehe Rüsen & Löhde (2019).

Werten und Vorstellungen über die Zukunft zu bekennen. Dass dies nicht immer gut ausgeht, liegt in der Natur der Sache. Somit kann der oben beschriebene Prozess auch zu dem kollektiven Entschluss führen, dass eine Veräußerung des Unternehmens, die Überführung in eine Stiftung, ein Teilverkauf bzw. die Trennung von Teilen der Unternehmerfamilie für alle Beteiligten die beste Lösung darstellt. Auch hier stellt der Familienstrategieprozess jedoch einen wertvollen Rahmen dar: Ist ein gemeinsamer Weg der Mitglieder einer Unternehmerfamilie nicht weiter vorstellbar, so kann außerhalb einer eskalierten Konflikt- oder Krisensituation eine schrittweise Veräußerung oder Trennung organisiert werden.

Nichtsdestoweniger stellt eine aktiv erarbeitete und gelebte Familienstrategie derzeit das beste Instrument dar, um das langfristige Überleben des Familienunternehmens im Eigentum der Unternehmerfamilie sicherzustellen. Die wachsenden Herausforderungen, die an Unternehmen sowie an die operativ oder in Gremien aktiv tätigen Familienmitglieder gestellt werden – extern, durch politische, technische, ökologische und gesellschaftliche Veränderungen sowie intern, durch die wachsende und sich diversifizierende Unternehmerfamilie und die daraus resultierenden Familiendynamiken –, sind mit den bereits vorhandenen Regelungen und Lösungsansätzen kaum mehr zu bewältigen. Ein kontinuierlicher familienstrategischer Entwicklungsprozess und ein darauf basierendes Familienmanagement unterstützen die Unternehmerfamilie dabei, sich diesen Herausforderungen zu stellen und die dafür langfristig notwendige „Enkelfähigkeit" zu gewährleisten.

16.6 Unternehmerfamilien in familienstrategischen „Entwicklungsstadien"

Abschließend soll ein Blick auf den Status quo familienstrategischer Entwicklungsgrade in Unternehmerfamilien geworfen werden.[436] Unternehmerfamilien lassen sich in Bezug auf den Entwicklungsgrad etablierter Familienstrategien in drei Stadien einordnen. Grundsätzlich kann davon ausgegangen werden, dass eine Unternehmerfamilie über eine implizite familienstrategische Orientierung verfügt, und diese sich mehr oder weniger strukturiert mit familienstrategischen Fragestellungen auseinandersetzt (Stadium 1). Ein nächstes Entwicklungsstadium (Stadium 2) liegt vor, wenn sich die Unternehmerfamilie mitten in einem Entwicklungsprozess befindet und die Erarbeitung eines Regelwerkes bzw. eines Familienschriftstückes voll im Gang ist. Stadium 3 liegt vor, wenn der Entwicklungsprozess der Familienstrategie abgeschlossen ist und sich die Familie mit der Umsetzung ihrer Inhalte oder mit Anpassungen der Inhalte beschäftigt. Für Mitglieder der Unternehmerfamilie ist die Selbsteinschätzung des familienstrategischen Entwicklungsstadiums eine hilfreiche Möglichkeit, sich in

---

[436] Siehe hierzu ausführlich Rüsen & Löhde (2019).

Bezug auf die jeweils anstehenden Fragestellungen und Herausforderungen zu reflektieren. Im Folgenden sollen diese kurz skizziert werden.[437]

Entwicklungsstadium 1: „Wir haben noch nichts Explizites!"

Unternehmerfamilien in diesem Stadium haben sich bisher noch nicht mit dem strukturierten Prozess einer Familienstrategieentwicklung auseinandergesetzt. Familienstrategie und ein Familienmanagement finden (noch) implizit, sozusagen qua Erziehung und Gestaltung des familiären Alltags statt, d.h. die Orientierung ihrer Mitglieder erfolgt typischerweise mittels unreflektierter Beobachtung und Übernahme von Wert- und Verhaltensmustern von den Vertretern der Seniorgeneration bzw. den in Verantwortung stehenden Familienmitgliedern. Diese typische Form innerfamiliären „Lernens" und Übertragens von Handlungs- und Verhaltensmustern ist spätestens bei der Bildung von mehreren Kernfamilien in späteren Generationen kaum noch zu leisten. Folgende Fragen können hier hilfreich sein, um zu klären, welche Vorstellungen bei den Mitgliedern der Unternehmerfamilie über die Zukunftsentwicklung des Familienunternehmens und dessen Eigentümerstrukturen vorhanden sind. Allein die „Sinnfrage" nach einer Familienstrategie könnte eine gute Ausgangsbasis für einen innerfamiliären Dialog darstellen.

Fragestellungen für Stadium 1 (zum innerfamiliären Dialog):

(1) Wodurch lässt sich erklären, dass es (noch) keine explizite Familienstrategie gibt?
(2) Was genau hält die Unternehmerfamilie aktuell davon ab, sich mit dem Thema näher zu beschäftigen?
(3) Welches Thema könnte hinter der möglichen Ablehnung eines familienstrategischen Dialoges im Kreis der Unternehmerfamilie stehen?
(4) Wie sorgt die Unternehmerfamilie für ausreichende Kenntnis und Wissen über das Thema Nachfolgeplanung und Familienstrategieentwicklung?
(5) Welche Chancen und Herausforderungen einer familienstrategischen Arbeit werden durch die einzelnen Mitglieder der Unternehmerfamilie gesehen?
(6) Welche Möglichkeiten eines Austausches mit anderen Vertreterinnen von Unternehmerfamilien über Sinn und Unsinn einer erfolgreichen Familienstrategieentwicklung existieren?
(7) Welche „heißen Eisen" werden möglicherweise bislang umgangen – und wäre es gut, diese auch weiter ruhen zu lassen?
(8) Was passiert, wenn nichts passiert: Welche Entwicklungsperspektiven und -risiken für Firma und Familie werden bei einem „Weiter wie bisher" der Familie gesehen?

---

[437] Vgl. Rüsen & Löhde (2019), S. 56 ff. Die folgenden Ausführungen bzw. aufgeführten Fragestellungen zur Selbstreflexion je Stadium wurden übernommen und vereinzelt leicht modifiziert.

Entwicklungsstadium 2: „Wir sind gerade mitten im Prozess!"

In diesem Stadium befinden sich Unternehmerfamilien, die sich erstmalig mit dem Prozess zur Entwicklung einer Familienstrategie oder der Überarbeitung bestehender Konzepte beschäftigen. Dieses Stadium kann je nach Komplexitätsgrad der Familie bzw. dem Vorhandensein zu lösender Konfliktthemen zwischen einem und vier Jahren betragen. Die am Prozess beteiligten Familienmitglieder beschäftigen sich mit den Fragestellungen der einzelnen Themenfelder, haben diese zum Teil bereits beantwortet bzw. arbeiten Ansätze zur Umsetzung gefundener Lösungen aus. Grundsätzlich haben sich die Mitglieder von Unternehmerfamilien in diesem Stadium dazu entschieden, an einem gemeinsamen Wertekanon und Regelwerk zu arbeiten und hierdurch eine gemeinsame Orientierung herbeizuführen. Im Laufe des Prozesses können allerdings langwierige Diskussionen oder Dissens bis hin zu Konflikten auftreten. Die zunächst hoffnungsvoll begonnene Arbeit entpuppt sich dann schmerzlich bis zu einer ernüchternden Klarheit, die aufzeigt, wie groß die bereits vorhandenen Wertedifferenzen geworden sind bzw. wie tief alte Verletzungen nachwirken.

In diesen Fällen besteht die Gefahr, beim ersten Anzeichen größerer Probleme den Prozess zu unterbrechen bzw. ihn nicht zu Ende zu führen. Dies kann zu einer größeren Orientierungs- und Entscheidungslosigkeit führen. Treten entsprechende Problemstellungen auf, ist das Erarbeiten von konstruktiven Formen des Umgangs mit Unterschiedlichkeit, dem Aufarbeiten alter Blockaden bzw. dem Unterbrechen latenter Konfliktdynamiken dringend notwendig. Gleichzeitig ist allerdings zu berücksichtigen, dass der Übergang, in dem die Familie beginnt, sich selbst auch professionell, als „organisierte Familie" zu verstehen und damit ein Stück Familiarität aufzugeben, nicht so einfach zu bewerkstelligen ist. Die Familie lernt, sowohl als Familie als auch als Unternehmerfamilie gleichzeitig zu existieren – paradoxerweise muss sie in diesem Stadium ein Stück weit Organisation werden, um dauerhaft Familie bleiben zu können.

Fragestellungen für Stadium 2:
(1) Professionalisierung als Familie kann und wird an einigen Stellen „weh" tun – über welche Ressourcen für den konstruktiven Umgang mit unangenehmen Themen/Situationen verfügen Sie in der Unternehmerfamilie?
(2) Welches Thema, welche Dynamik, welches Anliegen eines einzelnen Familienmitgliedes kann von der Familiengemeinschaft „ungestraft" ignoriert werden?
(3) Was sind erwartbare Konfliktthemen in der Familie, die den Prozess erschweren/lahmlegen können?
(4) Wie soll mit problematischen Fragestellungen/Themen und Konflikten, die im Laufe des Prozesses auftauchen (können), umgegangen werden?
(5) Welche anderen Unternehmerfamilien könnten als Orientierungsgröße/ Fallbeispiele angesprochen und als Beispiel für eine erfolgreiche Familienstrategieentwicklung nutzbar gemacht werden?

(6) Wie soll damit umgangen werden, wenn im Laufe des Prozesses deutlich wird, dass es keine gemeinsame Zukunftsvorstellung (mehr) innerhalb der Unternehmerfamilie gibt bzw. man sich nicht einigen kann?

(7) Wodurch kann ein Abschließen des Prozesses gefördert/sichergestellt werden?

Entwicklungsstadium 3: „Wir haben unsere Familienstrategie entwickelt bzw. aktualisiert!"

Unternehmerfamilien, die sich in diesem Stadium befinden, haben ein Etappenziel erreicht. Sie haben sich (ggf. erneut) auf familienstrategische Eckpfeiler geeinigt und stehen nun vor der Aufgabe, die verfassten Inhalte umzusetzen, definierte Prozesse und Gremien mit „Leben zu füllen". Hier besteht die Gefahr, dass die Mitglieder nach einem mitunter langwierigen und zeitintensiven Erarbeitungs- oder Überarbeitungsprozess in eine Art „Ermüdungsfalle" geraten. Man ist stolz auf das Erreichte und gleichzeitig froh, dass die (den privaten Kalender beeinträchtigende) Familienarbeit nun ein Ende hat. Der Prozess der Erarbeitung wird als das Wesentliche angesehen, alles ist auf Papier gebannt. Leider fehlt hier dann oft eine systematische Verankerung der Inhalte in den „Lebensalltag" der Unternehmerfamilie bzw. es wird versäumt, Ansatzpunkte zu schaffen, diese im Bewusstsein der Familienmitglieder zu erhalten. Das Wirksamwerden der Familienstrategie ist insbesondere dann in Gefahr, wenn für die Familienmitglieder deutlich wird, dass das Umsetzen ihrer Inhalte mit persönlichen Veränderungen, Einschränkungen und zeitlichen Belastungen verbunden ist. Meist werden entsprechende Initiativen nach ein paar misslungenen Versuchen eingestellt. Nicht selten wundern sich die Mitglieder von Unternehmerfamilien dann, dass es ein paar Jahre nach Verabschiedung der Familienstrategie kaum Veränderungen im Handeln und Verhalten gegeben hat. Eine kritische Selbstreflexion unterbleibt oftmals, der Veränderungsprozess mittels Familienstrategie wird stattdessen insgesamt infrage gestellt („das bringt ja alles eh nix").

Genau hier ist ein kontinuierliches (Selbst-)Management der Unternehmerfamilie gefragt, das sicherstellt, dass die Inhalte der Verfassung im Bewusstsein ihrer Mitglieder erhalten bleiben, geplante Veränderungen und Entwicklungen angestoßen, reflektiert und Abweichungen thematisiert werden.

Fragestellungen für Stadium 3:

(1) Wie kann der „Ermüdungsfalle" strukturell entgangen und dafür Sorge getragen werden, dass die Inhalte der Familienstrategie systematisch im Bewusstsein der Familienmitglieder erhalten bleiben?

(2) In welcher Form ist die Familienstrategie anpassungsfähig und reagiert auf Veränderungen im System Unternehmerfamilie?

(3) Welche Formen der Kommunikation über die Herausforderungen, Erfolge und sich ergebende Fragen zur Familienstrategie soll es geben?

(4) In welchen Zyklen wird im Top-Management des Unternehmens über die Unternehmensstrategie diskutiert? Lassen sich hier Anleihen für die Familie und ihre Familienstrategiediskussion finden?
(5) Wie kann sichergestellt werden, dass sich alle Mitglieder der Unternehmerfamilie gleichermaßen in das bestehende Regelwerk eingebunden fühlen?
(6) Welche Möglichkeiten hat die Nachfolgegeneration, den familienstrategischen Reflexionsprozess in Zukunft aktiv mitzugestalten?
(7) Wie werden neu hinzukommende Mitglieder der Unternehmerfamilie (z. B. Ehepartner) willkommen geheißen, informiert und in den familienstrategischen Prozess integriert?

16.7 Schluss

Die Ausführungen dieses Kapitels haben eine Übersicht der Notwendigkeiten, Inhalte, einer möglichen Vorgehensweise und erwartbaren Herausforderungen bei der Installation eines kontinuierlichen familienstrategischen Entwicklungsprozesses veranschaulicht. Das hier in Ansätzen skizzierte systematische Vorgehen erleichtert den Professionalisierungsprozess einer Unternehmerfamilie und sorgt dafür, dass alle hierfür relevanten Themen intensiv diskutiert und ausgearbeitet werden können. Es bietet der Unternehmerfamilie eine Struktur, um ihrer Aufgabe als verantwortliche Eigentümerinnen des Familienunternehmens gerecht zu werden.

Da es sich bei der Familienstrategie – ähnlich wie bei der Unternehmensstrategie – nicht um ein fertiges Konzept handelt, ist diese als kontinuierlicher Prozess zu betrachten. Sie bietet einen Rahmen, der immer wieder neu mit individuellen und an die Familiensituation angepassten Inhalten gefüllt werden muss. Somit besteht im Zeitverlauf regelmäßig die Notwendigkeit der Reflexion sowie der Anpassung des Selbstverständnisses der Familie und des Familienunternehmens an die sich wandelnde Familiensituation. Den handelnden Akteuren der Unternehmerfamilie kommt im Entwicklungsprozess einer Familienstrategie und dem darauf aufbauenden Familienmanagementsystem somit die zentrale Verantwortung zu, wie erfolgreich sie das Konzept der expliziten Familienstrategie als zentralen Bestandteil der Family Business Governance einsetzen.

Birgit Felden, Maria Wirtz, Tom A. Rüsen

17. Assessments für Unternehmerfamilien – Vom Sinn oder Unsinn, das eigene Kind zu prüfen

17.1 Einführung

Die aktuelle Wirtschaftssituation ist geprägt von sich verändernden Technologien wie Digitalisierung, und die damit oftmals verbundene Transformation vorn Geschäftsmodellen stellt Unternehmerfamilie vor besondere Herausforderungen. Die Kompetenz auf der Management- und Gesellschafterebene ist dabei mehr denn je zentraler Faktor für den Unternehmenserfolg der aktuellen, aber auch der kommenden Generationen.

Zu beobachten ist außerdem ein wachsendes Bewusstsein für die in Familienunternehmen ohnehin komplexen Aufgaben einer Governance. Waren die Autoren vor 5 bis 10 Jahren noch mit der professionellen Besetzung von Geschäftsführer- oder Beiratspositionen in Familienunternehmen beschäftigt, so sind die Fragestellungen heute deutlich differenzierter: von der aktiven Gesellschafterin zu Beiratsmitgliedern über Manager im Family Office bis hin zu Familienräten und Familienmanagerinnen. Diese zusätzlichen neuen Rollen und ihre kompetente Besetzung stellen Unternehmerfamilien vor komplexe Aufgaben: So werden in erfolgreichen größeren Unternehmen wesentlich öfter Kinder ohne einen unternehmensspezifischen Background Gesellschafter und müssen auf ihre Rollen vorbereitet werden. Patchworkfamilien und über die ganze Welt verstreute Familienmitglieder aus unterschiedlichen Kulturen erhöhen diese Herausforderungen.

Erstaunlicherweise ist die Bereitschaft, bei der Besetzung zentraler Steuerungs-, Überwachungs- und Führungsgremien in Firma und Familie professionell zu agieren, jedoch (noch) gering. Das liegt nicht zuletzt daran, dass passgenaue Beurteilungsmethoden für Familienunternehmen generell und die unterschiedlichen Rollen speziell zu wenig bekannt sind.

Hinzu kommt die Herausforderung, eine emotionale Hürde zu überwinden: Zwar sehen viele Unternehmerfamilien die Notwendigkeit einer professionellen Kompetenzbeurteilung potenzieller Verantwortungsträger aus ihrer Mitte – zugleich scheuen sie aber mögliche Konflikte bei negativ empfundenen Beurteilungen. Hier besteht die Sorge, dass ein Familienmitglied, wenn es ein Beurteilungsergebnis erhält, das nicht zu einer Ämterübernahme rät, einen Gesichtsverlust erleidet und sich nicht mehr weiter als wertgeschätzter Teil der Unternehmerfamilie fühlt. So lässt es sich erklären, dass diese wichtigen Einschätzungen zumeist der subjektiven Beurteilung von Familienmitgliedern aus dem Gesellschafterkreis und deren (meist positiven) Interpretation von oftmals wenig aussagekräftigen Informationen überlassen werden. Neben Fehlentscheidungen mangels objektiver Kriterien ist die Vorgehensweise, dass „Familie über

Familie entscheidet" nicht selten der Einstieg in Konfliktdynamiken. Denn stellt sich nach einer Positiventscheidung heraus, dass das entsprechende Familienmitglied der Aufgabe nicht gewachsen ist, geraten alle am Prozess beteiligten Familienmitglieder unter Druck.

Welchen Beitrag Assessments bei der Beurteilung und Besetzung von wesentlichen Funktionen in Familienunternehmen – gerade aus den „eigenen Reihen" – leisten können, soll dieser Beitrag thematisieren.[438]

17.2 Unternehmerfamilien und Eignungsdiagnostik

Anders als in Publikumsgesellschaften werden vor allem in kleinen und mittelgroßen Familienunternehmen wesentlich seltener professionelle Methoden zur Beurteilung von potenziellen Kandidatinnen und Kandidaten für wichtige Positionen im Führungsteam verwendet. Werden bei der Suche und Einstellung von familienexternen Top-Managern noch (überwiegend fachlich geprägte) Beurteilungsmethoden eingesetzt, unterbleibt bei der Besetzung dieser Positionen mit Mitgliedern aus der Unternehmerfamilie aus den einleitend dargelegten Gründen meist jedoch jede Eignungsdiagnostik. Dies gilt umso mehr für Aufsichts- und Beiratsgremien oder andere Positionen im Rahmen der Family Governance.[439]

Fast nie werden diese Fragen gestellt, wenn es um eine Gesellschafterinnenposition geht – hier spielen eigentumsrechtliche Aspekte wie Gleichbehandlung in der Familie, Gerechtigkeitsempfinden und vermögensrechtliche Aspekte die entscheidende Rolle – weit vor der Frage nach der Kompetenz, diese Position und die mit dieser verbundenen Konsequenzen von Entscheidungen auch ausfüllen zu können.

Das Unterlassen eines systematischen kritischen und beurteilenden „Blickes von außen" wird oft damit begründet, dass man die Person ja bereits „von klein auf kennt" und ihr Potenzial bzw. Charakter damit offenläge. Aber kennt man das eigene Kind bzw. den Neffen oder die Großnichte auch in Bezug auf die Fähigkeit zur Führung des Unternehmens oder als aktives Beiratsmitglied? Wir vermuten dies eher nicht! Denn es stellt sich die Frage, wie man als Elternteil seine Kinder bzw. als naher Verwandter den Nachwuchs aus den „eigenen Reihen", mit dem man sich oft auch persönlich verbunden fühlt, objektiv beurteilen können soll. Die meist vorhandene Liebe und ein Wohlwollen aus familiärer Verbundenheit verstellt einen (vermeintlich) rationalen Blick auf die anstehenden betrieblichen Aufgaben; dies gilt im Übrigen auch im Falle von Geringschätzung, Argwohn und allgemeiner negativer Grundhaltung aufgrund persönlicher Eindrücke im familiären Kontext bzw. bei vorhandenen Konflik-

---

438 Die folgenden Ausführungen basieren auf Felden & Rüsen (2020) sowie Felden et al. (2023) und entwickeln die dargelegten Ansätze weiter.
439 Vgl. Felden (2018b).

17. Assessments für Unternehmerfamilien

ten zwischen einzelnen Familienteilen.[440] Diese Aufgabe neutral zu erfüllen, ist durch die Systemlogik, Teil des Familiensystems mit all seiner Dynamik und seinen spezifischen Gesetzmäßigkeiten zu sein, kaum mit der gebotenen Distanz und notwendigen distanzierten Urteilskraft möglich. Daher scheint es sinnvoll zu sein, die Aufgaben in „neutrale Hände" zu legen, die über ein entsprechendes professionelles Handwerkszeug verfügen. Dies gilt umso mehr, wenn es mehrere Nachkommen in der nächsten Generation gibt, bei mehreren Familienstämmen und – was immer häufiger passiert – wenn die Vertreter der NextGen eine familienunabhängige Klarheit über die eigenen Fähigkeiten und Perspektiven einfordern.

Inhaltlich orientieren sich die verwendeten Beurteilungsmethoden leider oft ausschließlich an einem Abgleich mit den geforderten Kompetenzen und Erfahrungen, die in Stellenbeschreibungen für Angestellte oder Führungskräfte in vergleichbaren Aufgaben anderer Unternehmen aufgelistet sind. Es fehlen oftmals die darüber hinausgehenden situations- und unternehmensspezifischen Anforderungen, die das jeweilige Familienunternehmen selbst in seiner individuellen Situation an das Management bzw. die die Eigentümer an ihre Gremienmitglieder und Gesellschafterinnen stellen. Darüber hinaus berücksichtigen auch wissenschaftlich fundierte Kompetenzmodelle die Besonderheiten in Familienunternehmen in aller Regel unzureichend. Denn die jeweils vorhandene Verbindung von Familie und Unternehmen, die gelebten gemeinsamen Haltungen und Werte, die spezifischen Erwartungen der Familie in Bezug auf das Unternehmen, kurz der „Familien-Faktor des Familienunternehmens",[441] kann nur dann die besondere Kraft für das Familienunternehmen entfalten, wenn dieser auch in den relevanten Positionen gekannt, geachtet und gelebt wird.

Daher es gibt nicht die Nachfolgerin per se, auch standardisierte Stellenbeschreibungen für Beiratsmitglieder aus der Familie sind kaum vorstellbar, geschweige denn ausformulierte Profile für die Gesellschafter-Nachfolger. Denn es sind genau die individuellen Anforderungen des betrieblichen Tagesgeschäftes in einem Familienunternehmen, die zum einen die einzigartigen strategischen Perspektiven der Familie auf das Unternehmen, darüber hinaus den jeweiligen Umgang mit den Herausforderungen von Branche und Marktdynamik und schließlich die individuelle finanzwirtschaftliche Risikobetrachtung der Gesellschafterinnen bestimmen. Hieraus leitet sich letztendlich das Anforderungsprofil für das zukünftige oder bestehende Management, die Gremienmitglieder oder die erforderlichen Kompetenzen der Eigentümerinnen ab.

Hervorstechende und positiv bewertete Eigenschaften des urteilenden Familienmitgliedes trüben dabei oft den Blick auf fehlende Kompetenzen – der sog. Halo-Effekt. Ein eloquenter Verkäufer z. B. mag auf der persönlichen Ebene die

---

440 Hier haben familienexterne Kandidaten einen großen Vorteil: Die beurteilenden Mitglieder einer Unternehmerfamilie kennen diese nur aus dem beruflichen Kontext und haben keinerlei Einblicke, wie diese Kandidaten ihre Freizeit verbringen.
441 Zu diesem Konzept siehe ausführlich Rüsen (2017a), S. 107 ff.

gewünschten Anforderungen der Altgesellschafter erfüllen, scheitert in einer wettbewerbsintensiven Branche bei fehlendem technischem Know-how und strategischem Können jedoch schnell. Auf der anderen Seite ist die technisch versierte Tüftlerin („ganz wie der Alte") unter Umständen fehl am Platz, wenn die Wachstumschancen des Unternehmens eine hohe Umsetzungskompetenz, strategischen Weitblick und den systematischen Aufbau der vertrieblichen Aktivitäten in neuen Märkten erfordern.

Nach wie vor suchen Vorgänger in ihren Nachfolgenden eher das eigene Ebenbild, verkennen dabei jedoch, dass sich nicht nur das eigene Unternehmen, sondern auch die wirtschaftlichen und technischen Rahmenbedingungen in den letzten Jahren grundlegend verändert haben und inzwischen andere Anforderungen im Vordergrund stehen.[442] Und so werden auch Gremien immer noch häufig mit Persönlichkeiten besetzt, die eher dem bisherigen Management oder den Gesellschafterinnen verbunden sind, als dass sie für die Zukunftsfähigkeit des Unternehmens durch konstruktiv-kritisches Infragestellen der aktuellen Strategien und Strukturen einen zusätzlichen Beitrag leisten könnten. Und schließlich ist die Einigung auf den oder die Kandidaten ungleich schwerer, wenn diese nicht in einem einheitlichen, systematischen und strukturierten Prozess auf Basis von klaren Kriterien ausgewählt wurden.

Letzteres gilt umso mehr, wenn es darum geht, aus einer Reihe von mehreren familieninternen Kandidaten „den oder die Richtigen" auszuwählen. Denn dann kommen zu den Aspekten „Kompetenzen und Fähigkeiten" auch noch familiendynamische Prozesse hinzu. Anstelle einer Orientierung an der besten Eignung besteht dann die Gefahr, aufgrund spezifischer Familienstrukturen oder familienhistorischer Vorbedingungen mitunter der Logik von „Herkunft vor Kompetenz" zu folgen.

Zur Verdeutlichung der skizzierten Herausforderungen in Familienunternehmen soll folgendes Fallbeispiel dienen:[443]

> Das Unternehmen ist über 200 Jahre alt und baut Sondermaschinen zur Montageautomatisierung. Mit einer eigenen Automatisierungsplattform können sowohl individuelle Arbeitsplätze als auch komplette Montagelinien realisiert werden. Dies beinhaltet auch die Standardisierung der Steuerungstechnik und der Software bis hin zu Anlagen-Management-Systemen. Kunden sind vorwiegend Automobilzulieferer und die elektrotechnische Industrie. Das Unternehmen mit seinen rund 350 Mitarbeitern erwirtschaftet einen Umsatz von etwa € 100 Mio. und ist zur Hälfte im Inland und zunehmend weltweit tätig.
>
> Das Unternehmen gehört zwei nicht miteinander verwandten Unternehmerfamilien. Dies geht zurück auf eine maßgebliche Beteiligung, die die namensgebende Gründerfamilie vor rund 40 Jahren in der vorletzten Generation eingegangen ist. Heute halten drei Personen die Anteile am Unternehmen. Aus der Gründerfamilie ist ein Nachkomme des Gründers mit 40 % beteiligt und auch Geschäftsführer. Die

---

442 Siehe hierzu ausführlich die Ausführungen in Kapitel 7 zu den digitalen Kompetenzen in Unternehmerfamilien.
443 Entnommen aus Felden & Rüsen (2020) mit erweiterter Methodik.

17. Assessments für Unternehmerfamilien

beiden Kinder des damaligen Beteiligungsgebers (ein Sohn und eine Tochter) halten Anteile von je 30 %, wobei der Sohn ebenfalls als Geschäftsführer der GmbH eingetragen ist. Family-Governance-Strukturen gibt es so gut wie keine, da die nicht im Unternehmen tätige Schwester das volle Vertrauen insbesondere in den Bruder hat und alle Beschlüsse, ohne sie zu hinterfragen, bisher mittrug. Lediglich eine Familienverfassung wurde vor Jahren erarbeitet, jedoch nie final ausformuliert und auch nicht unterschrieben – man war sich ja auch so immer einig.

Alle Anteilseigner sind zwischen Mitte 50 und Anfang 60 und planen die Übertragung der Managementverantwortung und von den Gesellschafteranteilen im Rahmen eines familieninternen Generationswechsels in den nächsten 5–10 Jahren. Der Gesellschaftsvertrag sieht vor, dass alle leiblichen Abkömmlinge der beiden Familien ohne Beschränkung nachfolgeberechtigt sind. Die Gesellschafterinnen sind sich jedoch einig, dass sie nur dann der nachfolgenden Generation Gesellschaftsanteile übertragen werden, wenn diese sowohl die Motivation als auch die Kompetenz haben, sich aktiv als Gesellschafter und/oder in der Geschäftsführung zu engagieren. Außerdem planen die Gesellschafterinnen, zeitnah einen Beirat einzurichten, der neben einem der Altgesellschafter auch durch die junge Generation und externes Know-how als Regulativ besetzt werden soll. Gesprochen wurde bisher aber nicht über mögliche Kandidaten – zu groß ist die Sorge, dass emotionale Befindlichkeiten entstehen, die das bisher gute Miteinander stören.

Der Fall zeigt klar auf, dass die Governance in einem (mittelständischen) Familienunternehmen deutlich heterogener ist als in einer anonymen Publikumsgesellschaft, die in der Regel die klaren Anforderungen des Corporate Governance Kodex erfüllen muss. Umso mehr ist nicht nur für die Auswahl des Managements oder die Besetzung von Gremienpositionen eine Professionalität einzufordern. Auch für (zukünftige) Gesellschafter und Gesellschafterinnen gilt: Nur wenn diese in der Lage (und bereit) sind, eine aktive Rolle zum Wohle des Unternehmens wahrzunehmen, können sie dem Unternehmen so viel bieten, wie sie auch erwarten. Mit den Rechten eines Gesellschafters gehen auch Pflichten einher – das wird zu oft vergessen. Anders als an der Börse ist die Entscheidung, sein (oft ererbtes) Vermögen in ein Unternehmen zu investieren, gerade keine ausschließlich investitionstheoretische Frage. Und wie stellt man diese Bereitschaft und Fähigkeit, eine aktive Rolle auszufüllen, in einer adäquaten Form fest?

17.3 Persönlichkeitstests und Assessments

Zeugnisse, Abschlüsse, Zusatzqualifikationen und Referenzen – natürlich kann man sich damit einen ersten Eindruck von der Managementkompetenz einer Person oder über deren Fähigkeiten und Erfahrungen in Gremien wie z.B. Beiräten verschaffen. Wie aber beurteilt man die Kompetenzen, Persönlichkeitsmerkmale und das Know-how, das sich nicht auf den ersten Blick präsentiert? Vielfach sind letztere Aspekte weitaus wesentlicher für die Zukunft des Familienunternehmens als formale Abschlüsse. Vor allem, wenn die familiäre Komponente hinzukommt, es also um das eigene Unternehmen und die eigenen Familienmitglieder und somit um psychosoziale, moderative und kommunikative Kompetenzen geht.[444]

Literatur und Praxis bieten eine Fülle verschiedener Modelle zur Beurteilung der Unternehmerpersönlichkeit und die dazugehörigen Methoden (wie z. B. Selbsteinschätzung, Interview oder Assessments) an.[445] Ihnen gemein ist, dass sie alle versuchen, dispositionale Persönlichkeitseigenschaften zu erfassen. Diese Verfahren können persönliche Merkmale jedoch nicht quantifizieren, sondern dienen lediglich der Objektivierung subjektiven (individuellen) Erlebens. Daher ist der Prozessqualität bei der Erhebung auch hohe Bedeutung beizumessen.

Viele in der Wirtschaftspraxis verwendete Persönlichkeitstests beruhen auf dem Big-Five-Persönlichkeitsmodell (auch als OCEAN-Modell bezeichnet[446]), das fünf grundlegende Persönlichkeitsdimensionen postuliert. Das Big-Five-Modell gilt heute international als das universelle Standardmodell in der Persönlichkeitsforschung.[447] Ihm zufolge lässt sich jeder Mensch auf folgenden Hauptdimensionen der Persönlichkeit einordnen:

(1) Offenheit für Erfahrungen (Aufgeschlossenheit, Wissbegier),
(2) Gewissenhaftigkeit (Disziplin, Leistungsbereitschaft),
(3) Extraversion (Geselligkeit, Optimismus),
(4) Verträglichkeit (Kooperationsbereitschaft, Empathie) und
(5) Neurotizismus (emotionale Labilität, Traurigkeit).

Zu den bekannteren Tests im Wirtschaftsumfeld gehört das DISG-Modell. Nach dem DISG-Modell ist die Persönlichkeit eine Funktion der Wahrnehmung und Reaktion einer Person auf die jeweilige Lebenssituation. Das Akronym DISG (engl. DISC) bezeichnet einen auf Selbstbeschreibung beruhenden Persönlichkeitstest mit den vier Grundtypen Dominanz, Initiative, Stetigkeit und Gewissenhaftigkeit und basiert auf einer Typologie von Marston.[448] Aus den vier grundlegenden Dimensionen ergeben sich unter der Berücksichtigung der unterschiedlichen Kombinationsmöglichkeiten je nach Version und Zählweise 15 bis 20 verschiedene Mischformen (ausgeprägte primäre und sekundäre Verhaltenstendenzen). Obwohl das DISG-Modell in der Forschung als veraltet gilt und Erkenntnisse der Persönlichkeitsforschung seit den 1920er-Jahren ignoriert, ist es weit verbreitet und bei Familienunternehmen nach wie vor beliebt.

---

444 Siehe hierzu ausführlich Rüsen & v. Schlippe (2017a); Rüsen & v. Schlippe (2017b) sowie Rüsen et al. (2019c).
445 Vgl. z. B. Becker (1993); Jung (2014); Stracke et al. (2018).
446 Nach den entsprechenden Anfangsbuchstaben Openness, Conscientiousness, Extraversion, Agreeableness, Neuroticism.
447 Die Entwicklung der Big Five begann bereits in den 1930er-Jahren mit den Arbeiten von Louis Thurstone, Gordon Allport und Henry Sebastian Odbert, mit denen durch Faktorenanalyse fünf sehr stabile, unabhängige und weitgehend kulturstabile Faktoren entwickelt wurden: die Big Five. Diese wurden später durch eine Vielzahl von Studien belegt. Vgl. hierzu Allport (1974).
448 Vgl. Marston (1928).

17. Assessments für Unternehmerfamilien

Die bisher skizzierten Verfahren beschreiben lediglich Verhaltensmerkmale einer Person. Sie geben jedoch keinen direkten Hinweis darauf, ob eine Person geeignet ist, eine bestimmte Aufgabe zu erfüllen. Hierfür eigenen sich sog. Assessment-Center (AC), multiple diagnostische Verfahren, die systematisch Verhaltensleistungen bzw. Verhaltensdefizite von Personen nach festgelegten Regeln in Bezug auf vorab definierte Anforderungsdimensionen erfassen sollen. Dabei werden Auswahl-ACs und Entwicklungs-ACs unterschieden, wobei letztere keine Entscheidungen im Sinne des Auswahl-ACs formulieren, sondern Potenziale der Kandidaten identifizieren und Fördermöglichkeiten definieren. ACs folgen in Deutschland nach den Richtlinien des Arbeitskreises Assessment-Center[449] einer klaren Struktur und unterliegen den generellen wissenschaftlichen Anforderungen nach Reliabilität (Wiederholbarkeit) und Validität (Geeignetheit der Methode).

Die Idee des Assessments stammt ursprünglich aus dem Militärbereich und wurde in den 1920er-Jahren zur Auswahl von Offiziersanwärtern entwickelt. Bereits damals war man der Ansicht, dass Zeugnisse und Referenzen alleine als Maßstab nicht reichen, um Menschen in Bezug auf bestimmte Funktionen zu beurteilen. Später wurden Assessments um psychologische Tests unterschiedlichster Art und Güte erweitert und zur Entscheidungsfindung über Stellenbesetzungen vor allem in Konzernen genutzt. Dies führte dazu, dass das Image von Assessments eher negativ besetzt war und diese auch heute noch oft als „Konzernquatsch" oder „Postkorbmethode" degradiert werden. „Konzerne benötigen die Assessments als Alibi, da sie scheinbar nicht in der Lage sind, ihren gesunden Menschenverstand zu nutzen", so die Aussage eines Geschäftsführenden Gesellschafters eines mittelgroßen Familienunternehmens.

Welchen Nutzen also können also ACs für Familienunternehmen haben? Wie bei allen personellen Auswahlverfahren stehen drei Funktionen im Vordergrund:

- Der Abgleich einer Auswahl von Kompetenzen: Es geht also nicht um die Gesamtbeurteilung einer Persönlichkeit, dies kann ein AC nicht leisten, sondern die Prüfung bestimmter definierter Fähigkeiten, Fertigkeiten und Potenziale.
- Die Rechtfertigung von Personalentscheidungen: ACs schaffen für die an der Auswahlentscheidung beteiligten Personen objektivierte, nachvollziehbare und überprüfbare Entscheidungskriterien.
- Die unabhängige Beratung durch Experten bei beruflichen Entscheidungen: ACs geben den Kandidaten ein neutrales Feedback außerhalb des familiären Systems, zeigen Potenziale und Entwicklungsmöglichkeiten auf und fördern damit die persönliche Entwicklung.

---

449 Mehr unter: Forum Assessment e.V. Buxtehude, *https://www.forum-assessment.de/images/projekte/Uebersicht_Projektgruppen_Forum_Assessment_Stand_10112019.pdf* [Zugriff am 18.06.2020].

In der Konzeptionsphase wird nach der Auftragsklärung zunächst eine Anforderungsanalyse durchgeführt, auf deren Basis dann individuelle Übungen konstruiert werden. Diese Übungen simulieren konkrete Situationen, die im Arbeitsalltag der Zielfunktion über Erfolg oder Misserfolg entscheiden. Jede Anforderung sollte in mindestens zwei Übungen erfasst werden. Typische AC-Übungen sind z. B. Präsentationen, Rollenspiele, Interviews oder Fallstudien. Die Bewertungen gründen auf Beobachtungen von Verhalten, daher ist es wichtig, dass die Beobachter für mögliche Fehlerquellen bei der Beobachtung und Beurteilung sensibilisiert sind. Außerdem ist ein einheitliches Vorgehen bei der Datenerhebung (Protokollierung, Benotung) sicherzustellen. Im Anschluss wird dem Teilnehmer ein individuelles Feedback gegeben, damit er oder sie das Ergebnis nachvollziehen und daraus lernen kann. Aus dem AC sind konkrete Handlungsempfehlungen abzuleiten und umzusetzen.

Die Stärke von ACs ist, dass die zu beurteilenden Personen nicht nur in einer Situation (z. B. das „klassische Bewerber-Interview"), sondern in mehreren (Verhaltenssimulationen, Arbeitsproben) über einen längeren Zeitraum (häufig einen Tag bei Einzel-ACs, kann auch länger dauern) beobachtet und bewertet werden können. So können Kommunikationsfähigkeiten und Führungsqualitäten festgestellt werden, die sich aus Arbeitszeugnissen nicht ableiten lassen. Mit Blick auf zukünftige Management- oder Gremienpositionen ist ebenfalls positiv, dass im AC zwischen bereits vorhandenen Fähigkeiten, Fertigkeiten und Kompetenzen etc. und noch nicht entwickelten, jedoch entwickelbaren Potenzialen – z. B. für noch junge Gesellschafter – unterschieden werden kann.

Allerdings können auch ACs keine objektiv messbaren Ergebnisse liefern. Außerdem bieten ACs Manipulationsmöglichkeiten, wenn die Übungen erkennen lassen, auf welche Charaktereigenschaften ihre Beantwortung schließen lässt und welche davon für die angestrebte Position positiv bewertet werden. Kritisiert wird mitunter auch generell die Konzentration auf die Persönlichkeit des Teilnehmers, da Eigenschaften wie etwa Intelligenz von Menschen ganz unterschiedlich in Verhalten umgesetzt werden. Und auch die Übertragbarkeit der Ergebnisse auf die tatsächlichen Anforderungen wird angezweifelt, da ACs immer eine Laborsituation darstellen.[450] Schließlich sind allgemeine Management-ACs für Familienunternehmen nicht ausreichend, da wesentliche Besonderheiten fehlen, die auf dem Einfluss der Unternehmerfamilie beruhen: Kein Konzern würde für die Auswahl einer Führungskraft auf die Passung zum etablierten „Familien-Faktor" des Familienunternehmens achten und den bewussten Umgang mit Familiendynamiken oder die Beachtung der Firmenhistorie, der gelebten familialen Werte etc. einfordern.

In der Gründerfamilie des oben skizzierten Familienunternehmens gibt es 4 Kinder – sie sind zwischen 16 und 26 Jahre alt und noch in der Schule bzw. im Studium. In der anderen Gesellschafterfamilie hat der zweite geschäftsführende Gesellschafter einen Sohn, der nach dem Maschinenbaustudium derzeit im Ma-

---

450 Vgl. hierzu Sarges (2009).

nagement eines branchenverwandten Unternehmens tätig ist. Seine Schwester hat zwei Kinder, von denen eines als Journalistin und das andere seit rund 4 Jahren in einer Beratungsgesellschaft tätig ist.

Alle Kinder – ungeachtet des Interesses an einer unternehmerischen Position – wurden von ihren Eltern eingeladen, an einer Kompetenzbeurteilung teilzunehmen und alle haben Interesse gezeigt, mit Hilfe eines ACs eine Einschätzung über ihre potenzielle Eignung für eine aktive Rolle im Familienunternehmen (sei es in der operativen Führung oder in einem Aufsichtsgremium) zu erhalten.

17.4 Kompetenzen und Potenziale

Im Hinblick auf die Nachfolgeplanung stellen sich für die Mitglieder der Übergebergeneration immer wieder grundlegende Fragestellungen wie etwa: Was muss eine Nachfolgerin, ein Beiratsmitglied oder ein aktiver Gesellschafter wissen und können, um seine Rolle auszufüllen? Und auf welche Weise können identifizierte Anforderungen erlernt werden? Letztendlich verbirgt sich dahinter immer auch die Frage, inwieweit sich Unternehmertum überhaupt erlernen lässt, oder ob es sich hierbei nicht eher um eine Haltung und Einstellung handelt.[451]

Das AEP-Modell (Anforderungs-Eignungs-Profil-Modell) ist ein bewährter AC-Ansatz aus der Praxis, der eine systematische Kompetenz- und Potenzialbeurteilung auf Basis eines individuellen Anforderungsprofils ermöglicht.[452] Als Grundlage dient das Unternehmen selbst und seine Situation im Markt: Welche unternehmerischen Qualifikationen sind jetzt und in der Zukunft gefordert? So stellt ein Wachstumsunternehmen andere Anforderungen als ein Betrieb, der in eine Krise geraten ist, eine Firma mit 50 Mitarbeitern andere Fragestellungen als ein großes international tätiges Familienunternehmen mit heterogener Gesellschafterinnenstruktur.

In einem ersten Schritt wird daher erarbeitet, welche Anforderungen gegenwärtig und in der nächsten Zukunft auf das Unternehmen und seine Führungsmannschaft und im strategischen Bereich auch auf die Gesellschafter zukommen. Anhand einer systematischen Bestandsaufnahme der betrieblichen Situation und der Unternehmensplanung wird ein Profil mit den Eckpunkten der Anforderungen des Unternehmens erstellt. Die Bestandsaufnahme umfasst beispielsweise die Analyse der wirtschaftlichen Zahlen, Markt- und Produktanalysen sowie die Darstellung der internen Abläufe.

In dem oben skizzierten Fallbeispiel existiert eine positive Ergebnissituation, die durch ein weiteres Wachstum – vor allem im internationalen Geschäft – gefestigt und ausgebaut werden soll. Im Rahmen der Ausgangsanalyse zeigte sich jedoch, dass der Betrieb vor allem durch das persönliche Engagement der handelnden Geschäftsführung (ein Gesellschafter fungiert als oberster Techniker, der andere ist sehr kundenorientiert und vertriebsstark) gewachsen ist und sich

---

451 Vgl. Felden (2018a).
452 Mehr dazu siehe Felden et al. (2018), S. 256 ff. sowie Felden et al. (2008), S. 146 ff.

Strukturen herausgebildet haben, die auf die beiden Personen zugeschnitten sind. Vor allem die Kundenstruktur ist durch die persönlichen Beziehungen des zweiten Geschäftsführers geprägt, dessen Sohn zeitnah in das Unternehmen einsteigen möchte.

Um für die geplante Nachfolge eine aussagekräftige Beurteilung vornehmen zu können, wurde das unternehmerische Anforderungsprofil im spezifischen AEP-Modell in vier Basis-Kategorien unterteilt, deren inhaltliche Ausgestaltung individuell für die zu beurteilenden Positionen und das Unternehmen erstellt wurden. Die Kategorien umfassen:

Unternehmensspezifische Kompetenzen: Zum einen ist damit die berufsqualifizierende, inhaltliche Verbindung zum Unternehmensgegenstand (u. a. Verständnis des innerbetrieblichen Leistungsprozesses, der Markt- und Wettbewerbsdynamiken) gemeint, die umso wichtiger ist, je mehr die zu beurteilende Person eine direkte Verbindung zur operativen Ebene hat. Für einen Managementnachfolger wird demnach die berufsqualifizierende Kompetenz ein deutlich höheres Gewicht haben als für ein Mitglied eines Beratungs- bzw. Kontrollgremiums. Für einen nicht-aktiven Gesellschafter schließlich ist die berufsqualifizierende Kompetenz von untergeordneter Bedeutung, wenngleich auch diese Personen über einen Einblick in das Unternehmen und seine fachlichen Grundlagen verfügen müssen.

Für aktive Gesellschafterinnen, Gremienmitglieder und das Management in einem Familienunternehmen ist es zweitens unumgänglich, die Prinzipien und Mechanismen der angewandten Betriebswirtschaftslehre hinreichend zu verstehen. Dazu gehört auch das Denken und Handeln in strategischen Dimensionen, die Analyse von Geschäftsfeldern, Branchenstrukturen, Geschäftsmodellen und Wettbewerbsfaktoren und darauf aufbauenden Vertriebsmodellen. Die Fähigkeit zur Darstellung des Unternehmens und seiner Leistungsfähigkeit ist auch dann unverzichtbar, wenn der Vertrieb vom Management bzw. den eigentlichen Vertriebsmitarbeitern durchgeführt wird.

Führungskompetenzen: Ähnlich wie beim Vertrieb ist Führung nur durch einen langfristigen kontinuierlichen Prozess von Rückkopplungsschleifen zwischen eigenen Aktivitäten und der Reaktion der Umwelt darauf zu erlernen. Formalisierte Curricula oder Seminare können dabei Grundlagenwissen vermitteln und eine Reflexion der Erfahrungen unterstützen, aber das Führen selbst ist nur aus der eigenen praktischen Erfahrung und nur geringfügig aus Lehrbüchern und Workshops direkt erlernbar. Ein wesentlicher Teil des Lernprozesses erfolgt daher zwangsläufig in der Beobachtung von anderen Führungskräften sowie in dem fortlaufenden Versuch und Irrtum der eigenen Führungsaktivitäten und externer Unterstützung durch Mentorinnen- oder Coachingprogramme. Dabei ist bei der zu besetzenden Position zu unterscheiden: Das Management benötigt andere Führungsqualitäten als ein Gremienmitglied, ein einfaches Gremienmitglied benötigt andere Fähigkeiten als ein Vorsitzender.

Führung bedeutet in diesem Kontext nicht nur Mitarbeiterführung. Auch die Fähigkeit, eine strategische Weitsicht einnehmen zu können, ist hier essenziell. So umfasst diese Fähigkeit sehr individuelle Zugänge zur persönlichen Quelle an Innovationsfähigkeit und Kreativität, aus denen völlig neue, originelle und dem bisherigen Stand überlegene Lösungen für betriebliche Probleme oder für Kundenanforderungen entwickelt werden. Hierfür braucht es sowohl auf der Management- als auch auf Gesellschafterebene die Bereitschaft, von der allseits akzeptierten Norm abzuweichen und dies auch gegen den Widerstand des Umfelds durchzuhalten. Ist eine solche Fähigkeit erlernbar? Wir vermuten, dass es sich hier eher um die grundlegende unternehmerische Haltung einer Person handelt, dieser Aspekt also eher einer charakterlichen Eigenschaft entspricht. Der Besuch von Kreativitätsseminaren o. Ä. hilft daher wohl wenig. Zudem droht das Paradox, dass echte Innovation in dem Maße unwahrscheinlich wird, wie Wissen oder Fähigkeiten formalisiert werden. An dieser Stelle schließt sich der Kreis zur Frage der unternehmerischen Motivation, wenn z. B. durch belastende Faktoren aus dem familiären System der Zugang zu dieser Kompetenz behindert ist.

Gesellschafter-/Eigentümerkompetenzen: Gemeint ist die in Kapitel 1 ausführlich beschriebene Perspektive der Eigentümerin und des Mitgliedes der Unternehmerfamilie. Diese ist abzugrenzen von der des operativen Managements. Fallen die Eigentümer- und Managementrolle zusammen, ist dies für die handelnden Personen oftmals eine ungewohnte Denkhaltung. Sie leben in und mit dem Betrieb und fühlen sich als untrennbarer Teil desselben. Andere Unternehmerfamilien agieren dagegen fast ausschließlich auf der Eigentümerebene. Die operative und teilweise auch strategische Führung liegt dann in den Händen eines familienexternen Managements, die Familie gibt die politischen und strategischen Leitlinien vor.[453] Je nach dem gelebten mentalen Modell muss die Eigentümerperspektive von der Managementebene getrennt werden.

Familienkompetenzen: Die letzte Kategorie schließlich betrifft die familiäre Sphäre. Hierzu gehören vor allem Fähigkeiten zum Umgang mit Familiendynamiken, die umso mehr an Bedeutung gewinnen, je komplexer die Familienstrukturen und je (potenziell) konfliktreicher die Familienbeziehungen sind.[454] Mit zunehmender Zersplitterung der Familienanteile eines Familienunternehmens in nachfolgenden Generationen sinkt potenziell die Identifikation mit dem Gründer, der Familie, ihren Werten und somit automatisch mit dem Unternehmen etc. Mit der sinkenden Identifikation steigt wiederum das Konfliktpotenzial. Manche Unternehmenskrisen sind gerade nicht ökonomisch bedingt, sondern werden durch Unternehmerfamilien verursacht, die diese Konflikte

---

[453] Maßgeblich für die Selbstpositionierung der Unternehmerfamilie auf der operativen oder der Eigentümerebene ist dabei das jeweilig favorisierte Mentale Modell einer Unternehmerfamilie. Siehe hierzu Rüsen et al. (2019b) sowie Rüsen et al. (2012) sowie die Ausführungen hierzu in Kapitel 2.
[454] Siehe hierzu insbesondere die Ausführungen in Kapitel 11 und 14.

innerhalb der Familie nicht kontrollieren können.[455] Hier müssen die Akteure also Kompetenzen mitbringen, aus einzelnen Individuen oder separierten Kernfamilien ein „künstliches Konstrukt" – die Unternehmerfamilie – das als Einheit agiert, zu erhalten. Persönliche Eigenschaften, Wertvorstellungen und die Bereitschaft, sich einer gemeinsamen Zielsetzung unterzuordnen, spielen in dieser Kategorie daher eine entscheidende Rolle.

Je nach zu besetzender Position und Struktur des Familienunternehmens sind in jeder der aufgeführten vier Kategorien andere Kompetenzen bzw. andere Ausprägungen gefordert. Daher werden die individuellen Kriterien auf konkrete Anforderungen heruntergebrochen und nach Prioritäten geordnet, um ein differenzierteres Bild zu erhalten. Dabei werden sog. Mindestkriterien festgelegt, die zukünftige Gesellschafter, Gremienmitglieder bzw. das Management auf jeden Fall erfüllen müssen. Oftmals liegen diese Kriterien z. B. beim Management im Bereich der beruflichen Ausbildung (z. B. ein akademischer Abschluss, Fremdsprachenkompetenzen etc.) und einem Mindestmaß an beruflicher Vorerfahrung und bei der Verinnerlichung der grundlegenden Werte der Unternehmerfamilie. Bei der Beurteilung potenzieller zukünftiger Gesellschafterinnen könnten Kriterien wie die Zugehörigkeit zu bestimmten Kernfamilien oder Generationen (Gesellschaftermix) oder grundlegende Kenntnisse des Unternehmens Ausschlusskriterien sein. Für Mitglieder eines Familiengremiums haben vor allem kommunikative Fähigkeiten bzw. die Fähigkeit zum Umgang mit Konfliktdynamiken eine hohe Relevanz. Während Fakten-Kriterien leicht zu beurteilen sind, ist die Beurteilung, inwieweit z. B. die Verinnerlichung der Werte oder die Konfliktlösungskompetenz vorhanden ist, umso schwerer.

Gerade bei jüngeren Mitgliedern aus der Nachfolgegeneration steht darüber hinaus weniger die Frage nach den Kompetenzen als mehr das Erkennen von Potenzialen im Vordergrund. Hier müssen die Aufgaben und Beispiele eines ACs sich am Lebensumfeld dieser Altersgruppe orientieren: Mit einem 18-Jährigen die Optimierung der Organisationsstruktur des Logistikbereichs im Familienunternehmen zu diskutieren, wird wenig aussagekräftig sein. Ihn jedoch berichten zu lassen, wie er beispielsweise die eigene Abschlussfahrt organisiert und finanziert hat, bietet gute Einblicke zur Einschätzung seiner kommunikativen und unternehmerischen Potenziale.

Daher ist im AEP-Modell die Kompetenzbeurteilung in einer idealtypischen Abgrenzung in drei verschiedene Stufen unterteilt, die sich in der Realität eher als ein Kontinuum darstellen:

---

455 Siehe hierzu ausführlich Rüsen (2017a).

17. Assessments für Unternehmerfamilien

Stufe	NextGen-Perspektiven – Standortbestimmung zur beruflichen Orientierung	NextGen-Potenzial – Standortbestimmung zum beruflichen Einstieg in das Familienunternehmen	NextGen-Assessment – Standortbestimmung für Führungsaufgaben in Familienunternehmen
Beantwortet die Fragen: (= Zielsetzung für Teilnehmer)	**Persönliche Ebene** Wo sind meine Talente, was will ich machen? **Unternehmensebene** Welcher Bezug zum Familienunternehmen ist für mich und meine Entwicklung sinnvoll?"	**Persönliche Ebene** Bin ich ein „Unternehmertyp" und möchte ich diesen Weg verfolgen? **Unternehmensebene** Wie kann ich die Unternehmensoption in meine berufliche Entwicklung integrieren?	**Beide Ebenen** Welche aktuelle Eignung und welche Potenziale bringe ich für eine konkrete Gesellschafter-/Führungs-/Gremienfunktion im Familienunternehmen mit? Wie kann ich mich sinnvoll darauf vorbereiten?
Wann ist der geeignete Zeitpunkt?	**Berufliche Orientierung** - Nach Abitur/während der ersten Ausbildung - Bisher ohne direkten Bezug zum Unternehmen	**Unternehmensspezifische Orientierung** - Zum Ende der Ausbildung, zum beruflichen Einstieg	**Positionsspezifische Orientierung** - Erste Berufserfahrung bzw. erste Führungsposition

Abbildung 35: Die verschiedenen Stufen im AEP-Modell.
Quelle: Entnommen aus TMS Unternehmensberatung GmbH

Die **NextGen-Perspektiven** bieten eine erste berufliche Orientierung für junge Menschen nach dem ersten Schulabschluss. Dabei steht zwar die Person und weniger die mögliche Position im Vordergrund. In diesem Kontext wird erörtert, welcher Bezug zum Familienunternehmen für die eigene Entwicklung sinnvoll ist und wie das familiäre und unternehmerische Umfeld die weitere Entwicklung konkret fördern kann. Neben dem Erkennen von Stärken und Potenzialen im Kontext der eigenen beruflichen Zukunft werden vor allem Motivationsfelder und der persönliche Antrieb erarbeitet.

In der zweiten Stufe **NextGen-Potenzial** geht es konkret darum, ob und wie das Familienunternehmen in die berufliche Entwicklung zu integrieren ist, was in der Regel zum Ende der beruflichen Ausbildung bei der Vorbereitung der ersten beruflichen Schritte diskutiert wird. Manchmal wird diese Stufe auch genutzt, wenn Funktionen besetzt werden sollen, die nicht das Management betreffen (wie eine aktive Gesellschafterfunktion oder Beiratsmandate) und eher allgemeine unternehmerische Potenziale sowie Aspekte der Selbstwirksamkeit und Umsetzungsstärke im Vordergrund stehen.

Das **NextGen-Assessment** untersucht die Eignung und Potenziale für eine konkrete Funktion im Familienunternehmen. Das können sowohl Funktionen im Management wie eine Führungs- oder Geschäftsführer-Position oder ein Beiratsmandat oder auch ein Engagement als aktiver Gesellschafter oder im Familienausschuss sein. Oftmals geht es nicht im Sinne eines Auswahl-ACs darum, ein Urteil über die aktuelle Eignung im Sinne von geeignet oder ungeeignet zu erhalten. Das AC soll vielmehr klären, wie der aktuelle Kompetenz-Status ist, welche Potenziale vorhanden sind und auf welche Art und in welchem Zeitraum diese ggfls. gehoben werden können, um eine Funktion professionell auszufüllen.

Teil C: Die Unternehmerfamilie verstehen

> **Fallbeispiel:**
> Im konkreten Fallbeispiel wurde aus der Analyse deutlich, dass die unternehmensspezifische – in diesem Fall technische – Qualifikation für eine zukünftige Geschäftsführerin umfassend sein muss, da sich der bislang sehr erfolgreiche Vertrieb vor allem durch das hohe und innovative Technologie-Know-how behauptet. Außerdem wurde deutlich, dass ein verhandlungssicheres Beherrschen von Fremdsprachen und ein empathischer Umgang mit anderen Kulturen für die internationalen Expansionspläne eine Grundvoraussetzung darstellten. Das in der Unternehmensstrategie festgelegte Wachstum erforderte darüber hinaus Vertriebsstärke und eine nachhaltige Einsatz- und Leistungsbereitschaft („unternehmerischen Biss").

In verkürzter Form sah das Anforderungsprofil im Fallbeispiel folgendermaßen aus:

ANFORDERUNGSKRITERIEN
Unternehmensspezifische Kompetenz
Innovatives Technologie-Knowhow
Digitalisierung als strategisches Thema kennen und können
Empathischer Umgang mit anderen Kulturen
Verhandlungssicheres Englisch
Führungskompetenz
Unternehmertyp: zielorientiert, entscheidungsfreudig, durchsetzungsfähig
Hohe Führungsqualitäten für Unternehmen und seine Menschen
Arbeitet überzeugend und unterstützend im Team
Klare lösungsorientierte Kommunikation
Gesellschafterkompetenz
Investorenblickwinkel, Knowhow Bilanzen und Finanzen
Nachfolge- und Gremienkompetenz
Kritikfähigkeit und konfliktlösend
Bestreben zur Weiterentwicklung
Familienkompetenz
Lebt die Familienwerte und -regeln
Gerecht, ehrlich, vertrauenswürdig
Bewusster Umgang mit Familiendynamiken
Achtet die Historie

Abbildung 36: Spezifische Anforderungen auf Basis der Analysephase (Fallbeispiel).
Quelle: Eigene Darstellung

Die Ausprägungserwartungen unterschieden sich dabei je nach möglicher Position und wurden gesamthaft für das jeweilige Gremium (Top-Management-Team bzw. Überwachungsgremium), aber auch Governance übergreifend für Gesellschafter, Führung und Aufsicht entwickelt.

17.5 Konsequenzen und Handlungsempfehlungen

Nach der Analysephase findet in einem zweiten Schritt der Abgleich des Anforderungsprofils mit den vorhandenen Ausprägungen in der Familie statt. Die Teilnehmer am AEP werden in ausführlichen Einzel-Interviews gebeten, eine mögliche Motivation und vor allem ihre eigene Einschätzung über die genannten Anforderungen darzulegen (Selbstbild). Im Anschluss werden mit Hilfe von praxisbezogenen Übungen Wissen und Kompetenzen hinterfragt: Das können beispielsweise Fallstudien oder auch die Simulation bestimmter unternehmerischer Schlüsselsituationen sein (Fremdbild). Das Assessment-Center für zukünftige Gesellschafterinnen, Gremienmitglieder und Führungskräfte liefert damit ein detailliertes Bild über die beruflichen Fähigkeiten, Kompetenzen, Potenziale und auch Defizite einer Person im Hinblick auf die angedachte Position.

Im konkreten Fall ergab das AEP bei der bisher als Journalistin tätigen Tochter der Gesellschafterin eine hohe unternehmerische Kompetenz, was sie selbst am meisten verwunderte, da sie das mit ihrer derzeitigen beruflichen Tätigkeit nie in Verbindung gebracht hat. Der bereits im Management tätige Maschinenbau-Absolvent zeigt eine sehr hohe fachliche Kompetenz, aber auch Defizite im Umgang mit anderen Kulturen. Für ihn sieht das Ergebnis des AEP so aus:

Teil C: Die Unternehmerfamilie verstehen

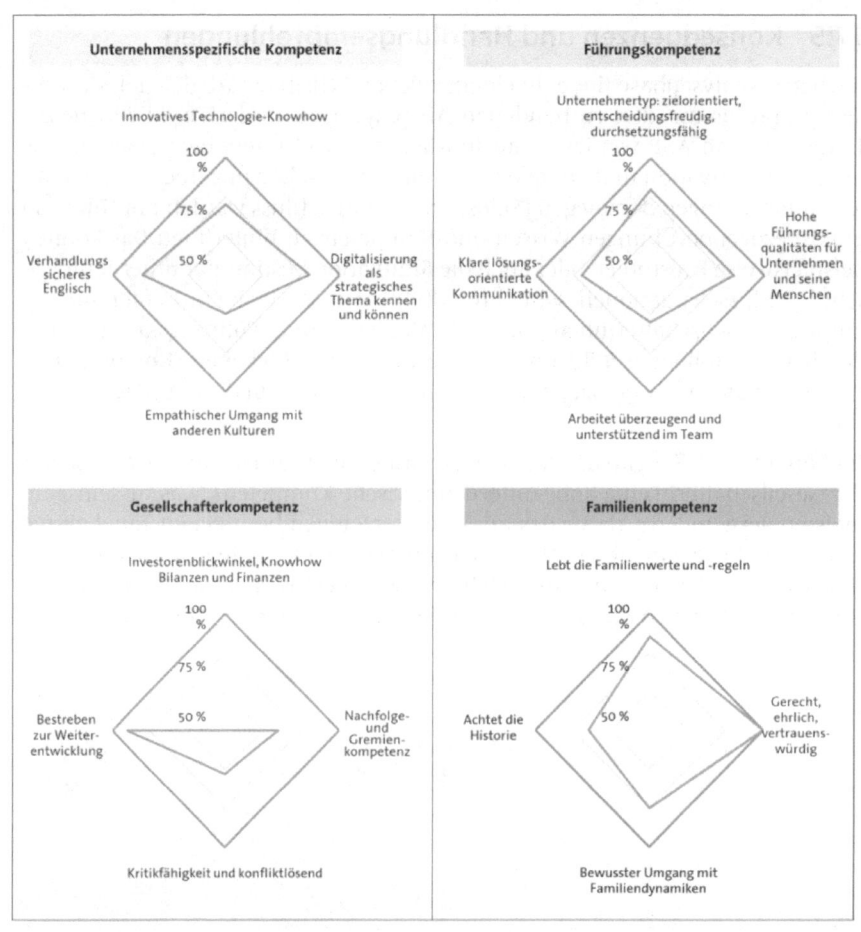

Abbildung 37: Beispiel Analyseergebnis nach einem Assessment-Center.
Quelle: Eigene Darstellung

Auf Basis des Abgleiches von Anforderungen und Status quo Erfüllungsgrad durch die bewertete Person sind in einem dritten Schritt aus den gewonnenen Erkenntnissen konkrete Handlungsempfehlungen abzuleiten. Bei klassischen Personalbeurteilungssystemen, wie z. B. dem OCEAN-Modell, wird insbesondere in der (mittelständischen) Praxis kritisiert, dass sie keine Umsetzungskomponente beinhalten. Das genau ist jedoch aus Sicht der planenden Gestaltung der Nachfolge eine entscheidende Anforderung: Sicherlich ist die Erkenntnis wichtig, welcher Bereich im Management durch welchen Nachfolger potenziell bewältigt werden könnte und wo es Vakanzen im Gesellschafterkreis gibt. Ausschlaggebend für den zukünftigen unternehmerischen Erfolg ist jedoch die Frage, ob und durch welche konkreten Maßnahmen die zukünftige Führungs- und Strategiefähigkeit gesichert werden kann. Konkret bedeutet dies, dass am

Ende einer entsprechenden Analyse eine Handlungsempfehlung zur Aus- und Weiterbildung für das bestehende Top-Management-Team bzw. die Mitglieder von Aufsichts- und Kontrollgremien sowie für Nachfolgekandidaten stehen sollte. Gleiches gilt natürlich auch bei der Nachfolgeplanung für Gremien in der Family Governance.

In diesem Rahmen kann es jedoch hochproblematisch werden, wenn die Auswertung Defizite nicht im fachlichen, sondern im persönlichen oder unternehmerischen Bereich zeigt. Hier ist es mitunter schwer, Maßnahmen zu vereinbaren, um diese zu beheben. Individuelle Coachings und Mentorings können zwar helfen, sofern die grundsätzliche Lern- und Entwicklungsbereitschaft dazu besteht, das kann einen Übergabeprozess in der Regel jedoch erheblich verzögern.[456]

Gelingt es in der zur Verfügung stehenden Zeit nicht, die erforderlichen Kompetenzen zu vermitteln, müsste grundsätzlich von dieser Person für die entsprechende Stelle abgeraten werden. Das kann aus verschiedenen Gründen nicht gewollt sein: Häufig sind es emotional orientierte Gerechtigkeitsaspekte, die dagegensprechen oder auch, dass ansonsten die Kapitalverhältnisse in den Gremien nicht adäquat abgebildet werden. Mitunter erfordert dies eine Veränderung der Unternehmensorganisation. Dem technisch versierten Geschäftsführer muss dann ein Kaufmann an die Seite gestellt werden. Und für den fehlenden Proporz im Beirat werden die Stimmrechte atypisch verteilt.

Werden gravierende Lücken identifiziert, muss die oberste Führungsebene bzw. das Kontrollgremium personell ergänzt oder gänzlich extern besetzt werden. Auch hier gibt das AEP-Modell bereits Vorgaben für die Suche nach geeigneteren Personen.[457] Mitunter ziehen die Erkenntnisse auch existenzielle Handlungen nach sich, wie etwa den Verkauf oder das Einbringen des Unternehmens in eine Stiftung.

Handlungsempfehlungen betreffen auch das weitere Umfeld, in dem sich das Unternehmen bewegt. Technologiegetriebene Branchen erfordern andere Schwerpunkte als der Handel oder Dienstleistungsunternehmen. Nicht selten führt ein Generationenwechsel längerfristig zum Wechsel in einen anderen Markt oder zumindest zu einer alternativen Strategie des Unternehmens. Ist beispielsweise die vorherige Generation technologieaffin und hat ein sehr innovationsstarkes Unternehmen entwickelt, kann die eher betriebswirtschaftlich orientierte und ausgebildete NextGen aus dieser Ausgangssituation einen global agierenden Anbieter in dieser Nische entwickeln.

Im beschriebenen Fall vereinbarte die Seniorgeneration eine mittelfristige Übernahme der Managementverantwortung durch den Maschinenbau-Ingeni-

---

[456] Im Fallbeispiel erkannte der Nachfolger bei der Selbsteinschätzung und dem Vergleich mit dem Anforderungsprofil des Unternehmens, dass er etwa drei bis fünf Jahre brauchen würde, um „für die Übernahme der (Mit-)Geschäftsführung im elterlichen Unternehmen fit" zu sein.
[457] Vgl. Felden et al. (2012).

Teil C: Die Unternehmerfamilie verstehen

eur. Dabei wurde eine längere Zeitspanne eingeplant, in der er sukzessive eigene Verantwortungsbereiche übernehmen und die geforderte hohe Vertriebskompetenz aufbauen sollte. Die im Journalismus tätige Tochter erkannte durch die Beschäftigung mit dem Thema, dass sie sich langfristig mindestens eine aktive Gesellschafterrolle, vielleicht auch eine Tätigkeit im geplanten Beirat, vorstellen kann, jedoch zu wenig über das Unternehmen weiß. Daher wurde vereinbart, dass sie ihr journalistisches Netzwerk einbringt, um zunächst freiberuflich die Öffentlichkeitsarbeit zu unterstützen und damit alle relevanten Bereiche des Unternehmens kennenlernt.

Auch die beiden ältesten Kinder aus der Gründerfamilie haben im Rahmen des Assessments erkannt, dass sie in eine Gesellschafterrolle hineinwachsen möchten. So kann das AEP auch schlummernde Potenziale und den damit verbundenen Wunsch nach einer aktiven Rolle im Familienunternehmen wecken.

Das AEP der ältesten Tochter sah so aus:

17. Assessments für Unternehmerfamilien

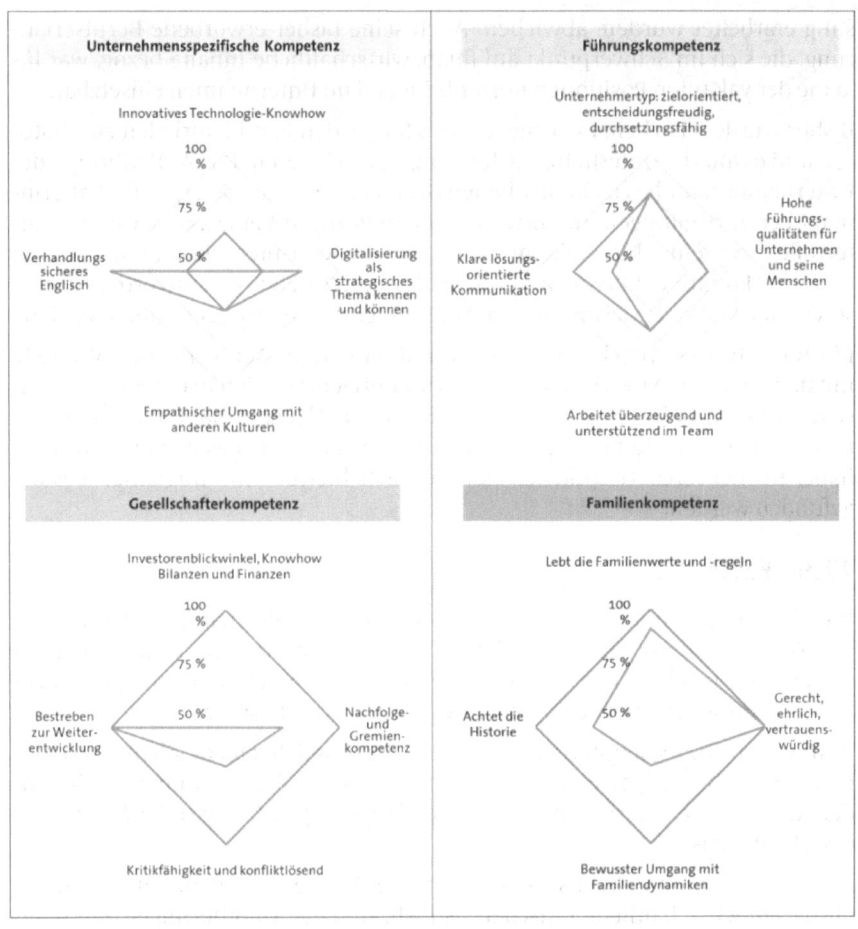

Abbildung 38: Beispiel Analyseergebnis nach einem Assessment-Center.
Quelle: Eigene Darstellung

Der Bereich unternehmerische Kompetenz ist bei ihr nicht besonders ausgeprägt, allerdings sind die Anforderungen (blaue Linie) an einen Gesellschafter andere als an ein Mitglied des Managements. Auch in den weiteren Bereichen sind Defizite erkennbar, die aber durch entsprechende Maßnahmen geschlossen werden können, sodass sie als zukünftige Gesellschafterin in Frage kommt.

Doch auch der umgekehrte Weg ist denkbar. Der in der Beratung tätige Sohn der Schwester äußerte zu Beginn des Assessments, dass eigentlich er der designierte Managementnachfolger des Unternehmens zusammen mit einem (technischen) Betriebsleiter sein müsste und dass man seine Potenziale bisher nicht erkannt habe. Außerdem ging er davon aus, dass ihm qua Geburtsrecht ein Anteil der Gesellschaft zustehe. Das AEP zeigte jedoch, dass seine Wertvorstellungen deutlich von denen der Unternehmerfamilie, die in der Familienverfassung erarbeitet wurden, abwichen. Auch seine bisher erworbene Berufserfahrung, die sich im Schwerpunkt auf finanzwirtschaftliche Inhalte bezog, war für keine der vakanten Positionen nutzenbringend im Unternehmen einsetzbar.

Bisher wurde das Thema vermieden, aus Sorge, den Familienfrieden zu zerstören und damit die Unternehmensführung zu erschweren. Das AEP führte in der Unternehmerfamilie zu einem offenen Gespräch zwischen den Gesellschafterinnen über Vorstellungen und Erwartungen in Bezug auf eine aktive Gesellschafterrolle bzw. eine Tätigkeit im Management des Unternehmens. Hierdurch konnten konkrete Entwicklungspläne für potenzielle Verantwortungsträger sowie eine konkrete Gestaltung der Anteilsübertragung vorgenommen werden.

Ein intensives Gespräch mit dem Sohn offenbarte dessen geheimen Wunsch, mit den erwarteten Gewinnen aus den zukünftigen Anteilen in einem künstlerischen Umfeld tätig zu werden. Seine bisherige Tätigkeit habe eher den vermeintlichen Erwartungen seines Umfeldes entsprochen, das er nie hinterfragt habe. In mehreren Gesprächen konnte auch hierfür eine tragfähige Lösung gefunden werden.

17.6 Fazit

Die objektivierte und vor allem praxis- und handlungsorientierte Beurteilung von Gesellschaftern, Führungskräften und Gremienmitgliedern (der nächsten Generation) ist in Familienunternehmen möglich und ein notwendiger Schritt bei der Professionalisierung der Family Business Governance.

Immer mehr Unternehmerfamilien erkennen, dass dabei nicht alleine ein kompetentes Management den Erfolg des Unternehmens sichert, sondern insbesondere die Gesellschafterkompetenz für den langfristigen Erfolg (oder Misserfolg) entscheidend ist.

Da, wo es sich um gewachsene, familiär begründete Unternehmensstrukturen oftmals in wirtschaftlichen Nischen handelt, sind die Anforderungen allerdings höchst individuell und durch gängige, stellenprofilorientierte Beurteilungsraster oder ausschließlich analytisch-deskriptive Persönlichkeitstests kaum zu umreißen. Nicht zuletzt deshalb ist der Einsatz professioneller Methoden zur Beurteilung zukünftiger Gesellschafterinnen, Gremienmitglieder und Führungskräften in Familienunternehmen (noch) eher selten.

Hinzu kommt die emotionale Hürde, die eigenen Nachkommen einer derartigen Beurteilung zu unterziehen – denken und wünschen sich Eltern doch nur das Beste für ihre Kinder, Neffen und Nichten. Vielfach wird dieses Thema daher eher von der abgebenden denn von der nachfolgenden Generation weggeschoben – ja von letzterer immer häufiger sogar eingefordert.

Die hier vorgestellten Ansätze liefern eine Möglichkeit, eine Einschätzung auf Basis eines systematischen Assessment-Centers wie etwa dem AEP-Modell durchzuführen. Ein entsprechender Prozess kann allen Beteiligten helfen: So kann aus der intuitiven und oftmals familiär geprägten Entscheidung eine sachlich begründete Beurteilung für die personelle Besetzung des Managements und der Aufsichtsgremien ebenso wie die Eignung für eine aktive Gesellschafterrolle vorgenommen werden.

Und wenn ein Familienexterner schwierige Wahrheiten ausspricht und sie auch sachgerecht begründet, kann das nicht nur dem Unternehmen, sondern auch dem Familienfrieden dienen. Außerdem liefert diese Methode den Kandidaten Klarheit über Entwicklungspotenziale und sondern darüber hinaus Wege, um etwaige Lücken effizient zu schließen oder alternative Lebensentwürfe zu realisieren.

Daher ist zu wünschen, dass professionelle und systematische Beurteilungsmethoden nicht nur bei der Übernahme von Managementverantwortung, sondern auch für Gremienmitglieder sowie aktive Gesellschafterinnen und Gesellschafter in Familienunternehmen zum Standard werden.

Heiko Kleve

18. Sozialisation, Erziehung und Lernen in Unternehmerfamilien – Das KEA-Modell für „Kopf", „Herz" und „Hand"

18.1 Einleitung

Das Aufwachsen und die Lebensführung in Unternehmerfamilien sind geprägt vom Unternehmenseigentum und der damit einhergehenden Verantwortung der Familie und ihrer Mitglieder, das Eigentum am Familienunternehmen sowohl zu erhalten als auch an die nächsten Generationen weiterzugeben. Diese transgenerationale Intention prägt die Sozialisation aller Familienmitglieder und die Erziehung der Kinder. Sie macht es zudem erforderlich, dass Unternehmerfamilien angesichts von Umweltbedingungen, die sich permanent verändern (z.B. Märkte, politische und gesetzliche Bedingungen), lernfähig bleiben. Wie solche Lernprozesse reflektiert werden können, wird anhand des KEA-Modells veranschaulicht. „KEA" steht als Akronym für die Dimensionen der **K**ognition, der **E**motion und der **A**ktion, also des Denkens, Fühlens und Handelns. Denn Sozialisation, Erziehung und Lernen in Unternehmerfamilien sind bestenfalls genau dies: kognitive, emotionale und aktionale Anregungen zur Weiterentwicklung und Potenzialentfaltung von Personen und Systemen. Ein solches System wird hier als Idealtypus veranschaulicht, nämlich die „lernende Unternehmerfamilie".

Je besser es einer Unternehmerfamilie gelingt, die hier erläuterten Lernperspektiven als kognitive, emotionale und aktionale Prozesse zu realisieren, desto tiefgreifender dürfte sich auch das „Doing Business Family" vollziehen, also die immer wieder erneute Herstellung der Unternehmerfamilie als emotional verbundenes transgenerationales System. Daher verweise ich an dieser Stelle auf das entsprechende Kapitel 13 in diesem Buch.

18.2 Ausgangspunkte

Sozialisation, Erziehung und Lernen sind Phänomene, die sich in allen Familien vollziehen, aber in Unternehmerfamilien in ganz besonderer Weise.[458] Während sich Eltern generell fragen, wie sie die bio-psycho-soziale Entwicklung ihrer Kinder in angemessener Weise begleiten und altersentsprechend fördern können, wollen Unternehmereltern zudem wissen, wie sie ihren Nachwuchs passend darauf vorbereiten, dass dieser einmal Eigentum übernehmen sowie ein Unternehmen führen soll. Somit haben Unternehmereltern eine dreifache Herausforderung zu meistern:

---

458 Vgl. dazu bereits grundsätzlich Caspary (2018).

- *Erstens* geht es ihnen – wie in der Regel allen Eltern – darum, die Kinder auf den Weg in ihr eigenes Leben zu begleiten.
- *Zweitens* wollen Unternehmereltern ihre Kinder auf deren zukünftige Verantwortung als Eigentümerinnen vorbereiten.
- Und *drittens* versuchen die Eltern dafür zu sorgen, dass die Kinder unternehmerisch denken, fühlen und handeln.

Mit diesen Herausforderungen geht die transgenerationale Intention von Unternehmerfamilien einher, das Unternehmenseigentum an die nächsten Generationen weiterzugeben. Dafür ist es wichtig, dass die Kinder und Jugendlichen die emotionalen, kognitiven und aktionalen Kompetenzen erwerben, nutzen und situationsangemessen einsetzen, um erfolgreich in die Eigentums- bzw. Unternehmensnachfolge hineinzuwachsen.[459] Denn das jeweilige Familienunternehmen zu übernehmen, um es als Eigentümerinnen zu führen und im Alter an die eigenen Kinder zu übergeben, ist die wiederkehrende Herausforderung jeder Familiengeneration. Daher reicht es nicht, dass wir das Lernen in Unternehmerfamilien nur auf kindliche Sozialisations- und Erziehungsprozesse beziehen. Vielmehr setzt die herausfordernde Lebensführung in diesen Familien voraus, dass Sozialisation, Erziehung und Lernen – quasi sozialpädagogisch[460] – auf alle Lebensalter der Familienmitglieder bezogen werden, was hier geschehen soll.

Um das Gelingen dieser äußerst anspruchsvollen Prozesse zu unterstützen, werden im Folgenden theoretische und praktische Perspektiven vermittelt, mit denen Mitglieder aus Unternehmerfamilien ihre Sozialisations-, Erziehungs- und Lernerfahrungen reflektieren können. Dazu ist es zunächst erforderlich, dass wir die Begriffe „Sozialisation", „Erziehung" und „Lernen" differenzieren und definieren. Damit wird zugleich deutlich, dass solche psycho-sozialen Entwicklungsprozesse komplex und nichttrivial sind, also keinesfalls in technischer Weise gesteuert werden können (18.3). Dennoch kann die Wahrscheinlichkeit erhöht werden, dass sozialisatorische und erzieherische Verläufe sowie Lernen entwicklungsfördernd wirken. Eine Hilfe dafür ist das KEA-Modell (18.4). Als eine Anwendung dieses Modells wird die „lernende Unternehmerfamilie" als eine Familienform konstruiert, die sich hinsichtlich ihres Wissens, ihrer emotionalen Basis und ihrer Handlungsstrukturen flexibel und offen hält (18.5). Den Abschluss des Beitrags bildet ein zusammenfassendes Resümee (18.6).

---

459 Siehe dazu auch den Aspekt der Resilienz-Förderung in Unternehmerfamilien; Heil (2023).
460 Vgl. grundsätzlich Böhnisch (2018).

18.3 Sozialisation, Erziehung und Lernen als nichttriviale Prozesse

Sozialisation, Erziehung und Lernen sind drei psycho-soziale Prozesse, die wir zunächst unterscheiden und hinsichtlich ihrer Komplexität veranschaulichen wollen.[461]

Mit *Sozialisation* ist die psychische und emotionale Prägung gemeint, die alle Menschen in sozialen Kontexten und Beziehungen mit anderen Menschen *lebenslang* erfahren und die ihr Denken, Fühlen und Handeln beeinflusst. Besonders existenziell und Menschen formend ist die *primäre* Sozialisation in der Familie. Kinder werden in eine Familie hineingeboren und damit Mitglied von Verwandtschaftsverhältnissen, die – zumindest in biologischer Hinsicht – nicht veränderbar sind. Zugleich sind die Neugeborenen existenziell davon abhängig, dass die Eltern ihre biologischen, psychischen und sozialen Bedürfnisse sensibel wahrnehmen und befriedigen. Diese enge Bezogenheit von Eltern, insbesondere von Müttern mit ihren Kindern formt deren kognitive, emotionale und aktionale Entwicklung nachhaltig. Dass die frühkindliche Formung eine solche Wirkung zeitigt, die das gesamte weitere Leben beeinflusst, hängt u. a. damit zusammen, dass die sozialen Interaktionen in den ersten Lebensjahren, also vor allem die Eltern-Kind-Beziehungen, bestimmte Hirnareale (insbesondere die Amygdala) strukturieren, die mit dem Ende des dritten Lebensjahres nahezu ausgeformt sind.[462] Diese frühkindliche Prägung war bereits Thema der Psychoanalyse von Sigmund Freud, ist heute jedoch nicht nur psychologisch beschreibbar, sondern ebenso durch die neurophysiologische Forschung.[463]

Unter *Erziehung* ist der Versuch – zumeist von Erwachsenen in Bezug auf Kinder und Jugendliche – zu verstehen, Sozialisation zu lenken, diese in bestimmte Bahnen zu führen, sodass intendierte Ergebnisse erzielt werden. Während Sozialisation absichtslos immer und überall in sozialen Kontexten geschieht, geht Erziehung mit Absichten der handelnden Erzieher einher, die bei den zu erziehenden Personen bestimmtes Denken, Fühlen und Handeln auslösen wollen. Diese Erziehungshandlungen finden zumeist im Kindes- und Jugendalter in Familien, aber auch in öffentlichen Einrichtungen wie Kindergärten, Schulen oder sozialpädagogischen Institutionen wie Heimen oder Internaten statt.

Lernen schließlich fokussiert die Aktivität derjenigen, die ihr Wissen, ihre Gefühle und ihre Handlungen in bestimmter Form verändern, anreichern und erweitern wollen. Lernen ist demzufolge ein aktiver Prozess, der Unterschiede produziert, die Unterschiede machen, also Informationen erzeugen.[464] So führen erfolgreiche Lernprozesse dazu, dass anders als bisher gedacht, gefühlt und gehandelt wird. Die Veränderungen, die mit dem Lernen einhergehen, finden sowohl in der Sozialisation als auch in der Erziehung statt. Allerdings sind

---
461 Vgl. grundsätzlich dazu Luhmann (2002).
462 Vgl. etwa Roth (2003; 2007).
463 Vgl. etwa Roth (2003; 2007).
464 Vgl. Bateson (1979).

weder Sozialisation noch Erziehung steuerbar, selbst wenn letztere als Versuch, genau dies zu realisieren, praktiziert wird.

Genau dieser Aspekt, dass Erziehung nicht im technisch-trivialen Sinne gesteuert werden kann, wird in der systemtheoretisch informierten Erziehungswissenschaft als *Technologiedefizit*[465] bezeichnet. Demnach lassen sich in Sozialisations-, Erziehungs- und Lernprozessen keine eindeutigen Kausalbeziehungen zwischen Ursachen und Wirkungen unterscheiden, die nur beachtet werden müssten, um bestimmte Effekte bei den zu Erziehenden zu erzeugen. Denn wir haben es bezüglich menschlicher Systeme, also angesichts von biologischen Prozessen (wie menschlichen Körpern), psychischen Vorgängen (wie dem menschlichen Bewusstsein) und sozialen Strukturen (wie Beziehungen zwischen Menschen, etwa in Familien) mit Nichttrivialität zu tun.[466]

Im Gegensatz zu trivialen Systemen, die aus fest und eindeutig verkoppelten Elementen bestehen, sind nichttriviale Systeme durch *komplexe* Abläufe gekennzeichnet. Komplexität heißt, dass z. B. Körper, Psychen und Sozialsysteme hinsichtlich ihrer Operationsweisen von so vielen unterschiedlichen Variablen beeinflusst werden, dass diese in ihrer Gesamtheit nicht beobachtbar, geschweige denn kontrollierbar sind. Überdies können sich die Verknüpfungen zwischen den Variablen jederzeit ändern, sodass die Reaktionsweisen von Körpern, Psychen und Sozialsystemen auf scheinbar identische Sachverhalte von Moment zu Moment variieren können.

Das bedeutet, dass für das Reagieren von nichttrivialen Systemen nicht so sehr die äußeren Bedingungen entscheidend sind, sondern vielmehr die internen Verarbeitungsweisen innerhalb dieser Systeme. Wie beispielsweise ein bestimmter Körper ein verabreichtes Medikament verträgt, welche Wirkungen dieses Medikament körperlich also auslöst, hängt vor allem davon ab, wie dieser konkrete Körper diese Arznei aufnimmt und in seine eigenen Prozesse integriert. Wie ein bestimmter Mensch eine Situation psychisch einschätzt und kognitiv durchdenkt, resultiert aus seinen bisherigen Erfahrungen und aktuellen Interpretationen dieser Situation. Wie in einem Sozialsystem, etwa in einer Familie, mit einem bestimmten Ereignis umgegangen wird, ist mehr mit der Geschichte und den aktuellen Beziehungen in der Familie verbunden als mit dem infrage stehenden Ereignis; dieses kann zwar als Auslöser der familiären Reaktionsweisen bewertet werden, aber nicht als deren Determination.

Diese Nichttrivialität und Komplexität von bio-psycho-sozialen Prozessen des menschlichen Lebens müssen wir beachten, wenn wir die Möglichkeiten und Grenzen von Sozialisation, Erziehung und Lernen bedenken. Können wir also sozialisatorische und pädagogische Prozesse des Lernens niemals zielgerichtet steuern und eindeutig determinieren, so lassen sich dennoch die Wahrscheinlichkeiten erhöhen, dass sich Menschen hinsichtlich ihres Denkens, Fühlens und Handelns in einer Weise entwickeln, die sie selbst als positiv, konstruktiv

---

465 Vgl. Luhmann & Schorr (1979).
466 Vgl. v. Foerster (1988).

und förderlich einschätzen. Gemeinhin werden solche Sozialisations-, Erziehungs- und Lernbedingungen dann geschaffen, wenn alle drei menschlichen Ressourcenquellen gleichermaßen angeregt werden: die Kognition, die Emotion und die Aktion.

18.4 Das KEA-Modell

„KEA" als Akronym steht für die Koppelung, Integration und Balance von Kognition, Emotion und Aktion in menschlichen Prozessen.[467] Verwandt ist das KEA-Modell mit zwei Konzepten, von denen es auch inspiriert ist. Das ist *erstens* der pädagogische Ansatz von Johann Heinrich Pestalozzi, wonach Erziehung das harmonische Gleichgewicht der Kräfte von „Kopf", „Herz" und „Hand", also von Denken, Fühlen und Tun anstreben sollte.[468] Die *zweite* Inspirationsquelle ist die sog. Glaubenspolaritäten-Aufstellung, ein Format der von Matthias Varga von Kibéd und Insa Sparrer (2009) entwickelten Systemischen Strukturaufstellungen. Demnach ist unser psycho-soziales Leben von sog. Glaubenssätzen fundiert, d. h. von Einredungen, die unser Denken, Fühlen und Handeln beeinflussen. Diese Einredungen sind entstanden durch das, was uns sehr nahestehende Personen wiederholt gesagt haben, z. B. darüber, was wir denken, fühlen oder tun sollten oder – allgemeiner: was wir können und was nicht, was wichtig ist und was nicht, was man tut und was nicht oder wer wir sind und wer nicht. So haben wir Werte verinnerlicht, die unser Denken, Fühlen und Handeln formen.[469]

Bestenfalls sind diese Werte wie stärkende Kraftquellen, die dazu beitragen, dass wir alle unsere KEA-Ressourcen, also unsere kognitiv-intellektuellen, unsere emotional-sozialen und aktional-performativen Potenziale situationsangemessen einsetzen und auf diese zugreifen können. Im ungünstigen Falle jedoch können diese Werte aber auch dazu führen, dass wir von der Entfaltung eigener Potenziale „abgeschnitten" sind und uns selbst einschränken bezüglich dessen, was uns als Denkleistungen, emotionalen Haltungen und erreichbaren Handlungszielen möglich wäre.

Das KEA-Modell ist ein grundsätzliches Konzept, das verständlich macht, in welchen Dimensionen Sozialisation, Erziehung und Lernen stattfinden. In Anlehnung an die Idee der Glaubenspolaritäten können wir uns die drei Dimensionen von Kognition, Emotion und Aktion als drei Ecken eines gleichseitigen Dreiecks vorstellen, in dessen Zentrum sich Entwicklungsprozesse oder Transformationen vollziehen (siehe dazu Abbildung 39).

---

467 Vgl. bereits Kleve (2019).
468 Vgl. etwa Natorp (1908).
469 Vgl. auch Ferrari (2011b).

Teil C: Die Unternehmerfamilie verstehen

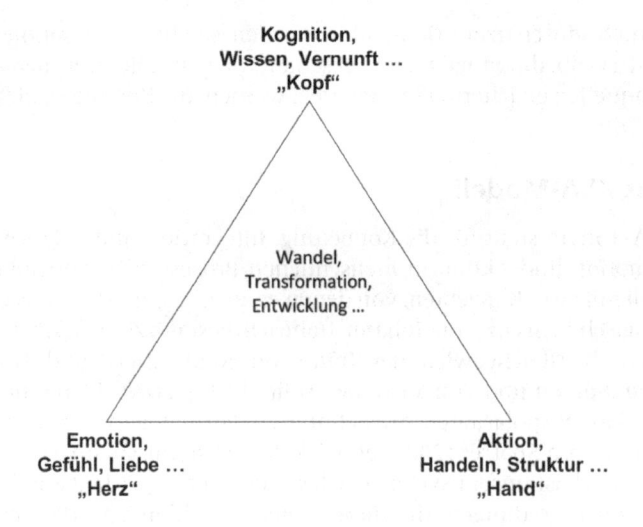

```
                    Kognition,
               Wissen, Vernunft ...
                     „Kopf"
                       /\
                      /  \
                     /    \
                    /      \
                   /        \
                  / Wandel,  \
                 / Transformation, \
                /  Entwicklung ...  \
               /                    \
              /                      \
             /_____\
        Emotion,                    Aktion,
     Gefühl, Liebe ...          Handeln, Struktur ...
         „Herz"                      „Hand"
```

Abbildung 39: Das KEA-Dreieck.
Quelle: Eigene Darstellung

Jede Ecke des Dreiecks markiert einen Ressourcenpool, der für Sozialisations-, Erziehungs- und Lernprozesse wichtig ist. Wenn es gelingt, etwa bezüglich des Lernens in Unternehmerfamilien, alle drei Dimensionen zu integrieren, vollziehen sich diese Prozesse am passendsten. So können wir uns sowohl individuelle als auch soziale Entwicklungen als gerahmt von Kognition, Emotion und Aktion bzw. von „Kopf", „Herz" und „Hand" vorstellen. Das wird noch nachvollziehbarer, wenn wir uns vergegenwärtigen, in welchen Bedeutungsdimensionen jeder der drei Pole verortet werden kann:

- Mit dem *Pol der Kognition* sind alle tendenziell intellektuellen Dimensionen des Denkens, Wissens und Erkennens sowie des Sachlichen und Rationalen gemeint. Hier geht es um die Gewinnung von Informationen oder um die Klärung und Analyse eines Sachverhalts. Jeder Mensch, aber auch jede Gruppe, jedes Team oder jede Familie hat bestenfalls Zugang zu diesen Dimensionen. Die Lösung von Problemen setzt in der Regel voraus, dass intellektuelle Potenziale initiiert werden, um Lösungen zu überlegen und diese klug zu implementieren.
- Mit dem *Pol der Emotion* sind die auf das Fühlen orientierten Dimensionen individueller und sozialer Prozesse gemeint. Dabei geht es insbesondere um Gefühle, die konstruktiv wirken, die mithin individuell als stärkend und Zuversicht gebend sowie sozial als verbindend, anerkennend, wertschätzend und kooperativ empfunden werden. So setzt Entwicklung, ob diese nun individuell oder bezüglich sozialer Beziehungen betrachtet wird, solche positiven Gefühle voraus bzw. geht mit solchen Emotionen einher.
- Mit dem *Pol der Aktion* sind die Dimensionen adressiert, die sich auf das Umsetzen, die Performance, das Handeln, Tun und Verhalten, aber auch auf

das Strukturieren, Ordnen, also auf das zielorientierte Vorgehen beziehen. Letztlich zeigen sich die Ergebnisse von Sozialisations-, Erziehungs- und Lernprozessen erst in sichtbaren Handlungsvollzügen und dadurch erreichten Effekten. Während Denken und Fühlen für andere nicht beobachtbar sind, wirkt das Verhalten sozial, kann es von anderen gesehen und davon ausgehend (z. B. als Kommunikation) interpretiert werden. Entwicklungen und Problemlösungen realisieren sich individuell oder im sozialen Kontext erst dann, wenn das sichtbare Handeln verändert wird, wenn neue Formen des Verhaltens gezeigt werden.

Alle drei Polaritäten sind bestenfalls in einem ausbalancierten Gleichgewicht dynamisch miteinander verbunden, stützen und stärken sich gegenseitig und können von Einzelnen, Teams, Gruppen oder Familien zur Entfaltung gebracht werden. Sollte es Probleme – welcher Art auch immer – geben, könnte das daraus resultieren, dass die ausgewogene Balance bzw. das harmonische Gleichgewicht der drei KEA-Dimensionen nicht realisiert wird. Das Innehalten und der Versuch, die Balance wiederherzustellen bzw. die tendenziell ausgegrenzte Dimension zur Geltung zu bringen, könnten lösend wirken.

Im Folgenden wollen wir uns Lernprozesse in Unternehmerfamilien unter der Perspektive des KEA-Modells anschauen. Dabei kreieren wir den Idealtyp einer „lernenden Unternehmerfamilie".

18.5 Die lernende Unternehmerfamilie

Sozialisation und Erziehung führen bestenfalls zum Lernen, also zu einem dreidimensionalen Veränderungs- und Wachstumsprozess, mithin zur Anreicherung und Entfaltung der intellektuellen, emotionalen und praktisch-aktionalen Potenziale. Die „lernende Unternehmerfamilie" ist als ein Idealtypus dieser Familienform vorstellbar, die alle Möglichkeiten des individuellen Lernens ihrer Mitglieder und des systemischen Lernens der sie prägenden sozialen Prozesse und Strukturen ausschöpft. Um eine solche lernende Unternehmerfamilie in angemessener Weise zu beschreiben, ist es notwendig, die Komplexität dieser Familienform ernst zu nehmen und die Lernprozesse davon ausgehend zu differenzieren. Demnach können wir Unternehmerfamilien mindestens als drei systemische Formen beschreiben, nämlich *erstens* als Familien, *zweitens* als formale Organisationen und *drittens* als soziale Netzwerke.[470]

Dass Unternehmerfamilien als Familien beschrieben werden können, ist offensichtlich, geht es doch um verwandtschaftliche Verhältnisse und emotionale Beziehungen der Mitglieder untereinander. Aber diese Familien können auch als Organisationen bewertet werden, wenn sie – insbesondere für die Findung und Durchsetzung unternehmensbezogener Entscheidungen – formale Strukturen einrichten, etwa Gremien (z. B. neben der Gesellschafterversammlung zusätzliche Familienbeiräte), Positionen und Selektionsverfahren, um geeignete

---

470 Vgl. Kleve et al. (2019) sowie Kleve (2020) in diesem Band.

Teil C: Die Unternehmerfamilie verstehen

Familienmitglieder für die Besetzung der entsprechenden Funktionen auszuwählen.[471] Als soziale Netzwerke werden größer werdende Unternehmerfamilien beschrieben, deren Mitgliederzahl durch egalitäre Erbschaftsregeln kontinuierlich steigt, etwa bereits 50 und mehr Personen umfasst. In solchen Familien kommt die Familien- und formale Organisationslogik an ihre Grenzen, um den Zusammenhalt und die Identität der jeweiligen Unternehmerfamilie aufrechtzuerhalten und permanent zu aktualisieren; hier greift die Netzwerklogik der Reziprozität von Geben und Nehmen.[472]

Alle genannten Sozialformen, also Familie, formale Organisation und Netzwerk, können eine Unternehmerfamilie gleichermaßen prägen, nebeneinander wirken, sich überlagern oder ineinander verschachteln. Daher werden im Folgenden das Lernen *in* einer und *als* Familie (18.5.1), *in* einer und *als* Organisation (18.5.2) sowie *in* einem und *als* Netzwerk (18.5.3) als Lernprozesse differenziert und beschrieben, was das für Unternehmerfamilien heißt.

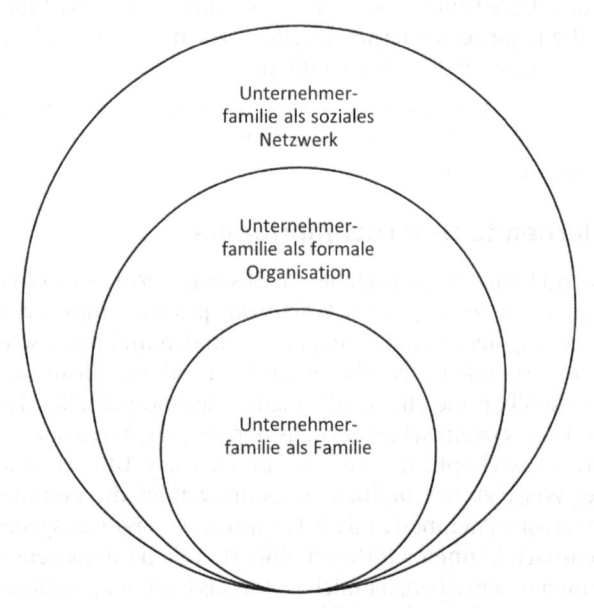

Abbildung 40: Die drei sozialen Formen wachsender Unternehmerfamilien.
Quelle: Eigene Darstellung

18.5.1 Lernen in einer und als Familie

Das Lernen *in* Familien, genauer: in Klein- bzw. Kernfamilien, findet im Rahmen der primären Sozialisation und von elterlichen Erziehungsprozessen statt. Es ist vor allem ein informales Gewohnheits- und Modelllernen. Denn die Kinder lernen zunächst und allererst durch die Art und Weise, wie die Erwachse-

---
471 Vgl. ausführlich dazu v. Schlippe et al. (2017).
472 Vgl. nochmals Kleve et al. (2019).

nen, vor allem die Eltern, Großeltern und Geschwister ihr Leben führen, wie sie auf das Handeln der Kinder reagieren, wie sie diese beschreiben und charakterisieren. Genau dadurch werden die oben erwähnten Glaubenssätze geprägt, die Einredungen der Kinder, kurz: deren Werte, die ihr Leben fundieren, einrahmen und mit Bedeutung ausstatten.

Die Eltern sind für die Entwicklung des Denkens, Fühlens und Handelns der Kinder nicht nur deshalb so prägend, weil sie sehr viel Zeit mit ihnen verbringen, sondern weil sich zwischen Eltern und ihren Kindern besondere Loyalitätsbindungen etablieren,[473] die aus der Tatsache entspringen, dass das Wertvollste, was Menschen besitzen, von den Eltern an ihren Nachwuchs weitergegeben wird, nämlich das Leben selbst.[474] Diese Weitergabe führt zu einem Verpflichtungsverhältnis, das kaum jemals aufgelöst werden kann, sondern vielmehr durch quasi ökonomische Verrechnungskonten immer wieder neu durch Leistungen und Gegenleistungen austariert wird.[475]

In Unternehmerfamilien ist diese Verrechnung nicht nur durch die Weitergabe und den Erhalt des Lebens geprägt, sondern zusätzlich durch die bevorstehende oder erfolgte Übergabe des Unternehmenseigentums und möglicherweise weiteren Vermögenswerten an die Nachkommen. Insofern zeigen sich Kinder in Unternehmerfamilien oft als besonders eng an die Eltern und die Familien gebunden, was etwa dadurch zum Ausdruck kommt, dass sie ähnliche Werte wie die Eltern entwickeln und vergleichbare Lebenswege einschlagen.[476]

Neben dem individuellen Lernen in Familien können wir das Lernen systemisch betrachten, indem wir der Familie selbst einen Lernprozess zuschreiben. Familien lernen als Systeme etwa dadurch, dass sie innerfamiliäre Beziehungsmuster, mithin die Strukturen der sozialen Familienbeziehungen von Generation zu Generation übernehmen. Hier wird familiäres Lernen besonders dann relevant, wenn sich die gesellschaftliche Umwelt ändert und traditionelle Lebensformen auch in Unternehmerfamilien mehr und mehr in Frage gestellt werden, individualisierte Lebenswege eingeschlagen und Verhältnisse der Gleichberechtigung zwischen den Geschlechtern (z. B. auch in der Unternehmensnachfolge) eingefordert werden.[477] Familiäres Lernen gelingt dann besonders gut, wenn die Unternehmerfamilie es versteht, tradiertes Denken, Fühlen und Handeln, das sich über Generationen bewährt und den Erhalt der Familie und des Unternehmens gesichert hat, anzuerkennen und auch für die Gegenwart und Zukunft zu sichern, jedoch bei gleichzeitiger Wandlungsbereitschaft angesichts neuer außer- und innerfamiliärer Herausforderungen.

---

473 Vgl. Boszormenyi-Nagy & Spark (1973); Stierlin (1974).
474 Siehe aufschlussreich dazu auch Weber (1993).
475 Vgl. Stierlin (2005).
476 Vgl. Schröder (2019).
477 Vgl. etwa Leiß (2019); Jäkel-Wurzer (2019).

18.5.2 Lernen in einer und als Organisation

Für eine Unternehmerfamilie kann es bereits eine enorme kognitive, emotionale und aktionale Anstrengung sein, also ein äußerst anspruchsvoller Lernakt, zu erkennen, dass sie nicht nur eine Familie, sondern auch eine formale Organisation ist. Gerade um Familie bleiben zu können, ist der Aufbau einer formalen Organisation der Unternehmerfamilie oft ausausweichlich.[478] Denn zentrale Entscheidungen, die das Unternehmen betreffen, können nicht mehr während oder zwischen den Mahlzeiten am Ess- oder Wohnzimmertisch gefunden, diskutiert und getroffen werden. Hierzu sind bestenfalls strukturierte Kommunikationswege, Gremien, Abstimmungen, kurz: Verfahren notwendig, die die Entscheidungen angemessener und legitimierter machen.[479]

Das Lernen in der formalen Organisation der Unternehmerfamilie kann weiterhin dadurch erfolgen, dass beispielsweise ein Prozess der Familienstrategieentwicklung aufgesetzt wird, in dem die Familie ihre formale Organisationsstruktur gemeinsam entwickelt und damit Gesellschafterkompetenz aufbaut.[480] In einem solchen Prozess werden die zentralen Fragen, die sich eine Unternehmerfamilie hinsichtlich der Zukunftssicherung von Unternehmen und Familie zu stellen hat, bearbeitet, beantwortet und schriftlich niedergelegt. Das gemeinsame Kreieren einer Familienstrategie ist besonders deshalb ein zentraler Lernkontext, weil die Beteiligten erfahren können, wie sie sowohl als Familien- wie auch als Organisationsmitglieder arbeitsfähig werden, ihre gemeinsame Verantwortung tragen und in die Zukunft hineinführen können. Sie verlassen in einem solchen Prozess die Familienkommunikation, weil sie sich demokratischen Abstimmungsverfahren unterordnen, sachliche von emotionalen Argumenten unterscheiden und ihre Prozesse und Ergebnisse schriftlich niederlegen.

Unternehmerfamilien schaffen die Bereitschaft für Organisationslernen, wenn sie die von ihnen implementierten formalen Strukturen regelmäßig auf den Prüfstand stellen, und zwar spätestens dann, wenn eine neue Generation herangewachsen ist, die möglicherweise modifizierte Ziele und Werte hat, die aktuellen gesellschaftlichen Entwicklungen eher entsprechen als die tradierten und etablierten. Auch hier wird wieder entscheidend sein, wie die Frage nach dem Verhältnis von Traditionswahrung und Innovationsorientierung beantwortet wird. Wie schafft es eine Unternehmerfamilie, die gewachsenen formalen Strukturen *einerseits* zu achten und weiterzuführen sowie *andererseits* genug Offenheit und Flexibilität zu entwickeln, die jede neue Generation benötigt, um auf sozialen Wandel zu reagieren und die eigenen Präferenzen umzusetzen?

---

478 Vgl. v. Schlippe et al. (2017) sowie Kapitel 1.
479 Vgl. Luhmann (1969).
480 Vgl. Groth & v. Schlippe (2011); v. Schlippe et al. (2017) sowie Kapitel 1.

18.5.3 Lernen in einem und als Netzwerk

Je größer die Unternehmerfamilie wird, was ihren Netzwerkcharakter stärkt, desto mehr verteiltes Wissen und diverse Informationen dürften angesichts der vielen Familienmitglieder vorhanden sein. Wenn es innerhalb des Familiennetzwerkes nun gelingt, dass die Familienmitglieder ihr Wissen und ihre Informationen miteinander teilen, dass sie diesbezüglich geben und nehmen, dann wachsen die Lernchancen für die gesamte Familie und ihre Mitglieder. Denn letztlich haben wir all unser Wissen von anderen gewonnen, die es mit uns geteilt haben. Dass dies möglich und realisiert wird, ist ein großes Potenzial von wachsenden Unternehmerfamilien. Zudem nimmt mit der wachsenden Zahl der Familienmitglieder auch die individuelle Unterschiedlichkeit der persönlichen Charaktere zu. Genau dies ist eine weitere Chance des Lernens. Denn Lernen wird vor allem dann ermöglicht, wenn wir Unterschiede wahrnehmen und diese als Erfahrungen und zur Informationsgewinnung kognitiv und emotional sowie bezüglich des Handelns zu integrieren lernen.

Während Familienlernen insbesondere durch die enge und starke Bindung der Familienmitglieder ermöglicht wird, realisiert sich Netzwerklernen durch die eher lose und schwache Verbindung der Netzwerkpartner.[481] Die engen Bindungspersonen stehen uns emotional zur Seite, wenn wir Zuspruch und Zuwendung benötigen. Im Gegensatz dazu versorgen uns die schwachen Netzwerkbeziehungen mit Zugängen zu Ressourcen, die wir ohne diese nicht hätten. Für das Lernen bedeutet das, dass Netzwerke besonders dann lernunterstützend sind, wenn sie eine große Integrations- und Inklusionskraft entfalten, also sehr offen für die Hinzuziehung neuer Netzwerkmitglieder sind. Für wachsende Unternehmerfamilien könnte das heißen, dass nicht nur die Familienmitglieder ins Netzwerk der Unternehmerfamilie einbezogen werden, die selbst Unternehmensanteile besitzen, sondern beispielsweise auch deren Partner und Kinder.

Und schließlich können wir sagen, dass gerade die Freiheit, Offenheit und Spontaneität der Informations- und Wissensweitergabe in Netzwerken die konstruktive Lernatmosphäre dieser sozialen Struktur stärkt. Während sich Materielles bei Teilung verringert, vermehrt sich Immaterielles wie Information und Wissen, wenn es mit anderen Menschen geteilt, also untereinander weitergegeben wird.

Zusammenfassend gesagt, Lernen kann in Unternehmerfamilien als Familien-, Organisations- und Netzwerklernen stattfinden. In jeder dieser genannten sozialen Formationen strukturieren sich die Lernprozesse anders. Dennoch zeigen sich Gemeinsamkeiten aller erläuterten Lernkontexte, wovon drei knapp pointiert werden sollen:

– *Erstens* geht es in allen drei Lernkontexten um die Erweiterung der kognitiven Denkkapazitäten, die Stützung der emotionalen Basis für Lernprozesse

---

481 Vgl. Granovetter (1973).

(etwa durch den Vertrauensausbau zwischen den Mitgliedern der Unternehmerfamilie) und die Erweiterung der individuellen Handlungskompetenzen.
- *Zweitens* setzen Lernprozesse neben der genannten ersten KEA-Balance eine damit verbundene Ausgewogenheit zwischen den Dimensionen von Rationalität („Kopf"), Empathie („Herz") und Struktur („Hand") voraus. Vernunft und Wissen allein reichen nicht. Erst wenn beides im Rahmen vertrauensvoller und empathisch aufeinander ausgerichteter Beziehungen geteilt wird, können sich Strukturen des konstruktiven individuellen und kollektiven Handelns etablieren und nachhaltig genutzt werden.
- *Drittens* ist Lernen für Unternehmerfamilien und deren Mitglieder besonders dann hilfreich, um die transgenerationale Intention der Unternehmensweitergabe für die Gegenwart und Zukunft zu sichern, wenn es dazu genutzt wird, immer wieder erneut passende Balancen von Traditions- und Innovationsorientierung zu realisieren.[482]

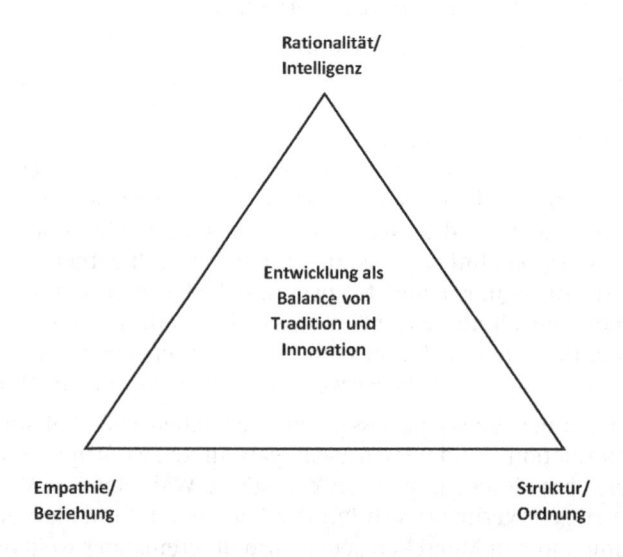

Abbildung 41: Die drei Entwicklungsdimensionen der Unternehmerfamilie.
Quelle: Eigene Darstellung

18.6 Resümee und „Checkliste" für die Unternehmerfamilie

Lernen findet in Unternehmerfamilien *zum einen* in der elterlichen Erziehung von Kindern und *zum anderen* während der Sozialisation aller Lebensalter statt. Während Sozialisation ein permanenter Vorgang der Anregung des Denkens, Fühlens und Handelns von Menschen ist, geht Erziehung mit Absichten der Erzieher bezüglich der zu Erziehenden einher. Auch wenn Sozialisation und

---

[482] Vgl. grundsätzlich und beispielhaft dazu Heider (2017).

18. Sozialisation, Erziehung und Lernen in Unternehmerfamilien

Erziehung sich unterscheiden, diese absichtsvoll und mit klaren Handlungszielen vollzogen wird und jene ungeplant und permanent geschieht, gilt für beide Phänomene, dass sie als komplex und nichttrivial bewertet werden können. Daher können weder Sozialisation noch Erziehung Menschen im vorgegebenen Sinne steuern und determinieren. Wenn jedoch das Lernen nicht nur kognitiv, sondern auch emotional und aktional ausgerichtet ist, also „Kopf", „Herz" und „Hand" gleichermaßen einbezieht, gelingen Sozialisations- und Erziehungsprozesse mit höherer Wahrscheinlichkeit – und zwar so, dass dies von allen Beteiligten entsprechend eingeschätzt und positiv bewertet wird. In Unternehmerfamilien ist das harmonische Gleichgewicht von kognitiver, emotionaler und aktionaler Anregung besonders dann passend implementiert, wenn die unterschiedlichen sozialen Formen, die diese Familien ausbilden, also die Familienstruktur, die formale Organisation und die sozialen Netzwerkbeziehungen, als eigenständige Lernkontexte bezüglich aller Lebensalter genutzt werden. Somit kann sich das entwickeln, was hier in groben Umrissen als Idealtyp der „lernenden Unternehmerfamilie" skizziert wurde.

Folgende Fragestellungen können Unternehmerfamilien dabei unterstützen, ihren Erziehungs- und Entwicklungsansatz (selbst)kritisch zu evaluieren:

- Welche erzieherischen Absichten verfolgen wir in unserer Unternehmerfamilie?
- Welche Maßnahmen haben wir implementiert, damit wir eine lernende Unternehmerfamilien werden bzw. bleiben?
- Was ist uns hinsichtlich unserer kognitiven Entwicklung wichtig? Wie sorgen wir also dafür, dass wir uns miteinander das Wissen aneignen, das wir für eine erfolgreiche Entwicklung als Unternehmerfamilie bzw. für unser Familienunternehmen benötigen?
- Was ist uns im Kontext von Sozialisation und Erziehung hinsichtlich unserer emotionalen Entwicklung wichtig? Wie sorgen wir also dafür, dass wir eine sozial-emotionale Atmosphäre herstellen, die das individuelle und gemeinschaftliche Lernen fördert?
- Was ist uns hinsichtlich unserer aktionalen Entwicklung wichtig? Wie sorgen wir also dafür, dass wir uns die individuellen und gemeinschaftlichen Handlungskompetenzen aneignen, die wir als Unternehmerfamilie bzw. für unser Familienunternehmen benötigen?
- Wie organisieren und strukturieren wir unsere kognitiven, emotionalen und aktionalen Entwicklungen und Lernprozesse?
- Wie bewerten wir unsere Entwicklungs- und Lernprozesse? Worauf können wir bereits nachhaltig bauen, was sollten wir noch weiterentwickeln?
- Was sind die nächsten Schritte, um die Entwicklungs- und Lernfähigkeit der Unternehmerfamilie zu erhalten, zu stabilisieren und auszuweiten?

Reflexion und Handlungsempfehlungen – Teil C

Teil C liefert eine Beschreibung der zentralen Dynamiken und Herausforderungen von Unternehmerfamilien. Mitglieder dieses Familientyps können dadurch die eigenen Kommunikationsstrukturen, Verhaltensmuster und bisher nicht einzuordnende Herausforderungen bei der Entscheidungsfindung nachvollziehen. Die dargelegten Theoriemodelle sind also eine „Anleitung zum Selbstverständnis". Werden diese Zusammenhänge erkannt und in den Alltag etabliert, können typische Konfliktdynamiken und allgemeine Herausforderungen reduziert und auftretende Fragestellungen konstruktiv genutzt werden. Mit folgenden Fragen sind eine Analyse des Status quo und eine kritische Selbstreflexion des Organisationsgrades der Familie als Unternehmerfamilie möglich:

1. Welche Strukturen gibt es, um sich als Unternehmerfamilie zu reflektieren? (Existieren z. B. moderierte „Waschtage", in deren Rahmen die Mitglieder der Unternehmerfamilie ihre innerfamiliäre Kommunikation und kritische Ereignisse systematisch betrachten und analysieren?)
2. Sind Gerechtigkeitserwartungen und -empfindungen als Thema innerhalb der Unternehmerfamilie ansprech- und bearbeitbar?
3. Inwieweit spiegelt die gelebte Kommunikations- und Interaktionsstruktur den Komplexitäts- und Entwicklungsgrad der Unternehmerfamilie? (Befindet sich diese noch in der überschaubaren Struktur einer Kernfamilie? Ist diese bereits eine sich organisierende Großfamilie? Oder besteht sie aus einem großzahligen Netzwerk von verwandten Gesellschaftern?)
4. Welche Grundhaltung zum Thema Konflikte existiert innerhalb der Unternehmerfamilie? (Werden diese als „Versagen" der Familieneinheit oder als „Entwicklungschance" angesehen?)
5. Welche Instrumente zum Umgang mit auftretenden Konflikten innerhalb der Unternehmerfamilie wurden bisher etabliert? (Falls nicht vorhanden: Was steht der Einrichtung entsprechender präventiver Mechanismen entgegen?)
6. In welcher Form wird der Umgang mit konfliktbehafteter Kommunikation familienintern geschult? Gibt es dezidierte „Konflikt-Kümmerer" in der Familie, die sich hierfür gesondert schulen lassen?
7. In welcher Form liegt eine Familienstrategie der Unternehmerfamilie vor? (Ist diese ausformuliert und als Familienverfassung/-kodex/-leitbild abgefasst oder existiert diese informell als „Erwartungen aneinander"?)
8. Welche Form eines strukturierten Managements der Unternehmerfamilie wurde bisher etabliert? (Welchen Organisations- und Reifegrad hat dieses Familienmanagement? Welchen zeitlichen und finanziellen Aufwand betreibt die Unternehmerfamilie hierfür p. a.?)
9. In welcher Weise wird in Ihrer Unternehmerfamilie aktiv daran gearbeitet, die soziale Gemeinschaft der Familie und die emotionalen Bindungen zwi-

schen den Familienmitgliedern zu pflegen (aktives Praktizieren von Doing-Business-Family)?
10. In welcher Form werden Funktionsträger aus der Unternehmerfamilie in Bezug auf ihre Kompetenzen bewertet? (Wodurch wird die Qualifikation der vorhandenen Fähigkeiten z. B. für eine Beiratsrolle oder die Übernahme einer GF-Position festgestellt?)
11. Inwieweit spielen die Zugehörigkeit zur Unternehmerfamilie und das Eigentum an einem Familienunternehmen eine Rolle im Rahmen des praktizierten Erziehungsansatzes?
12. Wodurch wird die Reflexion etablierter Lern- und Entwicklungsprozesse innerhalb der Unternehmerfamilie nach dem KEA-Modell sichergestellt? (Wie gelingt ein ausgewogenes Verhältnis der Dimensionen Kognition, Emotion und Aktion?)

Teil D: Das Eigentum und rechtliche Grundlagen verstehen

Christoph Schreiber

19. Das Rechtskleid des Familienunternehmens – Grundlagen des Gesellschaftsrechts

19.1 Einleitung – Die Studie des WIFU: „Was bewegt Familienunternehmer wirklich?"

Anlässlich seines zwanzigsten Geburtstages im Sommer 2018 hat das Wittener Institut für Familienunternehmen (WIFU) eine groß angelegte Studie durchgeführt.[483] Ziel war es herauszufinden, welche Themen Familienunternehmerinnen in der Praxis besonders beschäftigen und wo sie Forschungsbedarf sehen. Insgesamt nahmen 202 Familienunternehmer aller Branchen, Größen und Generationen teil. Im Hinblick auf rechtliche Fragestellungen hat sich ergeben, dass das Steuerrecht unangefochten an erster Stelle steht. Knapp 40 % der Befragten gaben steuerrechtliche Probleme als diejenigen an, die sie am meisten bewegten.[484]

Daneben nimmt das Zivilrecht eine wichtige Rolle ein. Hier stehen das Erbrecht[485] und das Gesellschaftsrecht im Zentrum des Interesses. Laut den Studienergebnissen beschäftigt insbesondere die Suche nach der passenden Rechtsform die Familienunternehmer. Insoweit nimmt der Wunsch nach Flexibilität vor allem in der Gewinnverwendung und nach einer klar gestalteten, rechtssicheren Haftungsverfassung eine maßgebende Stellung ein.[486]

Will man eine Antwort auf die Frage nach der für das in Rede stehende Familienunternehmen passenden Rechtsform finden,[487] so sind in der vertragsgestaltenden Praxis stets alle Besonderheiten des Einzelfalls auf Unternehmens- und auf Familienseite zu berücksichtigen. Sind die Ziele und die Spezifika des Unternehmens und der Familie definiert, so hat die mit der Erstellung des Gesellschaftsvertrags befasste Person zunächst zu entscheiden, welcher gesellschaftsrechtliche Rahmen dem Unternehmen gegeben werden soll. In dem Zusammenhang kommen neben der Errichtung von Stiftungen[488] zwei Arten von Gesellschaften in Betracht: Kapitalgesellschaften und Personengesellschaften.

---

483 Rüsen et al. (2018), 20 Jahre WIFU, Studie: Was bewegt Familienunternehmer wirklich?, S. 18 ff.
484 Zur Einführung ins Steuerrecht vgl. Kirchdörfer & Layer in Kapitel 20.
485 Dazu vorliegend Kögel, Kapitel 21.
486 Rüsen et al., (2018), 20 Jahre WIFU, Studie: Was bewegt Familienunternehmer wirklich?, S. 44.
487 Siehe dazu auch Nietsch (FuS Sonderausgabe 2018), S. 43 ff.
488 Siehe dazu umfassend die zwei Bände gesammelter Beiträge von Muscheler, Stiftungsrecht (2. Aufl. 2011 und 2019), passim, sowie v. Campenhausen & Richter, Stiftungsrechts-Handbuch (4. Aufl. 2014), passim, und Richter, Stiftungsrecht (2. Aufl. 2023), passim.

Im Folgenden sollen die Grundlagen vermittelt werden, welche diese Rechtsgebilde kennzeichnen und zugleich voneinander unterscheiden.

19.2 Juristische Person versus rechtsfähige Personengesellschaft

Das deutsche Gesellschaftsrecht ist geprägt durch den sog. „numerus clausus" der Gesellschaftsformen. Jeder Personenverband muss zu einer gesetzlich fixierten Rechtsform gehören.[489] Kapitalgesellschaften sind Körperschaften, bei denen die Kapitalbeteiligung im Vordergrund steht. Im Einzelnen sind dies die Gesellschaft mit beschränkter Haftung (GmbH), die Aktiengesellschaft (AG) und die Kommanditgesellschaft auf Aktien (KGaA) sowie die Societas Europaea (SE) als supranationale Rechtsform. Die Grundform all dieser Gesellschaften ist der im BGB geregelte Verein.

Charakteristisch ist, dass alle Körperschaften – und damit auch die Kapitalgesellschaften – eine eigene Rechtspersönlichkeit haben.[490] Aus ihr ergibt sich die Qualifizierung von Körperschaften als juristische Personen.[491] Sie sind als solche ebenso wie der Mensch als natürliche Person rechtsfähig, also fähig, Träger von Rechten und Pflichten zu sein. Die juristische Person ist eine von den einzelnen Mitgliedern unabhängige, selbstständige Organisation. Sie selbst ist Inhaberin von Vermögensgegenständen, sie selbst kann also Eigentümerin von Sachen oder Inhaberin von Forderungen sowie Schuldnerin eines Anspruchs sein, sie selbst kann klagen und verklagt werden. Damit ist sie der natürlichen Person weitgehend gleichgestellt.[492] Die Mitglieder sind in keiner Weise an dem Vermögen der Gesellschaft beteiligt. Sie stehen der juristischen Person als eigenem Rechtssubjekt gegenüber und haben Rechte und Pflichten ihr gegenüber.[493]

Anders stellt sich die gesellschaftsrechtliche Dogmatik im Hinblick auf Personengesellschaften dar. Diese sind nicht durch eine Kapitalbeteiligung, sondern vielmehr durch ihre Mitglieder als Persönlichkeiten geprägt, die sich durch den Gesellschaftsvertrag verbunden haben. Die Grundform der Personengesellschaft ist die Gesellschaft bürgerlichen Rechts (GbR, BGB-Gesellschaft). Auf ihr bauen die Offene Handelsgesellschaft (OHG) und die Kommanditgesellschaft (KG) auf. OHG und KG unterscheiden sich von der BGB-Gesellschaft dadurch, dass ihr Zweck grundsätzlich[494] auf den Betrieb eines Handelsgewerbes gerich-

---

489 Zur Rechtsformverbindung der GmbH & Co. KG näher unter Kapitel 19.9.
490 Vgl. § 13 Abs. 1 GmbHG, § 1 Abs. 1 Satz 1 AktG, § 278 Abs. 1 AktG.
491 Umfassend zur Theorie der juristischen Person Flume, AT I/2 (1983), S. 1 ff.; K. Schmidt, Gesellschaftsrecht, (4. Aufl. 2002), S. 186 ff.
492 Im Einzelnen Ellenberger, in: Grüneberg, BGB (83. Aufl. 2024), Einf v § 21 Rn. 9 m. w. N.
493 Näher Windbichler, Gesellschaftsrecht, 24. Aufl. 2017, § 2 Rn. 7.
494 Gesetz zur Modernisierung des Personengesellschaftsrechts [Personengesellschaftsmodernisierungsgesetz – MoPeG]) v. 10. 8. 2021, BGBl. I 2021, 3436.

tet ist, während die BGB-Gesellschaft auch einen anderen Zweck verfolgen kann.

Hier wie dort ist die jeweilige Mitgliedschaft eng mit der Person verbunden. Daraus folgt, dass die Mitgliedschaft grundsätzlich nicht ohne die Zustimmung der anderen Gesellschafter auf eine andere Person übertragen werden kann.[495] Nach traditionellem personengesellschaftsrechtlichen Verständnis ist das Gesellschaftsvermögen, anders als dasjenige der Kapitalgesellschaft, rechtlich als Sondervermögen ausgestaltet. Es steht den Gesellschaftern in ihrer gesamthänderischen Verbundenheit zu. Dieser dogmatische Ansatz ist Ausfluss des deutschrechtlichen Gesamthandsprinzips, nach dem die Gesellschaft grundsätzlich nur mit gesamter Hand, also durch alle Gesellschafter gemeinsam und damit durch die Gruppe handelt.[496] In der Folge sind einzelne Gesellschafter nicht verfügungsbefugt und es bestehen keine verfügbaren Anteile an den Gegenständen des Gesellschaftsvermögens.[497] Seit Jahrhunderten wird darüber gestritten, ob dieses Sondervermögen ein Sondervermögen der Gesamthänder, also der Gesellschafter, ist oder ob die Gesamthand selbst Rechtsträgerin ist.[498] Durch die Rechtsprechung anerkannt ist jedenfalls schon seit dem Jahr 2001 für die nach außen auftretende BGB-Gesellschaft, dass sie wie auch die OHG und die KG (vgl. §§ 105 Abs. 2, 161 Abs. 2 HGB) rechtsfähig ist.[499] Mit Inkrafttreten des Gesetzes zur Modernisierung des Personengesellschaftsrechts zum 1.1.2024[500] hat der Gesetzgeber dieses Verständnis in § 705 Abs. 2 BGB unmissverständlich kodifiziert. Konsequent wurden die Vorschriften der §§ 718–720 a. F., die Ausfluss des Gesamthandsprinzips waren, gestrichen. Das Vermögen ist nunmehr der Gesellschaft als Rechtsträgerin zugeordnet (§ 713 BGB n. F.). Insoweit ist die Personengesellschaft der Kapitalgesellschaft und damit der juristischen Person angenähert, noch immer aber nicht mit ihr identisch.

---

495 Dies ist nunmehr in § 711 Abs. 1 Satz 1 BGB festgeschrieben.
496 Ausführlich zum Gesamthandsprinzip Dieckmann, Gesamthand und juristische Person, 2019, passim; ferner Flume, ZHR 136 (1972), 177 ff.; Wertenbruch, in: Westermann & Wertenbruch, Handbuch Personengesellschaften, Rn. I 31.
497 Wertenbruch, in: Westermann & Wertenbruch, Handbuch Personengesellschaften, Rn. I 31.
498 Dazu Flume, AT I/1, S. 1 ff.; K. Schmidt, S. 196 ff.
499 BGH, Urt. v. 29.1.2001 – II ZR 331/00, BGHZ 146, 341.
500 Gesetz zur Modernisierung des Personengesellschaftsrechts [Personengesellschaftsmodernisierungsgesetz – MoPeG]) v. 10.8.2021, BGBl. I 2021, 3436.

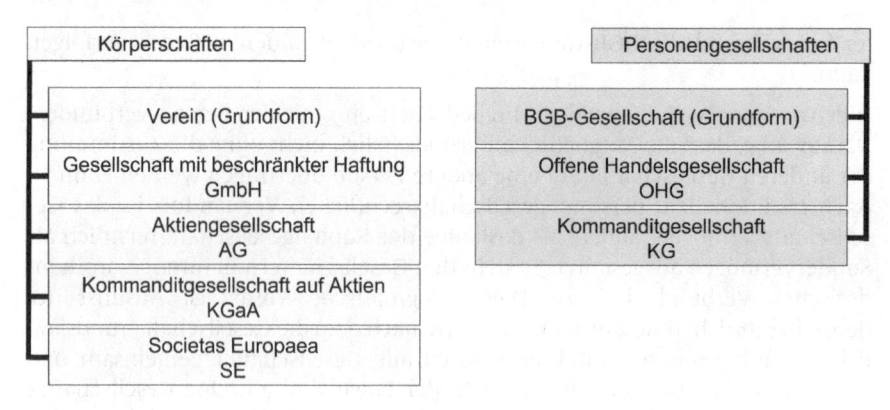

Teil D: Das Eigentum und rechtliche Grundlagen verstehen

```
┌─ Körperschaften ─┐                    ┌─ Personengesellschaften ─┐
│                  │                    │                          │
├─ Verein (Grundform)                   ├─ BGB-Gesellschaft (Grundform)
│                                       │
├─ Gesellschaft mit beschränkter Haftung ├─ Offene Handelsgesellschaft
│  GmbH                                 │  OHG
├─ Aktiengesellschaft                   └─ Kommanditgesellschaft
│  AG                                      KG
├─ Kommanditgesellschaft auf Aktien
│  KGaA
└─ Societas Europaea
   SE
```

Abbildung 42: Wichtige Gesellschaftsformen.
Quelle: Eigene Darstellung

19.3 Gesellschaftsrechtliches Trennungsprinzip versus persönliche Haftung des Gesellschafters

Fall 1:

G ist Gesellschafter der X-GmbH. Zugleich hält er Aktien an der Y-AG und betreibt gemeinsam mit H einen Warenhandel in Form der Z-OHG. Als die Geschäfte insgesamt schlecht laufen, macht G sich Sorgen, ob er für die Schulden der X-GmbH, der Y-AG und der Z-OHG persönlich einzustehen hat.

Was würden Sie ihm antworten und auf welche gesetzlichen Vorschriften würden Sie ihn hinweisen?

Aus der soeben dargestellten Selbstständigkeit der juristischen Person folgt, dass sich Ansprüche der Gläubigerin gegen die Gesellschaft als solche richten können. Nahe liegt die Frage, ob die Gesellschafterinnen für die Verbindlichkeiten „ihrer" Gesellschaft haften, also ob sie von den Gesellschaftsgläubigern wegen der Gesellschaftsverbindlichkeit in Anspruch genommen werden können. Für die GmbH gibt das Gesetz die Antwort in § 13 Abs. 2 GmbHG: „Für die Verbindlichkeiten der Gesellschaft haftet den Gläubigern derselben nur das Gesellschaftsvermögen." Diese Haftungsabschirmung ist Ausfluss des gesellschaftsrechtlichen Prinzips der Trennung zwischen juristischer Person und ihrer Gesellschafter.[501] Sie greift zugunsten der Gesellschafterinnen aller Kapitalgesellschaften ein.[502]

Ein vollkommen anderes Bild zeichnet das Gesetz für Personengesellschaften. Die maßgebliche Vorschrift ist diejenige des § 126 Satz 1 HGB, die lautet: „Die Gesellschafter haften für die Verbindlichkeiten der Gesellschaft den Gläubigern

---

501 Zur Haftung der Gesellschafter gegenüber der Gesellschaft infolge sog. existenzvernichtender Eingriffe und der Rechtsprechungsentwicklung siehe nur C. Schreiber, Der Konzern (2014), 435 ff.
502 Siehe auch § 1 Abs. 1 Satz 2 AktG.

als Gesamtschuldner persönlich." Diese Haftung trifft nicht nur den OHG-Gesellschafter, sondern wegen § 161 Abs. 2 HGB auch den Komplementär der KG und gem. § 721 Satz 1 BGB den Gesellschafter der GbR.[503] Er haftet persönlich, sodass er mit seinem gesamten Privatvermögen für die Gesellschaftsverbindlichkeit einzustehen hat. Außerdem haftet er unmittelbar den Gläubigern gegenüber, ihn trifft also nicht etwa nur eine Nachschusspflicht gegenüber der Gesellschaft. Die Haftung ist primär, sodass sich der Gläubiger nicht etwa zunächst an die Gesellschaft wenden müsste. Ferner haftet der Gesellschafter gegenständlich und summenmäßig unbeschränkt. Der Anspruch kann in voller Höhe geltend gemacht werden, der Gesellschafter haftet also nicht nur entsprechend seiner Beteiligungsquote.[504] Zahlt der Gesellschafter an den Gesellschaftsgläubiger, so hat er im Innenverhältnis einen Regressanspruch gegen seine Mitgesellschafter aus § 426 Abs. 1 BGB sowie gegen die Gesellschaft aus § 105 Abs. 3 HGB i.V.m. § 716 Abs. 1 BGB.

Im Grundsatz gilt für die Kommanditgesellschaft das Gleiche wie für die OHG. Der persönlich haftende Gesellschafter ist genauso zu behandeln wie der Gesellschafter einer OHG. Der Unterschied liegt in der beschränkten Haftung des Kommanditisten. Er haftet den Gläubigern der KG gegenüber summenmäßig beschränkt durch den vertraglich festgelegten Betrag der Haftsumme. Eine Mindesthöhe ist nicht vorgesehen. Erbringt der Kommanditist die Einlage in die KG, so ist seine Haftung insoweit gem. § 171 Abs. 1 Halbs. 2 HGB ausgeschlossen. Sie lebt aber gem. § 172 Abs. 4 Satz 1 HGB wieder auf, wenn die Einlage an ihn zurückgezahlt wird.

Lösung Fall 1:

Das gesellschaftsrechtliche Trennungsprinzip besagt, dass für die Verbindlichkeiten einer Kapitalgesellschaft nur das Gesellschaftsvermögen haftet und eine Inanspruchnahme der Gesellschafter ausscheidet (§ 13 Abs. 2 GmbHG, § 1 Abs. 1 Satz 2 AktG). Anders ist dies in der Personengesellschaft: Für die Verbindlichkeiten der Z-OHG hat G gem. § 126 HGB persönlich einzustehen.

19.4 Kapitalerhaltung versus Entnahmerecht

Fall 2:

P ist Gesellschafter der P-GmbH und der O-P-OHG.

Darf er für private Zwecke auf das Vermögen der GmbH und dasjenige der OHG zugreifen?

Mit dem gesellschaftsrechtlichen Trennungsprinzip hängt das kapitalgesellschaftsrechtliche Gebot der Kapitalerhaltung zusammen. Gem. §§ 30, 31 GmbHG darf das zur Erhaltung des Stammkapitals erforderliche Vermögen nicht an die Gesellschafterinnen ausgezahlt werden. Geschieht dies dennoch,

---
503 BGH, Urt. v. 29.1.2001 – II ZR 331/00, BGHZ 146, 341; K. Schmidt, S. 1790 ff.
504 Im Einzelnen Herchen, in: Münchener Handbuch des Gesellschaftsrechts, Band 1 (6. Aufl. 2024), § 98. Grundlegend dazu siehe vorherige Fußnote, vor Urteil.

muss die Zahlung der Gesellschaft erstattet werden. Der Gesetzgeber hält es also für erforderlich, aber auch für ausreichend, im Sinne des Gläubigerschutzes zu verhindern, dass das Stammkapital an die Gesellschafter zurückgeführt wird. Die GmbH hat deshalb ein Garantiekapital, dessen Bestand über die §§ 30, 31 GmbHG gewährleistet werden soll. Das aktienrechtliche Pendant ordnen die Normen der §§ 57, 62 AktG an.

Im Personengesellschaftsrecht hingegen gilt dieses Prinzip nicht. Deshalb darf das Gesellschaftsvermögen hier unbeschränkt an die Gesellschafterinnen ausgezahlt werden, ohne dass sie von der Personengesellschaft auf Rückzahlung in Anspruch genommen werden könnten. Diese Auszahlung kann auf ein gesellschaftsvertraglich eingeräumtes Entnahmerecht der Gesellschafterin zurückgehen. Daneben tritt das nunmehr in § 122 HGB als Anspruch aller Gesellschafter auf vollständige Auszahlung des gesamten Jahresgewinns der Gesellschaft ausgestaltete Recht auf Gewinnauszahlung. Nach der Konzeption des Gesetzes wird der Gläubigerschutz nicht dadurch gewährleistet, dass ein bestimmter Kapitalstock vorhanden sein muss. Ein Kapitalerhaltungsgebot gibt es also im Recht der OHG nicht. Es ist auch nicht erforderlich, weil die Gesellschafter gem. § 126 HGB persönlich für die Verbindlichkeiten der Gesellschaft haften.

Ebenso wie bei der OHG steht den Gesellschafterinnen der KG ein Zugriff auf das gesamte Gesellschaftsvermögen offen. Ob und in welcher Höhe das Vermögen entnommen wird, liegt in der Gestaltungsfreiheit der Gesellschafterinnen. Hier wie dort ist es im System angelegt, dass ein Kapitalerhaltungsgebot nicht notwendig ist. Dem Umstand, dass dem Kommanditisten weit über die Haftsumme hinaus Vermögenswerte zufließen können, begegnet das Gesetz durch die persönliche Haftung des Komplementärs. An diesen kann sich der Gläubiger stets in unbeschränkter Höhe halten. Ein Gebot zur Kapitalerhaltung hat der Gesetzgeber in der Konsequenz für die KG nicht vorgesehen.[505]

Lösung Fall 2:

Das in den Vorschriften der §§ 30, 31 GmbHG kodifizierte Kapitalerhaltungsgebot muss beachtet werden. Danach darf das zur Erhaltung des Stammkapitals erforderliche Vermögen nicht an P ausgezahlt werden. In der Personengesellschaft existiert kein Kapitalerhaltungsgebot, sodass das gesamte Vermögen der Gesellschaft an die Gesellschafterinnen ausgekehrt werden kann.

---

505 In der Wissenschaft wird neuerdings die Auffassung vertreten, die GmbH-rechtlichen Kapitalerhaltungsvorschriften seien stets und auf jede KG analog anzuwenden, weil der Grundsatz der Kapitalerhaltung auch in der KG gelte (Bartlitz, Die Haftung des Kommanditisten auf der Grundlage kapitalgesellschaftsrechtlicher Prinzipien (2016), S. 72 ff). Unter dieser Prämisse ist die grundlegende Unterscheidung zwischen Personengesellschaft und Kapitalgesellschaft aufgeweicht und ein wesentliches Entscheidungsmoment bei der Suche nach der passenden Rechtsform verschwunden.

19.5 Ergebnisverwendung versus Entnahmerecht

Das Gesetz gewährt dem Gesellschafter von Kapitalgesellschaften einen unmittelbaren Anspruch gegen die Gesellschaft auf seinen Anteil am Jahresüberschuss (GmbH) bzw. auf den Bilanzgewinn (AG). Die Einzelheiten der Ermittlung des Anspruchs der Höhe nach sind ebenfalls gesetzlich vorgegeben.[506] Ein besonderes Entnahmerecht steht dem Gesellschafter nicht zu.[507]

Anders bei der Personengesellschaft: Wie bereits gesehen, erfolgt der Zugriff der Gesellschafterin auf ihren Kapitalanteil traditionell durch die Entnahme. Daran ändert bei entsprechender Gestaltung des Gesellschaftsvertrags auch die Neufassung des § 122 HGB nichts. Bei dem Kapitalanteil handelt es sich nicht etwa um ein dingliches oder obligatorisches Recht am Gesellschaftsvermögen, sondern um eine Bilanzziffer,[508] um eine Rechnungsgröße[509] im Sinne einer Position auf dem Kapitalkonto.[510] Die Geltendmachung des Anspruchs auf Kapitalentnahme setzt keinen Nachweis eines konkreten Geldbedarfs der Gesellschafterin voraus.[511] Von dem Kapitalentnahmerecht, das gesellschaftsvertraglich entgegen § 169 HGB auch dem Kommanditisten eingeräumt werden kann,[512] ist das Gewinnentnahmerecht zu unterscheiden. Letzteres ist der Höhe nach auf den Gewinn beschränkt. Ohne Einwilligung der Mitgesellschafterinnen darf eine darüber hinausgehende Entnahme nicht erfolgen. Allerdings ist die maßgebliche Vorschrift des § 122 HGB insgesamt dispositiv.[513] Eine andere Regelung kann durch den Gesellschaftsvertrag getroffen werden. Selbst ein Beschluss reicht im Einzelfall aus, um der Gesellschafterin Zugriff auf das gesamte Gesellschaftsvermögen zu gestatten.

19.6 Kapitalbeteiligung versus Stimmrecht nach Köpfen

Bei der Fassung von Gesellschafterbeschlüssen knüpft das Kapitalgesellschaftsrecht das Gewicht der Stimme an die Kapitalbeteiligung.[514] In der GmbH kann das Stimmrecht abweichend vom gesetzlichen Regelfall auf statutarischer Grundlage von anderen Kriterien abhängig gemacht werden,[515] während eine abweichende Satzungsregelung für die Aktiengesellschaft wegen des Verbots

---

506 Vgl. § 29 Abs. 1 GmbHG, § 58 Abs. 4 AktG.
507 Zu den Besonderheiten der Gewinnermittlung und Gewinnverteilung bei der KGaA vgl. § 288 AktG und Koch, AktG (18. Aufl. 2024), § 288 Rn. 1 ff.
508 Huber, Vermögensanteil, Kapitalanteil und Gesellschaftsanteil an Personalgesellschaften des Handelsrechts (1970), S. 228.
509 A. Hueck, Das Recht der offenen Handelsgesellschaft (4. Aufl. 1971), S. 229; Sassenrath, in: Westermann & Wertenbruch, Handbuch Personengesellschaften, Rn. I 575a f.
510 K. Schmidt, S. 1383.
511 Wertenbruch, in: Westermann & Wertenbruch, Rn. I 633 m. w. N.
512 Oetker, in: Oetker, HGB (8. Aufl. 2024), § 169 Rn. 16 f. m. w. N.
513 Siehe nur Lieder, in: Oetker, § 122 Rn. 14.
514 Vgl. § 47 Abs. 1, Abs. 2 GmbHG, § 134 AktG.
515 Siehe dazu statt aller Drescher, in: MünchKommGmbHG (4. Aufl. 2023), § 47 Rn. 127 ff.

der Mehrstimmrechte und des in § 23 Abs. 5 AktG kodifizierten aktienrechtlichen Grundsatzes der Satzungsstrenge gem. §§ 2 Abs. 2, § 134 Abs. 1 Satz 2 AktG, § 5 EGAktG nur in eng gesteckten Grenzen zulässig ist.[516]

Dagegen geht das Gesetz für die Personengesellschaft von einem gleichwertigen Stimmrecht aller Gesellschafter und damit von einer Abstimmung nach Köpfen aus.[517] Hier sind der vertragsgestaltenden Praxis allerdings zahlreiche Möglichkeiten eröffnet, das Stimmgewicht gesellschaftsvertraglich anders zu verteilen und etwa wie im Kapitalgesellschaftsrecht an die vermögensmäßige Beteiligung oder an andere Parameter anzuknüpfen.

19.7 Möglichkeit der Fremdorganschaft versus Gebot der Selbstorganschaft

Fall 3:

Die Brüder A, B und C sind persönlich haftende Gesellschafter der T-KG. Nach anfänglicher Harmonie können sie sich nunmehr selten über Fragen der Unternehmensführung einigen. A schlägt vor, den Geschäftsmann G als alleinvertretungsberechtigten Geschäftsführer zu bestellen.

Ist das zulässig?

Die GmbH wird durch ihren Geschäftsführer vertreten, Vertretungsorgan der AG ist der Vorstand.[518] Aus der Klassifizierung von GmbH und AG als juristische Personen ergibt sich, dass die organschaftlichen Vertreter für einen Dritten, nämlich für die Organisation und für deren Vermögen, tätig werden. Daher überrascht es nicht, dass hier das Organ nicht an der Gesellschaft beteiligt sein muss. Geschäftsführerinnen und Vorstand können also auch Nichtgesellschafter sein, die nur schuldrechtlich auf Grund ihres Beschäftigungsverhältnisses mit der Gesellschaft verbunden sind.

Personengesellschaften sind hingegen auch nach der gesetzgeberischen Abkehr vom Gesamthandsprinzip dadurch charakterisiert, dass die Gesellschafterinnen als Gruppe handeln. Sie führen daher die Geschäfte selbst und treten auch im Außenverhältnis als Gruppe auf. Daraus folgt das Gebot der Selbstorganschaft, das sich in den Vorschriften der §§ 715 Abs. 1, 720 BGB, 116 Abs. 1, 124 HGB wiederfindet. Es besagt dreierlei:[519]

Erstens bedarf es zur Begründung der Geschäftsführungs- und Vertretungsbefugnis keinerlei besonderer gesellschaftsvertraglicher Grundlage. Alle Gesellschafter sind vorbehaltlich anderweitiger gesetzlicher oder vertraglicher Regelungen geschäftsführungs- und vertretungsbefugt.

---

516 Koch, § 134 Rn. 3; Rieckers, in: Spindler & Stilz, Kommentar zum Aktiengesetz (4. Aufl. 2019), § 134 Rn. 11 ff.; Vatter, in: Spindler & Stilz, § 12 Rn. 16 ff.
517 Vgl. §§ 714 BGB, 109 Abs. 3 HGB.
518 Vgl. § 35 GmbHG, §§ 76–78 AktG.
519 Wertenbruch, in: Westermann & Wertenbruch, Rn. I 234.

Zweitens können nicht alle Gesellschafter von der Geschäftsführung und Vertretung ausgeschlossen werden.

Und drittens kann einem fremden Dritten anders als im Kapitalgesellschaftsrecht keine organschaftliche Vertretungsbefugnis eingeräumt werden.[520] Die Erteilung einer rechtsgeschäftlichen Vertretungsmacht etwa in Form von Prokura, Handlungs- oder Generalvollmacht bleibt davon freilich unberührt.

Lösung Fall 3:

Das Prinzip der Selbstorganschaft verbietet es, in einer Personengesellschaft wie der T-KG einen Nichtgesellschafter zum organschaftlichen Vertretungsorgan zu bestimmen. G kann daher – anders als etwa in einer GmbH – nicht als Fremdgeschäftsführer agieren.

19.8 Übertragbarkeit der Anteile versus Gesellschafterwechsel in der Personengesellschaft

Fall 4:

E hat eine Tochter T und ist gemeinsam mit seinen drei Schwestern S1, S2 und S3 an der W-OHG beteiligt. Der Gesellschaftsvertrag enthält keine besonderen Regelungen für den Fall des Todes eines Gesellschafters. E stirbt.

Wie wirkt sich dies auf die Beteiligungen aus? Welche gesellschaftsrechtlichen Gestaltungsmöglichkeiten kommen in Betracht? Wie wäre der Fall zu lösen, wenn die Gesellschaft keine OHG, sondern eine GmbH wäre?

GmbH-Geschäftsanteile und Aktien einer AG oder KGaA können grundsätzlich ohne Weiteres[521] auf eine andere Person übertragen werden. Die Anteile sind also fungibel. Sie können auch von Todes wegen gem. § 1922 Abs. 1 BGB auf die Erben übergehen.[522]

Nach dem gesetzlichen Leitbild ist der Bestand von Personengesellschaften hingegen von einer unveränderten personellen Zusammensetzung abhängig. So schrieb § 727 Abs. 1 BGB bis zum Inkrafttreten des MoPeG[523] vor, dass der Tod eines Gesellschafters die Auflösung der Gesellschaft zur Folge hat. Seit dem 01.01.2024 scheidet der Gesellschafter durch den Tod aus, wenn die Auflösung nicht gesellschaftsvertraglich angeordnet ist. Ebenso bei der OHG: Für diese ordnet die ausdrücklich dispositiv gestaltete Norm des § 130 Abs. 1 Nr. 1 HGB das Ausscheiden des Gesellschafters durch dessen Tod an. Sein Anteil wächst den anderen Gesellschaftern gem. § 105 Abs. 3 HGB i.V.m. § 712 Abs. 1 BGB zu. Dies

---

520 Anders in der Liquidation: Dort ermöglichen §§ 144, 145 HGB die Einsetzung eines Nichtgesellschafters als Liquidator.
521 Die Wirksamkeit der Übertragung von GmbH-Anteilen setzt indessen notarielle Beurkundung voraus (§ 15 Abs. 3 GmbHG). Auch kann eine nach § 15 Abs. 5 GmbHG oder § 58 Abs. 2 AktG erfolgte Vinkulierung einer Übertragung entgegenstehen. Dies ist in der Praxis häufig der Fall.
522 Vgl. § 15 Abs. 1 GmbHG: „Die Geschäftsanteile sind veräußerlich und vererblich."
523 Gesetz zur Modernisierung des Personengesellschaftsrechts [Personengesellschaftsmodernisierungsgesetz – MoPeG]) v. 10.8.2021, BGBl. I 2021, 3436.

bedeutet, dass die Gesellschaft zwar fortgesetzt wird, die Erben des Gesellschafters aber nicht in dessen Gesellschafterstellung eintreten, sondern sich mit einem Abfindungsanspruch gegen die Gesellschaft aus § 135 Abs. 1 Satz 1 HGB begnügen müssen. Das Gleiche gilt aufgrund der Verweisung des § 161 Abs. 2 HGB für den Tod des Komplementärs einer KG. Anders ist es, wenn ein Kommanditist stirbt. Für diesen Fall wird die Gesellschaft gem. § 177 HGB mit dessen Erben fortgeführt.

All diese Vorschriften sind indessen dispositiv. In der Praxis wird regelmäßig von der Möglichkeit Gebrauch gemacht, Fortsetzungsklauseln sowie (qualifizierte) Nachfolgeklauseln in den Gesellschaftsvertrag aufzunehmen.[524] Auf diese Weise kann die Fortführung der Gesellschaft mit den (näher bezeichneten) Erben der Gesellschafterin gesichert werden.

Soll die Mitgliedschaft in der Personengesellschaft unter Lebenden übertragen werden, bedarf es vorbehaltlich einer abweichenden gesellschaftsvertraglichen Regelung nach § 711 Abs. 1 Satz 1 der Zustimmung aller Gesellschafter. Daran hat die gesetzgeberische Abwendung vom Gesamthandsprinzip nichts geändert.

Lösung Fall 4:

Mit dem Tod des E scheidet dieser kraft Gesetzes gem. § 130 Abs. 1 Nr. 1 HGB aus der Gesellschaft aus. Seine Beteiligung wächst gem. § 105 Abs. 3 HGB i. V. m. § 712 Abs. 1 BGB seinen Schwestern zu. T hat einen Abfindungsanspruch gegen die W-OHG aus § 135 Abs. 1 Satz 1 HGB. Gesellschaftsvertraglich lässt sich die Fortsetzung der OHG mit T anordnen. Wäre die Gesellschaft eine GmbH, so würden die Geschäftsanteile des E mit dessen Tod kraft Gesetzes gem. § 1922 Abs. 1 BGB auf T übergehen.

19.9 Exkurs: GmbH & Co. KG als Rechtsformverbindung

Der unter 19.2 dargestellte „numerus clausus" der Gesellschaftsformen schließt es nicht aus, verschiedene Gesellschaftstypen miteinander zu verbinden und dadurch Mischformen zu schaffen. Dies ist etwa bei der in der Praxis häufig vorkommenden und hier exkursorisch[525] darzustellenden GmbH & Co. KG der Fall. Bei ihr handelt es sich um eine Kommanditgesellschaft (Personengesellschaft), deren persönlich haftende Gesellschafterin eine GmbH (Kapitalgesellschaft) ist. An ihrer Zulässigkeit bestehen nach geltendem Recht keine Zweifel,[526] zumal sie Gegenstand verschiedener gesetzlicher Vorschriften[527] ist. Betrachtet man die GmbH & Co. KG vor dem Hintergrund der aufgezeigten Unterschiede zwischen Kapital- und Personengesellschaften, so gilt für sie Folgendes:

Die Beteiligung der GmbH als persönlich haftende Gesellschafterin ändert nichts daran, dass die GmbH & Co. KG eine Personengesellschaft und damit

---

524 Näher Crezelius, Unternehmenserbrecht (2. Aufl. 2009), Rn. 136 ff., 138 ff.
525 Ausführlich etwa Binz & Sorg, Die GmbH & Co. KG im Gesellschafts- und Steuerrecht, Handbuch für Familienunternehmen (12. Aufl. 2018), passim.
526 Siehe schon RG, Beschl. v. 4. 7. 1922 – II b 2/22, RGZ 105, 101.
527 Vgl. etwa §§ 19 Abs. 2, 172 Abs. 5, 264a HGB, §§ 15 Abs. 3, 15a Abs. 1, 2, 39 Abs. 4 InsO.

keine juristische Person ist.⁵²⁸ Für die Komplementärin der KG ordnet das Gesetz gem. §§ 161 Abs. 2, 126 Satz 1 HGB die persönliche, unmittelbare, primäre und unbeschränkte Haftung an. Die GmbH haftet also für die Verbindlichkeiten der KG. Die Gesellschafterin der GmbH, die personenidentisch mit den Kommanditisten der KG sein können,⁵²⁹ haften indessen wegen des GmbH-rechtlichen Trennungsprinzips nicht für die Verbindlichkeiten der GmbH.⁵³⁰

Nach ständiger höchstrichterlicher Rechtsprechung gilt das Kapitalerhaltungsgebot der §§ 30, 31 GmbHG entsprechend auch für Auszahlungen aus dem KG-Vermögen, wenn durch die Zahlung eine Unterbilanz bei der GmbH entsteht oder vertieft wird.⁵³¹ Dies ist bei einer etwaigen Ausübung von Entnahmerechten durch die KG-Gesellschafter zu berücksichtigen.⁵³²

Die Gewinnverteilung richtet sich ebenso wie die Fassung von Gesellschafterbeschlüssen innerhalb der KG nach dem für die KG geltenden Recht.⁵³³ Die allgemeinen Regeln gelten auch für den Gesellschafterwechsel.⁵³⁴ Eine Besonderheit, auf die schließlich hinzuweisen ist, betrifft indessen die Geschäftsführung. In der KG gilt das Prinzip der Selbstorganschaft.⁵³⁵ Die GmbH führt daher als Komplementärin die Geschäfte und vertritt die KG. Innerhalb der GmbH besteht die Möglichkeit, dass ein Nicht-Gesellschafter zum Geschäftsführer bestellt wird. Dieser vertritt die GmbH und damit mittelbar die KG. Daraus folgt, dass in der GmbH & Co. KG letztlich eine Fremdorganschaft zulässig ist.

19.10 Ausblick

Die dargestellten Unterschiede zwischen Personengesellschaften und Körperschaften gehören zum Basiswissen des Gesellschaftsrechts. Eine Entscheidung für die eine oder andere Rechtsform kann nur im Einzelfall anhand der verfolgten Interessen der Gesellschafterinnen (und ggf. nicht an der Gesellschaft beteiligter Familienmitglieder) getroffen werden. Nicht zuletzt können auch die steuerrechtlichen Implikationen eine maßgebende Rolle einnehmen. Sie sind im folgenden Kapitel dargestellt.

---

528 Dazu unter Kapitel 19.2.
529 Möglich ist es auch, dass alle GmbH-Geschäftsanteile der KG gehören. In diesem Fall spricht man von einer sog. Einheitsgesellschaft, näher dazu Binz & Sorg, § 8.
530 Dazu unter Kapitel 19.3.
531 Siehe etwa BGH, Urt. v. 29. 3. 1973 – II ZR 25/70, BGHZ 60, 324; Urt. v. 27. 9. 1976 – II ZR 162/75, BGHZ 67, 171; Urt. v. 8. 7. 1985 – II ZR 269/84, BGHZ 95, 188; im Einzelnen Blaum, in: Westermann & Wertenbruch, Rn. I 3681 ff.
532 Dazu unter Kapitel 19.4.
533 Dazu unter Kapitel 19.5 und 19.6.
534 Dazu unter Kapitel 19.8.
535 Dazu unter Kapitel 19.7.

Rainer Kirchdörfer, Bertram Layer

20. Besteuerung von Familienunternehmen und ihrer Gesellschafter im Überblick

20.1 Einführung

Die Gesellschafterinnen eines Familienunternehmens werden im Rahmen ihrer Gesellschafterstellung mit einer Vielzahl von steuerlichen Themen konfrontiert. Dies betrifft sowohl die Besteuerung auf Unternehmensebene als auch Besteuerungsfragen auf Gesellschafterebene. Die bereits im vorangegangenen Beitrag in Kapitel 19 erwähnte Studie des Wittener Instituts für Familienunternehmen hat die Bedeutung des Steuerrechts für die Befragten deutlich gemacht.[536] Ein Grundverständnis für die Besteuerung von Unternehmen und ihrer Gesellschafter ist daher unerlässlich.

In diesem Kapitel wird ein Überblick über die Besteuerungssituation von Familienunternehmen gegeben. Zunächst wird die Bedeutung der Steuern bei der Rechtsformwahl betrachtet. Dabei wird der Blick im Ertragsteuerrecht ausschließlich auf gewerbliche Einkünfte gerichtet sein; nicht dargestellt werden rein vermögensverwaltende Tätigkeiten von Unternehmen. Ein kurzer Einblick gewährt werden soll ferner in die mit der Unternehmensnachfolge verbundenen Steuerfolgen. Auch das internationale Familienunternehmen und das in diesem Zusammenhang besonders relevante Thema des Wegzugs eines Gesellschafters werden kurz thematisiert.[537]

Den ersten Schwerpunkt bilden die Besteuerungsunterschiede zwischen Personen- und Kapitalgesellschaften.

20.2 Die Bedeutung der Steuern bei der Rechtsformwahl im Familienunternehmen

20.2.1 Rechtsformen und deren Besteuerung im Überblick

Das folgende Schaubild gibt einen Überblick über die in Deutschland gängigen Rechtsformen. Die im vorangegangenen Kapitel im Hinblick auf zivilrechtliche Unterschiede erläuterte Zweiteilung in Kapital- und Personengesellschaften ist erkennbar. Auch die dargestellten Sonderformen sind entweder als Kapitalgesellschaft bzw. übergeordnet als Körperschaft (z. B. die Stiftung) oder als Perso-

---

536 Nach der erwähnten Studie von Rüsen, Hülsbeck, Gerken & Vöpel, 20 Jahre WIFU, Studie: Was bewegt Familienunternehmer wirklich? (2018), S. 18 ff., gaben 40 % der Befragten an, dass sie steuerrechtliche Probleme am meisten bewegten.
537 Eine inhaltlich vertiefende Darstellung zu diesen Punkten kann dem WIFU-Praxisleitfaden „Familienunternehmen und Besteuerung", Teil 1 (Inland) und Teil 2 (Ausland) (Stand Mai bzw. August 2019), sowie den Kapiteln 10 und 11 in Hennerkes & Kirchdörfer, Die Familie und ihr Unternehmen (Frankfurt 2015), entnommen werden.

nengesellschaft bzw. eine Mischung aus beiden Rechtsformen einzuordnen. In der Praxis spielen insbesondere die Betriebsaufspaltung und die Kapitalgesellschaft & Co. KG (häufigste Form: GmbH & Co. KG) eine bedeutende Rolle. Bei der Betriebsaufspaltung ist zwischen Besitz- und Betriebsunternehmen zu unterscheiden. Im Regelfall wird das Besitzunternehmen als Einzelunternehmen oder Personengesellschaft geführt, während das Betriebsunternehmen in der Rechtsform einer Kapitalgesellschaft betrieben wird. Die Kapitalgesellschaft & Co. KG kommt in der Praxis meist dergestalt vor, dass die persönlich haftende Gesellschafterin der Kommanditgesellschaft eine Komplementär-GmbH ist, die an der Kommanditgesellschaft selbst wiederum vermögensmäßig nicht beteiligt ist. In diesem Fall sind die Kommanditisten zu 100 % am Vermögen der Gesellschaft beteiligt. Im Hinblick auf Besteuerungsfolgen entspricht eine so strukturierte GmbH & Co. KG weitgehend der reinen Personengesellschaft.

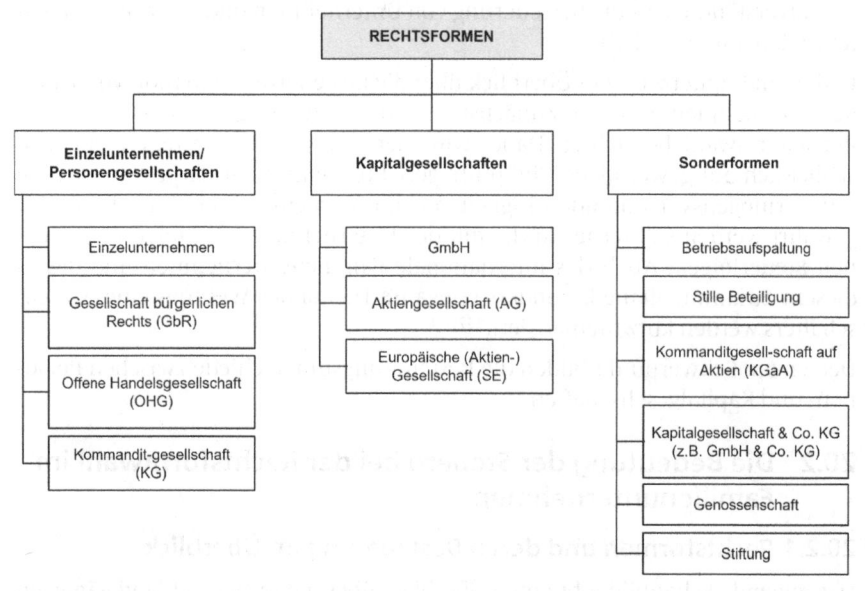

Abbildung 43: Rechtsformen im Überblick.
Quelle: Eigene Darstellung

Zwischen Personengesellschaften und Körperschaften (im Wesentlichen Kapitalgesellschaften) bestehen erhebliche Besteuerungsunterschiede. Dies gilt insbesondere im Hinblick auf die beiden wichtigsten Ertragsteuerarten, nämlich die Einkommensteuer und die Körperschaftsteuer. Während die Einkommensteuer nur natürliche Personen trifft, belastet die Körperschaftsteuer Körperschaften, deren wichtigste Vertreter die Kapitalgesellschaften, aber auch die Genossenschaft und die Stiftung sind. Hinzu kommt als wichtige Ertragsteuer die Gewerbesteuer, die den Gewerbeertrag unabhängig davon besteuert, ob er im Betrieb einer Personengesellschaft oder im Betrieb einer Kapitalgesellschaft entsteht. Hinsichtlich der Gewerbesteuer ist die Personengesellschaft gleichermaßen wie die Kapitalgesellschaft als Steuersubjekt anzusehen. Das in der Einkommensteuer geltende Transparenzprinzip der Personengesellschaft erstreckt sich nicht auf die Gewerbesteuer.

Damit ist ein wesentliches Steuerprinzip im Einkommensteuerrecht der Personengesellschaft angesprochen, nämlich das Transparenzprinzip.[538] Dieses besagt, dass eine Personengesellschaft selbst kein einkommensteuerpflichtiges Steuersubjekt ist und insofern für die Besteuerung „transparent" ist. Die Zurechnung der Ergebnisanteile erfolgt für einkommensteuerliche Zwecke unmittelbar bei den Gesellschaftern. Die Einkommensteuer wird im Gegensatz zur Gewerbesteuer damit bei Personengesellschaften auch nicht in der Gewinn- und Verlustrechnung der Gesellschaft als Aufwand ausgewiesen.

Dieses Prinzip wird nun allerdings seit dem 1. Januar 2022 durch die neu eingeführte Möglichkeit für bestimmte Personengesellschaften, zur Körperschaftsteuer zu optieren, durchbrochen. Im Falle der Ausübung der Option wird die Personengesellschaft wie eine Körperschaft besteuert. Allerdings ist die Option mit einigen Fallstricken verbunden, die der Besonderheit der steuerlichen Behandlung von Personengesellschaften geschuldet ist. Zu weiteren Erläuterungen wird auch auf die nachfolgenden Ausführungen unter 20.2.2 verwiesen.

Abbildung 44 zeigt zunächst das Wesen von Einkommensteuer, Körperschaftsteuer und Gewerbesteuer:

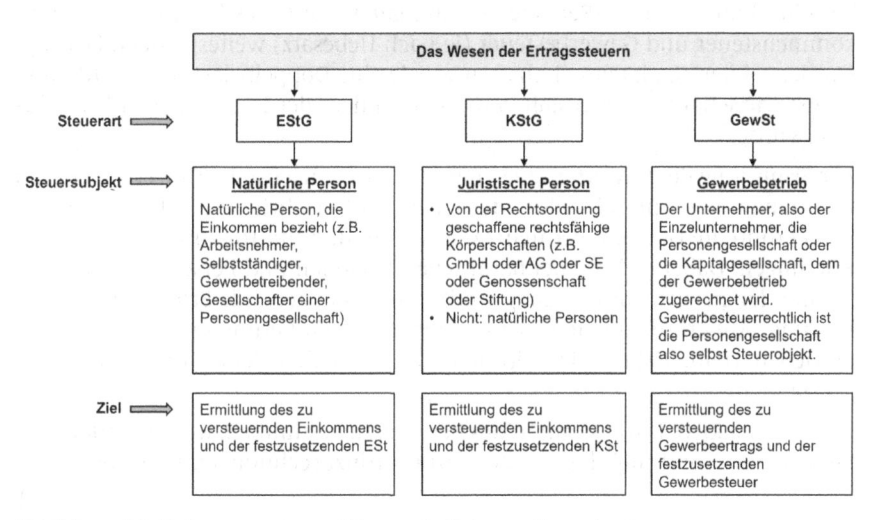

	Das Wesen der Ertragssteuern		
Steuerart ⇒	EStG	KStG	GewSt
Steuersubjekt ⇒	**Natürliche Person** Natürliche Person, die Einkommen bezieht (z.B. Arbeitnehmer, Selbstständiger, Gewerbetreibender, Gesellschafter einer Personengesellschaft)	**Juristische Person** • Von der Rechtsordnung geschaffene rechtsfähige Körperschaften (z.B. GmbH oder AG oder SE oder Genossenschaft oder Stiftung) • Nicht: natürliche Personen	**Gewerbebetrieb** Der Unternehmer, also der Einzelunternehmer, die Personengesellschaft oder die Kapitalgesellschaft, dem der Gewerbebetrieb zugerechnet wird. Gewerbesteuerrechtlich ist die Personengesellschaft also selbst Steuerobjekt.
Ziel ⇒	Ermittlung des zu versteuernden Einkommens und der festzusetzenden ESt	Ermittlung des zu versteuernden Einkommens und der festzusetzenden KSt	Ermittlung des zu versteuernden Gewerbeertrags und der festzusetzenden Gewerbesteuer

Abbildung 44: Einkommensteuer, Körperschaftsteuer, Gewerbesteuer.
Quelle: Eigene Darstellung

---

538 Siehe hierzu auch Prinz & Kahle in Beck'sches Handbuch der Personengesellschaften (5. Auflage 2020), § 7 Rn. 8.

Der in der Abbildung nicht erfasste Solidaritätszuschlag ist eine zeitlich unbefristet erhobene Ergänzungsabgabe zur Einkommen- und Körperschaftsteuer, die der Finanzierung der Vollendung der Einheit Deutschlands dient. Auf die festgesetzte Einkommensteuer bzw. Körperschaftsteuer wird ein Zuschlag von 5,5 % erhoben. Seit dem Jahre 2021 wird der Solidaritätszuschlag auf die Einkommensteuer nur noch für höhere Einkommen erhoben, die zu einer Steuerbelastung von mehr als € 17.543 bzw. € 35.086 (bei Anwendung des Splittingtarifs) führen.[539] Auf die Körperschaftsteuer wird der Solidaritätszuschlag unverändert erhoben.[540]

Die Gewerbesteuer ist eine Ertragsteuer. Besteuerungsgegenstand ist der aus gewerblichen Einkünften resultierende Gewerbeertrag. Die Gewerbesteuer ist eine der umstrittensten und meist kritisierten Steuern im deutschen Steuersystem. Kritikpunkte sind u. a. die großen regionalen Unterschiede bei den Hebesätzen (von 200 % bis 600 %),[541] der Ausschluss verschiedenster Einkünfte (z. B. aus freiberuflicher Tätigkeit) von der Gewerbesteuer sowie die Hinzurechnung von Aufwendungen des Unternehmens zum Gewerbeertrag.

Die Gewerbesteuer wird als sog. Real- bzw. Objektsteuer rechtsformunabhängig erhoben. Das Aufkommen steht nach Art. 106 Abs. 6 GG den Gemeinden zu.

Bisherige Versuche, die Gewerbesteuer abzuschaffen, blieben erfolglos. Durch das Steuersenkungsgesetz (StSenkG) im Jahre 2000 ist es zumindest zu einer Anrechnung der Gewerbesteuer auf die Einkommensteuer gekommen, sodass bei Einzelunternehmen/Personengesellschaften die Doppelbelastung mit Einkommensteuer und Gewerbesteuer (je nach Hebesatz) weitestgehend beseitigt wurde. Bei den Kapitalgesellschaften wurde eine Doppelbelastung mit KSt und GewSt wirtschaftlich dergestalt verhindert, indem der KSt-Satz auf 15 % reduziert wurde.

Zur Ermittlung der Gewerbesteuer-Belastung ist zunächst der Gewerbeertrag zu bestimmen. Basis hierfür bildet der nach den Vorschriften des EStG oder des KStG ermittelte Gewinn, vermehrt und vermindert um Hinzurechnungen und Kürzungen. Dabei rechnet bei natürlichen Personen und Personengesellschaften nur der aus dem laufenden Gewerbebetrieb entstehende Erfolg zum Gewerbeertrag. Außerordentliche Gewinne aus der Veräußerung oder Aufgabe von Betrieben, Teilbetrieben oder Mitunternehmeranteilen bleiben im Regelfall ausgenommen.

Um die „objektive Ertragskraft" eines Betriebs zu bestimmen, werden sodann für Zwecke der Ermittlung des Gewerbeertrags Hinzurechnungen und Kürzungen

---

539 Siehe § 3 Abs. 3 SolZG; ab VZ 2024 werden o. g. Beiträge erhöht auf € 18.130 bzw. € 36.260.
540 Bei der Berechnung von Steuerbelastungen wird daher bei Zugrundelegung des Spitzensteuersatzes weiterhin der Solidaritätszuschlag berücksichtigt.
541 Nach § 16 GewStG wird die Gewerbesteuer durch Multiplikation des Steuermessbetrags (Steuerbemessungsgrundlage) mit einem Prozentsatz (Hebesatz) ermittelt, der von der erhebungsberechtigten Gemeinde festgesetzt wird.

20. Besteuerung von Familienunternehmen

bei der Steuerbemessungsgrundlage vorgenommen, z. B. 25 % der Entgelte für Schulden, 5 % bzw. 12,5 % der Miet- und Pachtzinsen für bewegliche/unbewegliche Wirtschaftsgüter.

Diese Hinzurechnungen können dazu führen, dass ein Unternehmen, das bilanziell keinen Ertrag ausweist, dennoch einen Gewerbeertrag zu versteuern hat.

Um die Gewerbesteuerbelastung zu ermitteln, ist der um die Hinzurechnungen und Kürzungen bereinigte Gewerbeertrag mit dem Steuersatz von 3,5 % (Steuermesszahl) zu multiplizieren. Daraus resultiert der sog. Gewerbesteuermessbetrag.

Dieser Gewerbesteuermessbetrag wird dann mit dem jeweiligen Hebesatz der Gemeinde, in der sich der Betrieb befindet, multipliziert. Werden in mehreren Gemeinden Betriebsstätten unterhalten, so ist der Gewerbesteuermessbetrag auf die Gemeinden nach dem Verhältnis der Arbeitslöhne zu zerlegen.

Durch die sehr unterschiedlichen Hebesätze der Gemeinden (mind. 200 %, einzelne Gemeinden, wie z. B. Duisburg oder Oberhausen, erheben Sätze von über 500 %) ergeben sich je nach Gemeinde sehr unterschiedliche Gesamtsteuerbelastungen:

> **Beispiel für eine Kapitalgesellschaft:**
> Bei einem Hebesatz von 200 % und einer Steuermesszahl von 3,5 %:
> 7 % GewSt + 15 % KSt + 0,825 % SolZ (15 % × 5,5 %)   22,825 %
>
> Bei einem Hebesatz von 400 % und einer Steuermesszahl von 3,5 %:
> 14 % GewSt + 15 % KSt + 0,825 % SolZ (15 % × 5,5 %)   29,825 %
>
> Bei einem Hebesatz von 500 % und einer Steuermesszahl von 3,5 %:
> 17,5 % GewSt + 15 % KSt + 0,825 % SolZ (15 % × 5,5 %)   33,325 %

Bei Einzelunternehmen/Personengesellschaften wird die Gewerbesteuer auf die Einkommensteuerschuld angerechnet, allerdings max. bis zu einem gewerbesteuerlichen Hebesatz von 400 % (§ 35 Abs. 1 EStG). Liegt der gewerbesteuerliche Hebesatz in der Gemeinde über 400 %, so ist die beim Einzelunternehmen/der Personengesellschaft angefallene Gewerbesteuer nicht mehr in vollem Umfang anrechenbar.

20.2.2 Die Besonderheiten der Besteuerung von Personengesellschaften

Das Transparenzprinzip wurde vorstehend schon angesprochen. Im Unterschied zum Zivilrecht wird die Personengesellschaft – insbesondere auch die GmbH & Co. KG – einkommensteuerrechtlich nicht als quasi eigene Rechtspersönlichkeit anerkannt.

Zivilrechtlich hingegen gibt es die Personengesellschaft und es gibt ihre Gesellschafterinnen. Ertrag und Aufwand entstehen i. d. R. zwar in der (Buchhaltung der) Personengesellschaft selbst. Ertrag und/oder Aufwand, der aber nur wirtschaftlich mit der Beteiligung an der Personengesellschaft im Zusammenhang steht, spielen sich in der persönlichen Sphäre der Gesellschafterin ab, stehen also zunächst buchhalterisch außerhalb der Vermögenssphäre der Gesellschaft selbst. So befindet sich das Betriebsgebäude oft im privaten Eigentum eines Gesellschafters oder eine Gesellschafterin stellt dem Unternehmen ein ihm privat gehörendes Patent zur Verfügung. Weitere Beispiele hierfür sind: Dem Gesellschafter entsteht im Zusammenhang mit der Firma ein nur ihn persönlich treffender Aufwand, etwa aus der Finanzierung des Erwerbs seiner Beteiligung an der Gesellschaft, oder er schuldet Zinsen aus der persönlichen Refinanzierung eines Darlehens, welches er der Personengesellschaft gegeben hat. All diese Vorgänge müssen bei Personengesellschaften zusätzlich zu dem unmittelbaren anteiligen Gewinn oder Verlust, der dem Gesellschafter aus der Gesellschaft zugerechnet wird, bei dem betreffenden Gesellschafter ertragsteuerlich erfasst werden. Dem dient die sog. steuerliche Sonderbilanz, die ergänzend neben die Bilanz der Personengesellschaft tritt. Mittels der Sonderbilanz werden also die sich für den Gesellschafter aus der Bilanz der Personengesellschaft selbst ergebenden anteiligen Gewinne für steuerliche Zwecke korrigiert. Ihm persönlich zufließende Erträge, die mit dem Betrieb zusammenhängen, beispielsweise Mieterträge aus einem ihm gehörenden, an die Gesellschaft vermieteten bebauten Grundstück, werden seinem anteiligen Unternehmensgewinn aus der Bilanz der Gesellschaft zugeschlagen. Ihn im Zusammenhang mit dem Betrieb persönlich treffender Aufwand, wie etwa – um im gerade gezeigten Beispiel zu bleiben – Abschreibungen auf sein privates der Firma vermietetes Gebäude, vermindern seinen betrieblichen Gewinnanteil. In der Konsequenz dieser Sicht liegt es, dass schuldrechtliche Beziehungen einer Gesellschafterin einer Personengesellschaft zu einer Gesellschaft (z.B. Mietverträge, Darlehensverträge, Anstellungsverträge) einkommensteuerlich so behandelt werden, als seien es Einnahmen bzw. Ausgaben des Betriebes (also stets gewerbliche Einkünfte) und nicht solche des privaten Bereiches des Unternehmers (also nicht Einkünfte aus Vermietung und Verpachtung oder aus Kapitalvermögen).

Einem der Sonderbilanz vergleichbaren Zweck dient die sog. Ergänzungsbilanz. Eine Ergänzungsbilanz wird beispielsweise dann erforderlich, wenn eine Gesellschafterin einer Personengesellschaft ihre Beteiligung käuflich erworben hat. In der Regel zahlt die Erwerberin hierfür nicht exakt den steuerlichen Buchwert der Beteiligung, sondern einen über oder unter dem steuerlichen Buchwert des ausscheidenden Gesellschafters liegenden Preis. Die Differenz zwischen dem Buchwert der übernommenen Beteiligung und dem gezahlten Kaufpreis sind für die Käuferin – sofern mehr als der Buchwert bezahlt wird – zusätzliche Anschaffungskosten, die sie auf die einzelnen (erworbenen) Wirtschaftsgüter des (teilweise) erworbenen Unternehmens beziehungsweise auf den Firmenwert aufzuteilen und in ihrer Ergänzungsbilanz zu erfassen hat. Solche „Mehrwerte" aus der Ergänzungsbilanz führen – soweit sie auf abschreibungsfähige Wirtschaftsgüter entfallen – zu zusätzlichen Abschreibungen der Erwerberin, die die Mitgesellschafter nicht betreffen, die aber den (zu versteuernden) Gewinnanteil in der Hand der Anteilserwerberin steuerlich entsprechend mindern. So lässt sich bspw. beim Kauf von Anteilen an gewerblichen Personengesellschaften über die Abschreibungen (zusätzliche) Liquidität für die Erwerberin generieren, aus der sie den gezahlten Kaufpreis teilweise finanzieren kann. Mit anderen Worten: Beim Erwerb einer Personengesellschaft oder eines Anteils an einer Personengesellschaft beteiligt sich der Fiskus am Kaufpreis.

In der Möglichkeit zur Erstellung einer Ergänzungsbilanz mit steuerlicher Wirkung liegt auch der entscheidende steuerliche Unterschied zwischen dem Erwerb von Gesellschaftsanteilen an einer Personengesellschaft und solchen an einer Kapitalgesellschaft. Gesellschaftsanteile an Kapitalgesellschaften (GmbH-Anteile, Aktien) sind – anders als Anteile an Personengesellschaften – steuerlich selbstständige Wirtschaftsgüter, auf die der Käufer keinerlei planmäßige Abschreibungen vornehmen kann.

Nach alledem wird der steuerpflichtige Anteil des Gesellschafters (Mitunternehmers) am Ergebnis der Personengesellschaft in zwei Stufen ermittelt. Zunächst wird der Anteil des Gesellschafters am Gewinn oder Verlust der Gesellschaft nach der aus der Handelsbilanz abgeleiteten Steuerbilanz (erste Stufe) ermittelt und sodann wird das Ergebnis des Gesellschafters aus seiner Sonder- und/oder Ergänzungsbilanz addiert. Dies führt dazu, dass sich die Steuerbilanz der Personengesellschaft aus der Gesamthandsbilanz, das ist der steuerliche Jahresabschluss der Gesellschaft, den Ergänzungsbilanzen ihrer Gesellschafter und den Sonderbilanzen ihrer Gesellschafter zusammensetzt. Für die Gewerbesteuer ist insoweit der „Gesamtgewinn aus der Gesamtbilanz" als Grundlage der Besteuerung maßgeblich.

20.2.3 Belastungsvergleich zwischen einer Personen- und einer Kapitalgesellschaft

Die Grundlagen der Ermittlung des zu versteuernden Gewinns durch die Handelsbilanz, die zur Steuerbilanz fortgeschrieben wird (§ 5 EStG, § 8 KStG, § 7 GewStG), sind für Personen- und Kapitalgesellschaften, abgesehen von dem eben Gesagten und einigen weiteren Ausnahmen, dieselben. Damit endet jedoch bereits die Gemeinsamkeit.

Der Gewinn der Personengesellschaft wird – wie eben dargestellt – einkommensteuerlich nur bei deren Gesellschaftern unter Einbeziehung ihrer individuellen Verhältnisse erfasst und mit dem individuellen Einkommensteuersatz der Gesellschafterin (Höchststeuersatz 45 %) zuzüglich Solidaritätszuschlag (SolZ = 5,5 % der ESt) belastet. Ob die Gewinne im Unternehmen verbleiben oder entnommen werden, war für die Einkommensteuer deshalb lange Zeit unerheblich. Seit 2008 gilt eine steuerliche Sonderregelung, wonach auch die Gesellschafterin einer Personengesellschaft einen günstigeren Steuersatz (28,25 %) für die Gewinne in Anspruch nehmen kann (nicht muss), die sie in seiner Personengesellschaft thesauriert. Mit dieser sog. Thesaurierungsbegünstigung beabsichtigte der Gesetzgeber eine Angleichung der Personengesellschaftsbesteuerung an die seinerzeit abgesenkte Steuerbelastung für Kapitalgesellschaften. Gleichzeitig sollte ein Anreiz für eine bessere Eigenkapitalausstattung von Personengesellschaften entstehen. Werden solche, zunächst mit dem günstigeren Thesaurierungssteuersatz von 28,25 % besteuerte Gewinne, dann später doch noch aus der Personengesellschaft in den privaten Bereich entnommen, so wird der entnommene Betrag selbstverständlich nachversteuert. Bis zur Verabschiedung des Wachstumschancengesetzes am 22. März 2024 konnte ein Gesellschafter einer Personengesellschaft nicht in vollem Umfang vom günstigen Steuersatz profitieren, da in der Personengesellschaft angefallene Gewerbesteuer und auch Entnahmen für die Einkommensteuer nicht dem günstigen Thesaurierungssatz unterworfen werden konnten. Bis zum Veranlagungszeitraum 2023 lag also selbst bei höchstmöglicher Rücklagenbildung unter Inanspruchnahme des günstigen Steuersatzes auf thesaurierte Gewinne (die Gesellschafterin lässt den gesamten Gewinn in der Gesellschaft und entnimmt nur die auf ihren Gewinnanteil zu bezahlenden Steuern) die steuerliche Gesamtbelastung in der Personengesellschaft noch mit mehr als 6 Prozentpunkten über der steuerlichen Gesamtbelastung der Kapitalgesellschaft. Mit dem Wachstumschancengesetz wurde dieser Nachteil bei Inanspruchnahme der Thesaurierungsbegünstigung beseitigt und die steuerliche Belastung von Personen- und Kapitalgesellschaften angeglichen, wie sich nachfolgender Tabelle 16 entnehmen lässt.

Um auch die nach Einführung der zuvor dargestellten Thesaurierungsbegünstigung verbleibenden Besteuerungsunterschiede von Personen- und Kapitalgesellschaften weiter zu verringern, hat der Gesetzgeber mit dem Gesetz zur Modernisierung des Körperschaftsteuergesetzes (KöMoG) zum 1. Januar 2022 für Personenhandelsgesellschaften (OHG, KG) und für Partnerschaftsgesellschaften die Möglichkeit geschaffen, auf Antrag zur Körperschaftsteuer zu optieren (§ 1a KStG).[542] Ohne eine zivilrechtliche Umwandlung lässt sich damit das Gesellschaftsrecht einer Personengesellschaft mit dem Steuerrecht einer Kapitalgesellschaft verbinden. Mit Ausübung der Option unterliegt die Personengesellschaft zukünftig der Körperschaftsteuer. Nur bei Auszahlungen an die Gesellschafter folgt für diese (fiktiven) Dividenden eine weitere Einkommensbesteuerung auf Gesellschafterebene. Damit wird eine zuvor aufgezeigte bisherige Schwäche der Thesaurierungsrücklage nach § 34a EstG umgangen, denn laufende Steuerzahlungen für thesaurierte Gewinne gelten nicht mehr als Entnahmen.[543] Andererseits ist der Antrag mit erheblichen steuerlichen Risiken verbunden, da der Antrag zu einer fiktiven steuerlichen Umwandlung einer Personengesellschaft in die Rechtsform der Kapitalgesellschaft führt und die umwandlungssteuerlichen Voraussetzungen erfüllt sein müssen, um beispielsweise eine Aufdeckung stiller Reserven im Umwandlungsvorgang zu vermeiden.

Halten die Gesellschafter z.B. funktional wesentliches Sonderbetriebsvermögen, etwa eine an die Gesellschaft vermietete Immobilie, ist dieses – wie bei

---

542 Im Zuge des Wachstumschancengesetzes wurde der Anwendungsbereich der Option auch auf alle Personengesellschaften, somit auch GbRs, ausgedehnt.
543 Siehe aber vorstehende Hinweise zur geplanten Reformierung der Thesaurierungsbesteuerung.

einem echten Formwechsel – im Zusammenhang mit der Option in die betroffene Personengesellschaft einzubringen. Die Finanzverwaltung hat zwischenzeitlich in einem ausführlichen BMF-Schreiben vom 10. November 2021 zu einigen Zweifelsfragen in Verbindung mit der Ausübung der Option Stellung genommen. Es verbleiben aber in der Beratungspraxis einige Anwendungsfragen offen, insbesondere auch in Verbindung mit der Einordnung der zur Körperschaftsteuer optierenden Personengesellschaften bei internationalen Steuerfragen.[544] Dies erklärt auch, warum nach bisherigen Erkenntnissen erst sehr wenige Personengesellschaften von der Option Gebrauch gemacht haben.[545] Macht eine Personengesellschaft von dem Optionsrecht Gebrauch, so ist zumindest in der Theorie die laufende Besteuerung inkl. der Ausschüttung von Gewinnen mit der bei einer Kapitalgesellschaft vergleichbar, sodass in der beigefügten Abbildung keine gesonderte Berechnungsspalte für das Optionsmodell erforderlich ist. Auch im nachfolgend erörterten Verkaufsfall und bzgl. der Behandlung von Verlusten wird die zur Körperschaftsteuer optierende Personengesellschaft wie eine Kapitalgesellschaft behandelt. Nur im Rahmen der Erbschaft- und Schenkungsteuer und für Zwecke der Grunderwerbsteuer gilt die optierende Gesellschaft weiterhin als Personengesellschaft.[546]

Der Gewinn der Kapitalgesellschaft wird – je nachdem, ob er an die Gesellschafter ausgeschüttet wird, oder ob er im Unternehmen verbleibt – in jedem Fall unterschiedlich behandelt. Der im Unternehmen verbleibende (thesaurierte) Gewinn unterliegt – solange er nicht an die Gesellschafterinnen ausgeschüttet wird – einer Körperschaftsteuer in Höhe von 15 % und einer – je nach Hebesatz der Gemeinde des Betriebsstandortes – Gewerbesteuer von ca. 14 % (bei Hebesatz 400 %). Die ausgeschütteten Gewinne werden in der Hand der Gesellschafter[547] als Einkünfte aus Kapitalvermögen nochmals mit Einkommensteuer in ihrer Sonderform der 25 %-igen Abgeltungsteuer belastet.

---

544 Siehe zum Optionsmodell auch die Ausführungen von Seemann & Neckenich, FuS 5/2021, S. 199 ff sowie zum o. g. BMF-Schreiben vom 21.11.2021, BStBl. I 2021, S. 2021 ff. die Ausführungen von Matenaer, FuS 1/2022, S. 33 f.
545 Unter Verweis auf einen Artikel von Greive im Handelsblatt vom 13.04.2022 haben zum ersten Antrags-stichtag am 30.11.2021 nur ca. 150 Unternehmen von dem Optionsrecht Gebrauch gemacht.
546 Vgl. Grasshoff & Mach, Grundzüge des Steuerrechts, 16. Aufl., Rz. 231a–c.
547 Sofern der Gesellschafter eine natürliche Person ist und die Anteile an der Kapitalgesellschaft im Privatvermögen des Gesellschafters gehalten werden.

Tabelle 16: Unterschiede bei der Besteuerung von Kapital- und Personengesellschaften.

Rechtsform	Kapitalgesellschaft	Kapitalgesellschaft	Personengesellschaft	Personengesellschaft
Gewinnverwendung	Thesaurierung	Ausschüttung	Regelbesteuerung (Ausschüttung oder Thesaurierung)	Weitestgehende Inanspruchnahme der Thesaurierungsbegünstigung nach dem Wachstumschancengesetz
Tarif	2024	2024	2024	2024
Belastung der Gesellschaft:				
Gewinn vor Steuern	100,00	100,00	100,00	100,00
Körperschaftsteuer	15,00	15,00	--	--
Soli (= 5,5 % der ESt. bzw. der KSt)	0,83	0,83	--	--
Gewerbesteuer (Hebesatz 400 %)	14,00	14,00	14,00	14,00
Steuer der Gesellschaft	29,83	29,83	14,00	14,00
Verbleibender Gewinn nach Steuer der Gesellschaft	70,17	70,17	86,00	86,00
Belastung der Gesellschafter (ohne Kirchensteuer) bei Ausschüttung:				
Abgeltungsteuer (25 % auf die Dividende der Kapitalgesellschaft)		17,54	--	--
Einkommensteuer		--	45,00 (Einkommensteuer-Spitzensatz, berechnet auf den Gewinn vor Steuern)	Einkommensteuer begünstigt auf den thesaurierten Gewinn (28,25 % auf 100) = 28,25
Pauschalierte Anrechnung der Gewerbesteuer auf die Einkommensteuer		--	14,0	14,0
Soli		0,96	1,71	0,78
Gesamtsteuerbelastung	29,83	48,33	46,71	29,03

Quelle: eigene Darstellung

Die tabellarische Übersicht zeigt, dass die Steuerbelastung auf thesaurierte Gewinne bei Personengesellschaften (29,03 %) im Vergleich zu Kapitalgesellschaften (29,83 %) unter Berücksichtigung der Veränderungen durch das Wachstumschancengesetz sogar geringfügig geringer ist als bei Kapitalgesellschaften. Sollen die Gewinne am Ende in die Hand der Gesellschafterinnen gelangen, so ist die Steuerbelastung der Personengesellschaft im Vergleich zur Kapitalgesellschaft ebenfalls geringfügig günstiger.

20.2.4 Besteuerung im Verkaufsfall

Auch dann, wenn es um die Besteuerung von Gewinnen bei der Veräußerung von Gesellschaftsanteilen geht, bestehen zwischen der Personengesellschaft und der Kapitalgesellschaft erhebliche Unterschiede. Die Kapitalgesellschaft ist auch hier im Regelfall bevorzugt.

Im Fall der Veräußerung von Anteilen an einer Kapitalgesellschaft wird der Veräußerungsgewinn der verkaufenden Gesellschafterin, sofern diese zu mindestens 1 % beteiligt ist oder sie die Beteiligung in ihrem Betriebsvermögen hält, nach dem Teileinkünfteverfahren besteuert, das heißt nur 60 % des Veräußerungsgewinnes werden (mit dem persönlichen ESt-Satz) besteuert. Bei Beteiligung der Gesellschafterin unterhalb der Ein-Prozent-Grenze, also beispielsweise bei einer Beteiligung mit wenigen Aktien an einer großen Aktiengesellschaft unter 1 %, ist der Veräußerungsgewinn, sofern die Beteiligung im Privatvermögen gehalten wird, nur mit der 25 %-igen Abgeltungsteuer zu versteuern.

Für die Veräußerung von Gesellschaftsanteilen an einer Personengesellschaft gibt es eine solche generelle Vergünstigung leider nicht. Nur einmal im Leben kann der Steuerpflichtige für einen Veräußerungsgewinn von bis zu EUR 5 Mio. einen begünstigten Steuersatz in Höhe von 56 % seines durchschnittlichen persönlichen Steuersatzes in Anspruch nehmen. Unterliegt der Veräußerungsgewinn – wie im Regelfall – also dem ESt-Höchststeuersatz von 45 %, so wird der Veräußerungsgewinn bis zu EUR 5 Mio. nur mit 56 % von 45 %, also mit 25,2 %, besteuert. Sowohl die Tatsache, dass diese Begünstigung nur einmal im Leben gewährt wird, als auch die Begrenzung des begünstigten Veräußerungsgewinns auf EUR 5 Mio., stellen eine kaum zu rechtfertigende Diskriminierung der Personengesellschaft – und damit vieler Familienunternehmen – dar.

20.2.5 Verrechnung von Verlusten

Bei Verlusten ist der Gesellschafter einer Personengesellschaft dagegen bessergestellt als der Inhaber von Anteilen an einer Kapitalgesellschaft. Der auf einen Gesellschafter einer Kommanditgesellschaft entfallende Verlustanteil kann mit seinen anderen positiven Einkünften aus sonstigen Einkunftsquellen bis zur Höhe seiner Kommanditeinlage (soweit sie noch nicht durch Verluste aufgezehrt ist) verrechnet werden. Soweit der Gesellschafter einer gewerblich tätigen Personengesellschaft voll mit seinem Privatvermögen haftet, wie beispielsweise bei der OHG, gibt es keine Begrenzung der Verlustverrechnung auf die Einlage. Eine solche Verrechnung von Verlusten der Kapitalgesellschaft mit positiven

Einkünften auf Gesellschafterebene ist bei einer Kapitalgesellschaft nicht möglich. Hier kann die Kapitalgesellschaft einen erlittenen Verlust lediglich in bestimmten Grenzen mit einem Gewinn des Vorjahres verrechnen (= Verlustrücktrag) oder sie kann ihn mit eigenen Gewinnen in der Zukunft verrechnen (= Verlustvortrag).

Da der Verlust in einer Kapitalgesellschaft somit „gespeichert" wird, läge es in der Natur des Systems, dass dieser Verlustvortrag auch bei Veräußerung von Gesellschaftsanteilen an der Kapitalgesellschaft in der Kapitalgesellschaft selbst erhalten bleibt. In der Vergangenheit gab es hierzu teilweise rein steuerlich motivierte „exzessive" Gestaltungen, die als „Mantelkauf" bezeichnet wurden.[548] Hier wurden Anteile an einer Kapitalgesellschaft veräußert, die keinen operativen Geschäftsbetrieb mehr hatten, aber noch Verlustvorträge aus der Vergangenheit besitzt. Mit solchen verlustbehafteten Gesellschaften (Verlustmantel) wurden rege Geschäfte betrieben. Dieser Mantelkauf wurde sodann sowohl durch die Rechtsprechung als auch später durch den Gesetzgeber erheblich eingeschränkt. In den §§ 8c und 8d KStG hat der Gesetzgeber nunmehr ausführlich geregelt, unter welchen Bedingungen ein Verlustvortrag einer Kapitalgesellschaft bei einem Wechsel im Gesellschafterbestand ganz oder teilweise erhalten werden kann.

20.2.6 Besteuerung von Dividenden und Veräußerungsgewinnen zwischen Kapitalgesellschaften

Familiengesellschaften sind häufig als Unternehmensgruppen organisiert. Dabei kommen verschiedenste Konstellationen vor: Die Obergesellschaft (Muttergesellschaft) ist eine Personengesellschaft, z. B. eine GmbH & Co. KG, und die Untergesellschaft (Tochtergesellschaft) ist ebenfalls eine Personengesellschaft. Auch kann die Obergesellschaft eine Personengesellschaft sein, während die Untergesellschaft eine Kapitalgesellschaft ist und vice versa. Diese Konstellationen werden im Folgenden nicht näher betrachtet. Für Familienunternehmen besonders interessant sind aber konzernmäßige Verknüpfungen, in welchen sowohl die Obergesellschaft (Muttergesellschaft) als auch die Untergesellschaft (Tochtergesellschaft) und auch weitere Enkelgesellschaften in der Rechtsform von Kapitalgesellschaften betrieben werden. Bei diesen Verknüpfungen innerhalb einer Familienunternehmens-Gruppe bestehen interessante Vergünstigungsregeln für Gewinnausschüttungen und für Veräußerungsgewinne.

Das nachfolgende Schaubild zeigt, wie Gewinnausschüttungen (Dividenden) einer Tochter-Kapitalgesellschaft an ihre Mutter-Kapitalgesellschaft besteuert werden. Dabei wird jeweils nach Sitz der Gesellschaft im Inland oder Ausland und der Beteiligungshöhe der Muttergesellschaft an der Tochtergesellschaft unterschieden. Es zeigt sich, dass ab einer gewissen Beteiligungshöhe (10 % bei

---

548 Siehe zum Begriff des Mantelkaufs auch Maier, Beck'sches Steuer- und Bilanzrechtslexikon (Stand 01.07.2021), Rz. 1 sowie Grashoff & Mach, Grundzüge des Steuerrechts (16. Aufl. 2023), Rz. 274 ff.

20. Besteuerung von Familienunternehmen

der Körperschaftsteuer und 15 % bei der Gewerbesteuer) weitgehende Steuerfreiheit der Dividendenausschüttung im Rahmen der Besteuerung der Ober-Kapitalgesellschaft erreichbar ist.

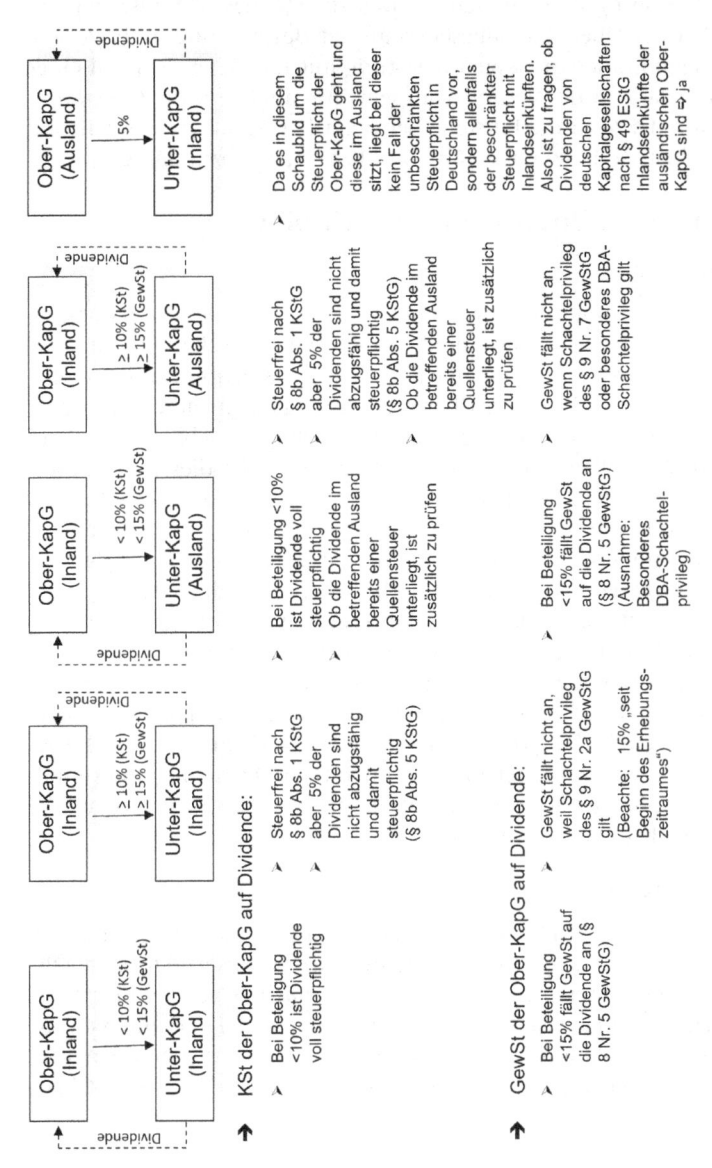

Abbildung 45: Besteuerung der Dividenden zwischen Körperschaften.
Quelle: Eigene Darstellung

Ein von der Ober-Kapitalgesellschaft erzielter Gewinn aus der Veräußerung der Unter-Kapitalgesellschaft ist sogar weitgehend von der Körperschaftsteuer- und Gewerbesteuer befreit (siehe § 8b Abs. 2 KStG), ohne dass die Notwendigkeit einer Mindestbeteiligungshöhe besteht. Lediglich 5 % des Veräußerungsgewinns werden bei der Ober-Kapitalgesellschaft der Besteuerung unterworfen, was bei einer angenommen 30 %-igen Belastung mit KSt/GewSt/SolZ zu einer effektiven Steuerbelastung des Veräußerungsgewinns auf Ebene der Ober-Kapitalgesellschaft von 1,5 % führt. Entsteht bei der Ober-Kapitalgesellschaft ein Veräußerungsverlust, ist dieser nach § 8b Abs. 3 KStG nicht abzugsfähig.

20.3 Steuern in der Unternehmensnachfolge

20.3.1 Ertragsteuer

Wird ein Einzelunternehmen oder werden Anteile an Personengesellschaften, oder im Privatvermögen gehaltene Anteile an Kapitalgesellschaften von einer natürlichen Person unentgeltlich auf eine natürliche Person als Unternehmensnachfolger übertragen, so löst dieser Übertragungsvorgang grundsätzlich keine ertragsteuerlichen Folgen aus. Für die Übertragung von betrieblichen Sachgesamtheiten (Betrieb, Teilbetrieb, Mitunternehmeranteil) ist dies in § 6 Abs. 3 EStG ausdrücklich geregelt. Der Rechtsnachfolger tritt in die Fußstapfen des Rechtsvorgängers und darf daher die Buchwerte fortführen (sog. Fußstapfentheorie).[549] Für die unentgeltliche Übertragung von Anteilen an Kapitalgesellschaften aus dem Privatvermögen heraus ergibt sich dies aus der Systematik des Einkommensteuergesetzes. Wird für die Übertragung von Anteilen (an Personen- oder Kapitalgesellschaften) allerdings eine Gegenleistung vereinbart (ganz oder teilentgeltliches Geschäft), kann dies je nach individueller Ausgestaltung dazu führen, dass der Übertragungsvorgang ertragsteuerliche Folgen in Form eines steuerpflichtigen Veräußerungsgewinnes oder -verlustes auslöst. Bezüglich der Besteuerung von Veräußerungsgewinnen bei Übertragung von Gesellschaftsanteilen in Abhängigkeit von der Unternehmensrechtsform wird auf die vorstehenden Ausführungen verwiesen.

20.3.2 Erbschaftsteuer

Auch nach der letzten großen Erbschaftsteuerreform im Jahr 2016 wird unternehmerisches Vermögen (sog. Produktivvermögen) grundsätzlich erbschaftsteuerlich begünstigt besteuert. Das dem Grunde nach begünstigungsfähige unternehmerische Vermögen ist dabei unverändert geblieben und umfasst ganz vereinfacht dargestellt inländisches land- und forstwirtschaftliches Vermögen, inländisches Betriebsvermögen bzw. Betriebsvermögen in der EU/EWR bzw.

---

549 Siehe zur Fußstapfentheorie auch Grashoff & Mach, Grundzüge des Steuerrechts (16. Aufl. 2023), Rz. 393.

20. Besteuerung von Familienunternehmen

Anteile an Kapitalgesellschaften mit Sitz im Inland oder der EU/EWR, an der die Schenkerin mit mehr als 25 % unmittelbar beteiligt (gewesen) ist.[550]

Für solches begünstigungsfähiges unternehmerisches Vermögen besteht die Möglichkeit, eine 85 %-ige Freistellung (Regelverschonung) bzw. eine 100 %-ige Freistellung (Optionsverschonung von der Erbschaftsteuer bzw. Schenkungsteuer) zu erhalten. Es gelten allerdings Nachversteuerungsfristen von fünf Jahren (Regelverschonung) bzw. sieben Jahren (Optionsverschonung).

Eine wesentliche Änderung im Vergleich zu dem bis 2016 geltenden Schenkungs- und Erbschaftsteuerrecht liegt in der separaten Besteuerung des im Unternehmen vorhandenen Verwaltungsvermögens. Dies bedeutet, dass das Verwaltungsvermögen, soweit es 10 % des im Erbschaftsteuergesetz näher definierten Werts des begünstigten Betriebsvermögens übersteigt, wie Privatvermögen der Erbschaft- bzw. Schenkungsteuer unterliegt. Zum Verwaltungsvermögen gehören z.B.[551] Dritten zur Nutzung überlassene Grundstücke, Anteile an Kapitalgesellschaften von bis zu (einschließlich) 25 %, Wertpapiere sowie vergleichbare Forderungen, ein Überbestand an Finanzmitteln (= Zahlungsmittel, Geschäftsguthaben, Geldforderungen und anderen Forderungen nach Abzug der Schulden, soweit der Saldo 15 % des anzusetzenden Werts des Betriebsvermögens übersteigt) sowie typischerweise der privaten Lebensführung dienende Gegenstände.[552] Schließlich greift beim Erwerb von Todes wegen (nicht bei Schenkungen!) eine Investitionsklausel, die bewirkt, dass Vermögen, das zum Todeszeitpunkt noch Verwaltungsvermögen war, nachträglich in begünstigtes Vermögen umgewandelt wird, wenn der Erwerber innerhalb von zwei Jahren aufgrund eines bereits vorgefassten Plans des Erblassers in begünstigtes Vermögen umschichtet bzw. – für Finanzmittel – ausnahmsweise auch dann, wenn diese zur Zahlung von Löhnen eingesetzt werden.

Die vorstehend dargestellte schenkungs- und erbschaftsteuerliche Begünstigung greift bei Übertragung von Großvermögen ab einem übertragenen Anteilswert von mehr als EUR 26 Mio. (pro Empfänger) grundsätzlich nicht mehr ein. Gleichwohl gibt es auch im Rahmen der Übertragung von Anteilswerten über EUR 26 Mio. Verschonungsmöglichkeiten:

---

550 Siehe im Einzelnen die gesetzliche Regelung für das begünstigungsfähige Betriebsvermögen in § 13b Abs. 1 ErbStG. Einen vertiefenden Überblick über das neue Erbschaftsteuerrecht und die damit verbundenen Gestaltungsmöglichkeiten vermitteln der WIFU-Praxisleitfaden „Familienunternehmen und die Erbschaftsteuer" sowie der WIFU-Praxisleitfaden „Familienunternehmen und Besteuerung, Teil 1 (Inland), S. 23–26.

551 Siehe im Einzelnen die Regelungen in § 13b Abs. 4 ErbStG, auch zu den dort aufgeführten Ausnahmeregelungen, die zahleiche Ansatzpunkte für die Optimierung erbschaftsteuerlicher Belastungen bieten.

552 In § 13b Abs. 4 Nr. 3 ErbStG genannt werden beispielsweise Kunstgegenstände, Kunstsammlungen, wissenschaftliche Sammlungen, Bibliotheken und Archive, Münzen, Edelmetalle und Edelsteine, Briefmarkensammlungen, Oldtimer, Yachten, Segelflugzeuge.

Auf Antrag greift dann entweder die sog. Verschonungsbedarfsprüfung (§ 28a ErbStG) oder das sog. Abschmelzmodell (§ 13c ErbStG). Verschonungsbedarfsprüfung bedeutet, dass die auf das begünstigte Vermögen entfallende Schenkungs- bzw. Erbschaftsteuer erlassen wird, soweit der Erwerber nachweist, dass er persönlich nicht in der Lage ist, die Steuer aus seinem verfügbaren Vermögen zu begleichen. Zu dem verfügbaren Vermögen, in dessen Höhe die Steuer nicht erlassen wird, gehören 50 % des mit der Erbschaft oder Schenkung zugleich bzw. mitübertragenen (Privat-)Vermögens und 50 % des dem Erwerber zum Zeitpunkt der Erbschaft oder Schenkung bereits gehörenden (Privat-)Vermögens, wobei zu dem (Privat-)Vermögen auch das auf den Erwerber entfallende Verwaltungsvermögen in Unternehmen gehört, welches mit der Erbschaft oder Schenkung übergeht, oder dem Erwerber zum Zeitpunkt der Erbschaft oder Schenkung bereits gehört. Dabei muss sich der Erwerber innerhalb von 10 Jahren nach der Schenkung bzw. der Erbschaft weiteres (Privat-)Vermögen (rückwirkend) anrechnen lassen, welches er durch Schenkung oder von Todes wegen – egal von welcher Person – erhält.

Anstelle dieses Modells der Verschonungsbedarfsprüfung kann der Erwerber die Anwendung des Abschmelzungsmodells wählen. Abschmelzungsmodell bedeutet, dass der Verschonungsabschlag (von 85 % im Rahmen der Regelverschonung und von 100 % im Rahmen der Optionsverschonung) ab einem Wert des übertragenen Anteils von mehr als EUR 26 Mio. stufenweise abschmilzt, um schließlich bei einem übertragenen Anteilswert von EUR 90 Mio. in jedem Fall bei einem Verschonungsabschlag von 0 zu landen und damit auch im Abschmelzungsmodell keine Verschonung mehr zu gewähren.

Auf der Basis des bisher erläuterten Verschonungssystems könnte man geneigt sein, durch stufenweise Schenkung von Gesellschaftsanteilen in einem Wert von jeweils unter EUR 26 Mio. die einschneidenden Regelungen der Verschonungsbedarfsprüfung bzw. des Abschmelzungsmodells zu verhindern. Dem hat jedoch der Gesetzgeber einen Riegel vorgeschoben: Soweit es um die Ermittlung der Grenze von EUR 26 Mio. geht, werden bei mehreren Erwerben von begünstigtem Vermögen durch dieselbe Person innerhalb von 10 Jahren die früheren Erwerbe dem letzten Erwerb jeweils hinzugerechnet.

Die Neuordnung der Verschonungsregelungen für begünstigtes Vermögen durch das Erbschaftsteuergesetz 2016 bringt für Unternehmen und deren Gesellschafter Handlungsbedarf mit sich. Beruhigend ist, dass es auch nach dem neuen Recht ausreichend Gestaltungsmöglichkeiten zur Optimierung der Schenkung- bzw. Erbschaftsteuerbelastung gibt. Bestehende Unternehmensnachfolgekonzepte sind zu überprüfen, um die Nutzung von Verschonungsregelungen überhaupt zu ermöglichen oder zu optimieren.[553]

---

[553] Siehe zur Diskussion über die Einführung einer Flat Tax und mögliche Entwicklungen in der Rechtsprechung die Ausführungen von Layer, FuS 3/2023, S. 108–111.

20.4 Wegzug der Gesellschafterin ins Ausland

Die Internationalisierung bringt nicht nur im Familienunternehmen steuerliche Folgefragen mit sich, wie z. B. die Anpassung der Unternehmensstruktur zur steuerlichen Optimierung der Anbindung von Auslandsgesellschaften oder die steuerliche Anerkennung von Verrechnungspreisen. Auch im Gesellschafterkreis ist die Internationalisierung ein wichtiges Thema und führt zu steuerlichen Folgefragen. Beispielsweise spielt die Wegzugsbesteuerung eine Rolle, wenn eine Gesellschafterin ein Studium mit Wohnsitz im Ausland beginnt oder durch Heirat, durch den Aufbau einer ausländischen Niederlassung oder durch Übernahme der Führung einer ausländischen Tochtergesellschaft einen ausländischen Wohnsitz begründet. Die steuerlichen Regelungen für diese Wegzugsfälle sind nach wie vor national geprägt und zielen auf die Sicherung des Besteuerungsaufkommens des jeweiligen Landes ab. Wird durch einen Wegzug das nationale (deutsche) Besteuerungsrecht (bezogen auf die Gesellschaftsanteile des ins Ausland wegziehenden Gesellschafters) eingeschränkt oder ausgeschlossen, führt dies regelmäßig zur Festsetzung einer Wegzugs- oder Entstrickungsbesteuerung, die – soweit keine Stundung erfolgt – für die Gesellschafterin eine kaum zu finanzierende Belastung darstellt. Die steuerlichen Regelungen kommen daher oftmals einem faktischen Wegzugsverbot gleich.

Die maßgebliche Regelung zur Wegzugsbesteuerung, §6 AStG, wurde in den 70er-Jahren eingeführt. Anstoß war ein prominenter Wegzugsfall, die Regelung wird daher auch „Lex-Horten" genannt. Vor dem Verkauf der Anteile am Unternehmen verzog der Unternehmer in die Schweiz.

Unter den Oberbegriff Wegzugsbesteuerung sind inzwischen zahlreiche Regelungen im Steuerrecht einzuordnen, die sowohl Gesellschafter von Kapitalgesellschaften als auch Gesellschafter von Personengesellschaften treffen. Bei der Personengesellschaft spricht man auch von der sog. Entstrickungsbesteuerung. Zudem gibt es noch weitere Regelungen für Gesellschaften selbst, die unter den Oberbegriff Wegzugsbesteuerung fallen, bspw. bei Verlegung der Geschäftsleitung einer Kapitalgesellschaft vom Inland in das Ausland.

Die steuerlichen Folgen bei Eingreifen der Wegzugs- oder Entstrickungsbesteuerung sind für die Gesellschafterin in aller Regel nicht tragbar. Verzieht bspw. eine zu 20 % an einer GmbH beteiligte Gesellschafterin ins Ausland und greift die Wegzugsbesteuerung nach §6 AStG ein, müssen die stillen Reserven im Gesellschaftsanteil der Gesellschafterin trotz fehlendem Liquiditätszufluss so versteuert werden, als ob dieser verkauft worden wäre. Hat der Anteil von 20 % einen Wert von EUR 20 Mio. und Anschaffungskosten von EUR 1 Mio., so betragen die stillen Reserven EUR 19 Mio. Diese werden mit dem sog. Teileinkünfteverfahren zu 60 % dem regulären Einkommensteuersatz (zuzüglich SolZ) in Deutschland unterworfen, was in Summe ohne Berücksichtigung von Kirchensteuer ca. 47,5 % ausmacht. Im vorliegenden Beispiel führt dies zu einer Steuerbelastung von ca. EUR 5,4 Mio.

Unter Berufung auf Rechtsprechung des EUGH wurde in 2021 eine Reform der Wegzugsbesteuerung durchgeführt, die die bestehende Differenzierung zwischen Wegzügen in Drittstaaten und in EU-/EWR-Staaten beseitigt hat. Für Wegzüge in EU-/EWR-Staaten ist es dadurch zu einer Verschlechterung der Stundungsregelungen gekommen, da wie im Falle eines Wegzugs in ein Drittland nur eine zeitlich begrenzte Stundung der Steuerbelastung gewährt wird.[554]

Bei einem vorübergehenden Wegzug (Abwesenheit bis zu sieben Jahren, max. verlängerbar auf 12 Jahre) – unabhängig davon, ob der Wegzug in einen EU-/EWR-Staat oder ein Drittland erfolgt – kann die Steuer auf Antrag und im Regelfall gegen Sicherheitsleistung gestundet werden.[555] In allen anderen Fällen wird, wie in einem Verkaufsfall, die Steuer festgesetzt und ist auf Antrag (im Regelfall gegen Sicherheitsleistung) in sieben gleichen Jahresraten zu entrichten, wobei keine Verzinsung der Jahresraten erfolgt. Wenn auch diese Stundungsregelung nicht ausreicht, um die Steuerschuld zu finanzieren, droht die Notwendigkeit eines ganz oder teilweisen Verkaufes des Anteils als letzter Ausweg.

20.5 Ausblick

Dem deutschen Steuerrecht wird nachgesagt, dass es komplexer ist als das Steuerrecht vieler anderer Staaten. Durch die zunehmende Internationalisierung machen viele Familienunternehmen die Erfahrung, dass es auch in anderen Staaten komplizierte steuerliche Regelungen gibt. Es gibt aber auch Ausnahmen, z. B. in Staaten wie Singapur. Zu der Komplexität in Deutschland tragen die unterschiedlichen Steuerarten, die auf unternehmerische Tätigkeiten anwendbar sind, insbesondere die Gewerbesteuer, aber auch die Erbschaft- und Schenkungsteuer mit ihren Regelungen zur Verschonung von Unternehmensvermögen, die zum Erhalt von Familienunternehmen unerlässlich sind, nicht unerheblich bei.

Aber auch die Regelungen des internationalen Steuerrechts bringen zusätzliche Herausforderungen für Familienunternehmen und ihre Gesellschafter mit sich, was sich beispielsweise in Fällen des Wegzugs eines Gesellschafters ins Ausland

---

554 Siehe hierzu das Gesetz zur Umsetzung der Anti-Steuervermeidungsrichtlinie (ATAD-Umsetzungsgesetz) vom 25.06.2021, BStBl. I, S. 874. Siehe zur reformierten Wegzugsbesteuerung auch die Studie von Herrn Prof. Dr. Kraft im Auftrag der Stiftung Familienunternehmen, München 2022, abrufbar unter *https://www.familienunternehmen.de/de/studien-und-buchpublikationen/studien/Die-reformierte-Wegzugsbesteuerung_Studie_Stiftung-Familienunternehmen*.

555 Dies gilt nur, wenn die Anteile an der Kapitalgesellschaft im Privatvermögen gehalten werden, also § 6 AStG anwendbar ist. Hinzuweisen ist noch auf das Urteil des BFH vom 06.09.2023, Az. I R 35/20; im sog. Wächtler-Verfahren wurde vom BFH entschieden, dass die Wegzugsbesteuerung gemäß § 6 AStG bei einem Wegzug in die Schweiz dauerhaft und zinslos gestundet werden muss, die Stundung kann aber von Sicherheitsleistungen abhängig gemacht werden; siehe hierzu auch Layer & Neckenich, FuS 1/2024, Seite 41 ff. und im Fall des „wegziehenden Mitunternehmers" Layer, DStR 2024, 1049 bis 1056.

zeigt. Vereinfachungseffekte in der Unternehmensbesteuerung ließen sich vor allem durch mutige Schritte des Gesetzgebers bei der Reform der Unternehmensbesteuerung (z. B. durch einen Verzicht auf die Erhebung von Gewerbesteuer und auf die Erhebung oder zumindest deutliche Senkung von Erbschaftsteuer/Schenkungsteuer) erreichen. Vielleicht setzt sich eines Tages die Erkenntnis in der Gesetzgebung durch, dass ein Weniger an steuerlicher Belastung und Regelungsdichte ein Mehr an unternehmerischer Dynamik und an Steueraufkommen zur Folge haben kann. Die jüngste Studie der Stiftung Familienunternehmen zu den Folgewirkungen der Absenkung der Körperschaftsteuer auf ein international wettbewerbsfähiges Niveau liefert jedenfalls sehr eindrückliche Ergebnisse, die für diesen Wirkungszusammenhang sprechen.[556] Trotz aller Komplexität ist es uns mit den vorstehenden Ausführungen hoffentlich gelungen, den Leserinnen und Lesern die Besteuerung von Familienunternehmen und ihrer Gesellschafter etwas verständlicher zu machen.

---

556 Siehe hierzu die von der Stiftung Familienunternehmen herausgegebene Studie zum Standortfaktor Körperschaftsteuer, München 2024, abrufbar unter *https://www.familienunternehmen.de/de/publikationen/standortfaktor-koerperschaftsteuer*.

Rainer Kögel

21. Der private Regelungsbedarf der Unternehmerfamilie – Grundlagen des Erb- und Familienrechts

21.1 Einleitung

„Familienangelegenheiten sind Privatangelegenheiten", so hört man das oft, auch in Unternehmerfamilien, wenn es um die rechtliche Regelung familiärer Themen geht. Dabei wird übersehen, dass zwischen Familie und Unternehmen erhebliche Wechselwirkungen bestehen, die im „3-Kreis-Modell für Familienunternehmen" sehr anschaulich gezeigt werden können.[557] Diese Wechselwirkungen zwischen den beiden Systemen Familie und Unternehmen machen gerade die Stärke eines erfolgreichen Familienunternehmens aus. Wir wissen aber auch aus der Unternehmensnachfolge, die oftmals als die „Achillesferse" des Familienunternehmens beschrieben wird, dass Veränderungen in der Unternehmerfamilie erhebliche Auswirkungen auf den Erfolg des Unternehmens haben können. Diese Veränderungen zeigen sich oftmals bei familiären Konflikten, Scheidungen, plötzlichen Todesfällen oder Krankheiten in der Unternehmerfamilie und strahlen zumeist negativ auf das Unternehmen aus.

In rechtlicher Hinsicht ist es Teil einer guten Family Governance, dass für solche Veränderungen, die häufig als Schicksalsschläge empfunden werden, Vorsorge getroffen wird. Oder anders ausgedrückt: Es gehört zu den Pflichten eines jeden Mitglieds einer Unternehmerfamilie, private Vorsorge für den Fall solcher Schicksalsschläge zu treffen. Da derartige Veränderungen Teil des allgemeinen Lebensrisikos sind, lassen sie sich weder vermeiden noch versichern. Sie sind aber durch entsprechende vertragliche Gestaltungen im rechtlichen Sinne regelbar und werden dadurch in ihren Auswirkungen auf das Unternehmen „beherrschbar". Dies bedeutet: Jedes Mitglied einer Unternehmerfamilie kann und muss rechtliche Regelungen treffen, um die Auswirkungen privater Veränderungen auf die Familie und das Unternehmen so gering wie möglich zu halten. Es muss vermieden werden, dass diese Lebensrisiken innerhalb der Familie auf das Unternehmen „durchschlagen". Diese Risikobegrenzung ist Teil einer umfassenden Family Governance. Umgekehrt ist auch zu verhindern, dass unternehmerische Risiken die Unternehmerfamilie gefährden, etwa in Form von persönlicher Haftung (als Einzelunternehmer oder persönlich haftender Gesellschafter einer Kommanditgesellschaft)[558] oder in Form von Bürgschaften, Schuldübernahmen bzw. Schuldbeitritten gegenüber Unternehmensgläubigern. Das private Schicksal des Unternehmers Anton Schlecker mag hierfür ein warnendes Beispiel sein: Die Insolvenz des Einzelunternehmens Anton Schlecker führte unweigerlich zum Verlust des gesamten Privatvermögens.

---

557 Siehe hierzu einführend Rüsen & Heider, Kapitel 2.2.
558 Siehe dazu Schreiber, Kapitel 19.

Welche Risiken in der Unternehmerfamilie sind es nun, die der privaten Regelung und Vorsorge bedürfen? Es sind im Wesentlichen die Risiken Tod, Geschäfts- und Handlungsunfähigkeit sowie Scheidung (bei verheirateten Gesellschaftern).

Hinzu kommt die Notwendigkeit, Generationsübergänge in Familie und Unternehmen rechtzeitig einzuleiten und durch geeignete rechtliche Regelungen abzusichern. Auf den Themenkreis „Regelungsbedarf im Zuge der Unternehmensnachfolge" kann an dieser Stelle nicht näher eingegangen werden. Auch hier ist ein umfassendes privates Regelwerk erforderlich, das unter anderem aus einem Schenkungs- und Übertragungsvertrag mit Rückfall- und Widerrufsklauseln, einer Regelung zu Pflichtteilsanrechnung oder -verzicht, Ausgleichsregelungen mit nicht berücksichtigten Kindern, Anpassungen in Eheverträgen der Kinder und schließlich einer Überprüfung der Testamente des Schenkers und der Beschenkten besteht.

Potenzielle Konflikte im Gesellschafterkreis sind dagegen auf Gesellschafterebene abzusichern, etwa in Form einer Familienverfassung, durch Pool- und Stimmbindungsverträge und zu allererst im Gesellschaftsvertrag des Familienunternehmens. Dieser Regelungsbereich „Eigentum" soll jedoch ebenfalls nicht Gegenstand dieses Beitrags sein.

Damit sind die privaten Regelungsfelder einer Unternehmerfamilie abgesteckt, auf die im Folgenden näher eingegangen wird.

21.2 Testamentarische Absicherung für den Todesfall

Jeder Unternehmer bzw. jeder Gesellschafter eines Familienunternehmens benötigt ein qualifiziertes Unternehmertestament. Warum ist das eigentlich so? Oftmals unterliegen Gesellschafter der Vorstellung, dass bereits im Gesellschaftsvertrag eine Nachfolgeklausel enthalten sei, die regelt, dass die Gesellschaftsanteile ausschließlich auf die Kinder übergehen sollen. Deshalb wird ein Testament für entbehrlich gehalten. Andererseits besteht die Vorstellung, dass durch die gesetzliche Erbfolge alles geregelt sei. Beide Vorstellungen sind falsch und führen zu großen Problemen in der Eigentümernachfolge.

21.2.1 Regelungsbedarf bei unternehmerischem Vermögen

Unternehmerisches Vermögen wird heute in aller Regel in Form von Gesellschaftsanteilen vererbt. Für die Frage, ob Gesellschaftsanteile vererbbar und von Todes wegen übertragbar sind, kommt es deshalb in bestimmten Fallgruppen auf die Ausgestaltung des Gesellschaftsvertrages an. Dabei ist immer eine Abstimmung des Testaments mit den Regelungen des Gesellschaftsvertrages erforderlich. Hierbei ist zwischen Kapitalgesellschaften (insbesondere AG, SE, GmbH) und Personengesellschaften (insbesondere OHG, KG, GmbH & Co KG) zu unterscheiden.[559]

---

559 Vgl. Schreiber, Kapitel 19.

Bei Kapitalgesellschaften sind die Geschäftsanteile bzw. Aktien grundsätzlich frei vererblich.[560] Die Satzungen selbst können die freie Vererbbarkeit nicht ausschließen. Die Satzung kann allerdings die Mitgliedschaft der Erben in der Gesellschaft an bestimmte Voraussetzungen knüpfen und ggf. die Ausschließung des Erben und die Einziehung seiner Anteile anordnen. In Familienunternehmen ist es üblich, die Mitgliedschaft zur Unternehmerfamilie als eine solche Voraussetzung zu definieren. Gelangen die Anteile an eine familienfremde Person, so wird durch diese Regeln zur Einziehung und Ausschließung sichergestellt, dass diese Geschäftsanteile bzw. Aktien (nachträglich) eingezogen werden können. Geschäftsanteile bzw. Aktien, die an mehrere Erben übertragen werden sollen, fallen zunächst in eine Erbengemeinschaft. Bei Anteilen an Kapitalgesellschaften bestimmt sich deshalb die Vererbbarkeit nach dem Erbrecht. Eine Sonderrechtsnachfolge für Aktien bzw. Geschäftsanteile gibt es nicht, auch kann eine solche durch die Satzung begründet werden.

Bei Personengesellschaften ist die rechtliche Situation grundlegend anders. Soweit der Gesellschaftsvertrag keine abweichende Regelung beinhaltet, scheidet der persönlich haftende Gesellschafter einer OHG oder einer Kommanditgesellschaft aus und erhält in der Regel eine Abfindung.[561] Beide Rechtsfolgen sind zumeist nicht gewollt und können durch den Gesellschaftsvertrag abweichend geregelt werden. Beim Tod eines Kommanditisten wird die Gesellschaft von Gesetzes wegen mit dessen Erben fortgesetzt.[562] Geht der Kommanditanteil auf mehrere Erben über, findet eine Aufspaltung des Anteils im Wege einer sog. Sondererbfolge statt, d.h. bezüglich des Kommanditanteils entsteht keine Erbengemeinschaft, sondern jeder Miterbe wird mit dem Tod des Erblassers unmittelbar Mitgesellschafter der KG oder der GmbH & Co KG. Einer Aufteilungsvereinbarung zwischen den Erben bedarf es hierfür nicht.[563]

Um sicherzustellen, dass der Gesellschaftsanteil nicht an Familienfremde vererbt wird, kennen die meisten Gesellschaftsverträge sog. qualifizierte Nachfolgeklauseln, die eine Vererbung der Anteile auf die (leiblichen) Abkömmlinge oder auf Mitgesellschafter vorschreiben.[564] Diese Klauseln führen allerdings nicht dazu, dass der Gesellschaftsanteil automatisch an die Abkömmlinge des Gesellschafters fällt, wie oft irrtümlicherweise angenommen. Vielmehr bedarf es hierfür eines Testamentes, das auf den Gesellschaftsvertrag abgestimmt ist. Fehlt es hieran und wird z.B. der Ehepartner im Testament zum Erben eingesetzt, so werden weder der Ehepartner noch die Kinder Gesellschafter. Vielmehr wächst der Gesellschaftsanteil den übrigen Gesellschaftern an. Sieht der Gesellschaftsvertrag für diesen Fall einen Abfindungsausschluss vor, so steht die ganze Fami-

---

560 Vgl. Kögel (2024), in: Münchner Anwaltshandbuch Erbrecht, 6. Aufl., § 40 Rn. 30; Wachter DB 2009, 159; Ivo ZEV 2006, S. 252.
561 Vgl. §§ 105 Abs. 3 HGB, 161 Abs. 2 HGB, 738 BGB.
562 Vgl. § 177 HGB.
563 So der Bundesgerichtshof (BGH) in ständiger Rechtsprechung, statt vieler: BGH, Urteil vom 22.11.1956, BGHZ 22, 186, 192; Urteil vom 3.7.1989, BGHZ 108, 187, S. 192.
564 Vgl. Kögel (2024), in: Münchner Anwaltshandbuch Erbrecht, 6. Aufl., § 46 Rn. 42 ff.

lie des Erblassers mit leeren Händen da. Sind die Kinder neben dem Ehepartner im Testament zu Erben eingesetzt und lässt der Gesellschaftsvertrag nur die Kinder als Erben zu, so werden nur die Kinder Gesellschafter. Dies führt für die Kinder allerdings zur unangenehmen Konsequenz, dass sie dem Ehepartner einen erbrechtlichen Ausgleichsanspruch in Höhe von dessen Erbquote in Bezug auf den Gesellschaftsanteil schulden.[565] Soweit es sich hierbei nicht um den eigenen Vater oder die eigene Mutter handelt, sondern um Stiefvater bzw. -mutter, kann dies zu erheblichem Streit um die Höhe eines solchen Ausgleichsanspruchs führen.

21.2.2 Die gesetzliche Erbfolge

Bis auf wenige Ausnahmefälle ist die gesetzliche Erbfolge ungeeignet, um die Nachfolge bei unternehmerischem Vermögen zu regeln. Für all diejenigen Fälle, in denen ein Erblasser keine testamentarische Verfügung hinterlässt, sieht das deutsche Erbrecht eine gesetzliche Erbfolge vor. Hierbei werden die Kinder zusammen mit dem Ehepartner des Erblassers gemeinsam Erben. Bei einem nicht verheirateten oder verwitweten Erblasser erben lediglich die Kinder. Dabei gilt das sog. Stammesprinzip, nach dem ein zum Zeitpunkt des Erbfalls lebendes Kind dessen Abkömmlinge, also z. B. Enkelkinder, von der weiteren Erbfolge ausschließt. Ist ein Kind allerdings bereits vor den Eltern verstorben, so treten seine Kinder an dessen Stelle.

> **Beispiel 1:**
> Ein verwitweter Unternehmer verstirbt und hinterlässt zwei Söhne. Seine Tochter ist bereits verstorben, diese hatte ihrerseits zwei Töchter. Gesetzliche Erben des Unternehmers werden die beiden Söhne zu je einem 1/3 sowie die beiden Enkeltöchter zu je einem 1/6.

Hinterlässt der Erblasser keine Kinder, so erbt sein Ehepartner, allerdings nicht alleine, sondern zusammen mit den Eltern, Großeltern und ggf. Geschwistern des Erblassers.[566] In der Praxis wird oftmals übersehen, dass bei einem Gesellschafter, der keine eigenen Kinder hat, auch die noch lebenden Eltern gesetzliche Erben sind. Die Höhe des Erbteils des Ehepartners bestimmt sich dabei nicht nur danach, welche Verwandten des Erblassers neben ihm Erbe werden, sondern auch danach, in welchem Güterstand er mit dem Erblasser gelebt hat.

---

565 Vgl. zum Ganzen ausführlich: Kögel (2024), in: Münchner Anwaltshandbuch Erbrecht, 6. Aufl., § 46 Rn. 48 f.
566 Vgl. hierzu §§ 1924 ff., 1931 BGB; dazu Kögel (2016), Grundzüge des deutschen Erbrechts, Witten, S. 6 ff.

Beispiel 2:
Ein Unternehmer lebt im gesetzlichen Güterstand der Zugewinngemeinschaft und hinterlässt Ehefrau und zwei Kinder. Gesetzliche Erben werden die Ehefrau zu 1/2 und die beiden Kinder zu je 1/4. Hätte der Unternehmer im Güterstand der Gütertrennung gelebt, so hätten die Ehefrau und die beiden Kinder zu je 1/3 geerbt.

Beispiel 3:
Ein Unternehmer lebt im gesetzlichen Güterstand der Zugewinngemeinschaft und hinterlässt seine Ehefrau; Kinder hat er keine, seine beiden Eltern leben aber noch. Gesetzliche Erben werden dann die Ehefrau zu 3/4 und die beiden Elternteile zu je 1/8. Hätte der Unternehmer im Güterstand der Gütertrennung gelebt, so hätte die Ehefrau zu 1/2 und die beiden Elternteile hätten zu jeweils 1/4 geerbt.

Werden mehrere Personen Erben, so bildet sich eine sog. **Erbengemeinschaft**. Dies gilt auch dann, wenn durch ein Testament mehrere Personen zu Erben eingesetzt wurden. Erbengemeinschaften sind in der Praxis sehr streitanfällig. Dies liegt daran, dass in einer Erbengemeinschaft nicht jeder Erbe einen entsprechenden Anteil an den zum Nachlass gehörenden Vermögenswerten erhält. Vielmehr gehen sämtliche Nachlassgegenstände auf die **Erbengemeinschaft** als sog. Gesamthand über, wobei jeder einzelne Miterbe entsprechend seinem Erbteil an der Gesamthand beteiligt wird. Dies hat zur Konsequenz, dass ein Erbe über einzelne Nachlassgegenstände, z. B. Gesellschaftsanteile, nicht allein, sondern nur zusammen mit seinen Miterben verfügen kann. Sämtliche Entscheidungen innerhalb einer Erbengemeinschaft können nur einstimmig getroffen werden. Auch die Auseinandersetzung des Nachlasses kann nur durch einvernehmliche Vereinbarung sämtlicher Erben erfolgen. Eine solche Regelung ist für unternehmerisches Vermögen zumeist ungeeignet, da sie die Entscheidungsfähigkeit der Erben erheblich beeinträchtigen kann.

21.2.3 Die Bedeutung des Pflichtteils

Im Bereich der Unternehmensnachfolge, bei der häufig nicht alle Kinder gleichmäßig am Unternehmen beteiligt werden, kann der Pflichtteil weichender Erben zu erheblichen Schwierigkeiten führen.

Pflichtteilsberechtigt ist der engste Familienkreis. Dies sind die in absteigender gerader Linie mit dem Erblasser Verwandten, also seine Kinder, Enkel, Urenkel usw. Voraussetzung ist, dass ein Abkömmling potenziell gesetzlicher Erbe ist, wobei lebende Kinder den Pflichtteilsanspruch von Enkelkindern ausschließen (Stammesprinzip).[567] Pflichtteilsberechtigt sind daneben die Ehepartner und die Eltern des Erblassers, letztere aber nur, wenn keine Abkömmlinge im Todes-

---

567 Siehe Kapitel 21.2.2.

zeitpunkt vorhanden sind. Den Pflichtteilsberechtigten steht ein Geldanspruch in Höhe der Hälfte des gesetzlichen Erbteils zu, soweit sie durch das Testament enterbt wurden. Der Geldanspruch kann ohne Zustimmung des Pflichtteilsberechtigten nicht in Sachwerten abgegolten werden. Dieser Anspruch wird mit dem Erbfall fällig. Dadurch können die Unternehmenserben vor unlösbare Probleme gestellt werden, wenn sie neben der fälligen Erbschaftsteuer Liquidität für die Zahlung des Pflichtteils aufbringen müssen. Hinzu kommt, dass die Höhe des Pflichtteils sich nach dem Verkehrswert des Nachlasses richtet, die auch nicht durch entsprechende Abfindungsregelungen im Gesellschaftsvertrag reduziert werden kann.[568]

In Unternehmerfamilien ist manchmal die Situation anzutreffen, dass die Beteiligung einzelner Kinder am Unternehmen nicht vorgesehen ist und keine einvernehmliche Regelung über die Verteilung des Nachlasses erreicht werden kann. In diesen Fällen werden oftmals ausgeklügelte Pflichtteilsvermeidungsstrategien entwickelt, um drohende Pflichtteilansprüche so gering wie möglich zu halten.[569] Wichtigstes Instrument ist hierbei die lebzeitige Übertragung von Privat- und Unternehmensvermögen an die anderen Kinder. Hierdurch kann der Pflichtteil erheblich gemindert werden, vorausgesetzt, es liegt ein ausreichend langer Zeitraum zwischen dem Vollzug solcher Schenkungen und dem Erbfall. Liegen die Schenkungen mehr als 10 Jahre zurück, so findet überhaupt keine Anrechnung der Schenkung auf den Pflichtteil mehr statt. Bei einem Zeitraum von weniger als 10 Jahren findet eine Abschmelzung der Anrechnung der Schenkung von 10 % für jedes abgelaufene Jahr statt, das zwischen Schenkung und Erbfall liegt.

Um spätere Streitigkeiten über die Bewertung des Unternehmens und die Höhe eines Pflichtteils zu vermeiden, sollte bereits zu Lebzeiten mit Erben, die keine Gesellschaftsanteile erhalten, eine notarielle **Pflichtteilsverzichtsvereinbarung** abgeschlossen werden. Eine solche Vereinbarung kann rechtlich auch ohne Vereinbarung einer Gegenleistung erfolgen.[570] Sie wird in der Familie in

---

568 Vgl. Kögel (2016), Grundzüge des deutschen Erbrechts, Witten, S. 20 f. Der Pflichtteil könnte aber dadurch reduziert werden, dass durch eine entsprechende qualifizierte Nachfolgeklausel im Gesellschaftsvertrag nicht die Gesellschaftsbeteiligung, sondern nur ein Abfindungsanspruch vererbt wird. Ein solcher Abfindungsanspruch kann erheblich beschränkt oder sogar ganz ausgeschlossen werden (BGH, Urteil v. 22.11.1956, NJW 1957, 180) und mindert hierdurch auch die Ansprüche Pflichtteilsberechtigter; vgl. hierzu: Horn (2024), in: Münchner Anwaltshandbuch Erbrecht, 6. Aufl., § 29 Rn. 432 ff.
569 Zum Überblick über gängige Vermeidungsstrategien siehe Horn (2024), in: Münchner Anwaltshandbuch Erbrecht, 6. Aufl., Rn. 396 ff.
570 Zur Inhaltskontrolle von Pflichtteilsverzichten besteht bisher keine höchstrichterliche Rechtsprechung. Zum Teil wird die Auffassung vertreten, diese seien wie Eheverträge an den Generalklauseln des BGB in §§ 242 und 138 BGB zu bewerten. Eine Sittenwidrigkeit ist bisher von Gerichten allenfalls dann angenommen worden, wenn die Umstände des Zustandekommens (z. B. durch Täuschung, Druck oder Drohung) zu beanstanden waren, vgl. z. B. OLG München, Urteil v. 25.1.2006, ZEV 2006, 313 (Fall Wildmoser).

der Regel jedoch als „ungerecht" empfunden. Es empfiehlt sich, einen Pflichtteilsverzichtsvertrag mit einer Schenkung unter Lebenden zu koppeln, durch die dem Verzichtenden ein gewisser Ausgleich bezahlt wird. Alternativ kann eine Gegenleistung auch erst für den Todesfall zugesagt werden. Dies kann in Form eines Erbvertrages erfolgen, wodurch dem Verzichtenden ein gesicherter erbrechtlicher Anspruch eingeräumt werden kann. Das setzt allerdings voraus, dass der Erblasser außerhalb seiner Unternehmensbeteiligung noch über anderes Privatvermögen verfügt.

Gespräche mit Kindern zur Vorbereitung einer solchen Verzichtsvereinbarung sollten ohne Druck in einer offenen Gesprächsatmosphäre geführt werden. Dabei dürfen die Kinder nicht über die tatsächlichen Vermögens- und Wertverhältnisse im Unklaren gelassen werden, um nicht eine spätere Anfechtbarkeit des Verzichtsvertrages zu riskieren. Es ist auch möglich, den Pflichtteilsverzicht auf das unternehmerische Vermögen zu beschränken.

21.2.4 Wesentlicher Inhalt eines Unternehmertestaments

Bei der Abfassung eines Unternehmertestaments stellt sich zunächst die Frage, in welcher Form dies erfolgen soll. Das deutsche Erbrecht lässt ein Einzeltestament, ein gemeinschaftliches Testament oder den Abschluss eines Erbvertrages zu. Die größte Flexibilität bietet die Errichtung eines Einzeltestaments, da dieses jederzeit wieder aufgehoben oder abgeändert werden kann. Für die Abfassung eines formgültigen Testamentes erlaubt das Gesetz entweder die eigenhändige oder die notarielle Form. Ein eigenhändiges Testament muss vollständig handschriftlich verfasst und unterschrieben werden. Leider sind in der Praxis immer wieder maschinengeschriebene oder nicht unterschriebene Testamente anzutreffen, die nichtig und unwirksam sind. Das notarielle Testament hat den Vorteil, dass durch den Notar eine Beratung bei der Errichtung erfolgt und ein höherer Schutz vor Fälschungen besteht. Allerdings führt ein notarielles Testament zu erheblichen Kosten. Diese können erst im Nachlassverfahren durch Kosteneinsparungen bei der Erteilung eines Erbscheins teilweise kompensiert werden. Bei jüngeren Unternehmern empfiehlt es sich deshalb, ein Testament eigenhändig zu errichten, da das Testament mit hoher Wahrscheinlichkeit später überarbeitet oder ergänzt werden muss.

Ein **gemeinschaftliches Testament** erlaubt es Ehepartnern, dass nur ein Ehepartner das Testament schreibt und der andere es mitunterzeichnet.

Ein **Erbvertrag** ist schließlich eine in Form eines Vertrages errichtete testamentarische Verfügung, zu der es mindestens eines zweiten Vertragspartners bedarf. Der Erbvertrag bedarf immer der notariellen Beurkundung, weshalb er gerne von Notaren empfohlen wird. Ein Erbvertrag ist dann sinnvoll, wenn eine bindende testamentarische Regelung gewollt ist, die nur mit Zustimmung des Vertragspartners, nach dessen Ableben überhaupt nicht mehr, geändert werden kann. Erbverträge werden beispielsweise zwischen Ehepartnern abgeschlossen, wenn eine wechselseitige Bindung bereits zu Lebzeiten gewollt ist. Ein anderes

Beispiel ist die verbindliche Festlegung einzelner Vermächtnisse zugunsten des Vertragspartners, der im Gegenzug auf sein Pflichtteilsrecht verzichtet.

Generell empfiehlt es sich, letztwillige Verfügungen spätestens alle fünf Jahre zu überprüfen bzw. immer dann, wenn es zu wesentlichen Änderungen in der Familie (z. B. Heirat, Scheidung, Geburt von Kindern) oder im Unternehmen (z. B. Fusion mit Wettbewerbern) kommt.

Wesentlicher Regelungsinhalt eines Testaments ist zu allererst die **Erbeinsetzung.** Im deutschen Erbrecht gilt der Grundsatz der sog. Universalsukzession, wonach der Erbe im Todesfall in sämtliche Rechte und Pflichten des Erblassers eintritt. Der Erbe wird unmittelbar Eigentümer sämtlicher Aktiva und Passiva des Nachlasses, ohne dass es gesonderter Übertragungsakte oder Registereintragungen in Grundbüchern oder Handelsregistern bedarf. Für die Nachfolge bei Gesellschaftsanteilen hat dies den großen Vorteil, dass der Erbe in der Wahrnehmung der Gesellschafterrechte schnell handlungsfähig ist. Deshalb empfiehlt es sich, den oder die Nachfolger des unternehmerischen Vermögens unmittelbar als Erben und nicht nur als Vermächtnisnehmer einzusetzen. Sollen mehrere Nachfolger bestimmt werden, so ist in der Regel die Entstehung einer Erbengemeinschaft unvermeidlich. Um Konflikte bei der Auseinandersetzung des Nachlasses zu verhindern, ist es ratsam, entsprechende Anordnungen in Form einer Teilungsanordnung oder eines Vorausvermächtnisses zu treffen. Der Unterschied zwischen beiden erbrechtlichen Instrumenten besteht darin, dass im Falle einer Teilungsanordnung ein Wertausgleich zwischen den Erben vorzunehmen ist, wenn diese unterschiedlich hohe Anteile erhalten. Bei einem Vorausvermächtnis entfällt eine Ausgleichspflicht. Es ist wohl zu überlegen, in solchen Fällen auch eine Abwicklungstestamentsvollstreckung vorzusehen, um eine geordnete Auseinandersetzung des Nachlasses durch einen Dritten oder den Ehepartner des Erblassers sicherzustellen.

Bei verheirateten Unternehmern muss außerdem eine angemessene Regelung zur **Versorgung des überlebenden Ehepartners** gefunden werden. Da in den meisten Familienunternehmen Ehepartner nicht Gesellschafter werden dürfen, muss die Versorgung durch die letztwillige Zuwendung von Privatvermögen erfolgen. Wenn kein ausreichendes Privatvermögen vorhanden ist, kann eine Absicherung auch über Versorgungsleistungen oder den Nießbrauch an Gesellschaftsanteilen erfolgen, vorausgesetzt der Gesellschaftsvertrag lässt dies zu. In der Regel sollte die testamentarische Absicherung des Ehepartners in Form von Vermächtnissen erfolgen. Anders als bei der Erbeinsetzung müssen Vermächtnisse zwar als schuldrechtliche Ansprüche gegenüber den Erben erst durchgesetzt werden, vermitteln also keine unmittelbare dingliche Rechtsposition. Sie haben allerdings den Vorteil, dass Einzelvermächtnisse flexibel angenommen oder ausgeschlagen werden können und dass eine Ausschlagung nicht innerhalb von 6 Wochen erfolgen muss, wie dies bei der Erbeinsetzung der Fall ist. Sowohl für die Annahme als auch für die Ausschlagung von Vermächtnissen schreibt das Gesetz keine Fristen vor, sodass hier die maximale zeitliche Flexibilität in der Gestaltung der Nachlassabwicklung besteht. Allerdings ist zu beachten, dass ein Vermächtnis nicht konkludent, d. h. durch schlüssiges Verhalten, angenommen wird, ohne dass der Vermächtnisnehmer dies wollte.

Besondere Gestaltungen sind schließlich in **Sondersituationen** erforderlich. Hat der Erblasser minderjährige Kinder, so sollte er eine Regelung treffen, wer deren Rechte wahrnimmt, bis diese volljährig sind oder besser noch, ihre Ausbildung abgeschlossen haben. Hier empfiehlt sich z. B. die Anordnung einer Dauertestamentsvollstreckung bis zur Vollendung des 25. Lebensjahres des jeweiligen Kindes. Außerdem sind Regelungen zur elterlichen Sorge für den Fall zu treffen, dass beide Elternteile versterben sollten.[571]

Auch wenn enterbte Pflichtteilsberechtigte vorhanden sind, bedarf es besonderer Gestaltungen, um das hiermit verbundene Konfliktpotenzial, aber auch den drohenden Liquiditätsabfluss beherrschbar zu machen.

Bei Auslandsvermögen besteht grundsätzlich ein deutlich höherer Regelungs- und Beratungsbedarf. Es muss geklärt werden, welches Erbrecht überhaupt auf das Auslandsvermögen anwendbar ist und ob ggf. ein gesondertes Auslandstestament zu erstellen ist. Dies gilt auch dann, wenn der Erblasser mehrere Staatsangehörigkeiten besitzt oder seinen Wohnsitz ins Ausland verlagern will.

Zu guter Letzt bleibt daran zu erinnern, dass man zwar eine Unternehmensnachfolge nicht primär nach steuerlichen Gesichtspunkten ausgestalten soll, dass bei der Vererbung von Betriebsvermögen aber eine sorgfältige Analyse der Begünstigungsmöglichkeiten des Betriebsvermögens im Erbschaftsteuerrecht unverzichtbar ist. Gerade die im Jahre 2016 eingeführten Verschärfungen für Großvermögen (Beteiligungserwerbe ab 26 Mio. EUR) enthalten zahlreiche Fallstricke, die es zu beachten gilt. Die relevanten Kennziffern, wie der Unternehmens- und Anteilswert, die Höhe des Verwaltungsvermögens, das Vorhandensein jungen Verwaltungsvermögens und die Entwicklung der Lohnsummen in den letzten 5 Jahren müssen deshalb laufend ermittelt und überwacht werden.[572] Bei Großvermögen müssen außerdem die Besonderheiten der sog. Verschonungsbedarfsprüfung in der Testamentsgestaltung Beachtung finden. Eine unbedarfte gemeinsame Vererbung von Privat- und Betriebsvermögen an die kommende Generation kann dazu führen, dass in der Spitze bis zu 80 % des Privatvermögens für Erbschaftsteuerzahlungen aufgewandt werden müssen. Bei der Testamentsgestaltung ist in solchen Fällen die Hinzuziehung steuerlicher Expertise unverzichtbar.

---

571 Gemäß § 1776 BGB steht den Eltern insoweit ein Benennungsrecht zu. Haben beide Elternteile unterschiedliche Personen benannt, so gilt die Benennung durch den zuletzt verstorbenen Elternteil.
572 Vgl. zum Ganzen statt vieler: von Sothen & Claussen (2024), in: Münchner Anwaltshandbuch Erbrecht (6. Aufl.), § 35 Rn. 182-320.

21.3 Die Absicherung gegen Handlungs- und Geschäftsunfähigkeit

Ein immer noch unterschätztes Risiko ist das der eigenen Handlungs- und Geschäftsunfähigkeit. Bereits heute leben in Deutschland mehr als 1,7 Millionen Menschen, die an Demenz erkrankt sind. Ohne weitere Fortschritte in der Medizin werden auch in Zukunft jedes Jahr über 400.000 Menschen in Deutschland neu an Demenz erkranken.[573] Die Folgen für die Betroffenen sind enorm.

21.3.1 Rechtliche Folgen einer Handlungsunfähigkeit

Regelmäßig ist jedenfalls bei fortgeschrittener Demenz davon auszugehen, dass der Betroffene nicht mehr geschäftsfähig ist.[574] Mit der Geschäftsunfähigkeit geht der Verlust der Testierfähigkeit[575] einher, sodass der Betroffene einmal vorgenommene testamentarische Regelungen nicht mehr verändern kann und eine weitere Nachfolgeplanung nicht mehr möglich ist.[576] Hinzu kommt, dass ihm auch laufende Maßnahmen der Vermögensverwaltung und die Stimmabgabe in Gesellschafterversammlungen nicht mehr möglich sind. Folge hiervon ist, dass das zuständige Betreuungsgericht für den Betroffenen einen Betreuer bestimmt. Die Auswahl des Betreuers erfolgt durch den zuständigen Betreuungsrichter, der dabei mögliche Interessenkonflikte sowie persönliche und verwandtschaftliche Beziehungen zu berücksichtigen hat.

21.3.2 Die Betreuungsverfügung

Welche Möglichkeiten bestehen nun, um für solche Fälle der Handlungsunfähigkeit Vorsorge zu treffen? Mit der sog. Betreuungsverfügung gibt der Gesetzgeber jedem Betroffenen die Möglichkeit festzulegen, welche Person für ihn im Falle der Notwendigkeit einer gerichtlichen Betreuung zum Betreuer bestellt wird und Wünsche zur Ausübung der Fürsorge zu äußern. Liegt eine solche Erklärung vor, hat der Betreuungsrichter dieser zu entsprechen, wenn diese nicht dem Wohl des Betroffenen zuwiderläuft. Dies ist z. B. dann anzunehmen, wenn Zweifel an der Redlichkeit des Benannten bestehen, der Benannte einem Interessenkonflikt unterliegt oder dieser mit dem Umfang und der Schwierigkeit der Geschäfte überfordert ist. Zumeist ist eine Betreuungsverfügung für sich

---

573 Vgl. Deutsche Alzheimer Gesellschaft e. V., Informationsblatt 1, Die Häufigkeit von Demenzerkrankungen, abrufbar unter *www.deutsche-alzheimer.de* [Zugriff am 20.06.2024].
574 Nach § 104 Nr. 2 BGB ist geschäftsunfähig, wer sich in einem die freie Willensbestimmung ausschließenden Zustand krankhafter Störung der Geistestätigkeit befindet, sofern nicht der Zustand seiner Natur nach ein vorübergehender ist; vgl. hierzu aus der Rechtsprechung OLG Bamberg, Beschluss v. 22. 5. 2015, ZEV 2015, S. 548.
575 Nach § 2229 BGB ist testierunfähig, wer wegen krankhafter Störung der Geistestätigkeit, wegen Geistesschwäche oder wegen Bewusstseinsstörung nicht in der Lage ist, die Bedeutung einer von ihm abgegebenen Willenserklärung einzusehen und nach dieser Einsicht zu handeln.
576 Vgl. dazu Oertzen & Windeknecht, ZEV 2019, S. 8 ff.

genommen nicht ausreichend, sondern sollte regelmäßig durch eine Vorsorgevollmacht ergänzt werden.

Für Betreuungsverfügungen ist keine bestimmte Form vorgeschrieben. Aus Beweisgründen sollte diese aber zumindest in Schriftform, besser noch in notariell beglaubigter Form erfolgen. Damit das Dokument im Falle der Einleitung eines Betreuungsverfahrens auch auffindbar ist, empfiehlt es sich außerdem, die Betreuungsverfügung beim Zentralen Vorsorgeregister der Bundesnotarkammer registrieren zu lassen.

Die Vertretungsrechte des Betreuers unterliegen allerdings zahlreichen Beschränkungen: So kann er keine Verträge mit anderen Familienmitgliedern abschließen, was dann zum Problem wird, wenn der Betreuer zur engeren Familie gehört. In diesem Fall muss ein fremder Dritter zum Ergänzungspfleger bestellt werden. Zahlreiche Geschäfte, wie beispielsweise der Verkauf des Unternehmens oder von Grundstücken, bedürfen außerdem der Zustimmung des Familiengerichts. Zumeist sind dann langwierige Gespräche mit dem Familienrichter erforderlich, um diesen von der Notwendigkeit einer Maßnahme zu überzeugen. Hinzu kommt, dass ein Betreuer keine unentgeltlichen Übertragungen vornehmen darf und damit Schenkungen im Wege der vorweggenommenen Erbfolge nicht mehr möglich sind.

21.3.3 Die Vorsorgevollmacht

Diese Beispiele zeigen, dass es dringend zu empfehlen ist, von vornherein die Anordnung einer Betreuung zu vermeiden. Dies lässt sich am besten durch die Errichtung einer Vorsorgevollmacht erreichen. Im Unterschied zu einer Generalvollmacht spricht man von einer Vorsorgevollmacht dann, wenn eine Vertrauensperson nur für den Fall der persönlichen Entscheidungs- und Handlungsunfähigkeit bevollmächtigt wird. Das Gesetz schließt die Anordnung einer Betreuung aus, wenn dieselben Aufgaben von einem Vorsorgebevollmächtigten wahrgenommen werden können.[577] Der entscheidende Vorteil der Vorsorgevollmacht besteht darin, dass der Vollmachtgeber die Person des Bevollmächtigten frei wählen kann und dadurch wirtschaftlich unerfahrene Familienrichter und Rechtspfleger von Entscheidungsprozessen im Unternehmen fernhalten kann.

Für die Ausgestaltung einer Vorsorgevollmacht lassen sich folgende Leitlinien formulieren:

- Eine Vorsorgevollmacht muss umfassend sein und die Bereiche betriebliches Vermögen, Privatvermögen und persönliche Angelegenheiten, insbesondere Gesundheitsangelegenheiten, umfassen.

---

577 § 1814 Abs. 3 S. 2 Nr. 1 BGB; für eine Betreuung muss ein „konkreter Bedarf" vorliegen; dazu BGH, Beschluss v. 1. 4. 2015, ZEV 2015, S. 356.

- Eine Vorsorgevollmacht sollte aus Beweiszwecken notariell beurkundet sein und beim Zentralen Vorsorgeregister der Bundesnotarkammer registriert werden.
- Bei der Auswahl der Person des Bevollmächtigten sollte größtmögliche Sorgfalt verwendet werden. Wichtig sind persönliche Nähe, Vertrauen des Vollmachtgebers, fachliche Eignung und die Vermeidung von Interessenkonflikten. Bei der Wahrnehmung von Gesellschafterrechten sind die im Gesellschaftsvertrag enthaltenen Vertretungsregelungen zu beachten.
- Es sollte immer ein Ersatzbevollmächtigter benannt werden oder es sollten mehrere Bevollmächtigte benannt werden, die notfalls auch allein handeln können.
- Es empfiehlt sich, Kontrollmechanismen zu verankern. So kann man beispielsweise mehrere Personen in der Form bevollmächtigten, dass diese nur gemeinsam vertretungsberechtigt sind oder es kann eine Kontrollperson benannt werden.
- Im Außenverhältnis sollte eine Vorsorgevollmacht unbeschränkt sein. Im Innenverhältnis können inhaltliche Anweisungen gegenüber dem Bevollmächtigten getroffen werden, wie zur Zulässigkeit von Schenkungen oder Wünsche zur persönlichen Pflege, zum Aufenthalt in den eigenen Wohnräumen etc.
- Es sollte geregelt sein, ob der/die Bevollmächtigte(n) von den Beschränkungen des § 181 BGB befreit sind, d. h. Rechtsgeschäfte mit sich selbst tätigen können, was zum Fassen von Gesellschafterbeschlüssen in vielen Fällen dann notwendig ist, wenn der Bevollmächtigte selbst Gesellschafter desselben Unternehmens ist.
- Und es sollte festgelegt werden, in welchem Umfang Untervollmacht erteilt werden kann, was in der Regel zur Beauftragung von Steuerberatern, Vermögensverwaltern, Rechtsanwälten etc. unvermeidbar ist.

21.3.4 Die Patientenverfügung

Ergänzend zur Vorsorgevollmacht ist zu raten, eine Patientenverfügung zu verfassen. Hierunter versteht man eine Willenserklärung, gerichtet an behandelnde Ärzte, Pfleger oder Betreuer, in denen ein Patient festlegt, ob er in bestimmte „Untersuchungen seines Gesundheitszustands, Heilbehandlungen oder ärztliche Eingriffe einwilligt oder sie untersagt".[578] Üblich sind hierbei Regelungen zu lebensverlängernden Maßnahmen wie künstliche Beatmung, künstliche Ernährung, künstliche Flüssigkeitszufuhr, Verabreichung von Schmerzmedikamenten, zur Art und Weise einer Unterbringung in Kranken- und Pflegeheimen, zur Organspende etc.

Der Bundesgerichtshof hat durch eine Reihe von Beschlüssen für Verunsicherung gesorgt, wann eine solche Patientenverfügung tatsächlich die vom Patien-

---

578 § 1827 BGB.

ten gewünschte Bindungswirkung erzeugt.[579] Seither ist klar, dass pauschale Aussagen, wie „keine lebenserhaltenden Maßnahmen" zu wünschen, nicht ausreichend sind. Vielmehr müssen die jeweilige Behandlungssituation, die ärztlichen Maßnahmen und spezifische Krankheiten konkret dargestellt werden, um Bindungswirkung zu erzeugen. Bei der Abfassung einer Patientenverfügung empfiehlt es sich, fachkundigen Rat oder einen Arzt hinzuzuziehen und die Verfügung regelmäßig zu aktualisieren.[580]

21.4 Der Regelungsbedarf für verheiratete Gesellschafter

Weiteren Regelungsbedarf gibt es für Gesellschafter, die heiraten wollen. Seit der Einführung der „Ehe für alle" mit Wirkung zum 1. Oktober 2017 gelten dabei für gleichgeschlechtliche Ehen dieselben rechtlichen Voraussetzungen wie für eine Ehe zwischen Mann und Frau. Ehepartner, die keinen Ehevertrag abschließen, leben im gesetzlichen Güterstand der **Zugewinngemeinschaft.** Oftmals wird diese mit einer Gütergemeinschaft verwechselt, bei der das Vermögen beider Ehepartner zu gemeinsamem Vermögen wird. Tatsächlich handelt es sich bei der Zugewinngemeinschaft um eine Gütertrennung während der Ehezeit. Bei Beendigung der Ehe durch Scheidung oder Tod besteht allerdings die Verpflichtung, den während der Ehe erworbenen Zugewinn beider Ehepartner auszugleichen.

Dies bedeutet, dass während der Ehe grundsätzlich jeder Ehepartner nur für seine eigenen Verbindlichkeiten haftet. Im Falle der Insolvenz oder der Duldung von Zwangsvollstreckungsmaßnahmen dürfen die Gläubiger eines Ehepartners nicht auf das Vermögen des anderen Ehepartners zugreifen. Allerdings muss darauf geachtet werden, dass der andere Ehepartner nicht durch Schuldbeitritte oder Bürgschaften eigenständige Verpflichtungen gegenüber den Gläubigern eingeht. Der für Unternehmerehen früher vorherrschende Güterstand der Gütertrennung bringt deshalb haftungsrechtlich keine Vorteile gegenüber einer Zugewinngemeinschaft mit sich.

21.4.1 Der Zugewinn

Der entscheidende Unterschied liegt darin, dass bei Beendigung der Ehe im Güterstand der Gütertrennung ein Ausgleich des Zugewinns vermieden werden kann. Die Problematik eines solchen Zugewinnausgleichs besteht darin, dass

---

579 Vgl. BGH, Beschluss v. 6.7.2016, NJW 2016, S. 3297; BGH, Beschluss v. 8.2.2017, ZEV 2017, S. 335 (mit Anmerkung Müller); BGH, Beschluss v. 14.11.2018, ZEV 2019, S. 94 (mit Anmerkung Müller-Engels). Im zuletzt entschiedenen Fall ging es um die Frage, ob eine Patientin in einer Patientenverfügung hinreichend konkret ihren Willen zum Abbruch einer künstlichen Ernährung im Zustand eines irreversiblen Bewusstseinsverlustes geäußert hat. Dem Fall war ein jahrelanger Rechtsstreit zwischen Sohn und Vater der Patientin zur Durchsetzung des Wunsches auf Behandlungsabbruch vorausgegangen.
580 Vgl. hierzu Bundesministerium für Justiz und Verbraucherschutz, Patientenverfügung Leiden – Krankheit – Sterben, abrufbar unter *www.bmj.de/SharedDocs/Publikationen/DE/Patientenverfuegung.pdf* [Zugriff am 20.06.2024].

dieser im Falle der Scheidung sofort fällig und in Geld zu entrichten ist. Die Höhe des Zugewinnausgleichs wird ermittelt, indem das Anfangs- und das Endvermögen beider Ehepartner verglichen werden. Schenkungen oder Erbschaften, die ein Ehepartner während der Ehe erhalten hat, werden dem Anfangsvermögen zugerechnet und unterliegen damit an sich nicht dem Zugewinnausgleich. Dies gilt allerdings nicht für etwaige Wertsteigerungen während der Ehe.

> **Beispiel:**
> Hat etwa die Ehefrau zu Beginn der Ehe von ihren Eltern einen Gesellschaftsanteil im Wert von EUR 10 Millionen erhalten und steigt der Wert dieses Anteils bis zum Ende der Ehe auf EUR 50 Millionen, so ist bei ihr ein Zugewinn in Höhe des Differenzbetrages von EUR 40 Millionen entstanden, den sie hälftig mit ihrem Ehemann teilen muss.[581]

Dabei kann sie sich nicht darauf berufen, dass der Gesellschaftsvertrag im Falle des Ausscheidens eines Gesellschafters nur eine Abfindung in Höhe von 50 % des Verkehrswertes vorsieht. Für die Ermittlung des Werts des ehelichen Vermögens ist immer auf den Verkehrswert abzustellen.[582] Dasselbe gilt für alle anderen Anlageklassen wie Immobilien, Wertpapiere, Kunst, Antiquitäten, Oldtimer und anderes. Hier zeigt sich, warum ein solcher Zugewinn in einer Unternehmerehe so gefährlich sein kann, da er im schlimmsten Fall Gesellschafter eines Familienunternehmens dazu zwingt, ihren Firmenanteil zu veräußern, um den Zugewinnausgleichsanspruch des Ehepartners erfüllen zu können. Dies ist auch der Grund, warum alle guten Gesellschaftsverträge von Familienunternehmen ihren Gesellschaftern vorschreiben, im Falle einer Heirat einen solchen Zugewinnausgleichsanspruch durch einen Ehevertrag auszuschließen.

21.4.2 Die sog. modifizierte Zugewinngemeinschaft

Neben der Gütertrennung hat sich in den letzten Jahren für Unternehmer immer mehr der Güterstand der modifizierten Zugewinngemeinschaft etabliert. Dabei bleiben die Vorschriften über die Zugewinngemeinschaft grundsätzlich anwendbar, allerdings kann die Berechnung des Zugewinns abgeändert werden. So können etwa das Betriebsvermögen beider Ehepartner und sämtliche Schenkungen bzw. Erbschaften generell vom Zugewinnausgleich ausgenommen werden. Möglich ist aber auch, die Höhe des Zugewinns auf einen Höchstbetrag von beispielsweise EUR 2 Millionen zu deckeln. Eine andere Gestaltungsmöglichkeit besteht darin, den Zugewinnausgleich für den Fall der Scheidung komplett auszuschließen und nur für die Fälle der vertraglichen Beendigung

---

581 Etwaige inflationsbedingte Bereinigungen werden hierbei außer Acht gelassen.
582 Zur Bewertung von Unternehmen im Zugewinnausgleich vgl. Münch, DStR 2014, S. 806 ff.; kritisch zu der vom BGH entwickelten Bewertungspraxis der „modifizierten Ertragswertmethode" Ballhorn, König, NJW 2018, S. 1911.

des Güterstands oder der Beendigung durch Tod zuzulassen.[583] Der entscheidende Vorteil einer solchen Modifizierung liegt darin, dass der während der Ehe tatsächlich erzielte Zugewinn nicht der Erbschaftsteuer unterliegt.[584] Anders als in der Gütertrennung ist es deshalb in der modifizierten Zugewinngemeinschaft möglich, die Versorgung des überlebenden Ehepartners erbschaftsteuerfrei vorzunehmen. Dies gilt allerdings nur dann, wenn derjenige Ehepartner zuerst verstirbt, bei dem der höhere Zugewinn entstanden ist. Typischerweise besteht aber genau in dieser Konstellation ein Versorgungsbedürfnis des überlebenden Ehepartners, da es sich hierbei zumeist um den angeheirateten Ehepartner eines Gesellschafters handelt.

Ältere Ehepaare, die in jungen Jahren Gütertrennung vereinbart haben, überlegen oftmals auf Grund dieses erbschaftsteuerlichen Vorteils auch nach langer Ehedauer noch, in die modifizierte Zugewinngemeinschaft zu wechseln. Dabei stellt sich in der Praxis immer die Frage, ob ein solcher Wechsel auch rückwirkend auf den Beginn der Ehe möglich ist, um zu einem höheren Zugewinnausgleich gelangen zu können. Zivilrechtlich ist eine solche Rückwirkung unproblematisch möglich. Allerdings hat die Finanzverwaltung lange die steuerlichen Wirkungen einer solchen Rückwirkung nicht anerkannt. Nachdem die Finanzgerichte eine solche Rückwirkung jedoch gebilligt haben, wird diese heute auch von der Finanzverwaltung anerkannt, soweit der güterrechtliche Zugewinnausgleich geltend gemacht wird.[585] Allerdings darf in diesem Falle der überlebende Ehepartner weder Erbe noch Vermächtnisnehmer werden bzw. muss eine etwaige Erbschaft ausschlagen und gegenüber den Erben den Zugewinnausgleichsanspruch geltend machen. Dieser Zugewinnausgleich bleibt dann in voller Höhe steuerfrei und zwar auch für den Zeitraum, der rückwirkend vereinbart wurde.

21.4.3 Weitere Regelungen in einem Ehevertrag

Neben einer Regelung des Güterstands können Ehepartner in einem Ehevertrag auch Regelungen zum **nachehelichen Unterhalt** und zum **Versorgungsausgleich** treffen, d. h. zur Frage, in welchem Umfang die während der Ehe erworbenen Rentenanwartschaften auszugleichen sind. Aus Unternehmenssicht besteht keine zwingende Notwendigkeit solcher Regelungen.

Zwingend erscheint dagegen, dass ein Gesellschafter mit seinem Ehepartner eine **Pflichtteilsverzichtsvereinbarung** abschließt. Dies kann auch in Form eines gegenständlichen, auf das Betriebsvermögen beschränkten Verzichts erfolgen. Andernfalls kann die in den meisten Unternehmerfamilien gewollte Übertragung von Firmenanteilen auf die nächste Generation durch Pflichtteils-

---

583 Vgl. statt vieler: Milzer, Handbuch Eheverträge und Scheidungsvereinbarungen (9. Aufl. 2024), S. 106, dieser spricht von einer „denaturierten Minimal-Zugewinngemeinschaft".
584 Siehe § 5 ErbStG.
585 FG Düsseldorf, Urteil v. 14. 6. 2006, DStRE 2006, 1470; ErbStR 2019 R E 5.2. Abs. (2) Satz 4.

ansprüche überlebender Ehepartner gefährdet werden. Konfliktpotenzial besteht hier vor allem bei Patchwork-Familien.

21.5 Fazit

Es ist Teil einer jeden guten Family Governance, dass Gesellschafter von Familienunternehmen Vorsorge gegen private Schicksalsschläge treffen. Als solche gelten zu allererst der Tod, die Handlungs- und Geschäftsunfähigkeit und die Scheidung eines Gesellschafters. In der Praxis wurden geeignete vertragliche Instrumente entwickelt, um diesen Risiken weitestgehend zu begegnen. Die Nutzung dieser Instrumente gehört zum Pflichtenkreis eines jeden Gesellschafters eines Familienunternehmens. In Familienverfassungen und Gesellschaftsverträgen sollten diese Gesellschafterpflichten entsprechend verankert werden, um deren Bedeutung zu unterstreichen.[586]

---

586 Geeigneter Regelungsort für eine Güterstandsklausel ist der Gesellschaftsvertrag. Wohingegen Regelungen zur Abfassung eines Testaments sowie einer Vorsorgevollmacht besser in eine Familienverfassung bzw. Familiencharta aufzunehmen sind.

Louisa Klinghardt, Mark Pawlytta

22. Notfallvorsorge für Unternehmerfamilien

22.1 Einleitung

Familienunternehmen sind typischerweise sehr fest mit ihren Inhabern verbunden, was in der Intensität häufig über das Verhältnis von nicht familiengeprägten mittelständischen Unternehmen und ihren Anteilseignern hinaus geht. Familienunternehmer sind nicht nur prägend für die Geschäftsführung, sondern bei ihnen laufen alle Fäden des Unternehmens zusammen. Als Herz des Unternehmens trägt man stets Verantwortung, nicht nur für sich selbst, sondern auch für andere. Diese Verantwortung hört nicht auf, wenn der Inhaber plötzlich ausfällt. Denn hier gilt: Je bedeutender die eigene Rolle im Unternehmen ist, desto gründlicher sollte man sich auf den Ernstfall vorbereiten.

Ein Ausfall des Unternehmensinhabers kann schnell in eine Handlungsunfähigkeit des Unternehmens umschlagen. Eine fehlende Notfallvorsorge könnte die Entscheidungsfähigkeit der Geschäftsführung lähmen und das Unternehmen zum Stillstand bringen. Gefahren können aus einer verzögerten Auftragserfüllung, aus einer fehlenden Akquise von Neukunden und -aufträgen oder aus dem Verlust von Bestandskunden und der Reputation drohen.

Dennoch zeigt die Erfahrung aus der Praxis, dass viele Unternehmerfamilien keine oder keine ausreichende Notfallvorsorge getroffen haben, und zwar ganz unabhängig davon, ob es sich um kleine, mittlere oder große Unternehmen handelt. Was in der Praxis auch auffällt: Wenn Unternehmerfamilien bereits eine gute Notfallvorsorge getroffen haben, wird dies häufig mit schlechten Erfahrungen aus der Vergangenheit erklärt, die oben beschrieben wurden. All diese Erfahrungen der eigenen und der vorherigen Generationen zeigen somit, wie wichtig es für Familienunternehmen und ihre Eigentümer ist, für den Notfall vorzusorgen und damit nicht nur die eigene Familie abzusichern, sondern auch die mit dem Unternehmen verbundenen Arbeitsplätze. Eine individuelle Notfallvorsorge sollte deswegen immer zum Rüstzeug für verantwortungsvolle und vorausschauende Unternehmerfamilien gehören.

22.2 Überblick Notfallvorsorge

Der Begriff Notfallvorsorge lässt sich recht einfach erklären: Unter einem Notfall versteht man den plötzlichen und überraschenden Ausfall eines Unternehmensinhabers. Das kann z.B. unfall- oder krankheitsbedingt sein, sodass der Unternehmensinhaber nicht mehr ansprechbar, also geschäftsunfähig ist. Aber auch Entführungsfälle und andere Unwägbarkeiten eines erfolgreichen Unternehmerlebens haben schon zu einem solchen Notfall geführt. Dieser kann von kurzer Dauer sein oder sich über einen längeren Zeitraum – im schlimmsten Fall bis zum Tod der Person – hinziehen. Solche Vorfälle sind so genannte vorsorgerelevante Notfälle. Gerade Krankheitsfälle mit einer aufwendigen und zeitintensiven Pflege des Betroffenen sind eine psychische Belastung für die ganze Familie. Eine ausreichende Vorsorge bietet daher sowohl für das Unternehmen Sicherheit als auch für die Familie eine große Entlastung. Im Kern besteht die Vorsorgeplanung aus der Erteilung ausreichender Vorsorgevollmachten, dem Verfassen eines Testaments, dem Abschluss eines Ehevertrages sowie der Vermeidung eines Informationsvakuums für das Unternehmen und die Familie.

Insgesamt erfüllt eine gute Notfallvorsorge also drei primäre Funktionen. Sie sorgt erstens in allen Situationen für die Handlungsfähigkeit des Unternehmens. Die Geschäfte laufen weiter, Gehälter können gezahlt und Verpflichtungen eingehalten werden. Zweitens schafft eine umfassende Notfallvorsorge Klarheit in der Eigentümerfamilie. Natürlich kann eine Entscheidung für oder gegen eine Person zu Konflikten führen. Eine gute Notfallvorsorge kann diese aber auch gleichzeitig entschärfen. Denn eine klare Linie, die schon früh mit den Familienmitgliedern und anderen Beteiligten kommuniziert wird, weckt keine falschen Vorstellungen oder Hoffnungen, das Stichwort kann hier „Erwartungsmanagement" lauten. Und drittens verschafft eine klare und pragmatische Nachfolge- und Notfallvorsorge auf psychologischer Ebene ein gutes Gefühl und eine gewisse innere Ruhe, hat man doch ein unangenehmes Thema professionell und gut erledigt.

22.3 Sicherstellung der Handlungsfähigkeit für Unternehmen und Privatvermögen

Der plötzliche Ausfall der Unternehmensführung, ob durch Unfall oder Krankheit, sorgt oft für Unruhe im Betrieb. Wer an umfangreichen Vorsorgeregelungen gespart hat, sieht sich meist den unangenehmen Folgen dieser Vernachlässigung für das Unternehmen ausgesetzt. Im Kern geht es hierbei um die Frage der Handlungsfähigkeit des Betriebs.

Erleidet der geschäftsführende Alleingesellschafter einer GmbH beispielsweise einen Autounfall und liegt daraufhin mehrere Tage oder Wochen im Koma, ist er selbst nicht mehr geschäftsfähig. Der GmbH fehlt für diesen Zeitraum eine funktionierende Geschäftsführung. Etwaige Prokuren und Handlungsvollmachten der Mitarbeitenden können den Ausfall lediglich zeitweise überbrücken.

Zur Aufrechterhaltung dieser Handlungsfähigkeit bietet es sich an, ausgewählte Vertrauenspersonen mit Vollmachten auszustatten, die Entscheidungen treffen können, wenn der Unternehmer hierzu nicht mehr selbst in der Lage ist. Je nach Struktur und Bedarf kann es sich hierbei um eine Generalvollmacht für jeden Lebensbereich handeln. Denkbar sind auch getrennte Vollmachten für private und unternehmerische Angelegenheiten. Oft bietet es sich an, nicht nur zwischen Vollmachten für sein Privatvermögen und dem Unternehmensvermögen zu unterscheiden. Es kann sinnvoll sein, für bestimmte, weitere Bereiche getrennte und eigenständige Vollmachten zu erteilen. So gibt es in der Praxis häufig Vorsorgevollmachten nur für gesundheitliche Aspekte, während für Vermögensangelegenheiten eine separate Vorsorgevollmacht errichtet wird. Das kann selbst dann sinnvoll sein, wenn es sich um denselben Bevollmächtigten handelt. Eine Bank muss z. B. bestimmte Vorgaben für gesundheitliche Themen nicht kennen. Auch kann es sinnvoll sein, für private und geschäftliche Angelegenheiten verschiedene Vertrauenspersonen zu bevollmächtigen. Darüber hinaus besteht die Möglichkeit, eine nach außen hin umfassende Vollmacht im Innenverhältnis zu beschränken, deren Nichtbefolgung zur Schadensersatzpflicht des Bevollmächtigten führt. Wenn ein Bevollmächtigter weiß, dass er sich später gegenüber den Erben des Vollmachtgebers erklären muss, kann dies einem etwaigen Missbrauch der Vollmacht „den Wind aus den Segeln" nehmen.

Eine Regelung im Innenverhältnis bietet sich insbesondere an, wenn mehrere Personen bevollmächtigt werden und deren Pflichten und Befugnisse klar definiert und abgegrenzt werden sollen. In den meisten Fällen empfiehlt sich die Erteilung einer sogenannten transmortalen Vollmacht, die über den Tod hinaus anwendbar ist. Durch diese wird die Handlungsfähigkeit gesichert, auch wenn noch kein Erbnachweis vorgelegt werden kann.

Zu beachten ist, dass eine wirksam erteilte Vollmacht die Bestellung eines Betreuers für den Bereich, für den sie gilt, ausschließt. Wer demzufolge über eine Generalvollmacht verfügt, kann grundsätzlich jegliche Entscheidungen allein treffen. Dies gilt jedoch nicht für den Fall, dass eine Vollmacht wegen Verstoßes gegen ein gesetzliches Verbot unwirksam ist. In diesem Fall ist die Bestellung eines Betreuers nicht ausgeschlossen. In allen anderen Fällen hat der Bevollmächtigte die Entscheidungsgewalt. Selbst wenn dem Gericht sein Handeln missfällt, kann es nicht einen Betreuer mit der Begründung bestellen, sein Handeln wäre für den Fall besser geeignet. Der Wille des Betroffenen hat hier Vorrang. Es ist allenfalls denkbar, einen sogenannten Kontrollbetreuer zu bestellen, der den Bevollmächtigten überwacht.

Schließlich sei noch die Patientenverfügung erwähnt. Bei ihr handelt es sich nicht um eine Vollmacht. Eine Patientenverfügung ist eine schriftliche Handlungsanweisung in gesundheitlichen Angelegenheiten. Sie beinhaltet Erklärungen, die man im Normalfall selbst dem Arzt sagen würde. Wenn man gesundheitlich hierzu nicht in der Lage ist, soll die Patientenverfügung also helfen, zu verstehen, wie man medizinisch behandelt werden möchte. Damit richtet sich die Patientenverfügung streng genommen an Ärzte und das behandelnde Krankenhaus. Einem Bevollmächtigten oder, wenn man keine Vorsorgevollmacht errichtet hat, einem gerichtlich bestellten Betreuer kommt dann die Aufgabe zu, dem in der Patientenverfügung erklärten Behandlungswillen zur Durchsetzung zu verhelfen. In der Praxis werden in der Patientenverfügung nicht nur „normale" medizinische Behandlungsanweisungen und -wünsche aufgeschrieben. Viele schreiben in der Patientenverfügung vor allem fest, wie sie in einem Sterbeprozess behandelt werden wollen. So finden sich oft Erklärungen, ob der Sterbende noch medizinisch voll versorgt oder nur noch palliativ behandelt werden möchte. Ein häufiger Wunsch ist es, nicht unter allen Umständen künstlich ernährt zu werden, um ein langes Leiden zu vermeiden, obwohl es sehr wahrscheinlich ist, dass der Sterbeprozess nach Einschätzung der medizinischen Experten unumkehrbar ist. Für viele Menschen liegt darin sogar die Hauptbedeutung einer Patientenverfügung.

Wichtig ist jedoch die Erkenntnis, dass eine Patientenverfügung für alle medizinischen Anweisungen verwendet werden kann und nicht nur in einem Sterbeprozess sinnvoll ist. Sie soll nur in der Zeit helfen, in der man nicht in der Lage ist, die medizinischen Erklärungen selbst abzugeben. Damit wird auch deutlich, dass eine Patientenverfügung nicht zwingend erforderlich ist, um die Handlungsfähigkeit eines Unternehmens oder der Familie im Notfall sicherzustellen, mag sie auch sehr nützlich sein.

22.4 Testament und Pflichtteilsverzichte

Ein weiteres wichtiges Element für eine Notfallvorsorge ist eine gelungene Nachfolgelösung. Diese besteht aus mehreren Bausteinen, die im Idealfall perfekt ineinandergreifen.

Dem Testament kommt hierbei eine besondere Bedeutung zu. Es ist ratsam, genau festzulegen, wer Erbe wird und wer die Firmenanteile erhält. Bei mehreren Erben bildet sich eine Erbengemeinschaft. Eine Erbengemeinschaft birgt jedoch einige Risiken, denn bei Kapitalgesellschaften muss z. B. jede relevante Maßnahme auf Gesellschafterebene, die das Unternehmen betrifft, mit den Miterben abgestimmt werden. Bei Unstimmigkeiten der Erben kann dies zur Lähmung des Unternehmens führen.

Ein unterschätztes Risiko bei einer Erbengemeinschaft ist die Ausübung der Stimmrechte. Diese müssen bei vielen Rechtsformen von Gesellschaften von der Erbengemeinschaft einheitlich ausgeübt werden. Familiäre Konflikte und insbesondere ein aufgestauter Groll aus der Vergangenheit können zum Stolperstein für das Unternehmen werden und dieses im schlimmsten Fall entscheidend blockieren.

Viele Unternehmer scheuen die Errichtung eines Testaments, gerade auch wegen des Konfliktpotenzials. Denn die Entscheidung für einen Begünstigten kann auch zur Folge haben, dass die Entscheidung gegen einen anderen auf Missgunst trifft. Die Erfahrung zeigt jedoch, dass kein Testament zu errichten auch keine Lösung ist, da in den meisten Fällen die gesetzliche Erbfolge zu vielen Konflikten führt. Es ist natürlich nicht so, dass Unternehmerfamilien solche Schwierigkeiten nicht erkennen würden. In vielen Fällen errichten Unternehmer aber noch kein Testament, weil eventuelle Nachfolger noch zu jung, nicht hinreichend ausgebildet sind oder es unklar ist, wer überhaupt die Nachfolge im Unternehmen antreten möchte. Für solche Fälle kann jedoch das Konstrukt der Testamentsvollstreckung helfen. Der Testamentvollstrecker ist eine Person des Vertrauens, die zugleich unternehmerisch geeignet ist und im Idealfall das Unternehmen auch schon kennt. Diese Person kann den Nachlass für die

Nachfolger verwalten, bis diese alt genug sind. Währenddessen kann auch eine nötige Abfindungslösung für die Abkömmlinge entwickelt werden, die nicht für eine Nachfolge geeignet sind oder es auch nicht wollen. Schlussendlich ist auch wichtig, dass die Anordnungen im Testament zu den im Gesellschaftervertrag festgelegten Grundsätzen passen.

Ein weiterer wichtiger Baustein ist ein Pflichtteilsverzicht naher Angehöriger, um im Erbfall überraschende Liquiditätsabflüsse des Unternehmens zu vermeiden. Ein Pflichtteilsverzicht führt in der Praxis oft zu Widerständen und Angst der Erben. Seit langem hat die Praxis jedoch Gestaltungen entwickelt, die für beide Seiten, also für den Unternehmensinhaber und den weichenden Erben, angemessene Lösungen bieten.

Ohne spezielle Sondervereinbarungen bewirkt der „normale" Pflichtteilsverzicht, dass der Erbe keinen Anspruch auf einen Pflichtteil hat. Dies bedeutet jedoch nicht, dass der Erbe nichts erhalten darf, denn sein Erbrecht bleibt unberührt. Er kann also im Testament als Erbe eingesetzt werden, auch wenn er vorher auf seinen Pflichtteil verzichtet hat. Ebenfalls ist es möglich, dem Erben eine Abfindung für den Pflichtteilsverzicht zu zahlen. Dies kann gestaffelt erfolgen, und auch beschränkte Verzichte sind denkbar und in der Praxis beliebte Kompromisse.

Der Unternehmer kann auf Basis eines guten Pflichtteilsverzichts die Anteile bzw. das Unternehmen komplett auf eine Person übertragen, und zwar in dem Wissen, dass nach seinem Tod diese nicht allein deshalb verkauft werden müssen, um den Pflichtteil an einen gesetzlichen Erben zahlen zu können. Dies ist besonders für ein Familienunternehmen wichtig, bei dem ein Verkauf von Anteilen oder sogar der Verkauf des ganzen Unternehmens die Aufgabe eines Lebenswerks bedeuten würde. Bei der Absicherung des Familienunternehmens reicht es, wie oben schon erwähnt, oft aus, einen Pflichtteilsverzicht auf das Unternehmen oder den Anteil an dem Unternehmen zu beschränken.

Es ist jedoch zu beachten, dass trotz Testament die Erteilung einer guten Vollmacht essenziell ist. Denn es kann häufig viele Monate dauern, bis das Testament eröffnet und der Erbschein erteilt wurde. Während dieser Zeit können die Geschäfte von einem Bevollmächtigten verwaltet werden. Das Unternehmen bleibt in dieser schwierigen Zeit so weiter handlungsfähig.

22.5 Der richtige Ehevertrag

Ein wichtiger Baustein der Vorsorgeplanung ist auch ein Ehevertrag. Im Falle einer Scheidung fragen sich viele, welche Rechte ihnen zustehen und ob sie etwas von ihrem Ehepartner erhalten. Ein passender Ehevertrag kann hier die nötige Abhilfe schaffen: In einem Ehevertrag können die Partner sich beispielsweise darüber einigen, ob im Falle einer Scheidung ein Zugewinnausgleich durchgeführt werden soll. Das gilt auch für die Frage, ob bei der Ermittlung des Zugewinnausgleichs das Unternehmensvermögen ganz oder teilweise einzubeziehen ist. Hierbei sollte beachtet werden, dass ein zu hoher Zugewinnausgleichsanspruch die Liquidität eines Unternehmens gefährden kann. Wer sein Vermögen und insbesondere sein Unternehmen schützen möchte, ohne auf die steuerlichen Vorteile zu verzichten, sollte daher einen Ehevertrag in Betracht ziehen. Dabei genügt es bereits, erste Regelungen, die den Vermögensschutz betreffen, in den Ehevertrag aufzunehmen, um unerwünschte Folgen des Zugewinnausgleichs abzuändern. Im Rahmen der sogenannten modifizierten Zugewinngemeinschaft kann beispielsweise der Zugewinnausgleich für bestimmte Situationen ausgeschlossen oder es können spezielle Vermögenswerte von Ausgleichsansprüchen herausgenommen werden. Es bedarf zu Anfang der Ehe gerade nicht einer Gütertrennung, da bereits der gesetzliche Güterstand der Zugewinngemeinschaft auch ein Güterstand der Gütertrennung ist, denn das Vermögen der Eheleute wird nicht deren gemeinschaftliches Vermögen. Durch kluge Gestaltung kann man steuerliche Vorteile sichern und Zahlungsrisiken für das Unternehmen verhindern. Die Möglichkeit einer späteren Güterstandsschaukel sollte bei der Nachfolgeplanung ebenfalls berücksichtigt werden.

Sinnvoll kann es auch sein, in einem Ehevertrag Regelungen zum Unterhalt und zum Versorgungsausgleich zu treffen. Das wird vor allem dann relevant, wenn das unternehmerische Vermögen in Zeiten der Ehe sowohl aufgebaut wurde als auch erheblich an Wert gewonnen hat.

22.6 Wann ist der richtige Zeitpunkt?

Viele Unternehmer denken bei dem Wort „Vorsorge" an etwas, was erst spät im Leben, vielleicht sogar erst im höheren Alter betrieben werden muss. Dies kann jedoch zu einem gefährlichen Irrtum werden. Testamente, Eheverträge, Pflichtteilsverzichte und Vollmachten sollten bereits früh vorhanden sein, insbesondere wenn es Abkömmlinge gibt. Sind diese bereits verheiratet und sollen erst später eine Beteiligung am Unternehmen erwerben, sollten auch diese Abkömmlinge an ein Testament und einen Ehevertrag denken. Es empfiehlt sich, spätestens bei Erwerb einer solchen Beteiligung mit einem Testament, einem Ehevertrag und gegebenenfalls weiteren erbrechtlichen Verträgen für die eigene Nachfolge vorzusorgen, mag es gerade auch junge Neugesellschafter befremden, schon bei Aufnahme in die Gesellschaft Entscheidungen für das erbrechtliche Ausscheiden zu treffen. Weder das Erbrecht noch das Erbschaftsteuerrecht nehmen auf den Umstand des „frischen" Eintretens in ein Unternehmen Rücksicht. Wer als Unternehmensinhaber ganz auf Nummer sicher gehen und jegliches erbrechtliche Risiko ausschließen möchte, verlangt von seinen volljährigen Kindern sogar schon dann ein Testament, wenn diese zwar in das Unternehmen aufgenommen werden sollen, aber noch nicht Gesellschafter sind. Denn die Praxis hat gezeigt: Stirbt ein Unternehmer und kurze Zeit später auch sein Kind, zum Beispiel aufgrund des gleichen Unfalls, so erbt möglicherweise dieses Kind die Unternehmensbeteiligung für einige Tage oder gar nur einige Stunden, ohne selbst noch in der Lage zu sein, ein professionelles Testament zu errichten. Ist dieses Kind verheiratet, aber noch ohne eigene Kinder, würde dessen junger Ehepartner ¾ der Unternehmensbeteiligung erben. Unabhängig davon, ob dem länger lebenden Ehepartner nach dem Gesellschaftsvertrag diese Beteiligung oder „nur" eine Abfindung zusteht, so ist häufig beides von der Unternehmerfamilie nicht gewollt. Wer also auch ein solches Risiko ausschließen möchte, sollte mit seinen Kindern bereits frühzeitig über die Notwendigkeit sprechen, ein Testament zu errichten.

Es müssen nicht alle Vorsorgedokumente bei Eintritt in ein Unternehmen in perfekter Ausgestaltung vorhanden sein. So mag es erst einmal genügen, wenn eine passende Vollmacht zur Vermeidung der Handlungsunfähigkeit und ein Testament vorhanden sind, die zumindest die gröbsten, unerwünschten Folgen vermeiden. Das Bessere ist bekanntlich Feind des Guten. Der Anspruch an sich selbst, die Nachfolge perfekt zu lösen und zudem alle familiären Konflikte zu vermeiden, führt in der Praxis zu der Gefahr, sich mit diesen Themen lieber gar nicht zu beschäftigen und auf später zu verschieben. Bereits wenige Maßnahmen können jedoch im Notfall einen großen Effekt erzielen, ganz nach dem Motto: „Eine solide Nachfolgeregelung ist besser als keine". Es ist ratsam, die gefundene Lösung alle drei Jahre zu überprüfen und dann anzupassen oder zu verbessern. Das kann Hemmnisse abbauen, mit der Nachfolgeplanung überhaupt anzufangen.

22.7 Auslandssachverhalte

Es kommt nicht selten vor, dass Unternehmer auch in anderen Staaten aktiv sind. Ihre Verbindungen sind oft vermögensrechtlicher Natur, was sich in Form von Immobilien, Unternehmensbeteiligungen oder aber auch Kontenvermögen zeigt. Jedoch können sich auch aus dem gewöhnlichen Aufenthalt und dem Wohnsitz eines Beteiligten oder aus seiner Staatsangehörigkeit der Bezug zum Ausland ergeben. Ob die Auslandsberührung aufgrund einer internationalen Ehe, eines Zweitwohnsitzes im Ausland oder des geplanten Wegzugs besteht: Sie müssen alle wohl überlegt sein.

Die Beteiligten sollten bei ihrer Vorsorgeplanung sowohl die rechtlichen als auch steuerlichen Komponenten ihrer Heimat und des Ziellandes berücksichtigen. Ihre Überlegungen sind anhand von rechtlichen und mitunter auch steuerlichen Kollisionsnormen und Verträgen, die zwischen den betroffenen Staaten regeln, welche Rechtsordnung für welchen Aspekt heranzuziehen ist, zu messen.

Dabei kennt nicht jede Rechtsordnung die für uns in Deutschland typischen Rechtsinstitute und -möglichkeiten. Dies gilt beispielsweise für das bei vielen deutschen Ehepaaren beliebte gemeinschaftliche Ehegattentestament, mit dem der erstversterbende Ehegatte den länger lebenden Ehegatten als Alleinerben und der länger lebende Ehegatte anschließend die gemeinsamen Kinder als Schlusserben einsetzt (sog. Berliner Testament). Die Folge eines Auslandsbezugs kann hier sein, dass eine entsprechende Regelung vom Staat, in dem das Vermögen liegt, nicht anerkannt wird und somit auch nicht umsetzbar ist. Dies macht letzten Endes eine ausgereifte Notfallplanung unverzichtbar.

22.8 Notfallkoffer und Informationsmanagement

Ob Vollmachten, Patientenverfügungen, Testament oder Ehevertrag – viele Unternehmerfamilien verfügen über solche Dokumente und bewahren sie an einem sicheren Ort auf. Doch was ist, wenn der Unternehmensführung plötzlich etwas zustößt und keiner weiß, wo sich die genannten Unterlagen befinden? Gerade in solchen Momenten müssen die Hinterbliebenen in kürzester Zeit zahlreiche Fragen beantworten und schnell handeln. Wer dann über einen gut gefüllten Notfallkoffer verfügt und seinen Ablageort kennt, ist klar im Vorteil.

Ein Notfallkoffer beinhaltet idealerweise alle Dokumente, die eine reibungslose Fortführung des Unternehmens gewährleisten. Hiervon umfasst sind unter anderem Vertretungspläne, Handlungsanweisungen, Vollmachten, eine Dokumentenmappe mit Passwörtern und Bankverbindungen sowie Kopien von Versicherungen. Ist der Koffer vollständig, sollte der Unternehmer eine ihm vertraute Person benennen, welche im Notfall weiß, was zu tun ist und wo sich der Koffer befindet. Darüber hinaus sollte sich diese Person auch mit den operativen Themen des Unternehmens auskennen. Hierzu gehört beispielsweise die Kenntnis darüber, welche Kunden betreut werden und welche Projekte aktuell besonders wichtig sind. In diesem Zusammenhang schadet es nicht, dieser Person einen Überblick über die Markt- und Wettbewerbssituation zu geben und sie eng in die internen Prozesse mit einzubeziehen.

Auch der sog. „Digitale Nachlass" darf nicht vernachlässigt werden. Es sollte von vornherein geklärt werden, wer im Notfall auf Onlinepräsenzen und digitale Passwörter Zugriff hat und diese verwalten soll. Für die Erstellung des Notfallkoffers bietet es sich dabei an, eine Checkliste anzulegen und so alle wichtigen Dokumente und Handlungen auf einen Blick zu haben. Abschließend sei noch der Hinweis erlaubt, dass der Notfallkoffer als Bild im übertragenen Sinne verstanden wird. Jede Art von Sammlung und Lagerung der notfallrelevanten Informationen und Dokumente, die eine gewisse Sicherheit bieten, aber auch einen raschen Zugriff ermöglichen, ist sinnvoll und geeignet.

22.9 Zusammenfassung

Unternehmerfamilien scheuen oft vor der Nachfolgeplanung zurück. Denn eine gründliche Nachfolgelösung kann unter Umständen psychologisch, aber auch ökonomisch herausfordernd sein. In der Tat gibt es viele knifflige Fragen, wie etwa die Entscheidung, ob alle Kinder oder nur eines von ihnen in das Unternehmen nachfolgen darf. Doch besonders bei Familienunternehmen gilt: Wer sein Lebenswerk schützen will, muss früh mit einer guten Notfallvorsorge beginnen, die rechtliche und steuerliche Aspekte berücksichtigt. Zum Standard-Repertoire einer individuellen Notfallvorsorge sollten Vollmachten, ein Testament und ein Ehevertrag gehören. Eine Patientenverfügung kann sinnvoll sein, gehört aber nicht zu den zwingend wichtigen Dokumenten, um die Handlungsfähigkeit des Unternehmens sicherzustellen. Oft reicht es auch erst einmal aus, eine praktikable Übergangslösung zu finden, bevor zu lange nach der perfekten

Lösung gesucht wird. Die Übergangslösung kann alle zwei bis drei Jahre überprüft und modifiziert werden. Neben rechtlichen Lösungen und den wichtigsten Unterlagen sollten Unternehmerfamilien auch ein gutes Informationsmanagement im Blick behalten. Informieren Sie die Personen Ihres Vertrauens, wo die Unterlagen verwahrt werden, damit diese wissen, was im Notfall zu tun ist. Mit einer vorausschauenden Planung lassen sich Gefahren für das Unternehmen und die Unternehmerfamilie vermeiden.

Hermut Kormann, Tom A. Rüsen

23. Vermögensstrategie der Unternehmerfamilie

23.1 Das Thema

23.1.1 Das gesamte Vermögen

Dieses Kapitel nimmt das gesamte Vermögen der Eigentümerfamilie(n) eines Familienunternehmens in den Blick. Vermögen bedeutet in finanzieller Hinsicht ein Vorrat an Mitteln, der aktuell nicht zur Deckung des laufenden Lebensunterhalts gebraucht wird. „Vermögen ist mehr als Geld"[587]; „Vermögen ist Fähigkeit", betont Fritz von Metzler.[588] Vermögen bedeutet die erhöhte Befähigung, etwas persönlich bewirken zu können. Voraussetzung für dieses nachhaltige Wirkungspotenzial ist aber, dass man sich um die positive Entwicklung des Vermögens kümmert.

Unser Thema geht um dieses Kümmern, indem die angemessenen Strukturen für das Vermögen gestaltet werden. Es soll ausgelotet werden, welche Maximen für die Strukturierung des Vermögens entwickelt werden können. Dabei wird von vornherein angenommen, dass diese Maximen spezifisch für die unterschiedlichen Entwicklungsstadien des Unternehmens und für die wirtschaftliche Charakteristik des jeweiligen Familienunternehmens sind.[589] Um die Breite der Themenstellung zu erfassen, gehen wir in dieser Analyse vom Typus eines größeren Mehrgenerationen-Familienunternehmens aus. Es ist aber zu betonen, dass die hier behandelten grundsätzlichen Fragestellungen sich für das KMU-Familienunternehmen ebenso in voller Brisanz stellen. Für den Familienunternehmer mit einem Handwerksbetrieb von 12 Mitarbeitern ist die Finanzierung der Altersversorgung die primäre Herausforderung des Vermögensmanagements. Damit dies gelingt, muss entweder das Unternehmen verkauft werden – vielleicht an die Familiennachfolger – oder ein Sekundärvermögen aufgebaut werden – rechtzeitig und langfristig.

Seit der ersten Auflage dieser Schrift konnten wir die vorgetragenen Konzepte in Kreisen der Familienunternehmer intensiver diskutieren. Dieser Erfahrungsaustausch zeigte ein großes Interesse an dem Thema und ergab viele interessante Ansätze, die in der Praxis bereits umgesetzt werden.

Vorab ist es notwendig abzugrenzen, was überhaupt gestaltet wird. Zunächst klammern wir die Besitzgüter aus, die nicht dazu dienen, einen finanziellen Nutzen zu erzielen. Hierher gehören Kunstgegenstände, Freizeitgüter usw. Dann klammern wir das Privatvermögen der einzelnen Familienmitglieder aus, das wohl grundsätzlich einen finanziellen Ertrag erzielen sollte, auch wenn dies „nur"

---

587 Druyen (2011).
588 V. Metzler (2008), S. 21.
589 Molly et al. (2012).

Teil D: Das Eigentum und rechtliche Grundlagen verstehen

in der Krisenabsicherung oder in langfristigem Werterhalt liegt. Die Verwaltung dieses Privatvermögens ist in der individuellen Verantwortung. Es kann aber sein, dass hierfür Servicefunktionen des Unternehmens in Anspruch genommen werden. Für größere Gesellschafterkreise und größeres Vermögen kann eine solche Servicefunktion auch in einem Family Office institutionalisiert sein.

Wir kommen somit zu der in Abbildung 46 wiedergegebenen Struktur des Vermögens einer Unternehmerfamilie.

Vermögen der Unternehmerfamilie (ohne Privatvermögen)*				
Nutzenorientiertes Vermögen				Besitz ohne finanziellen Nutzen
In der Gesellschaft gebundenes Vermögen			Individuelles Vermögen	
Unternehmervermögen	Sekundärvermögen			

Abbildung 46: Grobgliederung des Vermögens in Unternehmerfamilien.
Quelle: Eigene Darstellung
* Diese Strukturierung übernimmt eine Konzeption von Rüsen et al. (2019a) und entwickelt sie mit weiteren Untergliederungen fort. Quelle: Eigene Darstellung

Wir nehmen im Folgenden nun das für die gesamte Unternehmensfamilie gebundene Vermögen in den Blick, das grob gegliedert werden kann in:

- Ursprungsunternehmen (primäre Vermögensquelle)
- Sekundärvermögen, welches in zwei Untergruppen mit unterschiedlichen Zwecksetzungen zu gliedern ist, nämlich
  a) sicherheitsorientierte Anlage und
  b) wachstumsorientierte Anlage.

Abbildung 47 gibt eine Übersicht.

Vermögen der Unternehmerfamilie (ohne Privatvermögen)							
Element	Unternehmensvermögen	Sekundärvermögen					
		Sicherheitsorientiert				Wachstumsorientiert	
		a	b	c	d	e	f
Zweck	Wohlstandsgenerierung durch Unternehmertum	Altersversorgung	Vorsorge für Vermögensübergang	Notfallvorsorge	Risikohedging	Optimierung von Vermögen und Steuern	Zukunftsorientierte Wertentwicklung
Inhalte	Ursprungsunternehmen und evtl. weitere Unternehmen	Sicherheitsorientierte Rendite, Versicherung	Liquidität in stabilen, transferierbaren Währungen		Stabilität, politisches Risiko	Landwirtschaft und Forsten, Start-up, Kunst, Rohstoffe	Portfolio-Fonds, unternehmerische Beteiligungen
Anlagelogik*	Langfristige, wertorientierte Unternehmensentwicklung; Diversifikation	Liquiditätsorientiertes „Vermögensschutz-Portfolio" für definierte Volumina			Sicherheitsorientiertes Portfolio mit definierten Volumen	„Wunschportfolio"	Marktorientiertes Portfolio

* Angelehnt an Chhabra (2005).

Abbildung 47: Breite der Zwecke, Inhalte und Anlagemaximen.
Quelle: Eigene Darstellung

23. Vermögensstrategie der Unternehmerfamilie

Im Einzelnen bietet sich folgende Differenzierung der Zwecke an:

a) Die erste Anforderung ist die Finanzierung der Altersversorgung der Senioren. Auch wenn das Unternehmen eine Pensionszusage gemacht hat, ist diese möglicherweise durch eine Rückversicherung zu unterlegen. Für die Absicherung der Altersversorgung eignen sich auch die unter d) angesprochenen langfristig stabilen Vermögensanlagen.

b) Die zweite Gruppe des Finanzbedarfs sind die Aufwendungen beim Vermögenstransfer auf die nächste Generation. Hier ist die Höhe in etwa bestimmbar, es muss dann aber der ungewisse zeitliche Anfall planbar gemacht werden. Dazu sind lebzeitige Gestaltungsprozesse unabdingbar. Für die Umsetzung dieser Planung braucht man frei verfügbare Liquidität.

c) Sodann ist an einen Notfallfonds für unvorhergesehene Finanzbedarfe, z. B. wegen der Versorgung der Gesellschafter in einer Wirtschaftskrise oder wegen der Kündigung eines Gesellschaftsanteils, zu denken.

d) Je höher das Risiko des Geschäftsmodells oder des Standorts des Ursprungsunternehmens einzuschätzen ist, desto wichtiger ist es, die risikokongruent hohen Gewinne in risikoausgleichende Anlagen zu investieren. Man denke hier an die Investitionen deutscher Unternehmer in den Zeiten des Kalten Krieges in Immobilien in Kanada. Ein Unternehmer, dessen Gewinnquellen in den Krisenzonen des Nahen Ostens oder Afrikas liegen, hat gleichsam die Pflicht, in einen „sicheren Hafen" zu investieren.

e) Ein ganz anders gearteter Zweck ist es, eine langfristig wertgesicherte Anlage bei begrenzten Renditechancen, aber vielleicht Zusatzvorteilen bei der Erbschaftsbesteuerung oder bei einer eventuell notwendigen Teilung des Vermögens aufzubauen.

f) Der vierte, nach oben hin „offene" Finanzbedarf, entsteht, wenn die Gesellschafter ihre Anlage in neue, wachstumsstarke Wirtschaftsbereiche verlagern wollen. Hierzu gehören Investitionen in Start-ups und in dynamischen, neuen Branchen.

Damit kommen wir zu all den Vermögensteilen, für die eine Zweckbindung durch die Gemeinschaft der Eigentümerinnen eines Familienunternehmens besteht. Dieses gemeinschaftlich gebundene Vermögen entwickelt sich und differenziert sich nach der Zwecksetzung im Laufe der Zeit. Hierfür gab es von vornherein meist noch keinen Masterplan. Zunächst geht es ja um das Überleben des „Ursprungsunternehmens". Wenn das groß genug ist, kommen vielleicht „Zusatzunternehmen" durch Akquisitionen dazu. Bei weiterem Wohlstand werden gemeinnützige Stiftungen errichtet. (In dieser Typisierung müssten es Stiftungen der Gemeinschaft der Gesellschafterinnen sein.) Obschon auch das Stiftungsvermögen einen finanziellen Nutzen erzielen muss, um den Stiftungszweck zu fördern, klammern wir diese Vermögensmasse aus den weiteren Betrachtungen aus.

Ein wichtiger Vermögensteil ist für unsere Analyse – neben dem Familienunternehmen selbst – das Vermögen, das durch Ausschüttungen (oder ähnliche

Entnahmen) aus dem Unternehmen geschaffen wird, um Zwecken zu dienen, die für die langfristige Entwicklung der Unternehmerfamilie und ihres Unternehmens förderlich sind. Wir nennen dies das „Sekundärvermögen der Unternehmerfamilie". Der Aufbau des Sekundärvermögens hängt also von der Ausschüttungspolitik ab. Bei allen Erörterungen über den Aufbau eines Sekundärvermögens muss im Gesellschafterkreis daher zuvörderst Einvernehmen über die Ausschüttungspolitik hergestellt werden. Hierfür kann freilich eine nachvollziehbare Logik entwickelt werden.

Anders als das in der Rechtsform eines Unternehmens institutionalisierte und durch Publizität bekannte Ursprungsunternehmen sind diese Vermögensanlagen von außen entweder gar nicht erkennbar oder in ihrem Umfang zumindest schwer abzuschätzen. Der „European Family Investment Company Report"[590] erfasst bereits über 350 Investmentgesellschaften von Eigentümerfamilien für unternehmerische Investitionen außerhalb des Ursprungunternehmens.

Je nach Vermögenstyp gilt es im Rahmen einer Familienstrategie eine Grundhaltung zum Sinn, Zweck und Einsatz der einzelnen Vermögensbestandteile zu definieren.[591]

23.1.2 Strukturierung des Vermögens

Die Strategie zur Entwicklung des gemeinschaftlichen Vermögens der Eigentümerfamilie zielt auf folgende Gestaltungen: Welche Vermögensfonds werden gebildet und wie für bestimmte Anlagenzwecke investiert? Im Einzelnen umfasst dies in der Regel folgende Gestaltungsbereiche:

- Anwachsen oder Erwerb von Vermögen bei einzelnen Familienmitgliedern durch Eigentumsrechte, Güterstandsvereinbarung, Schenkung oder Vererbung. Die unterschiedlichen Konzeptionen für die Vererbung an einen Erben oder an mehrere Erben für das Unternehmen ist hierbei eine der ganz grundsätzlichen Strukturentscheidungen.
- Die Auffüllung der Kategorien des Gesamtvermögens der Gesellschafter-Familie(n), vor allem Ursprungsunternehmen und Sekundärvermögen.
- Vertragliche Ausgestaltung der Beteiligung am Familienunternehmen bzw. - umgekehrt - Strukturierung der Finanzierung des Unternehmens.
- Die Ordnung der Finanzströme zwischen Unternehmen und Gesellschafter. Das ist im Wesentlichen die Politik der Gewinnausschüttung, möglicherweise gehören aber auch andere Vermögenserträge dazu, wozu z. B. Pachteinnahmen für betrieblich genutztes Gesellschaftervermögen (Immobilien, Patente, Namensrechte) zählen. Auch diese Fragen unterliegen in der Vorbereitung von Gremienbeschlüssen zumindest dem Einfluss der Gesellschafter, und in fast jedem Fall unterliegt die Durchführung einem Zustimmungsvorbehalt der Gesellschafter.[592]

---

590 Learmonth & Liechtenstein (2020).
591 Siehe hierzu die Ausführungen in Kapitel 16.
592 Dem Thema „Ausschüttungspolitik" ist das Kapitel 10 eigens gewidmet.

- Zu den außerordentlichen Finanzströmen zwischen Unternehmen und Gesellschafter gehören Kündigungsrechte für Eigenkapital und Gesellschafterdarlehen.

Für diese Gestaltungen gilt es, Entscheidungshilfen („Maximen") zu entwickeln. Solche Empfehlungen können nur die „normalen" Fälle erfassen. Außergewöhnliche Situationen verlangen auch außergewöhnliche Entscheidungen.

23.1.3 Die Kriterien

Die Festlegung der Kriterien, nach denen das Vermögen zu gestalten sei, ist die wichtigste Phase der Planung, weil sich daraus die Einzelmaßnahmen ableiten lassen. Es gibt hierfür uralte Faustregeln, wie die Drittelung des Vermögens in Immobilien, unternehmerische Investitionen und Liquidität (z. B. Gold). Es gibt den Ziele-Quadranten aus Rendite, Wachstum, Volatilität (Schwankungsrisiko) und Liquidität. Gerade diese multiplen Kriterien heben die Besonderheit der Vermögensgestaltung der Unternehmerfamilie hervor. Ein differenziertes Vermögen muss auch nach differenzierten Zielen gemanagt werden. Es ist zu vermuten, dass diese Ziele in den Entwicklungsphasen (Generationen) einer Unternehmerfamilie zu modifizieren sind – ebenso wie dies für die Verwaltung des Privatvermögens in den verschiedenen Alters- und Erwerbsphasen gilt. Wir nehmen auch Bezug auf die für die private Vermögensverwaltung entwickelten Maximen, hier insbesondere auf einen Ansatz von Ashoin B. Chhabra (2005).[593]

Chhabra unterscheidet zwischen:

- Investments zur Absicherung eines einfachen persönlichen Lebensstandards gegen die Einkommensrisiken und Lebensrisiken durch „Protective Assets".
- Investments zur Bewahrung des Lebensstils, indem man an der Entwicklung der Finanzmärkte durch „Market Assets" teilnimmt.
- Investments zur Erschließung persönlich wahrgenommener Chancen, um den eigenen Wohlstand zu steigern, durch „Aspiration Assets". Hierher gehört z. B. die Investition in ein Familienunternehmen.

Nun kann man analog die Ziele für das gemeinschaftliche Vermögen der Unternehmerfamilie wie folgt zuordnen:

- Das Familienunternehmen als schwergewichtiges „Aspiration Asset" wird nach dem Ziel der sehr langfristigen Wertentwicklung gesteuert.
- Das Sekundärvermögen, das als Reserve für Störfälle dient, wird in „Protective Assets" investiert. Hohe Liquidität und geringe Volatilität sind erforderlich und führen zu einem Abschlag gegenüber der Rendite eines Markt-Portfolios.
- Das Sekundärvermögen zur Vermögensdiversifikation in Wachstum wird als „Market Asset" investiert. Hierfür gelten dann wieder eigene Regeln zur Optimierung der Rendite-Risiko-Struktur (z. B. Capital Asset Pricing Model nach

---

593 Chhabra (2005); Jonsson (2019).

Markovitz). Zum Teil können aber auch unternehmerische Anlagen als „Aspiration Assets" entwickelt werden.

23.1.4 Ein Thema der Gesellschafter

Die Gestaltung ihres eigenen Vermögens ist eine Aufgabe, mit der sich die Gesellschafterinnen selbst befassen *müssen*. Hierfür müssen sie natürlich die Expertise von Fachleuten nutzen. Am Ende aller Analysen gibt es drei Fragestellungen, zu denen nach allen Beratungen mit Geschäftsführern, Beiräten, Beratern u. a. die Gesellschafter selbst eine Willensbildung aus eigenem Urteil erreichen müssen:

- Können und wollen wir das Familienunternehmen als unabhängiges Unternehmen im Familienbesitz halten?
- Welches Wachstum ist in diesem Unternehmen anzustreben?
- Welche Diversifikation ist in diesen Unternehmensaktivitäten – in welcher Dimension: Geschäftsgebiete, Produkte, Region – anzustreben?
- Wie viele finanzielle Mittel sind wann aus dem Unternehmen herauszuziehen und für welche Zwecke sind diese zu investieren? (Das „Wie" der Investition verlangt wieder das Wissen der Spezialisten.)

Auch wenn klar ist, dass die Gesellschafterinnen selbst zu Entscheidungen in diesen Themen kommen müssen, gibt es sehr verschiedene Formen ihres Engagements. Es erscheint reizvoll, die auf dem Konzept von Gimeno et al. (2010) von Rüsen et al. (2012) weiterentwickelten Mentalen Modelle des Engagements der Unternehmerfamilie für das operative Geschäft auch auf das Management des Sekundärvermögens anzulegen.[594]

- Sicher gab es früher und gibt es vielleicht auch heute noch die patriarchale Logik. Der Patriarch der Familie übernimmt die Aufgabe für alle anderen Gesellschafter. Da er schon alles richtig macht, brauchen sich die anderen nicht um die Höhe des Vermögens und seine Anlage zu kümmern. Bei einem größeren Gesellschafterkreis konnte auch ein familienexterner Major Domus eine solche Stellung einnehmen.
- Die Logik der operativ tätigen Familie führt zum „Selbermachen" nicht nur in der Führung des operativen Geschäfts, sondern auch im Management des Sekundärvermögens. Da kümmert sich dann der Finanzchef um die Vermögensverwaltung – allerdings vorausgesetzt, dass diese Funktion ein geschäftsführender Gesellschafter ausübt.
- In der Logik der aktiven Eigentümerfamilie sind die Unternehmensgesellschafter darin geübt, über eine organisierte Willensbildung im Gesellschafterkreis und über Mandate in den Governance-Gremien (Beirat, Aufsichtsrat) ihren Einfluss auf die Unternehmensstrategie auszuüben. Es liegt nahe, dass diese Eigentümerfamilien die gleichen oder ähnliche Strukturen der Einfluss-

---

594 Siehe hierzu die Ausführungen in Kapitel 2.4 sowie Gimeno et al. (2010) und Rüsen et al. (2012).

nahme nutzen, um eine gemeinschaftliche Vermögensstrategie zu entwickeln. Das Family Office kann hier als eine Art „Sekundärunternehmen" der Familie angesehen werden, dessen Top-Management aus professionellen Family Officern bzw. Vermögensverwalterinnen besteht, die durch einen Vermögensbeirat – bestehend u. a. aus den Vermögensinhaberinnen – überwacht wird.

– In der Logik der Investorenfamilie spielt das Ursprungsunternehmen vielleicht nur noch eine untergeordnete Rolle oder wurde sogar verkauft. Die Vermögensverwaltung ist dann das „operative Geschäft". Hierfür gibt es ganz eigene Regeln der „Geschäftsentwicklung", ohne dass bereits ein Standardmuster erkennbar ist.

In den nachfolgenden Ausführungen orientieren wir uns an der Grundkonstellation, dass es ein starkes und nachhaltiges Ursprungsunternehmen gibt und daneben ein werterhebliches Sekundärvermögen aufgebaut ist. Beide Vermögensfonds, das Unternehmen und die durch Finanzanlagen geprägten Fonds des Sekundärvermögens, werden von der Gesamtheit der Gesellschafterinnen „verwaltet". Hierfür sind dann eine Strategie und eine Organisation auf der Ebene der Gesellschafter erforderlich. Die organisatorischen Aspekte stehen hier nicht im Vordergrund, sondern die Zielsetzungen für die inhaltliche Strategie.

23.2 Vorteile und Randbedingungen der Beteiligung am Familienunternehmen

23.2.1 Die Grundsatzfrage

Die Forscherinnen über Familienunternehmen neigen dazu, die Vorteilhaftigkeit dieses Unternehmertypus als allseits einsichtig zu unterstellen. Dies ist aber nicht selbstverständlich. So warnt ein Berater von amerikanischen Familienunternehmen, Tom Deans, in seinen Vorträgen und Büchern die Familiengesellschafter vor den Risiken der Geschäftstätigkeit und drängt sie gleichsam, ihr Geschäft zu verkaufen und den Erlös in dem Finanzmarkt zu investieren. Er empfiehlt, ein Vermögen zu vererben, statt ein Familienunternehmen.[595] Es gibt auch in Deutschland anwaltliche Berater, die ihren Mandanten grundsätzlich dazu raten, statt eines Erbes an einem Unternehmen den Pflichtteil in liquiden Finanzmitteln zu fordern, weil sie sich so besser stellen würden als die Gesellschafter eines Familienunternehmens. Damit wird die grundsätzlichste Frage einer Vermögensstrukturierung aufgeworfen: Lohnt es sich, ein Unternehmen als Basis des Familienunternehmens zu halten und zu entwickeln? Im Erfolgsfalle ja, denn es ist überzeugend zu belegen, dass große Vermögen nur durch eigene unternehmerische Tätigkeit entstehen – und nicht durch Investitionen im Finanzmarkt.

Das wichtigste Ergebnis in einer Diskussion über die Vermögensstruktur ist es daher, die Vorteile der Beteiligung am Familienunternehmen zu würdigen,

---

595 Deans (2014).

gleichzeitig aber auch die begrenzenden oder sogar nachteiligen Randbedingungen zu erkennen.

23.2.2 Niedrige Ausschüttung aus hohem Vermögenswert

In dem größeren Gesellschafterkreis der dritten oder der folgenden Generationen gibt es immer wieder einen Gesellschafter und/oder eine Gesellschafterin, die die Risiken der Zukunft kritisch sehen und die – als mager erachtete – jährliche Ausschüttung mit einem möglichen Verkaufspreis vergleichen. Für Gesellschafterinnen, die nicht über eine fundierte betriebswirtschaftliche Erfahrung verfügen, sind die oberflächlich zugänglichen Erkenntnisse in der Tat verwunderlich:

- Die jährliche Ausschüttung ist typischerweise 1 % vom Umsatz, vielleicht sogar 1,5 % (siehe Kapitel 10).
- Ein vermuteter Verkaufspreis für das Unternehmen ist aber vielleicht 70 % bis 100 % vom Umsatz, vor Steuern auf einen Veräußerungsgewinn. Wir gehen davon aus, dass vor dem Verkauf die Anteile in einer Holding-Kapitalgesellschaft gebündelt werden, um eine steuerschonende Gewinnrealisierung zu ermöglichen.

Scheinbar wäre es doch fantastisch, wenn man das Unternehmen zu einem Wert vom 70-fachen oder gar 100-fachen der jährlichen Ausschüttung verkaufen und den Verkaufserlös einem guten Vermögensverwalter zur Anlage übergeben würde. Die Ausschüttung hat aber nur scheinbar eine marginale Größenordnung. Für alle direkten Beteiligungen an unternehmerisch geführten Vermögenswerten – einschließlich land- und forstwirtschaftlichen Unternehmen sowie Immobilienportfolios – gilt, dass der entnahmefähige Gewinn bei maximal rund 2 % des Vermögenswertes liegt.[596] Die Dividendenrendite von DAX-Aktien liegt bei ±2,5 %, doch sind davon auch noch Verwaltungskosten abzuziehen. Die Rechnung bei Immobilien ist etwas komplizierter, ergibt aber eine ähnliche Größenordnung.[597] Diese Relationen führen zu der wichtigen Einsicht, dass es für die Steigerung des Wohlstandes der Eigentümerinnen weniger auf die jährliche Gewinnausschüttung ankommt als auf die Wertentwicklung des Unternehmens. Auch hier ist der Vergleich zu Immobilienvermögen naheliegend, bei dem die Wertsteigerung des Objektes wertvoller und wichtiger ist als die Netto-Mieteinnahmen. Bei einem Unternehmen ist es ähnlich.

Höhere Gewinne sind vor allem deshalb wohlstandssteigernd, weil aus ihnen der Bestandswert des Unternehmens gespeist wird. Die Langfristorientierung der Familienunternehmerinnen mag emotional begründet sein, sie ist aber vor allem auch eine kluge Politik zur wahren Vermögensmehrung.

---

596 Vgl. Kormann (2013), S. 57 ff.
597 Bei Immobilienanlagen kann zusätzlich die Abschreibung entnommen werden, die dann regelmäßig zur Tilgung der Hypotheken verwendet wird.

23.2.3 Dominantes Ziel: Wertsteigerung zur Langlebigkeit des Unternehmens

Familienunternehmer kennen die vorstehend geschilderten Zusammenhänge bereits instinktiv. Die laufende Ergebnisentwicklung wird im Guten wie im Schlechten eher gelassen betrachtet, solange nur die langfristige Entwicklung des Unternehmens positiv gestaltet werden kann. Schon bei 5 % Wachstum wächst der Wert des Unternehmens in 30 Jahren um 330 % (von 100 auf 433 Geldeinheiten).[598] Gehen wir von der oben (23.2.2) genannten Obergrenze der Ausschüttung aus, so steigt diese Ausschüttung über 30 Jahre von 2 auf 8,6 Geldeinheiten und beträgt in der Summe circa 160 Geldeinheiten. Das ist nur die Hälfte des Zuwachses im Wert der Beteiligung. Oder kürzer: Der langfristige Wohlstand der Familie wird dominant durch die Wertsteigerung des Unternehmens – und nicht durch die Gewinnausschüttung – bestimmt. Daher wird von typischen Familienunternehmern freigiebig investiert, um die künftige Entwicklung zu stärken.

Für diese Zielsetzung der Wertsteigerung sprechen überzeugende Argumente. Es lohnt sich, das Ziel zu verfolgen. Es gibt viele alte Familienunternehmen, die schon heute über 100 oder 150 Jahre alt und sehr vital sind. Nur ganz wenige Börsengesellschaften schaffen das. Und es gibt viele, alte Familienunternehmen mit großem Gesellschafterkreis, bei denen der Umsatz pro Gesellschafter und der Gewinn pro Gesellschafter nach 100 Jahren größer ist als er in der ersten Generation war. Denn auch die größte uns bekannte Gesellschafterfamilie, Haniel, hatte als Familie eine Wachstumsrate von unter 3 % p. a.

Bei den heutigen Familiengrößen mit 3 bis 4 Kindern genügt eine jährliche Wachstumsrate von 4 % bis 5 % des Unternehmens, um dem Ziel einer nachhaltigen und gerechten Entwicklung entsprechen zu können: Die Eltern geben jedem ihrer Nachkommen so viele Ressourcen mit auf den Weg, wie sie selbst von ihren Eltern empfangen haben.

Wir gehen von der Überzeugung aus, dass es möglich und vor allem auch sowohl finanziell wie emotional „lohnend" ist, Familienunternehmen zu sein und zu bleiben.

23.2.4 Vorteilhafter Vergleich mit anderen Anlagen

Der Vorteil des Familienunternehmens zeigt sich ganz offensichtlich, wenn man den Ertrag der Anlage eines fiktiven, um die Steuer auf den Veräußerungsgewinn geschmälerten, Verkaufserlöses im Finanzmarkt mit der Wertentwicklung des Familienunternehmens vergleicht. Es wird wohl kaum ein Vermögensverwalter zu finden sein, der neben der jährlichen Entnahme von 2 % des investierten Vermögens und nach Verwaltungskosten und Steuern (vor allem auch Erbschaftssteuer) recht viel mehr als den realen Vermögenserhalt erreichen wird.

---

598 Diese Werte ergeben sich aus der Zinseszinsrechnung mit 5 % Wachstumsrate p. a.

Ein halbwegs gut gehendes Familienunternehmen erlaubt demgegenüber die berechtigte Erwartung, dass es über das Wachstum des Unternehmens auch für eine wachsende Familie eine reale Vermögenssteigerung ermöglicht und dies zusätzlich zur laufenden Ausschüttung. Dies ist deshalb möglich, weil im Familienunternehmen zu „Buchwerten" investiert werden kann. Wenn ein Investor über den Finanzmarkt in einem wachsenden Unternehmen investiert, dann ist dies in der Regel eben nur über den Börsenpreis für die Anteile möglich, die ein Mehrfaches des Buchwertes betragen. Bei der Rendite auf den Buchwert des Eigenkapitals müssen viele mittelständische Unternehmer über die berühmte Zielsetzung von Herrn Ackermann, vormals Deutsche Bank, 25 % (vor Steuer) zu erreichen, nur schmunzeln. Die höhere Renditeerwartung ist aber auch ein Ergebnis davon, dass sich die Eigner ungleich intensiver um die Entwicklung „ihres" Unternehmens kümmern als die Börsenaktionäre, die bei Zweifel über die Zukunftsaussichten einer Anlage diese leicht in eine andere Anlage „umschichten" können.

Empirische Erhebungen deuten an, dass die Veräußerer sich keine großen Gedanken über ihre Vermögensanlage und deren Entwicklung nach dem Verkauf machen.[599] Das ist ein fehlerhaftes Versäumnis bei einer so grundlegenden Entscheidung. Nach unseren Untersuchungen[600] und anekdotischen Erfahrungen ist der Verkauf eines halbwegs gut gehenden Familienunternehmens in aller Regel kein gutes Geschäft. Dies ist ganz offensichtlich, wenn man die Zahlen hört, zu denen Unternehmen in den 1970er-Jahren verkauft wurden, und dies mit den heute erzielbaren Transaktionswerten vergleicht.

Vermutlich konnte sich damals niemand vorstellen, wie sich die Industrie in Deutschland weiter entwickeln könnte. Offensichtlich ist auch, dass die Rendite eines Portfolioinvestments – nach Steuern und vor allem auch nach Erbschaftsteuer gerechnet – nicht ausreicht, um dem Wachstum der Familie gerecht zu werden. Auffällig ist auch, dass manche derer, die ihr Unternehmen verkauft haben – richtigerweise –, wieder nach einer neuen unternehmerischen Beteiligung suchen. Das ist aber nicht so leicht, in Konkurrenz zu Privat Equity ein gutes Unternehmen zu erwerben.

Natürlich gibt es Beispielsrechnungen, dass große Vermögensverwalter für ihre Fonds auch beachtliche dauerhafte Vermögenszuwächse erzielen. Hier sprechen wir aber dann über Anlagevermögen in der Größenordnung von mehreren Milliarden EUR. Dann freilich werden auch Investitionen im Finanzmarkt zu einer quasi unternehmerischen Tätigkeit.

Mit den Vorteilen einer meist höheren Rendite und einer regelmäßig höheren Wachstumsrate bei einem Familienunternehmen sind aber auch Nebenwirkungen verbunden. Augenfällig sind folgende Nebenbedingungen:

---

599 Vgl. Sten (2002); van de Kimmenade (2002).
600 Vgl. Krauth (2014).

- Regelmäßig fehlende oder zumindest beschränkte Fungibilität der Anteile
- Unzureichende Diversifikation

Aber es gibt auch sehr positive Nebenbedingungen. Dazu kann man auch zählen, dass das Familienunternehmen bei der Erbschaftsteuer begünstigt wird. Auch sind die ja beim Finanzvermögen nicht unbedeutenden Kosten bei der Anlage im Unternehmen bereits in dem Aufwand des Unternehmens eingeschlossen.

23.3 Strukturierung der Unternehmensfinanzierung

23.3.1 Interne Finanzierungs-Normen

Die Strukturierung der Finanzierung ist die originäre Aufgabe der Unternehmensleitung. Die Gesellschafterinnen behalten aber – richtigerweise – Informationsrechte und Genehmigungsvorbehalte. Daher müssen Gesellschafter die Fähigkeit entwickeln, Geschäftsberichte lesen zu können (siehe den Beitrag von Gerhardt und Strauß in Kapitel 3). Sie oder ihr Berater müssen auch so viel von der Finanzierung eines Unternehmens verstehen, dass sie die Genehmigungsvorbehalte kompetent ausüben können.

Für diese Abstimmung zwischen Gesellschafterebene und Unternehmen ist die Formulierung „Interne Finanzierungsregeln" zweckmäßig. Diese sollten die anzustrebende Normallinie der Finanzierung beschreiben sowie den vorübergehenden Spielraum für eine Überschreitung der Normallinie. Bei größeren Akquisitionen kann die Normallinie für einen zu bestimmenden Zeitraum, z. B. zwei oder drei Jahre, überschritten werden; das Unternehmen muss sich dann aber wieder an die Normallinie heranarbeiten. Diese internen Finanzierungsnormen sind deshalb so wichtig, weil dann Projekte, die diesen Rahmen überschreiten würden, nicht erst intensiv verfolgt werden, um dann doch als „nicht darstellbar" aussortiert zu werden. Gerade weil in normaler Konjunkturlage fast alle Projekte von Finanzinstitutionen „irgendwie" finanziert werden können, müssen sich die Gesellschafter eigene Normen erarbeiten. Solche internen Finanzierungsregeln können u. a. auch die Einhaltung eines bestimmten Rating-Niveaus für das Unternehmen vorsehen. Einzelne Orientierungswerte sind u. a.:

- Relation des Nettobetrages der verzinslichen Kredite (Kredite minus liquide Mittel) zum Cashflow (z. B. Faktor 3) oder – noch konzentrierter – zum Umsatz (z. B. 25 %)
- Zinsdeckungsgrad: Ergebnis vor Zinsen und Steuern in Relation zum Saldo Zinsergebnis (z. B. größer 3)

Bei all diesen Normen dürfen natürlich beim Ergebnis und Cashflow nicht die günstigen Werte der Hochkonjunktur angelegt werden, sondern die Normalergebnisse und hierbei eher die untere Linie.

Die Diskussion, wie hoch die Verschuldung sein darf, ist wichtiger, aber auch einfacher als die Diskussion, wie viel Eigenkapital erforderlich ist. Insbesondere ist die Messung der wünschenswerten Eigenkapitalquote als Prozentsatz von der Bilanzsumme bei gut gehenden Unternehmen irreführend. Da wächst vielleicht die Bilanzsumme u. a. nur deshalb, weil das „Liquiditätspolster" weiter aufgestockt wird und deshalb muss dann noch mehr Eigenkapital aus Gewinnthesaurierung angesammelt werden, um die Zielquote zu halten. Auch hier ist eine Relation zum Umsatz offensichtlich die aussagefähigere Kennzahl.

23.3.2 Überprüfung der Finanzplanung unter drei Blickwinkeln

In der Strukturierung der Finanzierung des Unternehmens sind drei Perspektiven wichtig. Dabei ist es entscheidend, dass die Blickrichtung überhaupt eingenommen wird, wenn auch nur überschlägig gerechnet werden kann.

Konsolidierte Betrachtung

Ein Unternehmen ist mit all seinen (mehrheitlich) beherrschten Beteiligungen eine wirtschaftliche Einheit. Daher müssen eine konsolidierte Gewinn- und Verlustrechnung und Bilanz nach erfolgter Investition gezeigt und analysiert werden. Selbst dann, wenn ein Akquisitionsobjekt sehr preiswert erworben werden kann, wird doch die konsolidierte Bilanz durch die Akquisition verlängert, es kommen die Verbindlichkeiten der erworbenen Gesellschaft dazu, ohne dass sich aber das konsolidierte Eigenkapital erhöht. Ebenso wichtig ist die konsolidierte Betrachtung, wenn ein gut gehendes Objekt gekauft wird, dessen Kaufpreis ein Mehrfaches des gekauften Buchwertes des Eigenkapitals beträgt. Dann ist in der konsolidierten Bilanz ein hoher Goodwill (Differenz Kaufpreis minus Buchwerte) zu aktivieren. Dessen Werthaltigkeit ist regelmäßig zu überprüfen. Gegebenenfalls sind hohe Abschreibungen auf den Goodwill zu leisten, die dann das Eigenkapital mindern.

Identifizieren der Quelle für Kreditrückzahlungen nach Einzelabschlüssen

Wenn für große Investitionen die Bandbreite der normalen Finanzierungsregeln überschritten wurden, dann muss der Kredit in guten Zeiten auf das Normalmaß zurückgeführt werden, um auch in schlechteren Zeiten eine stabile Finanzstruktur zu haben. Es ist hierbei die Schlüsselfrage zu klären, aus welchen Quellen und wie die für die Finanzierung aufgenommenen Kredite zurückbezahlt werden können. Für die Kreditrückzahlung muss immer gefragt werden: Aus welcher wirtschaftlichen Einheit wird aus welcher Finanzquelle diese Rückzahlung geleistet?

Bei dem Kauf eines Unternehmens muss man sich fragen: Hat man als Käufer Zugriff auf den vollen Cashflow des Kaufobjektes? Das hat man eben nicht bei Börsengesellschaften oder Joint Ventures mit anderen Partnern oder bei der Gründung einer zwar 100 %-igen Tochtergesellschaft in einem Land, in dem aber Gewinnausschüttungen und Kapitaltransfer Beschränkungen unterliegen. Kredite zum Kauf einer Beteiligung an einer börsennotierten Gesellschaft können z. B. niemals aus den Dividendenausschüttungen von vielleicht 2 % bis 3 % (brutto vor Steuer) auf den Kaufpreis zurückgeführt werden.

Es sind der Weg und die dabei entstehenden Belastungen (Steuern) zu klären, die vom Ort der Gewinnentstehung (z. B. Tochtergesellschaft im Ausland) bis zur Rückzahlung des Krediets, der vielleicht von der deutschen Holding aufgenommen wurde, anfallen (z. B. Quellenabzugsteuern).

Finanzplanung für die Planabweichung

Nicht die Finanzplanung ist entscheidend, die zeigt, wie sich die geplanten Umsätze, Erträge und Nachinvestitionen (nach Kauf) darstellen und daraus die Finanzierung ableitet. Die Finanzplanung muss vielmehr zeigen, wie die finanzielle Stabilität gewahrt bleibt, wenn die Planung für die Investition nicht eingehalten werden kann. Daher muss die Finanzplanung eine Notfall-Reserve vorsehen für den Fall, dass die Pläne „schiefgehen". Die Notfall-Reserve muss z. B. den Fall vorsehen, wie eine größere Restrukturierung mit Personalabbau finanziert werden kann, wenn die Banken kein Geld mehr zur Verfügung stellen. Für diesen Notfall muss es eine Liquiditätsreserve eventuell in Form eines leicht liquidierbaren, nicht betriebsnotwendigen Vermögens geben.

23.4 Strukturierung der Beteiligung am Unternehmen

Für das im Unternehmen investierte Vermögen sind eine Reihe von Grundsatzentscheidungen zu treffen, die die weitere gesellschaftsrechtliche Umsetzung vorprägen.

23.4.1 Beteiligung oder Ausklammern von Ehepartnern

Es gibt hier beide Formen: Beteiligungsmöglichkeit des Ehepartners während des Bestands der Ehe, aber auch Ausschluss der Beteiligung von Ehepartnern. Allerdings gibt es auch Konstellationen, in denen Partner die gemeinsamen Gründer eines Unternehmens sind und dann jeweils eigenständige Beteiligungsrechte haben.

23.4.2 Exklusive oder egalitäre Vererbung

Die vielleicht größte Weichenstellung für die langfristige Entwicklung des Familienunternehmens ist die Vererbungskonzeption. Sie ist in unserem Kulturkreis auch deshalb eine so schwierige Frage, weil die Nachfolge in der Leitung des Unternehmens meist mit der Nachfolge im Vermögen verquickt wird. Die Autarkie des Unternehmensgründers soll dann nach manchen Vorstellungen durch eine ähnlich abgesicherte Autarkie der Nachfolgerin in die Zukunft fortgeführt werden. Die Nachfolgerin soll dann alle oder zumindest die Mehrheit der Unternehmensanteile erhalten. Die nicht mit Unternehmensanteilen bedachten Abkömmlinge sollen dann einen Ausgleich durch andere Vermögensgüter erfahren.

Es ist hier nicht der Raum, um auszudifferenzieren, weshalb die scheinbar einfache Lösung einer exklusiven Vererbung eine riskante Lösung ist. Nur so viel: Das Geld für Vermögen anderer Art, das an die weichenden Erben geht, kommt aus dem Unternehmen. Das mag einer der Gründe sein, weshalb exklusiv vererbte Unternehmen relativ klein bleiben. Umgekehrt gilt aber auch, dass ein kleines Familienunternehmen auch nur eine, dann vermutlich geschäftsführende, Gesellschafterin tragen kann.

Die großen, alten Familienunternehmen haben alle einen größeren Gesellschafterkreis, d. h. es wurde nach der ersten oder zweiten Generation nicht exklusiv weitervererbt. Damit wuchs der Gesellschafterkreis, wobei die jeweils unternehmerisch talentierten Gesellschafter im Zeitablauf aus verschiedenen Familienzweigen kommen konnten, eine Option, die bei exklusiver Vererbung verschlossen ist.[601]

23.4.3 Direkte oder indirekte Beteiligung

Wir wollen hier – wie oben gesagt – nicht differenziert die Aspekte einer indirekten Beteiligung über Holding-Vorschaltgesellschaften oder Familienstiftungen betrachten. Die indirekte Beteiligung kann mannigfache Vorteile haben für die Besteuerung von Gesellschaftern mit Wohnsitz im Ausland, für die steuerschonende Veräußerung der Anteile am Unternehmen, für die Verhinderung liquiditätsgefährdender Exits von Gesellschaftern und anderes. Bei allen möglichen Vorteilen ist allerdings darauf zu achten, dass die Beteiligungsstrukturen transparent und „managebar" bleiben. Die Gestaltungskunst besteht hier darin, dass sich diese komplexeren gesellschaftlichen Schichten zwischen Gesellschafterin und Unternehmen nicht verkomplizierend auf die Willensbildung und -durchsetzung auswirken.

Eine Strukturierung über Vorschaltgesellschaften ist allerdings dann erforderlich, wenn die Familienbeteiligung selbst durch andere Kapitalgeber mitfinanziert wird (Pyramidenstruktur der Finanzierung), was aber in Deutschland eher selten praktiziert wird.

23.4.4 Strukturierung der direkten Beteiligung

Die Beteiligung am Eigenkapital des Familienunternehmens muss – zumindest mittelfristig – auch bei den Gesellschafterinnen Eigenkapital sein. Sie darf nicht selbst aus persönlichen Krediten finanziert sein. Dieser Grundsatz schließt auch die Belastung dieser Eigentumstitel als Kreditsicherheit aus, was ohnedies in einem guten Gesellschaftsvertrag untersagt ist.

Ein kritischer Blick sollte auf Gesellschafterdarlehen geworfen werden. Es gibt teilweise gute Funktionen hierfür. Unten wird z. B. die Funktion als „Flexibles Kapital" vorgestellt. Ungut sind aber unterschiedliche Guthaben für einzelne Gesellschafter. Darlehen sind meist mit relativ kurzfristigen Kündigungsmöglichkeiten ausgestattet. Dies gibt in kritischen Unternehmenssituationen ein großes Druckpotenzial für einen Darlehensgeber bzw. führt dazu, dass dieses Kapital für unternehmerische Zwecke nicht langfristig eingesetzt werden kann.

---

601 Siehe zu der Thematik Fittko & Kormann (2014).

23.4.5 Illusion der Gesellschafterdarlehen

In manchen Unternehmen besteht nun ein durchaus großer Teil der Beteiligung in Gesellschafterdarlehen. Dafür gibt es natürlich keine Gewinnausschüttung, aber vielleicht höhere Zinsen als das Unternehmen einer Bank zahlen müsste. Damit verbunden ist die Annahme, man könnte das Darlehen auch zurückfordern. Gerade darin liegt aber das Problem. Ein Familienunternehmen hat normalerweise Schutzmechanismen gegen die ungeplante Kündigung von Gesellschaftsanteilen. Der Kündigung von Gesellschafterdarlehen wäre es aber schutzlos ausgeliefert.

Entweder das Unternehmen ist kreditwürdig, dann erhält es Darlehen von der Bank. Oder es ist nicht kreditwürdig, dann braucht es unkündbares Eigenkapital. Im Krisenfall haften „eigenkapitalersetzende Darlehen" der Gesellschafter ohnehin wie Eigenkapital.

23.5 Strukturierung des Gesellschaftervermögens in der Gründergeneration

23.5.1 Versicherungen des Gründers

Das Unternehmen in der Gründerphase hängt von der Leistungsfähigkeit eben dieses Mannes oder dieser Frau ab. Die Versicherung der Lebensrisiken dieser Person ist keine triviale Aufgabe. An erster Stelle steht die Versicherung der Berufsunfähigkeit und der Invalidität mit den jeweils maximal erhältlichen Deckungssummen, da offensichtlich der Unterhaltsbedarf zu Lebzeiten höher als im Falle des Ablebens ist.

Natürlich können Lebensversicherungen auch bei der Finanzierung des Übergangs des Geschäftes auf die nächste Generation eine Rolle spielen.[602]

23.5.2 Wachstumsfinanzierung

In der Gründergeneration steht die Schaffung eines nachhaltigen Unternehmenswertes im Vordergrund. Nachhaltig ist nur eine Mindestgröße, die als selbstständige Unternehmensorganisation auch unabhängig von der fortdauernden Mitarbeit des Gründers lebensfähig ist. Der Test für dieses Kriterium der selbstständigen Existenzfähigkeit besteht z. B. darin, ob das Unternehmen auch von einer Nicht-Familien-Geschäftsführerin geleitet werden könnte oder ob es veräußerbar wäre. Beide Voraussetzungen bedingen eine gewisse Unternehmensgröße und -stabilität. Damit würde auch zugleich die Voraussetzung für einen Notfallplan B geprüft, wenn es keine Nachkommen gäbe oder keine, die interessiert und qualifiziert sind, die Gesellschafterposition zu übernehmen.

Unter dieser Zielsetzung hat die Thesaurierung der Gewinne im Unternehmen Vorrang. Dies ist erforderlich, um das Wachstum zu finanzieren. Neben einer

---

[602] Lebensversicherungen des Unternehmens sind in den USA Standardinstrument zur Absicherung der Erbschaftsteuer.

angemessenen Ertragskraft sind die Unternehmensgröße *und* die erwiesene Wachstumsdynamik entscheidend für den Unternehmenswert.

Wir haben empirisch Wachstumsraten in der ersten Generation von deutlich über 15 % (bis 35 %) über einen längeren Zeitraum ermittelt.[603] Hier werden dann eine gute Ertragskraft, annähernd vollständiger Einbehalt der Gewinne und ein gutes Kreditmanagement gebraucht, um die finanzielle Stabilität auch in Rezessionszeiten zu bewahren.

23.5.3 Altersversorgung

Als zusätzliches Ziel muss der Gründerunternehmer seine Altersversorgung aufbauen. Hierfür sind folgende Erfordernisse zu erwägen:

- Die Altersversorgung muss unabhängig vom Bestand des Unternehmens sein. Eine Pensionszusage für eine geschäftsführende Gesellschafterin erfüllt diese Voraussetzung zunächst nicht ohne Weiteres, da die Versicherung durch den Pensionssicherungsverein nicht oder nur bis zu bestimmten Maximalbeträgen besteht. Es muss daher zusätzlich eine Rückversicherung bei einem Lebensversicherer abgeschlossen werden – mit Abtretung des Anspruchs an die Berechtigte. Im Einzelnen besteht hier ein spezialisierter Beratungsbedarf.
- Die Altersversorgung sollte ausreichend hoch sein. Man muss sich vergegenwärtigen, dass die Summe der Lebenshaltungskosten in vielleicht 35 Jahren der Pensionszeit wesentlich höher ist als die in den vorhergehenden 40 Jahren der aktiven Zeit. Sie orientieren sich ja nicht an den niedrigeren Ansprüchen am Anfang der aktiven Zeit, sondern an dem höheren Niveau am Ende.
- Sicherheit der Anlage des für die Altersversorgung reservierten Vermögens geht vor Rendite, wobei aber gleichwohl die Inflation der Lebenshaltungskosten einzurechnen ist.

23.5.4 Finanzierung der Nachfolge im Vermögen

Ein weiteres Ziel der Vermögensstrukturierung besteht darin, die Nachfolge in der Eigentümerposition zu finanzieren. Diese Notwendigkeit, für die Erbschaftssteuer Vorsorge zu treffen, ist heute den meisten Familiengesellschaftern sehr bewusst. Zwar haben für die derzeitig aktiven Generationen die Verschonungsmöglichkeiten erst einmal eine Problemlösung geschaffen. Niemand kann aber die Gesetzeslage in 20 oder 30 Jahren prognostizieren. Für die Gründergeneration ist dies ohnehin der Erstlingsfall, der unbedingt rechtzeitiger Planung bedarf. Für die Planung und Umsetzung ist erfahrungsgemäß ein Jahrzehnt anzusetzen. Folgendem Finanzbedarf ist Rechnung zu tragen:

- Finanzierung erforderlicher Umstrukturierungen des Betriebsvermögens. Aus den Anfängen der Unternehmensentwicklung bestehen vielleicht noch – damals steuerlich vorteilhafte – Strukturen des Vermögens, die so nicht für

---

603 Vgl. Seibold, Lantelme & Kormann (2019), S. 46 ff. und S. 55 ff.

eine Übertragung geeignet sind (z. B. eine „Betriebsaufspaltung"). Eine Ordnung solcher Strukturen kostet in der Regel Steuern.
- Finanzierung der Erbschaft- bzw. Schenkungssteuer.
- Finanzierung der Vermächtnisse oder der Pflichtteile für Nachkommen, die kein Erbteil am Unternehmensvermögen erhalten. Pflichtteilsansprüche betragen die Hälfte des Wertes des gesetzlichen Erbteils. Da der Pflichtteil aber bei Erbfall als Barleistung fällig wird, darf eine solch große Liquiditätsbelastung unter keinen Umständen ungeplant und unvorbereitet eintreten.

Bei dieser Planung können auch Lebensversicherungen eine Bedeutung haben, da die Auszahlung des darin begründeten Vermögens flexibel – auch über Länder- und Steuergrenzen hinweg – gestaltet werden kann.

23.5.5 Geringer Spielraum für weitere Optionen

Mehr als diese unbedingt notwendigen Finanzbedarfe können in der ersten Generation nicht abgedeckt werden. Sollte das Unternehmen sich allerdings schon in der ersten Generation so gut entwickelt haben, dass es die Größe und Ertragskraft wie andere Mehrgenerationen-Unternehmen aufweist, dann eröffnen sich auch die – nachfolgend erörterten – Optionen solcher reifen Unternehmen.

23.6 Zunehmender Spielraum für die Vermögensstrukturierung in der Mehrgenerationen-Gesellschaft und damit Bedarf für eine Strategie zur Vermögensentwicklung

23.6.1 Langzeit-Monitoring der Wertentwicklung des Familienunternehmens und seiner Branche

Ein Hauptzweck der Vermögensstrukturierung ist es, a) die sich aus der Entwicklung des Familienunternehmens ergebenden Spielräume zur Wohlstandsentwicklung zu nutzen und b) die impliziten allgemeinen oder die speziellen Risiken des Unternehmens auszubalancieren. Beide Zwecke setzen voraus, dass man sich ein tiefes Verständnis der Entwicklungstrends verschafft, denen das Familienunternehmen unterliegt. Diese Trends werden in den jährlichen Fluktuationen von Umsätzen, Produkten, Kunden, Ergebnissen nicht leicht sichtbar. Diese kurzfristigen Schwankungen müssen „herausgefiltert" werden, um die langfristigen Trends sichtbar zu machen. Eine praktische Faustregel ist es, die Finanzdaten und Beschäftigtenstrukturen von heute mit dem Status vor 10 (oder 5) Jahren zu vergleichen. Dieser Vergleich kann dadurch angereichert werden, dass das ganze Unternehmen kunstgerecht bewertet und so festgestellt wird, ob mit der Entwicklung Wert geschaffen wurde. Dabei sind auch potenzielle Käufer zu erfassen: Gibt es überhaupt eine hinreichende Anzahl von potenziellen Interessenten?

Diese Unternehmensentwicklung ist eingebettet in eine Branchenentwicklung, die ebenso auf Langzeit-Trends durchleuchtet werden muss: Wie hoch ist das Konzentrationstempo? Welche Unternehmen sind in den letzten 10 Jahren ausgeschieden? Welche neuen Anbieter kamen dazu? Welche Innovationen in Technologie oder Geschäftsmodell zeichnen sich ab?

Werden diese Analysen in regelmäßigen (aber nicht zu kurzen!) Abständen erstellt und ausgewertet, wächst mit der Zeit auch die Urteilsfähigkeit. Aus der Beurteilung der Zukunftsaussichten des Unternehmens ergeben sich dann die wesentlichen Anforderungen an Zwecksetzung und Höhe der Vermögenspositionen außerhalb des Unternehmensengagements.

23.6.2 Erfüllung der Anforderungen aus der Wachstumsfinanzierung

Die landläufige Meinung befürchtet, dass mit zunehmender Generationenfolge und zunehmender Anzahl der Gesellschafterinnen es schwieriger wird, das Unternehmen als Familienunternehmen zu führen. Es wird vermutet, dass die zunehmende Anzahl der Gesellschafter höhere Ausschüttungsansprüche erwarten lässt, die auf Dauer nicht zu finanzieren seien. Diese Meinung ist schlicht falsch. Ein normales, gesundes Unternehmen sollte keine Probleme haben, die Ansprüche eines wachsenden Gesellschafterkreises zu erfüllen. Das ergibt sich einfach daraus, dass ein modernes Unternehmen schneller wachsen *muss* und schneller wachsen *kann* als die Familie wächst.

Das in der Gründer-Generation erzielbare und meist notwendige hohe Wachstum sinkt nach etwa 30 Jahren – bei fast allen Unternehmen – ab. Die Wachstumsrate liegt dann unter 13 % p.a., bei den meisten, auch sehr gut gehenden Unternehmen unter 7 % (im langfristigen Durchschnitt).[604] Dieses Wachstum kann gut aus dem einbehaltenen Gewinn finanziert werden.[605]

Die folgenden Modellannahmen beruhen auf breiten empirischen Erhebungen über sehr lange Zeiträume:

- Wachstum eines Gesellschafterkreises (bei drei Kindern):
  3 % bis 4 % p.a.
- Mögliches Wachstum eines Unternehmens:
  mindestens 4 % bis 5 %, aber auch darüber möglich.[606]
  Steigerung des Eigenkapitals (zu Buchwerten) bei deutlich über 6 %, sofern ein angemessener Teil, z. B. 70 %, des Jahresüberschusses thesauriert wird.[607]
- Steigerung des langfristigen Umsatzes *und* Ergebnispotenzials ist somit höher als die Wachstumsrate der Familie.

---

604 Seibold et al. (2019), S. 59 ff.
605 Kormann (2013), S. 115 ff.
606 Vgl. Seibold (2020).
607 Vgl. Modellrechnung bei Kormann (2013), S. 115 ff.

Sollte das reife Unternehmen dennoch Finanzierungsprobleme haben, liegen sie *nicht* in der wachsenden Zahl der Gesellschafterinnen, sondern in Ungereimtheiten der Unternehmensstrategie.
- Ist die Ursache eine zu niedrige Ertragskraft, dann muss das Problem durch Ertragssteigerungsprogramme gelöst werden und nicht durch die Beschränkung oder Reduzierung der Gesellschafterzahl.
- Das Wachstum wird nicht vorwiegend durch interne Wachstumsprojekte verfolgt, sondern vor allem durch – vielleicht sogar sehr teure – Akquisitionen.

Im nächsten Unterkapitel konzentrieren wir uns auf den normalen Fall einer positiven Unternehmensentwicklung.

23.6.3 Risikoabschottung oder Risikokompensation

Es gibt Branchen, Geschäftsmodelle und Standorte, die ein unvermeidlich hohes Risiko mit sich bringen. Das Szenario eines Konkurses muss in diesen Fällen mitbedacht werden, wobei jeder Insolvenzverwalter auch Ansprüche gegen die Gesellschafter prüfen und gegebenenfalls durchsetzen wird. Für solche Fälle sollte ein „Notgroschen" in sicherer Verwahrung bestehen. Oft wird hierfür eine privatnützige Stiftung in einem geeigneten Sitzstaat empfohlen.

23.7 Vermögensstrategie in der Mehrgenerationen-Gesellschaft

23.7.1 Normale Anforderungen wie in der ersten Generation

Wir wenden uns nun dem Beispielsfall eines reifen, großen Unternehmens z. B. in der dritten oder vierten Generation zu. Für jede einzelne Gesellschafterin oder jeden Familienzweig sind die oben beschriebenen Finanzierungsanforderungen für die Altersversorgung und für den Transfer des Eigentums an die nächste Generation zu lösen. Daraus ergeben sich Maximen für die Gewinn-Ausschüttung, durch die der einzelne Gesellschafter aus dem Unternehmen finanzielle Mittel erhält (siehe Kapitel 10).

Auch wenn es sich insoweit um die Gestaltung persönlicher Vermögensteile handelt, ist es hilfreich, die Analyse und Planung als eine gemeinsame Aufgabe der Gesellschafterinnen anzugehen. Zu denken ist hier z. B. an Informationen zu dem erwähnten Versicherungsschutz (23.5.1 und 23.5.4), der einer spezialisierten Beratung bedarf. Zugleich verstärkt die gemeinsame Planung die Erfahrung, dass sich die Familiengesellschafterinnen als Solidargemeinschaft erleben. Schließlich reduziert eine gemeinsame Planung der Anlagestrategie die Gefahr krasser Fehlentscheidungen eines Einzelnen.

23.7.2 Zusätzliche Anforderungen aus der Maxime der Meistbegünstigung

Darüber hinaus stellen sich für die Eignerinnen solcher reifen Gesellschaften zusätzliche Anforderungen zur Vermögensstrukturierung. Diese Herausforderungen werden deutlich, wenn das Ziel verfolgt wird, die Beschränkungen und Nachteile der Beteiligung an dem einen Familienunternehmen zu kompensieren. Die Anforderungen mögen vielleicht schon von Anfang an – also in der ersten Generation – bestanden haben. Mit zunehmender Reife des Unternehmens und zunehmender Gesellschafterzahl treten aber diese ehedem latenten Anforderungen verschärft und konkreter auf. Vor allem bietet das größere, reife Unternehmen mehr Optionen, das Vermögen der Eignerfamilie zu strukturieren. Wenn aber die finanziellen Spielräume gegeben sind, sollte das Prinzip der „Meistbegünstigung" der Familiengesellschafter verfolgt werden. Diese Maxime zielt darauf ab, dem Familiengesellschafter alle Vorteile der Beteiligung an dem Familienunternehmen zu bewahren, ihm aber zusätzlich – soweit es machbar ist – die Vorteile anderer Kapitalbeteiligungen, z. B. an Börsengesellschaften, zu eröffnen bzw. etwaige Nachteile zu verringern. Hierbei sind zwei große Themenbereiche in den Blick zu nehmen:

- Reduzierung der Risikokonzentration bei Familienunternehmen
- Schaffung einer gewissen Fungibilität für die Gesellschafteranteile

23.7.3 Absicherung des Klumpenrisikos im Kernunternehmen

Unternehmen tragen Risiken. Eine beträchtliche Anzahl der Unternehmen geht daran zugrunde. Das Risiko des Untergangs ist besonders hoch am Anfang. Hier sind die „Liability of Newness" und die „Liability of Smallness" als besonders hohe Risiken identifiziert.[608]

Am anderen Ende besteht auch für reife Unternehmen ein Risiko insbesondere aus der Entwicklung der Branche, in der das Unternehmen tätig ist. Es gibt Branchen, die bereits nach der historischen Erfahrung ein erhöhtes Risiko haben. Hierzu gehören z. B.:

- Mode-Unternehmen
- Vertriebsformen des Einzelhandels (man vergleiche die Strukturveränderungen allein im letzten Jahrhundert: Spezialgeschäfte, Kaufhaus, Versandhaus, Verbrauchermärkte, Shopping-Center, Online-Handel)
- Unterhaltungsindustrie
- Großanlagenbau und Ingenieurbau
- Geschäfte, die vom Staat als Regulierer oder als Kunden abhängen

Wenn man heute Tendenzen für eine sogar zunehmende Beschleunigung des strategischen Wandels herausstellt, gilt es Konsequenzen aus dem erhöhten Risiko zu ziehen. Aber auch bei einer insgesamt nachhaltigen Entwicklung der

---

608 Vgl. Woywode (2004) und (2006).

Branche steigt der Konzentrationsgrad bzw. steigt die Rate der Verdrängung marginaler Anbieter. Mit zunehmender Reife einer Branche steigt aber auch das Risiko disruptiver Innovationen, die die vorhandenen Geschäftsmodelle entwerten (Shopping-Center vs. Kaufhäuser; Internet-Handel vs. stationärer Handel). Oder aber es besteht sogar das Risiko der Eliminierung ganzer Branchen (Dampfschiffe vs. Segelschiffe; Elektroantrieb vs. Dampfantrieb; Minicomputer vs. Schreibmaschine). Wenn eine Branche verschwindet, geht meist auch ein Unternehmen bei exzellenter Führung mit unter.

Aber auch gegenüber diesem Risiko des Untergangs eines vorhandenen Unternehmens gibt es verschiedene Absicherungsstrategien. Die wichtigste ist die Strategie der Diversifikation des Vermögens. Für das reife Familienunternehmen, das seinem 100-jährigen Jubiläum entgegengeht, ist die Strategie gegen Untergangsrisiken eine notwendige Pflicht und zwar der Gesellschafter selbst. Dabei ist sorgfältig zu erwägen, ob das Unternehmen in einer „ewigen" Branche (Wein, Bier, Hotel) oder eher in einer hochdynamischen, endlichen Branche tätig ist.

23.7.4 Aufbau einer unternehmensexternen Störfall-Reserve

Studiert man die Geschichte von Unternehmen, beschleicht den Forscher die plausible Ahnung, dass *jedes* Unternehmen im Laufe von höchstens zwei Generationen in eine existenzielle Krise geraten kann. In einem solchen Fall geht das Unternehmen entweder unter oder es muss durch eine umfangreiche Sanierung auf eine neue Basis gestellt werden.[609]

Im Falle des Untergangs ist es deutlich, dass die Gesellschafterinnen eine Störfall-Reserve außerhalb des Unternehmerrisikos brauchen. Wichtig ist aber genauso der Fall einer finanziellen Sanierung, in denen Kredite teilweise abgeschrieben werden müssen und gleichzeitig von den Gläubigern neue Finanzmittel bereitgestellt werden sollten. Für einen solchen Sanierungsplan müssen die Gesellschafterinnen einen angemessenen, eigenen Beitrag leisten. Das geht nur, wenn eine solche Störfall-Reserve vorher unternehmensextern angesammelt worden ist.

Die Diskussionen mit Gesellschaftern von Mehrgenerations-Unternehmen zeigen, dass eine Störfall-Reserve tendenziell hohe Zustimmung erfährt. Diskussionswürdig sind dann eher die Größenordnung und die Voraussetzungen dafür, wann und wie darauf zugegriffen werden kann. Wir plädieren eher dafür, dass in Notfällen der Zugriff auf die Reserven möglichst individuell „gelöst" wird und nicht durch generelle Sonderausschüttungen an alle Gesellschafter, von denen viele nicht „in Not" sein mögen.

---

[609] Siehe hierzu ausführlich Rüsen (2017a) sowie Rüsen (2011).

23.7.5 Maximen für die Dotierung des Sekundärvermögens aus dem Ursprungs-Unternehmen

Wir haben in Kapitel 10.7 im Rahmen der Ausschüttungspolitik den Aspekt behandelt, welcher Teil der Gewinnausschüttung für den Aufbau eines Sekundärvermögens vorzusehen ist. Z. B., so wird hier referiert, wäre ungefähr eine jährliche Ausschüttung von 0,5 % des Unternehmenswertes erforderlich, um in zwei bis drei Generationen ein Sekundärvermögen aufzubauen, das 30 % des Gesamtvermögens entspricht. Welche Wertvolumina für ein Sekundärvermögen eingesetzt werden können und sollten, soll in einem ergänzenden Ansatz plausibel gemacht werden:

- Als Quelle des Gesamtvermögens hat die Stärkung und Entwicklung des Ursprungsunternehmens Vorrang.
- Alle Gewinne, die so hoch sind, dass sie für diese Entwicklung des Ursprungsunternehmens und die notwendigen Ausschüttungen an die Gesellschafter hinausgehen, sollten im gemeinschaftlichen Sekundärvermögen angesammelt werden.
- Das gilt insbesondere für alle Sonderkonjunkturen mit hohen Gewinnen. Sie können auf Dauer in einem reifen Unternehmen in einem reifen Markt nicht erwartet werden. Daher ist es klug, sie anderweitig zu investieren.
- Dies gilt insbesondere für Veräußerungsgewinne aus Teilen der Aktivitäten.

In diesen außergewöhnlichen Situationen liegt es an den Gesellschaftern selbst festzulegen, wie damit umgegangen werden soll.

23.7.6 Maximen für die Anlagepolitik

Die Forschung zur Unternehmensstrategie entwickelt Maximen für die Unternehmenspolitik, um Ertragskraft und Widerstandsfähigkeit zu entwickeln. Hinsichtlich der Entwicklung eines Portfolio-Vermögens gibt es eine ausdifferenzierte Logik und Forschung zur Asset Allocation.[610] Dies ist ein Fachwissen, über das Fachleute verfügen und in ihrem Geltungsbereich beurteilen müssen. Dies liegt außerhalb der Kompetenzen eines normalen Gesellschafters. Aber über die Grundprinzipien der Vermögensanlage muss im Gesellschafterkreis ein Verständnis und ein Einvernehmen erzielt werden. Solche Maximen sind etwa folgende Formulierungen der goldenen Regeln des Investierens durch Chefvolkswirte der Privat-Equity-Gesellschaft KKR, Henry McVey:[611]

> *„Erstens ist es wichtig, konsistent zu sein, also nicht ständig in Märkte rein- oder rauszugehen. Man sollte kontinuierlich investieren, dann macht man eine bessere Anlageerfahrung, als wenn man immer wieder kauft und verkauft. Zweitens sollten Anleger eine übermäßige Konzentration vermeiden. Darum sollte eine Position im Portfolio zu Beginn in der Regel nie die Größe von zehn Prozent überschreiten. Drittens ist darauf zu achten, dass die Kapitalstruktur flexibel*

---

610 Vgl. den Beitrag Seyfried & Siller (Kapitel 25).
611 McVey (2023).

genug ist, um sowohl ein schnelleres als auch ein langsameres Wirtschaftswachstum zu überstehen. Und viertens dürfen Anleger nie vergessen, ihre Investments über verschiedene Anlageklassen und Weltregionen zu streuen. Ein solche Diversifikation ist noch immer der beste Schutz vor Unbill."

23.7.7 Diversifikation des Unternehmens und/oder Finanzvermögens

Der Ansatz der Störfall-Reserve kann und sollte in der langen Sicht und mit zunehmender Unternehmensgröße zu einem Konzept der Diversifikation des unternehmerischen Engagements entwickelt werden. Hierfür gibt es drei generelle Ansatzpunkte:

- Diversifikation der Produkt-Märkte in einem Unternehmen
- Diversifikation durch mehrere, eigenständige Unternehmen
- Diversifikation durch ein substanzielles Finanzvermögen außerhalb des Haftungsrahmens der Unternehmen

Die Diversifikation eines Unternehmens in völlig eigenständige Produkt-Markt-Segmente ist ein Merkmal, das nur noch bei großen Familienunternehmen (oder Stiftungsunternehmen) aktiv verfolgt wird. Bosch, Liebherr, Freudenberg sind einschlägige Beispiele. Auch börsennotierte Familienunternehmen wie Henkel oder Merck behalten eine solche Diversifikation bei, obschon dies von der „Börse" kritisch gesehen wird.

Die Diversifikation durch eigenständige Unternehmen ist von außen oft gar nicht so deutlich zu erkennen. Man denke hier an die Unternehmensgruppen Funke (WAZ), Otto (Versand), Schwenk, Merckle, Reimann.

Die Diversifikation in ein Unternehmensvermögen und ein Finanzvermögen außerhalb des Unternehmens ist die Option, die den Eignern jedes gut gehenden Unternehmens offensteht. Sie ist „von außen" nur schwer erkennbar und kaum in der Größenordnung abschätzbar.

23.7.8 Schaffung einer Fungibilitätsoption für Gesellschafteranteile

Das oben (23.7.2) eingeführte Konzept der Meistbegünstigung verlangt, den Nachteil der fehlenden Fungibilität der Unternehmensbeteiligung in Ansätzen – soweit möglich – zu kompensieren. Die zweite Begründung geht von der Analyse des Untergangs von Familiengesellschaften aus, die zeigt, dass der Ausstieg einzelner Gesellschafter ein häufig anzutreffendes Problem ist – nicht eine generelle Zerrüttung der Gesellschafterfamilie(n). Hinter dieser Forderung nach Ausstieg steht wiederum vielfach[612] der Bedarf nach Liquidität, um persönliche Probleme zu lösen (Finanzierung eines eigenen Geschäftsaufbaus, Finanzierung einer Scheidung mit Altersversorgungen usw.). Ein Ausstieg könnte in manchen Fällen verhindert werden, wenn eine andere Möglichkeit bestünde, einen solchen oft einmaligen Geldbedarf abzudecken.

---

612 Vgl. Redlefsen (2009), S. 190 ff., 197.

Fortgeschrittene, reife Gesellschaften haben daher eine ganze Reihe von Instrumenten geschaffen, um in gewissem Umfang eine „Veräußerbarkeit" von Anteilen zu erreichen:

- Arrangement mit einer Bank, um eine Beleihung von an sich nicht fungiblen Unternehmensanteilen zu ermöglichen.
- Fonds zum Erwerb von Anteilen, die später vom Verkäufer wieder zurückerworben werden können.
- Schaffung von einer Kapitalkategorie, z. B. Genusskapital, das gekündigt werden kann, ohne dass damit bereits die Stellung als stimmberechtigter Gesellschafter aufgegeben wird.
- Letztlich sind auch die Lösungen anzuführen, die für jeden Gesellschafter eine Kündigung von Gesellschaftsanteilen in Raten zulassen. Es gibt hierbei Regelungen, die z. B. eine Kündigung von maximal x % (z. B. 3 %) des Gesellschaftskapitals pro Jahr für alle Gesellschafter zulassen, wobei bei höheren Ansprüchen pro rata zugeteilt wird. Andere Schemata definieren einen Maximalanspruch pro Gesellschafterin.

Es ist ganz wichtig zu betonen, dass dieses Instrument nicht dazu dient, die grundsätzliche Bindung der Gesellschafterinnen an das Unternehmen zu lockern. Vielmehr soll die Flexibilität in kleinem Rahmen die langfristige Bindung des größeren Rahmens des Vermögens absichern.

23.8 Zusammenfassung: Bilanzierung, Zielformulierung, Kompetenzentwicklung

Das gesamte Vermögen der Unternehmerfamilie ist komplexer als die Aktiva und Passiva des Unternehmens für sich alleine. Die Strategie zur Entwicklung dieses gesamten Vermögens hat eine ungleich differenziertere Nutzenfunktion zu verfolgen als nur die, eine Gewinnausschüttung aus dem Unternehmen bereitzustellen. Für die langfristige Gestaltung der Vermögensstruktur bestehen in besonderer Weise die Anforderungen, die alle Aufsätze dieses Buches prägen: Verantwortliche Gesellschafter haben eine professionelle Aufgabe zu erfüllen, für die Kompetenzen erworben werden müssen.

Die Aufgabe, sich um die Strategie des Gesamtvermögens zu sorgen, obliegt typischerweise der älteren Generation. Die aktive Generation ist oft vollständig mit den Evolutionsschritten des Ursprungsunternehmens ausgelastet. Sie hat keine freie Kapazität für die sehr langfristigen Überlegungen der Vermögensstrategie. Zudem ist die über mehr Jahrzehnte kumulierte Erfahrung der älteren Generation eine gute Basis für die hier erforderlichen Planungen. Die Strategieaufgabe ist durch eine Vielzahl einzelner Themen charakterisiert. Diese vielfältigen Themen sind nicht ohne Kompetenzentwicklung zu bearbeiten und dies wird in aller Regel Beratung erfordern. Hier besteht das große Problem, wo die von eigenen Interessen freie Beratungskompetenz zu finden ist. Aber es gibt diese Berater und wenn man sie findet, entstehen daraus auch meist langfristige Beziehungen.

23. Vermögensstrategie der Unternehmerfamilie

Die nachfolgende Synopsis zeigt noch einmal die Vielzahl der Themen für die Strukturierung des Vermögens über die Zeitachse.

Finanzierung des Unternehmens	• Interne Finanzierungs-Norm • Konsolidierte Betrachtung • Quellen und Wege der Kredittilgung • Notfall-Reserve für Planabweichung
Finanzierung der Beteiligung auf Gesellschafterebene	• Unbelastet • Aus Eigenkapital • Eigenkapitalcharakter der Gesellschafterdarlehen
Basisanforderungen in der 1. Generation	• Versicherungen der Gründer • Gewinnthesaurierung für hohes Wachstum • Altersversorgung • Finanzierung der Nachfolge im Vermögen
Nutzung der zunehmenden Spielräume in den Folgegenerationen	• Strategische Notfall-Reserve • Fonds für teilweise Fungibilität des Gesellschafterkapitals • Aufbau eines diversifizierten Vermögens außerhalb des Kernunternehmens

Abbildung 48: Synopsis der Themen im Kontext des Vermögensmanagements.
Quelle: Eigene Darstellung

Diese Vielzahl der Gestaltungsoptionen kann nur schrittweise in Angriff genommen werden. Zudem sind die erforderlichen Ansparprozesse nur über Jahrzehnte zu leisten. Dies sind die typischen Voraussetzungen dafür, dass ein Rahmenprogramm für langfristig zu verfolgende Einzelschritte entwickelt wird. Damit eine solche Strategie über lange Zeit einen Kurs behält, bedarf es der regelmäßigen Standortbestimmung in einer „Bilanzierung". Eine Bilanz aufstellen heißt ja, sich die Ausgangslage anzusehen und von da aus zu befinden, welche Veränderung angestrebt werden muss. Konsolidiert muss diese Bilanz des Gesamtvermögens sein, aber auch weiter in die Zukunft reichen, als es die Unternehmensbilanz verlangt.

Aus der Standortbestimmung folgt die Überprüfung der Ziele für die Vermögensstrukturierung. Genauso, wie es bei jedem strategischen Vorgehen erforderlich ist. Und bei jeder Strategie gilt es, zwischen ruhigem Kurshalten oder agiler Anpassung abzuwägen. Und all dieses sollte in den guten Zeiten durchgearbeitet werden, in denen man keine Reserve für Störfälle braucht und der Markt des Ursprungsunternehmens noch nicht in Stagnation verfallen ist. Vorsorge heißt, sich vorher Sorgen zu machen.

Moritz Kübel

24. Unternehmerfamilie und Familienvermögen

24.1 Mein Vermögen – Dein Vermögen – Unser Vermögen: Vermögen mögen

Ein Vermögen aufzubauen, ist das eine. Das Vermögen zu bewahren, ist das andere. Während sich das Familienunternehmen zum Stolz der Unternehmerfamilie entwickelt hat, ist oftmals ein nicht unwesentliches Sekundärvermögen entstanden. Dabei hat der Begriff „Sekundärvermögen" eine doppelte Konnotation.

Das Vermögen wird als „sekundär" bezeichnet, weil es nicht das ursprüngliche Vermögen der Familie ist. Sekundärvermögen wurde im Wesentlichen vom Familienunternehmen erwirtschaftet und kann dreierlei sein: kumulierte Ausschüttungen an die Gesellschafter, Gesellschafterdarlehen durch im Unternehmen verbliebene Dividenden oder durch Gewinnthesaurierung entstandenes, nicht betriebsnotwendiges Kapital im Unternehmen.[613] In dieser Situation stellt sich für eine Familie die Frage, wie sie ihr Vermögen sinnvoll verwalten kann, wenn sie das Klumpenrisiko im Familienunternehmen verringern und Geld hinter die Brandmauer bringen möchte, oder wenn die derzeitige Vermögensanlage nicht im Sinne der Familienmitglieder ist.

Zudem bedeutet das Wort „sekundär" auch zweitrangig, und so wird das Sekundärvermögen von vielen Unternehmerfamilien auch betrachtet. Das kann verschiedene Ursachen haben. Das vorhandene Vermögen ist nicht selbst erwirtschaftet und einzelne empfinden deswegen sogar Schuld- oder Schamgefühle. Andere plagen Berührungsängste. Sie fühlen sich nicht kompetent, wenn das Thema Finanzen auftaucht. Es erscheint zu abstrakt oder komplex. Oder das Sekundärvermögen wird einfach als nicht so wichtig erachtet.

Wie kommt es zu diesen Berührungsängsten und zu dieser Selbsteinschätzung? Vielleicht, weil über das Thema „Vermögen" in der Familie nie offen gesprochen wurde und es folgenschwere Entscheidungen nach sich ziehen kann. Weil das Thema Geld eines der konfliktträchtigsten in Unternehmerfamilien ist und sich viele hierüber schon zerstritten haben? Oder vielleicht, weil es beim Vermögen um das Ergebnis der Arbeitsleistung vorheriger und die Absicherung künftiger Generationen geht?

Das professionelle Management von Familienvermögen ist eine andere Aufgabe als das Verwalten institutioneller Gelder. Denn es gibt einige Besonderheiten, die Familienvermögen auszeichnen. Erstens ist das Vermögen sehr heterogen – es besteht beispielsweise aus Anteilen am Familienunternehmen, Wertpapieren, Immobilien, Kunst, Ländereien, Unternehmensbeteiligungen – und ist häu-

---

613 Siehe hierzu auch Kapitel 23.

fig komplex strukturiert mit verflochtener Eigentümerschaft. Zweitens steht das Vermögen im Kontext einer Familie. Familienidentität und -dynamik spielen eine wichtige Rolle. Beides wird geprägt durch Familienmitglieder aus mehreren Generationen, die ganz unterschiedliche Talente, Interessen und Finanzbedürfnisse haben können. Daraus folgt, dass nicht nur das Vermögen, sondern auch die Familie sowie die Beziehung zwischen Familie und Vermögen professionell zu managen sind. Die Beziehung zwischen Eigentümerfamilie und Vermögen ist vergleichbar komplex gestaltet wie die zwischen Unternehmerfamilie und Familienvermögen.[614]

Woran liegt es, dass es offenbar so schwierig ist, Familienvermögen langfristig zu erhalten? Es gibt mehrere Faktoren, die zu einer Erosion des Familienvermögens führen: Die Familie wächst und mit jeder Generation teilt sich das Vermögen auf doppelt so viele Familienmitglieder auf, Spenden und gemeinnützige Ausgaben reduzieren das Familienvermögen in beabsichtigter Weise, der Staat wirkt mit Erbschafts-, Schenkungs- und ggf. auch Vermögenssteuern einer dauerhaften Vermögensakkumulation entgegen und/oder das Vermögen wird durch Familienmitglieder oder übermäßige Verwaltungskosten verschwendet. Erschwerend hinzu kommen noch Anlagefehler, die sich stark negativ auf das Vermögen auswirken können und vor denen weder vorhandener Reichtum noch Intelligenz für sich genommen einen zuverlässigen Schutz bieten.[615]

Es lässt sich die Frage aufwerfen, warum der Anspruch, den die Familie an die Professionalität ihres Unternehmens stellt, nicht auch für das Sekundärvermögen gelten soll? Wie kann eine Familie ihr Vermögen vor einer potenziellen Erosion schützen? Und wie kann sie ihr Vermögensmanagement systematisch und diszipliniert organisieren, ohne selbst über Finanzexpertise zu verfügen?

24.2 Die Spielregeln innerhalb der Familie

Wenn eine Familie beabsichtigt, Sekundärvermögen – also Vermögen, das über das betriebsnotwendige Kapital des Familienunternehmens hinausgeht – in irgendeiner Form gemeinsam zu bewirtschaften, dann ist das Thema Vermögensmanagement als integraler Bestandteil einer Familienstrategie zu sehen.[616] Folgerichtig sollte es in entsprechenden familieninternen Regelungen, beispielsweise in der Familienverfassung, berücksichtigt sein.

Vordringlich zu klären ist der Zweck eines gemeinsamen Vermögensmanagements. Wem dient das anzulegende Vermögen, warum strebt man eine gemeinsame Veranlagung ausgerechnet im Familienkontext an und was ist unter dem zu verwaltenden Vermögen zu verstehen? Mit diesen Grundsatzfragen wird das Verhältnis zwischen Eigenverantwortung und gemeinsamem Regelungsinteresse austariert. Wenn einzelne Familienmitglieder frei über ihr Vermögen ver-

---

614 Vgl. hierzu ausführlich Kapitel 11.
615 Vgl. Arnott et al. (2015).
616 Vgl. Rüsen et al. (2019).

24. Unternehmerfamilie und Familienvermögen

fügen können, liegt der Zweck eines gemeinsamen Vermögensmanagements darin, dass die Familienmitglieder Synergien bei der Kapitalanlage nutzen möchten.

Dieser Zweck kann aus unterschiedlichen Ausgangsvoraussetzungen resultieren: Die Familienmitglieder haben sehr ähnliche Anlagebedürfnisse, eine familieninterne Arbeitsteilung bietet sich aufgrund der besonderen Fürsorge- oder Vertrauensbeziehungen innerhalb einer Familie an oder jeder Einzelne soll vor unprofessionellen und damit vermögensschädigenden Entscheidungen geschützt werden. Das Vermögensmanagement hat eine völlig andere Zwecksetzung, wenn es sich um einen Gemeinschaftsbesitz handelt oder übergeordnete Familieninteressen verfolgt werden: Eine Liquiditätsreserve oder ein Sicherheitsfonds zum Schutz des Familienunternehmens wird vorgehalten, Vermögensgegenstände mit aus Erbregelungen verflochtenen Eigentumsverhältnissen müssen verwaltet werden, eine Stiftung als familieninterner Solidarfonds oder für gemeinnützige Verwendung wird gegründet oder zusätzliche Bindungen innerhalb des Gesellschafterkreises eines Familienunternehmens werden geschaffen.

Zentrales Element jeder Familienstrategie ist das Verständnis der Unternehmerfamilie von Werten. Daran richten sich Entscheidungen und Verhaltensweisen aus. Beispielsweise geht es um Werte wie Leistung, Freiheit, Bescheidenheit, Vertrauen, Transparenz, Sicherheit oder Nachhaltigkeit. Die Familie muss an der Stelle klar und ehrlich Verhaltensleitlinien formulieren und sich fragen: Leiten sich aus dem Selbstverständnis und Werten auch moralische Verpflichtungen oder Handlungsgrundsätze für den Umgang mit Vermögen und das Vermögensmanagement ab? Wird erwartet, dass diese auch dann befolgt werden, wenn die einzelnen Familienmitglieder eigenverantwortlich über ihr Vermögen verfügen können?

Auf diese Weise wird Streit vermieden. Denn oft existieren unausgesprochene Erwartungshaltungen, wenn Vermögen durch Schenkung oder Erbschaft übertragen wird. Erfüllen die Begünstigten diese Erwartungen nicht, kommt ein Gefühl von Undank und Enttäuschung auf. Gleichzeitig erhalten Familienmitglieder eine Orientierungshilfe. Nicht selten sind sie mit der Vermögensdisposition überfordert. Daher ist es wichtig, die Vermögenskultur der Familie zu formen, ein Maß für den richtigen Umgang mit Vermögen vorzugeben und auf eine gute Vermögenserziehung hinzuwirken. Ein verschwenderischer Umgang mit Vermögen lässt sich nicht verbieten, aber vermeiden. Damit wäre dem Erhalt eines Familienvermögens mehr gedient als mit einer noch so ausgeklügelten Anlagestrategie.

So wie in Bezug auf das Familienunternehmen die Bedingungen und Voraussetzungen für eine Mitwirkung von Nachkommen, Ehe- und Lebenspartnern sowie weiterer Verwandtschaft zu klären ist, ist bei einem gemeinsamen Vermögensmanagement festzulegen, wer wie involviert ist: Wer darf mitinvestieren? Wer darf mitbestimmen? Rechtlich relevant ist das beispielsweise für den Prospekt eines Familienfonds, der die Investitions-, Übertragungs- und Veräußerungsmöglichkeiten jedes Investors definiert. Doch solche Dokumentationen sind umfangreich, sachlich kompliziert und nicht gerade leicht verständlich. Deswegen ist sicherzustellen, dass jedem Familienmitglied auch tatsächlich bewusst ist, wie und wie weit er über sein Vermögen verfügen kann.

Im nächsten Schritt entscheidet die Familie, wem sie die Verantwortung für ihr Vermögensmanagement überträgt. Meistens schreiten einzelne Mitglieder voran und übernehmen die Verantwortung für den Rest der Familie. Sie genießen im Vergleich zu externen Beratern ein besonderes Vertrauen aufgrund ihrer familiären Fürsorgepflicht. Die Gefahr möglicher Interessenkonflikte besteht weniger. Außerdem befinden sich die in Frage kommenden Verantwortlichen qua Lebenssituation in einer Position, in der sie die jeweiligen Hintergründe und Bedürfnisse besser verstehen. Die Frage ist, wie weit diese Verantwortung einzelner Familienmitglieder gehen darf.

Grundsätzlich empfiehlt sich ein gewisser Formalismus, um subjektive oder impulsive Entscheidungen zu vermeiden. Die Familie sollte für das gemeinsame Vermögensmanagement einen Ausschuss bilden, sofern nicht ein bereits bestehendes Gremium für die Aufgabe geeignet ist. Zu klären ist auch, ob und wie dieses Gremium mit Familienmitgliedern und externen Experten besetzt wird. Voraussetzung ist, dass die Familie hier kritisch bewertet, über welche Finanzkompetenz sie selbst verfügt und für welche Anlageentscheidungen die objektiv erforderlichen Fähigkeiten vorhanden sind. Dementsprechend sind die Kompetenzbereiche klar zu definieren und in den Anlagerichtlinien zu dokumentieren. So wird geregelt, ob die Verantwortlichen beispielsweise „nur" eine Oberaufsicht führen und den Anlageprozess organisieren oder ob sie auch einzelne Investitionsmöglichkeiten beurteilen und Investitionsentscheidungen selbst treffen dürfen.

Ein Thema, an das man vermutlich nicht als erstes denkt, ist die Frage, wie die Familie miteinander, aber auch mit Externen wie Banken und Vermögensverwaltern, über ihr Vermögen spricht. Empfehlenswert sind Regeln, die sich die Familie für ihre Informationspolitik und den Austausch von Informationen gibt. Zu klären ist, inwieweit die Vermögensverhältnisse einzelner Familienmitglieder im Innenverhältnis transparent sein dürfen, weil dadurch der jeweilige Lebenswandel indirekt offengelegt wird. Hier bietet sich ein Familienfonds als gute Lösung an. Die Familie sieht dann nur das aggregierte Vermögen, während die Hausbank in persönlichen Wertpapierdepots die Anteile der einzelnen Familienmitglieder verwaltet.

Eine andere Frage ist, wer welche Information über das Portfolio erhalten soll. Hier geht es nicht um Geheimniskrämerei, sondern um einen Schutz vor Fehlentscheidungen und -verhalten des Einzelnen. Denn eine überlegt strukturierte Informationspolitik stellt sicher, dass jeder Vermögensträger genau mit den für ihn entscheidungsrelevanten Informationen versorgt wird, ohne zu überfordern oder zu verwirren. Welche Entscheidungen soll ein Vermögensträger aufgrund hochaktueller Portfolio-Analysen oder Kapitalmarkteinschätzungen eigentlich treffen? Besser ist es, dass er seinen Blick stets auf das Wesentliche richtet. Und nicht den Eindruck hat, dass ein Vermögensträger sich aktiv um sein Portfolio kümmern und laufend Anlageentscheidungen treffen müsse. Das wäre ein Trugschluss, der Berührungsängste fördert oder Aktivismus auslöst, wenn eigentlich eine Politik der ruhigen Hand angebracht wäre.

Neben Information ist Wissen die Voraussetzung, um überlegte Finanzentscheidungen zu treffen. Deswegen stellen Aufklärung und die Vermittlung von Finanzkompetenz ein wichtiges familienstrategisches Ziel dar. Zu den zu vermittelnden Inhalten gehören ein grundsätzliches Verständnis von finanzwirtschaftlichen Zusammenhängen (Risiko, Rendite, Diversifikation, Anlageklassen), die Fähigkeit zur persönlichen Finanzplanung, die Kenntnis des familieneigenen Vermögensmanagements (Anlagestruktur, -strategie und -prozess) sowie die Fähigkeit, Anlageergebnisse und die Qualität von Finanzdienstleistungen für die eigenen Zwecke beurteilen zu können. Diese Themen sind oft abstrakt und trocken. Wer in der Schule keinen Spaß an Mathematik hatte, der beschäftigt sich oft auch als Erwachsener nur ungern mit Zahlen. Umso wichtiger ist es, dem Vermögensmanagement ein Gesicht zu geben und es durch persönliche Erlebnisse mit Leben zu füllen.

24.3 Was die Familie beitragen muss

Fängt eine Familie an, ihr Vermögen professionell zu managen, muss sie im Rahmen ihrer Familienstrategie eine Kernfrage in Bezug auf das Vermögen adressieren: Wofür soll das Vermögen ausgegeben werden? Jeder in der Familie verfügt über die Fähigkeit und das Wissen, diese Frage zu beantworten. Niemand – erst recht keine Bank und kein Anlageberater – kann einem die Antwort abnehmen.

Investieren ist kein Selbstzweck, sondern dient einer späteren Verwendung. Die beste Rendite nützt nicht viel, wenn das Vermögen nicht gut verwendet wird. Wenn es keinen konkreten Bedarf für das Vermögen gibt, dann besteht häufig zumindest der Wunsch, das Vermögen für die nächste Generation zu erhalten. Erst wenn geklärt ist, wofür das Vermögen später ausgegeben werden soll, wird auch klar, wofür das Vermögen jetzt angelegt werden soll. Die Frage nach der Mittelverwendung ist zentral für die Festlegung der Anlageziele und die Ableitung einer zielorientierten und erfolgreichen Anlagestrategie.

Per Definition ist Erfolg das Erreichen von Zielen. Daraus folgt: Ohne klar definierte Anlageziele ist kein Anlageerfolg möglich. Also sollte sich eine Familie vor allen anderen Dingen auf die Identifizierung und Definition der für sie richtigen Anlageziele konzentrieren. Keine andere Einzelentscheidung in der Vermögensverwaltung wirkt sich so grundlegend auf das Anlageergebnis aus. Keine noch so gute Outperformance macht ein falsch gesetztes Ziel wieder wett. Die unterschiedlichen Anlageergebnisse eines Warren Buffet oder jeder beliebigen Pensionskasse haben viel weniger mit unterschiedlichen Fähigkeiten zu tun als mit unterschiedlichen Anlagezielen. Umso erstaunlicher ist es, in welchem geringen Maße Anlageziele in der Praxis reflektiert werden oder wie häufig sie nur vage formuliert sind.[617]

Ist die geplante Mittelverwendung einmal geklärt, kann die Familie daraus finanzielle Anlageziele im Sinne von Rendite-, Risiko- und Liquiditätsanforderungen und den jeweils relevanten Anlagehorizont ableiten. Zusätzlich zieht die Familie ggf. nicht-finanzielle Ziele oder Nebenbedingungen in Betracht wie etwa Identitätsstiftung, Selbstverwirklichung oder Nachhaltigkeitsziele. Sie können den Anlagestil beeinflussen oder das mögliche Anlageuniversum begrenzen. Die verschiedenen Anforderungen muss man gegeneinander gewichten, denn man kann nicht gleichzeitig alle Größen optimieren. An dieser Stelle sei an zwei Grundregeln der Kapitalanlage erinnert. Erstens fällt das eingegangene Risiko umso geringer aus, je niedriger die Ertragsaussichten sind. Je höher die angestrebten Erträge, umso größere Risiken muss ein Investor eingehen. Zweitens: Ist der Anlagehorizont eher kurz, kann ein Investor weniger Risiko eingehen. Eine längere Fristigkeit ermöglicht tendenziell ein höheres Anlagerisiko.

Wenn der Zweck des Vermögensmanagements darin besteht, frei verfügbares persönliches Vermögen wie oben ausgeführt gemeinsam zu veranlagen, dann muss jeder einzelne Investor in der Familie mit seinen Anforderungen verstanden werden. Diese Einzelanforderungen gilt es, miteinander zu vergleichen, um den kleinsten gemeinsamen Nenner zu finden. Je nach Grad der Übereinstimmung kann man das Vermögensmanagement in Form von einzeln zu verwaltenden Portfolios mit individuellen Zielvorgaben strukturieren oder das Familienvermögen über ein oder mehrere Kollektivanlagevehikel mit gemeinsamen Zielvorgaben bündeln, z. B. in Form von speziellen Familienfonds.

Entsprechende Fragebögen helfen dabei, einen individuellen Finanzplan zu erstellen und die persönlichen Anlagebedürfnisse zu erheben. So wird nach dem Liquiditätsbedarf in naher Zukunft, etwa auf Sicht von wenigen Jahren, gefragt. Oder nach dem Liquiditätsbedarf, der mittel- oder langfristig absehbar ist. Beispielsweise wenn man größere Anschaffungen plant oder sich in unternehmerischen oder gemeinnützigen Projekten engagieren will. Neben den Ausgaben sind auch die Einnahmen wichtig, denn es macht einen signifikanten Unterschied, ob noch laufende Gewinnausschüttungen eines Familienunternehmens oder vielleicht Sondereffekte durch einen geplanten Unternehmensverkauf zu berücksichtigen sind. Aus dem Finanzplan ergibt sich der Anlagehorizont, der bestimmt, über welchen Zeitraum jeweils wie viel Vermögen angelegt wird. Zu beachten sind auch die Währungen der geplanten Einnahmen und Ausgaben, d. h., in welcher Währung angelegt werden muss und inwieweit man einem Risiko von Währungskursschwankungen ausgesetzt ist. Das ist relevant, wenn sich beispielsweise der Lebensmittelpunkt eines Familienmitglieds ganz oder teilweise im Ausland befindet.

---

617 Vgl. Ibbotson & Kaplan (2000).

24. Unternehmerfamilie und Familienvermögen

Schwieriger zu ermitteln ist die Risikotoleranz der Familienmitglieder, die sich aus Risikofähigkeit und Risikobereitschaft ergibt. Risikofähigkeit versteht sich als eine objektive Größe: Ein Familienmitglied, das einen Großteil des Geldes für spätere Anschaffungen und Finanzierungen fest verplant hat, kann keine größeren Risiken eingehen. Aber ein Familienmitglied mit überwiegend frei verfügbarem Vermögen in der Regel schon. Will heißen: Ein Wertverlust von z. B. 20 % hätte keine Auswirkung auf den Lebenswandel. Risikobereitschaft ist etwas völlig anderes, nämlich eine rein subjektive Größe: In der Tendenz sind Menschen, die vermögend werden wollen, besonders risikobereit. Anders sind Menschen, die vermögend sind und insbesondere, wenn sie ihr Vermögen geerbt haben, manchmal überraschend risikoavers oder haben sogar regelrechte Verlustängste.

Verschiedene statistische Kennzahlen fassen das Risiko, das ein Anleger eingehen kann und möchte, zusammen. Beispielsweise gibt das Risikomaß „Value-at-Risk" die Verlustschwelle an, die über den Anlagehorizont hinweg mit einer bestimmten Wahrscheinlichkeit (z. B. 98 % Konfidenzniveau) nicht überschritten wird. Oder die zulässige Verlustobergrenze, die ein Anleger noch verkraften kann. Bei welchem zwischenzeitlichen Verlust würde er alles verkaufen, anstatt eine mögliche günstigere Entwicklung abzuwarten, um keine weiteren Verluste erleiden zu müssen? Oder würde er gar nicht verkaufen?

Die Anlagebedürfnisse der meisten Privatinvestoren lassen sich typischerweise drei standardisierten Risiko-Rendite-Profilen zuordnen, die häufig als „konservativ", „ausgewogen" und „dynamisch" oder mit entsprechenden Synonymen bezeichnet werden. Zur Überprüfung der richtigen Einstufung würde ein konservativer Anleger folgender Aussage zustimmen:

„Meine Anteile sollen vor allem weitgehend wertstabil und sicherheitsorientiert angelegt sein. Für diese hohe Sicherheit und geringe Wertschwankungen der Anlage gebe ich mich mit Kapitalerhalt bzw. einer sehr geringen Rendite zufrieden."

Am anderen Ende der Risiko-Rendite-Skala steht das risikobereite Familienmitglied, das sich selbst wie folgt beschreiben würde:

„Ich bin auf lange Sicht finanziell nicht auf meine Anteile angewiesen. Mein Fokus liegt ganz klar auf Erzielung von Rendite. Dafür kann auch zum großen Teil in chancenorientierte Anlagen mit höherem Risiko investiert werden. Mir ist klar, dass dabei auch hohe Wertschwankungen auftreten können."

Die passenden Anlageziele für Stiftungen oder unternehmensnahe Vermögensmassen, d. h. institutionelle Vermögensträger, ermittelt man nicht mit Fragebögen, sondern finanzmathematisch und wenn nötig unter Zuhilfenahme von Experten, die finanzielle Unsicherheiten mit Methoden der Wahrscheinlichkeitstheorie und Statistik bewerten. Denn es gibt mehr oder weniger präzise Ausgabenplanungen oder langfristige Zahlungsverpflichtungen, deren Finanzierung sicherzustellen ist. Die Anlageziele müssen spezifisch auf die jeweilige Finanzsituation passen.

Hat die Familie diese Fragen in ihrer Gesamtheit geklärt, kommt das *Wie*. Und mit dem Wie kommt der Moment des Loslassens, denn im Wie lauern alle typischen Anlegerfehler, mit denen man einem Familienvermögen nachhaltig schaden kann. Das kann nur passieren, wenn sich Vermögensinhaber zu sehr in das Wie einmischen. Ist also das gemeinsame Vermögensmanagement organisiert und die Anlageziele definiert, dann gehört alles Weitere in die Hände von Fachleuten,[618] ohne dabei den eigenen Verstand auszuschalten.

24.4 Was die Familie lieber bleiben lassen sollte

Verschieden hoch sind sie. Und verschieden farbig. Mehrere Säulen, die für Kapitalerträge aus Investments in verschiedenen Anlageklassen stehen: Aktien und Anleihen, Hedge-Fonds und Private Equity. Der Privatbankier im feinen Anzug hat sie gerade in seiner PowerPoint-Präsentation für das Publikum auf einer Veranstaltung für Unternehmerfamilien an die Wand geworfen. Dort stehen kryptische Abkürzungen, die nur kapitalmarktaffine Menschen verstehen. Dazu referiert er sehr plausibel über die Volkswirtschaft, Staatsverschuldung, Konjunkturprognosen, Zentralbanken – und die Renditeerwartungen der verschiedenen Anlageklassen. Im Publikum gehen die Arme nach oben. In den Händen sieht man Smartphones, mit denen die Zuhörer schnell ein Foto von den komplexen Grafiken mit den vermeintlich wertvollen Informationen machen. Das ist schließlich wichtig, wenn man als Familie sein Vermögen richtig anlegen will, denken die meisten. Und der ein oder andere aus dem Publikum teilt noch seine eigene Einschätzung mit, um zu zeigen, dass er besonders viel Ahnung von der Materie hat.

Doch ist das alles überhaupt relevant? Muss sich irgendjemand aus der Familie permanent mit der Marktentwicklung beschäftigen? Hat dieser Bankberater einen heißen Anlagetipp und kann die Zukunft vorhersehen? Die Antwort ist Nein, wenn es darum geht, ein professionelles und effektives Vermögensmanagement für die Familie aufzubauen und zu betreiben. Das ist vielmehr eine ganz normale Organisationsaufgabe. Für deren Lösung müssen kluge Familienmitglieder keine Kapitalmarktprofis sein (und auf gar keinen Fall sollten sie so tun, als seien sie es).

Bevor es an diese Organisationsaufgabe geht, gilt es zu verstehen und zu verinnerlichen, dass erfolgreiche Unternehmer nicht zwangsläufig auch erfolgreiche Investoren sind. Große Familienvermögen sind meist dadurch entstanden, dass ein Vorfahr über das äußerst seltene Talent verfügte, mit Geschäftssinn aus wenig Mitteln ein großes Vermögen zu schaffen. Es ist unwahrscheinlich, dass die Nachkommen und insbesondere die später nachfolgenden Generationen über das genauso seltene Talent verfügen, aus einem großen Vermögen ein noch viel Größeres zu machen. Unternehmerfamilien besitzen wichtige und

---

618 Selbstverständlich können diese Fachleute auch aus der Eigentümerfamilie stammen. In der Praxis lässt sich aber nur sehr selten feststellen, dass Familienmitglieder über die hier notwendigen Fachausbildungen und Berufserfahrungen verfügen.

24. Unternehmerfamilie und Familienvermögen

wertvolle Ressourcen wie Marktzugang, Personal, Reputation, Netzwerk und Branchenwissen.

Aber sie haben auch mit einem professionellen Vermögensmanagement keine realistischen Aussichten, wesentlich höhere Renditen zu erzielen, als es auch der gewöhnliche Privatanleger mit Aktien, Anleihen, ETFs und REITs ohne Weiteres könnte.[619] Diejenigen, die etwas anderes glauben und meinen, schlauer als der Markt zu sein, fallen häufig auf Trugschlüsse und Denkfehler herein oder werden ein Opfer teurer, unnützer oder gar unseriöser Angebote von Privatbanken und Vermögensverwaltern. Vermutlich bleiben diese Familien dann nicht mehr sehr lange sehr vermögend.

Das systematische Überschätzen der Fähigkeiten von Einzelpersonen konterkariert die Vorteile, die man durch Bündelung und gemeinsame Veranlagung des Familienvermögens erreichen kann. Das vorhandene Kompetenzprofil einer Unternehmerfamilie, das auf die Führung eines Unternehmens ausgelegt ist, eignet sich in der Regel weniger für die nicht minder komplexe Aufgabe, Vermögen zu steuern und auszubalancieren. Nicht wenige erfolgreiche Unternehmerfamilien vernichten große Vermögensteile, da sie in ihrer Rolle als Investoren die Relevanz ihrer bisherigen Fähigkeiten als Eigentümer, Mitglieder eines Top-Managements oder Beiräte für ein professionelles Vermögensmanagement überschätzen. Sie können diese Fähigkeiten in der Vermögensverwaltung kaum zielführend einsetzen. Ein Großteil der gewachsenen Werte, der erlernten unternehmerischen Prämissen und der bewährten Entscheidungsprozesse ist für die neue Aufgabe schlichtweg nicht anwendbar.[620]

Direktanlagen wie etwa Immobilien oder Firmenbeteiligungen anstelle von Investmentfonds haben gerade für Unternehmerfamilien eine hohe Anziehungskraft. Selbstbestimmung und der direkte Zugriff auf die Vermögensgegenstände sind die zugrunde liegende Motivation. Von Direktanlagen ist nicht generell abzuraten. Doch sollten sie sich nur im Familienportfolio befinden, wenn sie strategisch sinnvoll sind und nicht aufgrund persönlicher Vorlieben einzelner Familienmitglieder erworben wurden. Problematisch ist vor allem Selbstüberschätzung. Eine Direktanlage setzt unweigerlich den Fokus auf einen Sektor oder eine Region. Ein Investor geht damit ein Konzentrationsrisiko ein. Das ist nur sinnvoll, wenn der Anleger im Vergleich zu spezialisierten Investmentgesellschaften einen echten, systematischen Mehrwert bieten und diesen auch schlüssig darlegen kann. Um dies zu ermitteln, muss er sich selbst immer genauso kritisch hinterfragen, wie er einen fremden Vermögensverwalter oder Investmentfonds hinterfragen würde.

Verhängnisvoll wird der eigene Übermut beim Market Timing. Das ist der Versuch, aufgrund der eigenen Einschätzungen und Erwartungen die Portfoliogewichte, z. B. von Aktien und Anleihen, zu verändern und einen günstigen Zeitpunkt für Ein- und Ausstieg zu erwischen. Man glaubt an ein „gutes Händchen"

---

[619] Vgl. DeMiguel, Garlappi & Uppal (2009).
[620] Vgl. Rüsen et al. (2019).

und vertraut dem Bauchgefühl. Dabei kann das nur funktionieren, wenn man die Zukunft vorhersehen kann oder wenn man zumindest über einen systematischen Informationsvorsprung verfügt. Natürlich kann man auch mal Glück haben, aber die Chancen dafür stehen nicht allzu gut. Selbst aktive Vermögensverwalter, die mit ganzen Stäben das Kapitalmarktumfeld analysieren, liegen mit ihren Prognosen meistens daneben. Denn sobald eigene Einschätzungen eine Rolle spielen, kommt auch die Psychologie ins Spiel. Das ist schon in normalen Marktphasen heikel und kann in Krisenzeiten, die zumindest temporär erhebliche Verluste im Portfolio mit sich bringen, fatal sein. Statt angstgetrieben zu handeln, sollte man einen kühlen Kopf bewahren, sich an seine Anlagestrategie und -ziele erinnern und sie beherzigen.

Was macht ein gutes Vermögensmanagement aus? Fünf Punkte lassen sich hier nennen:

(1) klare, reflektierte und präzise formulierte Anlageziele und eine zielorientierte Strategie;

(2) eine systematische und holistische Anlagephilosophie, die daran zu erkennen ist, dass sie personenunabhängig, replizierbar und evidenzbasiert ist;

(3) ein professioneller und disziplinierter Anlageprozess, der vor unqualifizierten Entscheidungen und Selbstüberschätzung schützt;

(4) eine Investmentstruktur, die Steuereffizienz, Flexibilität und ganzheitliche Portfoliosteuerung ermöglicht und

(5) niedrige Kosten.

Seien wir uns immer bewusst: Die Chancen, den Markt langfristig nach Kosten und Risiko zu schlagen, sind deprimierend gering, und die Gefahr, langfristig unter dem Marktergebnis zu landen, ist bei unausgewogenen Investments deprimierend hoch.

24.5 Die Wahl einer erfolgreichen Mannschaft

Bei der Organisation des Vermögensmanagements beschließt die Familie, welcher Ansatz für ihr Vermögensmanagement sinnvoll ist, welche Aufgaben sie ggf. selbst übernehmen und welche Mannschaft an externen Dienstleistern sie anheuern will. Die Grundsatzentscheidung dabei ist, wer für die Umsetzung einer zielorientierten Anlagestrategie verantwortlich sein soll.

Bei größeren Vermögen, die einen mittleren dreistelligen Millionenbetrag übersteigen, kann die Gründung eines Single Family Office angeraten sein. Für die Entscheidung zum Insourcing gilt die Regel: Nur was die Familie nachweislich besser oder günstiger machen kann, sollte sie auch selbst machen. Angesichts dieser Regel erstaunt etwa die häufige Praxis, dass Familien ausgerechnet für die Buchhaltung oder das Reporting eigenes Personal beschäftigen. Erzielt eine Familie damit einen strategischen Mehrwert?

Für Vermögen, die unter dem Schwellenwert für ein eigenes Single Family Office liegen, kann man in Erwägung ziehen, das Management des Investment-

Portfolios an einen oder mehrere Dienstleister zu übertragen. Die mehr oder weniger synonymen Stichworte „Multi Family Office", „Outsourced CIO" oder „Fiduciary Manager" bedeuten, dass genau ein Generalist die treuhänderische Gesamtverantwortung übernimmt. Ein solcher Generalist kann eine Bank, ein bankenunabhängiger Vermögensverwalter, ein Anlageberater oder ein Family Office sein. Es geht um die Erkenntnis, dass kein Vermögensverwalter der Beste für alle Portfolio-Segmente sein kann. Stattdessen agiert der Generalist als übergeordneter Manager, der für alle benötigten Anlagetätigkeiten nach dem „Best in Class"-Prinzip den jeweils besten Dienstleister auswählt und die jeweiligen Spezialisten für alle Portfolio-Segmente mandatiert.

Gleichzeitig behält er in dem dadurch entstehenden komplexen System den Überblick, kontrolliert, entscheidet und handelt. Er übernimmt die Verantwortung für die Konstruktion des Portfolios und kann, falls nötig, einzelne Portfolio-Manager auch austauschen. Dabei muss er im Einklang mit denen von der Familie definierten Anlagezielen und -richtlinien handeln. Generell muss die Familie dem Generalisten einen gewissen Ermessensspielraum gewähren. Es geht nicht nach dem Prinzip „der Kunde ist König und hat das letzte Wort". Schließlich ist es nicht sinnvoll, Verantwortung zu delegieren und sich dann doch wieder einzumischen.

Wer an dieser Stelle eher nach dem Prinzip „Vertrauen ist gut, Kontrolle ist besser" handeln will und nicht die Gesamtverantwortung in eine Hand geben möchte, kann über ein „Pferderennen" nachdenken. Ein Grund dafür kann sein, dass die Familie die Qualität der Dienstleistung nicht gut beurteilen kann. Bei einem „Pferderennen" lässt sie mehrere Vermögensverwalter gegeneinander antreten, auf die sie das Vermögen aufteilt und die sie mit der Umsetzung der exakt gleichen und präzise formulierten Anlagestrategie beauftragt. Natürlich verliert sie damit Skaleneffekte und die Vermögensverwaltung ist insgesamt etwas teurer und aufwändiger. Andererseits reduziert sich das Risiko, an den Falschen geraten zu sein. Die Familie kann die Ergebnisse und Aussagen der Vermögensverwalter sehr gut miteinander vergleichen.

Egal, ob man nun einen oder mehrere Anbieter beauftragt: Wichtig ist die Kompetenz im gesamten Anlageprozess, insbesondere bei Portfolio-Konstruktion, Managerauswahl und bei alternativen Anlagen. Letztere ist relevant, wenn Private Equity, Immobilien oder Hedge-Fonds eine Rolle spielen. Auch ist das Gebot der Unabhängigkeit ein sehr wichtiges. Es darf also keine Interessenkonflikte geben. Durchdekliniert heißt Unabhängigkeit, dass der Manager keine hauseigenen Produkte in der Auswahl präferiert und Transparenz bietet, was Prozesse und Vergütung angeht. Die Vergütung sollte so geregelt sein, dass keine monetären Anreize wie Rückvergütungen seitens Produktanbietern bestehen, die Anlageentscheidungen beeinflussen könnten.

Ein weiterer wichtiger Dienstleister ist die Depotbank, die nach einer erfolgten Finanzmarkttransaktion die Wertschriften führt. Grundsätzlich können Depotbank und Vermögensverwalter unterschiedliche Dienstleister sein. Daher kann man sich auch für eine zentrale Verwahrstelle, die als „Global Custodian" bezeichnet wird, entscheiden. Dieser kann eine gemeinsame Plattform für verschiedene Vermögensverwalter bieten und außerdem unterschiedliche Vermögensgegenstände verbuchen, sodass er jederzeit einen Gesamtüberblick über das Vermögen liefert. Die Bedeutung dieses Reportings wird leider oft unterschätzt. Dabei bildet es die wesentliche Grundlage dafür, dass der Investor jederzeit und nach verschiedenen Prüfkriterien für seine Kapitalanlagen einen zuverlässigen Realitätscheck vornehmen kann.

Für die Organisation des Vermögensmanagements ist die Kosteneffizienz ein zentrales Ziel und bei der Auswahl von Dienstleistern immer ein wichtiges Entscheidungskriterium. Brutto ist nicht gleich netto. Die Kostenunterschiede sind groß und können von der Familie stark beeinflusst werden. Eingesparte Kosten sind wie eine risikolose Rendite.

Abgesehen von Gebühren schmälern Steuern den Ertrag, der unterm Strich stehen bleibt. Zusätzlich muss sich die Familie juristische Expertise einkaufen. Eine Anwalts- oder Steuerberatungsgesellschaft hilft bei der steuereffizienten Vermögensstrukturierung, beispielsweise durch Fondskonstruktionen. Aber auch hier gilt: Die Familie kann nicht blind delegieren, sondern muss ihre Berater steuern. Sonst laufen die Beratungskosten leicht aus dem Ruder oder es entstehen zu komplexe Strukturen zur Optimierung von Substanzsteuern, die eine Verwaltung des Vermögens eher erschweren und oft auf Kosten der Rendite gehen. Steuervermeidung per se ist kein Anlageziel und den Steuerexperten fehlt oft der Blick für die wirtschaftlich sinnvolle Organisation des Vermögens.

Steht die Mannschaft, ist es an der Zeit, zusammen mit den Fachleuten eine Strategie für ein Erfolg versprechendes Vermögensmanagement zu erarbeiten.

24.6 Von der Strategie zum Investment

Die Anlagestrategie ist der Plan, wie die festgelegten Anlageziele unter Berücksichtigung von Risikotoleranz, Liquiditätsbedarf und Zeithorizont erreicht werden sollen. Wie so ein Plan funktioniert, ist kein Geheimnis.[621] Im Zentrum steht die strategische Vermögensallokation, d. h. die idealtypisch geplante prozentuale Aufteilung des Vermögens auf verschiedene Anlageklassen, z. B. Aktien und Anleihen. Dabei geht es nicht um Spekulation, sondern um die systematische Vereinnahmung von Risikoprämien. Als Risikoprämie wird eine Zusatzrendite gegenüber einer risikolosen Anlage bezeichnet, mit der Anleger für die Übernahme eines Risikos vergütet werden. Allerdings darf nicht für jedes Risiko auch eine Prämie erwartet werden. Die spezifischen Risiken einzelner Anlagen wie etwa Management-, Produkt- und Technologierisiken lassen sich durch Streuung eliminieren, bis nur noch ein systematisches, aber mit einer Prämie

---

621 Vgl. Maginn et al. (2013). Managing Investment Portfolios: A Dynamic Process. In: CFA Institute Investment Series Book 32 3rd Edition, Kindle Edition by John L. Maginn (Editor), Donald L. Tuttle (Editor), Dennis W. McLeavey (Editor), Jerald E. Pinto (Editor) und Bodie, Zvi; Kane, Alex, Marcus, Alan (2013): Essentials of investments. McGraw-Hill/Irwin: Taipei.

auch systematisch entlohntes Risiko übrigbleibt. Da die systematischen Risiken in den verschiedenen Anlageklassen stochastisch mehr oder weniger voneinander unabhängig sind, lässt sich durch geschickte Diversifikation über mehrere Anlageklassen das Risiko oder die Rendite des Gesamt-Portfolios optimieren, bis man die für die eigenen Anlageziele optimale Kombination der verschiedenen Anlageklassen gefunden hat.[622]

In Wissenschaft und Praxis ist die Existenz von klassischen und alternativen, schwieriger zu erschließenden Risikoprämien unbestritten, nicht aber die Höhe der jeweils zu erwartenden Risikoprämie. Klassische Risikoprämien beziehen sich z. B. auf Zins-, Kredit- und Aktienrisiko, alternative hingegen auf Illiquiditäts- und Versicherungsrisiken.[623] Es gilt die Faustregel: Je mehr Marktteilnehmer bereit sind, ein bestimmtes Risiko zu tragen, desto niedriger wird die Risikoprämie ausfallen. Im Extremfall kann sie auch negativ werden.

Jeder Anleger kann ohne spezielle Vorkenntnisse oder besondere Fähigkeiten diese Risikoprämien systematisch vereinnahmen – was viele Anleger nicht davon abhält, aus vielleicht irrationalen Gründen nicht vergütete Risiken einzugehen. Deutlich komplizierter ist es allerdings, die optimale Kombination der Risikoprämien herauszufinden, die zur Erfüllung der Anlageziele führt. Dafür ist ein mehr oder weniger aufwändiges mathematisches Modell vonnöten. Dieses trifft keine Prognosen über zukünftige Entwicklungen, sondern bildet das Verhalten der einzelnen Anlageklassen auf die verschiedensten Einflussfaktoren und das gesamte Spektrum möglicher Ergebnisse realistisch ab. Expertenwissen ist erforderlich, um für das Modell sinnvolle Annahmen zu treffen und um später die Modellierungsergebnisse zu interpretieren. Eine solche Modellierung ist übrigens eine Dienstleistung, die viele Vermögensverwalter als Teil ihres Verwaltungsmandats oder unabhängige Investmentberater als eigenständige Beratungsleistung anbieten.

Die Rahmenbedingungen für eine disziplinierte Umsetzung der strategischen Vermögensallokation sollten in einer detaillierten Anlagerichtlinie verbindlich geregelt werden.[624] Diese dokumentiert:

- Zweck und Ziel der Vermögensanlage;
- Organisation, Rollen und Verantwortlichkeiten im Vermögensmanagement; die strategische Vermögensallokation;
- Maßgaben für Anpassungen der Vermögensallokation (Rebalancing);
- Vorgaben für Performance- und Risikomonitoring sowie
- Vorgaben für die Auswahl und Performancebewertung von Vermögensverwaltern.

---

622 Vgl. Markowitz (1952).
623 Vgl. Dimson, Marsh & Staunton (2011).
624 Vgl. Krinsky, Smith (2018).

Ein gutes Beispiel sind die im Internet frei verfügbaren Anlagerichtlinien von CalPERS, dem größten Pensionsfonds in den USA.[625] Anlagestrategie und -richtlinie sind mittel- bis langfristig ausgerichtet. Das bedeutet, dass sie nicht im Zuge von aktuellen Marktereignissen zu hinterfragen und zu revidieren sind. Sie sollten vielmehr regelmäßig, also alle drei bis fünf Jahre, auf die Gültigkeit der zugrunde liegenden Zielvorgaben und Modellannahmen überprüft und ggf. angepasst werden.

Geht es um die Umsetzung der Investments in den verschiedenen Anlageklassen, d. h. die Auswahl von Einzeltiteln oder Einzelfonds, sind spezielle Fähigkeiten gefragt. Meist wird diese Aufgabe an spezialisierte Vermögensverwaltungsfirmen delegiert. Allein die Auswahl dieser Vermögensverwalter ist eine Herausforderung, denn es gibt für jede Anlageklasse weltweit eine große Anzahl Vermögensverwalter mit unterschiedlichsten Ansätzen und Anlagestilen, z. B. aktives oder passives Management, fundamentales oder quantitatives Vorgehen.

Die Kriterien für die Auswahl der einzelnen Vermögensverwalter sind je nach Anlagesegment sehr spezifisch. Generell sollte man sich folgende Punkte kritisch anschauen:

- Investmentphilosophie und -strategie, Investmentprozess,
- der bisherige Anlageerfolg und die Konsistenz zur Strategie,
- die Personen im Team,
- die Gebührenstruktur und -höhe sowie
- die Umsetzung von Nachhaltigkeitskriterien.

Ob man dem ausgewählten Vermögensverwaltungsunternehmen ein Mandat erteilt, Transaktionen über ein separat geführtes Konto direkt für das eigene Depot auszuführen, oder ob man einen von diesem Vermögensverwalter aufgelegten Anlagefonds zeichnet, ist inhaltlich fast gleichbedeutend und letztendlich eine Frage der Vermögensgröße, der Kosten und der individuellen Anforderungen.

Ist einmal das Vermögen wie gewünscht investiert, muss die tatsächliche Vermögensallokation fortlaufend überwacht und gepflegt werden. Verschiebungen im Portfolio ergeben sich automatisch durch unterschiedliche Wertentwicklungen der einzelnen Portfolio-Segmente, z. B. wenn Aktien stärker an Wert gewinnen als Anleihen. Sie können auch durch Kapitalflüsse verursacht sein, d. h. durch Ausschüttungen von Investments oder durch Kapitaleinlagen oder -entnahmen der Anleger. Das Ziel ist, das Portfolio stets in der Balance zu halten und möglichst wenig von der strategischen Vermögensallokation abzuweichen.

Als „Rebalancing" bezeichnet man die regelmäßigen Kaufs- und Verkaufstransaktionen, mit denen man das Portfolio wieder in Einklang mit der strategischen Vermögensallokation bringt. Ändern sich die Gewichte im Portfolio, ändert sich

---

[625] California Public Employees' Retirement System Total Fund Investment Policy (2019).

auch das Risikoprofil des Gesamt-Portfolios. Daher dient das Rebalancing der langfristigen Risikokontrolle und entspricht einem antizyklischen Handeln, d. h. Verkaufen nach Kursgewinnen und Nachkaufen nach Kursverlusten. Etwas völlig anderes ist die taktische Vermögensallokation, wenn sich bewusst und spekulativ für eine zeitweise Abweichung von der strategischen Vermögensallokation entschieden wird. Das ist ein Versuch des Market Timings und erfordert hinreichend gute Fähigkeiten zur Prognose zukünftiger Marktentwicklungen. So ein aktives Management des Portfolios ist auf jeden Fall teuer. Zum einen, weil der Vermögensverwalter oft erfolgsabhängig bezahlt wird. Zum anderen, weil mehr Risiko eingegangen wird, was im schlechtesten Fall Verluste bedeuten kann.

Kommen wir zurück zur Strategie, die sich in der Anlagepraxis als erfolgreich beweisen muss. Das schließt auch die Umsetzung der Strategie ein. Ob das der Fall ist, lässt sich nur mit einem entsprechenden Controlling feststellen.

24.7 Nach dem Spiel ist vor dem Spiel

Alles investiert und fertig? Nein, was jetzt kommt, ist genauso wichtig wie der vorangegangene Aufbau- und Umsetzungsprozess. Jetzt gilt es, das Anlage-Portfolio und die Dienstleister diszipliniert zu überwachen und zu handeln, wenn Handlungsbedarf besteht. Grundsätzlich geht es darum, für alle zuvor getroffenen Entscheidungen die Gültigkeit der ursprünglichen Hypothesen fortlaufend zu überprüfen. Hat sich die Familie verändert? Passen die Vermögensstruktur und der Anlageprozess noch zur Familie? Sind die Anlageziele noch aktuell? Aber vor allem: Hat sich das Portfolio zufriedenstellend entwickelt?

An dieser Stelle zahlt sich aus, wenn die Vermögensstruktur gut gestaltet wurde. Denn eine Familie sollte in der Lage sein, regelmäßig und zeitnah jedem Vermögensträger Auskunft über den Gesamtwert, die Wertentwicklung und die Zusammensetzung seines Vermögens geben zu können. Mit anderen Worten: Sie sollte jederzeit wissen, wo wie viel Geld wie gut angelegt ist. Das setzt voraus, dass das Portfolio in seiner Gesamtheit nachverfolgt wird und jederzeit eine Gesamtsicht möglich ist. In der Praxis kommt es an dieser Stelle aber häufig zu enormen Schwierigkeiten und eine sinnvolle Gesamtsteuerung ist oft nicht so einfach möglich.

Um die Rendite des Gesamt-Portfolios, die Rendite jedes Portfolio-Segments und jedes Portfolio-Managers auf kurz- und langfristige Sicht zu bewerten, muss ein entsprechender Rahmen gesteckt werden. Vergleichsmaßstäbe, sog. Benchmarks, müssen definiert werden. Das sind in der Regel Marktindizes für die einzelnen Anlageklassen, die mit den strategischen Gewichten zu einer Benchmark für das Gesamt-Portfolio aggregiert werden. In einigen Asset-Klassen, vor allem den illiquiden, wird man allerdings aufgrund von marktimmanenter Intransparenz und fehlenden Daten an Grenzen stoßen. Benchmarks helfen, um die Performance des Portfolios nachzuzeichnen und in einer Attributionsanalyse ursächlich auf einzelne Renditetreiber zurückzuführen. Welchen Einfluss hatte die Marktentwicklung? Welchen Mehrwert lieferten die ausgewählten Vermögensverwalter? Welchen Effekt hatten Allokationsabweichungen oder Währungseffekte? Wie stark schmälerten Kosten und Gebühren die Rendite?

Sehr aussagekräftig ist auch, wenn man sowohl für das Gesamt-Portfolio als auch für die einzelnen Portfolio-Segmente jeweils eine vergleichbare Gruppe von alternativen Investmentmöglichkeiten identifiziert und laufend beobachtet. Dadurch kann man auf mittelfristige Sicht beurteilen, ob wirklich die jeweils besten Vermögensverwaltungsunternehmen für die einzelnen Segmente ausgewählt wurden und ob das eigene Vermögensmanagement insgesamt für die Familienmitglieder auch einen Mehrwert gegenüber Drittangeboten wie etwa denen von Banken bietet. Der Vergleich mit Dritten ist dann besonders wichtig, wenn bestimmte Anlagetätigkeiten von der Familie selbst übernommen wurden und Direktanlagen im Portfolio enthalten sind. Nur so lässt sich feststellen, ob die Familie ihre Fähigkeiten überschätzt und ob die eigenen Immobilien oder Beteiligungen tatsächlich einen Mehrwert gegenüber Immobilien- oder Private-Equity-Fonds bieten.

Am allerwichtigsten ist der Vergleich von Portfolio-Performance mit den Zielvorgaben. Wenn das Ziel erreicht wurde, dann ist es fast unerheblich, ob die Ergebnisse besser hätten sein können. Und wenn man mit den Anlageergebnissen nicht zufrieden ist oder im Angesicht einer Krise gar große Verluste zu verkraften hat, dann ist ein kühler Kopf gefragt und nur drei einfache Fragen zu beantworten: Stimmen die Ziele? Stimmt die Strategie, um die Ziele zu erreichen? Stimmt die Mannschaft, um die Strategie umzusetzen? Wenn die Antwort unabhängig von den Anlageergebnissen dreimal „Ja" lautet, dann hat die Familie mit ihrem Vermögensmanagement einen guten Job gemacht und es gibt nichts weiter zu tun.

24.8 Zusammenfassung

Familienvermögen professionell und erfolgreich zu managen ist vor allem eine Organisationsaufgabe. Sich dieser Aufgabe zu stellen, geht die Erkenntnis voraus, dass Sekundärvermögen nicht zweitrangig, sondern so wichtig ist, dass es Aufmerksamkeit und professionelle Pflege verdient. Vor dieser Aufgabe muss niemand Angst haben und für diese Aufgabe muss man keine Finanzexpertin sein. Am wichtigsten ist es, Vermögensmanagement in der eigenen Familienstrategie angemessen zu berücksichtigen, die geplante Verwendung der Mittel zu klären und insbesondere gut reflektierte Anlageziele vorzugeben. Anschließend kann eine auf die Familie passende rechtlich-steuerliche, organisatorische und operationelle Struktur für das Vermögen gefunden werden. Dabei geht es auch um eine kritische Hinterfragung der eigenen Fähigkeiten und die Rolle von Familienmitgliedern im Anlageprozess, bevor man die wichtigsten Dienstleister auswählt und mandatiert. Aus den Anlagezielen leitet sich die Strategie ab, deren praktische Umsetzung über die Vermögensallokation und Auswahl von Vermögensverwaltern zum Investment führt. Nach Aufbau und Umsetzung schließt sich die mindestens genauso wichtige Phase des Nachhaltens an. Definierte Vergleichsmaßstäbe und eine aussagekräftige Attributionsanalyse schaffen die Grundlage für ein verlässliches Controlling. Nur so kann die Familie beurteilen, ob Vermögen und Vermögensverwalter die Erwartungen erfüllen und welcher Handlungsbedarf in Bezug auf Dienstleister, Strategie oder Anlageziele gegebenenfalls besteht.

Anja Seyfried, Achim Siller

25. Grundlagen des Vermögensmanagements vor dem Hintergrund der Besonderheiten von Familienunternehmen

25.1 Gründe für eine Vermögensanlage außerhalb des Unternehmens

Gesellschafterinnen stehen vor vielfältigen Herausforderungen. So müssen sie mitunter nicht nur Entscheidungen bezüglich des Unternehmens treffen, die dessen Zukunft sichern, sondern sich gegebenenfalls auch dem Erhalt des Familienvermögens widmen. Gerade in Zeiten mit Zinsen auf Tiefstniveau, extremen Kursbewegungen und politischen Herausforderungen kein einfaches Unterfangen. Abbildung 49 veranschaulicht deutlich, dass dies auch in der Vergangenheit nicht immer zum Erfolg führte. So haben große Familienvermögen in den USA über die Jahrzehnte deutlich an Wert verloren. Die Vermögensbewahrung und -übergabe stellt Familien somit immer und überall vor eine große Aufgabe.

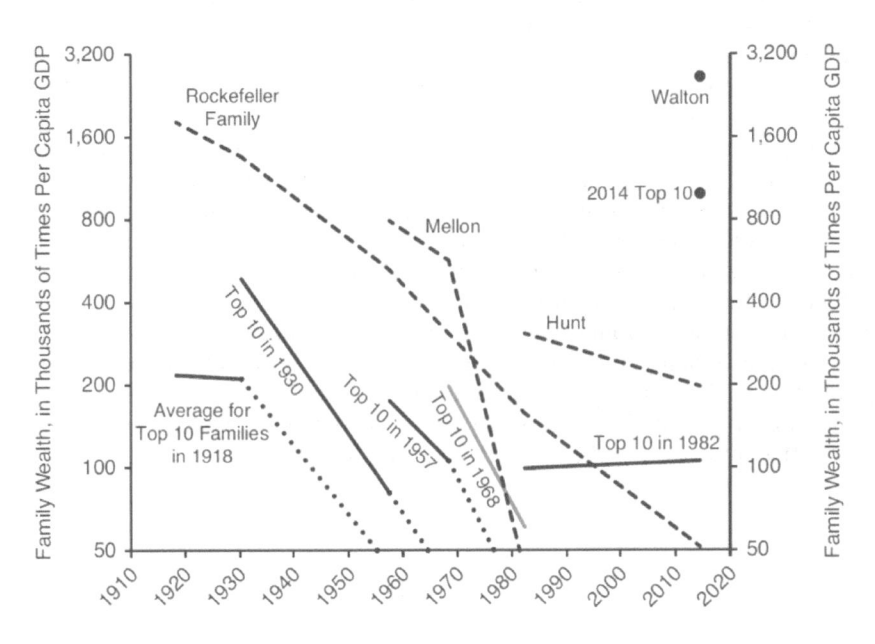

Abbildung 49: Die Nachhaltigkeit von generationsübergreifenden Familienvermögen (1918–2014): Vermögen der Top Ten wohlhabendsten Familien versus Durchschnittsvermögen gemessen als 1000 Mal pro Kopf BIP in den USA.

Quelle: In Anlehnung an Arnott et al. (2015)

Die Graphik zeigt beispielsweise, dass die Rockefeller-Familie umgerechnet auf das Pro-Kopf-BIP (als Maßstab für das durchschnittliche Vermögen eines Amerikaners) im Jahr 1918 ein Vermögen von rund 2 Mio. mal dem Pro-Kopf-BIP besaß (in absoluten Zahlen entsprach dies einem geschätzten Nettovermögen der Familie i. H. von USD 1,35 Milliarden gegenüber dem US BIP 1918 i. H. von rund USD 70 Milliarden). Im Jahr 2014 betrug dieses Vermögen laut Forbes 400 Liste noch 51.000-mal dem US Pro-Kopf-BIP, was in absoluten Zahlen noch immer ein sehr großes Vermögen bedeutet – relativ zum Durchschnittsvermögen jedoch einer Vermögenserosion von 97 % entspricht.

Viele Faktoren erschweren den Vermögenserhalt. Dazu zählen neben Steuern und Konsumausgaben auch Kosten für Anwälte, Berater, philanthropische Aktivitäten, erbbedingte Teilungen und Auseinandersetzungen sowie leider auch schlechte Anlageentscheidungen. Berücksichtigt man noch Inflation, halbiert sich das Vermögen auch ohne Katastrophen in 15 bis 20 Jahren, sofern keine auskömmliche Rendite erwirtschaftet wird.[626]

Die Besonderheit bei Unternehmerfamilien ist, dass das Familienunternehmen oft den unantastbaren Teil des Gesamtvermögens bildet, dessen Erhalt als oberstes Ziel gilt. Eine Anlage außerhalb des Unternehmens ist jedoch allein schon unter Risikogesichtspunkten zu erwägen. Zentrale Themen können hier, neben einer zusätzlichen Diversifizierung, das Vorhalten von Liquidität sowie die (finanzielle) Absicherung der Familie sein.[627] Weil es dabei oftmals um zentrale Weichenstellungen für die Familien und deren Vermögen geht, gewinnt die sog. *Family Governance* bei der Vermögensverwaltung an Bedeutung. Dabei werden Spielregeln für das Zusammenleben der Familie rund um das Vermögen und die Familienwerte festgelegt, die für Klarheit im Umgang miteinander sorgen. Sie kann die Familienmitglieder in alle Fragen rund um das Thema Vermögenserhalt einbeziehen und sollte Mechanismen kennen, die verhindern, dass ein einzelner Familienangehöriger dem Vermögen oder dem Familienunternehmen schaden kann. Jedoch setzt die *Family Governance* auch eine intensive Beschäftigung mit dem eigenen Vermögen und dessen Zielsetzung voraus. Einen guten Überblick über die persönliche Vermögenssituation kann das Erstellen einer persönlichen Bilanz analog einer Unternehmensbilanz geben, in der das Familienvermögen (Aktivseite) den bestehenden Verbindlichkeiten (Passivseite) gegenübergestellt wird (Abbildung 50).

---

626 Arnott et al. (2015).
627 Siehe hierzu ausführlich Kapitel 23 dieses Buches.

25. Grundlagen des Vermögensmanagements

Aktivseite		Passivseite	
Kasse		**Kredite für den privaten Konsum**	
Girokonten	40.000 €	Kreditkartensaldo	250.000 €
Liquides Vermögen		**Immobilienfinanzierungen**	
Depot Stefan	3.500.000 €	Kredite Zinshaus 1	1.250.000 €
Depot Jennifer	3.200.000 €	Kredite Zinshaus 2	750.000 €
Kinderdepots	800.000 €		
Immobilien		**Sonstige Verbindlichkeiten**	
Eigengenutztes Haus	1.500.000 €	Ausstehende Steuernachzahlung	10.000 €
Zinshaus 1	2.500.000 €	Kredit Auszahlung Schwester 1	7.500.000 €
Zinshaus 2	1.700.000 €		
Ferienimmobilie	900.000 €		
Beteiligungen			
Beteiligung Familienunternehmen	25.000.000 €		
Private Equity Beteiligung	1.500.000 €		
Versicherungen			
Lebensversicherung Stefan	550.000 €		
Sonstiges			
Autos / Kunstsammlung	250.000 €		
Aktiva	41.440.000 €	Passiva	9.760.000 €
		Nettovermögen	31.680.000 €

Abbildung 50: Beispiel einer Privatbilanz.
Quelle: In Anlehnung an Sidoni & Vohra (2020)

25.2 Die Definition von Anlagezielen

Bevor es möglich ist, sich über eine sinnvolle Aufteilung bzw. Allokation des Vermögens in einzelne Anlageklassen Gedanken zu machen, müssen die Anlageziele definiert werden.[628] Wie auch jedes Unternehmen eine Vision oder Strategie für die Zukunft benötigt, sollte es beim Vermögensmanagement einen Kerngedanken geben, der als Leitplanke für die Investmentphilosophie dient. Diese individuelle Definition kann je nach Anleger, Zeithorizont sowie individuellen Präferenzen vollkommen unterschiedlich ausfallen. Zudem lassen sich die drei typischen Anlageziele Rentabilität, Sicherheit und Liquidität nicht immer miteinander vereinbaren. Z. B. lässt sich das Ziel, eine höchstmögliche Rendite zu erreichen, nicht mit einem maximalen Erhalt an Sicherheit und hoher Liquidität verbinden. Während mit Sicherheit der Erhalt des Vermögens angestrebt wird, meint eine hohe Liquidität eine schnelle Verfügbarkeit, d. h. wie schnell lässt sich ein in diese Anlage investierter Betrag wieder zu Bargeld umwandeln. Die Rentabilität beschreibt den Ertrag (nach Kosten und Steuern), der aus einer Investition in eine Anlage resultiert. Erträge können durch Zinszahlungen, Dividenden, Wertsteigerungen (Kursveränderungen) oder sonstige Ausschüttungen erzielt werden. Ein einfaches Beispiel, um die unterschiedlichen Anlageziele in einen Kontext zu bringen, sind Sparbücher ohne zeitliche Bindung. Sie weisen typischerweise eine hohe Sicherheit (bis zur maximalen Einlagensicherung), eine hohe Liquidität (i. d. R. täglich verfügbar), aber eine niedrige Rentabilität

---

[628] Zu den Fragestellungen einer Unternehmerfamilie bei der Zieldefinition der Anlagestrategie siehe Kapitel 24 dieses Buches.

bis hin zu Kosten (Stichwort Negativzinsen) auf. Aktien auf der anderen Seite können täglich gehandelt werden (hohe Liquidität) und eine hohe Rentabilität aufweisen, haben jedoch aufgrund von Marktrisiko (Kursschwankungen) sowie Emittentenrisiko ein höheres Risiko (sprich weniger Sicherheit) bis hin zum Totalverlust.

In der jüngeren Vergangenheit lässt sich beobachten, dass ein weiteres Anlageziel stark an Bedeutung gewinnt: die Nachhaltigkeit einer Anlage. Bei nachhaltigen Anlagen werden soziale und ökologische Inhalte miteingebunden. Dass diese Ziele immer wichtiger werden, kann man auch an den Netto-Neuzuflüssen in Publikumsfonds ablesen – so entfielen zuletzt 40 % der Netto-Zuflüsse auf nachhaltige Fonds.[629] Auch große institutionelle Anleger, wie z. B. das Investment Office der Universität Yale, haben Nachhaltigkeitskriterien in ihre Anlagestrategie implementiert.[630] Die Bandbreite nachhaltigen Investierens geht dabei vom Ausschließen bestimmter Sektoren (z. B. Waffenproduzenten), hin zur systematischen Integration sog. ESG-Kriterien (ESG steht für *Ecological* (Umwelt-), *Social* (soziale) und *Governance*-Kriterien), über *Impact Investing* (wirkungsorientierte Vermögensanlage mit der Absicht, neben dem finanziellen Ertrag auch soziale und Umweltauswirkungen zu erreichen) bis hin zu einer aktiven Ausübung des Stimmrechts, mit dem Ziel, die Governance und Strategie des Unternehmens zu beeinflussen. Dabei konnten Studien zeigen, dass die Einbeziehung von ESG-Kriterien sowohl eine Renditesteigerung (um 10–70 Basispunkte p. a.) als auch eine Verlustverringerung (um 40–100 Basispunkte) gegenüber dem übergeordneten Index ermöglichte.[631]

> *Zusammenfassend sollte sich jeder Investor darüber Gedanken machen, welche Rendite er anstrebt, welchen Zeithorizont er dabei hat, und ob dies mit seinem Bedarf an Liquidität und möglicherweise Ausschüttungen zur Sicherung des Lebensstandards sowie seiner individuellen Risikotoleranz vereinbar ist. Eventuell hinzu kommen Zielsetzungen mit sozialen oder ökologischen Inhalten. Die Betonung einzelner Ziele kann und wird sich in verschiedenen Lebensphasen verändern und muss daher regelmäßig einer Prüfung unterzogen werden. Das Übertragen dieser Vorgehensweise auf Familienvermögen gestaltet sich ungleich komplexer, da einzelne Familienmitglieder in unterschiedlichen Lebensphasen sein werden, Verantwortlichkeiten innerhalb der Familie zu verteilen sind und eine Strukturierung des Gesamtvermögens angestrebt wird. Daher beobachten wir bei sehr großen Familienvermögen eine Tendenz, neben der erwähnten Family Governance professionelle Family-Office-Strukturen zu implementieren.*

---

629 MarktEINBLICKE (2020).
630 Siehe hierzu auch die Anlagestrategie der Yale Universität unter *http://investments.yale.edu*. Zuletzt abgerufen am 24.04.2024.
631 Berechnung der Pictet-Gruppe in 2019. Daten von MSCI (2013–2018, MSCI All-Country index). Alle Indizes werden zwei Mal abgebildet: auf der einen Seite mit dem Ausschluss, auf der anderen Seite im endgültigen Index, bei dem Ausschlüsse mit ESG-Integration kombiniert wurden.

25.3 Chancen und Risiken verschiedener Anlageklassen

Sobald die individuellen Anlageziele definiert wurden, ist es wichtig, das *Risiko-Rendite-Profil* der einzelnen Anlageklassen zu verstehen. Damit ist gemeint, welche Rendite mit einer Anlageklasse erzielbar ist und welches Risiko (bis hin zum möglichen Totalverlust) dieser Rendite gegenübersteht. Hinzu kommt, dass durch eine Kombination der Anlageklassen Wechselwirkungen entstehen. Man spricht dabei von der *Korrelation* der einzelnen Anlageklassen zueinander (siehe Kapitel 25.4). Im Folgenden werden die Hauptanlageklassen vorgestellt.

25.3.1 Anleihen

Anleihen gehören für Unternehmen zu klassischen Mitteln der Beschaffung von Fremdkapital. Als Investorin wird man beim Kauf oder dem *Zeichnen* einer Anleihe zum Gläubiger des dahinterstehenden Emittenten. Anleihen stellen also Forderungspapiere dar, welche einen Rückzahlungsanspruch und Zinszahlung in bestimmter Höhe verbriefen. Grundsätzlich gilt, dass Zins- und Tilgungszahlungen für begebene Anleihen Vorrang vor Dividendenverpflichtungen haben. Der *Nenn-* bzw. *Nominalwert* ist der Kapitalbetrag, der dem Emittenten zur Verfügung gestellt wird. Die Anleihe zahlt zu regelmäßigen Zinsterminen einen vertraglich vereinbarten Zins *(Kupon)* aus, der in Prozent vom Nennwert angegeben wird. Anleihen besitzen eine vertraglich festgelegte Laufzeit, die typischerweise zwischen fünf und dreißig Jahren liegt. Sie werden bei Emission zu einem Preis von circa 100 % aufgelegt und am Ende der Laufzeit zu 100 % zurückgezahlt.[632] Der Anleihekurs wird in *Prozent des Nominalwertes* angegeben, d.h. wenn eine Anleihe zu 105 % handelt, muss man als Käufer für einen Nominalwert von 1.000 Euro 1.050 Euro bezahlen.

Abhängig von der Art der Verzinsung spricht man von *festverzinslichen Wertpapieren* (fester Zinssatz), *Floatern* (variabler Zinssatz) oder *strukturierten Wertpapieren* (Zinssatz abhängig von bestimmten Ereignissen). Eine spezielle Form sind Nullkuponanleihen *(Zerobonds)*, bei der keine laufenden Zinsen gezahlt werden, sondern die Rendite in der Differenz zwischen dem niedrigeren Ausgabekurs und höheren Rückzahlungskurs liegt. Als Emittenten von Anleihen können alle Arten von Institutionen (Staaten, öffentlich-rechtliche Institutionen, Unternehmen) auftreten. Je nach Emittent handelt es sich daher um *Staatsanleihen, Pfandbriefe* oder *Unternehmensanleihen*. Neben diesen einfachen Formen gibt es noch Sonderformen wie Aktienanleihen, Wandelanleihen, High Yield Anleihen, Hybridanleihen sowie inflationsgeschützte Anleihen etc.

Anleihekurse sind Schwankungen unterworfen, welche vor allem vom aktuellen Marktzins, also dem *Zinsänderungsrisiko,* und dem *Ausfallrisiko* bzw. der Bonität des Emittenten abhängen. Letzteres ist spätestens seit der Griechenland-/Eurokrise auch bei Staatsanleihen, die immer als besonders sicher galten, schmerzlich ins Bewusstsein der Investoren gedrungen. Sowohl bei Staaten als

---

632 Man sagt, dass die Rückzahlung *zu pari* erfolgt.

Teil D: Das Eigentum und rechtliche Grundlagen verstehen

auch bei Unternehmen kann es zu Zahlungsausfällen *(default)* kommen. Bei einem Zahlungsausfall kann der Gläubiger rechtliche Schritte unternehmen und die Ansprüche werden nach Priorität *(Vorrang* vs. *Nachrang* bzw. *senior* vs. *subordinated)* befriedigt. Die Kreditvereinbarungsklauseln *(bond covenants)* legen die Rechte der Gläubiger hinsichtlich Sicherheiten, Auszahlungsbedingungen etc. fest. Bei der Analyse des Ausfallrisikos geben die Ratings der Ratingagenturen Moody's, S&P und Fitch Anhaltspunkte. Je höher das Rating einer Anleihe, desto geringer das Ausfallrisiko (Tabelle 17). Allgemein gilt hier, je niedriger die Bonität, desto höher das Risiko für den Investor und desto höher sollte auch die zu erzielende Rendite sein.

Tabelle 17: Überblick über die Ratings der bekanntesten Ratingagenturen.

Deutsche Umschreibung	Englische Umschreibung	Moody's		S&P		Fitch	
		Langfristig	Kurzfristig	Langfristig	Kurzfristig	Langfristig	Kurzfristig
Schuldner höchster Bonität, höchste Qualität	Investment Grade: highest	Aaa		AAA		AAA	
Sehr hohe Sicherheit	Investment Grade: very high	Aa1	P-1	AA+	A-1+	AA+	F1+
		Aa2		AA		AA	
		Aa3		AA-		AA-	
Gute bis angemessene Qualität	Investment Grade: high	A1		A+	A-1	A+	F1/F+
		A2	P-2/P-1	A		A	F1
		A3	P-2/P-1	A-	A-2	A-	F2/F1
Befriedigende/mittlere Qualität	Investment Grade: good	Baa1	P-2 (Prime-2)	BBB+		BBB+	F2
		Baa2	P-3/P-2	BBB	A-3	BBB	F3/F2
		Baa3	P-3 (Prime-3)	BBB-		BBB-	F3
Spekulativ, aber noch ausreichend	Speculative Grade: speculative	Ba1		BB+	B	BB+	B
		Ba2		BB		BB	
		Ba3		BB-		BB-	
Deutlich spekulativ	Speculative Grade: highly speculative	B1	Not Prime	B+		B+	
		B2		B		B	
		B3		B-		B-	
Sehr spekulativ	Speculative Grade: very high risks	Caa1		CCC+	C	CCC	C
		Caa2		CCC			
		Caa3		CCC-			
Hochspekulativ	Speculative Grade: Very near to default	Ca		CC		CC	
				C		C	
Teilweiser/begrenzter Zahlungsausfall	Selective / Restrictive default	C		SD		RD	
Vollständiger Zahlungsausfall	In default			D		D	

Quelle: Eigene Darstellung

Das *Zinsänderungsrisiko* hängt vom aktuellen Marktzins ab und steigt mit höherer Laufzeit. So hat eine Anleihe mit 10-jähriger Laufzeit ein höheres Zinsänderungsrisiko als eine 1-jährige. Dieses liegt darin begründet, dass die zukünftigen Zahlungsströme (also Kupons plus Rückzahlung) mit $1 \div (1+r)^t$ (mit r als dem aktuellen Marktzinssatz, *risk-free rate*) abgezinst werden. Somit wird bei steigendem „t" die Auswirkung eines steigenden „r" deutlicher. Diese Sensitivität des Preises einer Anleihe auf eine Zinsänderung kann mit der sog. *Duration* gemessen werden. In der Praxis wird dabei oftmals die *Modifizierte Duration*

25. Grundlagen des Vermögensmanagements

einer Anleihe angewendet, welche die prozentuale Veränderung des Preises bei einer Änderung des Marktzinssatzes um 1 % misst.[633]

Die *effektive Rendite* einer Anleihe weicht oft vom Kupon ab. Bei ihrer Berechnung muss der aktuelle Marktpreis beim Kauf einer Anleihe mit einbezogen werden. Je weiter der Kaufkurs von 100 % abweicht, desto größer ist der Unterschied zwischen Nominalverzinsung (Kupon) und Rendite. Sie berechnet sich unter der Annahme, dass sie bis zum Verfall gehalten wird (*yield to maturity, YTM*), mit folgender Gleichung[634]:

Auch hier lässt sich bei normalen Märkten, d. h. mit einer normalen Zinsstruktur, ein allgemeiner Grundsatz formulieren: Längere Laufzeiten bieten höhere Renditen, da sie typischerweise ein höheres Zinsänderungsrisiko innehaben. Darin kommt auch zum Ausdruck, dass Anleger ihr Geld lieber kurzfristig zur Verfügung stellen, und nur dann bereit sind, langfristigere Anlagen zu tätigen, wenn sie durch eine höhere Rendite dafür entschädigt werden. Bei einer normalen Zinskurve besteht also eine *Illiquiditätsprämie*, deren Höhe von der Intensität der Steigung der Zinskurve abhängig ist. Für den Fall, dass eine steigende Zinskurve durch die Erwartung der Finanzmärkte erklärt wird, ist dies auch ein Indikator für eine positive Konjunkturentwicklung. Ein wichtiger Aspekt für die Zinskurven stellt die zu *erwartende Inflation* dar. Die Inflation wird zum realen Zins hinzugeschlagen, um die nominellen Zinsen zu erhalten. Ein Sonderfall ist die inverse Zinsstruktur, bei der kurzfristigere Anlagen eine höhere Rendite bieten als langfristigere Anlagen. Dies wird häufig als Signal für eine bevorstehende wirtschaftliche Abschwächung gewertet, wenn beispielsweise die Nationalbank eine hohe Inflation durch eine Erhöhung der kurzfristigen Zinssätze bekämpfen will.

Zusammenfassend lässt sich festhalten, dass man zur Beurteilung der Attraktivität einer Anleihe eine Meinung zur Bonität des Emittenten haben sollte, sowie eine Einschätzung, wie sich der Marktzins zukünftig entwickelt. Ein weiteres Risiko, welches besonders in Stresssituationen zum Tragen kommt, ist das Liquiditätsrisiko. Damit ist das Risiko gemeint, dass Marktteilnehmer in einem wenig liquiden Markt auftreten und daher beim Kauf von Anleihen unfair hohe Preise beziehungsweise beim Verkauf von Anleihen unfair niedrige Preise in Kauf nehmen müssen.

---

633 Die modifizierte Duration berechnet sich nach folgender Formel, basierend auf der sog. Macaulay Duration: Macaulay Duration dividiert durch (1 + aktueller Marktzins r). Die Macaulay Duration berechnet sich aus den gewichteten Barwerten der Zinszahlungen im Jahr t (mit t = 0 bis t = N, also Restlaufzeit der Anleihe in Jahren) geteilt durch den Kurs der Anleihe.

634 PV meint hier den Barwert *(present value)*, der zur Berechnung dem aktuellen Kurs gleichgesetzt wird. CF sind die künftigen *Cashflows*, also Zinszahlungen und Rückzahlungsbetrag. YTM ist die *Yield to maturity*, Endfälligkeitsrendite, welche wir berechnen wollen. Diese Gleichung wird daher nach YTM aufgelöst.

Bei Unternehmensanleihen werden zusätzlich (Unternehmens-)Kennzahlen zur Bewertung hinzugezogen. So ist die *Netto-Verschuldung/EBITDA*[635] einer der wichtigsten Faktoren zur Einschätzung des finanziellen Risikos in der Bilanz. Ebenfalls betrachtet werden der Verschuldungsgrad und das Verhältnis der Schulden zur Marktkapitalisierung sowie das Liquiditätsrisiko des Unternehmens. Diese, sowie auch das allgemeine Strategierisiko, spielen auch bei der Aktienbewertung eine Rolle.

25.3.2 Aktien

Aktien stellen neben Anleihen das wichtigste Anlagesegment am Kapitalmarkt dar. Mit dem Kauf von Aktien wird ein Investor zu einem Aktionär *(Shareholder)* und somit Miteigentümer eines Unternehmens, weshalb Aktien zu den *Beteiligungspapieren* zählen. Aktien können hohen Schwankungen bis hin zum Totalverlust unterliegen. Im Gegensatz zu Anleihen gibt es hier keine bevorzugte Behandlung im Falle eines Konkurses.

Unterschieden wird bei Aktien in verschiedene Gattungen: *Inhaberaktien* sind dadurch gekennzeichnet, dass sich der Aktionär alleine durch den Besitz der Aktien definiert, weshalb er eine gewisse Anonymität genießt. Eine Inhaberaktie ist also alleine durch Übergabe übertragbar. Aufgrund der Anonymität läuft die Kommunikation an die Aktionärinnen über der Öffentlichkeit zugängliche Medien. Inhaberaktien sind generell seltener geworden, da die Pflege der Aktionärsbeziehungen für die Unternehmung bei dieser Aktienart erschwert wird und sich die Aktionärsstruktur ohne Kenntnis der Gesellschaft verändern kann. Bei *Namenaktien* muss sich der Aktionär zusätzlich ins Aktienregister (Aktienbuch) der Gesellschaft eintragen lassen, um seine Rechte ausüben zu können. Namenaktien werden auf den Namen einer natürlichen oder juristischen Person inkl. Angabe des Wohnortes ausgestellt. Die Aktionärsstruktur ist daher für die Aktiengesellschaft immer ersichtlich. Die Mehrheit der gehandelten Beteiligungspapiere stellen Namenaktien dar.

Beim Investieren in Aktien stellt sich die Frage nach der *Bewertung*, da es keine vertraglich geregelte Zinszahlung gibt wie bei Anleihen. Bei steigenden Kursen liest man oft, dass die Aktie teuer sei und man auf einen günstigeren Einstiegszeitpunkt warten solle. Hinzu kommt, dass uns die Psyche oft ein Schnippchen schlägt. Mögliche Verluste wiegen deutlich stärker als gleich hohe Gewinne. Zunächst die schlechten Nachrichten vorweg, das perfekte Timing, also den besten Einstiegszeitpunkt zu finden, ist schwierig. Vielmehr muss hier der Zeithorizont einer Aktienanlage in die Überlegung mit einbezogen werden. Denn die guten Nachrichten sind, dass langfristig Aktienanlagen aus Renditegesichtspunkten jede vergleichbare (liquide) Anlage geschlagen haben. So betrug die Rendite auf Jahresbasis für den S&P 500 durchschnittlich 10,3 % p. a. (gerechnet

---

[635] EBITDA = Earnings before Interest, Taxes, Depreciation and Amortization, d. h. Ergebnis vor Zinsen, Steuern und Abschreibungen sowohl auf Sachanlagen als auch immaterielle Vermögensgegenstände. Zur Erläuterung dieser Kennzahl siehe Kapitel 4.

25. Grundlagen des Vermögensmanagements

über die Jahre 1989-2019). Bemerkenswert dabei ist jedoch, dass über den gleichen Zeitraum der unterjährige Rückgang im Durchschnitt -13,2 % betrug (Abbildung 51).

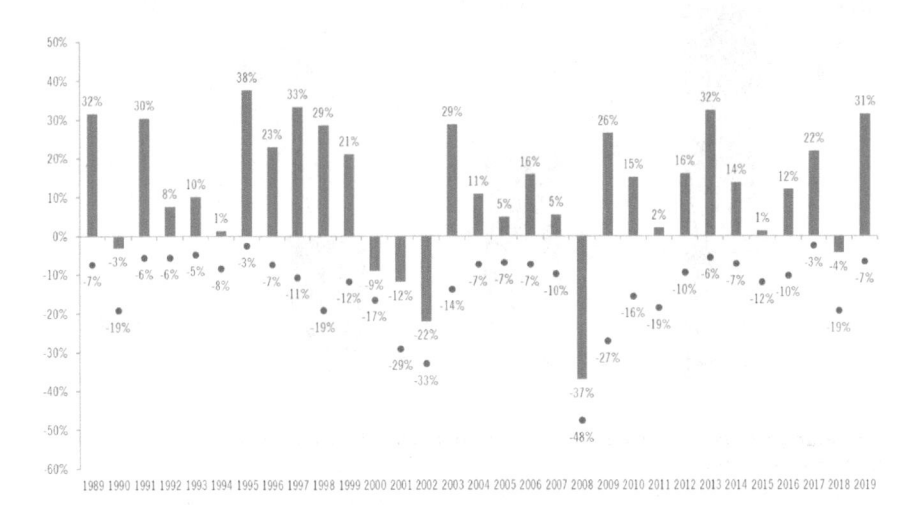

Abbildung 51: S&P 500 Historische Jahresperformance in den letzten 31 Jahren und größter Rückgang innerhalb des Jahres.
Quelle: Entnommen aus der Berechnung der Pictet-Gruppe (2020)

Die langfristige Betrachtung zeigt, dass selbst das Versäumen einiger weniger Tage der Marktperformance einen wichtigen Einfluss auf die Rendite hat (Abbildung 52). Die besten Tage sind dabei oft unvorhersehbar und treten oft während Marktabschwüngen auf. Darüber hinaus setzt der Versuch, den Markt zu „timen", den Anleger einem permanenten Verlustrisiko aus. Indem man in Marktturbulenzen (ganz oder teilweise) investiert bleibt, vermeidet man das Risiko, den Aufschwung zu verpassen. Anders formuliert ist auf lange Sicht nicht die *Volatilität*, also die Schwankungsbreite der Aktienkurse, das Hauptrisiko für Anleger, sondern der realisierte Verlust. Realisierte Verluste entstehen, wenn man verkaufen muss oder wenn Unternehmen in Konkurs gehen. Solange ein Unternehmen Wert schafft, wird sich der Aktienkurs langfristig seinem fairen Wert annähern und kurzfristige Kursschwankungen werden irrelevant.

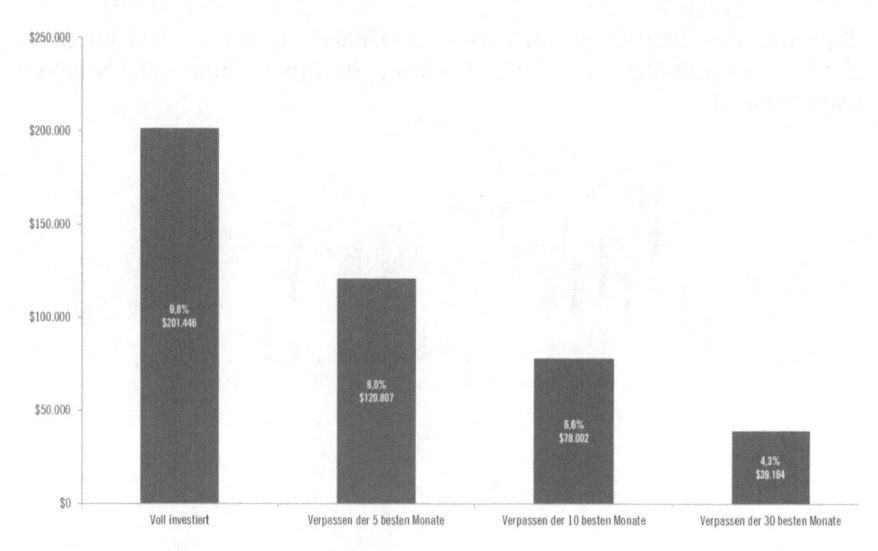

Teil D: Das Eigentum und rechtliche Grundlagen verstehen

Abbildung 52: Der Wert eines Investments in den S&P 500 in Höhe von $10.000, investiert im Januar 1988.

Quelle: Entnommen aus der Berechnung der Pictet-Gruppe (2020)

Wie aber berechnet man den fairen Wert einer Aktie? In der fundamentalen Analyse gilt, dass langfristig der Aktienkurs durch die Gewinnentwicklung des Unternehmens bestimmt wird. Man geht davon aus, dass jedem Aktionär ein gestückelter Anspruch auf das Unternehmensvermögen (abzüglich der Unternehmensschulden) zusteht. Daher wird das Unternehmen bewertet und daraus der „faire Wert" einer Aktie abgeleitet. Folgende Bewertungsverfahren finden in der Praxis eine häufige Anwendung.

Multiplikatorenverfahren ziehen Finanzkennziffern von anderen Unternehmen innerhalb einer Branche heran und vergleichen diese mit dem zu analysierenden Unternehmen. Der Vorteil dieses Verfahrens ist, dass es schnell und unkompliziert ist, jedoch verbunden mit dem Nachteil, dass es unter Umständen keine guten Vergleichswerte gibt oder die Zahlen schlichtweg falsch sein können, zumal idealerweise zukünftige Vergleichsgrößen mit der entsprechenden Problematik von Schätzungen verwendet werden. Trotzdem ist es in der Praxis eine gängige und weit verbreitete Methode. Am bekanntesten ist an dieser Stelle das *Kurs-Gewinn-Verhältnis (Price Earnings Ratio).*

Discounted Cashflow (DCF) Verfahren berechnen den Barwert der erwarteten Free Cashflows des Unternehmens. Der Vorteil ist, dass dieses Verfahren einen guten Einblick in Werttreiber des Unternehmens liefert. Nachteilig kann sein, dass es relativ anspruchsvolle Modelle benötigt, mit Kenntnissen über Absatzmärkte, Produktion und Kosten, um die erwarteten Cashflows zu ermitteln. Ebenso ist die Wertermittlung sehr sensibel, was den Diskontierungsfaktor angeht. Für diesen werden die durchschnittlichen Kapitalkosten (*weighted average cost of capital WACC*) herangezogen. Schließlich fließt noch ein Terminal Value mit in die Berechnung ein, der die Bewertung ebenfalls stark beeinflusst. Eine Abwandlung des Modells beruht auf dem Diskontieren der erwarteten Dividenden. Dieses Verfahren bietet sich nur bei Firmen mit sehr stabiler Dividende an. Andere Werttreiber werden ignoriert. Daneben gibt es zahlreiche Abwandlungen und zahlreiche, weiterführende Literatur. Außer der fundamentalen Analyse gibt es die Chartanalyse, das Betrachten von Stimmungsindikatoren etc.

25.3.3 Alternative Investments

Während die klassischen Anlageklassen Anleihen und Aktien standardisiert sind und weitgehend allen Investoren zur Verfügung stehen, sind die sog. alternativen Investments typischerweise weniger standardisiert.[636] Auch stehen sie nicht unbedingt allen Investoren offen und zeichnen sich oftmals durch eine höhere Illiquidität aus. Aufgrund teilweiser hoher Komplexität der Struktur und/oder der Strategie ist eine Bewertung und Bestimmung des Risiko-Rendite-Verhältnisses nicht immer einfach. Zu den alternativen Investments zählt man u. a. Immobilien(fonds), Private Equity, Hedgefonds sowie Rohstoffe. Alles sind Anlageklassen, die auskömmliche Renditen erzielen können, ohne das Gesamtrisiko des Portfolios wesentlich zu erhöhen. Im Gegenteil, durch die zusätzliche Streuung lässt sich das Risiko-Rendite-Verhältnis der Vermögensanlage verbessern. Dies liegt darin begründet, dass sie teilweise geringe Korrelationen zu den traditionellen Anlageklassen aufweisen und daher gute Diversifikationsmöglichkeiten bieten (Kapitel 25.4).

Immobilieninvestments sind in Deutschland nach der Erfahrung der Autoren für viele Investoren eine der bedeutendsten Anlageklassen und werden hier oftmals direkt getätigt.[637] Immobilien sind im Unterschied zu vielen anderen Anlagen, die nur in Form von Wertpapieren existieren, reale Objekte. Sie werden nach Zweck (Wohn-, Industrie-, Büroimmobilie ...), Lage, Zustand, Größe etc. klassifiziert. Keine Immobilie gleicht der anderen. Die Vergleichbarkeit und Preisbildung sind daher erschwert. Es gibt Immobilienfonds sowohl an Börsen gehandelt *("offen")* als auch nicht börsennotiert *("geschlossen")*. Ebenso ist es möglich, von der Entwicklung am Immobilienmarkt zu partizipieren, in dem man in sog. Immobiliengesellschaften investiert, also Unternehmen, deren Geschäftsfeld die Vermietung, Erschließung, Finanzierung, Realisierung oder Vermarktung von Immobilien ist. Schließlich gibt es noch die *Real Estate Investment Trusts* (REITs). Dabei handelt es sich um börsennotierte Immobiliengesellschaften, die das Kapital ihrer Anleger in den Immobilienmarkt investieren.

Private Equity stellt eine Form des Beteiligungskapitals dar, bei der die vom Kapitalgeber eingegangene Beteiligung nicht an geregelten Märkten handelbar ist. Es wird daher auch als *privates Beteiligungskapital* bezeichnet und stellt damit eine Alternative zu Aktien dar *(public equity)*. Dabei unterscheidet man in *unternehmerische Direktbeteiligungen, Private Equity Fonds,* bei denen eine Betei-

---

636 Mit Ausnahme der Rohstoffe.
637 Neisius (2018).

Teil D: Das Eigentum und rechtliche Grundlagen verstehen

ligungsgesellschaft mit dem gesammelten Geld der Kapitalanleger einen Fonds auflegt (der dann einzelne unternehmerische Beteiligungen eingeht), sowie *Private Equity Dachfonds* (Abbildung 53). Beim letzteren wird in mehrere Private Equity Fonds investiert, die dann wiederum in Unternehmen investieren. Das Ergebnis ist ein breit gestreutes Portfolio an Beteiligungen, zumeist regional, sektoral und über eine größere Zeitachse gestreut. Die Kehrseite der zusätzlichen Risikodiversifizierung sind die zusätzlichen Kosten für den Dachfonds. Bei allen Formen benötigt man einen langfristigen Investitionshorizont, da es typischerweise keinen (oder nur höchst illiquiden) *Sekundärmarkt* gibt.

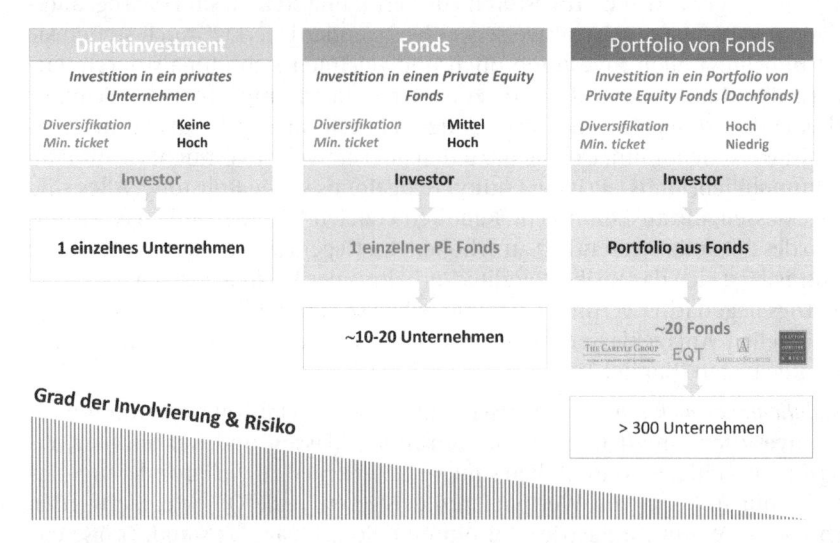

Direktinvestment	Fonds	Portfolio von Fonds
Investition in ein privates Unternehmen	*Investition in einen Private Equity Fonds*	*Investition in ein Portfolio von Private Equity Fonds (Dachfonds)*
Diversifikation **Keine**	Diversifikation **Mittel**	Diversifikation **Hoch**
Min. ticket **Hoch**	Min. ticket **Hoch**	Min. ticket **Niedrig**
Investor	Investor	Investor
1 einzelnes Unternehmen	1 einzelner PE Fonds	Portfolio aus Fonds
	~10-20 Unternehmen	~20 Fonds
		> 300 Unternehmen

Grad der Involvierung & Risiko

Abbildung 53: Drei Möglichkeiten, in Private Equity zu investieren.
Quelle: Eigene Darstellung in Anlehnung an interne Dokumente von Pictet

Nachdem das Kapital für einzelne Beteiligungen schrittweise in den ersten vier bis fünf Jahren abgerufen und investiert wurde, erfolgt in der Regel nach vier bis acht Jahren die Rückzahlung für die einzelnen Investments. Dadurch ergibt sich häufig eine durchschnittliche Laufzeit einzelner Private-Equity-Investments von zehn bis zwölf Jahren. Daher muss sich der Anleger sicher sein, dass er das Kapital über diesen Zeitraum aufbringen und halten kann. Zur Optimierung der Rendite setzen die Beteiligungsgesellschaften oft Fremdkapital ein *Leveraged Buyout* und bringen ihre Expertise ein, um die Zielunternehmen weiterzuentwickeln (z.B. *Wachstumsstrategien),* sie umzustrukturieren *(turn around* Strategien*)* oder auch, um Starthilfe bei frühen innovativen Ideen zu liefern *(Wagniskapital* oder *Venture Capital).* Die gängigen Private-Equity-Gesellschaften investieren eher in der Spätphase der Unternehmungsentwicklung in bereits erfahrene und stabil stehende Unternehmen. Aufgrund der Illiquidität der Anlageklasse und der aktiven Mehrwertschöpfung eines Private-Equity-Managers erwartet der Anleger eine entsprechende Mehrrendite *(Illiquiditätsprämie).* Trotzdem sind in dieser Form der Beteiligung Totalverluste möglich. Hinzu kommt, dass es keine Anlageklasse gibt, die eine größere Spannbreite zwischen schlechten und guten Managern aufweist. So können zwischen dem schlechtesten und besten Quartil aller Manager zwischen 10 und 15 Prozentpunkte liegen.[638]

Hedgefonds sind aktiv verwaltete Investmentfonds, die in der Regel eine jederzeit absolut positive Rendite – unabhängig von der Marktentwicklung – anstreben. Das Wort *„hedge"* übersetzt man mit *„absichern"*. Eine typische Strategie kann dabei sein, sowohl ganz klassisch Wertpapiere zu kaufen (man spricht von *„long"* gehen), aber auch von fallenden Kursen profitieren, indem sie eine *Short Position* eingehen, d. h. ein Wertpapier mit Hilfe von Derivaten auf Termin verkaufen. Aus diesem Grund liest man im Zusammenhang mit Hedgefonds auch den Begriff *„marktneutrale Strategien"* oder *„long short Strategien"*. Typischerweise unterliegen Hedgefonds einem liberaleren Aufsichtsrecht (z. B. auf den Cayman Islands), was ihnen höhere Flexibilität bei den Investitionsentscheidungen lässt. So sind beispielsweise auch *Leerverkäufe* (der Verkauf von Wertpapieren, die sich nicht im Eigentum des Verkäufers befinden, sondern nur geliehen sind) sowie der Einsatz von Fremdkapital zulässig. Hedgefonds können eine interessante Beimischung im Portfolio darstellen, jedoch ist auch hier eine gründliche Analyse und Verständnis der Investmentphilosophie und -expertise unabdingbar – zumal sie typischerweise höhere Kosten aufweisen als „normale" Fonds. Schließlich sollte man sich von dem Begriff *„marktneutral"* nicht in die Irre führen lassen oder eine vermeintliche Sicherheit davon ableiten. Vielmehr gilt, dass Hedgefondsmanager auf beiden Seiten (long und short) Fehler machen können. Trotzdem gibt es langfristig erfolgreiche Strategien, die ein interessantes Risikoprofil aufweisen.

Investieren in *Rohstoffe* reicht von Soja, Kaffee, diverse Getreide, Lebendvieh über Edel- und Industriemetalle bis hin zu natürlichen Ressourcen wie Erdöl und Erdgas. An Börsen werden aber auch Orangensaft oder Strom gehandelt. Die Auswahl ist vielfältig, jedoch sind gerade Investitionen in Grundnahrungsmittel (wie z. B. Getreide) aus ethischen Überlegungen stark in die Kritik geraten, da befürchtet wird, dass Lebensmittelpreise durch Spekulation künstlich in die Höhe getrieben werden. Mit Ausnahme der Edelmetalle werden Rohstoffe mit *„Futures"* gehandelt. Dabei handelt es sich um *Termingeschäfte*. Mit einem Termingeschäft verpflichtet sich der Käufer, eine bestimmte Menge des unterliegenden Rohstoffes *(Basiswert)* zu einem heute festgelegten Preis zu einem bestimmten Termin in der Zukunft zu kaufen. Futures[639] gibt es auf diverse zugrunde liegende Anlagen, von Währungen, über Aktien, Zinssätze bis hin zu breiten Indizes. Das Besondere bei Rohstoffen ist jedoch, dass diese typischerweise physisch geliefert werden *(physical settlement)*. Das bedeutet, wenn man einen Future auf die berühmten Schweinebäuche kauft, bekommt man diese schließlich geliefert. Für private Anlegerinnen bieten sich daher eher speziali-

---

638 Cambridge Associates Benchmark Calculator, Daten zum 31.12.2016.
639 Die Funktionsweise von sog. Futures und anderen Derivaten werden später ausführlicher erklärt.

sierte Anlagefonds, von Banken ausgegebene Zertifikate oder die sog. ETCs an. Ähnlich der ETFs *(Exchange Traded Funds)*[640] bilden *Exchange Traded Commodities* die Entwicklung an den Rohstoffmärkten ab. Erwähnenswert ist bei Rohstoffen, dass es weder Zinsen noch Dividenden gibt, d.h. eine Investition stellt immer eine Spekulation auf die Preisentwicklung dar. Betrachtet man Rohstoffpreise für einzelne Zeiträume, gibt es zwar immer wieder interessante Zyklen,[641] berücksichtigt man jedoch die jeweiligen Inflationsraten, sind die realen Rohstoffpreise in den vergangenen 100 Jahren im Schnitt sogar gesunken. Einzig *Gold* kommt hierbei eine Sonderrolle zu, da es sich über die Jahrhunderte als *„Krisenwährung"* bewährte und unzählige Staatspleiten, Devisenreformen und staatliche Interventionen überstanden hat.

Derivate sind in ihrer Grundform entweder Optionen oder Futures/Forwards. Sie stellen keine eigene Anlageklasse dar, sondern beziehen sich immer auf eine Anlageklasse, wie die vorher erwähnten Rohstoffe, Aktien oder Aktienindizes, Anleihen oder Anleihenindizes, Währungen und selbst so exotische Dinge wie künftige Inflationsraten, Strom oder CO_2-Emissionrechte.

- Bei *Optionen* bezahlt der Käufer eine *Prämie* und erwirbt damit ein Recht, ein vorher bestimmtes Gut *(Basiswert)* in einer bestimmten Menge, zu einem bestimmten Zeitpunkt und zu einem vereinbarten Kurs *(Basispreis)* zu kaufen (Kaufoption oder *„call"*) bzw. zu verkaufen (Verkaufsoption oder *„put"*). Er kann diese Option ausüben, sofern dies für ihn vorteilhaft ist, falls nicht, lässt er die Option „wertlos verfallen" – deswegen spricht man auch von einem „bedingten Termingeschäft". Der Verkäufer dieser Option erhält die Prämie direkt beim Abschluss der Optionen, er verpflichtet sich, den vereinbarten Basiswert zum vereinbarten Zeitpunkt, zum vereinbarten Basispreis abzunehmen (put) bzw. zu liefern (call). Der Verkäufer muss also die Entscheidung des Käufers abwarten, man spricht daher auch vom *„Stillhalter"*.

- *Futures bzw. Forwards* sind dagegen unbestimmte Termingeschäfte. Hier wird bei Abschluss ein fester Kurs vereinbart, zu dem der Basiswert am vereinbarten Tag in der Zukunft geliefert werden muss. Damit verpflichtet sich der Käufer eines Futures bzw. Forwards *(long position)*, den vereinbarten Kaufpreis am Fälligkeitstag zu entrichten. Der Verkäufer *(short position)* wiederum verpflichtet sich, den vereinbarten Basispreis, in bestimmten Fällen auch einen Barwert, zum vereinbarten Zeitpunkt zu liefern. Während Forwards individuelle Vereinbarungen beinhalten können, sind Futures standardisierte Forwards. Dadurch werden diese Termingeschäfte, wie eine Vielzahl der Optionen, an Börsen handelbar *(listed)* – im Gegensatz zu nicht an Börsen gehandelten Optionen und Forwards, die *„over-the-counter"* (otc) gehandelt werden.

---

640 Eine ausführliche Diskussion zu ETFs, oder sog. passiven Investments, findet sich in Kapitel 25.5.2.
641 Coleman (2011).

Der Großteil der *Zertifikate*, die den vergangen 20 Jahren deutlich an Bedeutung gewonnen haben, stellen in der Regel eine Kombination aus einer Inhaberschuldverschreibung und einer oder mehrerer Optionen, mehr oder weniger „exotischer" Optionen dar. Die Vielzahl und Komplexität einiger Produkte bedürfen einer sorgfältigen Prüfung. Hier hat der Gesetzgeber zuletzt deutlich höhere Anforderungen an die Beratung gestellt, da neben den „Derivate-typischen" Besonderheiten, die sich teilweise addieren, potenzieren oder auch kompensieren können, noch ein *„Emittenten-Risiko"* für die Inhaberschuldverschreibung berücksichtigt werden muss. Das vielleicht bekannteste Beispiel hierfür waren die sog. *„Lehmann-Zertifikate"*, die zu einem Totalverlust führten, da der Emittent in Folge der Finanzkrise 2008 Insolvenz anmelden musste.

25.4 Asset Allokation und Selektion – Wie vermeide ich unwiederbringliche Risiken?

Im nächsten Schritt der Vermögensanlage werden nun die einzelnen Anlageklassen kombiniert *(diversifiziert)*, um ein möglichst *effizientes* Portfolio zu erhalten. Ein Portfolio bezeichnet die Kombination aus mindestens zwei Wertpapieren. Nicht umsonst lautet eine der bekanntesten Börsenweisheiten, „nicht alle Eier in einen Korb zu legen". Das Ziel hierbei ist es, eine möglichst hohe Rendite bei gleichzeitig möglichst geringem Risiko zu erzielen, und dabei auch die Liquidität der Anlage miteinzubeziehen. In früheren oft zitierten Studien wurden dieser *Asset Allokation*, also der Zusammenstellung der einzelnen Anlageklassen, bis zu 90 % des Anlageerfolgs zugeschrieben.[642] Dabei wurde jedoch übersehen, dass sich die Studie primär auf die Risikomessung bezog. Das bedeutet, dass die Festlegung einer (strategischen) Asset Allokation zu 90 % das Risiko des Gesamt-Portfolios bestimmt. Neuere Studien schreiben einem aktiven Management, also einer aktiven Auswahl *(Selektion)* der Einzeltitel innerhalb der Anlageklasse, einen etwa gleichwertigen (positiven) Einfluss auf die Rendite zu.[643] Daher erläutern wir im Folgenden beide Performance-Komponenten – die Asset Allokation (auch *Generierung von β* genannt) und das aktive Management mit der Auswahl von Einzelinvestments *(Selektion* oder *Generierung von α)*.

25.4.1 Dynamische Asset Allokation

Orientierung und den theoretischen Rahmen für die Asset Allokation bietet die *Moderne Portfoliotheorie* aus dem Jahr 1952, für die Harry M. Markowitz 1990 zusammen mit Merton H. Miller und William F. Sharpe den Nobelpreis erhielt.[644] Dabei bilden erwartete Rendite und Risiko[645] die beiden wesentlichen Entscheidungskriterien. Hinzu kommt die Entwicklung der einzelnen Anlagen zueinander, gemessen als *Korrelation*.

---

642 Brinson et al. (1986).
643 Ibbotson (2010).
644 Markowitz (1952).
645 Risiko wird hier definiert als Volatilität oder Schwankungsbreite der Rendite jeder Anlage, gemessen als Standardabweichung bzw. Varianz.

Teil D: Das Eigentum und rechtliche Grundlagen verstehen

Exkurs:

Unter Korrelation versteht man die statistische Beziehung von zwei Variablen zueinander. Im Fall der Kapitalanlage misst die Korrelation den Zusammenhang zwischen der Kursentwicklung einzelner Anlageklassen zueinander. Mit anderen Worten: Ähnelt sich das Kursverhalten zweier Anlagen, erhält man eine Korrelation von 0,5 bis 1 (Extremwert bei vollständig identischer Kursentwicklung). Entwickeln sich die Anlageklassen gegenläufig, erhält man Werte von –0,5 bis –1 (bei vollständig gegenläufiger Entwicklung). In allen anderen Fällen (–0,5 bis +0,5 %) spricht man von wenig korrelierten bzw. unkorrelierten Werten (Korrelation von 0). Um Auswirkungen von Wertschwankungen einzelner Anlagen auf das Gesamt-Portfolio möglichst gering zu halten, sollten die Anlagen daher zueinander möglichst wenig miteinander korreliert sein. Im Idealfall sind sie gar nicht oder sogar negativ miteinander korreliert, d.h. verliert die eine Anlage, erzielt man mit der anderen eine Kurssteigerung. Abbildung 54 zeigt die Entwicklung der Korrelation zwischen US-Anleihen und US-Aktien von 1802 bis 2018.

Abbildung 54: Entwicklung der Korrelation zwischen US-Anleihen und US-Aktien, 1802–2018.
Quelle: Berechnung der Pictet-Gruppe, Global Financial Data (Januar 2019)

Markowitz gelang es, mathematisch zu belegen, dass das Rendite-Risiko-Verhältnis einer breit gestreuten Anlage der Investition in eine einzige Anlageklasse stets überlegen ist, solange die beiden Anlageklassen nicht perfekt korreliert sind.[646] Er unterstellt dabei, dass Anleger grundsätzlich risikoavers sind. Bietet man z.B. Anlegern die Möglichkeit, eine Rendite von 20% auf ein Jahr zu erzielen, in einem Fall mit einer unterjährigen Schwankung von +/–50% oder einem gleichmäßigen Anstieg (kaum bzw. keiner Schwankung), wird der rationale Investor letztere Variante bevorzugen. Das heißt, Anleger werden versuchen, mit dem gegebenen Risiko den größtmöglichen Ertrag zu erzielen – beziehungsweise ihr Risiko (Schwankung oder *Volatilität*) für einen erwarteten Ertrag zu minimieren (Abbildung 55). Aus der Vielzahl der möglichen Kombina-

---

646 Markowitz geht jedoch von nur zwei Anlageklassen aus – mit zwei Extrempunkten, die Anlage in eine risikolose Anlage (100% Anleihen) und in eine risikobehaftete Anlage (100% Aktien).

25. Grundlagen des Vermögensmanagements

tionen von Anlagen entsprechen nur die Portfolios auf der *Effizienzlinie* diesen Ertrags-/Risiko-Maximen. Noch effizientere Portfolios (oberhalb der Effizienzlinie) sind nicht möglich, Kombinationen darunter (der dargestellte graue Punkt in Abbildung 55) haben für das Risiko einen nicht optimalen Ertrag bzw. für den Ertrag ein zu hohes Risiko.

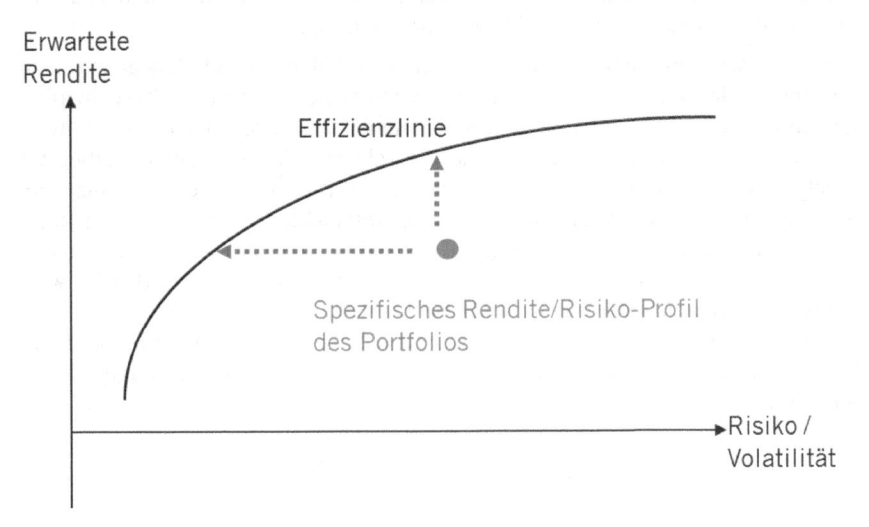

Abbildung 55: Die Effizienzlinie nach Markowitz.
Quelle: Eigene, vereinfachte Darstellung, in Anlehnung an Pictet-Gruppe (2020)

Aus dieser schematischen Darstellung lassen sich drei wesentliche Erkenntnisse ableiten:

(1) Es gibt einen „optimalen Punkt" *(Marktportfolio)*. Das ist grafisch der Punkt mit der höchsten Steigung, bei der für eine Einheit „mehr Ertrag" eine Einheit „mehr Risiko" bezahlt wird.

(2) Die *Effizienzlinie* wird nach diesem optimalen Punkt bzw. mit steigender Rendite immer „flacher". Strebt man höhere Renditen an, führt das zu überproportional mehr an Risiko.

(3) Theoretisch lässt sich mit dem optimalen Portfolio über Fremdkapital eine Vielzahl von Chance-Risiko-Profilen darstellen. In der Praxis wird aus unterschiedlichen Gründen häufig auf Fremdkapital verzichtet. Das heißt Investoren sollten sich auf der Effizienzlinie bewegen. Die individuelle Positionierung hängt von der Renditeerwartung und Risikobereitschaft bzw. Risikotragfähigkeit ab.

Entscheidend für die praktische Anwendung ist unseres Erachtens die Weiterentwicklung der modernen Portfoliotheorie durch Ausweitung der Anlageklassen über Aktien und Anleihen hinaus – insbesondere unter der Voraussetzung eines langfristigen Investmenthorizonts. Die großen US-Stiftungsfonds konnten in der Vergangenheit beispielsweise davon profitieren, dass sie breit diversifiziert waren und signifikante Investments in den alternativen Anlageklassen hatten. Während 2002 ihr Anteil an *(public)* Aktien bei 45 % lag, schrumpfte dieser 2018 auf 32 %. Die Gewichtung von klassischen Anleihen fiel in diesem Zeitraum noch stärker, von 20,5 % im Jahr 2002 auf 7 % 2018. Umgekehrt machten die sog. alternativen Investments 2018 bereits rund 60 % der Gesamtallokation aus. Dieses Bild wird weniger extrem, wenn man sich die kleineren Stiftungsfonds anschaut, ist jedoch immer noch signifikant.[647]

Ziel ist es dabei, möglichst optimal von einem globalen Wirtschaftswachstum zu profitieren, da sich die Anlageklassen in verschiedenen Wirtschaftszyklusphasen unterschiedlich verhalten. Je mehr Anlageklassen dabei kombiniert werden, die nicht vollständig miteinander korrelieren, desto besser ist dabei das Ergebnis. Hinzu kommt die regionale Streuung: Durch diese erreicht man ein besseres Risikoprofil, indem man über die unterschiedlichen Zins- und Inflationsrisiken verschiedener Regionen diversifiziert. Mehrwert lässt sich insbesondere in einer *dynamischen* Allokation generieren. Anders ausgedrückt, wird es Phasen geben, in denen beispielsweise Schwellenländeranleihen interessant sind oder in denen man diverse Aktiensegmente besser meidet (Abbildung 56). Hohe Konzentrationen in Einzeltitel, Sektoren oder Länder sollten dagegen vermieden werden, man spricht hier auch von *Klumpenrisiken*.

---

[647] Eine Studie aus dem Juni 2018, basiert auf Daten seit 1988, zeigt, dass die großen US Stiftungsfonds eine durchschnittliche Rendite von 10,5 % p.a. mit einer Volatilität von 9,9 % aufwiesen, verglichen mit dem S&P 500 mit einer durchschnittlichen Rendite von 10,3 %, jedoch einer höheren Volatilität von 14,5 %. *Quelle:* Eigene Berechnung in Anlehnung an Pictet (2018).

25. Grundlagen des Vermögensmanagements

Anlageklasse	Jährliche Rendite									
	2000	2001	2002	2003	2004	2005	2006	2007	2008	2009
US Aktien	49,7%	4,6%	32,1%	28,7%	23,6%	27,1%	34,7%	32,7%	20,1%	26,5%
Private Equity	14,8%	4,3%	14,6%	20,7%	22,6%	25,6%	31,5%	23,9%	1,2%	20,0%
Commodities	13,6%	3,3%	2,0%	19,5%	17,3%	22,9%	15,8%	20,8%	-19,0%	14,1%
US Staatsanleihen	10,4%	2,2%	1,6%	17,6%	10,9%	9,3%	12,9%	10,0%	-25,3%	13,5%
Immobilien	6,0%	-11,9%	-1,5%	12,6%	9,0%	4,9%	5,0%	9,8%	-32,3%	0,2%
Hedge Fonds	5,0%	-21,7%	-12,5%	1,3%	4,8%	3,3%	1,3%	5,5%	-37,0%	-9,7%
T-Bills	-9,1%	-31,9%	-22,1%	1,0%	1,4%	2,0%	-15,1%	4,5%	-46,5%	-29,9%

Anlageklasse	Jährliche Rendite									
	2010	2011	2012	2013	2014	2015	2016	2017	2018	2019
US Aktien	18,4%	17,1%	16,0%	32,4%	13,7%	10,0%	12,0%	21,8%	12,2%	31,5%
Private Equity	15,1%	8,5%	12,7%	20,6%	12,9%	9,7%	11,4%	20,4%	7,1%	17,6%
Commodities	13,5%	8,3%	8,5%	14,2%	12,0%	1,4%	9,1%	14,6%	2,0%	11,1%
US Staatsanleihen	10,2%	2,1%	6,4%	9,1%	10,7%	0,9%	7,0%	8,6%	0,0%	10,4%
Immobilien	9,0%	0,1%	4,2%	0,1%	3,0%	0,1%	5,4%	5,8%	-4,4%	8,9%
Hedge Fonds	7,9%	-1,2%	0,1%	-1,2%	0,0%	-1,1%	0,3%	2,1%	-4,7%	4,5%
T-Bills	0,1%	-5,3%	0,1%	-7,8%	-33,1%	-32,9%	-0,2%	1,0%	-13,8%	2,1%

Abbildung 56: Jährliche Rendite verschiedener Anlageklassen pro Jahr, 2000–2019.
Quelle: Eigene Berechnung der Pictet-Gruppe (2020)

Zusammengefasst stellen wir fest, dass man sich – um eine effiziente Asset Allokation und damit Risikodiversifizierung zu erzielen – mit den beiden Hauptvariablen der einzelnen Anlageklassen beschäftigen muss: der Rendite und dem Risiko. Historische Renditedaten bieten eine erste Orientierung. Sie müssen jedoch adjustiert werden, um strukturelle Veränderungen zu erkennen und anomale Perioden auszugleichen. Daher ist eine Einschätzung von zukünftigen, langfristigen Renditen in den einzelnen Anlageklassen wichtig. Wir haben vier tief verwurzelte Trends identifiziert, die in unsere Renditeerwartungen für die unterschiedlichen Anlageklassen über die nächsten zehn Jahre einfließen: Innovation, Populismus, Demografie und Klimawandel. Gerade in der Innovation sehen wir ein Anlagethema von überragender Bedeutung für die langfristigen Renditen. Der Vormarsch der Populisten könnte in den kommenden Jahren, wie wir glauben, erhebliche Auswirkungen auf Inflation und Wirtschaftswachstum haben. Der Populismus geht oft mit einer kurzfristigen, nachfrageorientierten Wirtschaftspolitik einher, die mittel- bis langfristig wachstumshemmend und inflationär wirkt. Für die meisten traditionellen Anlageklassen bleiben die Aussichten verhalten, wobei der Einfluss des Populismus nicht hilfreich ist.[648]

---

648 Pictet (2019).

25.4.2 Die Grenzen der Diversifikation

Während die Vorzüge einer guten Streuung und Vermeidung von Klumpenrisiken eindeutig belegt sind, ist es wichtig zu betonen, dass sich das Risiko bei Investments immer nur bis zu einem gewissen Grad reduzieren lässt. Eine mathematische Optimierung nach dem Modell von Markowitz lässt sich als Privatanleger kaum umsetzen. Das liegt insbesondere an der Schwierigkeit, zukünftige Renditen, Risiko und Korrelationen zu prognostizieren. Professionelle Partner können hier gute Hilfestellung leisten (Kapitel 25.4, Umsetzung). Auch unterliegen die erwarteten Renditen, Volatilitäten und Korrelationen kurzfristig teilweise erheblichen Schwankungen. Damit wird das Modell vielmehr für die langfristige Optimierung der Allokation eingesetzt als für eine kurzfristige Portfolio-Steuerung. Nach *„Ray Dalios Heiligem Gral des Investierens"*[649] stellt sich eine deutliche Reduzierung des Portfolio-Risikos (eine sinnvolle Diversifikation) bereits nach drei bis sechs Werten ein, sofern diese nur gering miteinander korrelieren. Deutlich mehr Anlagen streuen das Risiko nur dann, wenn sie ganz bewusst „nicht-korrelieren", ansonsten erhält man anstatt einem (marginalen) mehr an Diversifikation nur mehr Komplexität.

In Stress-Phasen (sog. *„risk off"*) neigen auch Anlagen, die sonst nicht oder nur wenig miteinander korrelieren, plötzlich zu einem auffallenden Gleichlauf (Korrelationen nahe 1), wie z. B. in der Finanzkrise 2008/09. Waren zunächst vor allem US-Hypotheken betroffen, griffen die Verluste schnell auf alle anderen Anlageklassen über. Auch, wer sein Vermögen breit gestreut hatte, musste daher kurzfristig hohe Einbußen aushalten. Nassim Nicholas Taleb beschreibt solche höchst unwahrscheinliche und seltene Extremereignisse als *„schwarze Schwäne"*.[650] Diese Phänomene treffen uns plötzlich und völlig unvorbereitet, sozusagen als das verkörperte Restrisiko, dass alles anders kommt als bisher angenommen. Allen gleich ist, dass im Nachhinein versucht wird, einfache und verständliche Erklärungen für diese Ereignisse zu finden. Talebs Empfehlung ist, eine gesunde Skepsis gegenüber allen „weißen Schwänen" zu haben – damit meint er scheinbar unumstößliche Wahrheiten. Während man das Phänomen schwarzer Schwäne theoretisch auf alle Ereignisse übertragen kann, bei der alte Wahrscheinlichkeiten nicht mehr gelten, wird an Finanzmärkten damit vor allem in Risikomodellen gearbeitet. *Szenarioanalysen*, bei denen das Undenkbare gedacht wird, gewinnen an Bedeutung. Ganz aktuell wird diskutiert, ob die Corona-Krise 2020 ein neuer schwarzer Schwan ist.[651]

25.4.3 Die Bedeutung von Selektion

Die Selektion von Anleihen, Aktien, Investmentfonds oder Alternativen Anlagen folgt einem simplen Ansatz, der in der Praxis jedoch mitunter schwierig umzusetzen ist, und neben der reinen Mathematik auch ein gewisses Maß an

---

649 Dalio (2019).
650 Taleb (2007).
651 Taleb verneint dies – vielmehr sei die Pandemie ein weißer Schwan, also ein Ereignis, das mit Gewissheit irgendwann eintreffen wird. Siehe Taleb & Spitznagel (2020).

Disziplin und Fortune erfordert. **„Price is what you pay. Value is what you get."**[652] Oder der Preis einer Anlage entspricht nicht dem Wert einer Anlage. Die Kunst liegt darin, Anlagen zu finden, die günstiger sind als ihr *„fairer Wert",* dessen Bestimmung wir in Kapitel 25.2 beschrieben haben.

Mit der Selektion können gezielt eigene Akzente gesetzt werden, wie z. B. ein Fokus auf:

a. *Qualitätsaktien,* die sich durch solide Bilanzen, einen komparativen Vorteil (Preissetzungsmacht) auszeichnen und in einem strukturellen Wachstumsmarkt tätig sind.

b. *„Value Investments"* beschreiben Aktien, deren Bewertung vergleichsweise günstig ist. Diese geht häufig mit höheren Dividenden einher und findet sich eher in etablierten Branchen.

c. *„Megatrends"* sind langfristige Entwicklungen (15 Jahre und länger), die mehrere Bereiche unseres Lebens grundlegend verändern. Diese strukturellen Veränderungen bieten über lange Zeiträume überdurchschnittliche Wachstumsraten. Themen umfassen hier z. B. Digitalisierung, Umweltschutz und Energieeffizienz.

d. *„Growth Investments"* bis hin zu *„Venture Capital"* (im Private-Equity-Bereich) legen den Fokus stark auf langfristiges Wachstum, wie man es häufig in Online-Geschäftsmodellen oder Biotech-Unternehmen findet.

e. *„Nachhaltigkeit",* die immer stärker an Bedeutung gewinnt, kann ganz bewusst bei der Selektion berücksichtigt werden.

f. Bei Anleihen dient die Selektion in erster Linie der Fehlervermeidung, da Ausfälle im Anleihenbereich (Teil- oder Totalverluste), insbesondere im Hinblick auf die aktuell geringen Erträge, kaum zu kompensieren sind.

Für alle Anlageklassen gibt es auch die Möglichkeit, diese Selektion von ausgesuchten Investment-Fonds übernehmen zu lassen. Hierbei ist entscheidend, sich mit der jeweiligen *Investment-Philosophie* vertraut zu machen – ein einfaches Vergleichen historischer Ergebnisse greift hier häufig zu kurz.

25.5 Die Umsetzung

25.5.1 Die Wahl des richtigen Partners

Nachdem man sich für eine Asset Allokation und gewünschte Schwerpunkte entschieden hat, stellt sich die Frage nach der Umsetzung. Während manche Anleger die Zeit und die Erfahrung haben, sich selbst um ihre Vermögensanlage zu kümmern, arbeiten andere aus Zeitgründen, aber auch aufgrund der zunehmenden Komplexität der Vermögensanlage, mit Partnern zusammen. Hierbei gibt es die Möglichkeit, ganz klassisch mit Banken zusammen zu arbeiten oder mit einem der zahlreichen Berater sowie mit sog. Multi Family Offices und

---

652 Buffet (2008).

Single Family Offices. In letzter Zeit sieht man neben den bekannten Anbietern auch neue Schöpfungen wie Fintechs und Robo-Advisers.

Tatsächlich könnte dieser Schritt der Wahl des richtigen Partners für die Vermögensanlage auch ganz am Anfang dieses Beitrags stehen, denn tatsächlich ist es so, dass jeder Partner schon bei den ersten Fragestellungen sowie allen folgenden Schritten Hilfestellung leisten sollte. „Sollte" deshalb, da einige Institute in den Ruf geraten sind, vor allem eine Vertriebsmaschinerie für eigene Produkte zu sein. Die Frage nach der *Unabhängigkeit* ist daher zentral bei der Auswahl eines Partners. Unabhängigkeit in der Beratung ist eines der entscheidenden Kriterien, denn nur diese stellt die Interessen des Anlegers und nicht die des Anbieters in den Vordergrund. Auch wenn der Regulator mittlerweile die schlimmsten Auswüchse durch zunehmende Transparenz verhindert, sollte man doch ganz genau schauen, welche Kriterien in die Beratung und die Auswahl der Instrumente einfließen. Zu beachten ist auch, dass eine zunehmende Transparenz insbesondere für stark regulierte Bankinstitute gilt. Deshalb ist es wichtig, bei weniger regulierten Anbietern noch einmal genauer hinzuschauen. So manch vermeintlich unabhängige Beratung könnte sich bei näherer Betrachtung als Mogelpackung herausstellen.

Ein weiterer entscheidender Parameter ist die *Qualität*. In einer immer globaleren und komplexeren Welt sollte ein Augenmerk auf der Qualität der Beratung und Vermögensverwaltung liegen. Auch wenn sich diese teilweise erst im Nachhinein beurteilen lässt, so gibt es doch auch im Voraus Indizien. Eine reine Betrachtung der vergangenen Performance wäre dabei allerdings zu kurz gegriffen. Vielmehr sollte man sich anschauen, wie es zu Anlageentscheidungen kommt *(Investmentprozess)*, auf welche Expertise das Haus zurückgreifen kann *(Investmentplattform)*, welche *Investmentphilosophie* vorherrscht und ob diese zu den eigenen Bedürfnissen passt. Wie steht es um die Aus- und Fortbildung der einzelnen Mitarbeiter, welche Systeme werden genutzt etc. Qualität meint in den heutigen Zeiten jedoch nicht nur die Qualität der Beratung/Vermögensverwaltung, sondern auch die Qualität des Instituts selbst – gerade in der heutigen Zeit sollte man sich seinen Partner auch nach dessen *Finanzstabilität* aussuchen.

Erst als dritter Punkt kommen die Kosten, denn wie bei vielen anderen Dienstleistungen des täglichen Lebens kommen Unabhängigkeit und Qualität zu einem gewissen Preis. Daher ist manchmal der günstigste Anbieter nicht unbedingt auch der beste. Hier hat sich im deutschen Raum in den meisten Fällen die sog. *„all-in-fee"* durchgesetzt, welche die Vermögensverwaltung bzw. -beratung volumenabhängig mit einer festen Gebühr bepreist, d. h. man zahlt analog einer Honorarvergütung einen bestimmten Prozentsatz seines zu verwaltenden Vermögens pro Jahr. Erfolgsabhängige Modelle sind ebenfalls möglich. Manchmal könnte dann jedoch der Verdacht aufkommen, dass gewisse Risiken zum Erkaufen einer besseren Rendite (die typischerweise als Erfolgsmaßstab dient) in Kauf genommen werden, um die Gebühr so in die Höhe zu treiben.

Zusammenfassend kann man festhalten, dass jeder Anleger bei der Wahl seines Partners auf Unabhängigkeit und Qualität achten sollte, und diese dann zur aufgerufenen Gebühr passen sollte. Was hierbei im Vordergrund bleiben sollte, sind nicht zuletzt die handelnden Personen. Vertrauen, Empathie und Integrität sind höchst menschliche Eigenschaften, die keine Maschine ersetzen kann. Das vielstrapazierte Wort der ganzheitlichen Betrachtung bleibt ein gutes Maß für eine erfolgreiche Zusammenarbeit – teils über Generationen hinweg. Zu guter Letzt muss auch die Chemie stimmen. Dabei darf man, neben der rationalen Analyse aller genannten Kriterien, durchaus auch auf das eigene Bauchgefühl hören.

25.5.2 Die Wahl des Anlagevehikels – Unterscheidung in aktive versus passive Investments

Mit dem richtigen Partner an der Seite kann man sich nun der Auswahl der Investments und der Investmentvehikel widmen. Die Spielwiese ist so breit wie die zur Verfügung stehenden Instrumente selbst, sie reicht von einer *Vermögensberatung* (mit einem Sparringspartner an der Seite, die finale Entscheidung jedoch liegt beim Anleger) bis zu einer *Vermögensverwaltung* (man gibt Rahmenbedingungen vor und diese werden vom Partner frei umgesetzt). Beide Variationen können dann, grob beschrieben, auf Einzeltitelinvestments beruhen, auf Fondsinvestments oder auf einer Mischung dieser Varianten. Bei Fonds wiederum gibt es Fonds auf einzelne Anlageklassen (z. B. ein klassischer Aktienfonds mit einer bestimmten Ausrichtung) und sog. Mischfonds, die eine Reihe von Anlageklassen investieren.

Ein zentraler Diskussionspunkt der vergangenen Jahre ist die Frage nach aktivem versus passivem Investieren. Unstritig ist dabei der Erfolg der *passiven* Produkte. Seit deren Start im Jahr 1993 dürfte das verwaltete Vermögen bis 2023 auf rund USD 12 Billionen ansteigen.[653] Dabei meint *passiv*, dass der Fonds versucht, einen definierten Index möglichst genau und gleichsam kosteneffizient nachzubilden. Die beiden gängigen Vehikel sind die börsengehandelten ETFs *(exchange trade funds)* oder der Indexfonds *(Index tracker)*, dessen Kurs täglich anhand des Indexstands ermittelt wird.

Diese *passive* Nachbildung kann grundsätzlich auf zwei Arten erfolgen:

(1) *Synthetische ETFs:* Dabei besteht der Fonds aus einem „Sicherheiten-Portfolio", das im Zweifel nichts mit dem replizierten Index zu tun hat, sowie einer Vereinbarung mit Drittbanken, die Indexperformance an den Fonds zu zahlen (swap agreement). Dadurch lässt sich die Replizierung vergleichsweise günstig und exakt abbilden.

(2) *Physisch replizierende ETFs:* Dabei werden die Indizes entweder vollständig im Portfolio abgebildet *(full replication)* oder über eine gezielte Auswahl bestmöglich *(sample replication)*. Aufgrund regulatorischer und steuerlicher Anforderungen dominiert diese Anlageform.

---

653 Small et al. (2018).

Bei den *aktiven* Fonds kann der Fondsmanager unterschiedliche Strategien verfolgen, wie z. B. eine Überrendite *(alpha)* zu einem vergleichbaren Index/Markt, ein verbessertes Chancen-/Risikoprofil (z. B. auf Sicht von fünf Jahren dasselbe Ergebnis wie der Index mit der Hälfte der Schwankung) oder ein absolut positives Ergebnis über einen bestimmten Zeitraum zu erzielen *(absolute return)*. Für die aktiven Fonds fallen in der Regel höhere Kosten als für die ETFs/Indexfonds an. Die Frage ist daher, ob dieses mehr an Kosten den gewünschten Mehrwert auch erbringt. Insbesondere in Jahren mit stark steigenden Aktienmärkten, wie wir sie z. B. von 2009–2019 erlebten, fällt es aktiven Fonds schwer, die steigenden Märkte „zu schlagen" und ihre Kosten zu rechtfertigen. In dieser Phase wurden insbesondere die börsengehandelten ETFs immer beliebter und auch günstiger. Zuletzt haben einzelne Anbieter sogar begonnen, ETFs ganz ohne laufende Gebühren anzubieten.

ETFs bilden immer dann eine gute und günstige Alternative, wenn es sich um eher kurzfristige Investitionen handelt, bzw. wenn aktive Fondsmanager auch über längere Zeiträume keinen Mehrwert generieren konnten, der ihre Mehrkosten rechtfertigt. Gleichzeitig führen diese Investments aber dazu, dass man innerhalb eines Marktes *(Index)* keine qualitative Unterscheidung mehr vornimmt, d. h. man investiert genauso in die guten, günstigen und/oder attraktiven Unternehmen wie in die schwachen, teuren und/oder unattraktiven. Da viele der nachgebildeten Indizes *„volumengewichtet"* sind, führt das z. B. bei Anleihen-ETFs dazu, dass man über den ETF automatisch in das am stärksten verschuldete Unternehmen oder den am stärksten verschuldeten Staat investiert ist.

Bei der Auswahl von aktiven Fonds spielt die bereits beschriebene Investmentphilosophie eine wichtige Rolle. Teilt man die Ansätze des Fonds und sind diese über einen bestimmten Zeitraum gut nachvollziehbar, dann sollte der Fonds über einen längeren Zeitraum – insbesondere in Phasen, in denen die Märkte nicht nur nach oben tendieren – einen Mehrwert schaffen, die seinen höheren Preis rechtfertigen, aber nicht jede gute Idee und jedes schicke Prospekt führen automatisch zum gewünschten Erfolg.

25.6 Risikomanagement und Kontrolle

Wie bereits in Kapitel 25.2 beschrieben, ist eine gute Diversifizierung bereits der erste Schritt im Risikomanagement. In der modernen Portfoliotheorie wird das Risiko als die Schwankungsbreite *(Volatilität)* der Kurse definiert. Gerade bei den illiquiden Anlageklassen ist dieser Risikomaßstab jedoch häufig irrelevant.[654] Hinzu kommt, dass für Anleger selten die kurzfristige Wertschwankung das größte Risiko darstellt, sondern vielmehr der dauerhafte Wertverlust. Trotzdem sollte man sich auch mit kurzfristigen Risiken auseinandersetzen. Man sollte jedoch eine gesunde Skepsis an den Tag legen, wenn durch komplizierte

---

654 Jorion (2012).

25. Grundlagen des Vermögensmanagements

Risikomodelle eine Sicherheit versprochen wird, welche in der Realität und kurzfristig betrachtet bei Kapitalanlagen u. E. nicht möglich ist.

Ein professionelles Risikomanagement sollte idealerweise ein von der Vermögensverwaltung unabhängiges Team mit Systemen durchführen, die in regelmäßigen Rhythmen (teilweise täglich) eine Vielzahl an Variablen überwachen. Dazu gehört die *Ex-ante-Volatilität*, um in einer festgelegten Risiko- und Ertragsspanne zu bleiben, die der Top-down-Beurteilung entspricht. Etwaige *Klumpenrisiken* in den Portfolios werden verhindert, von den Analysten als übermäßig risikoreich eingestufte Anleihen sowie *ungewöhnliche Performanceabweichungen* überwacht.

Eine Variable, welche in diesem Zusammenhang immer wieder benannt wird, ist der *Value at Risk* (VaR). Damit bezeichnet man das Verlustpotenzial, welches durch Marktpreisschwankungen der im Portfolio enthaltenen Anlagen auftreten kann und innerhalb eines definierten Zeitraumes mit einer vorgegebenen Wahrscheinlichkeit nicht überschritten wird.[655] Beispielsweise lag der dreimonatige VaR für den S&P 500 in den letzten 10 Jahren mit einer Wahrscheinlichkeit (sprich einem *Konfidenzniveau*) von 95 % bei –11 %, d. h. (umgekehrt formuliert) dass mit einer Wahrscheinlichkeit von 2,5 % die vierteljährige Rendite weniger als –11 % beträgt.[656]

Des Weiteren stellt der „*Maximum Drawdown*" eine einfache und einheitliche Risikomessung für anlageübergreifende Analysen dar. Der Maximum Drawdown – definiert als der maximale Verlust bei der Rendite eines Vermögenswerts oder Portfolios zwischen einem Höchststand und dem darauf folgenden Tiefstand innerhalb einer bestimmten Periode – verfügt über eine Reihe interessanter Eigenschaften, darunter die einfache Berechnung. Sie benötigt kein spezifisches Modell, und es müssen auch keine spezifischen Annahmen gemacht werden. Backtesting zeigt ein recht robustes Risiko-Rendite-Verhältnis der wichtigsten Anlageklassen beim Maximum Drawdown. Zudem ist das entsprechende Risiko-Ranking der Anlageklassen sinnvoller als bei den anderen Methoden. Beim Vergleich des Risikos verschiedener Anlageklassen kann das Risiko-/Ertrags-Verhältnis unter Verwendung des Maximum Drawdown daher besser bewertet werden als mit Kennzahlen wie Value at Risk oder der Volatilität.[657]

Neben diesen technischen Kennzahlen ist es aber immer wichtig, sich über folgende Punkte im Klaren zu sein:
- Verstehe ich die Anlagen und die Einflussfaktoren auf die Preise (warum passiert was)?
  - Sind die Auswirkungen auf die Preise (nur) kurz- oder langfristig?

---

655 Entnommen aus: Wirtschaftslexikon.
656 Pictet (2019).
657 Vgl. Pictet (2019).

- Sind die Erwartungen für die ursprüngliche Anlageentscheidung noch gültig?
- Entwickeln sich einzelne Anlagen im Rahmen der Erwartungen oder Befürchtungen?

Je komplexer Vermögen werden, z. B. durch die Beimischung von illiquiden Anlageformen, die Verbuchung für unterschiedliche Begünstigte (private vs. juristische Person, Einzel- vs. Gemeinschaftskonten) oder wenn Begünstigte in unterschiedlichen Rechtsräumen leben sowie wenn mehrere Banken und Dienstleister eingeschaltet sind, desto eher bietet es sich an, professionelle Hilfe für das Risikomanagement und die Vermögenskontrolle hinzuzuziehen. Je nach Größe und Komplexität können das spezialisierte Vermögensplaner und -controller, spezialisierte Wirtschaftsprüferinnen, ausgewählte Banken oder (Multi) Family Offices sein. Je nach Wunsch reichen die Dienstleistungen von einem (reinen) konsolidierten Reporting bis hin zur Erarbeitung einer maßgeschneiderten Vermögensallokation inklusive der Auswahl geeigneter Partnerinnen und der laufenden Kontrolle der aktuellen Anlagen und Partner.

25.7 Fazit

Schlussendlich ist für Mitglieder von Unternehmerfamilien das professionelle Vermögensmanagement eine Fortführung dessen, was sie auch als Unternehmer und Gesellschafter im Unternehmen erfolgreich umsetzen. Denn in der Regel ist das Vermögen das Resultat ihres unternehmerischen Wirkens. Der Wert des Unternehmens mag schwanken (wenn auch bei privaten Unternehmen weniger ersichtlich als bei börsennotierten), aber diese Beteiligungen tragen sie durch Höhen und Tiefen. Das professionelle Vermögensmanagement stellt ebenso wie ein professionelles Unternehmensmanagement spezifische, wenn auch anderes gelagerte, Anforderungen an die handelnden Personen. Zum einen setzt es eine intensive Beschäftigung mit der eigenen Vermögenssituation und individuellen Zielen voraus. Darüber hinaus ist ein tiefes Verständnis hinsichtlich einer Reihe von Anlageklassen und des Zusammenspiels deren Rendite-Risiko-Profile elementar.

In einer Phase niedriger oder gar negativer Zinsen wird der langfristige Vermögenserhalt immer anspruchsvoller. Berücksichtigt man neben den Gebühren für Banken, Steuerberater, Anwälte etc. auch noch die Steuern und die Kaufkraftminderung *(Inflationsraten)*, müssen Anlagen derzeit Erträge von mehr als 2 bis 3 % p. a. erzielen, um real (nach Abzug all dieser Kosten) einen Werterhalt zu gewährleisten. Um den beschriebenen realen Kapitalerhalt langfristig zu gewährleisten, werden verstärkt illiquide Anlagen wie Private Equity, Hedge Fonds oder Immobilien berücksichtigt und/oder man ist bereit, (kurzfristig) höhere Schwankungen bzw. mehr Risiko in Kauf zu nehmen. Damit dürfte mittelfristig die Komplexität weiter zunehmen. Während ein gewisses Grundverständnis unabdingbar ist, kann jeder selbst bestimmen, inwieweit er sich in das Vermögensmanagement einbringen möchte oder kann. Wie auch im Unternehmen gelten jedoch auch hier die Vorteile einer Arbeitsteilung und Spezialisierung. Insofern sollten gerade bei einer zunehmenden Internationalität und

25. Grundlagen des Vermögensmanagements

Komplexität des Vermögensmanagements Expertinnen hinzugezogen werden, die sich des Spannungsfelds von Gesellschaftern von Unternehmen und der Verantwortung für das Familienvermögen bewusst sind.

Reflexion und Handlungsempfehlungen – Teil D

In Teil D wird die Eigentümerperspektive behandelt. Hierbei wird zunächst die juristische Sicht auf die Eigentümerfunktion angewendet. Darüber hinaus wird auch die Dimension des im Familienunternehmen gebundenen oder des hier generierten Vermögens betrachtet. Für die Unternehmerfamilie stellt sich also neben grundlegenden juristischen Fragestellungen und Regelungserfordernissen die Aufgabe, das Familienunternehmen als Bestandteil ihres Gesamtvermögens einzuordnen und entsprechende Allokations- und Optimierungsstrategien zu entwickeln. Folgende Fragestellungen helfen, eine erste Standortbestimmung vorzunehmen:

1. Sind die Rechtsform des Familienunternehmens und die damit einhergehenden Konsequenzen jeder Gesellschafterin bekannt? (In welchem Rahmen werden die jeweiligen Rechte und Pflichten eines Gesellschafters thematisiert?)
2. In welcher Form werden die unterschiedlichen Rechte eines Gesellschafters (u.a. Eigentumsrecht, Entnahmerecht, Stimmrecht) differenziert betrachtet?
3. Sind die steuerlichen Belastungen durch das Eigentum am Familienunternehmen jedem Gesellschafter bekannt? (Werden potenzielle Steuerlasten (u.a. Wegzugsbesteuerung bei Wohnortwechsel, Schenkungs- oder Erbfall) und der Umgang damit innerhalb des Gesellschafterkreises diskutiert? Gibt es gemeinsame Lösungsansätze zum Umgang mit etwaigen Steuerlasten?)
4. Inwiefern verfügt jeder Gesellschafter über Kenntnisse zur Notwendigkeit von Regelwerken zur Vorsorge bei kritischen Ereignissen (u.a. Tod, Handlungsunfähigkeit)? (Existieren auf den Gesellschaftervertrag bzw. die Geschäftsordnung abgestimmte Testamente und Vollmachten? Ist die Anteilsübertragung von Todes wegen (inkl. Pflichtteilsregelungen) organisiert? Liegen Betreuungs- und Patientenverfügungen vor?)
5. In welcher Form liegen Notfalldokumente der Unternehmerfamilie (u.a. Vorsorgevollmacht, Patientenverfügung, Testamente, Passwortübersicht etc.), die die Entscheidungsfähigkeit sicherstellen, vor?
6. Sind allen Gesellschaftern die Konsequenzen für das Familienunternehmen bzw. den Gesellschafterkreis im Fall einer Ehescheidung bekannt? (Auf welche einheitlichen ehevertraglichen Regelungen haben sich die Gesellschafter geeinigt?)
7. Gibt es im Gesellschafterkreis ein einheitliches Verständnis über die unterschiedlichen Vermögensformen? (Inwieweit wird das im Familienunternehmen gebundene sowie andere Sekundärvermögen der Unternehmerfamilie getrennt voneinander betrachtet?)
8. Inwieweit gibt es einen abgestimmten Umgang bzw. professionelle Formen des Managements mit den einzelnen Vermögensformen? (Obliegt das Ver-

Teil D: Das Eigentum und rechtliche Grundlagen verstehen

mögensmanagement jedem Einzelnen oder einem gemeinsamen professionellen Vermögensverwalter?)
9. Welche Ausschüttungs- und Vermögensentwicklungsstrategien werden von der Unternehmerfamilie verfolgt? (In welchem Rahmen werden langfristige Perspektiven auf die gemeinsame Vermögensentwicklung diskutiert?)
10. Welche emotionalen Verpflichtungsgefühle innerhalb der Unternehmerfamilie resultieren aus dem ererbten Vermögen der Vorgängergeneration?
11. Welche Vor- bzw. Nachteile hat eine Familiengemeinschaft als Eigentümergemeinschaft eines Vermögens? (Wie werden die jeweiligen Herausforderungen einer generationenübergreifenden Vermögensentwicklung angegangen?)

Teil E: Beispiele von Gesellschafterkompetenzentwicklung aus der Praxis

Christiane Dethleffsen, Katharine Michaelis

26. Familie Dethleffsen – Fallbeispiel HGDF Unternehmerfamilie

26.1 Kompetenzentwicklung – Warum eigentlich!? – Eine Einleitung

„Kompetenzentwicklung ist das Herz unseres Familienmanagements". Auf Basis der in der Unternehmerfamilie vorhandenen Kompetenzen und Fähigkeiten werden im Unternehmen und in der Unternehmerfamilie Entwicklungen möglich, Konflikte besprechbar, Krisen überwindbar und Werte gestaltbar. Eine positive, individuell offene Haltung der einzelnen Personen zu ihrer eigenen Entwicklung versetzt auch das „Große Ganze" in die Lage, sich zu entfalten, auf äußere Einflüsse zu reagieren, sich anzupassen und einen Generationswechsel zu gestalten. Mit anderen Worten: Von der Kompetenzentwicklung geht alles aus und von ihr hängt die Zukunft sowohl unserer Unternehmerfamilie als auch unseres Familienunternehmens ab.

In diesem Beitrag geht es um die Gesellschafterkompetenzentwicklung in der HGDF Unternehmerfamilie.[658] Wir nennen sie Unternehmerfamilienkompetenzentwicklung (UFKE). Ziel ist es darzulegen, warum wir Kompetenzentwicklung für zentral halten, welche Haltung wir verfolgen, welche Programme wir konzipiert haben und an Beispielen zu zeigen, wie wir die Kompetenzentwicklung (KE) mit Leben füllen.

Nach einer kurzen Vorstellung des Unternehmens, der Unternehmerfamilie und deren struktureller Zusammenarbeit werden Einblicke in die KE gegeben. Dabei wird zunächst der organisatorische Rahmen beschrieben. Anschließend folgen Ausführungen und Beispiele zur Unternehmerfamilienkompetenzentwicklung, der Führungskompetenzentwicklung und dem Familienstrategieprozess als Maßnahme der KE. Mit aktuellen Herausforderungen runden wir unseren Beitrag ab.

26.2 HGDF – Unternehmen und Unternehmerfamilie

Im folgenden Kapitel werden das Unternehmen, die Unternehmerfamilie und die strukturelle Zusammenarbeit zwischen diesen beiden kurz vorgestellt.

26.2.1 Die HGDF Familienholding

Die HGDF Familienholding hat sich seit ihrer Gründung 1738 zu einem Holdingunternehmen entwickelt. Dieses führt die einzelnen Tochter- und Beteiligungsgesellschaften im Selbstverständnis eines aktiven Eigentümers und das gesamte

---

[658] Die beiden Autorinnen sind Mitglieder der HGDF Unternehmerfamilie, des Gesellschafterkreises sowie des UFA Gremiums.

Teil E: Beispiele von Gesellschafterkompetenzentwicklung aus der Praxis

Portfolio als Investorengemeinschaft über die zweiköpfige Holdinggeschäftsführung. Aktuell besteht sie aus zwei Mitgliedern der Unternehmerfamilie.

HGDF Holding

Tochterunternehmen, Beteiligungen und Start-up Engagement

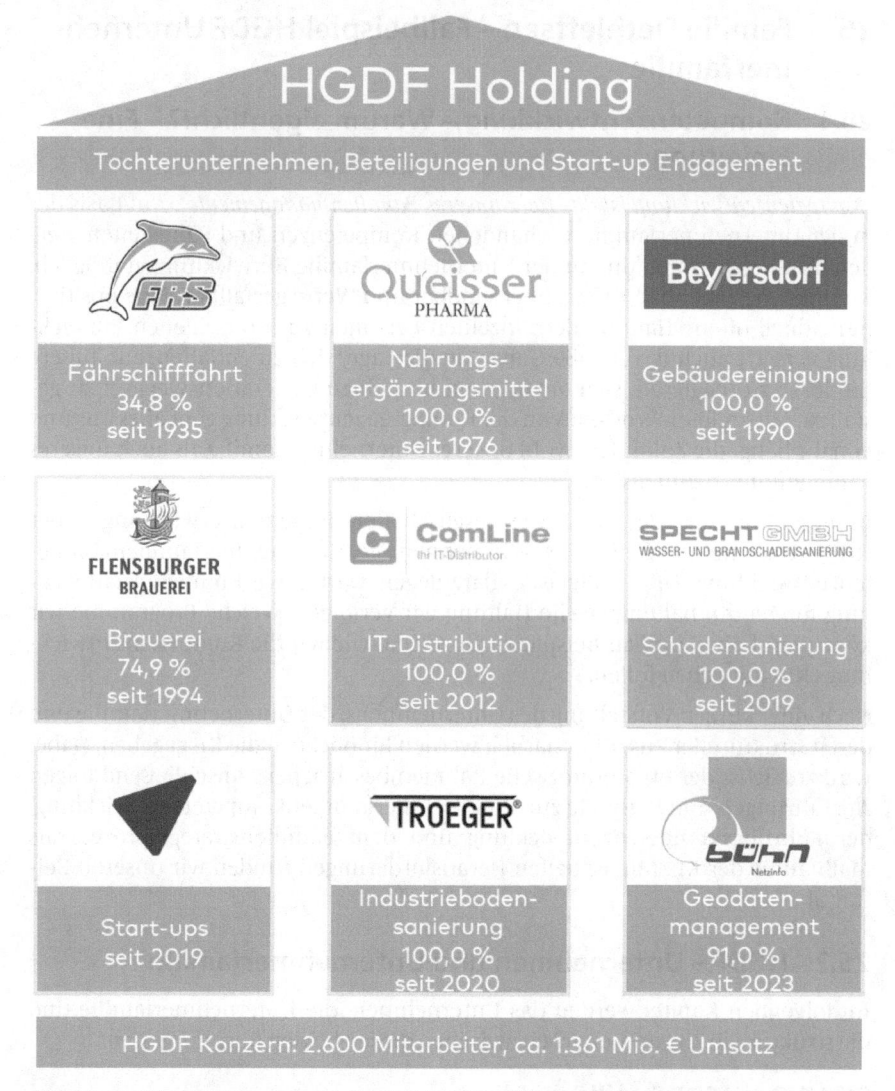

Unternehmen	Bereich	Anteil	Seit
FRS	Fährschifffahrt	34,8 %	1935
Queisser Pharma	Nahrungsergänzungsmittel	100,0 %	1976
Beyersdorf	Gebäudereinigung	100,0 %	1990
Flensburger Brauerei	Brauerei	74,9 %	1994
ComLine	IT-Distribution	100,0 %	2012
Specht GmbH	Schadensanierung	100,0 %	2019
(Start-ups)	Start-ups	—	2019
Troeger	Industriebodensanierung	100,0 %	2020
bühn Netzinfo	Geodatenmanagement	91,0 %	2023

HGDF Konzern: 2.600 Mitarbeiter, ca. 1.361 Mio. € Umsatz

Abbildung 57: Beteiligungsportfolio der HGDF Familienholding.
Quelle: Eigene Darstellung

Die über 285-jährige Firmengeschichte ist von der Überzeugung geprägt, dass jedes Geschäftsmodell für seinen Erfolg Menschen braucht, die mit ihrem Unternehmergeist, ihrer Initiative und ihrem Engagement die Unternehmung entwickeln und nach vorne bringen. So wurde in den Anfängen beim interkontinentalen Rumhandel ein hohes Vertrauen in die familienexternen Manager (diese fungierten damals als Schiffskapitäne) gesetzt. Sie wurden mit Kapital und weitestgehenden Befugnissen auf ihren Reisen ausgestattet. Heute liegt der Fokus der unternehmerischen Tätigkeit der Holdinggesellschaft in der strategischen Begleitung der Portfolio-Unternehmen, bei der Auswahl ihres Top-Managements sowie der Analyse und Beurteilung potenziell zur Unternehmensgruppe hinzukommender Unternehmen. Vertrauen und die Philosophie, dass das Ermöglichen von Handlungsfreiräumen gleichzeitig zur besten Entwicklung von Unternehmen und Mitarbeitern führt und für die notwendigen unternehmerischen Impulse sorgt, zeichnet die HGDF Führungskultur daher seit der Gründung des Unternehmens aus. In der Zusammenarbeit sind Menschlichkeit, Vielfalt, Gemeinschaft und der Umgang miteinander auf Augenhöhe ein Schwerpunkt im Führungsverständnis. Diese in Kombination mit Konsequenz und Verbindlichkeit im Handeln sind wesentliche Bestandteile in der Zusammenarbeit und in der Entscheidungsfindung. Die handelnden Personen verbinden ihre Leidenschaft mit der Freude an der täglichen Arbeit. Ein gemeinsames Werteverständnis in Unternehmerfamilie und Unternehmen bildet die Basis der Unternehmenskultur. Den an die Unternehmen gerichteten Erwartungen will die Unternehmerfamilie allerdings auch in Bezug auf sich selbst entsprechen.

26.2.2 Die HGDF Unternehmerfamilie

Die Familie umfasst zurzeit die 8. und 9. Generation. Insgesamt besteht sie aus 24 Personen, potenziell kommen in den nächsten Jahren weitere 5 Nachkommen sowie weitere Partner von Mitgliedern der Unternehmerfamilie hinzu.

Mitglieder der Unternehmerfamilie sind alle Gesellschafter/innen, deren Ehe- und Lebenspartner sowie deren Kinder über 18 Jahre. Ehe- und Lebenspartner werden durch das jeweilige Mitglied der Unternehmerfamilie selbstverantwortlich in diese „berufen". Kinder eines Mitglieds der Unternehmerfamilie werden mit ihrem vollendeten 18. Lebensjahr in die Unternehmerfamilie eingeladen.

Die Unternehmerfamilie ist ein integraler Bestandteil der Governance der HGDF Familienholding und fungiert als ein Organ des Familienunternehmens.

26.2.3 Die Zusammenarbeit zwischen Unternehmerfamilie und Familienunternehmen

Die Unternehmerfamilie organisiert sich in Unternehmerfamilienversammlungen (mindestens einmal p.a.). Sie wählt den Unternehmerfamilienausschuss (UFA), welcher die Interessen der Unternehmerfamilie vertritt und Gestaltungsrechte (Ausbildung der Unternehmerfamilie, Wahl der Verwaltungsratsmitglieder etc.) wahrnimmt. Diesem Gremium wird als zentrale Einheit der Unternehmerfamilie (inklusive des Gesellschafterkreises) die Funktion zugewiesen, die Entscheidungsfindung und die Führung der Familie zu übernehmen. Über die Entsendung von bis zu drei UFA-Mitgliedern in den Verwaltungsrat (VR) als zentrales Steuerungsorgan des Unternehmens wirkt die Familie an der strategischen Führung des Unternehmens mit. Die Mitglieder der Unternehmerfamilie haben in der Unternehmerfamilienversammlung Rede- und Stimmrecht und können alle Arten von Ämtern übernehmen, die typischerweise den Gesellschaftern vorbehalten sind. Bei Gesellschafterversammlungen haben die Mitglieder der Unternehmerfamilie ebenfalls die Möglichkeit der Teilnahme. Sofern sie nicht gleichzeitig Gesellschafter sind, haben sie hier lediglich ein Informations- und Rederecht, können allerdings in jedes Amt gewählt werden.

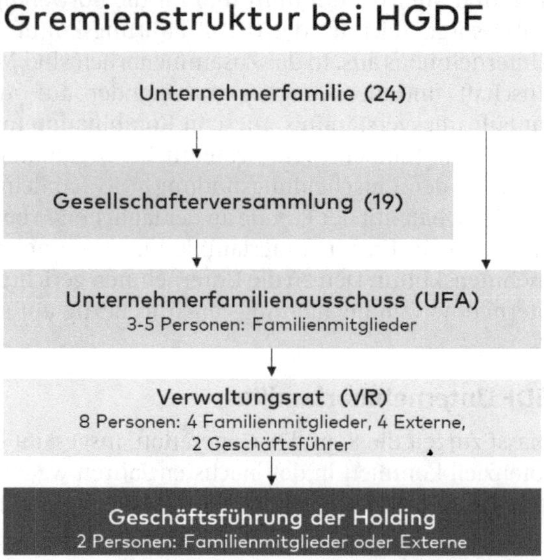

Gremienstruktur bei HGDF

Unternehmerfamilie (24)

Gesellschafterversammlung (19)

Unternehmerfamilienausschuss (UFA)
3-5 Personen: Familienmitglieder

Verwaltungsrat (VR)
8 Personen: 4 Familienmitglieder, 4 Externe, 2 Geschäftsführer

Geschäftsführung der Holding
2 Personen: Familienmitglieder oder Externe

Abbildung 58: Gremienstruktur und Governance bei HGDF.
Quelle: Eigene Darstellung

Die Wahl des aus fünf Mitgliedern bestehenden UFAs erfolgt nach dem Prinzip der doppelten Stimme. Im Ergebnis ist jedes Mitglied des UFAs einerseits demokratisch aus der Mitte der Unternehmerfamilie gewählt (hier gilt die Mehrheit nach Köpfen), andererseits durch die Gesellschafter/innen gewählt (hier gilt die Mehrheit des Kapitals). Die fünf UFA-Mitglieder bestimmen aus ihrer Mitte eine Vorsitzende sowie die maximal zwei zusätzlich zur Vorsitzenden in den Verwaltungsrat zu entsendenden Mitglieder.

Das Unternehmen wird von zwei Geschäftsführern geleitet. Diese müssen nicht notwendigerweise aus der Unternehmerfamilie stammen.

Der 8-köpfige Verwaltungsrat setzt sich aus der Geschäftsführung, aus bis zu drei Mitgliedern des UFAs sowie bis zu vier familienexternen Personen zusammen. In unserer Unternehmens-Governance spielt ein ausbalanciertes Verhältnis von externen VR-Mitgliedern und Mitgliedern aus der Unternehmerfamilie eine zentrale Rolle. Da die Größe des Verwaltungsrats auf acht Mitglieder festgelegt ist, können bei zwei Geschäftsführern, die aus der Unternehmerfamilie stammen, vom UFA nur zwei Mitglieder in den Verwaltungsrat entsandt werden. Heute besteht der VR daher aus vier Externen und vier Mitgliedern der Unternehmerfamilie.

Dieses Führungsorgan trifft sämtliche und zentrale Entscheidungen in Bezug auf das Unternehmen und agiert somit als „gebündelte Stimme" von Gesellschafterkreis und Familie. Bei der Zusammensetzung des VRs kommt dem UFA eine entscheidende Bedeutung zu, denn dieser entsendet aus seiner Mitte zwei bzw. drei Personen und wählt die familienexternen Mitglieder. Gemeinsam wählen und ernennen diese maximal sechs Verwaltungsratsmitglieder die beiden Geschäftsführer der Familienholding. Die Geschäftsführer haben nur in den sie selbst betreffenden Angelegenheiten kein Stimmrecht. Der Verwaltungsrat wählt aus seiner Mitte den Vorsitzenden, wobei dieser nicht gleichzeitig Vorsitzender des UFAs oder Geschäftsführer der Familienholding sein darf.

Mit dieser ausbalancierten Konstellation im Verwaltungsrat sollen die Interessen des Unternehmens und der Unternehmerfamilie aktiv aufeinander abgestimmt werden. Durch die vier familienexternen Verwaltungsräte wird für eine „kritische Außenperspektive" und hierdurch für eine strukturelle Qualitätssicherung gesorgt.

26.3 HGDF Kompetenzentwicklung

Wir entwickeln die individuellen Potenziale für alle Personen unter dem ‚Dach' von HGDF! Die entstehenden Kompetenzen und Fähigkeiten wollen wir zur Entwicklung der Zukunftsfähigkeit von HGDF einsetzen.[659]

Durch diese Grundhaltung der Unternehmerfamilie ist eine personenorientierte Kompetenzentwicklung gemäß dem entwicklungsorientierten Menschenbild der Unternehmerfamilie etabliert und gelebte Praxis. Diese grundsätzliche Offenheit für die Potenziale jedes Einzelnen bedeutet auch, dass mit der Förderung durch HGDF keinerlei Ansprüche an Funktionen oder Karriereschritte verbunden sind.

Im Rahmen des Familienmanagements werden dabei die Kompetenzentwicklung, die jedem Mitglied der Unternehmerfamilie offensteht,[660] und die Kompetenzentwicklung, die sich an diejenigen Mitglieder der Unternehmerfamilie richtet, die anstreben, Führungsverantwortung (bei HGDF oder in einem anderen Unternehmen) zu übernehmen,[661] unterschieden. Eine Bindung an eine zukünftige Aufgabe bei HGDF ist damit nicht verknüpft.

Aufgrund der inneren Haltung und des Wertegefüges der Unternehmerfamilie wird allen Mitgliedern der Unternehmerfamilie eine persönliche und fachliche Entwicklung ermöglicht. Hier erfolgt bereits frühzeitig eine Förderung von Familienmitgliedern. Zum Zeitpunkt der Entscheidung über die Besetzung eines

---

659 Auszug aus dem HGDF Familienkompass.
660 Siehe Kapitel 26.3.2.
661 Siehe Kapitel 26.3.3.

Gremiums (z. B. UFA, VR, GF) findet unter der Leitung des UFA-Vorsitzenden eine Reflexion der potenziellen Kandidaten statt. In diesem Rahmen werden die Kompetenzen und Persönlichkeitsmerkmale bzw. die möglichen Teamkonstellationen reflektiert. Dabei wird je nach Gremium und Aufgabenstellung die „optimale" Konstellation von Persönlichkeit und Kompetenz für die gemeinsame Aufgabe ermittelt.

26.3.1 Konzeptioneller Rahmen der Kompetenzentwicklung (KE)

Um die Rolle als aktive Eigentümerfamilie wahrnehmen zu können, hat es sich die HGDF Unternehmerfamilie zum Ziel gesetzt, als Gruppe über zahlreiche spezifische Kernkompetenzen zu verfügen. Die systematische Weiterentwicklung der Fähigkeiten innerhalb der Unternehmerfamilie sowie des Familienunternehmens stellt daher die Kernaufgabe dar. Folglich zielen sämtliche Maßnahmen der Unternehmerfamilie darauf ab, ein entwicklungsförderndes Umfeld für ihre Mitglieder zu gestalten.

Die etablierten Kompetenzentwicklungs-Programme basieren auf folgenden „Säulen":

- Die Teilnahme an den KE-Programmen bzw. Maßnahmen ist freiwillig.
- KE wird altersunabhängig und fortlaufend verstanden. Sie orientiert sich an den individuellen Fähigkeiten und Kompetenzen des jeweiligen Mitglieds der Unternehmerfamilie.
- Die gelebte Grundhaltung ist die der Potenzialentwicklung für alle Mitglieder der Unternehmerfamilie und nicht die der Vorabselektion einzelner Personen.
- Für allgemeine Entwicklungsmaßnahmen im Rahmen der Unternehmerfamilie (UFKE) gibt es ein Budget für jedes einzelne Mitglied der Unternehmerfamilie.
- Auch für Mitglieder der Unternehmerfamilie, welche am HGDF Curriculum (Führungskompetenzentwicklungsprogramm) teilnehmen, trägt das Unternehmen die anfallenden Kosten.
- Der UFA hat die Aufgabe, für die Koordination und die stetige Weiterentwicklung der Programme zu sorgen.

26.3.2 Das HGDF Unternehmerfamilien-Kompetenzentwicklungsprogramm (UFKE)

Das UFKE-Programm richtet sich an alle Mitglieder der Unternehmerfamilie. Es besteht aus verschiedenen Bausteinen, wie beispielsweise Kompaktwochenenden, NextGen-Wochenenden, Mentorenprogrammen, Praktika, Unternehmensbesuchen, UFKE-Gesprächen, Reflexion und Teamentwicklung des UFA-Gremiums, „Lernreisen" zu einem ausgewählten Thema, aktive Pflege von Netzwerken, Teilnahme an Studien, Forschungsarbeiten, Besuch externer Veranstaltungen und Fortbildungen etc. Im Folgenden werden die Maßnahmen Kompaktwochenenden, NextGen-Wochenenden und UFKE-Gespräche näher erläutert.

Elemente der HGDF UFKE

Gemeinschaftliches Lernen mit Kopf, Herz und Hand
Kompaktwochenenden
NextGen Veranstaltungen
GQV und ähnliche Formate

Lebenszyklus in der UF
Hineinwachsen in die UF mit 18
Hineinwachsen von Partnern
Hineinwachsen in die Gesellschafterrolle
Altern innerhalb der UF

HGDF

Individuelle Aus- und Weiterbildung
Externe Veranstaltungen
Praktika
Mentorenprogramm
Coaching
Standortbestimmung

Führungskompetenzentwicklung (FKE)
HGDF Curriculum
Externe Fortbildungen
„Gremienluft schnuppern"

Weitere UFKE Formate
UFKE-Gespräche
Virtuelle HGDF und UF Calls
Unternehmensbesuche und Austausch mit anderen FU/UF
Überarbeitung d. Familienkompass

Abbildung 59: Elemente der Unternehmerfamilien-Kompetenzentwicklung.
Quelle: Eigene Darstellung

Beispiel 1: Kompaktwochenenden

Zweimal im Jahr organisiert der UFA ein Kompaktwochenende für die Unternehmerfamilie. Eines findet im März statt für alle über 18-Jährigen und eines im September mit „Kind und Kegel". Beide umfassen ein Programm über 2 Tage. Dabei findet das März-Kompaktwochenende extern statt, z. B. am Standort eines Tochterunternehmens, das andere ist bei HGDF in Flensburg. Ein Kompaktwochenende setzt sich aus unterschiedlichen Elementen zusammen: Gesellschafterversammlung, interaktive Familienversammlung, UFKE-Element (z. B. Workshop Cybersicherheit, Kennenlernen der Tochterunternehmungen, Kommunikations- oder Medientraining), Teambuilding für die ganze Unternehmerfamilie und „Spaßeinheiten" (z. B. Seifenkistenbauen mit Seifenkistenrennen auf dem HGDF Parkplatz). Die Teilnahme an einem der Kompaktwochenenden im Jahr ist sehr erwünscht.

Beispiel 2: NextGen-Wochenende

In Selbstverantwortung organisieren zwei Mitglieder der NextGen (Junioren und Mitglieder der Unternehmerfamilie im Alter von 15 bis 29 Jahren) ein Wochenende an einem Standort ihrer Wahl, z. B. dem Studien- oder Arbeitsort eines Mitglieds der NextGen. Das Programm beinhaltet eine Kombination aus gegenseitigem Kennenlernen, Integration der „Neuen", UFKE-Elementen (z. B. Unternehmensbesuch bei einem Netzwerkpartner zum Thema soziales Engagement, Gespräch mit einem der externen Verwaltungsratsmitglieder) und Teambuilding (gemeinsames Kochen, Spieleabend, Sportparcours in der Sporthochschule).

Beispiel 3: UFKE-Gespräche

Ziel der UFA-Arbeit ist u. a., mit jedem Mitglied der Unternehmerfamilie in Kontakt zu bleiben und den individuellen Weiterbildungsbedarf zu besprechen. In regelmäßigen Abständen (einmal jährlich) lädt der UFA-Vorsitzende zu einem Gespräch in den UFA-Raum im Unternehmen ein. Anhand eines Gesprächsleitfadens werden z. B. Fragen wie „Wie geht es dir? Wo stehst du gerade? Welche Wünsche hast du an den UFA? Wohin möchtest du dich entwickeln? Wer kann dich dabei unterstützen?" erörtert. In diesem Rahmen werden Lern- und Weiterbildungsangebote auf die individuellen Bedürfnisse des Familienmitgliedes abgestimmt angeboten. Das Gespräch wird ggf. dokumentiert und gemeinsame Vereinbarungen werden von beiden Teilnehmern unterschrieben.

26.3.3 Das HGDF Curriculum – Ein Programm für Führung und Vernetzung

Das HGDF Curriculum richtet sich an junge Führungskräfte des Unternehmens und an Mitglieder der Unternehmerfamilie, die bei HGDF oder in einem anderen Unternehmen/Umfeld eine Führungsaufgabe (z. B. operative Leitungsaufgabe, Mitgliedschaft in einem Gremium) wahrnehmen möchten. Weitere Voraussetzung für die Teilnahme an diesem Programm und gleichzeitig der erste Baustein ist eine begleitete Standortbestimmung. Diese kann mit einer entwicklungsorientierten Potenzialanalyse verglichen werden und wird von einem externen Berater durchgeführt, der hierfür vom UFA beauftragt ist. Ziel ist es, dem Familienmitglied eine Selbsteinschätzung der eigenen Potenziale zu ermöglichen. Wer eine Führungsaufgabe übernehmen möchte und die externe Standortbestimmung absolviert hat, erfüllt damit beide Voraussetzungen, um am HGDF Curriculum teilnehmen zu können.

Das Curriculum bietet die Möglichkeit, die Unternehmerfamilie und Mitarbeiter/innen aus der Unternehmensgruppe miteinander in „Berührung" zu bringen. Es findet eine Vernetzung beider Gruppen statt. Aus dem Unternehmen werden Mitarbeiter von der jeweiligen Geschäftsführung vorgeschlagen, die vor der Übernahme einer (weiteren) Führungsaufgabe stehen und die bereit sind, eine o. g. Standortbestimmung vorzunehmen.

Über zwei Jahre finden sechs 2,5-tägige Veranstaltungen statt. Zudem wird zwischen den Veranstaltungen in kleineren Gruppen vorbereitend gearbeitet. Das HGDF-individuelle Programm ist für 12 bis 15 Teilnehmerinnen je Kurs konzipiert. Inhaltlich wird gemeinsam an verschiedenen Themen gelernt und reflektiert. Zunächst geht es um die eigene Person im Kontext der Führungsfunktion und um das spezifische Führungsverständnis bei HGDF. Anschließend wird die strategische Ausrichtung von HGDF beleuchtet und von der Gruppe auf Basis ihres Verständnisses der zukünftigen Umweltanforderungen kritisch hinterfragt und ein eigener Entwurf für eine Anpassung der Strategie vorgeschlagen. Zum Abschluss wird die persönliche Weiterentwicklung an diesem Szenario gespiegelt.

26.3.4 Rückblick: Der HGDF Familienstrategieprozess als Kompetenzentwicklung

Der Beginn des zweiten Familienstrategie- bzw. Family-Governance-Prozesses fällt in eine Zeit, in der sowohl die Unternehmerfamilie als auch das Unternehmen von starkem Wachstum geprägt sind. Die Frage: „Was passiert, wenn nichts geändert wird?" stellte sich. Den bis zu diesem Zeitpunkt verantwortlich handelnden Personen wurde klar, dass das angestrebte Zukunftsszenario weder auf Unternehmerfamilienseite noch auf der Unternehmensseite ohne einen weiteren Prozess erreichbar sein würde.

Der Prozess wurde auf einer Gesellschafterversammlung mit der Wahl einer Steuerungsgruppe (SG) begonnen. In die SG wurden Personen aufgenommen, die verschiedene Interessen repräsentierten (ein Geschäftsführer, ein Mitglied der NextGen, ein Gesellschafter, eine Ehepartnerin). Die SG entschied sich für die professionelle Begleitung des Prozesses durch ein zweiköpfiges Beraterteam. Bereits bei der ersten von der SG organisierten Zusammenkunft der (damals noch nicht definierten) Unternehmerfamilie zeigten sich die großen Unterschiedlichkeiten in der Gruppe hinsichtlich Erwartungen, Vorurteilen, Lerngeschwindigkeiten, Streitkulturen etc. Die daraus resultierenden Spannungen entluden sich eruptiv. Rückblickend betrachtet lässt sich feststellen, dass viele Fragestellungen in der Vergangenheit nicht besprechbar waren und eher unterdrückt wurden.

In dem nun folgenden Familienstrategieprozess ging es darum, diese fehlende Sprachfähigkeit, die mit einer fehlenden Nähe der Unternehmerfamilie untereinander einherging, zu überwinden. Gleichzeitig wurde in Arbeitsgruppen (z. B. zu den Themen Großfamilie, Werte, Ziele, Mentales Modell, Konflikte etc.) an den Sachthemen der Zukunftsgestaltung gearbeitet.

Je arbeitsfähiger und kompetenter die einzelnen Familienmitglieder durch ihre Mitarbeit in den Arbeitsgruppen wurden, desto mehr fassten sie Mut, ihre Fragestellungen in die Diskussion einzubringen. Die Sprachlosigkeit begann sich in eine Sprachfähigkeit umzuwandeln. Ungefähr nach 2,5 Jahren reifte bei den Teilnehmern die Erkenntnis, dass es tatsächlich gelingen könnte, einen gemeinsamen Familienkompass (familieninterne Bezeichnung der Familienverfassung) zu entwickeln und diesen auch als Basis für das Zusammenleben anzunehmen.

Im Ergebnis können wir festhalten, dass der 5-jährige Familienstrategieprozess wie eine große Kompetenzentwicklungs-Maßnahme gewirkt hat, durch die es gelang, eine wertschätzende Diskussion bzw. eine Öffnung für die Beiträge/Positionen anderer Familienmitglieder zu erreichen. Auf dieser Basis erfolgte die Wahl eines ersten divers besetzten UFAs. Die im September 2018 zelebrierte, emotionale und feierliche Verabschiedung des Familienkompasses steht stellvertretend für den gemeinsamen Erfolg dieser großen UFKE-Maßnahme.

26.3.5 Aktuelle Herausforderungen

Wir haben unser UFKE-Programm umfangreich gestaltet und damit der Unternehmerfamilie ein interessantes Angebot unterbreitet. Die Angebote werden in unterschiedlicher Form genutzt. Während Kompaktwochenenden und das HGDF Curriculum fest etabliert sind, werden UFKE-Gespräche und individuelle UFKE-Maßnahmen von einem eher kleinen Kreis wahrgenommen. Insbesondere für das Onboarding in die Unternehmerfamilie haben wir ein passendes Angebot entwickelt.

Die Vielfalt der Möglichkeiten zur UFKE wird von der Unternehmerfamilie als wichtiger Baustein empfunden und wertgeschätzt.

Darüber hinaus laden der bevorstehende Generationswechsel und die in diesem Rahmen freiwerdenden Positionen im Verwaltungsrat und im UFA zu einer Aktivierung der jungen Mitglieder der Unternehmerfamilie ein. Die Herausforderung besteht darin, das Interesse an bzw. das Engagement für UFA und VR mit der individuellen Lebens- und Berufsplanung in Einklang zu bringen. Nach unserem Eindruck gelingt eine gute Nachfolge, wenn die Bereitschaft der Organisation und der Kandidatin zu individuellen Lösungen besteht (zeitlich, räumlich etc.).

26.4 Schlussbetrachtung

Die Umwelt, die Unternehmerfamilie, die einzelnen Mitglieder der Unternehmerfamilie und das Unternehmen verändern sich im Zeitablauf. Schon das Wesen der Zeit selbst, das Altern und das Wachsen der Unternehmerfamilie bedingen dies. Deshalb ist es nach unserer Erfahrung wichtig, mit Blick auf den Familienkompass bzw. das Kompetenzentwicklungsprogramm offen zu sein für diese Veränderungen. In ihnen liegen die Kernimpulse, die der Weiterentwicklung des gesamten Systems aus Unternehmerfamilie, Unternehmen und Umwelt dienlich sind. Zu unseren Erfahrungen gehört es auch, dass Veränderungen Energie und Engagement benötigen, da die Notwendigkeit zur Anpassung oft auf inneren Widerstand stößt und das System unter Spannung setzt. Wir interpretieren diesen Prozess aus Weiterentwicklungsnotwendigkeit und innerem Widerstand/Spannung inzwischen als Chance, unsere Überlebensfähigkeit und -wahrscheinlichkeit als GROSSES GANZES zu erhöhen. Gleichzeitig trägt diese Haltung bzw. Vorgehensweise wesentlich zum Erhalt der Einigkeit in der Unternehmerfamilie bei und ist die Voraussetzung dafür, dass die Mitglieder sich freiwillig einbringen und ggf. Verantwortung für das System übernehmen.

Tom A. Rüsen, Frank Stangenberg-Haverkamp

27. Familienmanagement im Hause Merck: Ansätze und Maßnahmen zur Entwicklung von Gesellschafterkompetenz

27.1 Allgemeine Informationen zu Unternehmen, Gesellschafterfamilie und Governance-Struktur

Die Gründung der Merck-Gruppe lässt sich auf die 1668 erfolgte Übernahme der Engel-Apotheke in Darmstadt durch Friedrich Jacob Merck zurückdatieren. Sie startete ihre industrielle Produktion 1827 unter seinem Nachkommen Emanuel Merck und gilt als das älteste pharmazeutisch-chemische Unternehmen der Welt. 355 Jahre nach der Unternehmensgründung erwirtschaftet es etwa € 22,2 Mrd. Umsatz und beschäftigt über 65.000 Mitarbeiter weltweit. Die Eigentümerfamilie umfasst aktuell über 330 Mitglieder, die die 10.–13. Generation repräsentieren.

Das Familienunternehmen befindet sich zu 70,3 % im Eigentum der Nachfahren des Unternehmensgründers und ist mit 29,7 % an der Börse als eines der Dax-40-Unternehmen notiert. Die Familiengesellschafterinnen bündeln ihre Anteile über eine Kommanditgesellschaft (E. Merck KG), an der jedes Familienmitglied, auch Ehegatten, beteiligt sein können. Von den aktuell etwa 230 Familiengesellschaftern ist keiner operativ im Unternehmen tätig. Seit 2000 sind Mitglieder der Eigentümerfamilie ausschließlich in Kontroll- und Aufsichtsgremien des Unternehmens vertreten.

Die Governance-Struktur, in der die Familienmitglieder Einfluss ausüben, ist zweistöckig: Die Gesellschafter wählen 13 Mitglieder aus den Reihen der Familienmitglieder in den Familienrat. Dieses Gremium stellt die oberste Repräsentanz der Eigentümer gegenüber dem Unternehmen dar und fungiert gleichzeitig als oberste Repräsentanz der Familiendelegierten gegenüber der Familiengemeinschaft. Sämtliche rechtlich zulässigen Kompetenzen haben die Familiengesellschafter an dieses Gremium übertragen.

Aus dem Familienrat heraus werden fünf Familienmitglieder in den neunköpfigen Gesellschafterrat gewählt. Vier Mitglieder des Gesellschafterrates bestehen aus familienexternen Experten. Zusätzlich entsendet der Familienrat zwei Mitglieder der Familie in den mit eingeschränkten Kompetenzen ausgestatteten Aufsichtsrat. Die beiden Positionen Vorsitz des Familienrates und Vorsitz des Gesellschafterrates stellen als Doppelspitze die oberste Instanz der Gesellschafterfamilie Merck dar. Der Vorsitzende des Familienrates ist das Familienoberhaupt. Hierdurch wird sichergestellt, dass mindestens ein Familienmitglied als Ansprechpartner für Unternehmensvertreter, die Öffentlichkeit sowie die Mitglieder der Gesellschafterfamilie zur Verfügung steht.

Teil E: Beispiele von Gesellschafterkompetenzentwicklung aus der Praxis

- Rechtsform der **KGaA** kombiniert Elemente der AG mit denen einer KG.
- Wesentliche **Unterschiede zur AG:** Fehlen eines Vorstands und beschränkte Kompetenzen des AR.
- Weitgehend **aktienrechtliche Vorschriften** zu beachten.
- Die **Merck KGaA** ist in ihrer besonderen Ausgestaltung im DAX einmalig.

- **FR** nimmt Interessen der Familiengemeinschaft wahr
- **GR** stehen AR-Kompetenzen zu („Quasi-AR")
- Eingeschränkte Kompetenzen des AR
- Trotzdem volle Überwachungspflicht

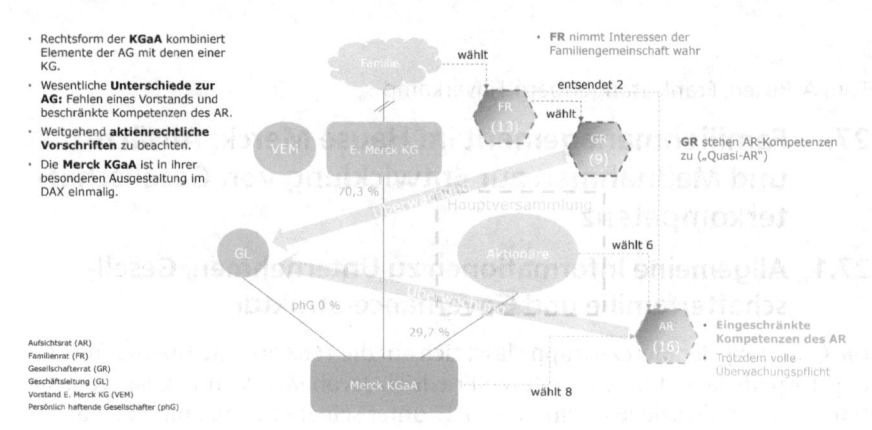

Aufsichtsrat (AR)
Familienrat (FR)
Gesellschafterrat (GR)
Geschäftsleitung (GL)
Vorstand E. Merck KG (VEM)
Persönlich haftende Gesellschafter (phG)

Abbildung 60: Governance-Struktur der Merck-Gruppe.
Quelle: Entnommen aus E. Merck KG

Auch wenn die Mitarbeit in obersten Führungsgremien des Unternehmens nicht per se ausgeschlossen ist, so haben die Mitglieder der Familie Merck ihr Selbstverständnis als „aktive Eigentümerfamilie" definiert, d.h. sie sehen ihre wesentliche Aufgabe und Verantwortung darin, das Unternehmen in der strategischen Steuerung und Führung zu begleiten und nicht notwendigerweise die operativen Führungsgremien zu besetzen. Diesem Selbstverständnis entsprechend findet die Entwicklung und Begleitung des Unternehmens über Positionen im Familienrat bzw. Gesellschafterrat statt. Hier werden die strategischen Leitlinien des Unternehmens verabschiedet und eine konstruktiv-kritische Evaluation der Unternehmensentwicklung vorgenommen.

27.2 Fokus der Aktivitäten zur Gesellschafterkompetenzentwicklung

Die gewählten Vertreter der Gesellschafterfamilie engagieren sich wie dargestellt in den Gremien Familienrat, Gesellschafterrat und Aufsichtsrat. Da die Familie im Kern also eine Aufsicht führende Rolle einnimmt, besteht ein wesentliches Ziel bei den Aktivitäten der Gesellschafterkompetenzentwicklung darin, regelmäßig Personen aus dem Kreis der Familie auf eine entsprechende Aufgabe vorzubereiten. Hier handelt es sich um eine langfristige Aus- und Weiterbildung mit dem Fokus, Kompetenzen und Fähigkeiten zu erlangen, die für eine Mitgliedschaft in einem Aufsichts- und Steuerungsgremium eines Unternehmens dieser Größenordnung und Börsennotierung notwendig sind.

Ein weiteres Ziel der angebotenen Aktivitäten dient der Bindung der vielköpfigen Familiengemeinschaft an das Unternehmen und an die gemeinsame Idee der generationenübergreifenden treuhänderischen Verantwortungsübernahme für das Familienunternehmen, sowie an die Familiengemeinschaft selbst. Durch das gemeinschaftliche Erleben und Kennenlernen von Unternehmensteilen soll das vorhandene Verantwortungs- und Gemeinschaftsgefühl gegenüber dem Unternehmen gestärkt und auf die Nachkommen übertragen werden.

Dem Selbstverständnis als aktive Eigentümerfamilie entsprechend, umfasst die Kernaufgabe eines jeden Mitgliedes der Gesellschafterfamilie also zum einen die Weitergabe der Anteile an die Nachkommen des Firmengründers, zum zweiten die Wahl von Familienmitgliedern in den Familienrat sowie Ergänzungen bzw. Änderungen des Familienvertrages. Bei Wunsch und Neigung kann die eigene Kandidatur für eine Wahl als Mitglied des Familiengremiums hinzukommen.

Sämtliche Aktivitäten der Gesellschafterkompetenzentwicklung sind letztlich auf diese Ziele hin ausgerichtet. Dementsprechend ist die Ausbildung einer Urteilskraft zur Wahl geeigneter Familienmitglieder eine Schlüsselkompetenz eines jeden Mitglieds. Die Beurteilung zielt dabei nicht nur auf fachliche Kompetenzen ab. Gleichzeitig sind hierfür soziale Kompetenzen, eine integre Persönlichkeit sowie die Bereitschaft, sich für die Familiengemeinschaft einzusetzen, elementar. Denn die Familienvertreter müssen in der Lage sein, die Familiengemeinschaft angemessen gegenüber dem Unternehmen und gleichzeitig der Gesellschafterfamilie selbst gegenüber zu vertreten.

Sofern das Interesse an einer Mandatsübernahme vorliegt, müssen sich notwendige fachliche Grundkompetenzen angeeignet werden. Hierfür bietet die Familie eine eigene „Merck Family University" an. Gleichzeitig ist es die Aufgabe interessierter Familienmitglieder, sich der Familiengemeinschaft bei unterschiedlichen Gelegenheiten zu „zeigen" und sich als interessiertes Familienmitglied für eine Kandidatur zu empfehlen. Um in den Familienrat gewählt werden zu können, ist es notwendig, von mindestens 3 % der abgegebenen Stimmen nominiert zu werden (wobei nur die 21 Kandidaten mit der höchsten Stimmenanzahl zur Wahl aufgestellt werden) und in einem zweiten Schritt mindestens 50 % der Stimmen der Gesellschafter auf sich zu vereinen. Um sich in der Familiengemeinschaft bekannt zu machen und für alle sichtbar interessiert zu zeigen, bieten sich neben der jährlichen Gesellschafterversammlung weitere Familienveranstaltungen als eine gute Plattform an. Bei der Kandidatur ist jedes interessierte Familienmitglied dazu angehalten, schriftlich darzulegen, über welche relevante Qualifikation es für die Arbeit im Familiengremium nach eigener Einschätzung verfügt. Direkt vor der Wahl des Familienrates muss jeder Kandidat ein zweiminütiges Statement diesbezüglich vor der Gesellschafterversammlung abgeben.

27.3 Einzelne Bausteine der Gesellschafterkompetenzentwicklung

Durch den Familienrat werden folgende Bausteine zum gezielten Aufbau von Gesellschafterkompetenz für Familienmitglieder angeboten.

27.3.1 Merck NextGeneration 1 und 2

Zur Heranführung junger Gesellschafter wurde Anfang der 2000er-Jahre die im jährlichen Turnus angebotene zweieinhalbtägige Veranstaltungsreihe für die Merck NextGeneration (MnG) etabliert. Diese unterscheidet MnG 1 für Familienmitglieder im Alter von 15 bis 23 Jahren sowie MnG 2 für Familienmitglieder im Alter von 24 bis 35 Jahren. Ziel dieser Veranstaltung ist eine altersgruppenspezifische Vermittlung von Themenschwerpunkten des Unternehmens (z. B. Digitalisierungsstrategie, Innovationszentrum, Life Science, Produktion etc.) sowie übergreifenden Fragestellungen der Gesellschafter (z. B. Aufbau und Inhalt des Gesellschaftervertrages, Erläuterung der Governance-Struktur, Leadership etc.). In diesem Rahmen lernen die 15 bis 25 Teilnehmer gleichaltrige Mitglieder der Familiengemeinschaft besser kennen und erhalten tiefe Einblicke in die Unternehmensabläufe, Prozesse und Strukturen.

27.3.2 Kamingespräche

Im Rahmen von regionalen Kamingesprächen, die in verschiedenen Städten in Privatwohnungen von Familienmitgliedern stattfinden, werden aktuelle Fragestellungen mit Vertretern des Familienrates erörtert. Es findet somit ein zwangloses Kennenlernen von Firma und Familie statt.

27.3.3 Big Family Academy

Für Mitglieder der Altersgruppe 25 bis 40 Jahre wird darüber hinaus die Teilnahme an der Veranstaltung „Big Family Academy" angeboten. Hierbei handelt es sich um eine Veranstaltung, in deren Rahmen sich junge Familienmitglieder und Gremienvertreter von sieben großzahligen Gesellschafterfamilien über die etablierten Family-Governance-Strukturen und Zukunftsfragestellungen austauschen. Hierdurch soll neben der Vernetzung zu anderen, vergleichbaren Gesellschafter- und Familienstrukturen die Aneignung von Kenntnissen zu unterschiedlichen Family-Business-Governance-Modellen und Werthaltungen anderer Gesellschafterfamilien erfolgen.

Die Akademie vermittelt in unterschiedlichen Modulen jeweils in zweitägigen Seminar-Einheiten Grundkenntnisse zu rechtlichen, betriebswirtschaftlichen, familienpsychologischen und vermögensverwaltungstechnischen Fragestellungen. Neben der Wissensvermittlung durch die Fachdozenten steht der Erfahrungsaustausch der Teilnehmer untereinander im Fokus der Veranstaltung.

27.3.4 Assessment für Familienmitglieder

Interessierten Familienmitgliedern, die an der Merck Family University teilnehmen und eventuell eine Gremientätigkeit anstreben, wird die Durchführung eines Assessments angeboten bzw. nahegelegt. Hierbei werden den entsprechenden Familienmitgliedern von einem erfahrenen Personalexperten, der für das Unternehmen für den Führungskräftenachwuchs ebenfalls Assessments durchführt, auf Basis klassischer Assessment-Center-Inhalte Weiterbildungs- und -entwicklungsempfehlungen ausgesprochen.

27.3.5 Merck Family University

Erstmals 2017/2018 durchgeführt, dient die Merck Family University dazu, Nachwuchsgesellschaftern, die ein Interesse an einer Mitarbeit im Familiengremium in Erwägung ziehen, ein Grundlagenwissen zu vermitteln. An 15 Tagen (jeweils am Wochenende) werden in fünf Modulen über einen Zeitraum von 10 Monaten durch unternehmensinterne sowie externe Dozenten zentrale Kompetenzfelder behandelt. Diese umfassen die Bereiche Firmen- und Familiengeschichte, Theorie des Familienunternehmens, betriebswirtschaftliche Grundlagen, Corporate und Family Governance, Strategie sowie Leadership. Die hier vermittelten und bei den Teilnehmern entstehenden Wissensbestände werden als eine zentrale Voraussetzung für eine adäquate Ausübung der Rolle und Aufgaben als Familienräte angesehen. Die Merck Family University wird vor einer Familienratswahl, die alle fünf Jahre stattfindet, angeboten.

Abbildung 61: Ausbildungskonzept der Merck Family University.
Quelle: Entnommen aus E. Merck KG

27.3.6 Merck Familientag

Seit 2018 organisiert der Familienrat alle zwei Jahre einen Familientag für alle Mitglieder der Gesellschafterfamilie. In diesem Rahmen werden aktuelle Fragestellungen aus Firma und Familie, Forschungsergebnisse zu dynastischen Großfamilien sowie Austausch- und Interaktionszirkel der Familie durchgeführt. Ziel dieser Maßnahme ist der Austausch der Familienmitglieder untereinander sowie die intensive Diskussion über eine Familienverfassung, zu neuen Herausforderungen im Management, der Zusammenhalt der Gesellschafterfamilie sowie der zukunftsfähigen Aufstellung des Familienunternehmens.

27.3.7 Außerordentliche Gesellschafterversammlung

Seit knapp zwei Dekaden findet alle zwei Jahre eine „außerordentliche Gesellschafterversammlung" statt. Diese hat im Gegensatz zur klassischen Gesellschafterversammlung nicht das Ziel, Gesellschafterbeschlüsse zu fassen, sondern Sonderthemen zu diskutieren, und wird gezielt dazu genutzt, um über aktuelle Entwicklungen im Unternehmen zu informieren (z.B. neue strategische Ausrichtung einzelner Geschäftsbereiche) oder die Familie auf wichtige Entwicklungen bzw. Fragestellungen in der Familie oder der Gesellschaft hinzuweisen (z.B. Risiken/Bedrohungen durch unbedachte Internetnutzung, Auswirkungen der Erbschaftssteuerreform).

27.4 Zusammenfassung

Das etablierte Maßnahmenbündel zur Gesellschafterkompetenzentwicklung innerhalb der Gesellschafterfamilie Merck lässt sich in drei Kategorien einteilen. Zum einen dient es dazu, die Nachwuchsgesellschafter in die Materie der Family Governance, das Wertesystem der Familie einzuweisen und ihnen gleichzeitig die Betätigungsfelder des Unternehmens sowie die Mitgesellschafter „nahezubringen". Zum zweiten zielt eine Vielzahl der Maßnahmen darauf ab, einen möglichst großen Pool an interessierten und kompetenten Familiengesellschaftern zu generieren, von denen sich eine Teilmenge für eine Mitarbeit in den Familiengremien interessiert. Und schließlich werden nicht unerhebliche Anstrengungen unternommen, die Mitglieder der Unternehmerfamilie in den Austausch untereinander sowie mit Vertretern anderer großer Familiengesellschaften zu bringen. Der Familienführung der Familie Merck ist bewusst, dass bei der weiter wachsenden Familie durch diese Austausch- und die Interaktionsmöglichkeiten die Chancen erhöht werden, weiterhin als aktive Eigentümer die Geschicke des Familienunternehmens und der Familiengemeinschaft zukunftsfähig zu gestalten.

Fabian Simons

28. Entwicklung von Gesellschafterkompetenz am Fallbeispiel der Unternehmerfamilie Freudenberg

28.1 Daten zum Unternehmen

Die Unternehmensgruppe Freudenberg erwirtschaftete durch ihre Tätigkeit in den Branchen Chemie, Medizin und Pharma, Dichtungs- und Schwingungstechnik, Vliesstoffe, Filter, Haushalts- und Reinigungsprodukte und IT-Dienstleistungen im Geschäftsjahr 2018 einen Umsatz von ca. 9,455 Mrd. Euro. Das Unternehmen beschäftigte im gleichen Jahr 49.137 Mitarbeiter weltweit und hat seinen Hauptsitz in der Stadt Weinheim in Deutschland.[662]

28.2 Entwicklung von Unternehmen, Familie und Gesellschaftern

Das globale und diversifizierte Technologieunternehmen Freudenberg geht ursprünglich auf eine kleine Gerberei (Lederindustrie) zurück, die Carl Johann Freudenberg mit seinem Partner im Jahre 1849 in Weinheim übernimmt. Nach 25 Jahren zahlt Freudenberg seinen Gründungspartner aus und ermöglicht seinen Söhnen den Einstieg ins Unternehmen. In den 1930er-Jahren wird das Produkt-Portfolio u. a. mit Dichtungen aus Leder und Synthesekautschuk (den bekannten „Simmerringen") diversifiziert. Nach dem Zweiten Weltkrieg werden die Kompetenzen in der Lederbearbeitung, Dichtungstechnik und Vliesstoffproduktion weiterentwickelt. Das Unternehmen besitzt heute weltweit Vertriebs- und Produktionsstandorte und beansprucht in vier Geschäftsfeldern eine globale Führungsposition. Die Unternehmensgruppe Freudenberg besteht sowohl aus einer strategischen (Freudenberg & Co. KG), als auch aus einer operativen Konzernführungsgesellschaft (Freudenberg SE). Gemeinsam mit der Freudenberg-Stiftung sind die ca. 320 Mitglieder der Großfamilie als Kommanditisten zu 100 % Eigentümer der Führungsgesellschaft Freudenberg & Co. KG. Derzeit ist das Management Board mit familienexternen Personen besetzt und die Familie agiert aus der Eigentümerfunktion heraus. Der im Jahre 1936 gegründete Gesellschafterausschuss wird durch die Gesellschafterversammlung gewählt und bildet die Schnittstelle zwischen dem Unternehmen und den Familien. Seine Aufgabe ist es, die Unternehmensleitung zu beraten, ihre Geschäftsführung zu überwachen, sowie das „gute Einvernehmen zwischen den Gesellschafterinnen und der Gesellschaft zu pflegen". Er muss aus mindestens sieben und höchstens

---

[662] Vgl. Freudenberg & Co. KG (2019a), S. 3-4 und Freudenberg & Co. KG (2019b), S. 9 und Freudenberg SE. Portfolio. *https://www.freudenberg.com/de/unternehmen/portfolio/#* [Zugriff am 26.06.2020] und Freudenberg SE. Kennzahlen. *https://www.freudenberg.com/de/unternehmen/ueber-uns/#FactsandFigures* [Zugriff am 26.06.2020].

dreizehn Personen (derzeit sind es zwölf[663]) bestehen, von denen die Mehrzahl Familienmitglieder oder Ehegatten von Familienmitgliedern sein müssen.[664] Über den Gesellschafterausschuss werden die Maßnahmen und die Inhalte zur Entwicklung von Gesellschafterkompetenz (GK) festgelegt und gesteuert.

28.3 Die Gesellschafterrolle und erste Maßnahmen zum Kompetenzaufbau

Die Mitglieder des Gesellschafterkreises unterstellen sich selbst eine „Treuhänderrolle" und wollen die auf Zeit gehaltenen Anteile wertgesteigert an ihre Nachkommen weitergeben. Von den Gesellschafterinnen wird erwartet, dass sie sich darum bemühen, die ihnen übertragene Verantwortung wahrzunehmen, damit sie unternehmensbezogene Entscheidungen richtig treffen können. Sie sollen sich nicht nur für das Unternehmen interessieren, sondern auch in der Lage sein, einen Beitrag dafür zu leisten. Der Eigentümerkreis vertritt die Auffassung, dass nur eine vorbereitete Gesellschafterin verantwortungsvoll zum Wohle des Unternehmens und im Einklang mit dessen Reputation handeln und damit gewährleisten kann, dass dieses langfristig überlebt.

Zu Beginn der 1990er-Jahre wurden strukturiert Maßnahmen zur Gesellschafterkompetenzentwicklung (GKE) etabliert. Da die Familie zu diesem Zeitpunkt immer weniger in der Unternehmensleitung vertreten war, wurde der Gesellschafterausschuss zum zentralen Gremium, über das die Familie Einfluss auf das Unternehmen ausübte. Dieses Gremium benötigte daher zunehmend geeignete Vertreter, um auf Augenhöhe mit der familienexternen Unternehmensleitung zu kommunizieren. Der „Gesellschafterinformationskreis" war die erste Fortbildungsmaßnahme, die nicht nur dieses Anliegen berücksichtigte, sondern generell auf die Förderung der Kompetenzentwicklung von Gesellschaftern und Familienmitgliedern abzielte. Zusätzlich wurden kleine unregelmäßige Schulungen an einzelnen Wochenendtagen durch Mitarbeiter der Abteilungen Rechnungswesen, Controlling und Recht angeboten, und auch im Rahmen der Gesellschafterversammlung wurde im Zeitverlauf zunehmend über Produkte und Produktionsabläufe des Unternehmens informiert. Infolge eines unternehmensinternen Projektes, welches die Frage behandelte, wie sich das Unternehmen und die Familie entwickeln, wenn die Familie deutlich wächst, kam es zu der Einsicht, dass ein organisiertes Fortbildungsprogramm für alle Familienmitglieder unerlässlich ist. Dieses richtete sich aber bewusst nicht nur an potenzielle Gremienmitglieder, sondern es ging um die gezielte Professionalisierung der gesamten Gesellschafterfamilie. Zu dem „Blumenstrauß" an Maßnahmen, so

---

663 Vgl. Freudenberg SE. Gesellschafterausschuss. *https://www.freudenberg.com/de/ unternehmen/unternehmensstruktur/freudenberg-co/# [Zugriff am 26.06.2020].*
664 Vgl. Groth (2011), S. 322–326, 328–329 und Simon, Wimmer & Groth (2017), S. 136–139 und Freudenberg SE. Interaktiver Zeitstrahl zur Unternehmensgeschichte. *https://www.freudenberg.com/fileadmin/history/history_de.html [Zugriff am 26.06.2020].*

die Aussage eines Gremienmitgliedes, kam immer wieder eine neue „Blume" hinzu.

28.4 Derzeitige Maßnahmen und Inhalte zum Aufbau von Gesellschafterkompetenz

Als allgemeine Maßnahme für die gesamte Unternehmerfamilie bietet das Unternehmen das Weiterbildungsprogramm „Akademie für Unternehmerfamilien" der Universität Witten/Herdecke an. Dieses spezielle Programm, an dem auch andere große Unternehmerfamilien teilnehmen, behandelt einzelne Module, die unabhängig voneinander buchbar und in ihrer Reihenfolge beliebig wählbar sind, wodurch auch zeitlich eingeschränkten Familienmitgliedern eine Teilnahme ermöglicht wird. In den Veranstaltungen werden grundlegende Kenntnisse aus den Bereichen Betriebswirtschaft und Recht (z. B. Finanzbuchhaltung und Kriterien der Rechtsformwahl), sowie aus den Bereichen Vermögensmanagement und Family Governance (z. B. Anlageklassen, Anlagestrategien und Nachfolgemanagement) vermittelt.

Spezifische Maßnahmen, die sich gezielt an die jüngeren Gesellschafter richten, finden einerseits im Rahmen der Gesellschafterversammlung statt. Hier werden zukünftigen Gesellschaftern parallel zur „Bilanzfragestunde" anschaulich unternehmensnahe Themen nahegebracht. So wurde z. B. mithilfe einer fiktiven Unternehmensgründung nach ihren Vorstellungen (z. B. einer Schokoladenfabrik) auf anschauliche Weise vermittelt, aus welchen Bestandteilen ein Unternehmen besteht, also welche Bedeutung z. B. Eigenkapital hat. Daneben wird ein Kinderbetreuungsprogramm angeboten, bei dem sich Kinder untereinander „vernetzen" und so aufgrund der neu gemachten Bekanntschaften eine Vorfreude auf die nächste Veranstaltung entwickeln können. Andererseits werden junge Gesellschafter auf einzelnen Fortbildungsveranstaltungen des Unternehmens in die Situation gebracht, sich mit eigenen steuerlichen Belangen, wie z. B. der Vorsorge im Bereich der Erbschaft- und Einkommensteuer oder mit einem Testament auseinanderzusetzen. Maßnahmen, die sich gezielt an etablierte Gremienmitglieder und solche mit Vorsitzfunktion richten, sind Vorträge zu steuerlichen, rechtlichen oder technischen Themen, die auch von externen Spezialisten im Rahmen der Gesellschafterausschusssitzungen angeboten werden. Grundsätzlich erwartet der Gesellschafterkreis bei diesen aber eine Eigeninitiative in Sachen Fortbildung. Jedes neue Gremienmitglied erhält eine Dokumentenmappe mit allen wichtigen Unterlagen, wie z. B. Gesellschaftsvertrag oder Geschäftsordnung. Zusätzlich müssen diese an Schulungen zu den zentralen Funktionen teilnehmen, mit denen auf Gremienebene operiert wird (z. B. Steuern oder Corporate Controlling).

Teil E: Beispiele von Gesellschafterkompetenzentwicklung aus der Praxis

- Wochenende für Kinder/ Jugendliche (GV)
- Junggesellschaftertreffen 18-40
- Freudenberg Insight Program (Praktika im Unternehmen)
- Qualifizierungsprogramme (GKE Uni Witten)
- Family bonds
- Gesellschafterversammlung (inkl Rahmenprogramm)
- Gesellschafterbrief
- Regionaltreffen
- GIK
- F2F/ F-Portal
- Firmenzeitung

Abbildung 62: Informations- und Weiterbildungsinstrumente für Familienmitglieder.
Quelle: Freudenberg & Co. KG

Obwohl die Maßnahmen durch das „Büro für Gesellschafterangelegenheiten" organisiert, verwaltet und angeboten werden, ist eine gewisse Eigenverantwortung gefordert, d.h. jeder Gesellschafter muss Initiative zeigen und bei den gemeinsamen Arbeitstreffen wird eine Ernsthaftigkeit erwartet. Laut Aussage eines Gremienmitgliedes seien diese nicht dazu da, um sich „in der Familie zu baden" und um eine „gemütliche Zeit" miteinander zu verbringen, sondern es sollte eine Balance zwischen einer Arbeits- und Familienatmosphäre gefunden werden. Demzufolge werden Gesellschafter, die sich nicht angemessen verhalten und z.B. zu einer Veranstaltung unpünktlich erscheinen, zurechtgewiesen. Die Aktivitäten, die den jüngeren Familienmitgliedern zum Kennenlernen im Rahmen von GKE-Programmen angeboten werden (z.B. „Geo-Caching"), machen einen kleinen Teil der Gesamtzeit aus und stehen nicht im Vordergrund.

Grundsätzlich hat jedes Familienmitglied die Möglichkeit, an Programmen zur GKE teilzunehmen, da der Begriff „Familie" im Gesellschaftsvertrag weit definiert ist, sodass z.B. auch Ehepartner die Möglichkeit der Teilnahme haben. Eine Teilnahmeverpflichtung existiert demgegenüber nicht, es existiert allerdings ein Anforderungsprofil für Gremienmitglieder, welches sowohl die Bewerber als auch die Gesellschafterinnen, die das Gremium wählen, bei der Entscheidung unterstützen soll, ob sie selbst oder ob die zu wählende Person aus der Familie kompetent genug ist. Es existieren sowohl Programme, deren Teilnahme durch ein Mindest- und ein Höchstalter beschränkt sind (z.B. „Family Bonds") als auch solche, die nur ein Mindestalter fordern, nach oben hin aber keiner Begrenzung unterliegen (z.B. „Akademie für Unternehmerfamilien").

Einerseits wird ein Bewusstsein für die Rolle als Gesellschafter und über die Veränderung dieser über die Lebenszeit, sowie über positive als auch negative Seiten und Risiken des Gesellschafterdaseins geschaffen. Themenbereiche, die in diesem Zusammenhang behandelt werden, sind z.B. das Testament, der Ehevertrag, das Verhalten in der Öffentlichkeit, der Umgang mit sozialen Medien und der eigenen finanziellen Situation im Gespräch mit anderen. Andererseits werden die Gesellschafter auch in geschäftsnahe Themen, wie z.B. Innovations-

und Produktionsprozesse, Produkteigenschaften, die Zusammenarbeit einzelner Teilbereiche des Unternehmens oder das Risikomanagement eingeführt.

28.5 Bedeutung der Maßnahmen auf Gesellschafterebene und in der Zukunft

Sich für die Rolle als kompetenter Gesellschafter „fit zu machen", wurde von Seiten der Mitglieder der Gesellschafterfamilie insgesamt positiv aufgenommen. Familienmitglieder, die sich weiterbilden wollten, waren froh, dass das Angebot zunahm, und Kritik zielte eher auf ein zu kleines Angebot ab. Langjährige Gremienmitglieder beschreiben alle bisherigen Maßnahmen der GKE als eine „Addition von Wissen" bzw. als eine Menge von Basisinformationen, die sich „kaskadenmäßig" über Jahre angesammelt hat und die ihnen persönlich bei der Wahrnehmung ihrer Funktionen im Unternehmen weiterhilft.

Innerhalb des Gesellschafterkreises gibt es Mitglieder, die sich bei Seminaren und Lehrveranstaltungen aufgrund von Schamgefühlen bewusst zurückhalten und sich nicht bloßstellen wollen. Auf Veranstaltungen wird daher insbesondere bei jüngeren Gesellschaftern von Seiten der Gremienmitglieder immer darauf hingewiesen, dass jede Frage gestellt werden kann. Es werden sowohl Veranstaltungen mit einem Einstiegsniveau angeboten, bei dem jeder interaktiv und interessiert mitmachen kann, als auch solche, an denen eine geringe Anzahl aktiver Gremienmitglieder teilnimmt. So ist die jüngere Generation unter sich und fühlt sich nicht beobachtet. Gedanken wie: „Wenn mein Onkel dabei ist, möchte ich nicht fragen, was Cashflow ist, denn das traue ich mich dann nicht" können bei zukünftigen Gesellschaftern so gar nicht erst entstehen. Überdies wird bei den Veranstaltungen dafür Sorge getragen, dass Einstufungen einzelner Familienmitglieder, die Einzelne besserstellen als andere, vermieden werden.

Der Gesellschafterkreis setzt sich zu ca. 70 % aus Personen zusammen, die im deutschsprachigen Raum leben und zu 30 % aus Personen, die aus England, USA, Kanada, Frankreich und anderen Ländern stammen. Die Bedeutung bzw. der Status der GKE innerhalb der einzelnen Kernfamilien ist auch davon abhängig, welche räumliche Entfernung zwischen Familie und Unternehmen liegt und welches Interesse die jeweilige Familie am Unternehmen hat. Die Familien, die in der Nähe des Unternehmens bzw. im deutschsprachigen Raum leben oder aus deren Reihen es bereits zahlreiche Gremienmitglieder gegeben hat, nutzen die Angebote stärker. Familien, die weiter entfernt bzw. im Ausland leben und bei denen bereits vorherige Generationen eine geringe Verbindung zum Unternehmen hatten, nehmen das Angebot aufgrund der aufwändigeren Anreise und einer anderen Muttersprache weniger wahr. Die Bedeutung der GKE innerhalb dieser Familien ist demzufolge vergleichsweise gering.

Die GKE begleitet die Unternehmerfamilie seit vielen Jahren und wird auch in der Zukunft eine wichtige Rolle spielen, da die Maßnahmen inzwischen etabliert und vielfältig sind. Von Seiten der Familienmitglieder besteht auch aufgrund der starken Präsenz von Maßnahmen in der Vergangenheit eine gewisse Erwartungshaltung an die Weiterführung dieser in der Zukunft. Hinzu kommt, dass sich die Besetzung des steuernden Gremiums, also des Gesellschafterausschusses, nicht von heute auf morgen komplett verändert. Die hohe Bedeutung der GKE kann so durch etablierte an neue Gremienmitglieder weitergegeben werden. Man kann sich derzeit gut vorstellen, dass die Inhalte der angebotenen Programme thematisch ausgeweitet und internationalisiert werden. Die Maßnahmen selbst werden sich durch die Digitalisierung verändern und vielleicht, so die Aussage eines Gremienmitgliedes, reduzieren Online-Learning-Tools zukünftig das Problem der Anreise. Die Gesellschafterfamilie sieht auch zukünftig einen großen Nutzen in der Teilnahme anderer Unternehmerfamilien an den GKE-Programmen, denn die Interaktion mit diesen macht die Veranstaltungen interessanter. So ist der Teilnehmerkreis vielfältiger und es entsteht ein Eindruck, wie andere Unternehmerfamilien mit bestimmten Fragestellungen umgehen. Die Einführung von Pflichtprogrammen soll auch in der Zukunft vermieden werden. Gremienmitglieder sollten zwar das o. g. Anforderungsprofil erfüllen, aber theoretisch kann auch die „gewitzte Hausfrau mit gesundem Menschenverstand", so die Aussage eines Gremienmitgliedes, in ein Gremium gewählt werden.[665]

28.6 Zusammenfassung

Die Unternehmerfamilie Freudenberg hat auf die geänderte Situation der Familie im Unternehmen reagiert und vielfältige, auf spezifische Gruppen von Gesellschaftern gerichtete Maßnahmen zur GKE etabliert. Diese spiegeln eine klare Haltung zur Thematik wieder: Eigenverantwortung und Ernsthaftigkeit. Sowohl im Gesellschafterkreis als auch in den einzelnen Kernfamilien, die enger mit dem Unternehmen verbunden sind, haben die Maßnahmen zum Kompetenzaufbau eine hohe Bedeutung.

---

665 Ein besonderer Dank gilt an dieser Stelle Herrn M. Wentzler und Frau Dr. M. Freudenberg-Beetz, die bei der Erarbeitung dieser Fallstudie für ein Interview zur Verfügung standen und in diesem über die wesentlichen Details zur Haltung und Ausgestaltung des GKE-Programms berichtet haben.

Jan Philipp Wuppermann, Riccardo Keßler

29. Familie Wuppermann-Kolwey – Das Familienunternehmen BÜFA

29.1 Unternehmen

Die BÜFA-Gruppe[666] ist ein global operierendes mittelständisches Familienunternehmen der chemischen Industrie aus Oldenburg. Mit rund 550 Mitarbeitern erwirtschaftete das Unternehmen 2019 einen Umsatz von über 220 Mio. Euro. In den Geschäftsfeldern „Composites" und „Cleaning"[667] werden Produkte und Systemlösungen für verschiedene Branchen, so z. B. die Windenergie und den öffentlichen Personentransport, die Lebensmittelindustrie und für Wäschereien entwickelt und produziert. In dem dritten Geschäftsfeld „Chemicals" werden Chemikalien für gewerbliche Anwender gehandelt sowie Logistik-Dienstleistungen erbracht.[668] Das folgende Organigramm repräsentiert die aktuelle Firmenstruktur der BÜFA-Gruppe.

Abbildung 63: Organigramm BÜFA-Gruppe.
Quelle: Persönliches Interview (2019)

---

666 Akronym aus den Nachnamen der Gründer: Ludwig Büsing und Friedrich Fasch.
667 Reaktionsharze und Reinigungssysteme.
668 Vgl. BÜFA Über uns (2019).

29.2 Historie des Familienunternehmens

1883 gründen die beiden Vetter Ludwig Büsing und Friedrich Fasch unter dem Namen „Büsing & Fasch" einen Importhandel für Chemikalien, Öle und Farbhölzer in Oldenburg. Zu Beginn des 20. Jahrhunderts entwickelt Johann Kolwey, Neffe von Ludwig Büsing, als Nachfolger und Alleininhaber das Unternehmen vom Händler zum Produzenten von Chemikalien. Nach dem Zweiten Weltkrieg erfolgten neue Produkterschließungen, zunächst durch den Bau einer eigenen Lackfabrik, später auch durch die Aufnahme von Aktivitäten im Kunststoffbereich, mit Polyesterharzen und Polyurethan-Systemen. 1971 übernahmen Johann Kolweys Enkelin und Enkel das Familienunternehmen, wobei die operative Führung durch eine familienfremde Geschäftsführung erfolgte. Die Interessen der Gesellschafterinnen wurden dabei durch einen Beirat vertreten, in dem auch Familienmitglieder und Gesellschafter vertreten waren. Im Zuge des Rückzuges eines Gesellschafters in den 1990er-Jahren übernahm ein Finanzinvestor Anteile an dem Familienunternehmen, wobei die Familie jedoch weiter die Mehrheit hielt. Schrittweise wurden später die Anteile zurück erworben. Seit 2013 ist BÜFA wieder ein zu 100 % in Familienhand liegendes Unternehmen.[669]

29.3 Gesellschafterkreis und Beiratsstruktur

Der aktuelle Gesellschafterkreis des Familienunternehmens besteht aus sechs Personen. Rund 10 % der Unternehmensanteile hält ein Ehepaar aus der vierten Generation der Unternehmerfamilie, rund 90 % halten zu gleichen Teilen deren vier Kinder. Insgesamt verfügt die fünfte Generation der Unternehmerfamilie Wuppermann-Kolwey über die Mehrheit der Unternehmensanteile. Voraussichtlich wächst mit der Übertragung von Unternehmensanteilen in die sechste Generation der Gesellschafterkreis um das Doppelte, auf insgesamt 14 Personen.[670] Das folgende Genogramm verdeutlicht die Gesellschafterstruktur über mehrere Generationen, beginnend ab der zweiten Generation der Unternehmerfamilie (grau unterlegte Symbole = aktuelle Gesellschafter; grau unterlegte und durchkreuzte Symbole = verstorbene Gesellschafter).

---

669 Vgl. BÜFA Chronik (2017).
670 Vgl. Interview vom 30.10.2019.

29. Familie Wuppermann-Kolwey – Das Familienunternehmen BÜFA

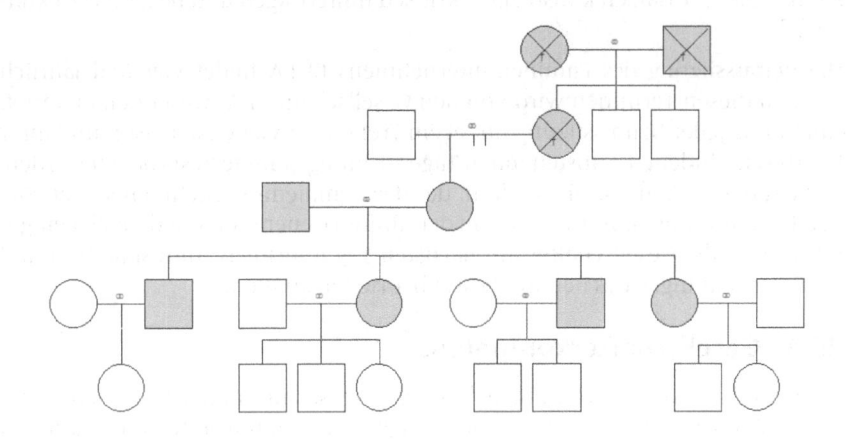

Abbildung 64: Genogramm ab der zweiten Generation der Unternehmerfamilie Wuppermann-Kolwey.
Quelle: Eigene Darstellung

Der Beirat besteht derzeit aus acht Personen. Dazu zählen aus der Unternehmerfamilie Jan Philipp Wuppermann als Vorsitzender, sein Vater als stellvertretender Vorsitzender sowie ein weiteres Familienmitglied. Der Rest des Beirates ist durch familienexterne Personen besetzt, die jeweils als Experten für das Familienunternehmen in besonders wichtigen und zukunftsrelevanten Themenfeldern fungieren. Hierzu gehören insbesondere Fragestellungen zur Digitalisierung und ökologischen Nachhaltigkeit.[671]

Hervorzuheben ist, dass alle Gesellschafterrechte, soweit dies rechtlich möglich ist, von den Gesellschafterinnen auf den Beirat delegiert sind. Dementsprechend werden Aufgaben wie beispielsweise die Verabschiedung von Strategien, Budgetplanungen oder Besetzungen der obersten Geschäftsführung final durch den Beirat und damit vor allem durch familienexterne Experten entschieden. Ursächlich für das Entstehen dieser besonderen Struktur von Entscheidung und Kontrolle ist die Haltung der Unternehmerfamilie zu sich selbst und gegenüber dem Familienunternehmen. Demnach sollten alle Gesellschafter eine hohe familienunternehmerische Kompetenz besitzen. Da dieses theoretische Ideal aber aktuell im Gesellschafterkreis nicht erreicht wurde – drei der vier Gesellschafter der 5. Generation haben sich für andere Lebensmodelle entschieden –, sind sich die derzeitigen Gesellschafter darüber einig, dass Entscheidungen familienexternen Experten überlassen werden. Die Unternehmerfamilie überträgt, sofern sie nicht über die notwendigen Fähigkeiten und Kompetenzen verfügt, die Unternehmerrolle an familienexterne Kompetenzträger. Dennoch sind alle Gesellschafterinnen gehalten, sich informiert zu halten, um die Arbeit des Beirates

---

671 Vgl. BÜFA Daten & Fakten (2017).

zumindest in Ansätzen konstruktiv-kritisch hinterfragen und begleiten zu können.[672]

Die Beiratssitzung des Familienunternehmens BÜFA findet vier Mal jährlich statt. Zu diesen Terminen wird von den Gesellschaftern Anwesenheit erwartet. Am Vortag jeder Beiratssitzung findet ein Treffen der vier Geschwister und ihrer Eltern statt, indem die anstehenden Tagesordnungspunkte besprochen werden. Der Ort des Treffens ist die Stadt, in der das Familienunternehmen seinen Sitz hat. Die Zusammenkunft wurde von der fünften Generation mit dem Ziel eingeführt, dass alle Gesellschafter am nächsten Tag informiert mitdiskutieren und die Entscheidungen des Beirates besser beurteilen können.

29.4 Gesellschafterkompetenz

Die Grundlage aller Erwartungen an eine Gesellschafterin der Unternehmerfamilie Wuppermann-Kolwey ist die Fähigkeit, kommunizierte Informationen über das Familienunternehmen konstruktiv aufzunehmen und verarbeiten zu können. Denn trotz der Übertragung wesentlicher Rechte an den überwiegend familienextern besetzten Beirat sind bei zentralen Entscheidungen (z. B. Kauf/Verkauf von Unternehmen(steilen), hohe Investitionen) am Ende die Eigentümerinnen als letztentscheidende Instanz gefragt. Hierfür sind rudimentäre Kenntnisse der BWL gefordert, um etwa unternehmensrelevante Kennzahlen und deren Entwicklungen im Zeitverlauf interpretieren zu können. Dies ist auch notwendig, um dem individuellen Sicherheitsbedürfnis eines Gesellschafters Rechnung tragen zu können (bspw. im Verständnis des Aufbaus einer Bilanz, einer Gewinn- und Verlustrechnung, Marktanteilsbetrachtungen). Hierzu gehören auch Kenntnisse über den Umgang mit und die Anlageformen von verfügbarem Vermögen sowie das Wissen um die Konsequenzen einer Anpassung der Ausschüttungspolitik des Unternehmens. Insbesondere Letzteres ist von großer Bedeutung, da die Relevanz einer geringen Ausschüttungspolitik im Sinne eines langlebigen Familienunternehmens nachvollzogen werden muss.

Für die Mitglieder des Gesellschafterkreises ist für die gewählte Art der Mitwirkung an der Entwicklung des Unternehmens kein Studium oder eine langjährige Tätigkeit in einer Führungsposition erforderlich. In dem hier gelebten Modell ist es für die Unternehmerfamilie von zentraler Bedeutung, dass in der Rolle als Gesellschafter beurteilt werden kann, ob Strategien und Entscheidungen im Sinne des Familienunternehmens zukunftsfähig sind oder als unzureichend eingeschätzt werden. Das Familienunternehmen BÜFA profitiert nach eigenem Dafürhalten von der Tatsache, dass die Familie Perspektiven einbringt, die keiner explizit betriebswirtschaftlichen Logik folgen. So wurde beispielsweise etwa das Thema Nachhaltigkeit bereits innerhalb des Gesellschafterkreises diskutiert, als es noch nicht den Bedeutungsstatus in Unternehmen und Gesellschaft besaß, wie es heutzutage gemeinhin üblich ist.

---

672 Vgl. Interview (2019). Die folgenden Ausführungen erfolgen auf Basis eines Interviews vom 30.10.19 mit Jan Philipp Wuppermann.

Diese Gesellschafterautonomie setzt aus der Perspektive der Unternehmerfamilie Wuppermann-Kolwey jedoch ein grundsätzliches Interesse am und ein Bekenntnis zum Familienunternehmen und seinem langfristigen Verbleib im Eigentum der Unternehmerfamilie voraus, dessen sich ihre Mitglieder zunächst bewusst werden müssen. Der Charakter eines Gesellschafters sollte im Selbstverständnis der Familie deshalb einerseits dadurch ausgezeichnet sein, sich der Privilegien bewusst zu sein, ein Unternehmen vererbt bekommen zu haben. Andererseits gibt es die Erwartung, sich der hohen Verantwortung bewusst sein, die dieses Privileg birgt.[673]

Für die Mitglieder der aktuellen fünften Gesellschaftergeneration ist etwa im Hinblick auf die nachkommende sechste Generation zunächst jene Entscheidung fundamental, die festhält, inwiefern man sich dem Privileg und der Verantwortung gegenüber verhält, potenziell legitimer Gesellschafter des Familienunternehmens BÜFA zu sein. Möchte man beispielsweise operativ im Unternehmen tätiger Gesellschafter sein oder als nicht-aktiver Gesellschafter fungieren? Oder möchte man sich durch Anteilsabgabe aus dem Kreis der Verantwortungsträger verabschieden?

29.5 Gesellschafterkompetenzentwicklung (GKE)

Aus der Perspektive der Unternehmerfamilie Wuppermann-Kolwey gibt es Vorstellungen darüber, welche Gesellschafterkompetenzen wichtig sind.[674] Daraus lassen sich die zu ihrem Aufbau notwendigen Vorstellungen und Maßnahmen ableiten. Hierbei ist die Prämisse innerhalb der Unternehmerfamilie stets, dass es ein Verhältnis von Geben und Nehmen ist. Das bedeutet nach Jan Philipp Wuppermann Folgendes:

> „Wenn man die Anteile bekommt, dann muss man eben, neben den tollen Upsides, die es natürlich auch gibt, auch sagen, es ist eine Verantwortung, zu der muss man stehen, die muss man auch wahrnehmen."[675]

Um das Interesse und die Motivation der Gesellschafterinnen zu fördern, bemüht sich die Unternehmerfamilie, eine emotionale Bindung zum Familienunternehmen zu entwickeln. So etwa helfen gelegentlich die Kinder der vier Geschwistergesellschafter z. B. im Betriebskindergarten oder bei Unternehmensfeiern mit und erhalten so einen nicht ausschließlich wirtschaftlich orientierten Blick auf das Familienunternehmen und die hier tätigen Mitarbeiter. Auch der soziale Mehrwert des Familienunternehmens in der Gemeinschaft am Firmenstandort wird dadurch sichtbar. Diese Strategie einer Gesellschafterkompetenzentwicklung wird insbesondere im Kontext des fortschreitenden sozialen Wandels als hilfreich gewertet. Die Individualisierung und Flexibilisierung sind sozialgesellschaftliche Prozesse, mit denen auch Mitglieder einer

---

673 Vgl. Interview (2019).
674 Vgl. Rüsen (2019).
675 Aussage von Jan Philipp Wuppermann im Rahmen des persönlichen Interviews am 30.10.2019.

Unternehmerfamilie in ihrem Alltagsleben konfrontiert sind. Sie führen etwa dazu, dass die Unternehmerfamilie in der heutigen Zeit nicht mehr ausschließlich zusammen an einem Ort lebt, an dem in der Regel das Unternehmen angesiedelt ist. Vielmehr leben Mitglieder einer Unternehmerfamilie, wie auch andere Familien, in unterschiedlichen Regionen von Deutschland, oder auch der Welt.[676] Aus Sicht der Unternehmerfamilie Wuppermann besteht heutzutage eine große Gefahr, sich vom eigenen Familienunternehmen zu entfremden. Eine auf Solidarisierung und Integration mit dem Familienunternehmen zielende Gesellschafterkompetenzentwicklung kann dieser Gefahr jedoch entgegenwirken.[677]

Diesem Ziel folgend findet zwei Mal im Jahr ein informelles Treffen der vier erwachsenen Gesellschaftergeschwister statt. Hierzu sind deren Eltern sowie weitere Mitglieder der jeweiligen Kernfamilien allerdings nicht eingeladen. Im Gegensatz zum Vorabtreffen der Beiratssitzung findet dieses Treffen gewöhnlich an einem firmenfremden Ort statt. Innerhalb der Zusammenkunft werden dann unter anderem spezielle strategische Fragen über das Familienunternehmen oder die Organisation der Unternehmerfamilie besprochen. Dabei kommt es vorab zu einer Themenschwerpunktsetzung. Darüber hinaus besteht im Rahmen dieser Treffen die Möglichkeit, das eigene Unternehmen im Kontext seiner Wirkung besser zu verstehen, etwa durch den Besuch von Kunden, um Einblicke in den Verwertungsprozess der eigenen Produkte zu erhalten.

Generell besteht für die Gesellschafterinnen des Familienunternehmens BÜFA kein Zwang, Fort- und Weiterbildungsmaßnahmen zu bestreiten. Wenn erwünscht, übernimmt derzeit Jan Phillip Wuppermann die Aufgabe, seine Mitgesellschafter zu beraten und zu informieren, beispielsweise als Ansprechpartner bei Fragen im Kontext der monatlichen Berichte, die alle Gesellschafter erhalten. Im Rahmen seiner vorherigen Aufgabe als operativ tätiger Gesellschafter hatte er selbst allerdings Fort- und Weiterbildungsmaßnahmen absolviert.[678]

Mit Blick auf die nächste Generation wurde ein Veranstaltungsmodell entwickelt, das eine altersgerechte Informationsvermittlung für die zukünftigen Gesellschafterinnen ab einem Alter von 16 Jahren realisiert. Grundgedanke ist, dass Gesellschaftertreffen nicht bloße Frontalinformationsveranstaltungen mit Zahlen sein sollten, sondern mit Betriebsführungen oder interaktiven Formaten angereichert werden, um neben fachlichen Kompetenzen auch jene emotionale Bindung zu entwickeln, die für den langfristigen Bestand des Familienunternehmens BÜFA als notwendig erachtet wird. Die Unternehmerfamilie folgt damit einer Empfehlung des Wittener Instituts für Familienunternehmen (WIFU), Gesellschafterkompetenz als Zusammenspiel von fachlichen Kompetenzen und der emotionalen Bindung zum Familienunternehmen zu verstehen.[679] Darüber hinaus soll durch das interaktive Format aus Sicht der Unter-

---

676 Vgl. Jäkel-Wurzer (2019) sowie Bertram (2019).
677 Vgl. Kleve, Schlippe & Rüsen (2019).
678 Vgl. Interview (2019).
679 Vgl. Rüsen (2019).

nehmerfamilie Wuppermann-Kolwey einerseits sichergestellt werden, dass auch die zukünftigen Gesellschafter gut über das Unternehmen und seine Geschäftsprozesse informiert werden. Gleichzeitig soll verhindert werden, dass eine zu große Anzahl aktueller und zukünftiger Gesellschafter als Gäste in den regulären Beiratssitzungen diese „überlasten".

Unabhängig davon ist zu betonen, dass alle Maßnahmen der GKE innerhalb der Unternehmerfamilie Wuppermann-Kolwey in enger Verbindung zu jenen sozialen und ökonomischen Werten stehen, die in der Familiencharta der Unternehmerfamilie festgehalten sind. Dazu gehören unter anderem Verantwortung, ein sozialer Führungsstil, Nachhaltigkeit, Langfristigkeit, das Prinzip „ehrbarer Kaufmann", sowie ein guter Umgang mit Mitarbeitern, Zulieferern und Kunden. Immer wieder werden diese Werte im Hinblick auf ihre Aktualität und Einhaltung von der Unternehmerfamilie überprüft.[680]

Zusammenfassend zeigen die beschriebenen Sachverhalte, dass das Familienunternehmen BÜFA die GKE als bedeutendes Thema für die eigene Zukunft betrachtet. Dazu verfolgt die Unternehmerfamilie Wuppermann-Kolwey eine gestaltende und innovative Strategie, um Gesellschaftern fachliche Kompetenzen und emotionale Verbundenheit mit dem Familienunternehmen zu ermöglichen.

---

680   Vgl. Interview (2019).

Reflexion und Handlungsempfehlungen – Teil E

Die vier Beispiele der Unternehmerfamilien Merck, Freudenberg, Dethleffsen und Wuppermann-Kolwey zeigen etablierte Programme und Maßnahmen zur Entwicklung von GKE. Es wird schnell deutlich, dass die gelebten Aktivitäten und Programme im Wesentlichen folgenden drei Zielen dienen: So geht es zum einen darum, durch die ergriffenen Maßnahmen die Nachwuchsgesellschafter in die Werthaltung der Familie einzuweisen und ihnen die Betätigungsfelder des Unternehmens nahezubringen. Ein weiteres Ziel besteht darin, einen möglichst großen Pool an interessierten und kompetenten Familiengesellschaftern zu generieren, von denen sich eine Teilmenge für eine Mitarbeit in den Unternehmens- oder Familiengremien interessiert. Schließlich geht es darum, die Mitglieder der Unternehmerfamilie untereinander in den Austausch zu bringen und so die Bindung der Familie an die Verantwortungsgemeinschaft zu festigen.

Die folgenden Fragen dienen einer kritischen Reflexion von bereits im Unternehmen vorhandenen Fähigkeiten und Kompetenzen und der Beurteilung von bereits ergriffenen Maßnahmen, die zur Entwicklung von GKE eingesetzt werden:

1. Welche unterschiedlichen Grundhaltungen gegenüber dem Thema GKE werden in den vier Fallbeispielen sichtbar? (Inwieweit unterscheiden sich diese von der Haltung der eigenen Unternehmerfamilie?)
2. Welches Zielbild eines kompetenten Gesellschafters gibt es in der Unternehmerfamilie? (Inwieweit ähnelt oder unterscheidet sich dies von den vier Fallbeispielen?)
3. Welche unterschiedlichen Maßnahmen werden in den vier Fallbeispielen umgesetzt? (Inwieweit unterscheiden sich diese von etablierten Maßnahmen in der eigenen Unternehmerfamilie?)
4. Welche Maßnahmen in den vier Fallbeispielen sind neu und sollten zeitnah auch in der eigenen Unternehmerfamilie durchgeführt werden?
5. Sofern noch keine oder nur sehr rudimentäre Maßnahmen zur GKE in der Unternehmerfamilie durchgeführt werden: Was hindert die Unternehmerfamilie an dem Aufbau eines professionellen GKE-Programms?
6. In welcher Form werden Ressourcen des Unternehmens (z.B. der Personalabteilung, Justiziar, Steuerberatung, Strategieabteilung etc.) zum Aufbau von Kompetenzen in der Unternehmerfamilie genutzt?
7. Wer ist für das GKE-Programm der Unternehmerfamilie verantwortlich?
8. Wodurch wird eine kontinuierliche Weiterentwicklung des GKE-Programms gewährleistet (welche Ähnlichkeiten/Unterschiede zu den vier Fallbeispielen erkennen Sie?)
9. Wodurch wird ein regelmäßiger Austausch mit Vertretern anderer Unternehmerfamilien über das Thema GKE sichergestellt?

Teil E: Beispiele von Gesellschafterkompetenzentwicklung aus der Praxis

10. Welche Frage in Bezug auf das Thema GKE hat sich beim Lesen dieses Buches ergeben und konnte (bisher) nicht beantwortet werden?

Abbildungsverzeichnis

Abbildung 1:	Das 3-Kreis-Modell in Anlehnung an Tagiuri & Davis (1982)	20
Abbildung 2:	Gesellschafterkompetenzentwicklung in Unternehmerfamilien.	33
Abbildung 3:	Verbreitung von Family-Governance-Mechanismen.	39
Abbildung 4:	Dimensionen der Gesellschafterkompetenz.	44
Abbildung 5:	Analogie funktionsbasierter Ausprägung von Gesellschafterkompetenz.	53
Abbildung 6:	Modifiziertes 2-Kreis-Modell von Familienunternehmen.	57
Abbildung 7:	3-Kreis-Modell nach Tagiuri & Davis.	59
Abbildung 8:	Entscheidungsoptionen und -paradoxien in Familienunternehmen.	62
Abbildung 9:	Die Archetypen Mentaler Modelle von Unternehmerfamilien im Überblick.	68
Abbildung 10:	Das Wittener Phasenmodell der Nachfolge.	73
Abbildung 11:	Das GKE-Motivationsmodell.	79
Abbildung 12:	Handlungsempfehlungen.	86
Abbildung 13:	Bestands- und Erfolgskonten.	99
Abbildung 14:	Zusammenspiel der Bestandteile des JA.	112
Abbildung 15:	Struktur der Geschäftsberichtsanalyse.	113
Abbildung 16:	Die fünf die Rentabilität einer Branche bestimmenden Wettbewerbskräfte.	145
Abbildung 17:	Mögliche Produkt-/Marktkombinationen (Ansoff-Matrix).	148
Abbildung 18:	Prioritäten in der Digitalisierung.	157
Abbildung 19:	Determinanten und Wirkung des „digitalen Reifegrades" einer Unternehmerfamilie.	160
Abbildung 20:	Szenarien für exemplarische Situationen in Unternehmerfamilien.	165
Abbildung 21:	Einflussfaktoren und deren Beziehung zur Wahrnehmung von Cybersicherheit in Familienunternehmen.	181
Abbildung 22:	Ventilmodell.	196
Abbildung 23:	Das Lemniskaten-Modell.	198

Abbildungsverzeichnis

Abbildung 24: Einflüsse auf die Gewinnthesaurierung. ... 211

Abbildung 25: Verwendungszwecke für die Gewinnausschüttung. ... 212

Abbildung 26: Eigenkapitalrendite und Wachstumsrate. ... 215

Abbildung 27: Zusammenhang zwischen Rentabilität, Wachstumsrate und Ausschüttungsquote nach Adams & Manners (2013). ... 216

Abbildung 28: Entwicklungsstufen der wachsenden Unternehmerfamilie. ... 241

Abbildung 29: Regelebenen in sozialen Systemen. ... 247

Abbildung 30: Doing Business Family und die dazugehörigen Faktoren. ... 263

Abbildung 31: Das Doing-Family-Konzept. ... 266

Abbildung 32: Ablauf eines Fair-Streiten-Gesprächs. ... 305

Abbildung 33: Das Wittener Modell zur Familienstrategieentwicklung. ... 313

Abbildung 34: Familienverfassung als „Bauplan" der Unternehmerfamilie. ... 319

Abbildung 35: Die verschiedenen Stufen im AEP-Modell. ... 337

Abbildung 36: Spezifische Anforderungen auf Basis der Analysephase (Fallbeispiel). ... 338

Abbildung 37: Beispiel Analyseergebnis nach einem Assessment-Center. ... 340

Abbildung 38: Beispiel Analyseergebnis nach einem Assessment-Center. ... 343

Abbildung 39: Das KEA-Dreieck. ... 352

Abbildung 40: Die drei sozialen Formen wachsender Unternehmerfamilien. ... 354

Abbildung 41: Die drei Entwicklungsdimensionen der Unternehmerfamilie. ... 358

Abbildung 42: Wichtige Gesellschaftsformen. ... 368

Abbildung 43: Rechtsformen im Überblick. ... 378

Abbildung 44: Einkommensteuer, Körperschaftsteuer, Gewerbesteuer. ... 379

Abbildung 45: Besteuerung der Dividenden zwischen Körperschaften. ... 389

Abbildung 46: Grobgliederung des Vermögens in Unternehmerfamilien. ... 424

Abbildung 47: Breite der Zwecke, Inhalte und Anlagemaximen. ... 424

Abbildung 48: Synopsis der Themen im Kontext des Vermögensmanagements. ... 447

Abbildung 49: Die Nachhaltigkeit von generationsübergreifenden Familienvermögen (1918–2014): Vermögen der Top Ten wohlhabendsten Familien versus Durchschnittsvermögen gemessen als 1000 Mal pro Kopf BIP in den USA. 467

Abbildung 50: Beispiel einer Privatbilanz. 469

Abbildung 51: S&P 500 Historische Jahresperformance in den letzten 31 Jahren und größter Rückgang innerhalb des Jahres. 475

Abbildung 52: Der Wert eines Investments in den S&P 500 in Höhe von $10.000, investiert im Januar 1988. 476

Abbildung 53: Drei Möglichkeiten, in Private Equity zu investieren. 478

Abbildung 54: Entwicklung der Korrelation zwischen US-Anleihen und US-Aktien, 1802–2018. 482

Abbildung 55: Die Effizienzlinie nach Markowitz. 483

Abbildung 56: Jährliche Rendite verschiedener Anlageklassen pro Jahr, 2000–2019. 485

Abbildung 57: Beteiligungsportfolio der HGDF Familienholding. 500

Abbildung 58: Gremienstruktur und Governance bei HGDF. 502

Abbildung 59: Elemente der Unternehmerfamilien-Kompetenzentwicklung. 505

Abbildung 60: Governance-Struktur der Merck-Gruppe. 510

Abbildung 61: Ausbildungskonzept der Merck Family University. 513

Abbildung 62: Informations- und Weiterbildungsinstrumente für Familienmitglieder. 518

Abbildung 63: Organigramm BÜFA-Gruppe. 521

Abbildung 64: Genogramm ab der zweiten Generation der Unternehmerfamilie Wuppermann-Kolwey. 523

Tabellenverzeichnis

Tabelle 1:	Rollenprofile der Akteure in Familienunternehmen nach Tagiuri & Davis.	59
Tabelle 2:	Bilanz gem. § 266 HGB.	101
Tabelle 3:	GuV nach dem Gesamt- und Umsatzkostenverfahren.	105
Tabelle 4:	Funktionen des Anhangs.	107
Tabelle 5:	Elemente des Lageberichts nach §§ 289 und 289a HGB.	108
Tabelle 6:	Direkte und indirekte Methode der Cashflow-Ermittlung.	110
Tabelle 7:	Einflussfaktoren aus der Unternehmerfamilie auf die Digitalisierung im Familienunternehmen.	170
Tabelle 8:	Übersicht ausgewählter Cyberrisiken.	175
Tabelle 9:	Beispiele von Kostenarten im Falle eines Cyberschadens.	176
Tabelle 10:	Schematische Ergebnisrechnung.	207
Tabelle 11:	Typische Umsatz- und Bilanzrelation.	208
Tabelle 12:	Zusammenhang von Thesaurierungsquote und Wachstumsrate des Unternehmens.	212
Tabelle 13:	Vergleich der Logiken von Familien-, Unternehmens-, Gesellschafter-Systemen.	231
Tabelle 14:	Formale, informale, elementare Organisationsregeln.	249
Tabelle 15:	Elementare Systemregeln in sozialen Systemen.	254
Tabelle 16:	Unterschiede bei der Besteuerung von Kapital- und Personengesellschaften.	386
Tabelle 17:	Überblick über die Ratings der bekanntesten Ratingagenturen.	472

Abkürzungsverzeichnis

AAG	Anlagenabnutzungsgrad
AC	Assessment-Center
AEP-Modell	Anforderungs-Eignungs-Profil-Modell
AG	Aktiengesellschaft
AHK	Anschaffungs- oder Herstellungskosten
AktG	Aktiengesetz
AStG	Außensteuergesetz
AV	Anlagevermögen
BGB	Bürgerliches Gesetzbuch
BIP	Bruttoinlandsprodukt
CDO	Chief Digital Officer
CEO	Chief Executive Officer
CF	Cashflow
CFO	Chief Financial Officer
CIO	Chief Information Officer
DAX	Deutscher Aktienindex
DCF	Discounted Cashflow (abgezinster Zahlungsstrom)
DISG	Dominanz, Initiative, Stetigkeit, Gewissenhaftigkeit
EBIT	Earnings before interest and taxes (Gewinn vor Zinsen und Steuern)
EBITDA	Earnings before interest, taxes, depreciation and amortization (Gewinn vor Zinsen, Steuern, Abschreibungen auf Sachanlagen und Abschreibungen)
EBT	Earnings before taxes (Gewinn vor Steuern)
EGAktG	Einführungsgesetz zum Aktiengesetz
EK	Eigenkapital
ErbStG	Erbschaftsteuergesetz
ESG	Ecological, Social, Governance (Umwelt, Soziales, Unternehmensführung)
Est	Einkommensteuer
EstG	Einkommensteuergesetz
ETC	Exchange Traded Commodity (börsengehandelte Wertpapiere für Rohstoffe)
ETF	Exchange Traded Fund (börsengehandelte Indexfonds)
EU	Europäische Union
EWR	Europäischer Wirtschaftsraum
FiBu	Finanzbuchhaltung
FK	Fremdkapital

Abkürzungsverzeichnis

GbR	Gesellschaft bürgerlichen Rechts
GewSt	Gewerbesteuer
GewStG	Gewerbesteuergesetz
GF	Geschäftsführung
GG	Grundgesetz
GJ	Geschäftsjahr
GK	Gesellschafterkompetenz
GKE	Gesellschafterkompetenzentwicklung
GK-Rentabilität	Gesamtkapital-Rentabilität
GmbH	Gesellschaft mit beschränkter Haftung
GmbHG	GmbH-Gesetz
GuV	Gewinn- und Verlustrechnung
HGB	Handelsgesetzbuch
JA	Jahresabschluss
KE	Kompetenzentwicklung
KEA	Kognition, Emotion, Aktion (KEA-Modell)
KG	Kommanditgesellschaft
KGaA	Kommanditgesellschaft auf Aktien
KI	Kreditinstitut
KPI	Key Performance Indicator (Schlüsselindikator)
KSt	Körperschaftssteuer
KStG	Körperschaftssteuergesetz
MBA	Master of Business Administration
NextGen	Next Generation (nächste Generation)
NGO	Nichtregierungsorganisation
OCEAN	Openness, Conscientiousness, Extraversion, Agreeableness, Neuroticism (Aufgeschlossenheit, Gewissenhaftigkeit, Geselligkeit, Verträglichkeit, emotionale Labilität), OCEAN-Modell
OHG	Offene Handelsgesellschaft
PAT	Principal Agent Theory (Agenturtheorie)
RAP	Rechnungsabgrenzungsposten
REIT	Real Estate Investment Trust (Investition in Immobilien auf Basis von börsengehandelten Aktien)
ROCE	Return on capital employed (Rendite auf eingesetztes Kapital)
RONA	Return on net assets (Rendite auf das Nettovermögen)
ROI	Return on investment (Kapitalrentabilität)
ROIC	Return on invested capital (Rendite auf investiertes Kapital)
SE	Societas Europaea
SEW	Social-emotional wealth (sozial-emotionaler Reichtum)

SG	Steuerungsgruppe
SolZ	Solidaritätszuschlag
StSenkG	Steuersenkungsgesetz
TMT	Top-Management-Team
UFA	Unternehmerfamilienausschuss
UFKE	Unternehmerfamilien-Kompetenzentwicklungsprogramm
UV	Umlaufvermögen
VaR	Value at Risk (Verlustpotenzial durch Marktpreisschwankungen)
VG	Vermögensgegenstände
VR	Verwaltungsrat
WACC	Weighted average cost of capital (gewichtete durchschnittliche Kapitalkosten)
WIFU	Wittener Institut für Familienunternehmen
YTM	Yield to maturity (Effektivverzinsung)

Literaturverzeichnis

Adams, A. F. & Manners, G. E. (2013): Goal setting and the cost of capital: An alternative to „traditional" approaches. In: Astrachen, J. H.; McMillan, K. S.; Pieper & T. M. (Ed.) (2013). Family Business, Vol. II. London & New York: Routledge, p. 3–21.

Aguilera, R. V. & Crespi-Cladera, R. (2012): Firm family firms: Current debates of corporate governance in family firms. Journal of Family Business Strategy, 3(2), p. 66–69.

Alahmari, A. & Duncan, B. (2020): Cybersecurity Risk Management in Small and Medium-Sized Enterprises: A Systematic Review of Recent Evidence. 2020 International Conference on Cyber Situational Awareness, Data Analytics and Assessment (CyberSA), p. 1–5. *https://doi.org/10.1109/CyberSA49311.2020.9139638*

Alber, E.; Beer, B.; Pauli, J. & Schnegg, M. (Hrsg.) (2010): Verwandtschaft heute: Positionen, Ergebnisse und Perspektiven. Berlin: Reimer.

Aldrich, H. E.; Brumana, M.; Campopiano, G. & Minola, T. (2021): Embedded but not asleep: Entrepreneurship and family business research in the 21st century. Journal of Family Business Strategy, p. 100–390.

Allport, G. W. (1974): Persönlichkeit. Struktur, Entwicklung und Erfassung der menschlichen Eigenart. München: Hain.

Ammer, J. (2017): Die Organisation der Unternehmerfamilie in Stämmen. Göttingen: Vandenhoeck & Ruprecht.

Ammer, J. (2022): Die Organisation der Unternehmerfamilie in Stämmen. Strategien und Maßnahmen zur Prävention von Konflikten. Witten: Praxisleitfaden am Wittener Institut für Familienunternehmen. Freier Download unter: *https://www.wifu.de/bibliothek/die-organisation-der-unternehmerfamilie-in-staemmen-2/?display_lng=de&type=plf&lng=de&pdf=1&pg=1*

Ansoff, H. J. (1985): Corporate Strategy. New York.

Aristoteles (1966): Metaphysik. Übersetzt von Hermann Bonitz. Reinbek b. Hamburg: Rowohlt Verlag.

Arnott, R. D.; Bernstein, W. J. & Lillian, J. W. (2015): The Myth of Dynastic Wealth: The Rich Get Poorer. In: Cato Journal, 35(3).

Aronoff, C. E. & Ward, J. L. (2011): Family business ownership: how to be an effective shareholder. New York: Palgrave Macmillan.

Astrachan, J. H. & Pieper, T. M. (2010): Mit Familienunternehmensfamilien arbeiten – Typische Szenarien und Interventionsvorschläge. Familiendynamik, 15(1), S. 4–9.

Astrachan, J. H. & Pieper, T. M. (2011): Developing responsible owners in family business. In: EQUA-Stiftung (Hrsg.): Gesellschafterkompetenz – Die Verantwortung der Eigentümer von Familienunternehmen. Bonn: Unternehmer Medien, S. 102–110.

Atkinson, J. W. (1964): An introduction to motivation. Princeton, New Jersey: D. van Nostrand Company, Inc.

Literaturverzeichnis

Audretsch, D. B.; Hülsbeck, M. & Lehmann, E. E. (2013): Families as active monitors of firm performance. Journal of Family Business Strategy, 4(2), p. 118–130.

Bach, G. R. & Bernhard, Y. M. (1971): Aggression Lab: The Fair Fight Training Manual. Dubuque/Iowa: Kendall/Hunt.

Bada, M. & Nurse, J. R. C. (2019): Developing cybersecurity education and awareness programmes for small- and medium-sized enterprises (SMEs). Information & Computer Security, 27(3), p. 393–410. *https://doi.org/10. 1108/ICS-07-2018-0080*

Baillette, P. & Barlette, Y. (2018): BYOD-related innovations and organizational change for entrepreneurs and their employees in SMEs: The identification of a twofold security paradox. Journal of Organizational Change Management, 31(4), p. 839–851.

Balkhausen, D. (2007): Raubtierkapitalismus. Köln: Fackelträger.

Ballreich, R. & Glasl, F. (2011): Konfliktmanagement und Mediation in Organisationen. Stuttgart: Concadora Verlag.

Bammens, Y.; Hünermund, P. & Andries, P. (2022). Pursuing Gains or Avoiding Losses: The Contingent Effect of Transgenerational Intentions on Innovation Investments. J. Manag. Stud., 59(6), p. 1493–1530. *https://doi.org/10. 1111/joms.12787*

Bandler, R.; Grinder, J. & Satir, V. (1976): Mit Familien reden: Gesprächsmuster und therapeutische Veränderung. München: Pfeiffer.

Barney, J. (1991): Firm resources and sustained competitive advantage. In: Journal of Management, 17(1), p. 99–120.

Bartlitz, D. (2016): Die Haftung des Kommanditisten auf der Grundlage kapitalgesellschaftsrechtlicher Prinzipien. Tübingen: Mohr Siebeck.

Bateson, G. (1979): Geist und Natur. Eine notwendige Einheit. Frankfurt/M.: Suhrkamp.

Bateson, G. (1981): Ökologie des Geistes. Frankfurt/M.: Suhrkamp.

Baus, K. (2016): Die Familienstrategie: Wie Familien ihr Unternehmen über Generationen sichern. Wiesbaden: Springer Gabler.

Beck, U. (2015): Risikogesellschaft: Auf dem Weg in eine andere Moderne. Frankfurt/M.: Suhrkamp.

Becker, H. L. (1993): Die Unternehmerpersönlichkeit. Renningen: expert verlag.

Berrone, P.; Cruz, C. & Gomez-Mejia, L. R. (2012): Socioemotional Wealth in Family Firms: Theoretical Dimensions, Assessment Approaches, and Agenda for Future Research. Family Business Review, 25(3), p. 258–279. *https://doi.org/10.1177/0894486511435355*

Bertram, H. (2013): Das Individuum und seine Familie: Lebensformen, Familienbeziehungen und Lebensereignisse im Erwachsenenalter. Wiesbaden: Springer Gabler.

Bertram, H. (2019): Der Hunger nach Humankapital. Industriegesellschaft und familiäre Entwicklung. In: Kleve, Heiko & Köllner, Tobias (Hrsg.): Soziologie der Unternehmerfamilie: Grundlagen, Entwicklungslinien, Perspektiven. Wiesbaden: Springer Gabler.

Bertschi-Michel, A.; Kammerlander, N. & Strike, V. M. (2020): Unearthing and Alleviating Emotions in Family Business Successions, in: Entrepreneurship Theory and Practice, 44(1), p. 81–108.

Binz, M. K. & Sorg, M. H. (2018): Die GmbH & Co. KG im Gesellschafts- und Steuerrecht, Handbuch für Familienunternehmen, 12. Aufl. München: C. H. Beck.

Bitkom e. V. (2016). Leitfaden: Kosten eines Cyber-Schadenfalls. Berlin: Bitkom.

Bodie, Z.; Kane, A. & Marcus, A. J. (2019): Essentials of Investments (11th Edition). Taipei: McGraw-Hill/Irwin.

Böhnisch, L. (2018): Sozialpädagogik der Lebensalter: Eine Einführung. Weinheim: Beltz/Juventa.

Boszormenyi-Nagy, I. & Spark, G. (1973): Unsichtbare Bindungen. Die Dynamik familiärer Systeme. Stuttgart: Klett-Cotta.

Bretschneider, U.; Heider, A. K.; Rüsen, T. A. & Hülsbeck, M. (2019): Strategien der Digitalisierung in Familienunternehmen. Über spezifische Digitalisierungsansätze für Unternehmerfamilien und Familienunternehmen. Praxisleitfaden des Wittener Instituts für Familienunternehmen (WIFU). Witten: WIFU.

Bretschneider, U.; Heider, A. K.; Rüsen, T. A. & Hülsbeck, M. (2019): Diffusion von digitalen Technologien und Trends in Familienunternehmen. In: Kollmann, T. (Hrsg.): Handbuch Digitale Wirtschaft. Wiesbaden: Springer Gabler.

Brinson, G. P.; Hood, L. R. & Beebower, G. L. (1986): Determinants of Portfolio Performance, Financial Analysts Journal, 42(4), p. 39–44.

Brundin, E. & Härtel, C. (2014): Emotions in family firms. In: Melin, L.; Nordqvist, M. & P. Sharma (Eds.): The SAGE handbook of family business, p. 529–548. Los Angeles, London: SAGE Publications.

Brundin, E. & Sharma, P. (2012): Love, hate, and desire: The role of emotional messiness in the business family. In: Carsrud, A. & Brännback, M. (Eds.): Understanding family business. Undiscovered Approaches, Unique Perspectives, and Neglected Topics (1st ed., p. 55–71). New York: Springer.

Brundtland, G. H. (1987): Report of the World Commission on environment and development: "our common future". United Nations.

BSI (2022): Ransomware—Bedrohungslage 2022. *https://www.bsi.bund.de/ SharedDocs/Downloads/DE/BSI/Cyber-Sicherheit/Themen/Ransomware.pdf?__ blob=publicationFile&v=5*

BSI. (2023). Bundesamt für Sicherheit in der Informationstechnik—Website. *https://www.bsi.bund.de/DE/Home/home_node.html*

BÜFA Chronik (2017): 125 Jahre BÜFA. Die Chronik der Firma Büsing & Fasch seit 1883. *https://www.buefa.de/media/2017_01_historie.pdf* [Zugriff am 23. 01. 2020].

BÜFA Daten und Fakten (2017): Zahlen und Fakten im Überblick. *https://www. buefa.de/media/daten_fakten_buefa_2017.pdf* [Zugriff am 23. 01. 2020].

BÜFA Über uns (2019): Über uns. *https://www.buefa.de/de/buefa-gruppe/ueberuns/* [Zugriff am 23. 01. 2020].

Literaturverzeichnis

Buffet, W. (2008): *https://www.berkshirehathaway.com/letters/2008ltr.pdf*, S. 5 [Zugriff am 13.03.2020].

Bundesamt für Sicherheit in der IT (2022): Die Lage der IT-Sicherheit in Deutschland 2022. Deutschland Digital Sicher BSI.

Bundesministerium für Justiz und Verbraucherschutz, Patientenverfügung Leiden – Krankheit – Sterben, abrufbar unter *www.bmj.de/SharedDocs/ Publikationen/DE/Patientenverfuegung.pdf* [Zugriff am 13.03.2020].

Calabrese, A.; Costa, R.; Ghiron, N. L.; Tiburzi, L. & Pedersen, E. R. G. (2021): How sustainable-orientated service innovation strategies are contributing to the sustainable development goals. Technol Forecast Soc Change 169, 120816. *https://doi.org/10.1016/j.techfore.2021.120816*.

Calabrò, A.; Torchia, M.; Jimenez, D. G. & Kraus, S. (2021): The role of human capital on family firm innovativeness: The strategic leadership role of family board members. International Entrepreneurship and Management Journal, 17(1), p. 261–287. *https://doi.org/10.1007/s11365-020-00657-y*

Calabrò, A.; Vecchiarini, M.; Gast, J.; Campopiano, G.; De Massis, A. & Kraus, S. (2019): Innovation in Family Firms: A Systematic Literature Review and Guidance for Future Research. International Journal of Management Reviews, 21(3), p. 317–355. *https://doi.org/10.1111/ijmr.12192* [Zugriff am 15.03.2020].

California Public Employees' Retirement System (2019): Total Fund Investment Policy.: *www.calpers.ca.gov/page/investments/about-investment-office/ policies* [Zugriff am 21.03.2020].

Cambridge Associates Benchmark Calculator, Daten zum 31.12.2016. Abrufbar unter: *https://www.cambridgeassociates.com* [Zugriff am 05.12.2019].

Campenhausen, A. Freiherr von & Richter, A. (2014): Stiftungsrechts-Handbuch, 4. Aufl. München: C. H. Beck.

Carlock, R. & Ward, J. (2001): Strategic planning for the family business. Parallel planning to unify the family and business. New York: Palgrave.

Carsten, J. (Hrsg.) (2000): Cultures of Relatedness: New Approaches to the Study of Kinship. Cambridge: Cambridge University Press.

Carsten, J. (2004): After Kinship. Cambridge: Cambridge University Press.

Cascino, S.; Pugliese, A.; Mussolino, D. & Sansone, C. (2010): The influence of family ownership on the quality of accounting information. Family Business Review, 23(3), p. 246–265.

Caspary, S. (2018): Das Familienunternehmen als Sozialisationskontext für Unternehmerkinder. Wiesbaden: Springer Gabler.

Cebula, J. J.; Popeck, M. E. & Young, L. R. (2014): A Taxonomy of Operational Cyber Security Risks Version 2: Defense Technical Information Center. *https://doi.org/10.21236/ADA609863*

Ceipek, R.; Hautz, J.; De Massis, A.; Matzler, K. & Ardito, L. (2021): Digital Transformation Through Exploratory and Exploitative Internet of Things Innovations: The Impact of Family Management and Technological Diversification. Journal of Product Innovation Management, 38(1), p. 142–165. *https://doi.org/10.1111/jpim.12551*

Chesbrough, H. (2003): Open Innovation: New Imperative for Creating and Profiting from Technology. Boston, MA: Harvard Business School Press.

Chhabra, A. B. (2005): Beyond Markovitz: A wealth allocation framework for individual investors. The Journal of Wealth Management. 4/2005, p. 8–34.

Chua, J. H.; Chrisman, J. J. & Bergiel, E. B. (2009): An agency theoretic analysis of the professionalized family firm. Entrepreneurship Theory and Practice, 33(2), p. 355–372.

Ciompi, L. (2005): Die emotionalen Grundlagen des Denkens. Göttingen: Vandenhoeck & Ruprecht.

Clarke, T. (2019): The Greening of the Corporation. In: T. Clarke; J. O'Brien & C. R. T. O' Kelley (Eds.): The Oxford Handbook of the Corporation, p. 589–641. Oxford University Press.

Clauss, T.; Breier, M.; Kraus, S.; Durst, S. & Mahto, R. V. (2022): Temporary business model innovation – SMEs' innovation response to the Covid-19 crisis. R&D Management, 52(2), p. 294–312. *https://doi.org/10.1111/radm. 12498*

Coenenberg, A.; Haller, A. & Schultze, W. (2016): Jahresabschluss und Jahresabschlussanalyse, 24. Auflage. Stuttgart: Schäffer-Poeschel.

Coleman, M. (2011): Jim Rogers: Commodities 'Supercycle' To Last 20 More Years, Internetzugriff: *www.barrons.com/articles/BL-FUNDSB-7641* [Zugriff am 26.04.2020].

Cook, D. A. & Artino, A. R. (2016): Motivation to learn: an overview of contemporary theories. Medical Education, 50, p. 997–1014.

Covington, M. (2000): Goal Theory, Motivation, and School Achievement: An Integrative Review. Annual Review of Psychology, 51, p. 171–200.

Cremer, F.; Sheehan, B.; Fortmann, M.; Kia, A. N.; Mullins, M.; Murphy, F. & Materne, S. (2022): Cyber risk and cybersecurity: A systematic review of data availability. The Geneva Papers on Risk and Insurance – Issues and Practice, 47(3), p. 698–736. *https://doi.org/10.1057/s41288-022-00266-6*

Crezelius, G. (2009): Unternehmenserbrecht, 2. Aufl. München: C. H. Beck.

Dalio, R. (2019): Principles for success. New York: Avid Reader Press/Simon & Schuster.

Danes, S. M.; Stafford, K.; Haynes, G. & Amarapurkar, S. S. (2009): Family Capital of Family Firms: Bridging Human, Social, and Financial Capital. Family Business Review, 22(3), p. 199–215. *https://doi.org/10.1177/ 0894486509333424*

Davis, J. A.; Herrera, R. M. (1998): The Social Psychology of Family Shareholder Dynamics. Family Business Review, 11(3), p. 253–260. *https://doi.org/10. 1111/j.1741-6248.1998.00253.x* [Zugriff am 05.12.2019].

De Charms, R. (1979): Motivation in der Klasse. München: MVG.

De Groote, J. K.; Conrad, W. & Hack, A. (2021): How can family businesses survive disruptive industry changes? Insights from the traditional mail order industry. Review of Managerial Science, 15(8), p. 2239–2273. *https:// doi.org/10.1007/s11846-020-00424-x*

De Massis, A.; Chua, J. H. & Chrisman, J. J. (2008): Factors Preventing Intra-Family Succession. Family Business Review, 21(2), p. 183–199.

Deans, T. A. (2014): Every Family Business. 3rd ed. Orangeville, Ontario: Détente Financial Press.

Deci, E. L. & Ryan, R. M. (1993): Die Selbstbestimmungstheorie der Motivation und ihre Bedeutung für die Pädagogik. Zeitschrift für Pädagogik, 39(2), S. 223–238.

Deci, E. & Ryan, R. (2017): Self-Determination Theory. New York, NY: The Guilford Press.

DeMiguel, V.; Garlappi, L. & Uppal, R. (2009): Optimal versus naive diversification: How inefficient is the 1/N portfolio strategy? In: The review of Financial studies, 22(5), p. 1915–1953.

Denzau, A. & North, D. (1994): Shared mental models: Ideologies and institutions. Kyklos 47(1), p. 3–31.

Deutsche Alzheimer Gesellschaft e. V.: Informationsblatt 1, Die Häufigkeit von Demenzerkrankungen, abrufbar unter *www.deutsche-alzheimer.de* [Zugriff am 13.03.2020].

Dieckmann, A. (2019): Gesamthand und juristische Person. Tübingen: Mohr Siebeck.

Dimson, E.; Marsh, P. & Staunton, M. (2011): Equity premia around the world. Available at SSRN: *https://ssrn.com/abstract=1940165* or *http://dx.doi.org/10.2139/ssrn.1940165*

Dinis, L.; Neves, P. & De Massis, A. (2022): The Brightness of the Founder's Shadow: Not an Oxymoron! Academy of Management Proceedings. Vol. 2022 (1) *https://doi.org/10.5465/AMBPP.2022.14797abstract*

Dodge, K. A. (2006): Translational science in action: Hostile attributional style and the development of aggressive behavior problems. Development and Psychopathology, 18(03), p. 791–814. *https://doi.org/10.1017/S0954579406060391* [Zugriff am 05.12.2019].

Druyen, T. (2011): Vermögen ist mehr als Geld. In: Druyen, T. (Hrsg.) (2011): Vermögenskultur. Wiesbaden: VS Verlag, S. 13–30.

Eddleston, K. A. & Kellermanns, F. W. (2007): Destructive and productive family relationships: A steward-ship theory perspective. Journal of Business Venturing, 22(4), p. 545–565. *https://doi.org/10.1016/j.jbusvent.2006.06.004* [Zugriff am 05.12.2019].

Eidelson, R. J. & Eidelson, J. I. (2003): Dangerous ideas: Five beliefs that propel groups toward conflict. American Psychologist, 58, p. 182–192.

Elkington, J. (1997): Cannibals with forks: The triple bottom line of the 21st century business (Vol. 2). Gabriola Island, BC: New Society Publishers.

Elkington, J. (2018): Family businesses pioneer tomorrow's capitalism. The Family Business Network, 4, p. 10–13.

Elliott, A. J. & McGregor, H. A. (2001): A 2×2 achievement goal framework. Journal of Personality and Social Psychology, 80(3), p. 501–519.

Engelhardt, C. (2018): Gesellschaftsrecht: Grundlagen und Strukturen. Wiesbaden: Springer Gabler.

Erdmann, C. (2010): Unternehmerfamilien und Nachfolgebereitschaft. Erziehung von Unternehmernachkommen im Spannungsfeld zwischen Familie, Unternehmen und Eigentum. Familiendynamik, 35(1), S. 40–48.

Europäisches Parlament (2023): Cybersicherheit: Die wichtigsten und neuesten Bedrohungen. *https://www.europarl.europa.eu/news/de/headlines/society/ 20220120STO21428/cybersicherheit-die-wichtigsten-und-neuesten- bedrohungen?at_campaign=20234-Digi-tal&at_medium=Google_Ads&at_ platform=Search&at_creation=DSA&at_goal=TR_G&at_audience=&at_topic= Cybersecurity&gclid= EAIaIQobChMIvN3T3fvUgAMVwpCDBx1q6wWBEAAYAiAAEgI-o_D_BwE*

European Commission. Directorate General for Migration and Home Affairs (2022): SMEs and cybercrime: Report. Publications Office. *https://data. europa.eu/doi/10.2837/14988*

Fama, E. F.; Jensen, M. C. (1983): Separation of ownership and control. The Journal of Law and Economics, 26(2), p. 301-325.

Felden, B. (2018a): Persönlichkeitsentwicklung als Nachfolger – oder: Kann man Nachfolger züchten. In: Ebel, K.; May, K.; Rau, S. & Zinkann, R. (Hrsg.): Festschrift für Peter Mey: Familienunternehmen – gestern heute morgen. Hamburg: Murmann.

Felden, B. (2018b): Auswahl eines familieninternen Nachfolgers. In: Beckmann, R.; Brost, H. & Faust, M. (Hrsg.): Unternehmensnachfolge im Mittelstand. Frankfurt/M.: Frankfurt School Verlag.

Felden, B.; Hack, A. & Hoon, C. (2018): Management von Familienunternehmen. Wiesbaden: Springer Gabler.

Felden, B.; Hack, A. & Hoon, C. (2019): Family Governance. In: Management von Familienunternehmen (S. 357-381). Wiesbaden: Springer Gabler.

Felden, B. & Pfannenschwarz, A. (2008): Unternehmensnachfolge. München: De Gruyter Oldenbourg.

Felden, B.; Peyerl, C.; Rüsen, T. A. & Wirtz, M. (2023), Kompetenzbeurteilung für Unternehmerfamilien und Familienunternehmen. Praxisleitfaden des Wittener Instituts für Familienunternehmen.

Felden, B. & Rüsen, T. A. (2020): Kompetenzbeurteilung von operativ tätigen Mitgliedern der Unternehmerfamilie. In: FuS – Familienunternehmen und Strategie. Heft 02/2020.

Felden, B. & Wirtz, M. (2012): Das AEP-Modell zur individuellen Beurteilung von familieninternen Nachfolgern. In: DER BETRIEB Nr. 42 vom 19.10.2012, S. M10.

Feninger, M.; Kammerlander, N. & Massis, A. D. (2019): Family business innovation: A circular process model. In: D'Allura, G.; Colli, A. & Goel, S.: Family Firms and Institutional Contexts (p. 187-209). Edward Elgar Publishing. *https://doi.org/10.4337/9781788970181.00017*

Ferrari, E. (2011a): Teamsyntax. Teamentwicklung und Teamführung nach SySt. Aachen: Ferrarimedia.

Ferrari, E. (2011b): Führung im Raum der Werte. Das GPA-Schema nach SySt. Aachen. Ferrarimedia.

Festinger, L.; Torrey, J. & Willermann, B. (1954): Self-evaluation as a function of attraction to the group. Human Relations, 7, p. 161-174.

Fisher, R.; Ury, W. & Patton, B. (2019): Das Harvard-Konzept (2. Auflage). München: Deutsche Verlags Anstalt.

Fittko, L. M. & Kormann, H. (2014): Auswirkungen des Vererbungskonzepts auf die Entwicklung von Familienunternehmen. Zeitschrift für Familienunternehmen und Stiftungen, 2, S. 61-69.

Fleischer, H. & Goette, W. (Hrsg.) (2019): Münchener Kommentar zum Gesetz betreffend die Gesellschaften mit beschränkter Haftung, Band 2, 3. Auflage. München: C. H. Beck.

Fletcher, D.; De Massis, A. & Nordqvist, M. (2016): Qualitative research practices and family business scholarship: A review and future research agenda, in: Journal of Family Business Strategy, 7(1), p. 8-25.

Flume, W. (1977): Allgemeiner Teil des Bürgerlichen Rechts, Erster Band, Erster Teil, Die Personengesellschaft. Wiesbaden: Springer.

Flume, W. (1983): Allgemeiner Teil des Bürgerlichen Rechts, Erster Band, Zweiter Teil, Die juristische Person. Wiesbaden: Springer.

Foerster, H. v. (1988): Aufbau und Abbau. In: Simon, F. B. (Hrsg.): Lebende Systeme: Wirklichkeitskonstruktionen in der systemischen Therapie. Heidelberg: Springer, S. 19-33.

Försterling, F. (1994): Attributionstheorie in der Klinischen Psychologie. Gemeinsamkeiten mit Kognitiven und Verhaltenstherapien. In: F. Försterling; J. Stiensmeier-Pelster (Hrsg.): Attributionstheorien (S. 235-254). Göttingen: Hogrefe.

Framework for Improving Critical Infrastructure Cybersecurity (2014): S. 41.

Frank, H.; Kessler, A.; Nosé, L. & Suchy, D. (2011): Conflicts in family firms: State of the art and perspectives for future research. Journal of Family Business Management, 1(2), p. 130-153.

Frank, H.; Lueger, M.; Nosé, L. & Suchy, D. (2010): The concept of 'familiness': Literature review and systems theory-based reflections. Journal of Family Business Strategy, 1(3), p. 119-130.

Freudenberg & Co. KG (2019a): Unternehmensüberblick. Freudenberg Gruppe. *https://www.freudenberg.com/fileadmin/downloads/deutsch/Freudenberg-Unternehmensueberblick_2019.pdf* [Zugriff am 25. 10. 2019].

Freudenberg & Co. KG (2019b): Geschäftsbericht. Freudenberg Gruppe. *https://www.freudenberg.com/fileadmin/downloads/deutsch/Geschaeftsbericht-Freudenberg-Gruppe-2018.pdf* [Zugriff am 25. 10. 2019].

Freudenberg SE. Unternehmen. Geschichte. Interaktiver Zeitstrahl zur Unternehmensgeschichte. *https://www.freudenberg.com/fileadmin/history/history_de.html* [Zugriff am 27. 10. 2019].

Freudenberg SE. Unternehmen. Portfolio. *https://www.freudenberg.com/de/unternehmen/portfolio/#* [Zugriff am 27. 10. 2019].

Freudenberg SE. Unternehmen. Über uns. Kennzahlen *https://www.freudenberg.com/de/unternehmen/ueber-uns/#* [Zugriff am 27. 10. 2019].

Freudenberg SE. Unternehmen. Unternehmensstruktur. Organisation. Freudenberg & Co. KG. Gesellschafterausschuss. *https://www.freudenberg.com/de/unternehmen/unternehmensstruktur/freudenberg-co/#* [Zugriff am 25. 10. 2019].

Frisch, M. (1964): Tagebücher. Frankfurt/M.: Suhrkamp.

Fuchs, P. (1999): Liebe, Sex und solche Sachen. Zur Konstruktion moderner Intimsysteme. Konstanz: UVK.

Gerber, O. (2014): Was sind die gestaltungsrelevanten Aspekte eines Unternehmertestaments?, FuS 2014, S. 207 ff.

Gerlitz, A. & Hülsbeck, M. (2021): Die dynamische Entwicklung einer Nachhaltigkeitsstrategie in Familienunternehmen – Ein Transformationsmodell für die Praxis. Praxisleitfaden des Wittener Instituts für Familienunternehmen.

Gerlitz, A.; Gerken, M. & Hülsbeck, M. (2023): Corporate Sustainability in Family Firms – a systematic literature review and research agenda. Swiss Journal of Business Research and Practice. 77(4), p. 334–393.

Gerlitz, A.; Gerken, M. & Hülsbeck, M. (2023). We are a family, not a charity – How do family and business logics shape environmental sustainability strategies? A cross-sectional qualitative study. Journal of cleaner production, 413, 137426. *https://doi.org/10.1016/j.jclepro.2023.137426*

Gersick, K. E.; Davis, J. A., Hampton & M. M.; Lansberg, I. (1997): Generation to Generation – Life Cycles of the Family Business. Boston: Harvard Business School Press.

Gersick, K.; Lansberg, I.; Desjardins, M. & Dunn, B. (1999): Stages and transitions: Managing change in the family business. Family Business Review 12 (4), p. 287–297.

Gestrich, A.; Krause, J.-U. & Mitterauer, M. (2003): Geschichte der Familie. Stuttgart: Kröner.

Gigerenzer, G. (2008): Bauchentscheidungen. Die Intelligenz des Unbewussten und die Macht der Intuition. München: Goldmann Verlag.

Gigerenzer, G. (2013): Risiko: Wie man die richtigen Entscheidungen trifft. Gütersloh: Bertelsmann Verlag.

Gimeno, A.; Baulenas, G. & Coma-Cros, J. (2010): Familienunternehmen führen – Komplexität managen. Mentale Modelle und praktische Lösungen. Göttingen: Vandenhoeck & Ruprecht.

Glasl, F. (2013): Konfliktmanagement: Ein Handbuch zur Diagnose und Behandlung von Konflikten für Organisationen und ihre Berater (11. Auflage). Stuttgart/Bern: Haupt.

Glasl, F. (2014): Eskalationsdynamik – zur Logik von Affektsteigerungen. Konfliktdynamik, 3(3), S. 190–199.

Glasl, F. (2024): Wie kann Kriegslogik durch Friedenslogik überwunden werden? Familiendynamik, 49(4), im Druck.

Gomez-Mejia, L. R. (2001): The Role of Family Ties in Agency Contracts. The Academy of Management Journal, Vol. 44, No. 1, p. 81–95.

Gómez-Mejia, L. R.; Haynes, K. T.; Núnez-Nickel, M.; Jacobson, K. J. L. & Moyano-Fuentes, M. (2007): Socio-emotional Wealth and Business Risks in Family-controlled Firms: Evidence from Spanish Olive Oil Mills. Administrative Science Quaterly, 52, p. 106–137.

Gordon, G. & Nicholson, N. (2008): Family wars: Classic conflicts in family business and how to deal with them. London: Kogan.

Goto, T. (2013): Secrets of family business longevity in Japan from the social capital perspective. In: Smyrnios, K. X; Poutziouris, P. Z. & Goel, S. (eds.): The Handbook of Research on Family Business, p. 554–587. Cheltenham: Edward Elgar.

Gottman, J. (2014a): Die Vermessung der Liebe: Vertrauen und Betrug in Paarbeziehungen. Stuttgart: Klett-Cotta.

Gottman, J. (2014b): Die 7 Geheimnisse der glücklichen Ehe. Berlin: Ullstein.

Governance Kodex für Familienunternehmen. *http://www.kodex-fuer-familienunternehmen.de/images/Downloads/Kodex_2015.pdf* [Zugriff am 30.12.2019].

Gräfer, H. & Schneider, G. (2011): Bilanzanalyse. Herne: nwb.

Graham, S. & Weiner, B. (2012): Motivation: Past, present, and future. In: Harris, K. R.; Graham, S.; Urban, T.; McCormick, C. B.; Sinatra, G. M. & Sweller, J.: APA educational psychology handbook, Vol. 1. Theories, constructs, and critical issues (p. 367–397). APA.

Granovetter, M. (1973): The Strength of Weak Ties. In: American Journal of Sociology, 78, p. 1360–1380.

Grashoff, D. (2018): Grundzüge des Steuerrechts, 14. Auflage. München: C. H. Beck.

Grossmann, S.; v. Schlippe, A. (2015): Family Businesses: Fertile Environments for Conflict. Journal of Family Business Management, 5(2), p. 294–314.

Groth, T. (2011): Kommanditgesellschaft Freudenberg & Co. In: Plate, M.; Groth, T.; Ackermann, V. & v. Schlippe, A. (Hrsg.): Große deutsche Familienunternehmen (S. 322–329). Göttingen: Vandenhoeck & Ruprecht.

Groth, T. (2015): Vier Muster der Entscheidungsfindung in Unternehmerfamilien – ein Vorschlag zur Typologisierung. Familienunternehmen Und Stiftungen, 5(3), S. 94–99.

Groth, T.; Rüsen, T. & v. Schlippe, A. (2013): Nachfolge in Familienunternehmen. Praxisleitfaden des Wittener Instituts für Familienunternehmen.

Groth, T. & v. Schlippe, A. (2011): Einführung: Gesellschafterkompetenz als Systemkompetenz. In: EQUA-Stiftung (Hrsg.): Gesellschafterkompetenz – Die Verantwortung der Eigentümer von Familienunternehmen. Bonn: Unternehmer Medien, S. 9–24.

Groth, T. & v. Schlippe, A. (2012): Die Form der Unternehmerfamilie. Paradoxiebewältigung zwischen Entscheidung und Bindung. Familiendynamik, 37(4), S. 268–280.

Grottel, B.; Kieser, M.; Helfmann, L.; Rau, B. & Kettenring, T. (2012): Governance Kodex für Familienunternehmen. Kritische Analyse und Stand der Umsetzung. Zeitschrift für Corporate Governance, 4(12), S. 153–157.

Gummert, H. & Weipert, L. (Hrsg.) (2019): Münchener Handbuch des Gesellschaftsrechts, Band 1, 5. Auflage. München: C. H. Beck.

Habbershon, T. G. & Williams, M. L. (1999): A Resourced-Based Framework for Assessing the Strategic Advantages of Family Firms. In: Family Business Review, 12(1), p. 1–22.

Hagenbüchle, R. & Geyer, P. (Hrsg.) (2002): Das Paradox. Eine Herausforderung des abendländischen Denkens. Würzburg: Königshausen-Neumann.

Handler, W. C. (1994): Succession in family business: A review of the research. Family Business Review, 7, p. 133–157. *https://doi.org/10.1111/j.1741-6248. 1994.00133.x* [Zugriff am 05.12.2019].

Harms, H. (2014): Review of family business definitions: Cluster approach and implications of heterogeneous application for family business research. International Journal of Financial Studies, 2(3), p. 280–314.

Harvey, M. & Evans, R. E. (1994): Family business and multiple levels of conflict. Family Business Review, 7(4), p. 331–348. *https://doi.org/10.1111/j. 1741-6248.1994.00331.x* [Zugriff am 05.12.2019].

Haunschild, L. & Wolter, H.-J. (2010): Volkswirtschaftliche Bedeutung von Familien- und Frauenunternehmen. In: Institut für Mittelstandsforschung Bonn (Hrsg.): IfM-Materialien Nr.199, Bonn.

Hayek, F. A. (1961): Die Theorie komplexer Phänomene. In: Vanberg, V. J. (Hrsg.): Hayek Lesebuch. Tübingen: Mohr Siebeck/UTB (2011), S. 115–139.

Heckhausen, J. & Heckhausen, H. (2011): Motivation und Handeln. Heidelberg: Springer Berlin.

Heider, A. K. (2017): Unternehmenskultur und Innovationserfolg in Familienunternehmen. Wiesbaden: Springer Gabler.

Heider, A. K.; Clauss, T.; Hülsbeck, M.; Gerken, M. & Rüsen, T. A. (2022): Blood is thicker than water: the role of family willingness and family ability in achieving holistic digitalization in family businesses. In: International Journal of Innovation Management, Vol. 26, No. 3.

Heider, A. K.; Gerken, M.; Dinther, N. v. & Hülsbeck, M. (2020): Business model innovation through dynamic capabilities in SMEs – Evidence from the German Mittelstand. In: Journal of Business Research. Online First. *https:// doi.org/10.1016/j.jbusres.2020.04.051* [Zugriff am 15.05.2020].

Heider, A. K.; Gerken, M.; Van Dinther, N. & Hülsbeck, M. (2021): Business model innovation through dynamic capabilities in small and medium enterprises – Evidence from the German Mittelstand. Journal of Business Research, 130, p. 635–645. *https://doi.org/10.1016/j.jbusres.2020.04.051*

Heider, A. K.; Hülsbeck, M. & Rüsen, T. A. (2021): Die digitale Unternehmerfamilie. Studie des Wittener Instituts für Familienunternehmen (WIFU).

Heider, A. K.; Hülsbeck, M. & Von Schlenk-Barnsdorf, L. (2022): The role of family firm specific resources in innovation: An integrative literature review and framework. Management Review Quarterly, 72(2), p. 483–530. *https://doi.org/10.1007/s11301-021-00256-3*

Heider, A. K.; Rüsen, T. A. & Hülsbeck, M. (2019): J. D. Neuhaus: Hebezeuge und Krananlagen für Extrembelastungen über sieben Generationen. Case Study des WIFU in Kooperation mit den Henokiens. *https://www.wifu.de/ bibliothek/j-d-neuhaus-hebezeuge-und-krananlagen-fuer-extrembelastungen-ueber-sieben-generationen/* [Zugriff am 28.12.2019].

Heidt, M.; Gerlach, J. P. & Buxmann, P. (2019): Investigating the Security Divide between SME and Large Companies: How SME Characteristics Influence Organizational IT Security Investments. Information Systems Frontiers, 21(6), p. 1285–1305. *https://doi.org/10.1007/s10796-019-09959-1*

Heil, Caroline (2023): Kindliche Resilienz in Unternehmerfamilien. Eine empirische und sozialisations-theoretische Verortung. Göttingen: Vandenhoeck & Ruprecht.

Hennerkes, B.-H. & Kirchdörfer, R. (2015): „Die Familie und ihr Unternehmen", Frankfurt/M..

Hertel, A. v. (2013): Professionelle Konfliktlösung. Führen mit Mediationskompetenz (2. Auflage). Frankfurt/M.: Campus.

Hildesheimer, A. (1955): Über verborgene Komponenten in der Natur. Zur Frage von Kausalität, Determinismus und Willensfreiheit. Merkur, 9(89), S. 606–626.

Hilse, H. & Simon, F. B. (2000): Familienunternehmen und die Kunst des Managements von Paradoxien. Universität Witten/Herdecke: Unveröffentlichtes Manuskript.

Hinterhuber, H. (1992/2011): Strategische Unternehmensführung, 8. Auflage. Berlin: Erich Schmidt Verlag.

Höffe, O. (2007): Gerechtigkeit zwischen den Generationen. Intergenerational Justice Review/deutschsprachige Ausgabe), 7(4), S. 4–6.

Hofstätter, P. (1966): Einführung in die Sozialpsychologie. Stuttgart: Kröner.

Hondrich, K.-O. (2001): Der Neue Mensch. Frankfurt/M.: Suhrkamp.

Horn, C.-H. (2024): Pflichtteilsrecht. In: Münchner Anwaltshandbuch Erbrecht, 6. Auflage. München: C. H. Beck.

Huber, U. (1970): Vermögensanteil, Kapitalanteil und Gesellschaftsanteil an Personalgesellschaften des Handelsrechts. Heidelberg: Winter.

Hueck, A. (1971): Das Recht der offenen Handelsgesellschaft, 4. Auflage. Berlin: De Gruyter.

Hueck, T. (2017): Die Familienverfassung – Rechtliche Konturen eines Instruments der Governance in Familienunternehmen. Schriften zum Unternehmens- und Kapitalmarktrecht 40. Tübingen: Mohr Siebeck.

Hülsbeck, M.; Lehmann, E. E.; Weiß, D. & Wirsching, K. (2012): Innovationsverhalten in Familienunternehmen. Zeitschrift für Betriebswirtschaft, 82(3), S. 71–91.

Hülsbeck, M.; Meoli, M. & Vismara, S. (2019): The board value protection function in young, mature and family firms. British Journal of Management, 30(2), p. 437–458.

Hutter, M. (1990): Welchen Unterschied macht die Systemtheorie? Ein Übersetzungsversuch von Luhmanns „Die Wirtschaft der Gesellschaft". Kyklos, 43(3), S. 485–494.

Ibbotson, R. G. (2010): The Importance of Asset Allocation, Financial Analysts Journal, 66(2), p. 18–20.

Ibbotson, R. G. & Kaplan, R. D. (2000): Does asset allocation policy explain 40, 90, or 100 percent of performance? In: Financial Analysts Journal, 56(1), p. 26–33.

Interview mit Jan Phillip Wuppermann (2019): Vorsitzender des Beirates der BÜFA GmbH & Co. KG, durchgeführt am 30. 10. 2019 in Oldenburg von Riccardo Keßler, wissenschaftlicher Mitarbeiter des Wittener Instituts für Familienunternehmen (WIFU) der Universität Witten/Herdecke.

Jaffe, D. & Lane, S. (2004): Sustaining a Family Dynasty: Key Issues Facing Complex Multigenerational Business- and Investment-Owning Families. Family Business Review, 17(1), p. 81–98.

Jäkel-Wurzer, D. (2019): Die Unternehmerfamilie als Familie eigener Art im Prozess gesellschaftlicher Veränderungen: Herausforderungen und Chancen am Beispiel der weiblichen Nachfolge. In: Kleve, H. & Köllner, T. (Hrsg.): Die Soziologie der Unternehmerfamilie. Grundlagen, Entwicklungslinien, Perspektiven. Wiesbaden: Springer Gabler, S. 187–204.

Jäkel-Wurzer, D. & Ott, K. (2014): Töchter im Familienunternehmen. Berlin: Springer.

Janis, I. (1991): Groupthink. In: A first look at communication theory (pp. 235–246). New York: McGrawHill.

Janis, I. (2011): Groupthink: The desperate drive for consensus at any cost. In: Shafritz, J.; Ott, J. & Yong, J. (Eds.): Classics of organization theory (pp. 189–196). Wadsworth: Cengage Learning.

Jensen, M. & Meckling, W. (1976): Theory of the firm: Management behavior, agency costs and capital structure. Journal of financial economics, 3(4), p. 305–360.

Jonsson, K. (2019): Das Endowment – Modell und Anlagestrategien für große Vermögen. Perspektiven, Journal of Pictet Wealth Management, Oktober/November 2019, S. 6–9.

Jorion, P. (2012): Risk Management for Alternative Investments. CAIA Supplementary Level 2.

Jung, H. (2014): Persönlichkeitstypologie: Instrument der Mitarbeiterführung. München: De Gruyter.

Jungbauer, J. (2009): Familienpsychologie kompakt. Weinheim: Beltz PVU.

Jurczyk, K. (2014): „Familie als Herstellungsleistung. Hintergründe und Konturen einer neuen Perspektive auf Familie." In: Jurczyk, K.; Lange, A. & Thiessen, B. (Hrsg.): Doing Family. Warum Familienleben heute nicht mehr selbstverständlich ist. Weinheim: Beltz Juventa, S. 50–71.

Jurczyk, K., Lange, A. & Thiessen, B. (Hrsg.) (2014): Doing Family. Warum Familienleben heute nicht mehr selbstverständlich ist. Weinheim: Beltz Juventa.

Kabanda, S.; Tanner, M. & Kent, C. (2018): Exploring SME cybersecurity practices in developing countries. Journal of Organizational Computing and Electronic Commerce, 28(3), p. 269–282.

Kane, G. C.; Palmer, D.; Phillips, A. N.; Kiron, D. & Buckley, N. (2018): Coming of Age Digitally. MIT Sloan Management Review and Deloitte Insights, June 2018. https://sloanreview.mit.edu/projects/coming-of-age-digitally/ Zuletzt abgerufen am 12.07.2021.

Karrenbrock, H. (2020): Die Steuerreformpläne des Bundesministeriums für Wirtschaft und Energie. DStR 2020, 1. https://steuern.beck.de/?vpath= bibdata%2Fzeits%2FDSTR%2F2020%2Fcont%2FDSTR%2E2020%2EH0102% 2Egl1%2Egl1%2Ehtm. [Zugriff am 16.12.2019].

Kaye, K. (1996): When the family business is a sickness. Family Business Review, 9(4), 347–368. https://doi.org/10.1111/j.1741-6248.1996.00347.x [Zugriff am 27.12.2019].

Kellermanns, F. W. & Stanley, L. J. (2013): A second look and commentary on the landscape of family business. In: Sorenson, R. L.; Yu, A.; Brighman, K. H. & Lumpkin, G. T. (eds.): The Landscape of Family Business. Edward Elgar Publishing.

Keßler, A.; Frank, H. & v. Schlippe, A. (2018): Bestimmungsfaktoren der Identität von Unternehmerfamilien. In: Lueger, M.; Frank, H. & Korunka, C. (Hrsg.): Die Unternehmerfamilie im Kontext ihres Familienunternehmens: Eine Studie des Forschungsinstituts für Familienunternehmen an der WU. Wien: Facultas, S. 175-205.

Kidwell, R. E.; Kellermanns, F. W. & Eddleston, K. A. (2012): Harmony, Justice, Confusion, and Conflict in Family Firms: Implications for Ethical Climate and the "Fredo Effect". In: Journal Business Ethics, 106, p. 503-517.

Kim, W.C. & Mauborgne, R. (2005): Blue Ocean Strategy. How to Create Uncontested Market Space and Make the Competition Irrelevant. Boston M. A.: Harvard Business School Publishing Corporation.

Kirchdörfer, R. & Lorz, R. (2011): Corporate Governance in Familienunternehmen, Familienverfassungen und Schnittstellen zum Gesellschaftsvertrag. In: FuS Familienunternehmen und Strategie, S. 97-106.

Klett, D. (2005): Zwischen Kompetenz und Herkunft – zwischen Gleichheit und Selektion. Paradoxe Anforderungen an Familienunternehmen und ihre Unternehmerfamilien. Heidelberg: Carl-Auer.

Kleve, H. (2004): Die intime Grenze funktionaler Partizipation. Ein Revisionsvorschlag zum systemtheoretischen Inklusions-/Exklusions-Konzept. In: Merten, R. & Scherr, A. (Hrsg.): Inklusion und Exklusion in der Sozialen Arbeit. Wiesbaden: VS, S. 163-187.

Kleve, H. (2011): Aufgestellte Unterschiede. Systemische Aufstellung und Tetralemma in der Sozialen Arbeit. Heidelberg: Carl-Auer.

Kleve, H. (2017a): System Compliance in Unternehmerfamilien. Konfliktprävention durch Beachtung elementarer Systemregeln. In: Konfliktdynamik, 4/Heft 2017, S. 294-300.

Kleve, H. (2017b): Die Wechselseitigkeit von Geben und Nehmen. Netzwerke als soziale Systeme. In: systhema, Heft 2/2017, S. 110-121.

Kleve, H. (2017c): Reziprozität ermöglichen. Vernetzung aus systemtheoretischer Perspektive. In: Kontext, Heft 4/2017, S. 353-367.

Kleve, H. (2019): Die Renaissance des „Menschlichen" im Kulturwandel. Integration der psychosozialen, emotionalen und elementaren Ebenen durch systemisches Coaching. In: KonfliktDynamik, Heft 3, S. 196-203.

Kleve, H. (2020a): Die Unternehmerfamilie. Wie Wachstum, Sozialisation und Beratung gelingen. Heidelberg: Carl-Auer.

Kleve, H. (2020b): Entwicklungsstufen und Systemlogiken in Unternehmerfamilien. In: Rüsen, T. A. & Heider, A. (Hrsg.) (2020): Aktive Eigentümerschaft in Familienunternehmen. Gesellschafterkompetenz in Unternehmerfamilien entwickeln und anwenden. Berlin: Erich Schmidt, S. 175-191.

Kleve, H. (2021): Zusammenhalt der Unternehmerfamilie. Die sechs elementaren Systemregeln für Stabilität und Wandel. In: Zeitschrift für Familienunternehmen und Strategie 11 (1/2021), S. 4-11.

Kleve, H.; Boyd, B.; Köllner, T. & Rüsen, T. A. (2022): Überlebensgeschichten im transgenerationalen Unternehmertum: Zur Bedeutung von Narrativen und Narrationen in Familienunternehmen und Unternehmerfamilien. In: Jacob, P.; Borcsa, M.; Olthof, J. & v. Schlippe, A. (Hrsg.): Handbuch der narrativen Therapie und Beratung. Göttingen: Vandenhoeck & Ruprecht, S. 349–359.

Kleve, H. & Köllner, T. (Hrsg.) (2019): Soziologie der Unternehmerfamilie. Grundlagen, Entwicklungslinien, Perspektiven. Wiesbaden: Springer VS.

Kleve, H.; Köllner, T.; v. Schlippe, A. & Rüsen, T. A. (2020): The Business Family 3.0: Dynastic Business Families as Families, Organizations and Networks-Outline of a Theory Extension. Systems Research and Behavioral Science, 37 (3), p. 516–526.

Kleve, H.; Nagel, L. & Köllner, T. (2022): Narrative der Resilienz. Wie sich Unternehmerfamilien mit erzählten Erfolgsgeschichten stärken. In: Familienunternehmen und Strategie (FuS) (5) 2022, S. 177–184.

Kleve, H.; Nagel L. & Schneider, S. (2023): Wie Unternehmerfamilien ihre Langlebigkeit erzählen. Typische Narrative im transgenerationalen Unternehmertum. In: Familiendynamik (1) 2023, S. 38–47.

Kleve, H.; v. Schlippe, A. & Rüsen, T. A. (2018): Unternehmerfamilie 3.0. Die besondere Qualität sozialer Familiennetzwerke. In: OrganisationsEntwicklung, 4/2018, S. 52–58.

Kleve, H.; v. Schlippe, A. & Rüsen, T. A. (2019): Die „verdreifachte" Familie: Dynastische Unternehmerfamilien als Familien, Organisationen und Netzwerke – Skizze einer Theorieerweiterung. In: Kleve, H. & Köllner, T. (Hrsg.): Die Soziologie der Unternehmerfamilie. Grundlagen, Entwicklungslinien, Perspektiven. Wiesbaden: Springer VS, S. 249–266.

Kleve, H.; v. Schlippe, A.; Rüsen, T. A. & Simons, F. (2019): Vermögensmanagement 3.0. Dynastische Unternehmerfamilien zwischen kollektiver Treuhändermentalität und individuellem Anspruch. Witten (noch unveröffentlichtes Manuskript).

Knop, D. (2023): Prophete: Einige Details zum Cyber-Angriff. Heise Online. *https://www.heise.de/news/Fahrradbauer-Prophete-Erste-Details-zum-Cyber-Angriff-7457031.html*

Kodex, R. D. C. G. (2006): Deutscher Corporate Governance Kodex. In: Strategische Unternehmungsplanung – Strategische Unternehmungsführung (S. 511–521). Berlin, Heidelberg: Springer.

Kögel, R. (2016): Grundzüge des deutschen Erbrechts. Praxisleitfaden des Wittener Instituts für Familienunternehmen.

Kögel, R. (2024): Die Nachfolge in Unternehmen und Gesellschaftsanteile. In: Münchner Anwaltshandbuch Erbrecht, 6. Auflage. München: C. H. Beck.

Köllner, T. (2021): Kulturelle Variationen in Familienunternehmen und Unternehmensfamilien: Eine Literaturübersicht und eine Forschungsagenda. Arbeitsberichte des Instituts für Soziologie der Otto-von-Guericke Universität Magdeburg 79.

Köllner, T. (2023): Family Firms and Business Families in Cross-Cultural Perspective: Bringing Anthropology Back In. Cham: Palgrave Macmillan.

Köllner, T.; Boyd, B.; Kleve, H. & Rüsen, T. A. (2023): Producing and Reproducing the Business Family Across Generations: The Importance of Narratives in German Business Families. In: Köllner, T. (ed.): Family Firms and Business Families in Cross-Cultural Perspective: Bringing Anthropology Back In, p. 57–80. Cham: Palgrave Macmillan.

Köllner, T.; Haver-Rassfeld, H. & Kleve, H. (2022): Das Doing-Family-Konzept. Eine neue Perspektive zum Verständnis der Herstellung und des Zusammenhalts von Unternehmerfamilien. In: Familienunternehmen und Strategie 1, S. 11–17.

Köllner, T. & Kleve, H. (2023): Doing Business Family. Wie Unternehmerfamilien Identität, Sinn und Zusammenhalt herstellen können. Praxisleitfaden des Wittener Instituts für Familienunternehmen.

Köllner, T.; Kleve, H.; Simons. F.; v. Schlippe, A. & Rüsen, T. A. (2020): Vermögensmanagement in großen Unternehmerfamilien: Zwischen individuellem Anspruch und kollektiver Verantwortung. Zeitschrift für KMU und Entrepreneurship 03, S. 191–217.

König, A.; Kammerlander, N. & Enders, A. (2013): The Family Innovator's Dilemma: How Family Influence Affects the Adoption of Discontinuous Technologies by Incumbent Firms. Academy of Management Review, 38(3), p. 418–441. https://doi.org/10.5465/amr.2011.0162

Korman, H. & Börner, M. (2023): Inhaberschaft im Familienunternehmen als Profession. Aufgabenerfüllung in Balance von Verantwortung, Kompetenz und Engagement. Wiesbaden: Springer Gabler.

Kormann, H. (2008): Beiräte in der Verantwortung. Aufsicht und Rat Familienunternehmen. Berlin, Heidelberg: Springer Verlag.

Kormann, H. (2010): Zusammenhalt der Unternehmerfamilie: Verträge, Vermögensmanagement, Kommunikation. Berlin: Springer Verlag.

Kormann, H. (2011a): Gesellschafter und die Strategiearbeit. In: EQUA-Stiftung (Hrsg.): Gesellschafterkompetenz – Die Verantwortung der Eigentümer von Familienunternehmen. Bonn: Unternehmer Medien, S. 34–47.

Kormann, H. (2011b): Konfliktbearbeitung. In Zusammenhalt der Unternehmerfamilie (S. 391–440). Berlin, Heidelberg: Springer.

Kormann, H. (2013): Gewinnverwendung und Vermögen. Zukunftssicherung für das Familienunternehmen und seine Inhaber. Wiesbaden: Springer Gabler.

Kormann, H. (2017): Governance des Familienunternehmens. Wiesbaden: Springer Gabler.

Kormann, H. (2018): Zusammenhalt der Unternehmerfamilie: Verträge, Vermögensmanagement, Kommunikation (2. Überarbeitung). Berlin: Springer.

Kormann, H. & Wimmer, R. (2018): Vom Ursprung der Forschung zu Familienunternehmen. Familienunternehmen Und Strategie, 8(5), S. 148–153.

Krappe, A.; Goutas, L. & v. Schlippe, A. (2011): The "family business brand": an enquiry into the construction of the image of family businesses. Journal of Family Business Management, 1(1), 37–46. https://doi.org/10.1108/20436231111122272 [Zugriff am 22.12.2020].

Krauth, K.-J. (2014): Bedeutung und Gründe für Re-Investition der Verkaufserlöse aus Veräußerung von Beteiligungen an Familienunternehmen in unternehmerische Aktivitäten. Master-Arbeit, Zeppelin Universität.

Krinsky, S. C. & Smith, J. U. R. (2018): A roadmap for the roadmap: creating an investment policy statement for endowments and foundations. San Francisco/New York: *https://www.hallcapital.com/news/pdfs/Creating_An_Investment_Policy_Statement.pdf* [Zugriff am 05.03.2020].

La Porta, R.; Lopez-de-Silanes, F.; Shleifer, A. & Vishny, R. (2000): Investor protection and corporate governance. Journal of financial economics, 58(1–2), p. 3–27.

Lambrecht, J. & Lievens, J. (2008): Pruning the Family Tree: An Unexplored Path to Family Business Continuity and Family Harmony. Family Business Review, Vol. 21, pp. 295–313. *https://doi.org/10.1177/0894486508021004 0103* [Zugriff am 05.01.2020].

Lansberg, I. & Astrachan, J. H. (1994): Influence of Family Relationships on Succession Planning and Training: The Importance of Mediating Factors. Family Business Review, 7(1), 39–59. *https://doi.org/10.1111/j.1741-6248.1994.00039.x* [Zugriff am 04.01.2020].

Lanteri, A. (2019): Clever. The Six Strategic Drivers for the Fourth Industrial Revolution. Lioncrest.

Layer, B. (2024): Der „wegziehende" Mitunternehmer – Steuerliche und ausgewählte sonstige Aspekte. In: DStR 19/2024, S. 1049–1056.

Layer, B. & Neckenich, L. (2024): Aktuelle Entscheidungen des BFH und des BVerfG. In In: FuS Familienunternehmen und Strategie 01/2024, S. 41ff.

Learmonth, L. & Liechtenstein, H. (2020): The European Family Investment Company Report, 1st. ed. London: Deanbridge International. *www.deanbridgeinternational.com* [Zugriff am 07.03.2020].

Leiß, G. (2019): Gesellschaftliche Pluralität und familiäre Identität: Zur Evolution der Unternehmerfamilie am Beispiel der Nachfolge in Familienunternehmen. In: Kleve, H. & Köllner, T. (Hrsg.): Die Soziologie der Unternehmerfamilie. Grundlagen, Entwicklungslinien, Perspektiven. Wiesbaden: Springer VS, S. 169–186.

Lenssen, G.; Bevan, D.; Fontrodona, J.; Spitzeck, H. & Hansen, E. (2010): "Stakeholder governance: how stakeholders influence corporate decision making", Corporate Governance, 10(4), p. 378–391.

Lepper, M. (1988): Motivational Consideration in the Study of Instruction. Cognition and Instruction. 5(4), p. 289–309.

Lindemann, H.; Mayer, C.-H. & Osterfeld, I. (2018): Systemisch-lösungsorientierte Mediation und Konfliktklärung. Göttingen: Vandenhoeck & Ruprecht.

Litz, R. A. (2012): Double roles, double binds? Double bind theory and family business research. In: Carsrud, A. & Brännback, M. (Eds.): Understanding family business. Unique perspectives, neglected topics, and undiscovered approaches (p. 115–132). Heidelberg: Springer.

LKA NRW. (2021). Cybercrime—Lagebild NRW 2021. *https://polizei.nrw/artikel/lagebild-cybercrime*

Locke, E. A. & Schattke, K. (2019): Intrinsic and Extrinsic Motivation: Time for Expansion and Clarification. Motivation Science, 5(4), p. 1–33.

Lubinski, C. (2010): Familienunternehmen in Westdeutschland: Corporate Governance und Gesellschafterkultur seit den 1960er Jahren. München: C. H. Beck.

Luhmann, N. (1969): Legitimation durch Verfahren. Frankfurt/M.: Suhrkamp.

Luhmann, N. (1982): Liebe als Passion. Zur Codierung von Intimität. Frankfurt/M.: Suhrkamp.

Luhmann, N. (1984): Soziale Systeme. Grundriß einer allgemeinen Theorie. Frankfurt/M.: Suhrkamp.

Luhmann, N. (1990): Sozialsystem Familie. In: ders. Soziologische Aufklärung 5. Konstruktivistische Perspektiven. Opladen: Westdeutscher Verlag, S. 196–217.

Luhmann, N. (1997): Die Gesellschaft der Gesellschaft. 2 Bände. Frankfurt/M.: Suhrkamp.

Luhmann, N. (1999): Funktionen und Folgen formaler Organisation. Berlin: Duncker u. Humblot.

Luhmann, N. (2000): Organisation und Entscheidung. Wiesbaden: Westdeutscher Verlag.

Luhmann, N. (2001): Aufsätze und Reden. Stuttgart: Reclam.

Luhmann, N. (2002): Das Erziehungssystem der Gesellschaft. Frankfurt/M.: Suhrkamp.

Luhmann, N. (2005): Sozialsystem Familie. In: Luhmann, N. (Hrsg.): Soziologische Aufklärung 5. Konstruktivistische Perspektiven (3. Auflage, S. 189–209). Opladen: VS Verlag für Sozialwissenschaften.

Luhmann, N. & Schorr, K.-E. (1979): Reflexionsprobleme im Erziehungssystem. Frankfurt/M.: Suhrkamp.

Maginn, J. L.; Tuttle, D. L.; McLeavey, D. W. & Pinto, J. E. (Hrsg.) (2007): Managing investment portfolios: a dynamic process (3rd Edition). New York: John Wiley & Sons.

Maier, W. (2019): Beck'sches Steuer- und Bilanzrechtslexikon.

Markowitz, H. (1952): Portfolio Selection. In: The Journal of Finance, Vol. 7, No. 1, p. 77–91; Goetzmann, W. N.; Brown, S. J.; Gruber, M. J.; Elton, E. J. (2014). Modern portfolio theory and investment analysis. New York: John Wiley & Sons.

marktEINBLICKE, *https://markteinblicke.de* [Zugriff am 06.04.2020].

Marston, W.M. (1928): Emotions of Normal People, Kegan Paul Trench Trubner And Company. London: Limited.

May, P. (2007): Die Familienstrategie – ein Weg zu Good Governance in Familienunternehmen. In: Frasl, E. & Rieger, H. (Hrsg.): Family Business Handbuch, S. 60–71. Wien: Linde.

May, P. (2012): Erfolgsmodell Familienunternehmen – Das Strategie-Buch. Hamburg: Murmann.

May, P. (2017): Die Inhaberstrategie im Familienunternehmen. Eine Anleitung. Hamburg: Murmann.

May, P. & Bartels, P. (Hrsg.) (2016): Nachfolge im Familienunternehmen. Handbuch für Unternehmerfamilien und ihre Begleiter. Köln: Bundesanzeiger Verlag.

McClelland, D. (1980): Motive dispositions: The merits of operant and respondent measures. In: Wheeler, L.: Review of personality and social psychology (Bd. 1) (p. 10–41). Beverly Hills, CA: Sage.

McGraw, G. & Morrisett, G. (2000): Attacking Malicious Code: A Report to the Infosec Research Council. IEEE Software, 17(5), 33–41. *https://doi.org/10.1109/52.877857*

McKee, D.; Madden, T.; Kellermanns, F. W. & Eddleston, K. A. (2014): Conflicts in family firms: The good and the bad. In: Melin, L.; Nordqvist, M. & Sharma, P. (Eds.): The SAGE handbook of family business (p. 514–528). Los Angeles, London: SAGE Publications.

McVey, H. (2023): Die Inflation ist sehr hartnäckig. Interview durch D. Kremer. In: Frankfurter Allgemeine Sonntagszeitung, 30. April, 2023, Nr. 17, 29.

Metzler, F. von (2008): Vom Vermögen – Einführende Gedanken. In: Metzler Private Banking (Hrsg.): Vom Vermögen. Frankfurt/M.: B. Metzler seel. Sohn & Co. KG a A. S. 11–32.

Michiels, A.; Voordeckers, W.; Lybaert, N. & Steijvers, T. (2015): Dividends and family governance practices in private family firms. Small Business Economics, 44(2), p. 299–314.

Miller, D.; Wright, M.; Breton-Miller, I. Le & Scholes, L. (2015): Resources and Innovation in Family Businesses: The Janus-Face of Socioemotional Preferences. California Management Review, 58(1), 20–40. *https://doi.org/10.1525/cmr.2015.58.1.20* [Zugriff am 15.12.2019]

Milzer, L. (2024): Handbuch Eheverträge und Scheidungsvereinbarungen, 9. Auflage. München: C. H. Beck.

Mintzberg, H. (1987): Crafting Strategy. In: Harvard Business Review, July/August, S. 66–75.

Mintzberg, H. (1994): The Rise and Fall of Strategic Planning. New York: Harvard Business Review.

Mohd Salleh, N. A.; Rohde, F. & Green, P. (2017): Information Systems Enacted Capabilities and Their Effects on SMEs' Information Systems Adoption Behavior. Journal of Small Business Management, 55(3), p. 332–364. *https://doi.org/10.1111/jsbm.12226*

Molly, V.; Laveren, E. & Jorissen, A. (2012): Intergenerational Differences in Family Firms: Impact on Capital Structure and Growth Behavior. Entrepreneurship: Theory & Practice, July 2012, p. 703–725.

Montada, L. (2014): Gerechtigkeit – ein Kernproblem in Konflikten. Konfliktdynamik, 3(1), S. 26–34.

Moog, P.; Kay, R.; Schlömer-Laufen, N. & Schlepphorst, S. (2012): Unternehmensnachfolgen in Deutschland. Aktuelle Trends (IfM-Materialien Nr. 216). Bonn-Bad Godesberg: Institut für Mittelstandsforschung.

Müller-Tiberini, F. (2008): Erben in Familienunternehmen. Die Unternehmensnachfolge konfliktfrei regeln. Zürich: Orell Füssli.

Murray, H. A. (1938): Explorations in personality. Oxford: University Press.

Muscheler, K. (2011): Stiftungsrecht, Gesammelte Beiträge, 2. Auflage. Nomos.

Nagel, L. (2021): Kybernetik, Kommunikation und Konflikt. Gregory Bateson und (s)eine kybernetische Konflikttheorie. Heidelberg: Carl-Auer.

Literaturverzeichnis

Nagel, L. (2023): Von Bäumen, Blinden und Autofahrten zu kybernetischen Prämissen. Drei systemische Korrektive zur Vorbeugung der Eskalation von Konflikten. Zeitschrift für Konfliktmanagement, 2(26), S. 53–57.

Nagel, L. & Kleve, H. (2022): Die Kunst des Fairen Streitens. Eine Methode für den konstruktiven Umgang mit Konflikten in Unternehmerfamilien. Praxisleitfaden des Wittener Instituts für Familienunternehmen.

Nagel, R. & Wimmer, R. (2014): Systemische Strategieentwicklung. Modelle und Instrumente für Berater und Entscheider. 6. überarb. Auflage. Stuttgart: Verlag Schäffer-Poeschel.

Natorp, P. (1908): Pestalozzi: Sein Leben und seine Ideen. Hamburg: tredition.

Nazareth, D. L. & Choi, J. (2015): A system dynamics model for information security management. Information & Management, 52(1), 123–134. *https://doi.org/10.1016/j.im.2014.10.009*

Neisius, A. (2018): Zinswende und alternative Investments: „Die Realität ist noch nicht durchgesickert". Private Banking Magazin 11.09.2018.

Nerdinger, F. W.: Blickle, G. & Schaper, N. (2014): Arbeits- und Organisationspsychologie. Heidelberg: Springer Berlin.

Neubaum, D. O. (2018): Family Business Research: Roads Travelled and the Search for Unknown Paths. In: Family Business Review, 31(3), p. 259–270.

Nietsch, M. (2018): Faktoren der Rechtsformwahl, FuS Sonderausgabe 2018, S. 43 ff.

Nietsch, M. (2019): Stiftungsrecht, Gesammelte Beiträge II.

Nolen, S. B. (1988): Reasons for studying: Motivational orientation and study strategies. Cognition and Instruction. 5(4), p. 269–287.

Oertzen, C. v. & Windeknecht, P. (2019): Demenz als Feind der Nachfolgeplanung. ZEV 2019, S. 8 ff. München: C. H. Beck.

Oetker, H. (2019): Handelsgesetzbuch, 6. Auflage.

Olejniczak, T.; Pikos, A. & Goto, T. (2019): In search of continuity: Theoretical and methodological insights from a case study of a Polish centennial company. Journal of Management History 25 (4), p. 565–584.

Omer, H. & v. Schlippe, A. (2023): Autorität durch Beziehung. Gewaltloser Widerstand in Beratung, Therapie, Erziehung und Gemeinde (10. vollständig überarbeitete und erweiterte Auflage). Göttingen: Vandenhoeck & Ruprecht.

Opoczynski, M. (2005): Die Blutsauger der Nation. München: Droemer.

Osborn, E. (2015): Business versus technology: Sources of the perceived lack of cyber security in SMEs.

Osborn, E. & Simpson, A. (2018): Risk and the small-scale cyber security decision making dialogue—a UK case study. The Computer Journal, 61(4), p. 472–495.

Otten-Pappas, D. (2013): The Female Perspective on Family Business Successor Commitment. Journal of Family Business Management 3 (1), p. 8–23.

Otten-Pappas, D. (2015): Taking over the Family Business: A Career Developmental Perspective on Male and Female Succession. Göttingen: V & R unipress.

Pahnke, A. & Welter, F. (2019): The German Mittelstand: Antithesis to the Silicon Valley entrepreneurship model? In: IfM Bonn: Working Paper 01/19.

Palandt, O. (2020): Bürgerliches Gesetzbuch, 79. Auflage.

Palfrey, J. & Gasser, U. (2008): Born Digital: Understanding the First Generation of Digital Natives. Basic Books: New York, NY (USA).

Patuelli, A.; Carungu, J. & Lattanzi, N. (2022): Drivers and nuances of sustainable development goals: Transcending corporate social responsibility in family firms. J. Clean. Prod., 373, 133723. *https://doi.org/10.1016/j.jclepro. 2022.133723.*

Pellens, B.; Fülbier, R. U.; Gassen, J. & Sellhorn, T. (2017): Internationale Rechnungslegung, 10. Auflage. Stuttgart: Schäffer-Poeschel.

Petzold, H. (1993): Integrative Therapie. Paderborn: Junfermann.

Peuckert, R. (2012): Familienformen im sozialen Wandel (8. Auflage). Wiesbaden: Springer VS.

Pfaller, S. (2022, 5. Oktober): Hackerangriff bei Babynahrungshersteller Hipp. BR24. *https://www.br.de/nachrichten/bayern/hackerangriff-bei-babynahrungshersteller-hipp,TJNwHvL*

Pfannenschwarz, A. (2006): Nachfolge und Nicht-Nachfolge in Familienunternehmen. Ambivalenzen und Lösungsstrategien beim familieninternen Generationswechsel. Heidelberg: Carl-Auer.

Pictet (2018): Berechnungen auf Basis der National Association of College and University Business Officers (NACUBO). NACUBO-Commonfund Study of Endowments for 2009 through 2017. NACUBO-TIAA Study of Endowments (NTSE). Berechnet mit Stichtag 30.06.2018.

Pictet (2019): Horizonte: Erwartete Rendite über die nächsten 10 Jahre. *https:// static.group.pictet/sites/default/files/2018-06/Perspectives-June-July2018-DE. pdf* [Zugriff am 26.04.20].

Plate, M.; Groth, T.; Ackermann, V. & v. Schlippe, A. (2011): Große deutsche Familienunternehmen. Göttingen: Vandenhoeck & Ruprecht.

Porter, M. (1986/2010): Wettbewerbsvorteile, 7. Auflage. Frankfurt/M.: Campus (zuerst erschienen 1986).

Porter, M. E. & Kramer, M.R. (2012): Shared Value: Die Brücke von Corporate Social Responsibility zu Corporate Strategy. In: Schneider, A. & Schmidpeter, R. (Hrsg.): Corporate Social Responsibility, S. 137–153. Wiesbaden: Springer Gabler.

Prinz, U. & Kahle, H. (2020): In Beck'sches Handbuch der Personengesellschaften, 5. Auflage.

Redlefsen, M. (2004): Der Ausstieg von Gesellschaftern aus großen Familienunternehmen. Wiesbaden: DUV Gabler.

Repenning, N. P. & Sterman, J. D. (2001): Nobody Ever Gets Credit for Fixing Problems That Never Happened: Creating and Sustaining Process Improvement. California Management Review, 43(4).

Rerrich, M. (2014): „Doing Family – Stärken und blinde Flecken eines Zugangs. Versuch einer Bilanz". In: Jurczyk, K.; Lange, A. & Thiessen, B. (Hrsg.): Doing Family. Warum Familienleben heute nicht mehr selbstverständlich ist. Weinheim: Beltz Juventa, S. 310–316.

Rheinberg, F. (1986): Lernmotivation. In: Sarges, W. & Fricke, R.: Psychologie für die Erwachsenenbildung (S. 360–365). Göttingen: Hofgrefe.

Richter, A.; Hueck, T.; Rüsen, T. A. & v. Schlippe, A. (2019): Die Familienverfassung als Instrument der Family Governance und ihre juristische Umsetzung. Praxisleitfaden des Wittener Instituts für Familienunternehmen.

Riedl, R. (1981): Die Folgen des Ursachendenkens. In: Watzlawick, E. (Hrsg.): Die erfundene Wirklichkeit (S. 67–90). München: Piper.

Robbins, S. B.; Lauver, K.; Le, H.; Davis, D.; Langley, R. & Carlstrom, A. (2004): Do Psychosocial and Study Skill Factors Predict College Outcomes? A Meta-Analysis. Psychological Bulletin, 130(2), p. 261-288.

Roehling, M. (1997): The origins and early development of the psychological contract construct. Journal of Management History, 3(2), p. 204–217. https://doi.org/10.1108/13552529710171993 [Zugriff am 16.11.2019].

Roessl, D.; Fink, M. & Kraus, S. (2010): Are family firms fit for innovation? Towards an agenda for empirical research. International Journal of Entrepreneurial Venturing, 2(3/4), 366. https://doi.org/10.1504/IJEV.2010.037118

Rosa, H. (2019): Wen werden wir lieben. ZEIT Wissen (6), 96.

Roth, G. (2003): Aus Sicht des Gehirns. Frankfurt/M.: Suhrkamp.

Roth, G. (2007): Persönlichkeit, Entscheidung und Verhalten. Warum es so schwierig ist, sich und andere zu ändern. Stuttgart: Klett-Cotta.

Rüsen, T. A. (2017a): Krisen und Krisenmanagement in Familienunternehmen, 2. Auflage. Berlin: Springer Verlag.

Rüsen, T. A. (2017b): Family Compliance als Bestandteil der Familienstrategie. In: FuS. Familienunternehmen und Strategie. 04/2017. S. 120–125.

Rüsen, T. A. (2018): Family Education – überschätzt oder unterschätzt. In: Ebel, K. et al. (Hrsg.): Familienunternehmen – Gestern, Heute, Morgen. Beitrag Festschrift Peter May, S. 268–277. Hamburg: Murmann.

Rüsen, T. A. (2019): Gesellschafterkompetenz in Familienunternehmen – Der Erfolgsfaktor für langlebige Familienunternehmen. Praxisleitfaden des Wittener Instituts für Familienunternehmen.

Rüsen, T. A. (2021): Management der Unternehmerfamilie 4.0 – Formen eines digitalisierten Familienmanagements und Ansätze, den Austausch und Zusammenhalt in einer Lockdown-Situation zu organisieren. In: FuS – Familienunternehmen und Strategie, Heft 02/2021, S. 42–48.

Rüsen, T. A. (Hrsg.) (2011): Familienunternehmen erfolgreich sanieren. Der Einfluss des Familienfaktors bei Restrukturierungen. Berlin: Erich Schmidt.

Rüsen, T. A. & Großmann, S. (2014): Ein Familienstrategieprozess als Konfliktlöser in Familienunternehmen? In: KonfliktDynamik. 3. Jahrgang, Heft 4/2014 S. 0332–0339.

Rüsen, T. A.; Heider, A. K. (2018): Die digitalisierte Unternehmerfamilie. In: Private Wealth: Vermögen, Wohlstand & Werte, Heft 2/2018, S. 106–107.

Rüsen, T. A. & Heider, A. K. (2020): Die Chancen aufgreifen. Digitalisierungsdynamiken und -strategien in Familienunternehmen. In: Handbuch Digitaler Mittelstand, ayway media GmbH (Hrsg.). S. 27–32.

Rüsen, T. A.; Heider, A. K.; Hülsbeck, M. & Bretschneider, U. (2019): Die digitalisierte Unternehmerfamilie. In: FuS: Zeitschrift für Familienunternehmen und Strategie, 9(3), S. 90–95.

Rüsen, T. A.; Heider, A. K.; Hülsbeck, M. & Orenstrat, R. (2021): Der Einfluss der Unternehmerfamilie auf den Digitalisierungsprozess des Familienunternehmens. Determinanten und Wirkung des „Digitalen Reifegrades" einer Unternehmerfamilie. WIFU Praxisstudie 2021, S. 11.

Rüsen, T. A.; Hülsbeck, M.; Gerken, M. & Vöpel, N. (2018): 20 Jahre WIFU, Studie: Was bewegt Familienunternehmer wirklich.

Rüsen, T. A.; Kleve, H. & v. Schlippe, A. (2019): Die dynastische Großfamilie. Skizze eines spezifischen Typus von Unternehmerfamilien. In: Kleve, H. & Köllner, T. (Hrsg.): Die Soziologie der Unternehmerfamilie. Grundlagen, Entwicklungslinien, Perspektiven. Wiesbaden: Springer/VS, S. 225–245.

Rüsen, T. A.; Kleve, H. & v. Schlippe, A. (2021): Management der dynastischen Unternehmerfamilie: Zwischen Familie, Organisation und Netzwerk. Berlin: Springer.

Rüsen, T. A. & Löhde, A. S. (2019): Die Unternehmerfamilie und ihre Familienstrategie. Einblicke in die gelebte Praxis von Family Governance. Studie des Wittener Instituts für Familienunternehmen.

Rüsen, T. A.; Orenstrat, R. & Binz-Astrachan, C. (2022): Gesellschafterkompetenz in Unternehmerfamilien: Aktuelle Trends und Entwicklungen. Studie des Wittener Instituts für Familienunternehmen.

Rüsen, T. A. & v. Schlippe, A. (2017a): Clans – so werden große Familien zukunftsfähig. In: Private Wealth: Vermögen, Wohlstand & Werte, Heft 3/2017, S. 96–98.

Rüsen, T. A. & v. Schlippe, A. (2017b): Clan Management – wenn der Gesellschafterkreis wächst. In: Private Wealth: Vermögen, Wohlstand & Werte, Heft 2/2017, S. 96–97.

Rüsen, T. A.; v. Schlippe, A. & Gimeno, A. (2012): Strukturelles Risiko und Mentale Modelle in Familie und Unternehmen von Familienunternehmen. In: Familienunternehmen und Stiftungen, Heft 03, S. 92–98.

Rüsen, T. A.; v. Schlippe, A. & Groth, T. (2019a): Familienstrategieentwicklung in Unternehmerfamilien – Inhalt und Formen von Family Governance und Familienmanagement-Systemen. Praxisleitfaden des Wittener Instituts für Familienunternehmen.

Rüsen, T. A.; v. Schlippe, A. & Groth, T. (2019b): Mentale Modelle von Familienunternehmen. Wie Unternehmerfamilien über sich und ihre Verbindung zum Familienunternehmen denken. Praxisleitfaden des Wittener Instituts für Familienunternehmen.

Rüsen, T. A.; v. Schlippe, A. & Kleve, H. (2019c): Die dynastische Großfamilie. Skizze eines spezifischen Typus von Unternehmerfamilien. In: Kleve, H. & Köllner. T. (Hrsg.): Die Soziologie der Unternehmerfamilie. Grundlagen, Entwicklungslinien, Perspektiven. Wiesbaden: Springer VS, S. 225–247.

Rüsen, T. A.; v. Schlippe, A.; Richter, A. & Hueck, T. (2019d): Die Familienverfassung als Instrument der Family Governance und ihre juristische Umsetzung. Praxisleitfaden des Wittener Instituts für Familienunternehmen.

Sahlins, M. (2013): What Kinship Is – and Is Not. Chicago: The University of Chicago Press.

Sarges, W. (2009): Warum Assessment Center häufig zu kurz greifen und zudem meist das Falsche zu messen versuchen. In: Zeitschrift für Arbeits- und Organisationspsychologie A&O (2009), 53, pp. 79–82. https://doi.org/10.1026/0932-4089.53.2.79 [Zugriff am 16.11.2019].

Schatz, D.; Bashroush, R. & Wall, J. (2017): Towards a More Representative Definition of Cyber Security. The Journal of Digital Forensics, Security and Law. https://doi.org/10.15394/jdfsl.2017.1476

Schlaadt, C. (2017): Familienunternehmen 4.0: Wie digitalisiert sind deutsche (Familien-)Unternehmen? In: zupFIF, Schriftenreihe des Friedrichshafener Instituts für Familienunternehmen, S. 29–37.

Schlippe, A. v. (2007a): Das Balancieren von Paradoxien in Familienunternehmen – Kultur mit Struktur versöhnen. In: Rausch, K. (Hrsg.): Organisation gestalten – Struktur mit Kultur versöhnen. Fachhochschule Osnabrück, S. 111–129.

Schlippe, A. v. (2007b): Paradoxiemanagement in Familienunternehmen. In: Tomaschek, N. (Hrsg.): Die bewusste Organisation. Heidelberg: Carl-Auer.

Schlippe, A. v. (2012a): Psychologische Aspekte der Unternehmensnachfolge: ambivalente Nachfolgesysteme. Familienunternehmen und Stiftungen, (5), S. 170–175.

Schlippe, A. v. (2012b): Werte und Wertewandel in Familienunternehmen am Beispiel der Unternehmensnachfolge. In: Hennerkes, B.-H. & Augustin, G. (Hrsg.): Wertewandel mitgestalten – gut handeln in Gesellschaft und Wirtschaft (S. 367–385). Freiburg: Herder.

Schlippe, A. v. (2013a): Kein „Mensch-ärgere-dich-nicht"-Spiel: ein kritischer Blick auf das „Drei-Kreise-Modell" zum Verständnis von Familienunternehmen. In: Schumacher, T. (Hrsg.): Professionalisierung als Passion. Aktualität und Zukunftsperspektiven der systemischen Organisationsberatung (S. 143–164). Heidelberg: Carl-Auer.

Schlippe, A. v. (2013b). Die Konstruktion von Feindbildern: Eine paradoxe Anleitung. Autorität, Autonomie und Bindung, S. 41–60.

Schlippe, A. v. (2014): Das kommt in den besten Familien vor. Systemische Konfliktberatung in Familien und Familienunternehmen. Stuttgart: Concadora.

Schlippe, A. v. (2018a): Ein Businessplan für das Juwel: „Schräge kommunikative Anschlüsse". Familiendynamik, 43(3), S. 248–251.

Schlippe, A. v. (2018b): Übung zur Musterunterbrechung bei Konflikten: Kleine Kreditangebote. Systhema, 32(1), S. 67–68.

Schlippe, A. v. (2019): Die Selbstorganisation eskalierender Konflikte – Reiseberichte aus Dämonistan. In: Fischer, C. (Hrsg.): Kommunikation und Konflikt (S. 43–59). München: C. H. Beck.

Schlippe, A. v. (2022): Das Testament schafft Fakten. Erben, Vererbung und Gerechtigkeit. Familiendynamik 47(1), S. 4–11.

Schlippe, A. v. (2022a): Das Karussell der Empörung. Konflikteskalation verstehen und begrenzen. Göttingen: Vandenhoeck & Ruprecht.

Schlippe, A. v. (2022b): Erzählen schafft Erinnerung. Die Verkörperung und transgenerationale Bedeutung von Geschichten in Familien. In: Jakob, P.; Borcsa, M.; Olthof, J. & v. Schlippe, A. (Hrsg.): Narrative Praxis. Ein Handbuch für Beratung, Therapie und Coaching. Göttingen: Vandenhoeck & Ruprecht, S. 120–134.

Schlippe, A. v. & Hülsbeck, M. (2016): Psychologische Kontrakte in Familienunternehmen. Familienunternehmen und Strategie, (4), S. 122–127.

Schlippe, A. v. & Frank, H. (2016): Conflict in family business in the light of systems theory. In: Kellermanns, F. W. & Hoy, F. (Eds.): The Routledge Companion to Family Business (p. 367–384). *https://doi.org/10.4324/9781315688053* [Zugriff am 07. 12. 2020].

Schlippe, A. v. & Groth, T. (2006): Familienunternehmen und Beratung – Paradoxien und Dilemmata. In: Deissler, K. G.: Familienunternehmen beraten – Positionen und Praxisbeispiele. Bielefeld: transcript Verlag.

Schlippe, A. v.; Groth, T. & Rüsen, T. A. (2012): Paradoxien der Nachfolge in Familienunternehmen. Konfliktdynamik, 1(4), S. 288–299.

Schlippe, A. v.; Groth, T. & Rüsen, T. A. (2017): Die beiden Seiten der Unternehmerfamilie. Familienstrategie über Generationen. Auf dem Weg zu einer Theorie der Unternehmerfamilie. Göttingen: Vandenhoeck & Ruprecht.

Schlippe, A. v. & Herrmann, F. (2013): The theory of social systems as a framework for understanding family businesses, Family Relations, 62(3), p. 384–398.

Schlippe, A. v. & Schweitzer, J. (2009): Systemische Interventionen. Göttingen: Vandenhoeck & Ruprecht.

Schmid, T. (2010): The economic forces governing family firms: empirical evidence from capital structure, payout policy and diversification decisions. Dissertation an der TU München.

Schmidt, K. (2002): Gesellschaftsrecht, 4. Auflage. Carl Heymanns Verlag.

Schreiber, C. (2014): Die Gesellschafterhaftung für existenzvernichtende Eingriffe im Zivil- und Ertragsteuerrecht, Der Konzern 2014, S. 435 ff.

Schreyögg, G. (1999): Strategisches Management – Entwicklungstendenzen und Zukunftsperspektiven. In: Die Unternehmung, Heft 6.

Schröder, E. (2019): Sozialisations- und Erziehungsprozesse in Unternehmerfamilien. In: Kleve, H. & Köllner, T. (Hrsg.): Die Soziologie der Unternehmerfamilie. Grundlagen, Entwicklungslinien, Perspektiven. Wiesbaden: Springer VS, S. 205–224.

Schunk, D.; Pintrich, P. R. & Meece, J. L. (2008): Motivation in education: theory, research, and applications (3rd ed.). Upper Saddle River, N. J: Pearson/Merrill Prentice Hall.

Seel, N.M. (1991): Weltwissen und mentale Modelle. Göttingen: Hogrefe.

Seibold, L. K. C. (2020): Family Businesses' Growth. Unpacking the Black Box. Wiesbaden: Springer Gabler.

Seibold, L. K. C.; Lantelme, M. & Kormann, H. (2019): German Family Enterprises. A Sourcebook of Structure, Diversity, Growth and Downfall. Wiesbaden: Springer Gabler.

Senko, C.; Durik, A. & Harackiewicz, J. (2008): Historical perspectives and new directions in achievement goal theory: Understanding the effects of mastery and performance-approach goals. In: Shah, J. Y. & Gardner, W. L.: Handbook of motivation science (p. 100–113). New York, NY: The Guilford Press.

Sharma, P. & Sharma, S. (2021): Pioneering business families committed to sustainable development. In: Pioneering Family Firms' Sustainable Development Strategies. Cheltenham: Edward Elgar.

Sidoni, C. J. & Vohra, V. (2020): Overview of Private Wealth Management. In: CFA Programm Curriculum 2020 Level III. Vol. 1–6.

Simmel, G. (2001): Philosophie des Geldes. Frankfurt/M.: Suhrkamp.

Simon, F. B. (2002a): Zwischen Gefühl und Geschäft – Familien und ihre Unternehmen. In: Simon, F. B. (Hrsg.): Die Familie des Familienunternehmens – Ein System zwischen Gefühl und Geschäft, S. 7–15. Heidelberg: Carl-Auer.

Simon, F. B. (2002b): Familien und Unternehmen. In: Simon, F. B. (Hrsg.): Die Familie des Familienunternehmens – Ein System zwischen Gefühl und Geschäft, S. 17–34. Heidelberg: Carl-Auer.

Simon, F. B. (2002c): Die Familie des Familienunternehmens. In: Simon, F. B. (Hrsg.): Die Familie des Familienunternehmens – Ein System zwischen Gefühl und Geschäft, S. 35–54. Heidelberg: Carl-Auer.

Simon, F. B. (2012): Einführung in die Theorie des Familienunternehmens. Heidelberg: Carl-Auer.

Simon, F. B. (2015): Einführung in Systemtheorie und Konstruktivismus. Heidelberg: Carl-Auer.

Simon, F. B. (2018): Formen. Zur Kopplung von Organismus, Psyche und sozialen Systemen. Heidelberg: Carl-Auer.

Simon, F. B. (Hrsg.) (2011): Die Familie des Familienunternehmens. Ein System zwischen Gefühl und Geschäft. Heidelberg: Carl-Auer.

Simon, F. B. et al. (1998): Radikale Marktwirtschaft. Grundlagen des systemischen Managements. Heidelberg: Carl-Auer.

Simon, F. B.; Wimmer, R. & Groth, T. (2005): Mehr-Generationen-Familienunternehmen. Erfolgsgeheimnisse von Oetker, Merck, Haniel u. a. Heidelberg: Carl-Auer.

Simon, F. B.; Wimmer, R. & Groth, T. (2017): Mehr-Generationen-Familienunternehmen. Heidelberg: Carl-Auer.

Simon, H. (2007): Hidden Champions des 21. Jahrhunderts: Die Erfolgsstrategien unbekannter Weltmarktführer. Frankfurt/M.: Campus.

Simons, F. (2023): Treuhändermentalität in dynastischen Unternehmerfamilien. Göttingen: V&R.

Small, M.; Cohen, S. & Dieterich, C. (2018): Four big trends to drive ETF growth. Black Rock May 2018. White Paper.

Smith, A. (1776; 2010): The Wealth of Nations: An inquiry into the nature and causes of the Wealth of Nations. Harriman House Limited.

Soluk, J. (2018): Digital Transformation in Family-owned Mittelstand Firms: A Dynamic Capabilities Perspective. Academy of Management Proceedings, 2018(1), *https://doi.org/10.5465/AMBPP.2018.11294abstract* [Zugriff am 02.01.2020].

Soluk, J. & Kammerlander, N. (2021): Digital transformation in family-owned Mittelstand firms: A dynamic capabilities perspective. European Journal of Information Systems, 30(6), p. 676–711. *https://doi.org/10.1080/0960085X.2020.1857666*

Sothen, U. von & Claussen, P. (2024): Steuerrecht. In: Münchner Anwaltshandbuch Erbrecht, 6. Auflage. München: C. H. Beck.

Spilcker, A. (2022, 8. August): Cyberangriff auf Apetito—Ungestört von deutschen Behörden operiert eine Hackergruppe tief im Netz. *https://www.focus.de/panorama/welt/lieferservice-apetito-attackiert-ungestoert-von-den-behoerden-operiert-eine-hackergruppe-tief-im-deutschen-netz_id_129979542.html*

Spindler, G. & Stilz, E. (2019): Kommentar zum Aktiengesetz, Band 1, 4. Auflage. München: C. H. Beck.

Spitzley, D. & Prügl, R. (2017): „Hört zu, seid offen, schenkt Vertrauen und lasst dem neuen Schwung Raum": Digitalisierung in deutschen Familienunternehmen aus Sicht der nächsten Generation. In: zupFIF, Schriftenreihe des Friedrichshafener Instituts für Familienunternehmen, S. 47–54.

Stamm, I. (2013): Unternehmerfamilien: Über den Einfluss des Unternehmens auf Lebenslauf, Generationenbeziehungen und soziale Identität. Leverkusen: Barbara Budrich.

Stamm, I.; Bernhard, F. & Hameister, N. (2019): „Empirische Befunde zu Unternehmerfamilien in Deutschland". In: Kleve, H. & Köllner, T. (Hrsg.): Soziologie der Unternehmerfamilie. Wiesbaden: VS Verlag, S. 115–138.

Statista (2020): *https://de.statista.com/statistik/daten/studie/150148/umfrage/durchschnittliche-eigenkapitalquote-im-deutschen-mittelstand/* [Zugriff am 11.03.2020].

Sten, J. (2002): There Is Life After Family Business, Or Is It? In: Koiranen, M. & Karlsson, N. (eds.): The Future of Family Business: Values and Social Responsibilities. Helsinki, S. 67–88.

Stibi, J. (2023): Gesellschafterkompetenz in Familienunternehmen. Die Motivation der NextGen, „auf Vorrat" zu lernen. Universität Witten/Herdecke, Masterarbeit.

Stierlin, H. (1974): Eltern und Kinder. Das Drama von Trennung und Versöhnung im Jugendalter. Frankfurt/M.: Suhrkamp.

Stierlin, H. (2005): Gerechtigkeit in nahen Beziehungen. Systemisch-therapeutische Perspektiven. Heidelberg: Carl-Auer.

Stiftung Familienunternehmen (Hrsg.) (2019): Die volkswirtschaftliche Bedeutung der Familienunternehmen, 5. Auflage, erstellt vom ZEW – Leibniz-Zentrum für Europäische Wirtschaftsforschung Mannheim und vom Institut für Mittelstandsforschung Mannheim, München.

Stracke, F. & Schmäh, M. (2018): Unternehmerpersönlichkeiten verstehen: Unternehmerische Potenziale in Organisationen erkennen und entfalten. München: Gabler Springer.

Taleb, N. N. (2007): The Black Swan: The Impact of the Highly Improbable. New York: Random House.

Taleb, N. N. & Spitznagel, M. (2020): Die Corona-Pandemie ist kein schwarzer Schwan: Warum 2020 nach Nassim Taleb nicht mit 2008 zu vergleichen ist. Neue Zürcher Zeitung, 27.03.2020.

Tänzler, J. K.; Keese, D. & Hauer, A. (2018): Gesellschafterbindung in Familienunternehmen. Zeitschrift für Familienunternehmen und Strategie, 8(5), S. 160–164.

Tosi, H. L.; Katz, J. P. & Gomez-Mejia, L. R. (1997): Disaggregating the agency contract: The effects of monitoring, incentive alignment, and term in office on agent decision making. Academy of Management Journal, 40(3), p. 584–602.

Tremmel, J. (2012): Generationengerechtigkeit. Münster: Mentis.

Tsou, H.-T & Hsu, S. H.-Y. (2015): Performance effects of technology-organization-environment openness, service co-production, and digital-resource readiness: The case of the IT industry. International Journey of Information Management, 35, p. 1–14.

Ulrich, P. (2011): Corporate Governance in mittelständischen Familienunternehmen. Heidelberg: Gabler.

Ulrich, P. & Timmermann, A. (2021): Organizational Aspects of Cyber Security in Family Firms – an Empirical Study of German Companies. Hawaii International Conference on System Sciences. https://doi.org/10.24251/HICSS. 2021.750

Ulrich, P. S.; Timmermann, A. & Frank, V. (2022): Organizational aspects of cybersecurity in German family firms – Do opportunities or risks predominate? Organizational Cybersecurity Journal: Practice, Process and People, 2(1), 21–40. https://doi.org/10.1108/OCJ-03-2021-0010

Van de Kimmenade, M. (2002): Psychological Ownership: A concept beyond formal Ownership. In: Koiranen, M. & Karlsson, N. (eds.): The Future of Family Business: Values and Social Responsibilities. Helsinki, p. 57–67.

Varga von Kibéd, M. & Sparrer, I. (2009): Ganz im Gegenteil. Tetralemmaarbeit und andere Grundformen Systemischer Strukturaufstellungen – für Querdenker und solche, die es werden wollen. Heidelberg: Carl-Auer (6. überarbeitete Auflage).

Verbeeten, F., Gamerschlag, R. & Möller, K. (2016): Are CSR disclosures relevant for investors? Empirical evidence from Germany. Management Decision, 54, p. 1359–1382. https://doi.org/10.1108/MD-08-2015-0345

Von Solms, R. & Van Niekerk, J. (2013): From information security to cyber security. Computers & Security, 38, 97–102. https://doi.org/10.1016/j.cose. 2013.04.004

Vöpel, N.; Rüsen, T. A.; Calabrò, A. & Müller, C. (2013): Eigentum verpflichtet – über Generationen. Gesellschafterkompetenz in Familienunternehmen. Studie von PricewaterhouseCoopers (PwC) und Wittener Institut für Familienunternehmen (WIFU). Witten: WIFU.

Waldenfels, B. (1997): Phänomenologie des Eigenen und des Fremden. In: Münkler, H. & Ladwig, B. (Hrsg.): Furcht und Faszination. Facetten der Fremdheit (S. 65-84). Berlin: Akademie Verlag.

Wang, Z.; Sun, L. & Zhu, H. (2020): Defining Social Engineering in Cybersecurity. IEEE Access, 8, 85094–85115. *https://doi.org/10.1109/ACCESS. 2020.2992807*

Ward, J. (1987): Keeping the family business healthy. San Francisco: Jossey Bass.

Waterman, R. W. & Meier, K. J. (1998): Principal-agent models: an expansion?. Journal of public administration research and theory, 8(2), p. 173–202.

Watzlawick, P.; Beavin, J. & Jackson, D. (1969): Menschliche Kommunikation. Bern: Huber.

Weber, G. (Hrsg.) (1997): Zweierlei Glück. Die systemische Psychotherapie Bert Hellingers. Heidelberg: Carl-Auer.

Weick, K. E. & Sutcliff K. M. (2003): Das Unerwartete managen. Wie Unternehmen aus Extremsituationen lernen. Stuttgart: Schäffer-Poeschel.

Weimann, V.; Gerken, M. & Hülsbeck, M. (2019): Business model innovation in family firms: dynamic capabilities and the moderating role of socioemotional wealth. Journal of Business Economics, p. 1–31.

Wentzler, M. & Freudenberg-Beetz, M. (2019): Entwicklung von Gesellschafterkompetenz. Interview mit Mitgliedern von Aufsichtsrat und Gesellschafterausschuss der Freudenberg & Co. KG Weinheim. 16.10.2019, durchgeführt von Simons, F.

Westermann, H. P. & Wertenbruch, J. (2019): Handbuch Personengesellschaften, Stand: Oktober 2019. Köln: Otto Schmidt.

Wetzel, R. & Dievernich, F. (2014): Der Gott des Gemetzels. Wie Organisationen und Familien auf modernen Gleichheitsdruck reagieren. Kontext, 45(2), S. 126–154.

White, R. (1959): Motivation Reconsidered: The Concept of Competence. Psychological Review, 66, p. 279–333.

WIFU-Praxisleitfaden „Familienunternehmen und Besteuerung" (2019), Teil 1 (Inland) und Teil 2 (Ausland).

WIFU-Praxisleitfaden „Familienunternehmen und die Erbschaftsteuer" (2018).

Willms, S. & Risse, J. (2014): Das Ritual „Fair Fight" (Faires Streiten). In ebd. (Hrsg.): Zum Frieden befreien. Selbsthilfe durch Co-Counselling. Fühlen, Denken und Handeln versöhnen (3., überarbeitete Auflage) (S. 176–189). Osnabrück: Sozio-Publishing.

Wills, D. (2017): Same Passion, Different Paths: How the next Generation of Family Business Leaders are Making their Mark. Studie der PricewaterhouseCoopers AG. *https://www.pwc.com/gx/en/family-business-services/assets/next-gen-study-2017.pdf* [Zugriff am 12.03.2019].

Wimmer, R. (2010): Das Leitprinzip des Shareholder Value hat ausgedient. Festschrift für Birger Priddat. Marburg: Metropolis.

Wimmer, R. (2011): Die besondere Verantwortung von Gesellschaftern in Familienunternehmen. In: EQUA-Stiftung (Hrsg.): Gesellschafterkompetenz – Die Verantwortung der Eigentümer von Familienunternehmen. Bonn: Unternehmer Medien, S. 25–33.

Wimmer, R. (2021): Über das Wesen des Familienunternehmens als eigenständige Unternehmensform. In: Rüsen, T. A. (Hrsg.): Theorie und Praxis der Unternehmerfamilie und das Familienunternehmens. Göttingen: Vandenhoeck & Ruprecht, S. 235–251.

Wimmer, R. (2022): Führung und Organisation in Familienunternehmen. Aufbruch zu zukunftsfähigen Unternehmensstrukturen. Stuttgart: Schäffer-Poeschel.

Wimmer, R. (2023): Erfolgsmuster von Familienunternehmen in der Bewältigung externer Schocks. In: FuS Heft 1/2023, S. 12–18.

Wimmer, R.; Domayer, E.; Oswald, M. & Vater, G. (1996): Familienunternehmen – Auslaufmodell oder Erfolgstyp? Wiesbaden: Gabler.

Wimmer, R.; Domayer, E.; Oswald, M. & Vater, G. (2005): Familienunternehmen – Auslaufmodell oder Erfolgstyp?. Wiesbaden: Gabler.

Wimmer, R.; Domayer, E.; Oswald, M. & Vater, G. (2011): Familienunternehmen: Auslaufmodell oder Erfolgstyp? Wiesbaden: Gabler (2. Auflage).

Wimmer, R.; Domayer, E.; Oswald, M. & Vater, G.: (2018): Familienunternehmen – Auslaufmodell oder Erfolgstyp? Wiesbaden: Springer Gabler (3. überarbeitete Auflage).

Wimmer, R.; Kormann, H. (2018): Vom Ziel der Forschung zu Familienunternehmen. In: FuS (Zeitschrift für Familienunternehmen und Strategie), Heft 6, S. 186–190.

Wimmer, R. & Kormann, H. (2019): Die künftige Forschung zu Familienunternehmen: Macht dieser Unternehmenstyp wirtschaftlich wirklich einen Unterschied? In: FuS (Zeitschrift für Familienunternehmen und Strategie), Heft 2, S. 50–55.

Wimmer, R. & Nagel, R. (2000): Der strategische Managementprozess. Zur Praxis der Überlebenssicherung in Unternehmen. In: Zeitschrift für Organisationsentwicklung, Heft 1, S. 4–19.

Wimmer, R.; Simon, F. B. & Groth, T. (2004): Erfolgsmuster von Mehrgenerationen-Familienunternehmen. Wittener Diskussionspapiere: Sonderheft Nr. 2.

Windbichler, C. (2017): Gesellschaftsrecht, 24. Auflage. München: C. H. Beck.

Wirtschaftslexikon: *https://wirtschaftslexikon.gabler.de/definition/value-risk-var-52556* [Zugriff am 06.04.2020].

Wolter, H.-J. & Sauer, I. (2017): Die Bedeutung der eigentümer- und familiengeführten Unternehmen in Deutschland. IfM Bonn: IfM-Materialien Nr. 253, Bonn.

Wöltje, J. (2013): Bilanzen lesen, verstehen und gestalten, 11. Auflage. Freiburg/München: Haufe-Lexware.

Woywode, M. (2004): Determinanten des Wachstums und Scheiterns von Unternehmen: Eine lerntheoretische Erklärung der Unternehmensentwicklung und ihre empirische Überprüfung. Zeitschrift für Betriebswirtschaft, 74(10), S. 1009–1046.

Woywode, M. (2006): Erklärung der Überlebenswahrscheinlichkeit von Unternehmen. Theoretische Ansätze. In: Hommel, U.; Knecht, T. C. & Wohlenberg, H. (Hrsg.): Handbuch Unternehmensrestrukturierung. Grundlagen – Konzepte – Maßnahmen (S. 61–98). Wiesbaden: Gabler.

Yanagisako, S. (2002): Producing culture and capital. Family firms in Italy. Princeton: Princeton University Press.

Yanagisako, S. (2018): Family Firms. The International Encyclopedia of Anthropology, S. 1–7.

Yeow, A.; Soh, C. & Hansen, R. (2018): Aligning with new digital strategy: A dynamic capabilities approach. The Journal of Strategic Information Systems, 27(1), p. 43–58. *https://doi.org/10.1016/j.jsis.2017.09.001*

Yu, A.; Lumpkin, G. T.; Sorenson, R. L. & Brigham, K. H. (2012): The Landscape of Family Business Outcomes: A Summary and Numerical Taxonomy of Dependent Variables. In: Family Business Review, 25(1), p. 33–57.

Zahra, S.; Klein, S. B. & Astrachan, J. H. (2006): Theory building and the survival of family firms – three promising research directions. In: Poutziouris, P.; Smyrnios, K. & Klein, S. B. (eds.): Handbook of research on family business (p. 614–618). Cheltenham, UK: Edward Elgar.

Zellweger, T. (2017): Family Business – Theory and Practice. Cheltenham, UK: Edward Elgar.

Zellweger, T. M.; Nason, R. S. & Nordqvist, M. (2011): From Longevity of Firms to Transgenerational Entrepreneurship of Families: Introducing Family Entrepreneurial Orientation. Family Business Review, 25(2), p. 136–155. *https://doi.org/10.1177/0894486511423531* [Zugriff am 13.01.2020].

Zhao, H.; Wayne, S. J.; Glibkowski & Bravo, J. (2007): The impact of psychological contract breach on work-related outcomes: a meta-analysis. Personnel Psychology, 60, p. 647–680.

Autorenverzeichnis

Maren Bendel ist Doktorandin am Stiftungslehrstuhl „Corporate Entrepreneurship und Digitalisierung in Familienunternehmen" am Wittener Institut für Familienunternehmen. Parallel dazu ist sie bei der Comma Soft AG, einem Bonner Familienunternehmen, tätig und begleitet die digitale Transformation von Unternehmen in den Bereichen Data Science und IT-Infrastruktur, letzteres vorrangig im Bereich „Identity & Access Management". Zuvor hat sie ihren Master „Strategy & Organization (M.Sc.)" an der Universität Witten/Herdecke absolviert.

Prof. Dr. Thomas Clauß ist Inhaber des WIFU-Stiftungslehrstuhls für Corporate Entrepreneurship und Digitalisierung in Familienunternehmen an der Universität Witten/Herdecke. Aktuell ist er dort zudem Prodekan für Forschung der Fakultät für Wirtschaft und Gesellschaft. Außerdem ist er Adjunct Professor für Business Model Innovation an der University of Southern Denmark. Seine Forschungs- und Lehrschwerpunkte umfassen die Implementierung digitaler Technologien, Geschäftsmodellinnovation und die Generierung von Innovationen in Kooperationen mit Fokus auf Familienunternehmen. Seine Forschungsarbeiten sind in führenden internationalen Fachzeitschriften erschienen, darunter Journal of Management Studies, Long Range Planning, Journal of Supply Chain Management, Industrial Marketing Management und R&D Management. Er ist Co-Editor des International Journal of Entrepreneurial Behavior & Research. In Workshops, Vorträgen und Beratungsaktivitäten hilft er Familienunternehmen, seine Forschungserkenntnisse für die Praxis nutzbar zu machen.

Hannah Cramer ist wissenschaftliche Mitarbeiterin und Doktorandin am Lehrstuhl für Soziologie an der Universität Witten/Herdecke. In ihrer Doktorarbeit untersucht sie Sinnkonfigurationen in der stationären psychosomatischen Therapie. Hannah Cramer hat einen Master in „Ethik und Organisation" und ist Konflikttrainerin (Faires Streiten). Ihr wissenschaftlicher Schwerpunkt liegt auf qualitativ-rekonstruktiver Organisationsforschung, Systemtheorie und Kybernetik.

Christiane Dethleffsen ist seit 2017 Vorsitzende des Unternehmerfamilienausschusses (UFA) der HGDF Familienholding. Sie ist Ehefrau, Mutter von fünf Kindern sowie Großmutter. Das Studium zum Lehramt hat sie später mit einer Ausbildung zur Mediatorin und Systemischen Beraterin erweitert, bevor sie als Gesellschafterin Teil des Familienstrategieprozesses war und dann als 1. Vorsitzende des UFAs gemeinschaftlich den inhaltlichen Grundstein dieses neuen Gremiums gelegt hat. Seither vertritt sie mit Herzblut die Belange der Unternehmerfamilie und gestaltet u. a. den Entwicklungsprozess bis hin zur nächsten Generation mit. Für ihren langjährigen Einsatz als Vorsitzende des Vereins Schutzengel e. V. hat sie 2023 den Bundesverdienstorden verliehen bekommen.

Prof. Dr. Birgit Felden ist promovierte Juristin und Dipl.-Kauffrau und beschäftigt sich seit rund 30 Jahren mit Familienunternehmen. 1995 gründete sie ihr eigenes Unternehmen, war Geschäftsführerin/Vorstand bis 2017 und ist heute noch aktive Gesellschafterin. Seit 2006 leitet Birgit Felden den Bachelor-Studiengang Unternehmensgründung und -nachfolge und seit 2008 das von ihr gegründete Forschungsinstitut an der HWR Berlin, wo sie mit ihrem Team Konzepte und Instrumente für Familienunternehmen entwickelt. Seit 1998 ist sie in verschiedenen Aufsichts- und Beiräten als unternehmerischer Sparringspartner aktiv. Außerdem berät sie Unternehmen in strategischen Themen, bei Generationenkonflikten und im Bereich Family Business Governance. Sie ist Autorin betriebswirtschaftlicher Bücher und Referentin für Praxis-Vorträge und Seminare. Seit langem engagiert sie sich ehrenamtlich u. a. in der Kammerorganisation, als Wirtschafts- und Wissenschaftsbotschafterin und bei ArMiD e.V. Mehr unter *www.birgitfelden.de*.

Dr. Nadine Gerhardt-Huber ist wissenschaftliche Mitarbeiterin im Institut für Controlling und Unternehmensrechnung an der Helmut-Schmidt-Universität/ Universität der Bundeswehr Hamburg. Zu ihren Aufgaben gehören u. a. das Projektcontrolling im aus EU-Mitteln finanzierten Forschungsprojekt „Smarte Schulen – SMASCH". Ihre Forschungsschwerpunkte liegen u. a. im Risikomanagement in Gesundheitseinrichtungen und der Prognoseberichterstattung des HDAX.

Dr. Andrea Gerlitz war Promotionsstipendiatin der WIFU-Stiftung an der Uni Witten/Herdecke und arbeitet nun als Beraterin bei Kienbaum Consultants International GmbH. Im Rahmen ihrer Dissertation forschte sie zum Thema Nachhaltigkeitsstrategie-Entwicklung in Familienunternehmen und hat in diesem Zusammenhang über 90 intensive Gespräche mit Mitgliedern von Unternehmerfamilien und deren Management geführt. Als Visiting Scholar forschte sie an der Grossman School of Business University of Vermont, USA. Darüber hinaus leitet sie gemeinsam mit Professor Rüsen den WIFU-Arbeitskreis Nachhaltigkeit in Familienunternehmen. Der direkte Kontakt und Austausch mit Mitgliedern der Unternehmerfamilien und des Managements ist ihr eine Herzensangelegenheit und Garant dafür, dass ihre akademische Forschung praxisrelevante Erkenntnisse liefert.

Prof. Dr. Anne K. Heider ist Co-Direktorin am Wittener Institut für Familienunternehmen (WIFU) und leitet den Forschungsbereich „Family Entrepreneurship and Innovation". In ihren Lehr-, Forschungs- und Beratungstätigkeiten befasst sie sich mit dem Innovationsverhalten, Design-Thinking-Ansätzen und digitalen Geschäftsmodellen in Familienunternehmen. Darüber hinaus begleitet sie Unternehmerfamilien bei familienstrategischen Entwicklungsprozessen sowie dem Aufbau digitaler Kompetenzen.

Prof. Dr. Marcel Hülsbeck ist Inhaber der Bayerischen Spitzenprofessur für Familienunternehmen und KMU. Seine Forschungsschwerpunkte liegen in den Bereichen Corporate Governance, Digitale Transformation und Nachhaltige Unternehmensführung in Familienunternehmen. Er berät Familienunternehmen evidenzbasiert bezüglich Innovationsfähigkeit, notwendigen organisatorischen Wandels, sowie strategischer Unternehmensführung. In seiner Forschungs- und Beratungspraxis verknüpft er dabei psychologische und wirtschaftliche Konzepte zu einem holistischen Ansatz.

Riccardo Keßler studierte von 2007 bis 2011 Soziologie und Philosophie an der Friedrich-Schiller-Universität in Jena und schloss dort 2014 ein Masterstudium der Soziologie mit dem Schwerpunkt Familiensoziologie ab. Anschließend arbeitete er als wissenschaftlicher Mitarbeiter und Doktorand im vom Bundesministerium für Bildung und Forschung geförderten kooperativen Forschungskolleg „Familiengesundheit im Lebensverlauf" an der Universität Witten/Herdecke. Seit April 2019 ist er am WIFU wissenschaftlicher Mitarbeiter am WIFU-Stiftungslehrstuhl für Organisation und Entwicklung von Unternehmerfamilien. Er setzt sich mit der Familienseite von Unternehmerfamilien als eine strukturelle Bedingung familialen Unternehmertums auseinander und forscht zur Sozialisationsform innerhalb einer Unternehmerfamilie und ihrem Einfluss auf die Nachfolgerstrategie eines Familienunternehmens.

Prof. Rainer Kirchdörfer ist als Rechtsanwalt und Partner im Büro Hennerkes, Kirchdörfer & Lorz seit nunmehr 35 Jahren in der Betreuung großer deutscher Familienunternehmen mit Schwerpunkt auf steuerlichen und zivilrechtlichen Fragen im Grenzbereich zwischen Familie und Familienunternehmen tätig, insbesondere im Rahmen der Unternehmensnachfolge. Er ist Honorarprofessor an der Universität Witten/Herdecke, Vorstand der Stiftung Familienunternehmen, Kuratoriumsmitglied der WIFU-Stiftung und Mitglied in vielen Beiräten und Aufsichtsräten deutscher Familienunternehmen.

Prof. Dr. Heiko Kleve, Universitätsprofessor und Inhaber des WIFU-Stiftungslehrstuhls für Organisation und Entwicklung von Unternehmerfamilien an der Universität Witten/Herdecke, seit Oktober 2020 Akademischer Direktor des WIFU. Seine Lehr- und Forschungsschwerpunkte liegen in den Bereichen der systemischen Theorie und Methodik, insbesondere hinsichtlich der angewandten Sozialwissenschaften sowie am Beispiel von Unternehmerfamilien. Als Coach und Trainer verfügt er über langjährige und umfangreiche Erfahrungen in der Arbeit mit Familien, Teams und Organisationen. Als Berater unterstützt er Nachfolge-, Familienstrategie- und Konfliktklärungsprozesse in Unternehmerfamilien und Familienunternehmen. Zudem ist er Autor von zahlreichen Büchern und Fachbeiträgen zur Weiterentwicklung der Systemtheorie als praktisch relevante Reflexionsperspektive.

Louisa Klinghardt ist Rechtsanwältin bei KPMG Law am Standort Hamburg. Sie berät Unternehmerfamilien und Privatpersonen zu allen Themen der erbrechtlichen und lebzeitigen Unternehmens- und Vermögensnachfolge, einschließlich gesellschaftsrechtlicher Fragestellungen und familienrechtlicher Sachverhalte, insbesondere im Bereich des ehelichen Güterrechts, des Scheidungs- und Scheidungsfolgenrechts und des Adoptionsrechts, national und international. Außerdem berät sie gemeinnützige Organisationen, Stiftungen und Stifter sowohl bei der Gründung als auch bei der laufenden Tätigkeit.

Prof. Dr. Rainer Kögel ist Rechtsanwalt und Partner der Sozietät Hennerkes, Kirchdörfer & Lorz in Stuttgart. Er berät seit über 25 Jahren Familienunternehmen in Fragen der Unternehmensnachfolge, der Corporate und Family Governance, der Umstrukturierung sowie in der Gründung und Betreuung von Stiftungen. Darüber hinaus ist er Mitglied in Beiräten und Aufsichtsräten deutscher Familienunternehmen. Er ist Honorarprofessor an der Wirtschaftsfakultät der Universität Witten/Herdecke und Autor bzw. Mitautor zahlreicher Fachpublikationen.

PD Dr. Tobias Köllner ist Senior Research Fellow am Wittener Institut für Familienunternehmen (WIFU) und leitet eine Forschungsgruppe zur kulturvergleichenden Analyse von Unternehmerfamilien am Stiftungslehrstuhl für Organisation und Entwicklung von Unternehmerfamilien. Er ist Ethnologe und Soziologe und beschäftigt sich vor allem mit Osteuropa und Russland, der Einbettung wirtschaftlichen Handelns, dem Kulturvergleich und dem Einfluss von Religion auf Familienunternehmen. Seit 2009 berät und qualifiziert er Fach- und Führungskräfte aus Unternehmen und Organisationen. Darüber hinaus publizierte er zahlreiche Monographien, Herausgeberbände und Artikel in Fachzeitschriften sowie praxisnahen Formaten.

Prof. Dr. Hermut Kormann war einige Jahre in der Managementberatung und rund vier Jahrzehnte in der Industrie tätig, davon zwei Jahrzehnte als Finanzgeschäftsführer und dann Vorsitzender der Geschäftsführung eines Familienunternehmens im Maschinenbau. In 25 Jahren hatte er zahlreiche Beirats- und Aufsichtsratsmandate bei Familienunternehmen im In- und Ausland inne. Nach seiner Pensionierung habilitierte er zum Thema „Governance des Familienunternehmens". Er lehrt an der Zeppelin Universität, Friedrichshafen, und Universität Leipzig und betreut mehrere Dissertationsprojekte zur strategischen Entwicklung von Familienunternehmen.

Dr. Moritz Kübel ist Gründer und Geschäftsführer der Perpetual Investors Group, einem Family Office mit Sitz in München. Die Perpetual Investors Group betreut langfristig und nachhaltig ausgerichtete Portfolios für Stiftungen und Privatpersonen, die nahezu alle Anlageklassen umfassen. Daneben berät Dr. Moritz Kübel verschiedene Familien, Finanzdienstleistungsunternehmen und Beteiligungsgesellschaften. Er hat Betriebswirtschaftslehre an der Otto-Friedrich-Universität Bamberg und der London Business School studiert sowie an der Friedrich-Alexander-Universität Erlangen-Nürnberg in Wirtschaftswissenschaften promoviert.

Dr. Bertram Layer ist Steuerberater und Wirtschaftsprüfer, Partner im Büro Hennerkes, Kirchdörfer & Lorz und seit über 30 Jahren in der Beratung von Familienunternehmen und den Gesellschafterfamilien mit Schwerpunkt im Bereich der Unternehmens- und Vermögensnachfolge tätig, insbesondere auch unter Einbindung von Familien- und Unternehmensstiftungen oder gemeinnützigen Stiftungen. Er ist Mitglied im Arbeitskreis Steuern der Stiftung Familienunternehmen und Mitglied in mehreren Beiräten und Aufsichtsräten deutscher Familienunternehmen.

Katharine Michaelis gehört zur neunten Generation der HGDF Familienholding und ist Mitglied des Beirats, des geschäftsführenden Ausschusses und des fünfköpfigen Familienmanagements ihrer Unternehmerfamilie. Nach Abschluss des Studiums der Agrarwissenschaften hat sie den Aufbau eines Tochterunternehmens für ATR Landhandel in Ratzeburg übernommen. Bis 2019 leitete sie als Geschäftsführerin das Onlinegeschäft unter der Marke myAGRAR. Sie ist verheiratet und Mutter dreier Söhne.

Lina Nagel ist wissenschaftliche Mitarbeiterin und Doktorandin am Stiftungslehrstuhl für „Organisation und Entwicklung von Unternehmerfamilien" am Wittener Institut für Familienunternehmen (WIFU). In ihrer Doktorarbeit untersucht sie Kommunikation und Konflikte in Unternehmerfamilien unter Anwendung kybernetischer und systemischer Theorie. Lina Nagel hat einen Bachelor in „Medien- und Erziehungswissenschaft" und Master in „Ethik und Organisation", ist Konflikttrainerin (Faires Streiten), ausgebildete Mediatorin und Podcasterin von „Cybernetics of Cybernetics" (Carl-Auer Verlag).

Mark Pawlytta ist Rechtsanwalt und Partner bei KPMG Law und für den Bereich Familienunternehmen, Nachfolge & Stiftungen in Deutschland verantwortlich. Er berät nationale und internationale Familienunternehmen, ihre Eigentümer und Privatpersonen bei allen Fragen der Sicherung des Unternehmens und des Vermögens, insbesondere im Zusammenhang mit der Unternehmens- und Vermögensnachfolge sowohl national als auch grenzüberschreitend. Er berät ferner Stifter und Stiftungen in allen Fragen des Stiftungs- und Gemeinnützigkeitsrechts. Daneben hat er langjährige Erfahrungen in der Beratung und Lösung von Gesellschafterkonflikten.

Mark Pawlytta studierte Rechtswissenschaften an der Johann Wolfgang Goethe-Universität Frankfurt am Main. Er ist Vorstandsmitglied von zentUma e. V. (Zentrum für Unternehmensnachfolge an der Universität Mannheim) und Dozent an der Westfälische Wilhelms-Universität Münster im Rahmen der JurGrad-Masterstudiengänge an der Universität Münster. Er ist seit 2001 als Rechtsanwalt zugelassen und bildet seit 2005 Fachanwälte für Erbrecht aus.

Prof. Dr. Tom A. Rüsen ist Geschäftsführender Vorstand der gemeinnützigen WIFU-Stiftung. Bis 2024 leitete er 16 Jahre lang das Wittener Institut für Familienunternehmen (WIFU) der Universität Witten/Herdecke. Seit 2015 ist er Honorarprofessor der Wirtschaftsfakultät der Universität Witten/Herdecke, seit 2017 Visiting Professor der Hochschule Luzern.

Seit 2024 ist er Mitglied im Board der International Family Business Research Academy (ifera). Schwerpunkte seiner Forschungs- und Lehrtätigkeiten sowie seiner Publikationen beinhalten die Untersuchung von Konflikt- und Krisendynamiken, der Mentalen Modelle in Unternehmerfamilien sowie von Familienstrategien und deren generationsübergreifender Evolution. Im Rahmen seiner Coaching- und Beratungstätigkeit unterstützt er Familienunternehmen und Unternehmerfamilien bei der Entwicklung praxisnaher Lösungskonzepte im Rahmen von Nachfolgeprozessen, Konflikt- und Krisensituationen sowie der

Entwicklung von Familienstrategien, GKE-Programmen und Familienmanagement-Systemen.

Prof. Dr. Arist von Schlippe ist Diplom-Psychologe, psychologischer Psychotherapeut, systemischer Familientherapeut und Familienpsychologe. Er promovierte an der Universität Osnabrück und habilitierte sich dort im Fach Psychotherapie und Klinische Psychologie.

Seine berufliche Laufbahn begann mit einer fünfjährigen Stationsleitungstätigkeit in zwei kinder- und jugendpsychiatrischen Kliniken. 1981 wechselte er an die Universität Osnabrück, wo er bis 2005 im Fach „Psychotherapie und Klinische Psychologie" lehrte und forschte. 2003 – 2004 hatte er eine Vertretungsprofessur für Klinische Psychologie an der Universität Jena inne. Von 1999 – 2005 war er erster Vorsitzender der Systemischen Gesellschaft, Berlin. 2005 wurde er als ausgewiesener Experte für Familienpsychologie auf den Lehrstuhl „Führung und Dynamik von Familienunternehmen" am Wittener Institut für Familienunternehmen (WIFU) der Universität Witten/Herdecke berufen, das er zwischen 2007 und 2017 als akademischer Direktor leitete. Zahlreiche Veröffentlichungen aus den Bereichen Psychotherapie/systemische Therapie und Familienunternehmen.

Prof. Dr. Christoph Schreiber ist Inhaber des WIFU-Stiftungslehrstuhls für Recht der Familienunternehmen. Er forscht und lehrt insbesondere auf den Gebieten des Bürgerlichen Rechts, des Gesellschaftsrechts und des Steuerrechts.

Anja Seyfried ist bei der Schweizer Privatbank Pictet & Cie für die Betreuung von vermögenden Kunden, Family Offices und Stiftungen verantwortlich. Mit über zwanzig Jahren Erfahrung in der Finanzindustrie in unterschiedlichen Positionen war sie zuletzt als Prokuristin im Wealth Management Berenberg tätig, wo sie das Kompetenzzentrum „Unternehmer" leitete. Davor war sie Portfoliomanagerin für Aktien- und Mischfonds. Begonnen hat sie ihre berufliche Laufbahn 1999 als Aktien Research Analystin für Pharma und Biotechnologie bei Morgan Stanley in London. Sie studierte Betriebswirtschaftslehre zur Diplom-Kauffrau an der Universität Mannheim sowie an der Schulich School of Business, Toronto. Berufsbegleitend absolvierte sie die Ausbildung zum Chartered Financial Analyst (CFA).

Achim Siller ist Leiter Portfolio-Management bei der Schweizer Privatbank Pictet & Cie in Deutschland. Zuvor war er bei der Deutschen Bank Private Wealth Management als Direktor für die Betreuung von Key Clients in Württemberg verantwortlich. Er begann seine berufliche Laufbahn bei der Commerzbank, für die er unter anderem als Eigenhändler und in der Betreuung institutioneller Kunden in Stuttgart und Frankfurt tätig war. Er hat Abschlüsse als Betriebswirt, Chartered Financial Analyst (CFA) und einen MBA der RSM, Rotterdam.

Dr. Fabian Simons studierte nach abgeschlossener Berufsausbildung an der Bergischen Universität Wuppertal Wirtschaftswissenschaften. Anschließend absolvierte er als externer Doktorand am WIFU-Stiftungslehrstuhl für Organisation und Entwicklung von Unternehmerfamilien der Universität Witten/Herdecke ein Promotionsstudium. In seiner Forschung beschäftigte er sich mit dem Phänomen der „Treuhändermentalität", das in dynastischen Unternehmerfamilien auftritt.

Prof. Dr. Frank Stangenberg-Haverkamp, geboren 1948 in Dorsten, absolvierte nach dem Abitur seinen Dienst bei der Bundeswehr und ging als Leutnant d. R. ab. In Freiburg/Br. studierte er Volkswirtschaftslehre und Wirtschaftsgeschichte. Nach Beendigung seines Studiums hat er bei der Commerzbank sowie den Investmentbanken Baring Brothers und Hambros in London gearbeitet. Seit 1984 ist er Mitglied im Gesellschafterrat der E. Merck KG und war seit 2004 dessen Vorsitzender. Im Januar 2014 wurde er zum Vorsitzenden des Vorstandes und des Familienrates der E. Merck KG gewählt. Seit 2015 ist er Vorsitzender des Kuratoriums der WIFU-Stiftung.

Johanna Stibi ist als Referentin der Geschäftsführung bei Lensing Media, einem Dortmunder Familienunternehmen, tätig und begleitet verschiedene Projekte zur digitalen Transformation eines lokalen Medienunternehmens. Zuvor absolvierte sie ihren Bachelor „Management" (B.Sc.) sowie ihren Master „Strategy & Organization" (M.Sc.) an der Universität Witten/Herdecke. Beide Abschlussarbeiten verfasste sie am Wittener Institut für Familienunternehmen. Hier untersuchte Johanna Stibi den Zusammenhang zwischen der Innovationstätigkeit und der Nachfolge von Familienunternehmen in ihrer Bachelorarbeit sowie die Motivation der NextGen zum Umsetzen von Maßnahmen der Gesellschafterkompetenzentwicklung in ihrer Masterarbeit.

Prof. Dr. Erik Strauß ist Inhaber des Dr. Werner Jackstädt-Stiftungslehrstuhls an der Universität Witten/Herdecke. Seine Forschungsschwerpunkte liegen auf dem Einfluss neuer Technologien auf die Finanzfunktion, Change Management der Finanzfunktion und Entwicklung der Controller-Rolle. Er ist zudem Vorsitzender des Beirates der Storch Ciret Holding und Co-Leiter des Schmalenbach Arbeitskreises für integrierte Unternehmensführung.

Theresa Vosskötter vollendet aktuell den Studiengang „Strategy & Organization (M.Sc.)" an der Universität Witten/Herdecke. Im Rahmen ihres Studiums hat sie ihre Masterarbeit am WIFU-Stiftungslehrstuhl „Corporate Entrepreneurship und Digitalisierung in Familienunternehmen" verfasst und im Zuge dessen das Forschungsfeld „Cybersicherheit in Familienunternehmen" qualitativ erschlossen. Während ihrer Studienzeit konnte sie praktische Erfahrungen in einem familiengeführten Produktionsunternehmen sammeln.

Dr. Ulrich Wacker, geboren 1950 als Mitglied einer Unternehmerfamilie, gründete 2001 die gemeinnützige EQUA-Stiftung und ist seitdem deren Stiftungsvorstand. Nach dem Studium der Rechtswissenschaft in München und Regensburg promovierte er an der Universität Augsburg und war bereits während seines Studiums im Familienunternehmen Wacker Construction Equipment AG (heute WackerNeuson SE) tätig. 1980 übernahm er dort die Geschäftsführung und wechselte 2005 in den Aufsichtsrat. Mit der Übertragung seiner Firmenanteile an seine Nachfolger zog er sich 2011 aus allen Unternehmensgremien zurück. Seither widmet er sich verstärkt den Aufgaben der EQUA-Stiftung und ist in vielen Belangen deren Begleiter und Korrektiv.

Die EQUA-Stiftung unterstützt die wissenschaftliche Aufarbeitung der Spezifika von Familienunternehmen und Unternehmerfamilien inhaltlich wie materiell, indem sie Stipendien vergibt und Forschungsprojekte in diesem interdisziplinären Themenbereich finanziert und begleitet. Gewonnene Erkenntnisse werden außerdem der Praxis als konkrete Handlungshilfen zur Verfügung gestellt. Dies geschieht durch Publikationen, Online-Kollegs, Präsenzseminare oder durch die individuelle Moderation von Veränderungsprozessen in Unternehmerfamilien und Familienunternehmen.

Prof. Dr. Rudolf Wimmer ist seit 1999 Professor für Führung und Organisation am Wittener Institut für Familienunternehmen an der Universität Witten/Herdecke. Von 2012 bis Ende 2016 war er Vizepräsident dieser Universität.

Er ist Mitgründer der osb, Gesellschaft für systemische Organisationsberatung und Partner der osb international AG. Darüber hinaus ist er Mitglied im Aufsichtsrat diverser Familienunternehmen in Deutschland und Österreich. Seine Beratungs- und Forschungsschwerpunkte umfassen: Fragen der Zukunftsfähigkeit von Unternehmen, speziell zu den Möglichkeiten der Strategieentwicklung; die Konsequenzen aus der Internationalisierungsdynamik für die Gestaltung der Organisations- und Führungsstrukturen; die besonderen Herausforderungen schnell wachsender Familienunternehmen; die Neugestaltung der Corporate Governance in Familienunternehmen als Folge des Wachstums von Unternehmen wie des Gesellschafterkreises; die Zukunft von Organisationsberatung und der Professionalisierung dieses Feldes. Zahlreiche Publikationen zu all diesen Themenfeldern.

Maria Wirtz ist seit über 25 Jahren als Beraterin und engagierte Referentin im Thema Unternehmensnachfolge tätig. Die Gesellschafterin und Prokuristin der Kölner TMS Unternehmensberatung GmbH berät inhabergeführte Unternehmen in den Bereichen Unternehmensnachfolge/Wachstum, führt Assessments für Nachfolger, Führungskräfte und Beiräte durch und moderiert in komplexen familiären Unternehmensstrukturen. Die erfolgreiche Steuerung von Familienunternehmen und Unternehmerfamilien ist ihre Leidenschaft. Sie betreut als Projektmanagerin bundesweit Projekte u. a. mit der Toyota Deutschland GmbH. Als Referentin für Mittelstandsthemen auf Veranstaltungen von Multiplikatoren, Verbänden und Kreditinstituten gibt sie ihre umfassenden Kenntnisse bundesweit weiter.

Jan Philipp Wuppermann, Jahrgang 1968, ist Vertreter der fünften Generation der Gesellschafterfamilie Wuppermann-Kolwey des Familienunternehmens BÜFA GmbH & Co. KG in Oldenburg. Nach Abschluss seines Studiums der Betriebswirtschaftslehre war er Mitgründer und über Jahre Geschäftsführer eines IT-Unternehmens, bevor er in das Familienunternehmen eintrat. Nach einigen Jahren in der Geschäftsführung wechselte er in das Aufsichtsgremium von BÜFA, dessen Vorsitzender er seit 2014 ist.